# 恩施土家族苗族自治州

ENSHI TUJIAZU MIAOZU ZIZHIZHOU YEARBOOK

# 年鉴

2024（总第26卷）

《恩施土家族苗族自治州年鉴》编纂委员会 编

方志出版社
Publishing House of Local Records

## 图书在版编目(CIP)数据

恩施土家族苗族自治州年鉴.2024/《恩施土家族苗族自治州年鉴》编纂委员会编.--北京:方志出版社,2024.11. -- ISBN 978-7-5144-6484-9

Ⅰ. Z526.32

中国国家版本馆 CIP 数据核字第 20248RV534 号

**责任编辑**:李　静
**责任校对**:张玉霞
**责任印制**:梅中英
**出 版 者**:方志出版社
**地　　址**:北京市朝阳区潘家园东里 9 号(国家方志馆 4 层)
**邮　　编**:100021
**网　　址**:http://www.zgfzcb.cn
**发　　行**:方志出版社图书营销中心(010-67110500)
**印　　刷**:恩施州腾辉印务有限公司
**开　　本**:889 毫米×1194 毫米 1/16
**印　　张**:30
**字　　数**:1085 千字
**版　　次**:2024 年 11 月第 1 版
**印　　次**:2024 年 11 月第 1 次印刷
**定　　价**:298.00 元

# 《恩施土家族苗族自治州年鉴》编纂委员会

# 《恩施土家族苗族自治州年鉴(2024)》编辑部

# 编 辑 说 明

一、《恩施土家族苗族自治州年鉴(2024)》(以下简称“本卷年鉴”)是恩施土家族苗族自治州(以下简称“恩施州”)人民政府主办,由《恩施州年鉴》编纂委员会编纂,恩施州档案馆(史志研究中心)组织编写的年度资料性文献。

二、本卷年鉴以马克思列宁主义、毛泽东思想、邓小平理论、“三个代表”重要思想、科学发展观、习近平新时代中国特色社会主义思想为指导,坚持辩证唯物主义和历史唯物主义的立场、观点和方法,记述2023年度恩施州各地、各部门的基本情况和各项事业发展现状,力求反映恩施州社会主义现代化建设的基本面貌和发展进程,反映恩施州全面推进经济建设、政治建设、文化建设、社会建设、生态文明建设所取得的进步与成效,为促进恩施州经济社会发展提供基本资料和历史借鉴。

三、本卷年鉴采用分类编辑法,设类目、分目、条目3个层次,部分分目下设子分目,条目为收录资料信息的基本单元,条目标题加【】表示。本卷设31个类目:特载、专记、大事记、恩施州概览、中国共产党恩施州委员会、恩施州人民代表大会、恩施州人民政府、中国人民政治协商会议恩施州委员会、纪检监察、民主党派·工商联、群众团体、法治、军事、经济管理、农业和农村经济、乡村振兴、工业、商贸、金融、交通 邮政 通信、住房和城乡建设、生态环境、科学技术、教育、文化 体育 旅游、卫生、应急管理、社会生活、县市、人物、附录。

四、本卷年鉴所载资料均由各县(市)和州各部门撰写,并经各单位负责审定,机构负责人名录以2023年12月底在职为准,所采用图片由各撰稿单位提供。

五、本卷年鉴中省指湖北省,州、恩施州指恩施土家族苗族自治州。文中所列数据,均保持各单位提供时的原貌,不做省略或改动,因统计方法或口径不同,不同部门提供的同项数据或有不一致,以统计部门公布的数据为准。部分数据因四舍五入等原因,总数与分项和之间存在合理范围内误差。凡涉及有关国民经济和社会发展数据以恩施州统计局公布的统计资料为准。

六、本卷年鉴除卷首彩页和部分特载资料外,记述时限均为2023年1月1日至12月31日。本卷年鉴分目概况中注明记述时限,条目中不再逐一记录记述时限。条目记述内容除明确标注时间外,其余记述内容均发生在此记述时间内。

七、本卷年鉴所用数字用法、标点符号用法分别采用国家标准《出版物上数字用法》(GB/T 15835—2011)、《标点符号用法》(GB/T 15834—2011),计量单位采用国家技术监督局1993年12月发布的《量和单位》系列国家标准。考虑到实际工作需要和方便读者实际使用,部分记叙中计量单位仍保留少量市制。

# 恩施土家族苗族自治州地图

中国地图出版社 恩施土家族苗族自治州档案馆 联合编制 审图号：恩施州S（2024）01号

# 数字恩施2023

辖区面积24060平方千米
年末户籍人口398.65万人
年末常住人口339.04万人
地区生产总值1481.29亿元
第一产业增加值266.24亿元
第二产业增加值355.88亿元
第三产业增加值859.17亿元
人均地区生产总值43614元
一般公共预算收入93.07亿元
一般公共预算支出473亿元
A级景区达到41个
国家AAAAA级旅游景区3个
国家AAAA级旅游景区23个
全年接待游客8590.57万人次
实现旅游综合收入626.03亿元
本外币存款余额2215.58亿元
本外币贷款余额1805.41亿元
高新产业实现增加值66.53亿元
全年登记科技成果34项
获得专利授权2532件
地理标志商标38件
地理标志保护产品24件
中国驰名商标5件
幼儿园582所
小学437所
普通中学173所
中等职业学校12所
普通高校3所
特殊教育学校8所
公共图书馆10个
博物馆9个
艺术表演场馆5个
艺术表演团体9个
新全民健身示范工程建设乡镇A类项目3个、村级A类项目7个
全州运动健儿在湖北省第十六届运动会中，共获得12金26银
医疗卫生机构2704个
商品房施工面积1366.63万平方米
竣工面积233.40万平方米
销售面积235.37万平方米
待售面积199.92万平方米
州城恩施空气质量优良天数为345天，优良率为94.5%
县市城区空气质量平均优良率为96.8%
平均气温16.3℃
国家级自然保护区5个
保护区面积13.35万公顷

数据来源：《恩施州国民经济和社会发展统计公报（2023年）》

# 主要数据看变化

按照1983年、1993年、2003年、2013年、2023年主要统计数据分别做柱状示意图，具体数据以下表为准。

1983年、1993年、2003年、2013年、2023年恩施州国民经济主要指标情况表

| 指　标 | 单位 | 1983年 | 1993年 | 2003年 | 2013年 | 2023年 |
|---|---|---|---|---|---|---|
| 年末总人口 | 万人 | 330.45 | 368.1 | 381.79 | 405.41 | 398.65 |
| 地区生产总值（现价） | 亿元 | 9.14 | 35.45 | 136.33 | 627.28 | 1481.29 |
| 第一产业增加值 | 亿元 | 5.22 | 15.64 | 52.99 | 133.78 | 266.24 |
| 第二产业增加值 | 亿元 | 1.91 | 10.23 | 32.47 | 193.53 | 355.88 |
| 第三产业增加值 | 亿元 | 2 | 9.58 | 50.87 | 299.97 | 859.17 |
| 财政总收入 | 亿元 | 0.87 | 4.14 | 10.95 | 106.6 | 188.96 |
| 地方公共财政预算收入 | 亿元 | 0.87 | 4.14 | 6.07 | 50.05 | 93.07 |
| 农业总产值 | 亿元 | 7.13 | 23.25 | 81.97 | 227.22 | 488.78 |
| 规模以上工业总产值 | 亿元 | 3.79 | 22.76 | 78.9 | 328.2 | 260.64 |
| 社会消费品零售总额 | 亿元 | 4.87 | 11.29 | 45.8 | 247.11 | 769.28 |
| 金融机构存款余额 | 亿元 | 2.26 | 15.17 | 102.09 | 808.71 | 2215.58 |
| 金融机构贷款余额 | 亿元 | 5.53 | 29.18 | 83.99 | 449.33 | 1805.41 |
| 城镇居民人均可支配收入 | 元 | 529.08 | 2069 | 6492 | 16639 | 38248 |
| 农村居民人均可支配收入 | 元 | 256.08 | 479 | 1498 | 5235 | 15571 |

说明：农村居民人均可支配收入一栏中，1983-2013 年数据为农村居民人均纯收入

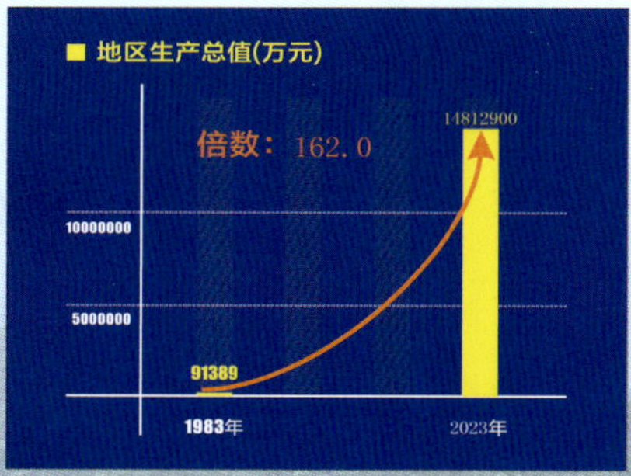


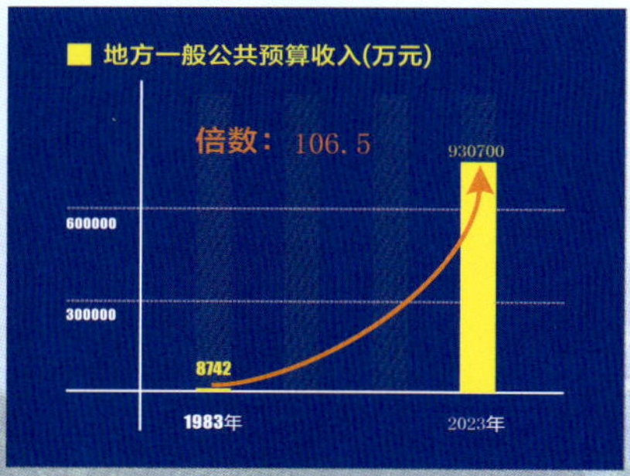


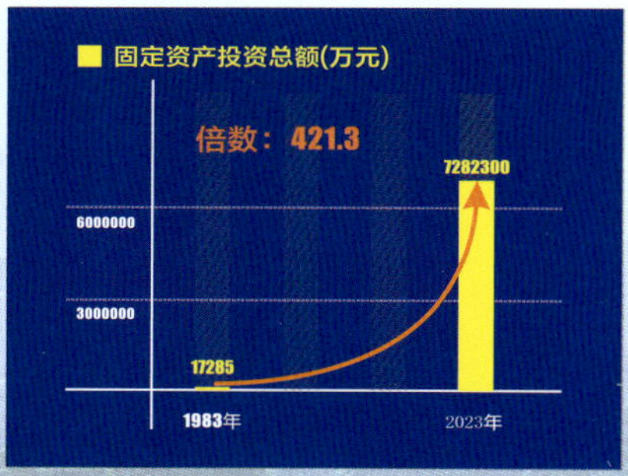


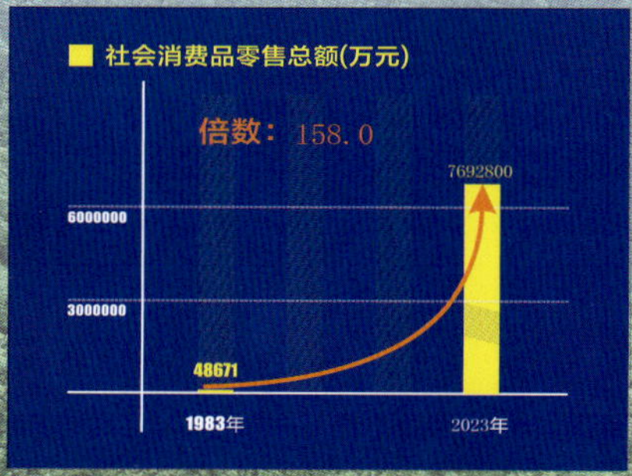


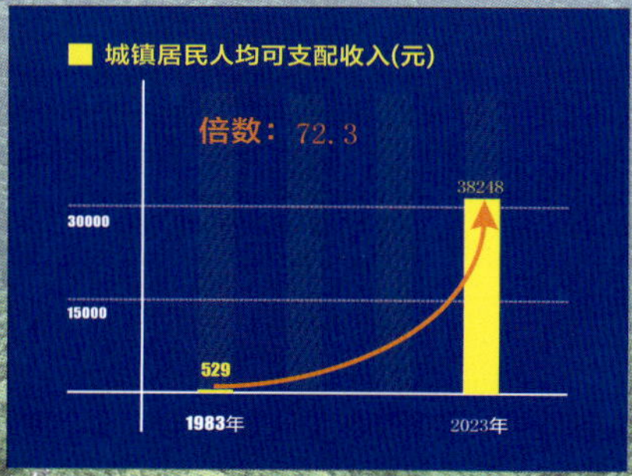


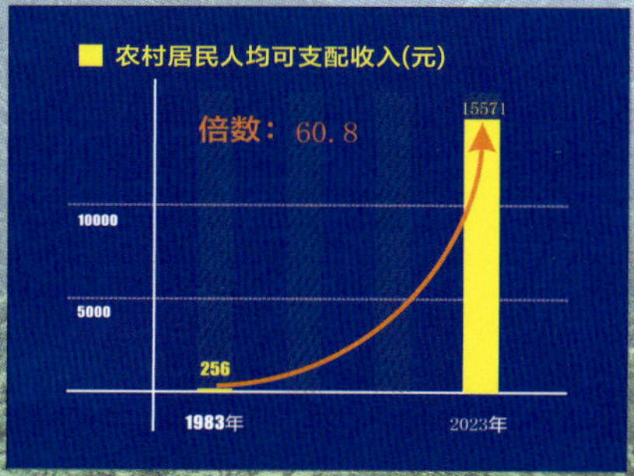

2023年1月18日，恩施州文化惠民特别演出“奋进新征程 建功示范区”在恩施大剧院举办

（罗时伟 摄）

2023年1月31日，湖北姚家平水利枢纽工程建设在恩施市开工。湖北姚家平水利枢纽工程是清江流域防洪控制性工程，是国务院确定的150项重大水利工程之一，是省政府补短板防洪提升工程，也是恩施州的重大民生工程

（州发改委 供稿）

2023年1月31日，恩施州2023年“春风行动暨就业援助月”园区企业招聘会启动仪式在州工人文化宫举行

（州人社局 供稿）

2023年3月5日，湖北省社区青年志愿服务交流会暨2022年青年志愿服务“社区计划”竞赛颁奖礼在恩施市举办　（团州委　供稿）

2023年3月29日，恩施市新塘乡“院坝夜话话法治”活动在前坪村开展　（州司法局　供稿）

2023年3月29日，恩施州老促会组织红色轻骑兵到鹤峰县太坪洞长湾为老区人民送戏下乡　（州老促会　供稿）

2023年3月，中国石化恩施石油分公司工作人员助力春耕备耕

（中国石化恩施石油分公司 供稿）

2023年3月15日，建始县龙坪乡黄金淌安置小区依托产业，带动小区搬迁户就业增收

（州发改委 供稿）

2023年4月21日，恩施州生态环境监测中心联合恩施市逸夫小学开展“行走的生态环境课”科普活动

（州生态环境监测中心 供稿）

2023年4月21日，恩施州选送的《土家摆手歌舞》入围第十六届中国民间文艺山花奖·优秀民间艺术表演作品初评
（州文联 供稿）

2023年4月24日，“致敬江城 感恩奋进”东湖茶叙五周年暨恩施硒茶（恩施玉露、利川红）全球推广启动仪式在武汉举办
（州委外事工作委员会办公室 供稿）

2023年5月20日，“5 · 20”世界蜜蜂日主题活动暨“恩施山花蜜”现场品鉴活动在恩施市举办

（州畜牧中心 供稿）

2023年5月，恩施州设立“为民解难显本色　人民满意践初心”先进典型联系服务群众日活动，发挥典型示范引领作用

（州委组织部 供稿）

2023年5月11—12日，武陵秦巴山地作业区农机农艺融合工作推进现场会在首批行业示范县——恩施州鹤峰县召开

（州烟草公司 供稿）

2023年5月16日，中国少数民族特色村寨、全国红色美丽村庄咸丰县清坪镇龙潭司村大坪院落一角
（咸丰县档案馆 供稿）

2023年5月18日，恩施机场站坪改扩建项目竣工，廊桥增至4个，机位增至8个 （恩施机场公司 供稿）

2023年6月6日，州政协在恩施市芭蕉侗族乡黄连溪村召开推动恩施玉露走廊标准化建设院坝协商会

（张丽丽 摄）

2023年6月7日，以“时代楷模”张富清老英雄为原型的大型原创民族歌舞剧《老兵》在北京民族剧院上演

（刘海栋 摄）

2023年7月13日，恩施州委人才办、恩施州农业农村局举办恩施州乡村振兴人才创新创业大赛决赛，遴选14个优秀项目并给予差异化资金扶持，选树20名拔尖人才并开展形式多样的宣传活动

（州农业农村局 供稿）

2023年8月8日，恩施州来凤县旧司镇（蔬菜）、建始县花坪镇（葡萄）、鹤峰县燕子镇（肉牛）、宣恩县李家河镇（贡水白柚）被认定为首批国家农业产业强镇

（州农业农村局 供稿）

2023年7月6日，湖北省“院士专家企业行”活动恩施州启动仪式在恩施州城举行

（州人社局 供稿）

2023年7月26日，恩施州残联联合恩施州司法局走进恩施市六角亭街道胜利街社区，为残疾人开展普法宣传

（胡 敏 摄）

2023年8月3日，恩施州委人才办、恩施州人社局举行第二届“恩施工匠”职业技能大赛颁奖暨恩施州十大技能大师工作室授牌仪式

（州委组织部 供稿）

2023年8月12日，恩施州举办“两山”实践创新高峰论坛，为首批25位“两山”实践创新智库专家颁发聘书，3位专家学者发表主旨演讲（州委组织部 供稿）

2023年8月13-14日，新东方创始人俞敏洪（右）率东方甄选团队到恩施州开展“东方甄选恩施行”巡游直播带货活动。图为在恩施大峡谷直播带货恩施土特产品（州商务局 供稿）

2023年9月21日，湘鄂川黔革命根据地历史价值与新时代乡村振兴研讨会·恩施年会在恩施州城召开（州档案馆 供稿）

2023年9月，湖南张家界至四川南充高速公路湖北宣恩至咸丰段项目通过交工验收

（咸丰县政府办公室 供稿）

2023年10月11日，恩施市城区金马公园一角 （谭 华 摄）

2023年9月14日，2023年三季度全省重大项目集中开工活动恩施分会场在巴东县野三关镇巴东生物医药产业园项目现场举行
（州发改委 供稿）

2023年10月24日，全州开展消防救援队伍执勤岗位练兵火焰蓝实战化比武竞赛
（李 琼 摄）

2023年11月8日，在第五届“中国天然氧吧”产业发展大会上，恩施州获“天然氧吧州”称号
（张洪刚 摄）

2023年12月1日，恩施州2个地理标志获首届中部四省地理标志品牌培育创新大赛金奖

（州市场监管局 供稿）

2023年12月1日，利川市柏杨坝镇见天村党总支带领百余名党员群众向海拔1900米的鸡公岭筑路工地运送物资

（州委组织部 供稿）

2023年12月15日，杭（州）恩（施）革命老区对口合作座谈会暨项目签约仪式在恩施举行

（州发改委 供稿）

2023年，恩施高新区188亩工业厂房项目一角 （黄　晶摄）

2023年，立讯精密工业（恩施）有限公司外景 （黄　晶摄）

2023年，立讯精密工业（恩施）有限公司车间一角
（黄　晶摄）

# 庆祝恩施州成立40周年

2023年5月26日，恩施州民宗委公布恩施土家族苗族自治州建州40周年LOGO设计。以“恩施”首字母“ES”演化而来，以数字“40”为整体造型。“4”形似熊熊燃烧的火炬，代表薪火相传的中华文明；数字“0”演化为迎着朝阳腾空跃起的土家白虎。其中融入西兰卡普、土家族白虎图腾、苗族牛角等极具辨识度的传统文化元素，以形达意

（州民宗委 供稿）

2023年5月26日，恩施州民宗委公布恩施土家族苗族自治州建州40周年吉祥物。以身穿苗族服饰的女孩和土家族服饰的男孩为创作原型，整体设计主题鲜明、形象可爱，富有亲和力和感染力。吉祥物取名“硒硒”和“都都”，彰显恩施州“世界硒都”的知名度和影响力

（州民宗委 供稿）

2023年8月19日，湖北省恩施土家族苗族自治州成立40周年庆祝大会在恩施州文化中心召开

（曾　伟　摄）

2023年8月18日，中央有关部门祝贺团团长，国家民委副主任、党组成员段毅君（第一排右二）到恩施土家女儿城调研各族群众互嵌式发展情况
（州委统战部 供稿）

2023年8月18日晚，在恩施州建州40周年之际，中央民族歌舞团为恩施州各族群众送来“中华民族一家亲”专场慰问演出
（姜力方 摄）

2023年4月11日，铸牢中华民族共同体意识·恩施各族人民同心共筑中国梦——庆祝建州40周年“幺妹儿带你慢慢儿耍”职工工间操州直单位展演活动在州工人文化宫举行 （州税务局 供稿）

2023年5月13日，恩施籍北京大学、清华大学学生庆祝恩施州建州40周年 （州委统战部 供稿）

2023年5月6日，“庆祝建州40周年全民健身跑”活动启动仪式在州文化中心举行

（州委统战部 供稿）

2023年5月25日，湖北民族大学、恩施学院、恩施职业技术学院的万名青年学子在州文化中心广场共同参演“喜迎州庆同唱《我和我的祖国》”快闪活动（州委统战部 供稿）

2023年6月20日晚，由恩施州委组织部、恩施州委直属机关工委主办的铸牢中华民族共同体意识·恩施各族人民同心共筑中国梦——恩施州“颂党恩 迎州庆”歌咏大赛全州总决赛举行

（州委组织部 供稿）

2023年8月16日，恩施州举行庆祝建州40周年经贸洽谈会暨“请老乡、回家乡、建故乡”启动仪式

（州商务局 供稿）

2023年8月2日，庆祝建州40周年大型文化活动《放歌40年》歌手大奖赛决赛在恩施大剧院举行

（省民族歌舞团 供稿）

2023年8月15日，“庆祝恩施州建州40周年——2023湖北省主题集邮展览”在恩施州文化中心开幕

（州邮政局 供稿）

2023年8月19日至11月26日，辉煌四十年　奋进新恩施——庆祝恩施土家族苗族自治州建州40周年成就展在恩施州博物馆展出（州博物馆 供稿）

2023年10月16日，恩施州成立40周年庆祝活动总结大会在恩施州城召开（州委统战部 供稿）

国家AAAA级旅游景区——恩施市鹿院坪景区一景
（州文旅局 供稿）

国家AAAA级旅游景区——宣恩县彭家寨一景
（州文旅局 供稿）

国家AAAA级旅游景区——巴东县野三关森林花海景区一景
（州文旅局 供稿）

2023年2月12日，全国百家旅行商走进恩施大峡谷踩线活动开展 （州文旅局 供稿）

2023年2月27日，恩施州大旅游专题培训在宣恩县彭家寨举行 （州文旅局 供稿）

2023年2月6日，宣恩县仙山贡水旅游区龙游贡水项目常态化运营　　（州文旅局 供稿）

2023年3月17日，鄂渝边区首届油菜花旅游观光活动在咸丰县大路坝区举行　（杜迪纳 摄）

2023年4月21日，宣恩县伍家台贡茶文化旅游区举行世界华服大赛暨宣恩贡茶文化嘉年华活动　　（州文旅局 供稿）

2023年4月22日，第二届中国（武汉）文化旅游博会开幕。图为恩施馆内场景

（州文旅局 供稿）

2023年4月29日，2023湘鄂龙凤双城马拉松在来凤县开跑

（来凤县摄影家协会 供稿）

2023年5月20日，黄四姐文化旅游活动周在建始县地心谷景区举办

（州文旅局 供稿）

2023年5月10日，恩施州委、州政府主办的恩施州第二届“凉交会”在武汉启动

（州文旅局 供稿）

2023年6月20日，第十一届长江三峡（巴东）纤夫文化旅游节在巫峡口景区开幕

（州文旅局 供稿）

2023年6月22日，利川市非遗美食街开街

（州文旅局 供稿）

2023年6月26日，2023中国避暑旅游发展报告会在利川市举行

（州文旅局 供稿）

2023年8月12—13日，中国桨板公开赛建始站活动在清江景阳河段举行

（州文旅局 供稿）

2023年8月19日，“爱在恩施·2023恩施土家女儿会开幕式”在恩施土家女儿城举行

（州文旅局 供稿）

2023年8月26日，恩施民族歌舞大秀《西兰卡普》在州文化中心大剧院首演

（省民族歌舞团 供稿）

2023年8月22日，咸丰县首届“村BA”篮球联赛总决赛在曲江镇湾田村举行

（州文旅局 供稿）

2023年10月28日，织锦女工在来凤县龙凤文化中心广场现场制作西兰卡普，展示非遗技艺

（来凤县摄影家协会 供稿）

2023年11月11日，第三届来凤土家摆手舞文化和旅游节开幕

（来凤县摄影家协会 供稿）

2023年12月24日，第十届全国大众冰雪季湖北分会场在巴东县启幕 （谭远志 摄）

# 目　录

## 特　载



## 专　记



## 大事记



## 恩施州概览

## 中国人民政治协商会议恩施州委员会



## 纪检监察

## 民主党派　工商联

### 中国国民党革命委员会恩施州委员会



### 中国民主同盟恩施州委员会



### 中国民主建国会恩施州委员会



### 中国民主促进会恩施州总支部委员会



### 中国农工民主党恩施州委员会



### 九三学社湖北省委直属恩施支社委员会



### 恩施州工商业联合会



## 群众团体

### 恩施州总工会

## 军　　事



## 经济管理

## 农业和农村经济

## 住房和城乡建设

## 卫　生

## 应急管理



## 社会生活

## 巴东县



## 宣恩县



## 咸丰县

# 人　物

# Contents

## Special Records



## Features



## Chronicle of Events



## Overview of Enshi Prefectural

## CPC Enshi Prefectural Committee



## Enshi Prefectural People's Congress



## Enshi Prefectural People's Government



## CPPCC Enshi Prefectural Committee



## Discipline Inspection and Supervision

## Non-Communist Parties and Federation of Industry and Commerce



## Mass Organizations



## Rule of Law



## Military Affairs



## Economic Management

## Agriculture and Rural Economy



## Rural Revitalization



## Industries



## Commerce and Trade



## Finance



## Transportation, Postal Services and Telecommunication



## Housing and Urban and Rural Construction



## Ecological Environment

## Science and Technology



## Education



## Culture, Sports and Tourism



## Hygiene



## Emergency Management



## Social Life

## Cities and Counties



## People



## Appendices



## Indexes

# 深入实施长江经济带发展战略
# 加快建设“两山”实践创新示范区

## ——在州委八届七次全体会议上的讲话

（2023年9月7日）

州委书记　胡超文

这次全会的主要任务是：深入学习贯彻习近平总书记关于长江经济带发展重要讲话和重要指示批示精神，全面落实省委十二届四次全会精神，动员全州上下统一思想、坚定信心，深入实施长江经济带发展战略，坚持以流域综合治理为基础推进四化同步发展，推动城市和产业集中高质量发展，加快建设“两山”实践创新示范区，为湖北建设全国构建新发展格局先行区作出更大贡献。下面，我讲三个方面的意见。

**一、深刻认识实施长江经济带发展战略的重大意义**

推动长江经济带发展，是以习近平同志为核心的党中央作出的重大决策，是关系党和国家事业发展全局的重大战略。党的十八大以来，习近平总书记先后三次主持召开座谈会并发表重要讲话，为长江经济带发展掌舵领航。党的二十大报告，进一步明确将推进长江经济带发展，作为加快构建新发展格局、着力推动高质量发展的重点任务。今年5月22日，习近平总书记对实施长江经济带发展战略作出重要批示，要求长江经济带区域有关省市提高政治站位，统一思想认识，强化行动自觉，不折不扣实施好长江经济带发展战略。7月31日，省委十二届四次全会，就实施好长江经济带发展战略作出全面部署。我们要提高政治站位，深刻认识实施长江经济带发展战略的重大意义，切实把思想和行动统一到党中央决策部署和省委工作要求上来。

（一）*深刻把握实施长江经济带发展战略是事关党和国家事业发展全局的千秋大计。*习近平总书记指出，“长江是中华民族的母亲河，也是中华民族发展的重要支撑”“是我国经济重心所在、活力所在”。党的十八大以来，习近平总书记走遍长江经济带覆盖的所有省市，明确了“共抓大保护、不搞大开发”的总基调和大前提，阐述推动长江经济带发展需要正确把握的“五大关系”（整体推进和重点突破的关系，生态环境保护和经济发展的关系，总体谋划和久久为功的关系，破除旧动能和培育新动能的关系，自身发展和协同发展的关系），赋予长江经济带“生态优先绿色发展主战场、畅通国内国际双循环主动脉、引领经济高质量发展主力军”的战略使命，要求“努力把长江经济带建设成为生态更优美、交通更顺畅、经济更协调、市场更统一、机制更科学的黄金经济带，探索出一条生态优先、绿色发展新路子”。习近平总书记的系列重要论述，深刻阐明了长江经济带的特殊地位和重要作用，为推动长江经济带发展指明了方向、立下了规矩。我们要坚持“两个确立”、做到“两个维护”，切实增强推动长江经济带发展的思想自觉、政治自觉和行动自觉。

（二）深刻把握省委、省政府推动长江经济带发展的重大部署。湖北位于长江之“腰”，是长江径流里程最长的省份，在长江经济带发展中地位特殊、责任重大。省委、省政府把学习贯彻习近平总书记关于长江经济带发展的重要论述，与习近平总书记关于湖北工作的重要讲话和重要指示批示精神结合起来，统筹推进高水平保护和高质量发展。在保护上，坚持“共抓大保护、不搞大开发”，把保护修复长江生态环境摆在压倒性位置，牢牢把握“水”这一最大资源和“治水”这一关键环节，编制实施《湖北省流域综合治理和统筹发展规划纲要》，以流域综合治理为基础推进四化同步发展，确定流域综合治理的底图单元，谋划荆楚安澜的现代水网，开展小流域综合治理试点，因地制宜确定经济社会发展正负面清单，让该干什么的地方干什么，坚决扛牢“一江清水东流、一库净水北送”的政治责任。在发展上，坚持前瞻性思考、全局性谋划、战略性布局、整体性推进，锚定建设全国构建新发展格局先行区目标，明确建成中部地区崛起重要战略支点的“五个功能定位”（国内大循环重要节点和国内国际双循环重要枢纽、国家科技创新与制造业基地、国土安全保障服务基地、国家水安全战略保障区、国家优质农产品生产区），谋划推动三大都市圈建设，部署实施强县工程，强力推进城市和产业集中高质量发展。这一系列的安排部署，是省委、省政府对习近平总书记重要指示和长江经济带发展战略的创造性落实。我们要准确把握、全面落实，在更广更深层面，推动长江经济带发展战略落实落细。

（三）深刻把握恩施在长江经济带发展战略中的使命任务。习近平总书记强调，要树牢“一盘棋”思维，要求各个地区、每个城市在各自发展过程中，不能各自为政，一定要从整体出发。我们必须把恩施的发展，放到长江经济带发展大局中进行谋划，找准方位，明确路径，担当使命。一是确保“一江清水东流”责无旁贷。恩施是长江入鄂第一站，是清江发源地，是长江中上游地区重要水源涵养地。生态红线面积9870.84平方千米，约占全州总面积的41%，占全省生态保护红线面积的26%，居全省17个市州首位。筑牢生态本底，守住一江碧水，既是我州经济社会发展的基石，更是关系全省乃至长江中下游生态安全的大事。二是探索“两山”转化路径责无旁贷。恩施是全国“两山”实践创新基地，省委赋予恩施建设“两山”实践创新示范区的重大使命，把恩施纳入全省5个小流域综合治理试点之一，多次专题研究我州流域综合治理、城市和产业集中高质量发展等工作，要求我们统筹治山理水与转型发展，加快推进生态产业化和产业生态化，勇闯“两山”转化新路。省委、省政府的信任与重托绝不能辜负。三是打造新时代“九州通衢”重要节点责无旁贷。省委十二届四次全会提出，以搭建供应链平台为基础，打造新时代“九州通衢”。恩施是湖北向西开放的桥头堡，是长江黄金水道、沪蓉沪渝高速公路、沪渝蓉高铁等东西向大动脉必经地，也是中部地区崛起、新一轮西部大开发等重大战略的交会承载地。我们要紧盯打造内陆开放高地、长江经济带重要节点，在服务大局中展现使命担当、实现更好发展。

**二、抓实长江经济带高质量发展重点任务**

前不久召开的省委十二届四次全会，全面总结了湖北省推动长江经济带发展取得的历史性成就，深入分析了长江经济带发展面临的新形势新要求，就下步工作作出系统部署。省委全会召开后，州委、州政府立足恩施实际，深入调查研究，拟定《实施意见（讨论稿）》，这是我州落实长江经济带发展战略的具体行动。各级各部门要同向发力、攻坚突破，着重抓好四个方面的工作。

（一）统筹推进流域综合治理。恩施水网密布、河库众多，5千米以上河流达382条，在营水库268座。我们要运用系统观念、统筹方法，深入推进山水林田湖草沙系统治理。

一要把修复长江、清江生态环境摆在压倒性位置。长江、清江是恩施的主要水系，是恩施高质量发展的重要支撑。我们要从生态系统整体性和流域系统性着眼，正确处理“五个重大关系”（高质量发展和高水平保护的关系、重点攻坚和协同治理的关系、自然恢复和人工修复的关系、外部约束和内生动力的关系、“双碳”承诺和自主行动的关系），持续推进长江、清江修复治理。要深入推进长江高水平保护十大攻坚提升行动，严格实施十年禁渔，加快三峡库区消落区治理修复。要加快清江绿色生态廊道建设，推进清江腾龙洞段、郁江干流、唐崖河咸丰段、酉水来凤段、澧水鹤峰段等综合治理，加强流域岸线管控，扎实开展河流“清四乱”（乱占、乱采、乱堆、乱建）专项行动，深入实施农业面源污染治理、城镇污水垃圾处理等污染治理工程，守好一江碧水。

二要开展好小流域综合治理试点。省委部署开展小流域综合治理试点，目的是以小流域为单元，探索转变生产生活方式、实现绿色低碳发展的路径和模式。恩施市带水河流域作为全省5个试点之一，要找准切入点，积极探索分区分类管控新标准、全流域治理新路径、产业转型发展新业态、共同缔造新机制、绿色低碳生产生活新方式，确保一年内见成效，努力把带水河流域建设成，生态脆弱小流域治理样板、绿色低碳生产生活样板、统筹城乡融合发展样板。要分区分类，统筹生产、生活、生态，以水系特点合理确定流域上游、中游、下游功能定位，建立小流域综合治理条件下的土地利用分类标准，合理配置生态、产业、城镇建设项目。要源头治污，聚焦水的源头和污染源头，分段施策，实现城镇污水全处理全达标，农村生活污水治理全覆盖，畜禽粪污全利用，生活垃圾无害化处理率100%。要统筹保护与发展，处理好农民增收与生态保护的关系，探索建立生态产品价值实现机制，宜农则农、宜林则林、宜旅则旅，拓宽农民增收渠道。其他7县市要参照州级试点标准，开展好小流域综合治理试点工作，责任上肩、真抓实干，积极探索生态美、产业强、百姓富的新路。

三要守住流域安全底线。守住安全底线，才能追求发展高线。要绘好现代水网建设“一张图”，统筹做好防洪减灾、城乡供水、生产用水等工作。加快推进姚家平水利枢纽工程、清江干流利川段防洪工程，确保恩施、利川城区防洪标准达到50年一遇。实施病险水库除险加固工程，确保268座水库运行及防洪安全。优化水资源配置，推进大中型灌区项目，加快利川、巴东、宣恩、咸丰、来凤5个县城双水源建设。要严格管控生态红线，持续深入打好蓝天、碧水、净土保卫战，推进国土绿化行动，加强坡耕地水土流失治理，有序推进矿山生态修复和绿色矿山建设，守牢生态环境安全底线。要强化监测预警，推进智能化、自动化监测预警网络建设，加快构建“四位一体”地质灾害防治体系〔由网格责任人(乡镇分管领导)、网格管理员（国土所长)、专管员(村干部)、协管员（驻县技术员）四人构成地灾防治管理体系〕，扎实做好438个山洪灾害重点村、2430个地质灾害点隐患排查治理，确保人民群众生命和财产安全。

（二）加快城市集中高质量发展。城市是区域人口、产业和要素资源的聚集地，是经济社会发展的“火车头”。我们要大力推进城市人口集中、功能集成、产业集聚、要素集约，加强城市管理，深入开展文明城市创建，努力探索符合山区实际的城市集中高质量发展之路，加快建设宜居、韧性、智慧城市。

一要优化州城结构。过去一段时期，恩施州城规模不断扩大、功能逐步完善、人口加快聚集，但规划统筹不够，辐射能力不强，与同类别地市级中心城区差距明显。要树立“精明增长”“紧凑城市”理念，按照“组团式、多中心、网络化”思路，以许家坪机场迁建、沪渝蓉高铁建设为契机，加快州城向东向南组团式发展，优化形成东城、西城、舞阳+月亮湾“3+1”组团结构。近期要把东城组团建设作为重中之重，高水平编制《恩施州城上官田-红庙片区规划（许家坪）》，提前谋划机场搬迁后金桂大道两侧区域的功能布局，加快腾退空间更新，有序承接老城区人口及功能疏解，将该片区打造成现代恩施的城市标杆。

二要完善功能配套。公共服务设施的配套程度直接影响城市的吸引力和竞争力，也关系到人民群众的生活质量和幸福感。州城要从清江两岸环境综合治理、城市绿道体系建设做起，加快建设绿道系统、慢行道，科学布局科技馆、青少年宫等公共场馆，配套好学校、医院、商场等，推进主干道快速化改造，加快建成“七纵六横”路网骨架，打造区域交通枢纽、区域医疗中心、区域教育中心。各县城要深入实施城市更新行动，加快老旧小区改造，建设窄马路、密路网、小街区。坚持先易后难、先急后缓，建设1~2个完整居住社区试点，抓紧补齐教育、医疗等基本公共服务短板，解决好“一老一小”基本生活需求，加快构建15分钟生活圈。

三要彰显城市特色。蒙徽书记调研恩施时强调，恩施新城区建筑，要把现代建筑理念和本地文化元素有机结合起来，既要有现代气息，也要有民族文化符号。要统筹山、水、人、城关系，按照临山控高、滨水退距、谷地留白的思路，依山就势、因势利导推动建筑退台式布局，严控山上、山边、水边新建高楼，塑造错落有致、疏密有度、高低起伏的城市天际线。要坚持景城一体，围绕300米见绿、500米见园，加快带状公园、社区游园、口袋公园建设，多维度拓展城市公共绿地和开放空间，把公园绿地建到居民家门口，建设山在林中、城在山中、水在城中、人在画中的山水城景。要在彰显巴土文化、生态优势等城市特色上下功夫，加强城市设计，适当融合传统民族建筑元素，建立文化地标，把城市做得有特色，让城市更有吸引力。特别是施州古城，历史悠久、古迹众多，要充分借鉴丽江古城、凤凰古城保护开发经验，尽快完善古城保护规划和城市更新设计方案，加强武圣宫、文昌祠等文保单位修缮维护，建好历史文化街区，活化历史文化遗产，让古城焕发生机。

（三）加快产业集中高质量发展。蒙徽书记在恩施调研时指出，一个地方的发展要从本地长出来，而不是从外面嫁接过来，要发挥比较优势，用好特色资源，建立具有地方特色的产业集群。我们要以特制胜，扬优成势，大力发展“搬不走、稳得住”的主导产业。

一要瞄准主攻方向。恩施的硒资源和旅游资源都是世界级的，要以富硒产业、生态旅游康养产业为主攻方向，扎实推动产业集中高质量发展。要紧盯富硒产业，以硒资源开发利用为切入点，全面推进规模化、标准化、市场化、品牌化建设，狠抓硒产品精深加工，建立以富硒茶叶、恩施土豆、富硒蔬菜、硒饮用水、硒日化品为主的产业体系，努力建设全国硒产业高地，力争到2025年，硒产业综合产值突破1000亿元。要紧盯生态旅游康养产业，开展创建世界级旅游目的地策划和三年行动计划，推进“宜恩神”旅游一体化发展和川渝、武陵山地区、长江黄金水道等区域旅游合作，提档升级核心景区，开发文化旅游产品，发展旅游新业态、新场景，打造旅游综合平台，力争到2025年，接待游客突破1亿人次，旅游综合收入突破800亿元，打造名副其实的世界级旅游目的地。

二要强化集约理念。恩施是国家重要生态功能区，除恩施市外，其他7个县市均为限制开发区，能用于产业发展的土地资源十分有限，必须坚持节约集约发展。要以恩施高新区为引擎，以8个县市工业园区为支撑，推进要素向园区集约、项目向园区集中、产业向园区集群，提升产业聚集度。要合理确定产业园区容积率、建筑系数综合控制指标，分类实施工业用地、标准厂房投资强度准入门槛和产出密度退出机制，有效推进城区企业“退城进园”、园区企业“腾笼换鸟”和“僵尸企业”分类处置。要开展批而未供、闲置土地、低效项目专项治理，加强“亩产论英雄”评价考核及结果运用，让寸土生寸金。

三要树牢链式思维。产业链培育是产业高质量发展的关键所在。要强力推进产业链招商，加快补齐富硒产业、生物医药等产业链缺失环节。要发挥头部企业的引领作用，大力实施“育苗壮干”行动，培育形成一批具有较强市场竞争力的领军型企业、专精特新“小巨人”企业、制造业单项冠军企业。要强化科技创新，实施“链长+链主+链创”机制，加快集聚创新资源，推动产业延链补链强链，不断提升产业核心竞争力。

（四）深入推进强县工程。推动长江经济带高质量发展，必须抬高农业农村发展底板，解决城乡区域发展不平衡问题。要以强县工程为抓手全面推进乡村振兴，扎实推进以县城为重要载体的就地城镇化和以县域为单元的城乡统筹发展。

一要夯实基础支撑。抢抓国家适度超前开展基础设施建设的重大机遇，精准谋划实施一批打基础、利长远、惠民生的重大基础设施项目。要加快推进高速公路、铁路、机场等重大交通项目建设，尽快启动沪渝蓉高铁恩施段建设，加快安恩张、恩黔遵等铁路前期工作，强力推进恩施机场迁建。从今年到2029年，力争按照每年竣工一条高速公路的进度，顺序建成宣咸、鹤峰东、建恩北、利咸、新机场高速、利云、巴张高速沪蓉沪渝连接段7条高速公路。要加快推进5G、工业互联网、大数据中心等新型基础设施建设，开展“上云、用数、赋智”行动，大力发展“智慧+”，推动产业数字化智能化转型升级，赋能智慧乡村、智慧城市发展。

二要建设和美乡村。习近平总书记亲自谋划、亲自部署、亲自推动的“千万工程”，造就了万千美丽乡村，造福了万千农民群众。我们要认真学习运用“千万工程”经验，全面推进乡村振兴。要扎实开展农村人居环境整治提升五年行动，以农村厕所革命、生活污水垃圾治理、黑臭水体整治、村容村貌提升为重点，压茬推进269个乡村振兴重点村建设，加强乡村风貌管控和农村建房规划管理，全面提升农村人居环境质量。要全力做好“土特产”文章，在特色、品质、品牌上下功夫，大力推进茶烟菜药果畜粮蜂八大农业主导产业链建设，构建“一村一品+”产业格局，促进农民增收、农业增效。要大力推进城乡融合发展，建立健全有利于城乡要素合理配置的体制机制，加快乡村基础设施提档升级，深化教联体、医共体等建设，推动公共服务向农村延伸、社会事业向农村覆盖，构建全民覆盖、普惠共享、城乡一体的基本公共服务体系，持续缩小城乡差距，让群众就地过上现代文明生活。

三要共建共治共享。党的二十大报告提出，要完善社会治理体系，健全共建共治共享的社会治理制度，提升社会治理效能。要坚持党建引领，深化乡镇和社区“大党委”建设，推动驻村工作队、社区“尖刀班”更好发挥作用，探索群团组织参与基层治理机制，构建“纵向到底、横向到边、共建共治共享”基层社会治理体系。要推广运用宣恩县数字乡村建设经验，强化信息资源和管理事项整合，开发县乡村三级基层管理端及村民使用端，完善应用场景，强化智能监管。要聚焦基本治理单元划分、完整社区建设、共同精神塑造等重点，以解决群众最关心最直接最现实的利益问题为切入点，运用共同缔造的理念和方法，深入开展党员干部下基层察民情解民忧暖民心实践活动，发动群众决策共谋、发展共建、建设共管、效果共评、成果共享，实现政府治理、社会调节、居民自治良性互动。

**三、全力确保各项目标任务落实**

推动长江经济带高质量发展，是一项复杂的系统工程。全州上下要切实增强责任感和使命感，脚踏实地、久久为功、善作善成。

（一）必须进一步理清思路。蒙徽书记强调，只有做到“五个搞清楚”（把习近平总书记重要指示要求搞清楚，把党中央决策部署搞清楚，把省委工作要求搞清楚，把发展大势搞清楚，把自身资源条件搞清楚），才能更好分析大势、把握机遇、找准问题，推动各项工作。要树立正确政绩观，在解放思想、更新观念上下功夫，加快转变发展理念、发展方式、发展动力、发展路径，想明白要干什么、要解决的突出问题是什么，想清楚了再干，干就干好。

（二）必须进一步提升本领。要善于观大势，时刻对标对表，在分析大势中明确方向，在把握机遇中找到路径，在认清优势中增强信心，用好政策空间、找准发力方向。要开阔眼界，抓住武汉对口帮扶、杭州对口合作等机遇，走出去交流挂职、跟班学习，推动理念升级、思路升级、能力作风升级。要深入调研，结合即将全面开展的主题教育，大兴调查研究，“一线总指挥”一定要到一线去，多到一线掌握实情、解决问题。

（三）必须进一步压实责任。要坚持全州“一盘棋”，各级党政“一把手”要发挥“头雁作用”，充分调动领导、调动系统、调动部门，凝聚上下一心、团结奋进的强大力量。要锚定全年目标，按照“保二争一”“坚决不退位、两年进一位”要求，奋力争先进位。要强化考核问效，层层传导压力，强化督办检查、考核通报，严明纪律规矩，严格考核奖惩，以强有力的责任倒查机制，倒逼工作任务落实落地。

同志们，潮平两岸阔，风正一帆悬。让我们更加紧密地团结在以习近平同志为核心的党中央周围，在省委、省政府的坚强领导下，深入实施长江经济带发展战略，加快建设“两山”实践创新示范区，为湖北加快建设全国构建新发展格局先行区作出更大贡献！

（州委政研室　供稿）

# 政府工作报告

## ——在州九届人大三次会议上的讲话

## （2024年1月9日）

州长　夏锡璠

**一、2023年工作回顾**

刚刚过去的一年，充满挑战，富有成效。全州上下坚持以习近平新时代中国特色社会主义思想为指导，深入学习贯彻党的二十大和二十届二中全会精神，认真落实省委、省政府工作部署，在州委的坚强领导下，牢牢把握高质量发展首要任务，全力以赴强信心、稳增长、防风险、推改革、惠民生，“两山”实践创新示范区建设稳健起步，交出了一份亮眼的答卷。

——四十芳华展现新气象。2023年是恩施州成立40周年。我们围绕“铸牢中华民族共同体意识·恩施各族人民同心共筑中国梦”主题，隆重召开自治州成立40周年庆祝大会，开展宣传推介、群众文体活动、项目建设比武等四个十系列活动。党中央亲切关怀，全国人大常委会、国务院发来贺电，中央有关部门祝贺团莅临祝贺。省委、省政府高度重视，王蒙徽书记、王忠林省长等9位省领导出席庆祝活动，省政府出台支持恩施州经济社会高质量发展专题会议纪要，省直有关部门全程精心指导。全州各界和天南地北的恩施人参与其中。我们心怀感恩、倍受鼓舞。40年光辉历程、40年累累硕果、40年团结奋斗汇聚起全州各族干部群众建功新时代的磅礴力量！

——经济建设取得新成效。建立专班推进、定期调度、跟踪督办、个性化考核等机制，强力推动经济回升向好、进中提质。截至11月，12项指标增速高于全省平均水平，6项指标增速排名全省前3位。预计地区生产总值突破1500亿元，增长6.8%；规模以上工业增加值增长10%；固定资产投资增长8%；社会消费品零售总额769亿元，增长9%；地方一般公共预算收入93.1亿元，增长21.2%；城镇、农村常住居民人均可支配收入分别达到38262元、15477元，增长6.5%、7.6%。州域经济不断发展壮大，绿色新兴产业占比持续提升。十大重点项目加快推进、十大示范样板初见成效、十件民生实事全面完成。

——重大项目拼出新业绩。持续开展“比抓强争促”，采取领导挂帅、超前谋划、高频调度等措施，争政策、争项目、争资金成效显著。全年开工10亿元以上项目25个。姚家平水利枢纽工程成为全国首个开工的重大水利工程项目。宣咸高速完成交工验收，巴东高铁站快速通道建成通车，鹤峰东高速、建恩北高速、利咸高速加快建设。车坝河引水工程、恩施东—朝阳500千伏输电线路建成投运。沪渝蓉高铁宜昌至涪陵段即将开工；巴张高速沪蓉沪渝连接段签订投资人协议；恩施机场迁建项目预可研通过中国民航局行业审查。到位中央、省级预算内项目资金23.6亿元，增长41.4%；争取专项债券项目资金99.7亿元，全省第5位；争取特别国债资金46亿元，全省第3位。

——恩施形象秀出新风采。“直尕思得·恩施要得”文旅形象宣传正式发布，央广传媒《共赴山河之旅》、东方甄选巡游直播走进恩施。恩施被授予全国首个“天然氧吧州”，恩施市入选“中国十大魅力打卡城市”。成功举办第五届“中国天然氧吧”产业发展大会、中国避暑旅游发展报告发布会、湖北省户外运动大会、第八届硒博会暨硒科技创新发展大会、东湖茶叙五周年暨恩施硒茶全球推广活动，顺利举行第九届全国大众冰雪季、中国民族民间龙舟公开赛。今天的恩施自带流量，已成为优良生态、民族风情、高品质农产品、避暑康养胜地的代名词，是人们心目中的诗与远方！

这一年，我们狠抓生态保护治理，环境质量持续领先。深入推进流域综合治理，完成长江干流巴东城区段库岸整治，实施清江上游综合整治和来凤县老峡河等中小河流治理。恩施市带水河小流域综合治理成为省级试点并初见成效。持续打好蓝天、碧水、净土保卫战，整治入河排污口 191 个，完成 200 个村生活污水治理。狠抓生态保护修复，营林造林 12.4 万亩，实施 77 家矿山修复治理。空气质量优良率、水环境质量稳居全省前列。七姊妹山国家级自然保护区被授予“世界最佳自然保护地”称号。配合完成第二轮省级生态环境保护督察，扎实推进反馈问题整改。积极探索生态产品价值转化路径，成立“两山”实践创新智库，开展 GEP[1] 核算试点。

这一年，我们发挥自身优势，特色产业持续壮大。聚焦特色、品质、品牌，全力推进特色产业发展。生态旅游康养产业强劲复苏，全年接待游客 8590 万人次、实现旅游综合收入 626 亿元。发布实施世界级旅游目的地建设规划，全面加强旅游营销策划，出台加强旅游团队购物市场管理和旅游安全管理政策措施。州领导带队对全州 38 家国家 AAA 级以上景区旅游安全隐患开展专项排查整改。州文旅投开局良好，引领作用初显。宣恩彭家寨、恩施鹿院坪、巴东野三关森林花海成功创建国家 AAAA 级景区，宣恩县兴隆老街成功创建国家级旅游休闲街区，咸丰坪坝营入选全国首批“避暑旅游目的地”，利川市获评中国“2023 避暑旅游优选地”，来凤县成功创建“荆楚文旅名县”。富硒产业提质增效，综合产值达到 930 亿元。成功创建全省首个国家农产品质量安全州，争创国家农业产业强镇 4 个，新增绿色有机地理标志农产品 74 个、地理标志证明商标 2 个，“恩施土豆”入选全国农业绿色发展典型案例，“来凤藤茶”入选国家农业品牌精品培育计划，“鄂马铃薯 16 号”入选首批国家农作物优良品种推广目录。一批土特产专卖店、餐饮示范店、硒茶品牌形象店进驻武汉、北京等城市。工业经济发展成效明显，绿色新兴产业综合产值达到 512 亿元。咸丰页岩气区块探矿权挂牌出让，利川累计投产页岩气井 13 口、生产页岩气 1.6 亿立方米，新增清洁能源装机 10 万千瓦。和诺生物烟碱提取、达翔储能电池、立讯电子烟等项目建成投产，新安化工与皇恩烨全面合作。新增规模以上工业企业 130 家、认定高新技术企业 206 家、新增瞪羚企业[2] 9 家。服务业快速恢复，新增限额以上商贸统计单位 400 家、规模以上服务业企业 68 家。生物医药产业稳步提升，综合产值达到 245 亿元。中药材基地保有面积 150 万亩，一正药业扩产项目建成投产，恩施州被中国民族医药协会授予“华中药库”称号。持续推进产业园区规范化建设，建成园区 71 平方千米，储备标准地 6700 多亩，建成标准厂房 357 万平方米。恩施高新区入选省级新型工业化产业示范基地。利川经济开发区被确定为全省第一批数字经济标杆园区。

这一年，我们加强城乡建设，人居环境持续改善。深入实施强县工程，加快推进以县城为重要载体的就地城镇化和以县域为单元的城乡统筹发展。全州城镇化率达到 49.1%。突出规划管控，州、县（市）国土空间总体规划上报省级审查，编制完成小龙潭生态新城等重点片区详细规划和 100 个重点村村庄规划，州城控违拆违取得显著成效，城乡违法占地建设得到有效遏制。持续深化“创文创卫”，市民文明素质和城市文明程度不断提升，州城颜值更加亮丽，宣恩县在全国文明城市提名城市全省模拟测评中名列前茅。高标准推进县市城市建设管理，全面启动市政公用设施补短板三年行动，改造老旧小区 286 个、燃气管道 303 千米，新增污水管网 80 千米，城镇生活污水集中处理率达到 98.2%。建设城市口袋公园 15 个，建成完整社区 10 个。出台机动车停车场管理暂行办法，“全州一个停车场”管理服务系统[3] 基本建成。巩固拓展脱贫攻坚成果同乡村振兴有效衔接稳步推进，对 1.6 万户、5 万人监测对象开展常态化防返贫监测帮扶，风险消除率 67%。新启动 8 个州级乡村振兴示范村、100 个乡村振兴重点村建设，建成中国美丽休闲乡村 1 个。持续改善农村生产生活条件，新建改建农村公路 1371 千米，改造农村危房 1694 户，新建改建农村户厕 1.6 万户，寄递物流服务网点实现行政村全覆盖。巴东县成功创建“四好农村路”全国示范县。实施中直省直单位定点帮扶、武汉市对口帮扶、杭州市对口合作、北京市对口支援项目 639 个，到位帮扶资金 11.6 亿元。“832 平台”销售额达到 19.2 亿元，连续 4 年位居全国地市州第 1 名。

这一年，我们深化改革开放，发展动能持续增强。聚焦市场主体需求和人民群众关切，深入推进重点领域和关键环节改革。出台优化营商环境“50 条”，90 项试点改革入选全省优化营商环境改革先行区名单。深化政务服务改革，100 类高频电子证照实现免提交，“一件事一次办”主题事项达到 386 个，州县两级政务服务事项可网办率 100%，宜荆荆都市圈通办事项达到 638 件。建成“惠民利企政策一点通”平台，实现免申即享。减税降费、退税缓费 18.8 亿元。新登记经营主体增长 24.6%，新登记企业增长 76.8%，市场活力进一步显现。深入推进国有企业、农村产权制度、公共资源交易等领域改革。农村土地经营权抵押贷款改革获第四届湖北改革奖，在全省率先实施公益林补偿收益权质押贷款，“农保贷”[4] 实现县市全覆盖。恩施州连续 15 年获得“湖北省金融信用州”称号。宣恩县“小田并大田”[5] 试点经验全省推广。创建全省公共资源交易综合监管先行区，州公共资源交易中心获评全国优秀平台。恩施航空口岸获批正式对外开放，恩施硒茶首次搭乘铁海联运班列出口。进出口总额34亿元，增长69.1%。实际直接利用外资2491万美元，增长36.3%。

这一年，我们坚持民生优先，群众幸福指数持续提高。把以人民为中心的发展思想落到实处，用心用情办好民生实事。财政民生支出占比稳定在80%以上。新增城镇就业3.5万人，新增零工驿站[6] 154家。农民工欠薪数字化治理试点入选国务院办公厅政务服务效能提升典型案例。恩施茶艺师、一红一绿制茶师劳务品牌亮相全国劳务协作暨劳务品牌发展大会。全州社会保险参保达到697万人次，州、县、乡、村一体化医保经办服务实现全覆盖。农村低保、特困人员供养标准增长28.8%，19.8万困难群众的基本生活得到有效保障。筹集保障性租赁住房2018套，基本建成棚改安置房2783套。加快城乡公益性殡葬服务设施建设，建成县市城区殡仪服务中心3个、农村公益性公墓32个。出台《关于推进基本养老服务体系建设的若干措施》，建成8个县市失能半失能人员照料中心、18个乡镇（街道）养老服务综合体，完成2935户特殊困难老年人居家适老化改造。组建教联体115个，新建改建学校29所，新建校园图书馆（室）42个，建成中小学校园足球场地500个，建设冬暖夏凉温情教室4449间。全州高考再创佳绩，重点大学上线人数刷新历史纪录。恩施职业教育集团正式成立。创建三级乙等综合医院2家、省级临床重点专科22个，定向培养大学生乡村医生100名，县域内就诊率达到90%。适龄妇女两癌免费筛查做到愿检尽检。实施残疾人家庭无障碍改造526户，开展残疾人辅具免费适配9199人。新增婴幼儿托位6744个。创作民族歌舞剧《西兰卡普》并正式开展旅游驻场演出，恩施土家族摆手舞入选“中国民间文化传承发展品牌”案例。在湖北省第十届少数民族传统体育运动会上取得金牌数、奖牌数第一的优异成绩。持续深化共同缔造，村级民主议事协商全面推行。深入推进平安恩施建设，生产安全事故起数、死亡人数分别下降42.9%、27.8%，命案起数、死亡人数分别下降38.9%、33.3%。

这一年，我们强化自身建设，政府效能持续提升。深入开展学习贯彻习近平新时代中国特色社会主义思想主题教育，大兴调查研究，深化党员干部“下基层、察民情、解民忧、暖民心”实践活动。全面推进“五型”政府[7] 建设，政府执行力和公信力进一步增强。不断强化党风廉政建设，严格落实中央八项规定及实施细则精神，推动干部作风持续转变。深入开展精文减会、规范督查检查考核，全力为基层减负。加快数字政府建设，建成政务云平台[8]，开通“恩政通”[9] 掌上办公平台。修订完善《政府工作规则》，建立重点工作跟踪督办闭环销号、重大事项复盘剖析、社情民意汇集办理工作机制。邀请人大代表、政协委员、市民代表列席政府常务会议，多次召开民意恳谈会。获得国务院督查激励事项2项、省政府督查激励事项17项。坚持举办“周末经济课堂”，完善政府决策咨询机制，开展行政执法能力提升年行动，法治政府建设取得长足进步。自觉接受人大、政协及社会各界监督，办理人大代表建议114件、政协提案171件。

退役军人、国防动员、人民防空、民兵预备役、双拥工作进一步加强。外事侨务、对台事务、民族宗教、统计调查、审计、移民后扶、粮食安全、气象、保密、史志、档案、住房公积金管理等工作都取得了新成绩。工会、共青团、工商联、妇女儿童、科协、红十字会、慈善等事业都呈现出新气象。

各位代表，这些成绩的取得，根本在于习近平新时代中国特色社会主义思想的科学指引，是党中央国务院深切关怀、省委省政府和州委坚强领导的结果，是北京市、杭州市、武汉市、中直省直单位和社会各界倾情帮助的结果，是广大干部群众奋力拼搏的结果。在此，我谨代表州人民政府，向所有关心、支持、参与恩施发展的各界人士，致以崇高的敬意和衷心的感谢！

在总结成绩的同时，我们也清醒地看到面临的困难和挑战。主要是：城市基础设施短板突出，功能不完善，就业承载力不强；产业规模偏小，科技创新能力和数字化、智能化水平不高，制造业支撑作用不够；财源基础薄弱，财政运转较为困难，政府欠企业账款支付缓慢；市场主体信心不足，生产经营困难较多；干部思想解放不够，创造性抓落实的能力有待提升。这些问题，我们将高度重视并认真加以解决。

**二、2024年工作安排**

2024年是中华人民共和国成立75周年，是实施“十四五”规划的关键一年。我们将以习近平新时代中国特色社会主义思想为指导，全面贯彻落实党的二十大、二十届二中全会、中央经济工作会议精神和省委、州委历次全会部署，紧紧围绕中国式现代化这个最大的政治、高质量发展这个新时代的硬道理，完整、准确、全面贯彻新发展理念，坚持稳中求进、以进促稳、先立后破，深入实施长江经济带发展战略，加快推进以流域综合治理为基础的四化同步发展，突出城市和产业集中高质量发展，大力实施强县工程，抓实“立足大生态、构建大交通、发展大旅游、打造大产业”四大举措，彰显“土、硒、茶、凉、绿”五大优势，在州委的坚强领导下，主动应对预期稳中有升、民生兜底提升、财政紧中求稳、发展稳中求进带来的挑战，全力做好稳预期、扩内需、增活力、防风险、惠民生各项工作，奋力推动“两山”实践创新示范区建设取得新成效。

2024年全州经济社会发展主要预期目标是：地区生

产总值增长6.5%；规模以上工业增加值增长8%；固定资产投资增长9%；社会消费品零售总额增长9%；地方一般公共预算收入可比增长7%；城镇、农村常住居民人均可支配收入分别增长6.5%、7.5%；安全生产、节能减排、环境质量全面完成省定目标。

围绕上述要求和目标，我们将重点在以下8个方面着力。

（一）新型工业化实现新突破

把工业经济摆在更加突出的位置，全力抓增量、扩总量、提质量、延链条、成集群，推动绿色新型工业加快发展。

做强主导产业。推动清洁能源产业增产扩能。加快页岩气勘探开发和就地消纳利用，力争累计探明储量达到1000亿立方米，新增页岩气年产能2亿立方米。加快推进华润建始10万千瓦风电项目、国能长源巴东10万千瓦光伏项目等重点项目，新增清洁能源装机15万千瓦。加强能源通道建设，逐步提升清洁能源的承载、输送和配置能力。提升富硒产业水平，办好第九届硒博会暨硒科技创新发展大会，完成硒蛋白国家标准修订，拓展硒在功能食品、医药产品、旅游康养等领域的应用，大力发展水、酒、饮料等产业，富硒产业综合产值突破1000亿元。壮大生物医药产业规模，加快湖北省中药材良种繁育中心建设，建成恩施高新区生物医药产业园一期，支持时珍堂药业、八峰药化、香连药业等扩大产能，推动事丰医疗、人福医药、劲牌持正堂药业等建成投产。大力发展新材料、电子信息、先进制造等绿色新兴产业，加快信濠光电、新安化工等项目建设，支持立讯电子科技扩大电子烟生产，支持和诺生物、腾升香料充分释放产能，建成现代烟草产业园。开工建设亿元以上工业项目150个，实施工业技改项目100个。

培育市场主体。千方百计激发市场活力，深入实施经营主体稳存量、扩增量、提质量行动，大力实施中小企业成长工程，全力支持小微企业加快发展。扶持传统行业企业健康成长，实行专班服务、一企一策，帮助企业纾困解难。继续培育“小进规”“新进规”，新增规模以上工业企业100家、省级以上专精特新中小企业10家，新增产值过2亿元企业5家、过5亿元企业1家。组建产业投资基金，加大金融产品创新供给，全力保障实体经济发展。弘扬企业家精神，加强企业家队伍建设。着力培育咿呀英博等重点企业上市。

发展数字经济。加快推进数字产业化、产业数字化。加强信息基础设施建设，新建5G基站1500个，行政村5G通达率超过80%，千兆宽带用户达到35万户。完成数字政府项目建设，持续深化人工智能、大数据等数字技术应用，打造一批典型应用场景。推动企业数字化转型，新增省级“两化融合”示范企业8家、省级智能制造示范企业2家、省级5G全连接工厂1家。

聚力招商引资。增强招商引资定力，开展招商引资重大项目突破年行动，立足恩施资源优势和产业链需求，聚焦招引可以在恩施扎根的产业项目。持续推进驻点招商、战队招商、以商招商、产业链招商，深入实施“请老乡、回家乡、建故乡”恩商回归工程[10]，推动与杭州、武汉等地联动招商，提升招商精准度、成功率、实效性。强化政策引导、考核激励，严格奖补政策兑现标准和程序，更加注重落地项目对经济总量、产业补链、就业、税收的贡献。全年新签约亿元以上产业项目500个，新开工亿元以上产业项目300个。

建设成熟园区。推动企业向园区集聚、产业向园区集中，启动“退城进园”三年行动，高标准推进“1+8”园区建设。有力推动恩施高新区创建国家级高新区，完成各县市园区总体规划、专项规划等编制，支持符合条件的园区扩区调区，鼓励各县市建设特色园区。实施水、电、路、气、管网、污水处理等基础设施提升工程，储备标准地6000亩，建成标准厂房60万平方米。落实“亩产论英雄”评价机制，继续清理整治园区工业用地不办工业问题，实行园区项目无绩效退出管理。

（二）乡村振兴实现新突破

坚持农业农村优先发展，全力以赴推进乡村振兴，提升农业现代化水平，建设宜居宜业和美乡村。

做足“土特产”文章。守住生态本底，坚持绿色化生产、市场化营销、品牌化经营，提升机械化生产、社会化服务和土地规模化流转水平，持续加强“茶烟菜药果畜粮蜂”八大主导产业全产业链建设。推进标准化示范基地建设，建成富硒农业标准化示范基地30万亩。创建国家农业绿色发展先行区，积极申报国家级现代农业产业园、农业产业强镇，力争新增省级龙头企业5家、规模以上农产品加工企业30家，规模以上农产品加工业产值突破110亿元。推动茶产业更高质量发展，着力建设全国特色名优茶基地、优质茶原料基地、重要出口茶基地、茶科技创新基地和茶业人才培养基地。加强品牌建设，持续擦亮“恩施硒茶”“恩施玉露”“利川红”“恩施土豆”等知名品牌，不断壮大“恩施系”公用品牌[11]矩阵。持续推进硒品入汉、硒品入杭、硒品进京，新增土特产专卖店30家、餐饮示范店25家、硒茶品牌形象店50家，在大城市试点建设“恩施炕土豆”特色小吃店。

保障重要农产品供给。守牢497万亩耕地保护红线，扎实抓好耕地流出整改，坚决遏制耕地“非农化”。加快灌区建设，建成高标准农田38万亩，想方设法增加基本农田和水田，深入推进第三次全国土壤普查。加快马铃薯育种产业化步伐，建设马铃薯、茶叶、水稻等良种繁育基地5万亩，提升核心种源自给率。守牢粮食安全底线，努力实现粮食自给自足，粮食、蔬菜、油菜播种面积分别稳定在562万亩、210万亩、75万亩以上。稳定畜产品供给，出栏生猪440万头、肉牛6万头，下大力气引进和发展畜产品加工、深加工龙头企业。

推进乡村建设。持续巩固拓展脱贫攻坚成果，对脱贫不稳定户、边缘易致贫户和突发严重困难户开展常态化监测帮扶，坚决防止规模性返贫。持续深化杭恩对口合作、汉恩对口帮扶和中直省直定点帮扶，实施一批农产品精深加工、红色文化保护开发等项目。创新中央衔接资金使用机制，落实消费帮扶和政府采购支持政策，全力支持龙头企业做强做大。新启动8个州级乡村振兴示范村、89个乡村振兴重点村建设。学习运用“千万工程”经验，开展农村人居环境整治，推动村庄净化绿化美化。加快推进利川云雾山等7个水源水库建设，新建改造农村配电线路512千米、变压器332台，推进行政村双车道建设。加强冷链物流体系建设，实现寄递物流村级网点稳定运行。全面落实农村宅基地按规划选址、新建房屋按设计图施工，保持乡村风貌和乡土气息。

（三）世界级旅游目的地建设实现新突破

依托生态文化特质，用好“天然氧吧州”金字招牌，推动生态旅游康养产业转型升级，加快建设“居者幸福、行者向往”的世界级旅游目的地。全年接待游客9400万人次，实现旅游综合收入720亿元。

构建大旅游格局。深入实施世界级旅游目的地建设规划，围绕“一核、一轴、多组团”，形成大品牌支撑、多业态并进、连点串线成面促全域发展格局。突出“一核”引领，支持恩施市打造世界级旅游目的地城市，大力提高州城旅游首位度。强化“一轴”串联，以清江为轴线，打造清江、长江国际旅游精品线路。推进“多组团”联动，依托县城和重点区域，打造多个旅游组团。加强旅游人才队伍建设，强化旅游秩序整治和旅游安全管理，让游客在恩施游得放心开心。

打造高品质旅游产品。按照世界级旅游景区标准，提升恩施大峡谷、利川腾龙洞、巴东神农溪、鹤峰屏山等景区质量，推动建始蝶舞清江创建国家AAAAA级景区，建成恩施大峡谷—腾龙洞世界地质公园，打造世界级山水旅游目的地。围绕凉爽气候避暑、清新空气洗肺、富硒美食养胃、户外运动健身、中医调理康体、文化体验悦心，有序发展避暑康养、中医康养、森林康养、温泉康养，推动苏马荡、野三关、绿葱坡、坪坝营创建国家级旅游度假区，加快建设高品质康养小镇，打造世界康养旅居之都。推进体旅融合，发展山地运动、水上运动、冰雪运动、休闲运动等户外运动产业，打造全国户外运动示范区。深化文旅融合，加快建设武陵山区（鄂西南）土家族苗族文化生态保护实验区，推动唐崖土司城址这一世界文化遗产活化、业态化、产业化。支持万里茶道（鹤峰段）申报世界文化遗产，大力发展红色旅游，完成州文化中心文旅综合体建设，加快土司城提升、女儿城二期等重点项目建设，打造武陵山区文化体验核心区。

丰富文旅新业态新场景。积极创建国家级、省级旅游休闲街区、夜间文旅消费集聚区，打造露营、研学、房车、旅拍、Citywalk、网红美食等体验式沉浸式旅游新场景。鼓励脑洞大开、无中生有，创新发展会展旅游、文娱旅游，丰富“音乐+旅游”“影视+旅游”“赛事+旅游”等新业态。打造龙船水乡精品演艺。推进乡村旅游提档升级，创新美丽田园、农耕体验、魅力乡居等产品体系。加强文创产品研发，打造“恩施新八宝”等旅游商品、西兰卡普等文创产品。支持创建等级民宿、AAAA级以上旅行社、四星级以上饭店，加大力度建设五星级酒店、引进国内国际知名酒店品牌。不断完善旅游公路、集散中心、停车场等配套设施。

强化文旅创意营销。细化落实《恩施州文化旅游品牌三年营销推广战略策划书》，综合利用中央、省级媒体，整合全州文旅宣传资源，加大新媒体传播力度，构建旅游营销矩阵。深化“直尕思得·恩施要得”文旅形象宣传，把恩施土家女儿会办成全州文旅盛会，举办武陵文旅大会、第三届“凉交会”、“民谣返乡”等活动。开通国际航线，举办国际旅行商大会、国际友好城市旅游推介会，积极参加中国（武汉）文化旅游博览会等国家级展会，进一步提高恩施旅游知名度和影响力。

恢复和扩大消费。大力支持现代金融、研发设计、网络销售、检验检测等生产性服务业发展，加快推动健康、家政、养老、托幼等生活性服务业发展。落实促进消费政策措施，扩大新能源汽车、家居、电子产品消费，提升零售、餐饮、文旅消费。提振住房消费信心，落实住房公积金支持政策，更好满足居民刚性和改善性住房需求。加快推进利川万达广场、咸丰铜锣湾商业综合体、鹤峰领创国际商贸城建设。新增限额以上商贸单位200家，新增规模以上服务业企业50家。

（四）项目工作实现新突破

把项目建设作为推动发展的总抓手，持续深化“比抓强争促”，巩固经济增长根基。

全力谋划争取。紧盯政策导向、资金投向，精准谋划一批基础设施、流域综合治理、城市和产业集中高质量发展、地灾防治等重点项目。启动新一轮铁路、高速公路、国省道等重大项目谋划工作，做实目录库、储备库和实施库。加大特别国债、专项债券、国际金融组织贷款项目的争取力度。力争到位中央、省级预算内资金不低于2023年，发行新增专项债券额度保持全省前列。

做实前期工作。落实专班、专人、专项经费，做深做实项目前期。州本级和各县市按照不少于3000万元的额度预算项目前期经费。力争郁江干流、唐崖河咸丰段、溇水鹤峰段等治理工程获得初设批复，恩施机场迁建项目获得立项批复。完成安恩张铁路、恩黔遵铁路、利川至万州高铁连接线、鹤峰至张家界高铁连接线规划研究。

加快利云高速、武汉至重庆高速恩施段、巴张高速野三关至湖南省界段项目工可研。继续深入做好一批国债、专项债储备项目前期工作。

加快项目建设。全年实施州级重点项目500个，力争新开工亿元以上重点项目200个。建成鹤峰东高速、沪渝高速恩施西收费站改扩建项目，加快推进姚家平水利枢纽工程主体工程开工建设，全力推动建恩北高速、利咸高速、沪渝高速利川东互通等项目建设。新建改建国省道200千米，新建充电桩1500个。加快清江干流环境综合整治、小流域综合治理试点等项目建设。加快州民族体育运动中心、恩施龙凤职业教育产业园、州中心医院新区医疗中心（二期）、州托育综合服务中心等项目建设进度。

新的一年，我们将全力实施沪渝蓉高铁恩施段、巴张高速沪蓉沪渝连接段、新机场高速、恩高宣快速通道、高新大道、高旗大道延伸段、信濠光电（一期）、忘尘峰露营度假区、恩施高新区富硒食品产业园、州中医医院等十大重点项目建设。

（五）新型城镇化实现新突破

坚持高标准规划建设管理，落实城市为人而建的理念，推进城市人口集中、产业集聚、功能集成、要素集约，加快建设宜居、韧性、智慧城市。

强化空间管控。按照“一核一副五组团”[12]格局完善规划布局，加快州、县国土空间总体规划报批，高水平编制州城重点片区和县市中心城区详细规划，推进乡镇国土空间总体规划编制。督促各级城市管理者深入学规划、精心管规划，做实做细做精每一个城市建设项目规划任务书，以绣花功夫管规划，保城市品位提升。对城乡违法建设零容忍，坚决杜绝以处罚换合法。

完善城市功能。着力增强州城能级，加快建设特色型区域中心城市。启动黄金大道、金凤大道、龙凤大道等城市道路建设，打通环城东路、恩施大道、高旗大道，完善州城“七纵六横”[13]路网。推进景城一体化建设，实施清江带状公园景观提升、绿色慢行系统建设工程。加快推进施州古城保护修复和活化利用，启动城乡街、四维街改造。着力提升县市城市品位，结合“平急两用”，深入实施市政公用设施补短板三年行动。以街区为单元推进老城片区改造，规范老旧小区改造工作流程，改造老旧小区279个。加快推进利川、来凤垃圾焚烧发电厂建设。推动城市规划区雨污分流管网全覆盖，改造污水管网230千米。加快推动城市农贸市场改造升级和物流园区建设，新改建10个乡镇商贸中心、农贸市场。完善15分钟生活圈配套，新增12个完整社区。以更加有力有效措施引导农业转移人口进城落户，加快推进就地城镇化。

创新城市管理。持续深化“创文创卫”，不断提升市民文明素质，力争全州创成国家卫生城市，恩施市争创全国文明城市提名城市，宣恩县创成全国文明城市。深化“大城管”格局，制定城市管理工作标准，建立完善城市管理绩效考评机制。大力开展“扫干净、码整齐、清通透”攻坚行动，实施私搭乱建、占道经营、空中飞线等专项治理。新增公共停车位8000个，提高“全州一个停车场”管理服务系统接入率。做实网格化管理，推动精细化管理向背街小巷、窨井盖、路灯等延伸覆盖。加快建设城市数字公共基础设施，完成州城城市信息模型（CIM）构建，建成州级城市运营管理中心，推动城市运行“一网统管”。启动城市生命线工程。

建设重点城镇。综合考虑交通区位、资源禀赋、产业基础，完善州域中心镇布局。实施乡镇通二级公路攻坚行动。支持野三关、燕子等中心镇建设，不断增强乡镇联城带村、服务“三农”功能。用城市的理念规划建设重点镇，提升城镇建设质量和品位。完善城镇功能，推进供水、供气、垃圾收运、污水处理等基础设施建设，加强教育、医疗、商贸、便民服务等功能配套。支持重点镇集中发展优势产业，打造一批康养小镇、文旅名镇、产业强镇、商贸重镇。

（六）改革创新实现新突破

坚持把改革创新作为高质量发展的根本动力，聚力打造“全国一流、全省领先”营商环境，增强发展活力。

推进重点领域改革。完成新一轮地方机构改革。实施国企改革深化提升行动，推进国有平台企业市场化转型，推动州产业投资公司实质化运营。深化供销合作社综合改革，组建恩施供销集团，建设城乡供应链平台。大力发展集体经济，年经营收入过10万元的村达到65%。全面完成农村“房地一体”不动产登记[14]颁证。深入推进集体林权制度改革，开展碳汇交易试点。持续推进殡葬改革，开展全国殡葬领域跨部门综合监管试点，推广巴东土店子殡葬改革经验，每个县市建设1个高水平试点。

优化营商环境。坚持“人人都是营商环境”理念，营造全民维护营商环境的浓厚氛围。对标“世行新评估体系”，聚焦经营主体全生命周期服务，深入实施营商环境补短板行动。积极开展优化营商环境先行区创建试点，持续降低企业用能、用地、融资、物流和制度性交易成本。实施政务服务效能提升行动，建成“恩汇办”平台[15]，推动100项高频事项“网上办、掌上办、就近办”。深化一业一证、歇业登记等商事制度改革。全面落实包容审慎行政执法“四张清单”、涉企经济影响评估制度。发挥金融服务平台作用，“恩融通”线上融资新增20亿元以上，新型政银担在保余额增长10%以上。

提升开放水平。设立恩施边检站，实现航空口岸正式开放。全面实行提前申报、远程视频查验、绿色通道等通关便利措施。开辟恩施至宁波铁海联运物流通道。

加快建设长江巴东港客货运码头。强化外贸综合服务，开展外贸挖潜量、拓增量行动，打造农产品供港基地[16]，新增外贸实绩企业25家，完成进出口总额40亿元。主动融入宜荆荆都市圈，建设武汉恩施大厦[17]、杭恩对口合作示范基地。

增强科技创新能力。坚持科技创新为生产力服务，加强硒、页岩气、生物医药等领域关键核心技术攻关和成果转化，加快形成新质生产力。大力培育创新主体，新认定高新技术企业100家，新增瞪羚企业10家，入库科技型中小企业1000家。强化企业创新主体地位，深化产学研用合作。新增1家院士工作站。推动硒资源研究与生物应用省重点实验室、湖北省恩施硒茶产业技术研究院创新发展。推动中科院上海营养与健康研究所与州内科研院所协同创新。深入实施“硒谷英才”计划，擦亮“候鸟人才”[18]品牌，大力开发乡土人才，建设名师名医名家工作室16个。持续推进利川市建设省级创新型县市。

新的一年，我们将全力推进营商环境先行区创建试点，小流域综合治理试点，数字乡村[19]建设试点，恩施市、利川市城市和产业集中高质量发展试点，恩施市县域商业体系建设试点，宣恩县生态产品价值实现机制试点，建始县、咸丰县基层治理创新实验区，完整社区建设示范，养老服务创新示范，专卖店+订单农业示范等十大试点示范工程。

（七）“两山”实践创新实现新突破

优良生态是恩施发展进步的生命线，必须始终坚持生态优先、绿色发展，厚植生态优势，扎实推进流域综合治理，加快建设生态宜居、层林尽染的美丽恩施。

加强生态保护修复。深入实施长江高水平保护十大攻坚提升行动，严格落实长江、清江十年禁渔。加快清江、郁江、唐崖河、溇水等流域综合整治，编制完成37条中小河流河道治理总体方案。完成恩施市带水河小流域综合治理省级试点建设，总结推广山区小流域综合治理经验。推进州城一江九水五库[20]系统治理。扎实推进河湖长制、林长制。实施水土流失治理300平方千米，建设生态清洁小流域6条。持续推进矿山生态修复和绿色矿山建设。推进国家储备林建设，营林造林2.2万亩。继续实施彩色森林“六大行动”，加快利川甘溪山、来凤胡家坪等国有林场彩色森林建设。

打好污染防治攻坚战。加强移动源、扬尘源污染防治，推进餐饮油烟污染治理，强化秸秆露天禁烧、禁鞭管控，城区空气质量平均优良率保持在97%以上。实施噪声污染防治行动，建立声环境质量监测体系。持续开展入河排污口整治和城镇生活污水、黑臭水体、船舶和港口等重点领域污染治理，地表水考核断面水质优良率保持在100%。加强农业面源污染、固体废物污染防治，强化土壤污染管控和治理。扎实推进中央、省生态环境保护督察反馈问题和国家长江经济带生态环境警示片披露问题整改，全力守护好恩施的绿水青山！

拓宽“两山”转化路径。完成各县市GEP核算，发布州级GEP核算结果报告。持续推进自然公园、自然保护地等自然资源确权登记。进一步探索生态产品价值实现路径和机制，试点开展森林覆盖率、绿化增量、清水增量等生态资源权益交易。进一步完善生态保护补偿机制。主动融入三峡库区绿色低碳发展示范区建设。推动利川、来凤创建国家生态文明建设示范区。

（八）民生保障和改善实现新突破

深入践行以人民为中心的发展思想，厚植民生情怀，着力解决好人民群众“急难愁盼”问题，不断提升人民群众获得感、幸福感、安全感。

提升就业和社会保障水平。实施就业优先战略，新增城镇就业3.2万人，开展职业技能培训3万人。优化创业环境，加强创业政策支持，推动全民创业，大力支持年轻人和大学生留恩创业。落实国家医疗保障待遇清单制度，基本医疗保险参保率稳定在96%以上。精准、及时、高效开展社会救助，积极开展慈善公益活动，关心关爱农村留守儿童、妇女、老人和残疾人。加强生育和普惠托育政策支持。加快养老事业和养老产业发展，进一步健全养老服务体系，推进生活设施适老化改造，严格福利院规范化管理，建设示范性老年幸福食堂[21] 8个、医养结合养老试点[22] 4个。

加快发展社会事业。推动基础教育扩优提质，义务教育教联体学校达到350所，实施校园校舍建设项目100个。实施“百千万教师成长工程”、县域普通高中标准化建设和质量提升工程，支持恩施高中高水平发展，擦亮恩施教育名片。坚持“五育”并举，深入实施“中小学生心理健康护航工程”、中小学生阅读计划，促进学生全面健康成长。提升职业院校办学水平，启动恩施职院整体搬迁。支持湖北民族大学、湖北恩施学院、恩施职院发展。加强国家级、省级临床重点专科建设，推动1~2家县级医院创建三级医院。加强数字化医疗服务体系建设，启动全民健康信息平台建设。启动州图书馆建设，新增城市书房、文化礼堂等新型公共文化空间10个，持续建设“书香恩施”。加强城乡文化体育场所建设，大力开展全民健身运动。办好中国民族民间龙舟公开赛、青少年运动会、“恩BA”篮球赛等群众性体育赛事，开展“四季村晚”“悦读恩施”等文化惠民活动。持续深化各民族交往交流交融，积极创建铸牢中华民族共同体意识示范州，打造全国民族团结进步示范州升级版，支持宣恩县、咸丰县申报全国民族团结进步示范县。积极创建“全国双拥模范城”。

加强基层治理。开展安全生产治本攻坚行动，加快推进“智慧应急”综合应用平台[23]、“一中心两基地”[24]建设。严格食品药品监管，启动来凤省级食品安全示范县创建工作，实现食品安全示范创建全覆盖。学习借鉴新时代“枫桥经验”，健全一站式多元化解矛盾纠纷机制，积极创建无命案县市、无可防性刑事案件乡镇（街道）、无诉讼村（社区）。常态化推进扫黑除恶，严厉打击各类违法犯罪，严防命案、严控极端案事件，建设更高水平平安恩施。有效防范化解房地产、金融、地方债务等重点领域风险隐患，坚决守住不发生系统性风险的底线。构建共同缔造“以奖代补”政策体系，州级乡村振兴示范村资金全部实行以奖代补。推广积分制管理[25]、村（居）民主议事协商，持续提升基层治理水平。

新的一年，我们将继续实施十大民生工程，兜住、兜准、兜牢民生底线。新增城镇中小学（幼儿园）学位4000个以上；完成高血压、糖尿病、高脂血症等慢性病和心脑血管疾病患者筛查100万人次；建成建始县、来凤县城区公益性殡葬服务设施及16个农村公益性公墓；建成8个乡镇（街道）养老服务综合体、20个农村互助照料中心，完成2800户特殊困难老年人居家适老化改造；新增10个城市口袋公园、15个社区健身广场；制定完善住宅小区物业管理规则，提升物业服务社会满意度；建成83个乡镇公益性游泳、戏水场所；筹集保障性租赁住房233套，发放公租房租赁补贴1160户，完成农村危房改造1000户；新建改建农村公路1000千米；新建改建农村户厕8000户。

**三、加强政府自身建设**

继续深化新形势下“五型”政府建设，始终牢记“三个务必”，不折不扣抓落实、雷厉风行抓落实、求真务实抓落实、敢作善为抓落实，不断增强政府执行力、公信力。

强化政治引领。坚持不懈用习近平新时代中国特色社会主义思想凝心铸魂，深入学习贯彻党的二十大精神，持续巩固拓展主题教育成果。深刻领悟“两个确立”的决定性意义，坚决做到“两个维护”，自觉在思想上、政治上、行动上同以习近平同志为核心的党中央保持高度一致。认真落实“四下基层”，深化党员干部“下基层、察民情、解民忧、暖民心”实践活动。坚定不移贯彻党中央决策部署和省委、省政府工作要求，坚决维护州委统一领导，始终保持正确的政治方向。

严格依法行政。全面落实加强法治政府建设八条措施，全面提升依法行政水平。建立健全依法决策机制，不断完善重大行政决策、行政规范性文件备案审查等制度，推动领导干部用法治思维和方式想问题、作决策、办事情，引领全社会依法办事、按规则行事。全面落实行政执法“三项制度”，深入推进涉企执法检查计划备案、“双随机、一公开”等工作机制，规范行政执法行为，提升行政执法质量。进一步减少行政复议、行政诉讼案件数，进一步降低行政诉讼败诉率。健全守信践诺机制，解决好政府拖欠企业账款问题，以政府诚信引领社会诚信。加强政府信息公开，主动接受党内监督、人大监督、政协监督、社会监督。

勇于实干担当。善于运用改革的思维、创新的方法、市场的手段消除痛点、攻克难点、突破重点、创造亮点。以推动恩施发展进步、促进人民生活更加幸福为目标，大力推行三个工作法[26]、四项落实制[27]，完善工作落实闭环机制，把该做的事情做成。坚持在学中干、在干中学，完善“周末经济课堂”开展方式，强化到沿海发达地区学习，提升干部抓经济工作的能力。驰而不息纠治形式主义、官僚主义，不制造“内卷”，不做无用功。继续推行简约政务，提升行政效能。进一步改进领导方法、工作方法，加强调查研究，尊重基层意见，顺应群众需求。完善绩效考核评价和激励机制，强化重实干、重实绩、重实效的鲜明导向。

恪守清正廉洁。严格落实中央八项规定及实施细则精神，认真履行党风廉政建设“一岗双责”，持续纠治“四风”。坚决落实过紧日子的要求，一般性支出压减比例不低于10%。规范执行“三重一大”制度，加大行政审批、资源开发、工程建设、国有资产管理等领域监管力度，从源头上预防和治理腐败。深入开展公职人员法纪教育，持续整治群众身边腐败和不正之风，切实做到干部清正、政府清廉、政治清明。

各位代表！使命在肩不容懈怠，担当奋进义无反顾！让我们更加紧密地团结在以习近平同志为核心的党中央周围，在省委、省政府和州委的坚强领导下，竞进拼抢，真抓实干，创先争优，加快推进“两山”实践创新示范区成势见效，奋力谱写中国式现代化恩施篇章！

**注　释**

（1）GEP：生态系统生产总值，是一套与GDP（国内生产总值）相对应的，能够衡量生态价值的统计与核算体系。

（2）瞪羚企业：创业后跨过死亡谷、以科技创新或商业模式创新为支撑、进入高成长期的中小企业。

（3）“全州一个停车场”管理服务系统：以智慧停车服务平台为依托，对州内停车资源进行联网，提供停车场查询、导航、无感支付等便捷服务，提升停车资源利用效率、改善市民出行体验。

（4）“农保贷”：由银行或银行和担保机构合作，为持有农业保险保单的农户发放的生产经营性贷款。

（5）“小田并大田”：在农民自愿前提下，不改变农民承包期限和承包地面积，开展农田建设、土地整治，把分散的土地整合成片，发展适度规模经营。

（6）零工驿站：灵活就业人员与雇主方进行就业供求信息沟通对接的线下实体场所，是集就业信息推介、现场招聘、技能培训、劳动维权等公共服务功能于一体的“一站式”公共就业服务平台。

（7）“五型”政府：学习型、创新型、法治型、实干型、廉洁型政府。

（8）政务云平台：运用云计算技术，为数字政府建设提供统一的计算、存储、安全等服务的信息基础设施。

（9）“恩政通”：集成移动政务办公、即时通信、视频会议、公务用车、工作督办等功能的政务办公平台。

（10）“请老乡、回家乡、建故乡”恩商回归工程：依托恩施籍老乡、老友、老板、异地商会、校友会，加强与在外恩商的对接联系，举办系列回归招商专场推介活动，吸引在外恩商企业回迁、资本回流、项目回投。

（11）“恩施系”公用品牌：具有恩施地域特色和辨识度的城市形象品牌、生态旅游康养品牌、富硒产业品牌、地理标志品牌等公用品牌。

（12）“一核一副五组团”：“一核”即恩高宣一体化发展极核，“一副”即利川州域副中心，“五组团”即建始县城—高坪镇、巴东县城—野三关镇、咸丰县城—唐崖镇、来凤县城—百福司镇、鹤峰县城—走马镇5个城镇组团。

（13）“七纵六横”：“七纵”即高旗大道、旗峰大道—土司路—市府路、施州大道、金桂大道—土桥大道—舞阳大道—东风大道—连珠大桥、金龙大道、高新大道、龙凤大道；“六横”即恩施大道、金凤大道、金山大道、民族路—土桥大道—马鞍山路、人民路—中山路、施南大道。

（14）“房地一体”不动产登记：对房屋等建（构）筑物所有权及其所附着的土地一并进行确权登记。

（15）“恩汇办”平台：在鄂汇办·恩施旗舰店的基础上改造升级，采用接口对接、链接跳转、新建应用等方式，整合各类服务资源，搭建的全州一体化移动综合服务平台。

（16）农产品供港基地：在海关完成供港澳基地备案，并通过特定渠道销往港澳地区的蔬菜等农产品种植加工基地。

（17）武汉恩施大厦：恩施州在武汉投资修建的集酒店经营、会务服务、商务展销、特色餐饮等功能为一体的现代商业综合体，是恩施在武汉开展经贸活动的重要平台和形象展示的窗口。

（18）“候鸟人才”：不改变人事、户籍、社保等关系，利用业余、旅居、退休等灵活时间，通过咨询顾问、技术指导、项目合作等方式，为我州经济社会发展提供智力支持的各类外来人才。

（19）数字乡村：以数字技术为手段，对传统农业、乡村社会、农民生活等进行数字化改造，以数字化赋能乡村产业发展、乡村建设和乡村治理，整体带动农业农村现代化发展、促进农村农民共同富裕。

（20）一江九水五库：“一江”即清江，“九水”即带水河、沙河、龙洞河、麻园河、盐水溪、高井河、高桥河、四道河—巴公溪、蔡家河—洗爵溪，“五库”即大龙潭、山溪沟、高桥坝、金马和月亮岩水库。

（21）老年幸福食堂：为有就餐需求老年人提供就餐服务的场所，重点解决经济困难的高龄、失能老人和城乡独居等特殊困难老年人“就餐难”问题。

（22）医养结合养老试点：集医疗、康复、养生、养老等于一体，融合生活照料和康复关怀的养老服务试点。

（23）“智慧应急”综合应用平台：集风险监测预警、风险隐患管理、应急指挥调度于一体的综合信息化平台。

（24）“一中心两基地”：州应急管理保障中心、州应急救援综合训练基地和州应急救援物资储备基地。

（25）积分制管理：通过民主程序将基层治理各项事务转化为量化指标，对村（居）民日常行为进行评价，给予正向激励，从而激发村（居）民参与基层治理积极性、创造性的新模式。

（26）三个工作法：一线工作法、限时工作法、盯钉工作法。

（27）四项落实制：专班负责制、项目清单制、定期调度制、暗访督办制。

（州政府研究室　供稿）

# 专 记

## Features

# 贺 电

湖北省人大常委会、省人民政府并转恩施土家族苗族自治州人大常委会、自治州人民政府：

值此湖北省恩施土家族苗族自治州成立40周年之际，谨向你们并通过你们向全州各族干部群众、驻州人民解放军指战员、武警部队官兵、政法干警致以节日的祝贺和亲切的慰问！

40年来，在党中央的亲切关怀下，恩施土家族苗族自治州各族干部群众团结奋斗、艰苦创业，自治州的面貌发生了巨大变化。特别是党的十八大以来，在以习近平同志为核心的党中央坚强领导下，自治州经济快速发展，民族团结，社会稳定，人民生活显著改善，脱贫攻坚取得全面胜利，各项事业全面推进。40年来取得的辉煌成就，生动展现了党的民族政策和民族区域自治制度的成功实践。在全面建设社会主义现代化国家新征程上，希望自治州各族干部群众紧密团结在以习近平同志为核心的党中央周围，高举中国特色社会主义伟大旗帜，以习近平新时代中国特色社会主义思想为指导，深入学习贯彻党的二十大精神，深刻领悟“两个确立”的决定性意义，增强“四个意识”、坚定“四个自信”、做到“两个维护”。坚决贯彻落实党中央决策部署，以铸牢中华民族共同体意识为主线，坚定不移走中国特色解决民族问题的正确道路，坚持和完善民族区域自治制度，加强和改进党的民族工作，全面推进民族团结进步事业，坚持各民族共同团结奋斗、共同繁荣发展，促进各民族像石榴籽一样紧紧抱在一起。以自治州成立40周年为新的起点，解放思想、改革开放，踔厉奋发、笃行不怠，为全面建成社会主义现代化强国、实现第二个百年奋斗目标，以中国式现代化全面推进中华民族伟大复兴而团结奋斗！

祝恩施土家族苗族自治州繁荣昌盛！

祝恩施土家族苗族自治州各族人民幸福安康！

全国人大常委会

国务院

2023年8月19日

（州政府办公室　供稿）

# 在恩施土家族苗族自治州成立40周年庆祝大会上的致辞

（2023年8月19日）

州委书记　胡超文

尊敬的段毅君团长，尊敬的蒙徽书记、忠林省长，尊敬的各位领导、各位来宾，同志们、朋友们，父老乡亲们：

**恩施大地迎盛事，清江潮涌谱华章。**今天，我们怀着无比激动、十分喜悦的心情，隆重庆祝恩施土家族苗族自治州成立40周年。以习近平同志为核心的党中央高度重视，派出中央有关部门祝贺团，带来了习近平总书记和党中央对恩施人民的深情厚爱。蒙徽书记、忠林省长关心支持，率领省委、省人大、省政府、省政协、省军区领导同志和省直有关单位负责同志，带来了对恩施发展的美好祝福。在此，我谨代表州委、州人大、州政府、州政协和全州400万各族人民，向中央有关部门祝贺团，向省委、省人大、省政府、省政协、省军区及省直有关单位的领导，向对口协作帮扶恩施州的各城市、各兄弟市（州）代表，向各位嘉宾和朋友们，表示热烈的欢迎！向全州各族干部群众和各界人士，向驻恩部队指战员、武警部队官兵、政法干警、消防救援人员，表示诚挚的问候！向40年来为恩施州建设、改革、发展，作出贡献的老领导和离退休老同志，向长期以来关心支持恩施州发展进步的各界人士，表示衷心的感谢！

*40年砥砺奋进，40年成就辉煌。*40年前的今天，恩施土家族苗族自治州成立，自此掀开恩施州发展历史崭新一页。40年来，特别是党的十八大以来，在以习近平同志为核心的党中央坚强领导下，在省委、省政府的正确带领下，全州各族人民团结一心、携手奋进，在两万四千平方千米的恩施大地上，书写了由封闭走向开放、由落后走向进步、由贫穷迈上全面小康的辉煌篇章。

*40年来，恩施州走出了富民强州的发展之路。*2022年，地区生产总值达1402.2亿元，是1983年的153.4倍，综合实力大幅跃升，经济总量排在全国30个自治州第11位；城乡面貌加速蝶变，山川大地焕发新颜，人民幸福指数节节攀高。

*40年来，恩施州实现了全面小康的历史跨越。*彻底消除了绝对贫困，全面建成了小康社会，8个县（市）、729个贫困村、109万贫困人口全部脱贫，各族群众从物质到精神，逐步迈向富裕富足。

*40年来，恩施州迈出了改革开放的稳健步伐。*全力破除交通瓶颈，打开山门联通世界，7条高速公路、4条铁路穿境而过，恩施机场通航25个城市，出口市场达到110个国家和地区，恩施山不再高、路不再远、地不再偏，成为中部地区一颗活力四射的明珠。

*40年来，恩施州擦亮了绿水青山的金字招牌。*先后获评国家生态文明建设示范州、“绿水青山就是金山银山”实践创新基地，成为全省唯一、全国第六个全域“中国天然氧吧”市（州），生态屏障更加牢固，绿色生态成为恩施最亮丽的名片。

*40年来，恩施州奏响了共同奋斗的时代凯歌。*29个民族在这片神奇土地上，亲如一家、情同手足，各族人民坚定不移铸牢中华民族共同体意识，像石榴籽一样紧紧抱在一起，共同团结奋斗、共同繁荣发展，两次被命名为全国民族团结进步示范州，画出了民族团结的最大同心圆。

**天翻地覆慨而慷，人间正道是沧桑。**40年来，恩施州改革发展的辉煌成就，特别是党的十八大以来恩施州取得的历史性成就、发生的历史性变革，充分印证了习近平新时代中国特色社会主义思想的真理力量和实践伟力，充分彰显了中国特色社会主义制度的巨大优越性，充分展现了民族区域自治制度的旺盛生命力。这些成就的取得，是以习近平同志为核心的党中央坚强领导的结果，是省委、省政府正确带领的结果，是国家民委等中央部委关心帮助的结果，是中央定点单位和对口帮扶城市倾情帮扶的结果，是省直各单位、各兄弟市（州）鼎力支持的结果，是历届州委、州政府接续奋斗的结果，是全州各族干部群众团结奋斗的结果。我们一定铭记在心、感恩奋进！

习近平总书记指出，“必须以铸牢中华民族共同体意识为新时代党的民族工作的主线”“全面建设社会主义现代化国家，一个民族也不能少。在中华民族大家庭中，大家只有像石榴籽一样紧紧抱在一起，手足相亲、守望相助，才能实现民族复兴的伟大梦想，民族团结进步之花才能长盛不衰”。习近平总书记的重要指示，为民族地区推动高质量发展、创造高品质生活，指明了方向、提供了遵循。

我们将始终坚持以习近平新时代中国特色社会主义思想为指导，全面贯彻党的二十大精神和习近平总书记考察湖北重要讲话精神，坚定拥护“两个确立”、坚决做到“两个维护”，始终沿着党指引的方向奋力前行。

我们将始终把握高质量发展这个首要任务，完整准确全面贯彻新发展理念，投身加快建设全国构建新发展格局先行区主战场，锚定建设“两山”实践创新示范区目标，坚持以流域综合治理为基础推进四化同步发展，大力推进城市和产业集中高质量发展，奋力谱写中国式现代化恩施篇章。

我们将始终高举中华民族大团结旗帜，坚持以铸牢中华民族共同体意识为主线，大力推进民族团结进步事业，让民族团结进步之花在恩施常开长盛，在新的伟大征程上，努力创造不负历史、不负时代、不负人民的光辉业绩！

（州委统战部　供稿）

# 栉风沐雨四十载　奋楫扬帆谱新篇

## ——恩施土家族苗族自治州40年发展成就和启示

中共恩施州委　恩施州人民政府

1983年8月19日，恩施土家族苗族自治州成立，自此掀开恩施发展历史崭新一页。建州40年来，全州各族人民团结一心、携手奋斗，在2.4万平方千米的恩施大地上，书写了由封闭走向开放、由落后走向进步、由贫穷迈向小康的辉煌篇章。特别是党的十八大以来，在以习近平同志为核心的党中央坚强领导下，全州上下始终坚持以习近平新时代中国特色社会主义思想为指导，坚定不移贯彻习近平总书记考察湖北重要讲话精神，全面落实党中央、国务院决策部署和省委、省政府工作要求，砥砺奋进、苦干实干，办成了许多事关发展全局的大事，解决了许多长期想解决而没有解决的难题，与全国全省同步全面建成小康社会，踏上了全面建设社会主义现代化的新征程。

40年牢记嘱托，汇聚了感恩奋进的强大力量。党中央、国务院历来高度重视恩施发展，关心关爱恩施各族群众。2020年5月24日，习近平总书记在参加十三届全国人大三次会议湖北代表团审议时勉励我们，恩施是富硒地带，要利用好这一宝贵资源，把它转化为富硒产业，为恩施富硒产业发展提供了根本遵循。40年来，胡耀邦、乔石、胡锦涛、李鹏、李克强、俞正声、刘云山、汪洋、赵乐际、胡春华等党和国家领导人先后视察恩施，给我们极大鼓舞。省委、省政府多次召开现场会，出台优惠政策、帮助解决困难，像全国支援西藏一样支持恩施发展。中央定点单位和北京、杭州、武汉等地倾情帮扶，助力恩施加快发展。我们牢记嘱托、感恩奋进，积极抢抓国家西部大开发、全国综合扶贫改革试点、东西部扶贫协作、革命老区重点城市对口合作等政策机遇，全力推动高质量发展，经济总量排全国30个自治州第11位。今日的恩施，经济加快发展、民族团结和睦、社会和谐稳定、人民安居乐业，各项事业蒸蒸日上。

40年砥砺奋进，走出了富民强州的发展之路。恩施山川秀美、资源富集，享有“世界硒都”“鄂西林海”“华中药库”“烟草王国”“天然氧吧”“中国旅游新发现”等美誉。沐浴着党的民族政策光辉，生活在这片古老悠远、神奇瑰丽土地上的各族人民，用双手编织幸福，用汗水浇灌收获，谱写了赶超跨越的时代壮歌。地区生产总值从1983年的9.14亿元，增长到2022年的1402.2亿元，增长152.4倍。恩施州成功入选国家农产品质量安全示范州、国家农业绿色发展先行区创建名单，特色产业基地面积达700万亩，“利川红”获评美国巴拿马太平洋万国博览会“特等金奖”，“恩施玉露”传统制茶技艺及相关习俗列入联合国教科文组织人类非物质文化遗产代表作名录。清洁能源、硒食品精深加工、绿色建材、生物医药、电子信息、现代烟草为主导的新型工业快速发展，规模以上工业企业突破500家，6家企业获国家级专精特新“小巨人”企业称号。以生态文化旅游为龙头的第三产业蓬勃发展，建成3家国家AAAAA级、21家国家AAAA级旅游景区和5家省级旅游度假区，恩施州入选首批国家全域旅游示范区创建名单，荣膺全国休闲农业与乡村旅游示范州。今日的恩施，资源优势不断转化为产业优势、经济优势和富民优势，发展后劲越来越足，生态优先、绿色发展的特色之路越走越宽。

40年攻坚克难，实现了全面小康的历史跨越。恩施曾是全国14个集中连片特困地区之一，贫困人口占全省的五分之一。我们坚持开发式扶贫方针，全面落实精准扶贫精准脱贫基本方略，尽锐出战打硬仗、攻堡垒，集中兵力拔穷根、奔小康，夺取了脱贫攻坚的全面胜利，109万贫困人口全部脱贫，729个贫困村全部出列，8个国定贫困县（市）全部摘帽。农村生产生活条件发生翻天覆地变化，24.3万名贫困群众搬进新居，“一管清水进农家”、村村通硬化路、村村通客车，农民群众住进安全房、吃上放心水、用上稳定电、连上互联网，最边远的村落也能用上移动支付。扶贫开发工作成效考核连续六年位居全省第一方阵，国家东西部扶贫协作考核连续三年获“综合评价好”等次，旅游扶贫模式两度入选世界旅游联盟减贫案例，“杭恩携手扶贫新模式”入选联合国减贫高级别会议案例。今日的恩施，脱贫成果日益巩固，乡村振兴全面推进，农业高质高效、乡村宜居宜业、农民富裕富足正逐步变为现实。

40年踏浪前行，迈出了对外开放的稳健步伐。恩施州诞生于党的十一届三中全会后，乘着改革开放的东风，各族人民与时俱进、开拓创新，全面深化改革，持续扩大开放，创造了可歌可泣、载入史册的时代伟绩。全力破除交通瓶颈，打开山门、联通世界，2009年沪渝高速公路通车，结束了不通高速公路的历史，现已建成沪渝、沪蓉、恩来、恩黔、利万、建恩、宣鹤 7 条高速公路，总里程达 588 千米。2010 年宜万铁路建成通车，圆了全州人民的千年铁路梦，现有宜万铁路、渝利铁路、黔张常铁路、郑万高铁 4 条铁路穿境而过。恩施机场通航 25 个城市，恩施航空口岸获批正式开放，恩施海关正式通关，长江巴东港、清江恩施港列入省级重要港口。大交通引领大开放，招商引资成果显著，一批全国 500 强企业陆续进驻，硒博会成为对外开放的重要平台，出口市场达到 110 个国家和地区，进出口额年均增长 15%以上。今日的恩施，山不再高、路不再远、地不再偏，天堑变通途，开放的大门越开越大，成为祖国中部一颗活力四射的明珠。

*40 年深耕细作，书写了城乡巨变的崭新篇章。*建州初期，恩施城镇规模小、配套设施缺、带动能力弱，农村生产条件差、生活水平低、环境卫生差。我们按照生产空间集约高效、生活空间宜居适度、生态空间山清水秀的要求，大力推进城乡统筹发展，全力打造宜居宜业宜游的幸福家园。推进以人为核心的新型城镇化建设，优化城镇空间布局，完善城乡基础设施，做强州城、做优县城、做特集镇，城镇化率由建州初期的 6.7%，提高到 48.38%。州城面貌日新月异，32 条主次干道建成通车，24 个城市游园建成开园，建成区面积达 50 平方千米，常住人口突破 50 万人，跻身中等城市行列，被评为全国“十大魅力打卡之城”。特色县城各具民族风情，“山在林中、城在山中、水在城中、人在画中”的美丽画卷徐徐铺展，宣恩县城成为全省唯一的以县城核心区域为支撑的开放式国家 AAAA 级旅游景区。美丽乡村如雨后春笋般涌现，曾经的偏远村蝶变为美丽幸福村，22 个全国文明村镇、9 个中国美丽休闲乡村、11 个湖北旅游名村在广袤山乡焕发光彩。今日的恩施，城乡既有颜值，更有气质，成为近悦远来的宜居家园、旅游乐园、乡愁故园。

*40 年守护生态，擦亮了绿水青山的亮丽名片。*恩施是国家重要生态功能区和长江中上游重要水源涵养地，生态保护红线面积 9870.84 平方千米，占全省生态红线面积 26%，面积和占比均居全省首位。我们认真践行“两山”理念，像对待生命一样保护生态环境，扎实推进流域综合治理，加强重点生态项目建设，深入打好长江大保护十大标志性战役、污染防治攻坚战，确保一江碧水向东流、两岸青山四时新。森林覆盖率超过 70%，八县市城区空气质量优良天数稳定在 300 天以上，空气质量综合指数排名居全省前列，25 个国控、省控断面水质优良率保持 100%，城区集中式饮用水源水质达标率 100%，清江获评全国“最美家乡河”。恩施州先后被评为国家生态文明建设示范州、“绿水青山就是金山银山”实践创新基地，成为全省唯一、全国第六个全域“中国天然氧吧”市（州）。今日的恩施，青山常在、绿水长流、空气常新，生态屏障更加牢固，绿色生态成为恩施最亮丽的名片。

*40 年倾力为民，开创了各族群众的幸福生活。*长期以来，各族群众在这里相依相偎、和睦相处，共同创造美好生活。我们始终坚持人民至上、民生为本，将 80%以上财政支出投入民生领域，尽心竭力为各族群众办实事解难题，城镇和农村常住居民人均可支配收入，较 1983 年分别增长 66.9 倍、55.2 倍。就业保障精准发力，年均新增城镇就业 3 万人以上，恩施一红一绿制茶师成为全国重点劳务品牌，创新农民工工资支付法治保障机制，被命名为“第二批全国法治政府建设示范项目”。教育事业优先发展，义务教育全面普及、巩固率 100%，高考成绩位居全省第一方阵。社会保障应保尽保，养老保险参保人数达 272.9 万人。医疗卫生事业由弱到强，建成三甲医院 5 家，乡镇卫生院和行政村卫生室实现全覆盖，人均预期寿命提高到 79.34 岁，巴东县城成功创建国家卫生县城。始终把统筹发展和安全作为头等大事，持续打好防范化解重大风险攻坚战，扫黑除恶专项斗争圆满收官，“全国市域社会治理现代化试点”扎实推进，牢牢守住安全底线，法治恩施、平安恩施建设取得重大进步，社会大局和谐稳定。今日的恩施，发展安全有序、社会安定祥和、百姓安居乐业。

*40 年红心向党，奏响了团结奋斗的时代凯歌。*恩施有 28 个少数民族，少数民族人口占总人口的 57.6%，是我国多民族聚居区之一。我们始终坚持中国共产党的领导，全面贯彻党的民族区域自治制度，制定《恩施土家族苗族自治州自治条例》等自治法规 25 部（现行有效 22 部）。坚决贯彻执行党的民族政策，持续推进民族团结进步示范区建设，两次被命名为全国民族团结进步示范区示范单位。始终坚持全面从严治党，认真落实管党治党政治责任，深入开展党的群众路线教育实践活动、“三严三实”专题教育、“两学一做”学习教育、“不忘初心、牢记使命”主题教育、党史学习教育，驰而不息正风肃纪，寸步不让反腐惩恶，营造了风清气正的政治生态。持续铸牢中华民族共同体意识，深入践行社会主义核心价值观，树推“时代楷模”张富清等先进典型，凝聚起同心奋斗的强大力量。持续推动民族文化传承保护和创新交融，全国重点文物保护单位达 9 处，国家级非物质文化遗产达 16 项，唐崖土司城址被列为世界文化遗产，《远去的诗魂》等四部文艺作品荣获全国少数民族文学创作“骏马奖”，“土家稀奇哥”荣获星光大道总冠军并登上央视春晚舞台。今日的恩施，各族群众像石榴籽一样紧紧抱在一起，同呼吸、共命运、心连心。

*40 载栉风沐雨，40 载春华秋实；40 载波澜壮阔，40 载成就辉煌。*恩施州 40 年发展取得的巨大成就，是习近平新时代中国特色社会主义思想科学指引的结果，是党中

央、国务院和省委、省政府坚强领导的结果，是国家民委等中央部委关心帮助的结果，是农业农村部等中央定点单位和北京市、杭州市、武汉市等对口城市倾情帮扶的结果，是省直各部门、各兄弟地市鼎力支持的结果，是历届党委、政府接续奋斗的结果，是各族干部群众同心拼搏的结果，充分证明了中国特色社会主义制度无比优越，体现了祖国大家庭无比温暖，展现了党的民族政策无比正确。40年的发展历程，深刻启示我们。

*必须始终坚持和加强党的全面领导。*中国共产党的领导是民族团结进步工作的根本保证。40年来，恩施各族人民在中国共产党的领导下，积极投身于改变贫穷落后面貌的伟大实践，全州经济实力由弱到强，各项事业全面发展。特别是党的十八大以来，在以习近平同志为核心的党中央坚强领导下，恩施与全国一道，各项事业取得历史性成就、发生历史性变革，踏上了全面建设社会主义现代化国家的新征程。实践证明，恩施发展取得的每一个重大成就，都与党的正确领导密不可分，党是风雨来袭时全体人民最可靠的主心骨。只有坚持把加强党的领导贯穿民族工作全过程，深刻领悟“两个确立”的决定性意义，增强“四个意识”、坚定“四个自信”、做到“两个维护”，才能推动经济社会发展不断取得新突破，开创恩施更加繁荣富裕、辉煌灿烂的明天。

*必须始终铸牢中华民族共同体意识。*中华民族共同体意识是国家统一之基、民族团结之本、精神力量之魂。40年来，恩施州深入贯彻党的民族政策，全面落实民族区域自治制度，带领全州各族人民共同团结奋斗、共同繁荣发展。特别是党的十八大以来，我们全方位推进各民族交往交流交融，“三个离不开”“五个认同”的思想深入人心，广泛凝聚起推进强国建设、民族复兴的磅礴力量。实践证明，只有中国特色社会主义才能凝聚各民族、发展各民族、繁荣各民族。只有紧紧抓住铸牢中华民族共同体意识这条主线，坚持以社会主义核心价值观为引领，全力构筑各民族共有精神家园，全面贯彻党的民族政策和宗教政策，才能让民族团结之花常开长盛，民族团结“同心圆”越画越大，实现各族人民和睦相处、和衷共济、和谐发展。

*必须始终推动高质量发展。*发展是解决民族地区各种问题的总钥匙。40年来，恩施州各族群众聚精会神搞建设、一心一意谋发展，取得了巨大的发展成就。特别是党的十八大以来，我们坚持完整准确全面贯彻新发展理念，努力构建新发展格局，全力推动高质量发展，全州经济实力大幅提升，人民生活越过越好，为全面建设社会主义现代化奠定了坚实的物质基础。实践证明，发展是硬道理，是解决一切问题的基础和关键。发展不够仍是恩施最突出的问题，只有牢牢把握高质量发展这一首要任务，大力发扬自力更生、艰苦奋斗精神，脚踏实地、苦干实干，加快推进恩施绿色崛起、高质量发展，才能带领各族群众共同走向社会主义现代化，逐步实现共同富裕。

*必须始终坚持以人民为中心。*以人民为中心是我们党立党为公、执政为民的根本立场。40年来，恩施州把坚持人民至上作为一切工作的出发点和落脚点，持续加大民生投入，改善民计民生。特别是党的十八大以来，我们将“发展为了人民、发展依靠人民、发展成果由人民共享”理念，贯穿经济社会发展各环节、全过程，以党建引领基层社会治理，发动群众共同缔造美好环境与幸福生活，扎实推进共建共治共享，人民生活幸福指数逐年攀升。实践证明，人民群众是我们最大的依靠，人民才是历史的创造者。只有始终坚持以人民为中心的发展思想，始终与人民同呼吸、共命运、心连心，才能赢得人民信任、得到人民支持，不断提升恩施高质量发展成色，更好实现恩施各族人民对美好生活的向往。

雄关漫道真如铁，而今迈步从头越。让我们更加紧密团结在以习近平同志为核心的党中央周围，以习近平新时代中国特色社会主义思想为指导，感恩奋进、踔厉奋发，立足大生态、构建大交通、发展大旅游、打造大产业，彰显“土、硒、茶、凉、绿”特色优势，奋力建设“两山”实践创新示范区，为湖北建设全国构建新发展格局先行区作出更大贡献！

（州委统战部　供稿）

# 大事记

## Chronicle of Events

### 1 月

3 日　“中国改革 2022 年度地方全面深化改革典型案例”名单发布，《恩施州鹤峰县：积极创建“涉企保证金最优县市”》改革案例入选。

4—6 日　中国人民政治协商会议湖北省恩施州第九届委员会第二次会议在州城恩施召开。会议听取讨论州政协九届一次会议建议案办理情况的通报和其他报告。会议审议批准政协恩施州第九届委员会常务委员会所作的工作报告，审议批准政协恩施州第九届委员会常务委员会所作的提案工作情况的报告。

5—7 日　恩施州第九届人民代表大会第二次会议在州府恩施召开。会议表决通过州九届人大二次会议关于州人民政府工作报告的决议、关于恩施州 2022 年国民经济和社会发展计划执行情况与 2023 年国民经济和社会发展计划的决议、关于恩施州 2022 年预算执行情况和 2023 年预算的决议、关于州人大常委会工作报告的决议、关于州中级人民法院工作报告的决议、关于州人民检察院工作报告的决议、《恩施土家族苗族自治州茶产业发展条例》、关于代表联名提出的议案处理意见的报告。7 日，州九届人大二次会议举行第二次全体会议，补选尹达为州九届人大常委会主任，选举州九届人大常委会委员、选举恩施州出席湖北省第十四届人民代表大会代表。

11 日　国家民委公布第十批全国民族团结进步示范区示范单位名单，恩施土家族苗族自治州、恩施土家族苗族自治州利川市名列其中。

12 日　《阿里公益“天天正能量”项目十年评估报告》发布，恩施州咸丰县上榜“正能量获奖者人数百强县”榜单。

13 日　省委宣传部、省委讲师团通报 2022 年省基层理论宣讲先进集体、先进个人和优秀理论宣讲报告、微视频获奖名单。恩施州来凤县委宣传部、湖北民族大学“百马行动宣讲团”获评基层理论宣讲先进集体；恩施州委党校教授周宗平、恩施州宣恩县非遗传习所志愿服务队罗义杰、恩施州咸丰县委理论信息中心袁凌获评基层理论宣讲先进个人；恩施州利川市委党校朱文华撰写的《构建先行区建设示范区争当排头兵》被评为优秀理论宣讲报告；州委党校陈袁丁创作的《学习张富清建功新时代》微视频被评为优秀理论宣讲微视频。

15 日　在中央电视台《星光大道》2022 年度总决赛中，恩施州非遗传承人组合——“土家稀奇哥”获得 2022 年度总冠军。

18 日　2022 年“我喜爱的湖北品牌”电视大赛决赛在武汉举行。利川腾龙洞景区获得银奖。

19 日　自然资源部公布自然资源节约集约示范县（市）名单，恩施州来凤县入选。

29 日　生态环境部通报 2022 年 1—12 月全国地级及以上城市地表水考核断面水环境质量状况，恩施州排名第 30 位。

30 日　全州 2023 年“比招商、抓项目、强产业、争资金、促进位”暨 2022 年奖补政策兑现会议召开。

31 日　2023 年一季度湖北省重大项目集中开工活动恩施州分会场活动在恩施高新区月亮湾生物城 · 现代烟草产业基地项目建设现场举行。

**同日** 湖北姚家平水利枢纽工程建设启动动员大会举行。湖北姚家平水利枢纽工程是清江流域防洪控制性工程，是国务院确定的150项重大水利工程之一，也是恩施州的重大民生工程。

**同月** 第四批全国农村公共服务典型案例发布，全国共22个案例，来凤县《“统建传服”推动县乡村组公共文化服务一体化》案例入选。

**同月** 鹤峰县在2022年度消费帮扶“832平台”（在财政部、农业农村部、国家乡村振兴局、中华全国供销合作总社的指导下，由中国供销电子商务有限公司建设和运营的脱贫地区农副产品网络销售平台）销售额达3.76亿元，完成全年任务的115.69%，成为销售额排名全国第1位的县（市）。

## 2月

**1日** 第九届全国大众冰雪季启动仪式湖北分会场暨湖北省第三届冰雪大会和湖北省“体教融合杯”青少年体育冬夏令营（巴东站）活动在恩施州巴东县绿葱坡滑雪场举行。

**2日** 湖北省第五届法治动漫微视频作品征集展示活动获奖名单发布。恩施州司法局《说唱普法〈相相邻邻一家亲〉》，获微视频类目三等奖；恩施州审计局《土家说唱〈审计法〉》，获微视频类目优秀奖。

**3日** 恩施州利川市获评2022年度全国信访工作示范县（市、区、旗）。

**6日** 恩施州中心医院“医疗专家走基层助力乡村振兴”入选“2022年湖北卫生健康十件大事”之一。

**同日** 湖北省公安厅发布2022年“最美基层民辅警”名单，恩施州公安局网安支队网络侦察技术行动大队大队长万新宇获评“最美基层民警”。

**7日** 《关于表彰2020—2021年度全国无偿献血表彰奖励获奖者的决定》发布。恩施州被授予“全国无偿献血先进市”称号；湖北恩施学院获无偿献血促进奖特别奖；恩施州有1557人获全国无偿献血奉献奖。

**8日** 巴东县、恩施市、宣恩县被省委平安湖北建设领导小组命名表彰为“2021—2022年度平安湖北建设示范县（市、区）”。

**同日** 州委常委会（扩大）会议暨2022年度县（市）和州直单位“一把手”述责述廉会议举行。

**同日** 恩施州来凤县获“湖北省森林城市”称号。

**9日** 湖北省交通运输厅、湖北省财政厅、湖北省农业农村厅、湖北省乡村振兴局联合发文，命名2021年度全省“四好农村路”示范市、示范县，恩施州宣恩县上榜。

**10日** 2023年度恩施州城建设管理暨创文创卫推进会在州文化中心举行。

**同日** 政协恩施州第九届委员会提案委员会召开第四次全体会议，对州政协九届二次会议期间提案作出终审决定。州政协九届二次会议期间共收到提案215件，州政协提案委组织各专门委员会进行分类复审，决定立案178件，并案34件，不予立案3件。

**同日** 恩施州2022年度“流域安全（河湖长制）”工作考核结果揭晓，巴东县得分98.02，排名全州第1位。

**13日** 湖北省民族宗教事务委员会印发决定，公布2022年度全省民族团结进步示范区示范单位，恩施州21个地区和单位入选，命名有效期5年。恩施州入选的21个地区和单位分别为：利川市南坪乡、利川市谋道镇药材社区、建始县茅田乡太和街村、巴东县信陵镇土店子村、宣恩县长潭河侗族乡、宣恩县椒园镇黄坪村、宣恩县珠山镇兴隆街社区、咸丰县朝阳寺镇、来凤县百福司镇舍米湖村、鹤峰县走马镇李桥村、鹤峰县燕子镇石龙洞村、恩施市芭蕉侗族乡民族初级中学、恩施市高旗实验小学、国网恩施市供电公司芭蕉供电所、利川市龙船水乡旅游开发有限公司、建始县民族小学、巴东县神农中小学、巴东县野三关镇红军小学、咸丰县水利局、咸丰县民族幼儿园、来凤县博物馆。

**16日** 恩施州“一中心两基地”（州应急管理保障中心、州应急救援综合训练基地、州应急物资储备基地）暨州民兵训练基地（二期）项目开工仪式举行。

**17日** 由湖北省文化和旅游厅主办的文旅创新优秀案例评选活动获奖名单公布，恩施州中国土家泛博物馆（创新项目）获二等奖，恩施老城“寻宝”打卡文旅体验活动（创新活动）获三等奖。

**21日** 湖北省公路事业发展中心公布2022年湖北省普通干线公路桥梁养护管理规范化检查结果，市州排名中，恩施州进入四强，抽检县（市）中，恩施州利川市位列全省第2名。

**22日** 第十六届（2022年）中国文旅总评榜（湖北榜）正式发布，恩施州获中国文旅总评榜（湖北榜）4项大奖。州文旅局获文旅推广特别贡献奖，宣恩县获文旅融合创新示范区（县），“感恩有你·清凉一夏”恩施州凉资源交易会活动获文旅融合品牌活动，腾龙洞景区获最具综合实力景区。

**22—24日** 省人大常委会副主任、省总工会主席刘雪荣到恩施州调研生态环保和工会工作。

**26日** 由中华预防医学会医院感染控制分会主办，中南大学湘雅医院、湖北省医院感染管理质量控制中心承办，恩施州中心医院、州医院感染管理质控中心协办的“湖北省基层医疗机构医院感染管理培训班恩施站”开班。

**28日** 第十八届中国茶业经济年会在陕西省咸阳市

召开。中国茶叶流通协会发布茶业类各项榜单，恩施州茶产业获多项荣誉。恩施市、利川市、巴东县、宣恩县、咸丰县、鹤峰县6个县（市）上榜2022年度中国茶业重点县域名单；恩施市润邦国际富硒茶业有限公司、利川星斗山红茶有限责任公司、宣恩县伍台昌臣茶业有限公司、鹤峰县三农茶业有限公司登上2022年度中国茶业龙头企业名单；利川星斗山红茶有限责任公司邱建红获红茶类“国茶人物·制茶大师”称号；恩施市登上2022年度茶业品牌建设县域榜单；巴东县上榜2022年度茶产业规模化发展示范县域。

**同月** 中共湖北省委宣传部、湖北省人力资源和社会保障厅表彰全省宣传思想工作先进集体和先进个人，恩施州3个单位5人上榜。中共恩施州委网络安全和信息化委员会办公室、宣恩县新时代文明实践中心、鹤峰县融媒体中心获评先进集体；来凤县南剧传习研究所所长储永光、湖北省民族歌舞团艺术创作中心副主任张明霞（女）、恩施日报社综合新闻部副主任蒲丹（女）、恩施州广播电视台融媒体中心主任刘洋、恩施市舞阳坝街道办党委宣传委员谭颖（女）获评先进个人。

**同月** 农业农村部发布《国家农作物优良品种推广目录（2023年）》，全国共20个马铃薯品种入选国家农作物优良品种推广目录，恩施州农科院自主选育的马铃薯新品种“鄂马铃薯16”入选苗头型品种，是全省唯一入选的马铃薯品种。

**同月** 《恩施州流域综合治理和统筹发展规划》获省委、省政府同意并正式印发。

## 3月

**1日** 全国妇联在京举行三八国际妇女节纪念暨表彰大会。恩施州4名个人和3个集体获表彰。宣恩县公安局政治处民警郑奉英、来凤县税务局机关党委专职副书记乔应凤获评全国巾帼建功标兵，来凤县农园果蔬专业合作社理事长向辉、利川市鄂渝风观光农业发展有限公司总经理赵冬妮获全国“三八红旗手”称号。国网来凤县供电公司供电服务指挥分中心、恩施州人民检察院第七检察部获评全国巾帼文明岗，恩施州公共就业和人才服务局获评全国巾帼建功先进集体。

**同日** 国家卫生健康委医院管理研究所脑出血外科诊疗基地在恩施州中心医院揭牌，并同期启动实施脑出血外科诊疗能力提升项目。

**5日** 湖北省社区青年志愿服务交流会暨2022年度湖北省青年志愿服务“社区计划”竞赛颁奖礼在恩施州举行，启动共创美好社区“志愿公益集市”联合行动和2023年青年志愿服务“社区计划”竞赛。共青团湖北省委书记周森锋出席颁奖礼并讲话。

**7日** 农业农村部发布《农业农村部关于公布第十二批全国“一村一品”示范村镇及2022年全国乡村特色产业产值超十亿元镇和超亿元村名单的通知》，恩施州咸丰县唐崖镇彭家沟村（黑猪）、来凤县革勒车镇土家寨村（黄精）入选第十二批全国“一村一品”示范村镇名单，恩施市白杨坪镇洞下槽村（茶叶）入选2022年全国乡村特色产业产值超亿元村名单。

**同日** 中共恩施州委宣传部、恩施州妇联印发《关于表扬首届恩施州十大巾帼楷模、恩施州十大巾帼楷模提名的通报》，对崔琴等10名巾帼楷模、李忠香等10名巾帼楷模提名通报表扬。

**同日** 省“助残圆梦行动”助行公益系列活动“爱在恩施州·阳光伴我行”轮椅捐赠仪式举行。省残疾人福利基金会向恩施州捐赠轮椅390台。

**9日** 恩施州九届人大常委会第八次会议召开。会议审议人事任免议案，听取州人大常委会法制工委关于2022年度规范性文件备案审查工作情况的报告，听取和审议州中级人民法院关于充分发挥人民法庭作用促进基层社会治理工作情况的报告、州人民政府关于恩施州竞技体育发展情况的报告。

**同日** 全省农村地区畜禽粪污贮存池和沼气设施安全生产应急演练和培训活动在恩施州举行。

**10日** 州委书记胡超文与湖北机场集团党委书记、董事长、总经理李忠禄和厦门翔业集团有限公司党委副书记、总经理汪晓林座谈，共同推进恩施机场搬迁和新机场临空经济区建设。

**同日** “恩施玉露制作技艺”入列人类非遗庆典暨打造恩施玉露“三茶”（茶文化、茶产业、茶科技）示范基地启动仪式在恩施市屯堡乡马者村立早礼茶公司举行。

**11日** “超级杯”全国气排球联赛南部赛区比赛在恩施州举行。全国9个省市及部分高校的61支球队586人参赛。

**13日** 恩施市森林消防应急处置大队正式挂牌成立，这是恩施州首个半专业森林消防大队。

**15—17日** 第四届天然氧吧产业发展大会暨2022年度“中国天然氧吧”媒体推介会在浙江省丽水市松阳县开幕。全国65个地区获授“中国天然氧吧”，恩施州鹤峰县、利川市、巴东县、宣恩县、来凤县名列其中。

**16日** 湖北省科技创新大会在武汉举行，恩施州林科院参与完成的《巴山核桃种质创新及产业化关键技术研发》成果获省科技进步奖二等奖。

**19日** 住房和城乡建设部、文化和旅游部等6部门公布第六批列入中国传统村落名录，恩施州11个村在列。恩施州入选村落分别是：恩施市太阳河乡头茶园村、恩施市盛家坝镇安乐屯村、利川市谋道镇龙水村、巴东县东瀼口镇牛洞坪村、宣恩县高罗镇熊洞村、咸丰县清坪镇庄房坝村、咸丰县清坪镇大石坝村、咸丰县黄金洞乡麻柳溪村、来凤县旧司镇黑洞塘村、来凤县大河镇张家界村、来凤县革勒车镇桐麻村。

20 日　州委书记胡超文率队到中央统战部和国家民委就民族团结进步示范创建工作、办好恩施州建州 40 周年庆祝活动进行专题汇报和衔接沟通。

21 日　全州殡葬改革现场推进会举行。

同日　第十九届北京世界华人篮球赛（恩施站）在恩施州民族体育馆开幕。

同日　2023 恩施硒茶采购商大会暨武陵山茶叶交易中心开市仪式在恩施市硒茶小镇举行。

22 日　水利部第二届寻找“最美家乡河”活动揭晓仪式在重庆举办，清江成为湖北省唯一入选河流。

22—23 日　省人大常委会党组副书记、副主任马国强率调研组到恩施州，专题调研烟草专卖和知识产权立法工作。

24 日　第七届长江读书节评选结果公布，恩施州获得 6 个奖项。6 个奖项分别是：恩施州图书馆获“十佳组织单位”称号，恩施州图书馆“童心·童廉”家庭研学志愿服务项目获“优秀志愿服务项目”称号；湖北民族大学附属小学“书香启智”班小组读书会、恩施市白果乡桑树坝村中心小学“三友读书社”、恩施市实验小学“智帆”班小组读书会获“十佳班小组读书会”称号；恩施市图书馆“土家娃”亲子阅读活动获“十佳阅读推广品牌”称号。

同日　湖北省首个自动物候观测站在巴东县气象局国家基本气象站安装完成并组网投入运行。

25 日　2022—2023 年度全国航海模型公开赛（湖北站）在利川市柏杨坝镇栏堰村开赛。全省各地 25 支专业代表队的 300 余名运动员参赛。此次比赛是湖北省首次举办全国航海模型公开赛。

27 日　恩施州九届人民政府第二次全体（扩大）会议暨州政府廉政工作会议召开。

28 日　第六届中国森林康养产业发展大会在江西省资溪县举行。恩施州巴东县获“国家级全域森林康养试点建设县”授牌，鹤峰县林业局（箬竹产业发展）入选林下经济典型案例。

同日　湖北省经济和信息化厅公布湖北省第五批专精特新（具有“专业化、精细化、特色化、新颖化”特征）中小企业名单，恩施市 13 家企业入选。

29—31 日　恩施州开展乡村振兴专题培训。中国乡村发展协会会长、中央农办原主任、农业农村部原部长韩长赋，全国政协委员、中国农科院原党组书记张合成，中央农办秘书局副局长江文胜，中国人民大学农业与农村发展学院院长仇焕广现场授课。

30 日　恩施州市场监管局为湖北硒庄王食品有限公司发放首张食品营养强化剂硒蛋白食品生产许可证，标志着恩施州硒蛋白生产获得“身份证”。

31 日　第十三届中国中学生击剑锦标赛在恩施州宣恩县全民健身公园体育馆开赛，全国 23 个省、直辖市和香港特别行政区的 253 支队伍 1300 余名中学生击剑运动员参赛。

## 4 月

6 日　2023 年全州优化营商环境大会举行。

7 日　中国胸痛中心联盟发布《关于中国胸痛中心及中国基层胸痛中心通过认证单位公告》，恩施州恩施市中心医院、建始县人民医院、宣恩县人民医院、咸丰县中医医院、来凤县人民医院通过中国胸痛中心基层版认证。至此，恩施州已有胸痛中心标准版 3 家（恩施州中心医院、湖北民族大学附属民大医院、巴东县人民医院），基层版 8 家（利川市人民医院、咸丰县人民医院、鹤峰县中心医院及此次新增的 5 家医院）。

同日　湖北省见义勇为英雄先进表彰大会举行，恩施州恩施市红土乡石灰窑村村民黄九洲、咸丰县黄金洞乡尧坪村村民符治光获“湖北省见义勇为先进”称号。

10—12 日　州委书记胡超文率恩施州党政代表团赴甘肃省考察中医药产业发展并开展招商活动。

11—13 日　自然资源部地勘司一级巡视员薛佩暄到恩施州，开展 2022 年特大型地质灾害防治资金绩效评价工作。

12—14 日　省人大常委会副主任杨云彦率调研组到恩施州，调研立法工作、茶产业发展情况。

13 日　恩施州 2023 年优抚对象疗养工作正式启动，首批来自恩施市、鹤峰县的 40 名重点优抚对象到恩施州优抚医院，开始为期 14 天的疗养生活。

14 日　湖北省易地扶贫搬迁工作领导小组办公室印发《关于表扬 2022 年度全省易地搬迁工作先进集体、先进个人的通报》，先进集体共表扬 30 个（地市州表彰 6 个），恩施州居地市州中第 2 名；县（市）表扬 24 个，宣恩县排名第 1 位，恩施市、巴东县、咸丰县入选；先进个人共表扬 165 名，恩施州 18 人入选。

15 日　湖北省第十六届运动会青少年田径比赛中，恩施州代表团来凤县 13 岁选手周毓雷获男子 200 米冠军，这是恩施州代表团在该项目上取得的历史性突破。16 日，周毓雷再获青少年田径男子 60 米冠军。

15 日　2023 首届湖北恩施·咸丰森林马拉松在咸丰县举行。

17 日　湖北省教育厅公布第三批乡村温馨校园建设典型案例学校名单，全省 23 所学校入选，恩施州恩施市沙地乡中心小学、利川市谋道镇初级中学在列。

**20日** 国家文物局、文化和旅游部等部门联合印发《三峡文物保护利用专项规划》。巴东狮子包古建筑群被列入重点文物保护项目，巴东县博物馆被纳入国家卓越博物馆发展计划。

**21日** 恩施州恩施市、鹤峰县获“2022年度阳光校餐示范县”称号。

**22日** 湖北省首届“楚茶杯”斗茶大赛颁奖仪式在武汉市举行，全省共308个产品参赛，恩施州61个产品参赛，占比19.8%。全省共130个产品获奖，其中恩施州34个产品获奖，占比26.15%，包含绿茶茶王、红茶茶王各1个，特别金奖5个，金奖、银奖27个。

**23日** 《恩施州创建世界级旅游目的地策划和实施计划》《恩施州文化旅游品牌三年营销推广战略策划书》通过专家评审。

**同日** 湖北省第十届少数民族传统体育运动会在宜昌市五峰土家族自治县开幕。恩施州各县（市）、湖北民族大学、恩施职业技术学院的运动员、教练员、工作人员1000余人参加。

**24日** 由中共湖北恩施州委、恩施州人民政府主办的“致敬江城　感恩奋进”东湖茶叙五周年暨恩施硒茶（恩施玉露、利川红）全球推广启动仪式在武汉市东湖国际会议中心举行。

**25日** 中国县级媒体深度融合大会在恩施州鹤峰县召开。国内100多家地市党报、县级融媒体中心主任、总编以及新闻业务骨干200余人参会。

**26—28日** “宜荆荆恩”4地政协主席联席会议第二次会议在恩施州召开。

**28日** 恩施市车坝河水库引水工程全线通水，该工程向恩施市第二、三水厂供应原水，恩施城区将形成以车坝河水库为主供水源、喻家河水库为备用水源、大龙潭水库为应急水源的多水源供水格局。

**29日** 2023首届湘鄂龙凤双城马拉松在恩施州来凤县开跑。

**同月** 宣恩县获国际旅游联合会授予“中国最美生态康养旅游名县”奖牌。

**同月** 湖北省人社厅、湖北省卫健委公布湖北省卫生健康系统先进集体和先进工作者名单，评选出70个先进集体、100名先进个人。恩施州3个集体、5人上榜。

## 5月

**4日** 恩施州3人分别获2022年度“全国优秀共青团员”“全国优秀团干部”、2023年“湖北青年五四奖章”荣誉。他们分别是全国优秀共青团员陈炊宏；全国优秀共青团干部谭平，湖北青年五四奖章获得者陈娟。

**5日** 2022—2023年度“中国美好生活城市”榜单在成都揭晓，“遇见美好”融媒体活动启动。恩施入选中国十大“魅力打卡之城”。

**6—7日** 国家女篮前队员、八一女篮前领队郑海霞，体操奥运冠军郭伟阳，铅球、标枪奥运冠军、冠军公益基金发起人孙海涛等组团到恩施市，参观考察恩施市硒旅融合发展情况。

**9日** “激扬家国情奋斗新征程”2022—2023年恩施州“最美家庭”发布仪式暨清廉家风宣教活动举行。贺孝贵家庭、韩笑莲家庭、吾斯曼·伊敏尼亚孜家庭、黄休林家庭、熊高祥家庭等20户家庭被评为2022—2023年全州“最美家庭”。

**10日** 州委书记胡超文主持召开政党协商座谈会，围绕“美好环境与幸福生活共同缔造”主题，听取工作情况汇报，征求各民主党派、工商联、无党派代表人士的意见建议。

**同日** 恩施州政府与中国农业银行湖北省分行签署战略合作协议。

**同日** 2023中国茶品牌建设论坛在上海举办，恩施玉露上榜“2023大众喜爱的中国茶品牌”TOP10，系全省唯一上榜的茶叶品牌。

**12日** 湖北省2023年度地质灾害应急技术演练在恩施市喻家河举行。

**同日** 湖北省第十一届残疾人运动会落下帷幕，恩施州残运健儿共获20枚奖牌，其中金牌8枚，银牌3枚，铜牌9枚。

**14日** 全国妇联揭晓1000户全国“最美家庭”，恩施州优抚医院郑芙蓉家庭和鹤峰县中营镇黄萍家庭上榜。

**15日** 文化和旅游部推出10条长江主题国家级旅游线路和《长江国际黄金旅游带精品线路路书》，唐崖土司城址名列长江世界遗产之旅旅游线路。

**16日** 恩施州宣恩县珠山镇狮子关旅游区内，一辆商务车通过水上浮桥时坠入水中，导致5人溺水死亡。

**16—19日** 中国地市新闻网联盟第十四届地市新媒体创新发展大会在重庆召开，恩施新闻网获评“2022年全国地市新媒体网站类影响力二十大案例”。

**17日** 恩施州总工会与恩施市公汽公司联合打造的3条“劳模号”主题公交专线正式运行。

**20日** 第五届中国国际茶叶博览会在杭州开幕，恩施州携10家龙头茶企以区域公用品牌“恩施硒茶”亮相茶博会。

**23日** 近40名泰国游客组成的泰国入境旅游团走进恩施大峡谷景区，该团是自文化和旅游部3月31日宣布恢复全国旅行社经营国外入境团队旅游以来，恩施大峡谷迎来的首个泰国入境旅游团队。

**同日** 由恩施州咸丰县南剧艺术传承保护中心创作的南剧《唐崖土司夫人（选段）》在武汉中南剧院上

演，亮相第三届全国戏曲（南方片）会演“少数民族戏曲剧种组合专场”。

23—24 日　省委常委、政法委书记肖菊华到恩施州调研社会治理和矛盾纠纷化解工作。

24 日　国务院批复同意湖北恩施许家坪机场对外开放，标志着恩施成为湖北省第 3 个拥有正式开放航空口岸的市（州）。

同日　省政协副主席张维国率调研组到巴东，实地调研农村、社区医疗卫生队伍建设和乡村振兴等工作。

同日　中国南丁格尔志愿护理服务总队向巴东县人民医院志愿护理服务队授旗，恩施州首个县级南丁格尔志愿护理服务队成立。

26 日　恩施州民族宗教事务委员会公布恩施土家族苗族自治州建州 40 周年庆祝活动标识（LOGO）和吉祥物“硒硒”“都都”。

29 日　恩施州庆祝建州 40 周年·首届“最美科技工作者”及提名人名单揭晓，恩施德源硒材料工程科技有限公司副总裁丛欣等 10 人获评“最美科技工作者”，恩施州农业农村局高级农艺师尹鑫等 10 人获“最美科技工作者”提名。

30—31 日　国家食品安全风险评估中心调研组到恩施州调研食品安全与营养健康综合试验区建设情况并召开座谈会。

31 日　恩施州疾病预防控制局挂牌成立。恩施州 8 个县（市）疾病预防控制局同步挂牌成立。

同月　湖北省委宣传部发布 2022“荆楚楷模”年度人物，恩施州鹤峰县贺英女子民兵连当选年度人物。

## 6 月

1 日　省委副书记、省长王忠林到恩施州巴东县三峡库区调研。

2 日　恩施州城镇老旧小区改造项目融资签约仪式在武汉市举行。融资签约额度 107 亿元，共 18 个项目，涉及恩施州 1013 个城镇老旧小区配套基础设施改造、流域治理、城市更新、城市品质提升建设。

5 日　湖北日报头版发布文章《“含绿量”等于“含金量”——“绿水青山就是金山银山”恩施实践》，聚焦恩施州践行绿色发展理念、把生态优势转化为经济发展优势的做法。

6 日　州委书记胡超文与中国移动湖北公司党委书记、董事长、总经理魏春辉座谈。

同日　全国少工委公布命名 2023 年度全国红领巾中队名单，恩施州 25 个中队获评。

7 日　以“时代楷模”张富清老英雄为原型的大型原创民族歌舞剧《老兵》在北京民族剧院上演。该剧由中央民族歌舞团、湖北民族大学、湖北省民族宗教事务委员会联合打造。

9 日　由恩施州数产公司建设的移动办公平台“恩政通”App 上线运行，实现移动政务办公、即时通信、视频会议等功能“一端集成”。

12 日　州委全面依法治州委员会第五次会议暨创建全省法治政府建设示范州动员部署会举行。

同日　教育部公布首批 1075 所全国健康学校建设单位名单，湖北民族大学附属小学、恩施州咸丰县第一中学上榜。

15 日　恩施州“最强追梦人”发布暨故事报告会举行，袁伟译、侯明锋、李良碧、田远红、汪次凤、郑家金、黄李、游玉峰、税莉、管洪敏 10 位“最强追梦人”，讲述创业就业、自立自强事迹。

同日　第二届湖北省县域普通高中创新与发展（恩施）论坛在湖北恩施学院举办。

同日　南昌—恩施—银川航线正式开通。该航线由中国东方航空公司执飞，机型为空客 A320，每天一班。

20 日　“钟情湖北·‘荷’你有约”2023 湖北夏凉文旅消费季暨第十一届长江三峡（巴东）纤夫文化旅游节在巫峡口景区开幕。

21 日　人力资源和社会保障部、农业农村部发布全国农业农村劳动模范和先进工作者表彰名单。恩施州宣恩县万寨乡伍家台村党支部书记郑时兵、恩施州巴东县黄连坪农业开发股份有限公司负责人朱旭获评全国农业农村劳动模范。

同日　湖北省农业农村厅、湖北省文明办、湖北省民政厅通报全省农村“一约四会”（指村规民约和红白理事会、道德评议会、村民议事会、禁毒禁赌会）30 个优秀典型案例。恩施州恩施市盛家坝镇二官寨村《“四字经”共同缔造和美乡村》、恩施州宣恩县长潭河侗族乡兴隆村《创新“五四三”工作法推动“一约四会”基层社会治理新路径》入选。

同日　守望大三峡——三峡工程湖北库区文物保护成果展开展仪式在巴东县举行。

25 日　省委副书记诸葛宇杰到恩施州走访调研“三农”工作。

26 日　中国避暑旅游发展报告发布会在恩施州利川市举行。

同日　中央电视台《道德观察》栏目报道恩施市第二中学教师杨佐忠，称他为“点灯人”，十年如一日无私奉献，点亮家庭困难学生求学成才的梦。

28 日　恩施州领导干部警示教育大会举行。

同日　恩施、宜昌、荆州、荆门 4 地不动产登记一体化协同平台正式上线。

30 日　庆祝恩施土家族苗族自治州建州 40 周年书

法篆刻作品展览开展仪式在恩施州文化中心举行。

**同日** 省民族歌舞团青年歌手、“土家稀奇哥”成员易汉章献唱庆祝中国共产党成立102周年交响音乐会。

**同日** 2023博鳌国际候鸟（恩施州）森林硒养大会启动仪式暨第三届中国候鸟旅养小城避暑百佳榜新闻发布会在巴东县野三关森林小镇举行。恩施州8个县（市）入围2023中国候鸟旅养小城避暑百佳榜，恩施成为全国首个避暑型“候鸟旅养”县域全覆盖的地市（州）。

## 7月

**2日** 国际建筑师协会第28届世界建筑师大会在丹麦哥本哈根举行。中国（彭家寨）土家泛博物馆作为中国建筑成就展的重要组成部分参展。这也是继中国（彭家寨）土家泛博物馆参加威尼斯国际建筑双年展之后的又一重要国际展览。

**3日** 国家知识产权局、最高人民法院、最高人民检察院与公安部联合印发通报，对2022年度全国知识产权保护工作成绩突出的100个集体和200名个人予以表扬，恩施州市场监管局商标与地理标志科科长田远波获“全国知识产权保护工作成绩突出个人”称号。

**4日** 恩施州建始县遭遇特大暴雨，境内省道云天线出现多处塌方、泥石流等险情。因预警及时，1200多户村民提前转移，得到妥善安置。

**6日** 州委书记胡超文与中国光大环境（集团）有限公司执行董事、总裁栾祖盛座谈。

**7日** 2023年“湖北好人”第二季度上榜人物名单揭晓，咸丰县唐崖镇彭家沟村黑猪养殖专业合作社技术主管焦易上榜。

**8日** 全国妇联、中央网信办、最高人民法院等14个部门共同举办“少年儿童心向党　关爱守护伴成长”2023暑期儿童关爱服务活动启动仪式。恩施州中心医院妇委会副主任李霖受邀参加。

**同日** 湖北七姊妹山国家级自然保护区入选世界自然保护联盟绿色名录，被授予“世界最佳自然保护地”称号。

**11日** 湖北省湘鄂西老区文化发展中心正式成立。

**同日** 受中国地质学会委托，湖北省地质学会为巴东县信陵镇黄土坡社区获评“地质文化村”授牌。这是全国唯一以地质地灾命名的“地质文化+生态旅游”三星级文化村。

**12日** 恩施州第二届“凉交会”暨“趣恩施嗨一夏”文旅推介会在浙江省杭州市开幕，恩施州文化和旅游局携5家省级旅游度假区、精品景区、重点旅行社和恩施机场集团现场推介。

**13日** 湖北省河湖长制办公室首次公布全面推行河湖长制“十大典型案例”，由恩施州及恩施市河湖长制办公室联名推荐的“数字赋能智慧联动科技治河——恩施市用数字化平台助力河湖管护新实践”入选。

**同日** 2023年恩施州乡村振兴人才创新创业大赛决赛暨“乡土拔尖人才”发布仪式举行。

**17日** 恩施大清江红花峰林景区开园迎客。景区按照国家AAAA级旅游景区标准开发建设，总投资5.2亿元，是湖北省重点建设项目之一。

**18日** 恩施州民族团结进步先进集体和先进个人表彰大会举行。共表彰先进集体70家、先进个人100名，涵盖50多个行业。

**19日** 恩施州小流域综合治理试点工作领导小组会议暨州级试点工作动员大会召开。

**21日** 湖北省文化和旅游厅发布湖北首张清凉地图，恩施大峡谷、土司城、野三关森林小镇、绿葱坡旅游度假区、建始茅田生态旅游区等入选。

**同日** 《中国民族报》摘刊州委书记胡超文在全州第八次民族团结进步表彰大会上的讲话。

**23日** 第三届市县融媒体中心建设发展论坛在内蒙古鄂尔多斯召开。在“2022—2023年度全国融媒体中心能力建设十大典型事例成果展示”名单中，鹤峰县融媒体中心《中国“仙本那”雪中更有情》入选“县级融媒体中心短视频传播典型事例”，巴东县融媒体中心《印记——北京对口支援巴东30年》系列短视频入选“县级融媒体中心专题报道典型事例”。

**25日** 《湖北日报》以《空巢变身“蜂巢”笑语驱散孤独——农村互助养老的“白果经验”》为题，报道恩施市白果乡建立蜂巢状三级互助养老体系，解决农村养老问题的经验做法。

**25—26日** 省政协副主席王兴於率调研组到恩施州，就乡村振兴和旅游产业发展开展专题调研，并召开座谈会。

**27日** 恩施州湖北正典律师事务所党支部被表彰为“全国律师行业先进基层党组织”。

**28日** 湖北省首批100个“姐妹共建·幸福家园”样板点名单揭晓。恩施州恩施市三岔镇莲花池村、利川市都亭街道乳泉社区、建始县高坪镇青花社区、巴东县官渡口镇晴帆园社区、宣恩县椒园镇黄坪村、咸丰县唐崖镇彭家沟村、来凤县革勒车镇桑树坪村、鹤峰县容美镇唐家铺村入选。

**同日** 恩施州推进中华民族共同体建设的历史贡献与现实路径研讨会在恩施州城举行。

**29日** 2022年度全国学雷锋志愿服务“四个100”先进典型名单公布，宣恩县人民法院“法官工作室”志愿服务团队上榜。

**同日** 《中国文化报》公布2023年全国县域旅游研

究成果，恩施市上榜“2023年全国县域旅游综合实力百强县”，名列第70位。

**29—30日** “中国式刑事司法现代化与毒品犯罪治理”学术研讨会在恩施州召开。

**31日** 中央宣传部、中央军委政治工作部联合发布13名“最美新时代革命军人”，恩施州陈刚果、向跃东2人上榜。

## 8月

**3日** 2023年第二届“恩施工匠”职业技能大赛颁奖暨恩施州十大技能大师工作室授牌仪式举行。

**5日** 国家标准化心血管专病中心湖北区域授牌仪式在武汉举行。恩施州中心医院胸痛中心、心衰中心、房颤中心、高血压中心四大专病中心获评为CDQI国家标准化示范中心。

**6日** 《恩施诗词百年》丛书发布会在州城恩施举行。该丛书历时3年编辑而成，全套8册，汇集、展示恩施州近现代以来诗词精品近3000首。

**8日** 首批国家农业产业强镇认定名单公布，湖北省共有39个镇（乡）上榜。其中恩施州为来凤县旧司镇（蔬菜）、建始县花坪镇（葡萄）、鹤峰县燕子镇（肉牛）、宣恩县李家河镇（贡水白柚）。

**9日** 恩施州县（市）人大常委会主任座谈会暨代表行动推进会在建始县茅田乡召开。

**10日** 中共湖北省委宣传部、湖北省卫生健康委员会联合主办的《以生命的名义——2023荆楚楷模·最美健康守护者》致敬礼在武汉举行，全省10位医务工作者入选2023“荆楚楷模·最美健康守护者”，恩施州中心医院主任医师李德忠上榜。

**同日** 金上—湖北±800千伏特高压直流输电工程利川段开工建设。该工程线路全长约1784千米，途经四川、重庆、湖北3省市。利川段起于渝鄂交界谋道镇船头寨村，止于柏杨坝镇罗圈村，总投资6.3亿元，线路长度50.3千米。

**11日** 《中国民族报》刊发文章《奋力谱写中国式现代化恩施新篇章——专访湖北恩施州委书记胡超文》。

**12日** 恩施州首届“候鸟人才节”启动，为32名专家人才颁发恩施州有突出贡献“候鸟人才”纪念奖，向10家恩施州“候鸟人才”工作站、6家恩施州驻外招才联络处授牌，集中签订9个校地合作协议、8个项目合作协议、8个专家特聘协议。

**13—14日** 东方甄选直播专场走进恩施州，深度推介恩施美景美食。

**15日** “庆祝恩施州建州40周年2023湖北省主题集邮展览”在恩施州文化中心开幕。这是由恩施州首次承办的湖北省综合性竞赛级邮展。

**同日** 国家林业和草原局公布12个国家级森林公园总体规划的批复，巴东国家森林公园总体规划（2023—2032年）名列其中。

**16日** 央视CCTV-1《朝闻天下》栏目播出恩施州文旅宣传片，恩施州文旅宣传口号“直尕思得·恩施要得”正式亮相国家级媒体平台。

**同日** 庆祝建州40周年经贸洽谈会暨“请老乡、回家乡、建故乡”启动仪式举行，签约项目102个，计划总投资621.9亿元。

**18日** 中央民族歌舞团“中华民族一家亲”慰问演出团队在恩施大剧院开展慰问演出活动。

**19日** 恩施土家族苗族自治州成立40周年庆祝大会在恩施市举行。全国人大常委会、国务院发来贺电。中央有关部门祝贺团团长、国家民委副主任段毅君，省委书记、省人大常委会主任王蒙徽出席并讲话。省委副书记、省长王忠林，省委副书记诸葛宇杰出席。

**20日** 《人民日报》刊发文章《湖北恩施土家族苗族自治州庆祝成立40周年》，聚焦40年来恩施经济迅速发展和民生改善。

**21日** 恩施州城市规划展览馆、恩施州人民检察院第七检察部获评“第21届全国青年文明号”。

**22日** 湖北宣恩第十五届贡水河水上运动会开幕。全国各地的158支队伍、2000余名运动员参赛。

**24日** 湖北省法治政府建设示范创建实地评估工作见面会在恩施州召开。

**26日** 恩施民族歌舞大秀《西兰卡普》在恩施州文化中心大剧院首演。

**同月** 新华网开设“恩施土家族苗族自治州建州40周年”专题网页，聚焦恩施州发展成就。

## 9月

**1日** 首届国际藤茶大会（中国·来凤）在恩施州来凤县举办。

**同日** 恩施、宜昌、荆州、荆门4市州交通运输部门在荆州市签订《宜荆荆全国性综合交通枢纽建设三年行动方案》，总投资9057亿元。

**2—3日** 神农架林区党政代表团到恩施州开展区域协同发展考察，并召开神农架林区—恩施州区域协同发展座谈会。

**7日** 中共恩施州委八届七次全体会议举行。全会审议通过《中共恩施州委恩施州人民政府关于深入贯彻实施长江经济带发展战略、推进流域综合治理和统筹发展、加快城市和产业集中高质量发展的实施意见》。

**同日** 湖北省第五生态环境保护督察组进驻恩施州开展第二轮生态环境保护例行督察。

**8日** 州委书记胡超文与上海宝冶集团有限公司党委书记、董事长高武久座谈，就项目合作进行交流。

**9日** 2023年度“荆楚好老师”名单发布，恩施职业技术学院邹艳、恩施市白杨坪镇鹿子渡村小学附属幼儿园田丽琴2人上榜。

**10日** 联合国教科文组织接受申请，恩施大峡谷-腾龙洞地质公园成为世界地质公园候选地。

**12日** 农业农村部公布《2023年中国美丽休闲乡村名单》，建始县茅田乡太和街村入选。

**同日** 湖北省发改委、省经信厅发布《关于印发第一批湖北省数字经济示范城市和标杆园区名单的通知》，利川开发区入选湖北省数字经济标杆园区。

**同日** 鹤峰县富硒茶叶搭载79374次班列，从宜昌东站出发直达宁波北仑港后，转乘海轮出口至非洲卡萨布兰卡，这是恩施硒茶首次搭乘海铁联运班列出口。

**13日** 恩施州学习贯彻习近平新时代中国特色社会主义思想主题教育工作会议召开。省委主题教育第十三巡回督导组组长冯仲凯到会指导并讲话。

**14日** 中央企业工业文化遗产（电力行业）名录发布，国家能源集团湖北公司老虎洞电站（位于恩施州来凤县）入选。该电站是新中国成立后湖北省第一批兴建的5座小水电站之一，也是恩施州第一座水电站。

**15日** 中国城市规划设计研究院副总规划师、区域规划研究所所长陈明率调研团到恩施州调研小流域综合治理工作。

**17日** 恩茶集团“恩施玉露”获上海国际茶文化旅游节最高奖项——全国十大名茶。

**21日** 产融合作·赋能中小企业高质量发展之专精特新企业投融资恩施州专场对接会在咸丰召开，活动现场共有7家项目代表完成签约，签约金额达3445万元。

**21—22日** 湘鄂川黔革命根据地历史价值与新时代乡村振兴研讨会·恩施年会在恩施州召开。

**23日** 恩施市新航程农业种植专业合作社理事长储震获2022—2023年度“湖北省十佳农民”称号。

**25日** 全国绿化委员会办公室公布全国“双百”古树推选结果，宣恩长潭河乡猫村子村古楠木入选中国100棵最美古树，利川水杉群入选100个最美古树群落。

**26日** 由农业农村部办公厅、文化和旅游部办公厅联合举办的第四届“县乡长说唱移风易俗”优秀节目展演在北京举办，来凤县《移风易俗谱新篇》节目入选。

**27日** 湖北省铸牢中华民族共同体意识宣传教育工作现场推进会在恩施州举行。

**同日** 成都—恩施—济南航线正式开通。此航线开通进一步优化恩施航线布局，弥补在西部地区和山东半岛两个区域的航线空白，便捷3地商务往来、探亲旅游、文化交流。

**同日** 湖北省重点电网建设工程——恩施东—朝阳500千伏线路工程正式投运。这是恩施电网连接湖北电网的第2条电力“高速路”。

**28日** 司法部发布关于表彰全国模范人民调解委员会、模范人民调解员的决定，恩施州1个人民调解委员会（咸丰县联合人民调解委员会苏老武调解工作室）、3名个人（恩施市新塘乡人民调解委员会调解员向贞东、利川市联合专业人民调解委员会主任杜昌政、建始县茅田乡人民调解委员会调解员谭支坤）受表彰。

**同日** 全国少数民族参观团座谈会在北京召开。恩施州来凤县农园果蔬专业合作社理事长向辉参加座谈会并发言。

**30日** 恩施州及恩施市烈士纪念日公祭活动在恩施市六角亭象牙山举行。

**同月** 建始县“‘书记听我说’让群众诉求直达”案例入选湖北省深化主题教育实践活动首批典型案例。

## 10月

**7日** 州委书记胡超文做客湖北卫视《先行谈——对话市州书记市长》，讲述恩施如何用绿水青山书写经济发展新答卷。

**9日** 中央政法委发布2023年第三季度见义勇为勇士榜，恩施州刘学家（牺牲前系鹤峰县个体户）、黄大林（鹤峰县中等职业技术学校宿舍管理员）上榜。

**11日** 由中共恩施州委宣传部组织策划，恩施州广播电视台摄制的电视专题片《绝不回头——记中共鄂西特委书记何功伟》在恩施电视台视频号发布。新华社和“学习强国”学习平台、长江云等主流媒体予以转发。

**12—15日** 州委书记胡超文率队赴广东省珠海市、广州市、东莞市、深圳市招商考察，并召开广东省湖北恩施商会企业家座谈会。

**15日** 全国对口支援工作考察团走进恩施州巴东县，开展“情系三峡三十年·对口支援库区行”活动。

**16日** 恩施州成立40周年庆祝活动总结大会召开，对恩施州成立40周年庆祝活动中表现突出的集体和个人予以通报表扬。

**同日** 湖北省2023年度返乡创业示范县、示范园、示范项目名单公布。恩施市入选示范县名单，恩施洞下槽村大耀农旅观光园等3个园入选示范园名单，恩施州硒之春茶业有限公司等8个项目入选示范项目名单。

**18—20日** 省政协党组副书记、副主席尔肯江·吐拉洪到恩施州巴东县、建始县、恩施市，围绕加强基层政协党的建设、“一线协商共同缔造”行动、委员履职和品牌强省建设等开展调研。

19日　由恩施州文化和旅游局与央广传媒共创的文旅宣传节目《共赴山河之旅——心动恩施》发布仪式在北京举行，恩施州全新旅游宣传口号和logo正式发布。

20—21日　2023年中国民族医药协会科学技术奖颁奖大会在北京召开。恩施州民族医院（恩施州中心医院中医部）申报的《参芪益肺糖浆防治小儿反复呼吸道感染的临床试验研究》获科学技术进步奖一等奖；恩施州中心医院申报的《恩施土家族苗族自治州民族民间草药彩色图谱》获民族医药著作奖三等奖。

24日　第十四届湖北戏剧牡丹花奖揭晓，湖北省民族歌舞团易汉章获“牡丹花奖”。

同日　2023年湖北省户外运动大会在宣恩县开幕。本届大会以“运动山水间休闲恩施游”为主题，由湖北省体育局和恩施州人民政府共同主办。

同日　恩施籍运动员袁伟译在杭州第四届亚残运会男子S5级50米仰泳项目中，以33秒77的成绩摘得金牌，为湖北省夺得首金。

26日　全国首届农业应急救灾技术及装备交流活动在武汉市举行，恩施州宣恩县获评“2022年度全国平安农机示范县”。

同日　湖北省知识产权局公布湖北省知识产权强省建设示范城市、县域、园区名单，恩施市被评为强省建设示范县域。

28—30日　以“健康·科技·硒望”为主题的第八届世界硒都（恩施）硒产品博览交易会暨硒科技创新发展大会在恩施州举行。全国特色含硒优质农产品、预包装食品、加工食（饮）品、保健食品、日化用品、文旅产品、中医药产品、硒科技产品等400余家企业参展，4000余款“硒”品云集，现场签约亿元以上产业项目22个，计划总投资260亿元。

30日　中央第十巡回指导组听取恩施州主题教育工作情况汇报。

同日　副省长盛阅春到鹤峰县调研乡村振兴、特色产业发展、高速公路建设和运营等工作。

同月　恩施州委政法委“四联并举做实风险防范‘三篇文章’”被评为“新时代湖北政法工作十大创新品牌”，建始县委政法委“评理说事”被评为新时代湖北政法工作优秀创新成果二等奖。

## 11月

2日　农业农村部、中央宣传部、司法部公布第三批全国乡村治理示范村镇名单，恩施州宣恩县椒园镇黄坪村、来凤县旧司镇新街村、鹤峰县走马镇李桥村、恩施市太阳河乡双河岭村上榜。

同日　《2023中国地理标志农产品区域公用品牌声誉评价报告》百强榜单发布，恩施玉露、恩施硒茶分别位居第50位（茶叶品类第21位）和第89位（茶叶品类第32位）。

4—6日　由湖北画报社组织的“全国百名摄影家走进湖北”摄影采风团走进恩施。

6日　恩施州鹤峰县融媒体中心选送的新闻摄影作品《“天路”越武陵》获第33届中国新闻奖三等奖。

7日　2023年“荆楚最美家庭”名单揭晓，恩施州黄休林家庭、许远琼家庭入选。

8日　第五届“中国天然氧吧”产业发展大会在恩施州举办。大会发布《恩施州创建“天然氧吧城市”评价报告》，为恩施州授牌“天然氧吧州”。

9日　新建沪渝蓉高铁宜昌至涪陵段恩施南站土地综合开发战略合作协议签约仪式在恩施州城举行。

12日　中央文明办发布2023年第三季度“中国好人榜”，巴东县三尖观林场场长李能阳上榜。

13日　中国乡村发展基金会发布2022—2023年度“童伴妈妈”项目标杆示范创建结果，巴东县和巴东县沿渡河镇罗溪坝社区“童伴之家”分别被评为2022—2023年度“童伴妈妈”项目标杆示范县、标杆示范“童伴之家”。

14日　赛迪顾问县域经济研究中心发布《2023中部县域经济百强研究》，评选出“2023赛迪中部百强县”，恩施市名列其中。

16日　《人民日报》刊发州委书记胡超文署名文章——《形成基层社会治理的最大合力》。

17日　恩施州工人文化宫获评首批全国标准化工人文化宫。

同日　宜荆荆都市圈发展联合办公室第三次工作会议暨文旅融合联席会议在恩施州召开。

18日　中国茶叶流通协会发布行业调查结果，恩施州鹤峰县、宣恩县、咸丰县、恩施市、来凤县、巴东县上榜“2023年度重点产茶县域”。

20日　农业农村部公布2023年全国农业绿色发展典型案例，恩施州“坚持稳粮增效添绿能，着力打造恩施土豆‘靓丽名片’”案例上榜。

同日　恩施州政协成立40周年座谈会召开。

21日　省委常委、宣传部部长张朝晖调研恩施州文旅融合发展等工作。

24日　最高人民检察院印发《关于为105个先进集体和132名先进个人记一等功的决定》，恩施州人民检察院第七检察部被最高人民检察院记集体一等功。

同日　共青团中央、农业农村部联合印发《关于表彰第二届全国乡村振兴青年先锋的决定》，咸丰县清坪镇龙潭司村青年赵寄凯（土家族）获第二届全国乡村振兴青年先锋称号。

**28日** 湖北七姊妹山国家级自然保护区获得由中华人民共和国人与生物圈国家委员会颁发的成员证书，正式成为“中国生物圈保护区网络”（CBRN）成员。

**29日** 恩施州咸丰县被中国粮食行业协会命名为“中国生态富硒稻米之乡”。

**29日** 2023年度国家AAAAA级旅游景区百强榜发布，利川腾龙洞景区上榜。

**30日** 恩施州主题教育工作推进会暨全州深化党员干部下基层察民情解民忧暖民心实践活动推进会在建始县举行。

**同日** 国家林草局发布首批789处陆生野生动物重要栖息地名录，湖北省巴东县沿渡河川金丝猴重要栖息地入选。

## 12月

**1日** 首届中部4省（鄂、晋、皖、赣）地理标志品牌培育创新大赛决赛在武汉收官，恩施州地理标志产品鹤峰葛仙米、来凤藤茶获金奖，关口葡萄、板桥党参获优秀奖。

**1—4日** 州委副书记、州长夏锡璠带队赴新疆博尔塔拉蒙古自治州学习考察。

**4日** 第四届湖北改革奖表彰大会在武汉举行，恩施州地方金融工作局办公室主任唐明义获“湖北改革奖（个人奖）”。

**6日** 恩施州人民政府公布第八批州级非物质文化遗产代表性项目名录及扩展项目名录。

**7日** 第三届全国功能农产品大会举行，宣恩县木龙寨富硒贡米专业合作社种植的木龙寨硒香贡米获得金奖，被评为2023年甄选好硒农产品。

**7—10日** 州委书记胡超文率恩施州党政代表团到福建省厦门市考察招商。

**8日** 全国公安英烈先进事迹巡回报告会湖北专场在武汉举行，烈士向雪飞（生前系来凤县公安局漫水派出所所长）之女向涵予讲述父亲的英勇事迹。

**10日** 利川市民政局报送的《“小院说事”听民声群策群力聚民心》入选2023全国城乡社区高质量发展典型案例。

**10—11日** 省委常委、常务副省长邵新宇到乡村振兴联系点恩施州巴东县，调研定点帮扶及产业发展工作。

**11—12日** 副省长张文彤到恩施州恩施市、利川市调研带水河小流域综合治理、森林防火、页岩气勘探开发等工作并巡林。

**12日** 以“直尕思得·恩施要得”为主题的全国千家旅行商大会暨2024年“引客入恩”启动仪式在恩施州举行。

**13日** 恩施州法学会第四次会员代表大会召开。

**14日** 2023年恩施州地产品展销对接暨职工劳动技能竞赛系列活动在鹤峰县开幕。

**15日** 杭恩革命老区对口合作工作座谈会暨项目签约仪式在恩施举行。

**同日** 中国工程院院士陈焕春与恩施州农科院共建“院士工作站”签约仪式在华中农业大学举行，标志着恩施州院士工作站实现零的突破。

**17日** 省委常委、武汉市委书记郭元强率队到咸丰县开展结对帮扶工作。

**同日** 恩施州来凤青少年研学实践教育基地和鹤峰县中营镇红三军军部旧址群入选第五批湖北省全民国防教育基地。

**18日** 湖北省第五生态环境保护督察组督察恩施州情况反馈会召开。

**22日** 湖北省优化营商环境领导小组发布《2023年全省优化营商环境改革先行区名单》，恩施州90个改革事项入选，位列全省第3。其中，纳入国家试点的改革事项4个，获得国家层面肯定和推广的改革事项2个，省定试点改革事项81个，自主探索改革事项3个。

**同日** 最高人民检察院党组成员、政治部主任潘毅琴到恩施州调研基层检察工作。

**同日** 2023年“湖北工匠杯”技能大赛——湖北省乡村巾帼工匠技能大赛暨展示活动在武汉举行，恩施州向成桂和朱黎获得银奖。

**26日** 中国共产党恩施州第八届委员会第八次全体会议在恩施州城举行。全会听取和审议《中共恩施州委常委会2023年以来传达学习贯彻落实习近平总书记重要讲话和重要指示批示精神情况报告》《中共恩施州委常委会向州委八届八次全会的工作报告》《中共恩施州委常委会落实全面从严治党主体责任情况报告》，总结2023年全州经济工作，部署2024年全州经济工作。全会审议并通过《中国共产党恩施州第八届委员会第八次全体会议关于调整部分州委委员的决定》。决定递补冉茂和、任伦杰、向应才、向定山4人为第八届恩施州委委员。

**同日** “荆楚楷模”2023年第四季度上榜人物名单发布，恩施市白果乡老年服务中心会长张必斗上榜。

**同日** 湖北省文化和旅游厅发布公告，恩施州鹿院坪、彭家寨、野三关森林花海3家景区被确定为国家AAAA级旅游景区，沐抚旅游度假区被确定为省级旅游度假区。

**27日** 省委副书记、省长王忠林到乡村振兴联系点恩施州恩施市调研，强调做大做强特色优势产业，巩固拓展脱贫攻坚成果推进乡村全面振兴。

**同日** 宣恩县仙山贡水兴隆老街入选第三批国家级旅游休闲街区。

**28日** 宜涪、宜常高铁湖北段开工动员活动在宜昌市举行，恩施州委书记胡超文作主会场直播连线发言。随后，宜涪高铁恩施段开工动员活动在恩施高新区恩施南站站区举行。

**同日** 文化和旅游部发布《关于公布第七次全国县级以上公共图书馆评估定级上等级馆名单的通知》，利川市图书馆、宣恩县图书馆、来凤县图书馆被评为“一级图书馆”。

**29日** 湖北省交通运输厅下发《关于命名2022年度全省“四好农村路”示范乡镇的通知》，来凤县旧司镇、宣恩县万寨乡、恩施市白果乡、鹤峰县走马镇获评2022年度全省“四好农村路”示范乡镇。

**同日** 工业和信息化部公布2023年度国家绿色制造名单，立讯精密工业（恩施）有限公司入选。

（编辑部 供稿）

# 恩施州概览

# Overview of Enshi Prefectural

## 地理环境与自然资源

**【地理位置与总面积】** 恩施州地处云贵高原的东延部分，位于湖北省的西南部，东连宜昌市，南接湖南省，西邻重庆市，北靠神农架林区，位于北纬 29°07′10″～31°24′13″、东经 108°23′12″～110°38′08″，全州面积 2.4 万平方千米。

（董燕平）

**【交通位置】** 恩施州地处鄂西山区，处于国家长三角至成渝双城经济圈的交通主轴上。高速公路里程上恩施市恩施北高速收费站距离武汉市武汉西高速收费站 496 千米、距离重庆市（主城区）渝北收费站 350 千米、距离宜昌市宜昌北收费站 271 千米、距离十堰市六里坪高速收费站 534 千米、距离张家界市张家界高速收费站 271 千米、距离吉首市吉首西高速收费站 270 千米。宜万铁路在恩施州内有野三关站、高坪站、建始站、恩施站、利川站、凉雾站、齐岳山站，恩施火车站距离汉口站 506 千米、距离重庆北站 339 千米、距离成都东站 643 千米。黔张常铁路在恩施州内有来凤站、咸丰站，来凤站距离张家界西站 127 千米、距离常德站 268 千米、距离黔江站 71 千米。郑万高铁在恩施州内设巴东站，距离郑州东站 620 千米、距离襄阳东站 231 千米、距离重庆北站 448 千米。水路里程上仅有巴东港连通其他城市港口，距离重庆市（主城区）重庆港 538 千米、距离宜昌市宜昌港 110 千米、距离武汉市武汉港 736 千米。航空里程上，恩施许家坪机场至武汉天河机场 479 千米，至北京航线距离 1428 千米，至深圳航线距离 1372 千米，至广州航线距离 1304 千米，至上海航线距离 1175 千米。

（田德久　朱韦思　陈明浩　关林子）

**【地质地貌】** 恩施州境位于新华夏系第三隆起带南段之黔东褶皱北东端，扬子江中下游东西向构造西端，北邻淮阳山字形构造西翼反射弧，西与四川盆地毗邻。处于扬子江淮地台近中部偏西，西为四川中台坳之川东梳状褶皱束，中、东部为八面山台坳之黔江隆起褶皱束和武陵坳褶皱束的北东段。州境位于多种构造体系联合、复合部位，具有多期活动的特征。中、南部的华夏系构造和八面山弧形帚状构造及纵贯中、北部的新华夏系联合式构造、新华夏系复合式结构、北部的东西向构造系州境的基本地质构造格架。武陵山脉由湖南北部伸入州境，分成数条支脉展开，占据州境中部、南部地区，约占总面积的 60%；巫山山脉由重庆东部顺长江南北两岸伸延入州境；大娄山余脉由重庆东部延伸入利川市境；大巴山余脉由陕西南部切入，分两支绵延于巴东县境长江以北。州境绝大部分是山地，惯称“八山半水分半田”。地貌以碳酸盐岩组成的高原型山地为主体，兼有碳酸盐岩组成的低山峡谷与溶蚀盆地，砂岩组成的低中山宽谷及山间红色盆地。海拔最高处巴东沿渡河镇大花村巴东垭 3005 米，最低点为巴东长江边的红庙岭 66.8 米（受三峡水库蓄水影响，该高程仅在三峡水库放空时出现）。全州以山地为主，平均海拔高度 1000 米。海拔 1200 米以上的地区占总面积的 29.4%，海拔 800～1200 米的地区占总面积的 43.6%，海拔 800 米以下的地区占总面积的 27%。州域东西最宽220千米，南北最长260千米。境内地形复杂，具有多种特殊类型的地貌，大河、小溪成树枝状展布，有“见山不走山”的丘原，有“两山咫尺行半天”的深谷，伏流、溶洞、冲、槽、漏斗、石林等各处可见。州境整个地势呈西北、东北部高，中部相对低的状态。地貌基本特征是：阶梯状地貌发育。由于受新构造运动间歇活动的影响，大面积隆起成山，局部断陷、沉积形成多级夷面与山间河谷断陷盆地。境内除东北部有海拔3000米以上小面积山地外，普遍展布着海拔2000~1700米、1500~1300米、1200~1000米、900~800米、700~500米五级面积不等的夷平面，并存在一至二级河谷阶地，呈现明显层状地貌。地表切割深、沟壑纵横、山体破碎。州境纵横河流分布于新构造运动的影响下，地表相对抬升，河流向下深切。横贯巴东的长江切穿巫山，形成巫峡。清江、酉水、溇水、唐崖河、郁江等河流及其支流，多沿断裂发育，地表切割深，形成程度不等的深切曲流。全州地表切割深度（相对高差）平均为812.8米，其中，400~800米中切割为多，占总面积的41.6%；800~1000米占总面积的14.9%；1000~1200米占总面积的12.3%；1200~1400米占总面积10.1%；小于400米而大于1400米只占面积的21.1%。

**【土地资源】** 根据2023年国土变更调查成果显示，恩施州国土总面积2406048.45公顷，其中湿地285.73公顷，占总面积0.01%；耕地335188.28公顷，占总面积13.93%；园地59166.52公顷，占总面积2.46%；林地1811647.87公顷，占总面积75.3%；草地5910.95公顷，占总面积0.25%；城镇村及工矿用地91216.89公顷，占总面积3.79%；交通运输用地11993.65公顷，占总面积0.5%；水域及水利设施用地35501.29公顷，占总面积1.47%；其他土地55137.27公顷，占总面积2.29%。按三大类统计，农用地2276068.6公顷，占总面积94.6%；建设用地103664.73公顷，占总面积4.31%；未利用地26315.12公顷，占总面积1.09%。

**【矿产资源】** 截至2023年底，全州发现各类矿产75种（含亚种），已查明资源量的矿产38种。全州共有上表矿区（床）338个，包含大型11个，中型30个，小型297个。

（董燕平）

**【水资源】** 恩施州多年平均降雨量1380.3毫米，多年平均水资源总量218亿立方米，地下水资源总量59亿立方米，人均水资源量约5400立方米，属水资源富集区。全州年用水总量5.43亿立方米，其中生活用水1.59亿立方米，生产用水3.75亿立方米，生态用水0.09亿立方米。

（邓正江）

**【自然保护地】** 2023年，全州有各类自然保护地35处，其中自然保护区6处（国家级：星斗山、七姊妹山、木林子、金丝猴、忠建河大鲵，省级：二仙岩）；风景名胜区2处（国家级：长江三峡，省级：唐崖河）；自然公园27处（森林公园21处、湿地公园2处、地质公园4处），总面积27.56万公顷，约占全州面积的11.46%。

**【野生动植物资源】** 全州有陆生脊椎野生动物30目91科579种，其中兽类8目24科98种，鸟类17目46科384种，两栖类2目10科46种，爬行类3目11科51种。有川金丝猴、林麝、豹、穿山甲等国家Ⅰ级保护野生动物18种、国家Ⅱ级保护野生动物96种、湖北省重点保护野生动物125种在恩施州繁衍生息或越冬迁徙停歇。全州有植物资源219科1038属4011种。共有木本植物117科419属约2060种，其中乔木72科196属约845种，灌木70科208属约954种，藤本28科62属约261种。全州有国家Ⅰ级保护野生植物水杉、珙桐、红豆杉、南方红豆杉、银杏、荷叶铁线蕨6种，国家Ⅱ级保护植物53种、属，珍稀濒危植物56种，约占全省列入国家重点保护树种的90%。现有100年以上古树1.37万株，其中500年以上的一级古树名木357株。

（游家栋）

**【水生生物资源】** 全州境内水生生物资源丰富，有浮游植物8门124种，在河流分布最多，有74种，池塘分布有49种，水库分布有44种。有浮游动物36种，其中河流中分布有13种，水库10种，池塘21种。有底栖动物4门44种，全州各水域均有分布。全州境内天然水体中现有鱼类9目20科147种，其中清江水系有5目12科114种。水生维管束植物在全州分布较广，包括挺水植物、浮叶植物、沉水植物、漂浮植物。其他水生经济动物有虾、蟹、蚌、大鲵、棘蛙、龟、鳖、水獭、水禽等；水生经济植物有莼菜、葛仙米、藕、荸荠、茭白等。其中具有开发价值、富有地方特色的品种有大鲵、棘蛙、裂腹鱼、利川莼菜、走马葛仙米等。

（杨济滔）

**【旅游资源】** 州境地形以山区为主，喀斯特地貌发育，溶洞溶洼众多。自然景观有：位于恩施、利川、咸丰3个县（市）交界的星斗山国家级自然保护区，位于宣恩、鹤峰、恩施和湖南桑植4个县（市）交界的七姊妹山国家级自然保护区，位于鹤峰县境内的湖北木林子国家级自然保护区，位于巴东县北部的湖北巴东金丝猴国家级自然保护区，咸丰县的坪坝营、唐崖河（黄金洞）、小南海，利川市的腾龙洞、佛宝山、玉龙洞、龙船水乡，巴东县的神农溪、巴人河、链子溪、水布垭，恩施市的恩施大峡谷、梭布垭石林、龙洞河，建始县的野三河、黄鹤桥、石门河，来凤县的仙佛寺风景区、卯洞风景区等。主要人文景观有：咸丰唐崖土司城遗址（世界文化遗产），利川大水井古建筑群、鱼木寨，来凤仙佛寺摩崖石刻，恩施施州城址、土司城、连珠塔，建始直立人遗址、石柱观，宣恩彭家寨吊脚楼群，鹤峰容美土司城遗址，巴东秋风亭等。截至年末，全州有3个国家AAAAA级旅游景区：巴东神农溪、恩施大峡谷、利川腾龙洞；有23个国家AAAA级旅游景区：恩施土家女儿城、恩施土司城、恩施梭布垭石林、恩施鹿院坪、利川大水井、利川龙船水乡、利川玉龙洞、利川佛宝山、恩施野三峡、恩施地心谷、巴东巴人河、巴东巫峡口、巴东无源洞、巴东野三关森林花海、宣恩伍家台、宣恩仙山贡水、宣恩彭家寨、咸丰唐崖河、咸丰坪坝营、来凤仙佛寺、来凤杨梅古寨、鹤峰满山红、鹤峰屏山。革命历史纪念地鹤峰满山红烈士陵园安葬着红二方面军红九师师长段德昌、参谋长王炳南、湘鄂西联防司令贺英等革命先烈，恩施烈士陵园安葬着鄂西特委书记何功伟、鄂西特委妇女部长刘惠馨，叶挺将军被囚禁于恩施的旧居保存完好，此外还有恩施市五峰山的中共鄂西特委旧址、鹤峰五里坪的中共湘鄂边特委机关旧址、中营镇的红三军军部旧址、湘鄂西中央分局咸丰大村会议旧址等。

（魏　娜）

【气温】　2023年，全州气温偏高，区域年均气温排历史第3位，但极端高低温均在正常范围。区域年平均气温为16.3℃，较常年同期偏高0.7℃，是自2015年以来连续第9年偏高，排位历史第3，仅次于2020年、2006年，其中恩施、咸丰、鹤峰位居历史第2位，建始、来凤历史第5位。州内各站年平均气温分别为13.6（利川）~17.9°C（巴东）之间。与常年同期相比，恩施州内各站气温均偏高，各地偏高幅度分别为0.4（宣恩、利川、巴东）~1.0℃（咸丰）不等。全年恩施州各站年极端最高气温除利川外，均在35℃之上，分别出现在7月22—23日、8月4—6日，其中仅巴东高于40℃，各站均未创历史新高。

【降水】　2023年，全州降水和强降水偏多，总雨日正常，降水呈现明显时空分布不均特点；汛期出现阶段性降水集中期和明显秋汛，局地受灾严重。全年恩施州平均累计降水量1547.6毫米，较常年同期偏多1成，较去年同期（1025.43毫米）偏多50.93%。州内各地降水量为1377（巴东）~1757.7毫米（鹤峰），各站年降水量均较历史同期偏多，巴东偏多近3成最为明显。其中，巴东排位历史第5位。汛期多“面弱点强”或区域性分布的强降雨，强对流天气频发，全年（主要集中在汛期）有48个监测站出现致灾风险高、小时雨强超过50毫米/小时的短时强降水，最强出现在建始长梁天生站。全年恩施州平均雨日为165.5天，与常年同期相比正常略偏多（2.1天）；恩施州平均暴雨日为5.4天，较常年偏多1.4天。

【日照】　2023年，全州光照充足，州平均日照时数为1232.2小时，较常年同期偏多63.9小时。州内各地分别1076.7（咸丰）~1489.4小时（巴东），除建始、利川与常年持平外，各地均偏多，其中以来凤偏多230.4小时最为明显。

（杨　霁）

## 建置　区划

【建置沿革】　州域固定形成于1932年，之前曾多次变动。春秋为巴子国地；战国为楚地；秦属黔中郡；两汉属南郡、武陵郡；三国先属蜀，后属吴建平郡、武陵郡；两晋、南朝宋、齐属建平郡、天门郡、武陵郡，梁属信陵郡；北朝北周属秭归郡、业州军屯郡、清江郡；隋属巴东郡巴东县，清江郡清江县、开夷县、建始县；唐属归州巴东县、施州清江县、建始县；五代先后为前、后蜀所据；两宋属归州巴东县、施州清江县、建始县及辰州、富州、高州、定州等许多小羁縻州；元属归州巴东县、施州建始县，南部民族地区实行土司制度，先后置散毛、唐崖、金峒、龙潭、忠建、毛岭、施南等土司，实行土司分治；元末明玉珍据蜀时，被其控制；明属夔州建始县、归州巴东县、施州卫军民指挥使司，南部地区仍施行土司制度，设有容美宣慰司，施南、散毛、忠建3个宣抚司，9个安抚司，13个长官司，5个蛮夷长官司。清初沿用明制。清雍正六年（1728）裁施州卫，设施县，辖区未变。雍正十三年（1735）改土归流，置施南府，辖恩施县、宣恩县、来凤县、咸丰县、利川县。乾隆元年（1736），夔州建始县划归施州。巴东县、鹤峰州属宜昌府。民国元年（1912）废府设道存县，民国4年（1915）设荆南道，治所恩施县，辖恩施、建始、利川、宣恩、来凤、咸丰6个县。民国15年（1926）改荆南道为施鹤道，鹤峰州改县划入施鹤道。民国17年（1928）改设鄂西行政区。民国21年（1932）改为第十行政督察区，将巴东县划入，州域始为8县之治。民国25年（1936）改为第七行政督察区，辖区未变。中华人民共和国成立后，1949年11月6日恩施县城解放，建立湖北省恩施行政区，仍辖原8县。1979年12月19日，国务院批准建立来凤土家族自治县，撤销来凤县。1980年4月20日，国务院批准建立鹤峰土家族自治县，撤销鹤峰县。1981年11月7日，国务院批准成立恩施市，市、县分设。1983 年 8 月 19 日，国务院批准撤销恩施地区，设立鄂西土家族苗族自治州，同时撤销来凤、鹤峰土家族自治县，恢复来凤县、鹤峰县，撤销恩施县，恩施县与恩施市合并为恩施市，12 月 1 日举行自治州成立大会。全州辖恩施市、巴东县、建始县、利川县、来凤县、咸丰县、宣恩县、鹤峰县 1 市 7 县。1986 年 5 月 27 日，国务院批准撤销利川县，设立利川市。全州辖恩施市、利川市、巴东县、建始县、来凤县、咸丰县、宣恩县、鹤峰县 2 市 6 县。1993 年 4 月，经国务院批准，鄂西土家族苗族自治州更名为恩施土家族苗族自治州。2005 年，将州庆日由 12 月 1 日改为 8 月 19 日。

（编辑部　供稿）

【行政区划】　2023 年，恩施土家族苗族自治州辖恩施市、利川市、建始县、巴东县、宣恩县、咸丰县、来凤县、鹤峰县。全州有乡（镇、街道）90 个，其中，乡 29 个（民族乡 4 个），镇 54 个，街道 7 个；村 1347 个，社区 243 个（城区社区 115 个、乡镇社区 128 个）。完成 44 条州城城区道路命名。完成恩施州行政区划图编制出版。完成鄂渝线联检任务，共 13 段，全长 991.47 千米，界桩 29 个。

（徐　蛟）

2023 年恩施州行政区划情况表

表 1　　单位：个

| 县（市） | 乡、镇、街道 | | | | | 社　区 | | | 村 |
|---|---|---|---|---|---|---|---|---|---|
| | 合计 | 乡 | 其中民族乡 | 镇 | 街道 | 合计 | 城区社区 | 乡镇社区 | |
| 恩施市 | 18 | 7 | 1 | 6 | 5 | 50 | 33 | 17 | 165 |
| 利川市 | 14 | 4 | 0 | 8 | 2 | 43 | 26 | 17 | 262 |
| 建始县 | 10 | 3 | 0 | 7 | 0 | 40 | 13 | 27 | 139 |
| 巴东县 | 12 | 2 | 0 | 10 | 0 | 37 | 9 | 28 | 122 |
| 宣恩县 | 9 | 4 | 2 | 5 | 0 | 22 | 11 | 11 | 140 |
| 咸丰县 | 10 | 3 | 0 | 7 | 0 | 20 | 7 | 13 | 183 |
| 来凤县 | 8 | 2 | 0 | 6 | 0 | 19 | 12 | 7 | 184 |
| 鹤峰县 | 9 | 4 | 1 | 5 | 0 | 12 | 4 | 8 | 152 |
| 全　州 | 90 | 29 | 4 | 54 | 7 | 243 | 115 | 128 | 1347 |

说明：2023 年，利川市新设 1 个社区；建始县由 362 个村、43 个社区调整为 139 个村、40 个社区；巴东县由 294 个村、29 个社区调整为 122 个村、37 个社区；咸丰县由 192 个村、17 个社区调整为 183 个村、20 个社区；来凤县新设 7 个社区；鹤峰县由 205 个村调整为 152 个村

## 人口　民族

【人口】　2023 年年末，全州户籍人口 398.65 万人，其中，男性 207.34 万人，占总人口的 52%；女性 191.31 万人，占总人口的 48%。全年出生人口 1.95 万人，出生率为 4.77‰；死亡人口 2.72 万人，死亡率为 6.65‰；自然增长率为-1.88‰。年末常住人口 339.04 万人，城镇化率 49.41%，比上年提高 1.03 个百分点。

（州统计局　供稿）

【民族构成与分布】　恩施州是一个多民族聚居的少数民族自治州，以土家族、苗族聚居，侗族、白族、回族、蒙古族等少数民族散杂居；是一个以汉族、土家族、苗族为主体民族的多民族地区。土家族遍布全州各县（市），主要分布在清江以南历史上属湖广土司域内来凤、鹤峰、咸丰、宣恩和利川 5 个县（市），分别占总人口的 61.74%、77.71%、83.99%、68.49%、62.98%，恩施市、巴东县、建始县 3 县（市）的土家族分别占总人口的 45.42%、53.6%、36.67%（据 2020 年恩施州第七次全国人口普查资料）。截至 2023 年底，全州共有 4 个民族乡（恩施市芭蕉侗族乡、宣恩县长潭河侗族乡、宣恩县晓关侗族乡、鹤峰县铁炉白族乡），有 3 个民族村（咸丰县黄金洞乡麻柳溪羌族村、鹤峰县中营镇三家台蒙古族村、鹤峰县走马镇曲溪白族村）。

【民族语言】　恩施州民族语言以土家族语言、苗族语言和侗族语言为主。土家语属汉藏语系藏缅族，接近彝语支，音韵简明、词汇丰富，有着独特的语言发展规律。在史籍、方志、族谱等文献资料中，有许多

土家族亲属称谓、人名、地名、官职，保存大量的土家语痕迹。恩施州苗语属汉藏语系苗瑶语族苗语东部方言，即苗语湘西方言中的西部次方言、东部土语，其语音、词汇和语法均具有湘西方言的一般特点。恩施州仍保留苗语的苗族主要操湘西方言中的花垣语，其中夹杂着少量的黔东方言词汇，并有大量的汉语借词。侗族语言属汉藏语系壮侗语族侗水语支。侗语有南、北两种方言，方言中有土语。现在只有在交通不便的封闭山区，个别古稀的老人才会讲本民族的语言，词汇以单音词为多。

【民族风俗】　恩施州是一个多民族聚居区，各民族习俗丰富多彩，既有共性特征，也有个性差异。各民族从不同地区迁徙至此，带来各具特色的传统习俗，后经过长期的交往交流，各民族习俗相互影响、彼此交融，在总体上受汉族习俗影响较深，如各民族都流行春节、元宵、清明、端午、中秋等中国传统节日，各民族的衣、食、住、行等习俗均大同小异。

（张思齐）

## 经济社会发展概况

【全州地区生产总值】　2023 年，全州完成地区生产总值 1481.29 亿元，按不变价格计算，同比增长 6%。其中第一产业增加值 266.24 亿元，同比增长 4.6%；第二产业增加值 355.88 亿元，同比增长 6.3%；第三产业增加值 859.17 亿元，同比增长 6.3%。三次产业结构比 18∶24∶58。全州人均地区生产总值 43614 元。

【市场主体】　2023 年年末，全州实有市场主体 47.16 万户，比上年末增长 12.8%。其中实有企业类市场主体 10.37 万户，比上年末增长 25.7%；实有个体工商户 35.34 万户，比上年末增长 9.9%；实有农民专业合作社 1.45 万户，比上年末增长 3.1%。全年新登记各类市场主体 8.87 万户，比上年同期增长 24.6%，其中新登记企业类市场主体 2.72 万户，比上年同期增长 76.8%。

【农业】　农林牧渔业实现增加值 281.39 亿元，扣除价格因素，增长 4.8%（农、林、牧、渔业增加值含农、林、牧、渔服务业增加值）。全年粮食种植面积 375480 公顷，较上年增长 0.15%，其中夏收粮食面积 112326.67 公顷，增长 0.23%；秋收粮食面积达 263153.33 公顷，增长 0.11%。粮食总产量 146.59 万吨，较上年增长 2%。其中夏收粮食产量 30.85 万吨，增长 1.7%；秋收粮食产量 115.74 万吨，增长 2%。全年油料产量 12.81 万吨，增产 9.1%。烟叶产量 4.5 万吨，减产 7.3%。蔬菜产量 297.79 万吨，增产 2.9%。茶叶产量 13.17 万吨，增产 7.1%。园林水果产量 37.53 万吨，增产 12.6%。全年猪牛羊禽肉产量 38.11 万吨，比上年增长 4.4%；其中猪肉产量 34.56 万吨，比上年增长 4.8%。禽蛋产量 4.78 万吨，比上年下降 1.6%。年末生猪存栏 299.96 万头，增长 3.1%；累计生猪出栏 441.61 万头，比上年增长 3.9%。全州拥有农机 124 万台，农机总动力达到 265.03 万千瓦。

【工业、建筑业】　全州工业增加值 283.61 亿元，比上年增长 5.3%，其中规模以上工业增加值增长 10.1%。全年规模以上工业企业产销率为 96.1%。每百元营业收入中的成本 82.77 元，比上年减少 0.55 元；营业收入利润率 6.36%，提高 0.68 个百分点；每百元营业收入中的费用 11.70 元，减少 0.42 元；单位成本费用 94.47 元，减少 0.97 元；每百元资产实现年营业收入 44.97 元，减少 1.30 元；资产负债率 57.5%，下降 0.8 个百分点。全年规模以上工业中，农副食品加工业增加值比上年增长 0.4%，酒、饮料和精制茶制造业增长 8.4%，医药制造业下降 6.3%，非金属矿物制品业增长 1.7%，计算机、通信和其他电子设备制造业下降 3.1%，电力、热力生产和供应业增长 21.7%。规模以上工业企业主要产品产量：精制茶 7.57 万吨，下降 6.8%；鲜冷藏肉 3.55 万吨，下降 4.1%；电子元件 4.35 亿只，下降 17%；发电量为 98.22 亿千瓦时，比 2022 年增长 26.5%，其中水电 86.18 亿千瓦时，增长 27.8%；水泥 434.93 万吨，增长 4.1%；商品混凝土 430.87 万立方米，下降 11.8%；化学药品原药 1889.99 吨，增长 19.8%。全年资质内建筑业企业完成总产值 119.82 亿元，比上年增长 6.8%。建筑业增加值 74.44 亿元，增长 10.1%。

【固定资产投资、房地产】　固定资产投资比上年增长 7.8%。分产业看，第一产业投资下降 16.2%；第二产业投资增长 10.4%；第三产业投资增长 8.5%。民间投资下降 3.8%。全年商品房施工面积 1366.63 万平方米，比上年下降 9.1%；竣工面积 233.4 万平方米，增长 133.9%；销售面积 235.37 万平方米，下降 0.8%；待售面积 199.92 万平方米，增长 121.9%。商品房销售额 124.05 亿元，增长 1.1%，其中住宅销售额 111.46 亿元，增长 0.4%。

【服务业】　全州批发和零售业增加值 103.14 亿元，比上年增长 10.2%；交通运输、仓储和邮政业增加值 47.98 亿元，增长 19%；住宿和餐饮业增加值 47.9 亿元，增长 6.9%；金融业增加值 74.98 亿元，增长 7.9%；房地产业增加值 110.52 亿元，增长 2.2%；信息传输、软件和信息技术服务业增加值 36.93 亿元，增长 12.1%。全年运输旅客 3425.91 万人次，运输货物4606.7万吨。年末全州公路通车里程31465千米，其中高速公路通车里程625千米。内河航道通航里程450.31千米，其中等级航道186.41千米。铁路通车里程341千米。恩施机场全年航班起降14595架次。年末全州民用机动车拥有量110.12万辆，其中民用汽车拥有量62.08万辆。全年完成邮政行业业务总量11.28亿元，完成邮政行业寄递业务量8379.73万件。完成邮政函件业务29.68万件，包裹业务2.96万件，快递业务3560.39万件，快递业务收入6.07亿元。全年完成电信业务总量29.13亿元。年末全州固定电话用户14.28万户，移动电话用户392.35万户，固定宽带接入用户169.86万户，光缆线路长度23.89万千米。

【贸易】　全州实现社会消费品零售总额769.28亿元，比上年增长9%。限额以上商贸企业实现消费品零售总额169.33亿元，增长16.4%。从限额以上企业经营所在地看，城镇市场实现零售额158.66亿元，同比增长17.6%；乡村零售额10.67亿元，同比增长62.1%。限额以上商贸企业通过公共网络实现的商品销售额增长23.5%。全年“832平台”实现销售额19.2亿元。全年限额以上单位商品零售额中，粮油、食品类零售额比上年增长20.4%，饮料类增长35.4%，烟酒类增长18.5%，服装、鞋帽、针纺织品类增长18.6%，日用品类增长16.2%，文化办公用品类增长32.6%，家具类增长128.6%，通信器材类下降13.4%，建筑及装潢材料类增长58.9%，石油及制品类增长9.9%，汽车类增长18.6%。全年实际外商直接投资2491万美元，比上年增长39%。对外贸易进出口额35.4亿元，增长78.3%。其中出口35.3亿元，增长78.5%。

【财政】　全州地方财政总收入188.96亿元，比上年增长10.5%。其中地方一般公共预算收入93.07亿元，同比增长21.2%。在地方一般公共预算收入中，税收收入60.63亿元，同比增长11.5%。全州一般公共预算支出473亿元，同比增长11.3%。其中支出77.11亿元，同比增长1.3%；卫生健康支出53.57亿元，同比增长8.4%；社会保障和就业支出76.54亿元，同比增长19%；灾害防治及应急管理支出4.58亿元，同比下降7.2%；农林水支出86.23亿元，同比增长13%。

【金融】　全州有17家银行业金融机构，金融机构网点389个。年末全州金融机构本外币存款余额2215.58亿元，比2022年末增长11.29%，其中住户存款1744.27亿元，人均储蓄存款余额51447元。金融机构本外币贷款余额1805.41亿元，增长12.33%。全州有保险机构35家，其中财险公司18家、寿险公司17家。保险机构网点317个。保险中介机构55家。全年保险市场实现保费收入64.72亿元，比上年下降1.1%。其中人身险市场实现保费收入40.07亿元，下降7.7%；财产险市场实现保费收入24.65亿元，增长11.9%。全年支付各类赔款及给付金额26.45亿元，增长19.1%。其中人身险业务赔款及给付9.37亿元，增长5.8%；财产险业务赔款17.08亿元，增长28%。全州2家证券公司开设的股票基金账户10.31万个，比上年下降10.7%。全年保证金存款1.78亿元，比上年下降0.3%。交易额907.90亿元，增长50%。

【科学技术】　全州高新产业实现增加值66.53亿元，占全州地区生产总值的比重为4.5%，同比提高0.1个百分点。全年登记科技成果34项，完成技术合同认定登记1860项，成交金额达50.46亿元。年末州级以上创新平台401家。全年获得专利授权2532件。其中发明专利79件，实用新型专利1956件，外观设计497件。年末有效注册商标4.24万件，比上年增长12.9%。全年新注册商标5400件。地理标志商标38件，地理标志保护产品24件，中国驰名商标5件。

【教育】　全州有幼儿园582所，学前教育在园幼儿8.68万人。小学437所，招生3.62万人，在校学生23.63万人。普通中学173所，招生7.29万人，在校学生22.39万人。中等职业学校12所，招生1万人，在校学生3.26万人。普通高校3所，招生2.20万人，在校6.11万人，毕业生1.75万人。特殊教育学校8所，招生68人，在校生552人，毕业生98人。

【文化、体育】　全州有公共图书馆10个，书刊文献外借67万人次，图书流通146.62万册次；文化馆9个；博物馆9个，参观人数134.74万人次。年末全州文化和旅游系统有艺术表演场馆5个，艺术表演团体9个。年末广播节目综合人口覆盖率为99.94%；电视节目综合人口覆盖率为99.96%。全年规模以上文化产业企业121家，实现营业收入59.5亿元，历史同期比较增长3.2%。全州成功举办第九届全国大众冰雪季、中国民族民间龙舟公开赛等大型赛事活动。完成新全民健身示范工程建设乡镇A类项目3个、村级A类项目7个。全州运动健儿在湖北省第十六届运动会中，共获得12金26银。

【旅游】　宣恩彭家寨、恩施鹿院坪、巴东野三关森林花海成功创建国家AAAA级旅游景区，宣恩县兴隆老街成功创建国家级旅游休闲街区，咸丰坪坝营入选全国首批“避暑旅游目的地”，利川市获评中国“2023避暑旅游优选地”，来凤县成功创建“荆楚文旅名县”。全州A

级旅游景区达到41个，其中国家AAAAA级旅游景区3个、国家AAAA级旅游景区23个。全年接待游客8590.57万人次，历史同期比较增长25.6%，实现旅游综合收入626.03亿元，历史同期比较增长42.7%。

**【卫生】** 全州各级医疗卫生机构2704个，其中医院70个，基层医疗卫生机构2598个，专业公共卫生机构29个。卫生技术人员2.96万人，其中执业（助理）医师1.12万人，注册护士1.41万人。实有床位数3万张，其中医院1.99万张，基层医疗卫生机构0.93万张，专业公共卫生机构0.08万张。

**【就业】** 全州城镇登记失业率1.74%。城镇新增就业3.66万人，城镇失业人员再就业2.30万人，就业困难人员再就业1.26万人，扶持创业0.97万人，带动就业2.28万人。全州外出农民工100.68万人，其中省内乡外就业35.99万人，省外就业64.69万人。

**【居民生活】** 全州居民消费价格比上年下降0.4%。分类别看，食品烟酒价格上涨0.4%，衣着价格上涨1%，居住价格下降0.7%，生活用品及服务价格下降0.9%，交通和通信价格下降3.8%，教育文化和娱乐价格上涨0.2%，医疗保健价格上涨1%，其他用品和服务价格上涨2.9%。全年农村常住居民人均可支配收入15571元，比2022年增长8.3%；人均生活消费支出14115元，增长10%。城镇常住居民人均可支配收入38248元，增长6.5%；人均生活消费支出29160元，增长8.6%。

**【社会保障】** 年末全州参加城镇职工基本养老保险人数67.54万人。其中企业职工基本养老保险参保人数53.98万人，机关事业单位基本养老保险参保人数13.56万人。参加城乡居民社会养老保险人数206.93万人，其中农村居民参保人数204.59万人。参加基本医疗保险人数352.39万人。其中城镇职工基本医疗保险参保人数34.61万人，城乡居民基本医疗保险参保人数317.78万人。参加失业保险人数24.62万人。参加工伤保险人数28.36万人，其中参加工伤保险的农民工3.61万人。参加生育保险人数24.37万人。年末共有0.66万人享受城市最低生活保障，15.38万人享受农村最低生活保障，1.82万人享受农村特困人员救助。年末全州有各类提供住宿的民政服务机构133个，提供住宿的民政服务机构床位1.71万张，其中养老服务床位1.62万张、儿童服务床位218张。

**【环境】** 全州县（市）城区空气质量平均优良率为96.8%。州城恩施空气质量优良天数为345天，优良率为94.5%。县（市）城区可吸入颗粒物（$PM_{10}$）浓度均值为37微克/立方米。县（市）城区细颗粒物（$PM_{2.5}$）浓度均值为24微克/立方米。州城恩施细颗粒物（$PM_{2.5}$）浓度均值为28微克/立方米。全社会用电量71.38亿千瓦时，增长5%。其中工业用电量19.12亿千瓦时，增长6.4%。全年平均气温16.3℃，比常年同期偏高0.7℃。平均累计降水量1547.6毫米，平均雨日为165.5天，偏多2.1天。平均日照时数1232.2小时，比常年同期偏多63.9小时。全州有国家级自然保护区5个，保护区面积13.35万公顷。

**【应急管理】** 发生一般生产安全事故8起，死亡13人。其中工矿商贸企业事故2起，死亡7人；道路交通事故6起，死亡6人。全年未发生重特大生产安全事故。

（州统计局、州调查队　供稿）

# 中国共产党恩施州委员会

# CPC Enshi Prefectural Committee

## 综　　述

【概况】　2023年，中共恩施州委坚持以习近平新时代中国特色社会主义思想为指导，全面贯彻党的二十大和党的二十届二中全会精神，认真落实省第十二次党代会和省委十二届三次、四次、五次全会精神，立足大生态、构建大交通、发展大旅游、打造大产业，彰显“土、硒、茶、凉、绿”特色，做好强信心、稳增长、防风险、推改革、惠民生各项工作，经济发展回升向好，社会事业全面进步，党的建设不断加强，“两山”实践创新示范区建设加快推进。

【主题教育】　紧扣主题主线，把握总体要求，聚焦目标任务，将理论学习、调查研究、推动发展、检视整改等贯通起来，有机融合、一体推进。理论学习求实效。坚持把理论学习放在首位并贯穿始终，通过集中学习和个人自学相结合、专题辅导和研讨交流相结合，深化理论学习。调查研究破难题。州委常委分别聚焦流域综合治理、生态价值转化、州域社会治理、激励干部成长等领题调研，列出问题清单24个并全部解决。推动发展见成效。把“四下基层”作为重要抓手，以美好环境与幸福生活共同缔造为载体，深化党员干部下基层察民情解民忧暖民心实践活动，抓好省、州民生实事项目落实落地，州“四大家”领导班子成员领办的32个全部办结。检视整改动真格。围绕基层治理等方面，全州自查发现问题3116个，立行立改2691个。坚持“当下改”与“长久立”相结合，形成人力资源服务产业园建设等7个方面长效机制。

【党的思想政治建设】　以党的政治建设统领党的建设各项工作，教育引导广大党员干部坚定理想信念、永葆政治本色。强化政治监督和巡视巡察，及时发现和纠治各类问题，督导8个县（市）抓好省委巡视反馈意见整改；对26家州直单位、8个乡镇、8个县（市）住建部门和纪委监委机关开展巡察。深化宣传思想文化工作。强化思想引领，深入学习宣传贯彻党的二十大精神，开展宣讲活动8000余场次。加强新闻舆论引导，凝聚奋进力量，选树“中国好人”等省级以上先进典型14人。推动文化事业和文化产业高质量发展，深入推进长江、长征国家文化公园（恩施段）建设。严格落实意识形态工作责任制，紧盯重点领域、重点人群，加强重点阵地管理，筑牢安全屏障。推进网络文明建设，恩施州入选2023年中国网络文明典型案例城市。深化组织和干部人才队伍建设。坚持不懈抓基层、选干部、聚人才。实施党的创新理论学习教育计划，以县处级以上领导干部为重点开展党的二十大精神集中轮训。强化党建引领乡村治理和城市基层治理，统筹推进机关党建、国有企业党建、事业单位党建、“两新”组织党建工作。坚持实干实绩用人导向，出台锻造新时代担当作为好干部队伍具体措施，开展“六个一批”（识别一批干部、解决一批困难、整合一批经费、建强一批组织、发展一批党员、选树一批典型）挂职锻炼和“三个一线”（学习延伸到一线、党课教育到一线、长效管理到一线）实践历练。加强人才工作，招引硕士以上高层次急需紧缺人才227名。

**【全面从严治党】** 纵深推进清廉恩施建设。压实全面从严治党主体责任，听取16名县（市）和州直单位“一把手”述责述廉。驰而不息纠治“四风”，开展违规吃喝和不担当不作为问题专项整治，查处问题2052个，处分743人。坚决打赢反腐败斗争攻坚战持久战，一体推进“三不腐”，处置问题线索4852件、立案1828件、处分1896人。构建党员干部纪律教育常态长效机制，开展纪检监察干部队伍教育整顿，锻造忠诚干净担当、敢于善于斗争的过硬队伍。加强常委会自身建设，旗帜鲜明讲政治，认真贯彻落实习近平总书记重要讲话和重要指示批示精神，在坚定拥护“两个确立”、坚决做到“两个维护”上作表率，州委理论学习中心组开展20次集体学习研讨，自觉做习近平新时代中国特色社会主义思想的坚定信仰者和忠实实践者。严格落实民主集中制，执行州委工作规则和州委常委会议事规则，共同履行“把方向、管大局、作决策、保落实”职能职责。严格贯彻中央八项规定精神，求真务实、真抓实干，持续改进作风。严肃党内政治生活，深刻开展批评与自我批评，班子成员以普通党员身份参加所在支部活动。严格遵守廉洁从政各项规定，抓好分管领域党风廉政建设和家庭家教家风建设。

**【民主法治建设】** 加强对立法工作的领导，科学制定立法规划和立法计划。支持人大围绕经济运行等依法开展监督。推动代表建议办理，规范化建设代表履职平台。深化“聚力共同缔造·代表行动”，组织人大代表深入基层察民情、聚民智、惠民生。加强政协工作。支持政协聚焦马铃薯育种产业化等重点课题议政协商。组织召开“宜荆荆恩”政协主席联席会议，聚焦流域综合治理协商建言。州委领导领衔督办重点提案，转化流域综合治理和统筹发展等重点协商成果。落实加强和改进新时代政协工作具体措施，推动县市解决“两个薄弱”问题。加强统战和群团工作。强化统一战线思想政治引领。凝聚群团组织强大合力，发挥统战力量助力民营经济发展，推进网络统战工作，做好港澳台侨和海外统战工作。加强法治恩施建设。州、县、乡一体推进法治恩施、法治政府、法治社会、法治乡村建设。开展行政执法领域“不担当、不作为、乱作为”专项整治，行政执法“三项制度”有效落实。实行“一月一主题”精准普法，开展“点单式”主题普法活动7500余场次。坚持公正司法，推进审判质量管理，全州法院一审服判息诉率等7项指标居全省第1位。建立“河湖长（林长）+检察长”等机制，发挥检察职能助力流域综合治理。统筹发展和安全。坚持和发展新时代“枫桥经验”，全域建设运行综治中心，完善矛盾风险防范化解工作机制，推进扫黑除恶常态化，整治社会治安突出问题，建设更高水平平安恩施。化解矛盾纠纷1.5万余件，命案同比下降38.9%，各类生产安全事故同比下降42.9%。落实党管武装制度，推进国防动员工作。推动铸牢中华民族共同体意识。围绕“铸牢中华民族共同体意识·恩施各族人民同心共筑中国梦”主题，开展庆祝恩施州成立40周年系列活动。恩施州、利川市被命名为第十批全国民族团结进步示范区。

**【流域综合治理】** 印发实施《恩施州流域综合治理和统筹发展规划》。实施生态保护修复，打好污染防治攻坚战，开展长江高水平保护十大攻坚提升行动，落实长江、清江十年禁渔，长江入河排污口整治和西水等流域排污口溯源整治有序推进，全州污染防治攻坚战考核连续四年被湖北省评为优秀等次，水环境质量、空气质量优良率居全省国考城市第1位，恩施州成为全省第1个、全国第6个全域“中国天然氧吧”。抓好中央和省生态环境保护督察反馈问题整改，前五轮交办的159项整改任务已完成151项。扎实开展带水河小流域综合治理试点并推广经验做法，“1+7”小流域综合治理试点扩面展开。

**【城镇和产业集中高质量发展】** 加快推进以县城为重要载体的就地城镇化和以县域为单元的城乡统筹发展。坚持规划引领，围绕城镇人口集中、产业集聚、功能集成、要素集约，统筹生态、生产、生活空间，编制完成州县国土空间总体规划。做优州城，提前谋划机场搬迁后的城区功能布局，构建“东城组团、西城组团、舞阳坝组团+月亮湾组团”空间结构，开展高铁新区控制性详细规划等规划编制。做强县城，明确县城功能定位，按照景区标准打造一批山水园林城、民族风情城、精品旅游城。做特集镇，整治人居环境，补齐基础设施短板，成功打造一批特色小镇。坚持因地制宜，主攻富硒和生态旅游康养两大产业，加快发展富硒产业，富硒茶叶、富硒绿色食品产业集群入选全省重点成长型产业集群；生物医药产业和现代烟草全产业链成势见效。富硒产业综合产值达到935亿元，在全国硒产业发展地市中居第1位。加快发展生态旅游康养产业，出台《恩施州创建世界级旅游目的地策划和实施计划》等发展规划，新增3家国家AAAA级旅游景区，发布“直尕思得·恩施要得”全新文旅宣传口号，举办第二届“凉交会”、中国避暑旅游发展报告发布会等。接待游客8590万人次，实现旅游综合收入626亿元。

**【四化同步】** 以新型工业化和信息化推动高质量发展、数智化赋能、绿色化转型。工业经济逆势回升，新增规模以上工业企业130家、国家级专精特新“小巨人”企业1家、省级专精特新中小企业42家，立讯精密被确定为国家级“绿色工厂”示范企业。推进科技创新，新增高新技术企业206家、省级瞪羚企业9家。发展数字经济，实施5G“百亿投资、万站建设”计划，州县城区、重点乡镇和工业园区5G网络实现全覆盖。实施城镇建筑风貌分区分类管控，打造山在林中、城在山中、水在城中、人在画中的城市居住环境，城镇功能和要素不断完善，公共服务能力进一步提升。农业农村现代化加快推进，持续巩固拓展脱贫攻坚成果，落实“四个不摘”要求，守牢不发生规模性返贫底线。争取中省直单位定点帮扶、武汉市对口帮扶和杭州对口合作资金33亿元，实施项目827个。易迁后扶工作获得国务院督查激励表彰，“832平台”销售额连续四年居全国地市州第1位。严格落实耕地保护制度，永久基本农田划定成果核实处置基本完成，粮食产量增幅居全省第2位。做好“土特产”文章，成功创建国家农产品质量安全州，规模以上农产品加工企业达到289家，新增绿色有机地理标志农产品74个。学习运用浙江“千万工程”经验，实施乡村建设行动。加强农村精神文明建设，恩施州被确定为全国殡葬领域跨部门综合监管试点地区，4个村入选全国乡村治理示范村。

【项目建设】　组建33个重大项目重点工作专班，实行“比抓强争促”机制，全力以赴抓项目。争取中省预算内资金23.51亿元，同比增长44.14%；申报发行专项债券项目161个，落实转贷资金99.69亿元。宜咸高速、G348建始快速通道等重点项目建成，鹤峰东、建恩北、利咸等高速项目顺利推进，姚家平水利枢纽工程、沪渝蓉高铁宜昌至涪陵段、巴张高速沪蓉沪渝连接段、恩施机场迁建等项目取得实质性进展。

【改革工作】　谋划推进6大领域73项改革任务，农民工欠薪数字化治理试点入选全国政务服务效能提升典型案例。持续优化营商环境，深化政务服务“一网、一门、一次”改革，推动“高效办成一件事”。着力激发消费潜能，社会消费品零售总额同比增长9%。提升对外开放水平，恩施航空口岸获批正式开放，对外贸易进出口额35.4亿元，同比增长78.5%。

【民生事业】　推动稳就业各项政策措施落实，新增城镇就业3.66万人；发放创业担保贷款17.6亿元，扶持创业0.97万人，带动就业2.3万人。抓实教育工作。坚持办好人民满意的教育，实施大中小学思政课一体化建设，组建教联体省州试点32个；加快发展职业教育，恩施职业教育集团正式成立。抓实社会保障工作。健全多层次社会保障体系，全州参加基本养老、工伤、失业保险321万人次。健全医疗保障体系，州、县、乡村医保服务一体化实现全覆盖。完善住房保障体系，建成棚改安置住房3138套，筹集保障性租赁住房2018套。完善社会救助体系，农村低保、农村特困人员供养标准较上年增长28.8%。抓实健康恩施建设。全面推进县域三级医院创建，县域内就诊率达到90%；加强基层医疗卫生人才队伍建设。实施三孩生育政策及配套支持措施，发展托育服务，新增婴幼儿托位6744个。

（徐　焘　孙　灏）

## 重要会议

【概况】　2023年，召开州委全体会议2次，州委常委会会议43次。召开州委经济工作专题会、全州“比抓强争促”会议、全州优化营商环境大会、全州领导干部警示教育大会、州委巡察工作会议、2022年度县（市）和州直单位“一把手”述责述廉会议、在恩全国人大代表座谈会等重要工作会议。

【全州“比抓强争促”会议】　1月30日，全州2023年“比抓强争促”暨2022年奖补政策兑现会议召开。会议通报2022年度“比抓强争促”工作考核结果和州级奖补政策兑现情况。会议要求深入学习贯彻党的二十大和省第十二次党代会精神，奋力夺取一季度“开门红”，以优异成绩迎接建州40周年。获奖单位代表发言，相关县（市）作交流表态发言。5月8—9日，全州一季度“比抓强争促”现场拉练暨经济形势

2023年12月26日，中共恩施州委八届八次全体（扩大）会议举行

（州委办公室　供稿）

分析会召开，通报全州一季度“开门红”完成情况、“比抓强争促”考核情况及2022年县域经济考核情况。相关县（市）和单位作经验交流或表态发言。8月4—5日，全州二季度“比抓强争促”现场拉练会召开，总结“双过半”工作情况，部署下阶段工作。相关县（市）作经验交流或表态发言。10月31日，全州三季度“比抓强争促”现场拉练会召开，分析经济形势，查找问题不足，就“收好关、结好账”作出安排。

**【2022年度县（市）和州直单位“一把手”述责述廉会议】** 2月8日，州委常委会（扩大）会议暨2022年度县（市）和州直单位“一把手”述责述廉会议举行。会议强调，要深入学习贯彻党的二十大和二十届中央纪委二次全会精神，认真落实《中共中央关于加强对“一把手”和领导班子监督的意见》，持之以恒正风肃纪反腐，为推进“两山”实践创新示范区建设提供坚强纪律作风保障。

**【在恩全国人大代表座谈会】** 2月26日，州委书记胡超文主持召开在恩全国人大代表座谈会，与人大代表们深入交流，寄语在恩全国人大代表要旗帜鲜明讲政治，忠实履行法定职责，锻造过硬本领，充分展示恩施州代表的良好风采。

**【全州优化营商环境工作会】** 4月6日，2023年全州优化营商环境大会举行。州委书记胡超文出席会议并强调，要深入学习贯彻习近平总书记关于优化营商环境的重要论述，认真落实全省优化营商环境大会精神，持之以恒推进一流营商环境建设，为“两山”实践创新示范区建设提供坚实支撑。7月14日，全州优化营商环境工作推进会召开，总结上半年优化营商环境工作，调度营商环境评价指标提升、先行区改革试点创建、不担当不作为突出问题专项整治等重点工作，部署下一步工作，推动全州优化营商环境工作争先进位。

**【州委巡察工作会议】** 6月7日，州委书记胡超文主持召开专题会议，听取八届州委第四轮巡察情况汇报，研究部署下步重点工作。8月23日，州委书记胡超文主持召开专题会议，听取八届州委第五轮巡察情况汇报，研究部署下步重点工作。胡超文强调，要坚守政治巡察定位，切实强化巡察震慑、提升整改实效、加强队伍建设，以高质量巡察护航恩施高质量发展。11月28日，州委书记胡超文主持召开专题会议，听取八届州委第六轮、第七轮巡察情况汇报，研究部署下步重点工作。胡超文强调，要深入学习贯彻习近平总书记关于巡视工作的重要论述，持续深化政治巡察、营造严的氛围、强化问题整改，为“两山”实践创新示范区建设提供坚强保障。

**【全州领导干部警示教育大会】** 6月28日，全州领导干部警示教育大会举行。州委书记胡超文出席并讲廉政党课。他强调，要深入学习贯彻党的二十大精神和习近平总书记关于加强党的纪律建设重要论述，坚定不移全面从严治党，深入开展党风廉政警示教育，进一步增强党员干部纪律意识和规矩意识，持续营造风清气正、干事创业的良好政治生态，为“两山”实践创新示范区建设提供坚强保障。

**【中共恩施州委八届七次全体会议】** 9月7日，中国共产党恩施州委八届七次全体会议举行。会议审议通过《中共恩施州委　恩施州人民政府关于深入贯彻实施长江经济带发展战略、推进流域综合治理和统筹发展、加快城市和产业集中高质量发展的实施意见》。

**【州委经济工作专题会】** 12月24日，州委经济工作专题会召开，总结2023年全州经济工作，分析经济运行情况和经济发展形势，研究2024年全州经济社会发展重点工作。

**【中共恩施州委八届八次全体会议】** 12月26日，中国共产党恩施州委八届八次全体会议举行。会议审议通过《中共恩施州委常委会2023年以来传达学习贯彻落实习近平总书记重要讲话和重要指示批示精神情况报告》《中共恩施州委常委会向州委八届八次全会的工作报告》《中共恩施州委常委会落实全面从严治党主体责任情况报告》《中国共产党恩施州第八届委员会第八次全体会议关于调整部分州委委员的决定》，总结2023年全州经济工作，部署2024年全州经济工作。

**2023年中共恩施州委常委会重要会议一览表**

**表2**

| 召开时间 | 主要会议内容 |
| --- | --- |
| 1月6日 | 会议传达学习习近平总书记在全国政协新年茶话会上的重要讲话和二〇二三年新年贺词精神、习近平总书记对爱国卫生运动作出的重要指示等，听取相关汇报，审议有关事项 |

续表2

| 召开时间 | 主要会议内容 |
| --- | --- |
| 2月3日 | 会议传达学习中央及省有关文件精神，传达学习习近平总书记在二〇二三年春节团拜会上、同党外人士座谈并共迎新春、春节前夕视频连线看望慰问基层干部群众和检查部队战备工作时的重要讲话精神，听取相关汇报，审议《恩施州数字经济发展三年行动计划（2023—2025年）》《恩施土家族苗族自治州建州40周年庆祝活动总体方案》《湖北姚家平水利枢纽开发建设有限责任公司组建方案》等 |
| 2月8日 | 会议要求深入学习贯彻党的二十大和二十届中央纪委二次全会精神，认真落实《中共中央关于加强对"一把手"和领导班子监督的意见》，为推进"两山"实践创新示范区建设提供坚强纪律作风保障 |
| 2月10日 | 会议传达学习习近平总书记在中央政治局第二次集体学习时和在学习贯彻党的二十大精神研讨班开班式上的重要讲话精神，听取相关汇报，审议《中共恩施州委常委会2023年工作要点》《2023年州委巡察工作计划》等 |
| 2月17日 | 会议传达学习全国宣传部长会议和省委宣传思想工作领导小组会议、全省宣传部长会议精神，听取群团组织工作汇报，审议《恩施州贯彻落实中央依法治国办法治督察反馈意见整改方案》等 |
| 2月24日 | 会议传达学习习近平总书记在2月21日中央政治局会议上、在中央政治局第三次集体学习时的重要讲话精神，听取全州疫情防控工作、组织工作汇报，审议《中共恩施州委组织部2023年工作要点》，研究恩施州流域综合治理和统筹发展规划实施工作 |
| 3月3日 | 会议传达学习习近平总书记对深入开展学雷锋活动作出的重要指示精神和党的二十届二中全会、中央民主协商会会议精神等，听取有关工作汇报，审议《恩施州推进落实武汉市对口帮扶2023年工作方案》等 |
| 3月28日 | 会议传达学习习近平总书记对督查工作重要批示精神，全国、全省老干部工作会议精神，听取有关工作汇报 |
| 4月14日 | 会议传达学习中央政治局会议精神、习近平总书记在中央政治局第四次集体学习时和在学习贯彻习近平新时代中国特色社会主义思想主题教育工作会议上的重要讲话精神，听取相关汇报，审议有关事项 |
| 4月18日 | 会议传达学习习近平总书记在广东考察、视察南部战区海军时的重要讲话精神和中共中央关于学习《习近平著作选读》第一卷、第二卷的通知精神，听取相关汇报 |
| 4月27日 | 会议传达学习中央及省有关文件精神，听取近期疫情防控、州庆筹备工作情况汇报，审议《关于在全州大兴调查研究的实施方案》《全州工程建设领域突出问题专项治理工作实施方案》等 |
| 6月7日 | 会议传达学习习近平总书记重要讲话精神，听取相关工作情况汇报，审议有关文件 |
| 6月28日 | 会议传达学习习近平总书记重要讲话精神，传达学习中央及省有关会议或文件精神，听取相关工作情况汇报，审议有关文件 |
| 7月7日 | 会议传达学习习近平总书记重要讲话精神，听取全州安全生产工作汇报，审议《州第八次民族团结进步提名表彰对象名单》 |
| 7月13日 | 会议传达学习中央全面深化改革委员会第二次会议精神和习近平总书记在江苏考察时的重要讲话精神，听取相关工作情况汇报，审议《州广播电视大学整体并入恩施职业技术学院实施方案》 |
| 8月2日 | 会议传达学习习近平总书记重要讲话精神，听取相关工作情况汇报，研究恩施州贯彻落实意见，安排有关工作 |
| 8月31日 | 会议传达学习习近平总书记重要讲话精神，听取相关工作情况汇报，研究恩施州贯彻落实措施，安排有关工作 |

续表2

| 召开时间 | 主要会议内容 |
| --- | --- |
| 9月8日 | 会议传达学习习近平总书记在首个全国生态日之际作出的重要指示精神，传达学习全省检察长研讨班主要精神，听取关于落实省政府支持恩施州经济社会高质量发展专题会议有关情况的汇报，研究我州贯彻落实措施 |
| 9月13日 | 会议传达学习习近平总书记重要讲话精神，听取全州生态环境保护督察反馈问题整改工作、带水河小流域综合治理试点工作的情况汇报，审议恩施州主题教育相关方案 |
| 9月20日 | 会议传达学习习近平总书记重要讲话精神，听取全州深化党员干部下基层、察民情、解民忧、暖民心实践活动推进情况及全州安全生产工作等汇报，部署省第二轮生态环保督察发现问题整改工作 |
| 9月28日 | 会议传达学习习近平总书记重要讲话精神，听取相关工作情况汇报，研究恩施州贯彻落实意见，部署有关工作 |
| 10月11日 | 会议传达学习习近平总书记重要讲话精神，听取建州40周年庆祝活动表现突出的集体和个人评选表扬工作情况汇报，部署有关工作 |
| 10月31日 | 会议传达学习10月27日中央政治局会议精神和习近平总书记重要讲话精神，审议《恩施州质量强州建设实施意见》，研究审定恩施州2024年度评比达标表彰项目计划和创建示范活动 |
| 11月9日 | 会议传达学习中央金融工作会议精神、习近平总书记同全国妇联新一届领导班子成员集体谈话时的重要讲话精神等，听取相关工作汇报，审议《〈恩施州国民经济和社会发展第十四个五年规划和二〇三五年远景目标纲要〉实施情况中期评估报告（审议稿）》等 |
| 11月17日 | 会议传达学习中央全面深化改革委员会第三次会议精神和省委深改委会议精神，听取全州“一规划两方案”及“八五”普法规划中期评估督察工作汇报等 |
| 12月1日 | 会议传达学习习近平总书记重要讲话精神，听取全州消防安全工作情况汇报，审议《全州宣传思想文化工作会议方案》，部署有关工作 |
| 12月7日 | 会议传达学习习近平总书记重要讲话精神，传达学习近期省委相关专题会议、工作会议精神，传达学习关于规划工作、强县工程有关文件和会议精神，审议《关于推进强县工程的工作方案（审议稿）》，听取相关情况汇报 |
| 12月15日 | 会议传达学习12月6日中央党外人士座谈会、12月8日中央政治局会议、中央经济工作会议精神，传达学习湖北省2023年第1号总林长令，听取全州林长制工作情况汇报，审议有关文件，研究部署有关工作 |
| 12月25日 | 会议传达学习习近平总书记重要讲话精神，传达学习省委十二届五次全会精神，听取州委八届八次全会筹备工作情况汇报，部署有关工作 |

（徐　焘　孙　灏）

## 重要党务活动

**【学习贯彻习近平新时代中国特色社会主义思想主题教育】** 9月13日，恩施州学习贯彻习近平新时代中国特色社会主义思想主题教育工作会议召开，深入学习贯彻习近平总书记关于主题教育系列重要讲话和重要指示批示精神，贯彻落实中央、省委主题教育第一批总结暨第二批部署会议精神，动员部署全州主题教育工作。9月22日，州委常委会学习贯彻习近平新时代中国特色社会主义思想主题教育读书班开班式暨州委理论学习中心组集体学习举行。9月23日、25日、26日和10月10日，州委常委会学习贯彻习近平新时代中国特色社会主义思想主题教育读书班分四次举行集中研讨交流。11月23日，州委常委会主题教育正反典型案例剖析会召开，围绕小流域综合治理试点建设、优化营商环境工作，解剖案例、交流研讨，研究下一步举措。11月29日，州委常委会主题教育调研成果交流会暨州委理论学习中心组集体学习举行。11月29日，州委常委会主题教育调研成果交流会暨州委理论学习中心组集体学习举行，州委书记胡超文主持会议并讲话。省委第十三巡回督导组副组长易红武到会指导并讲话。11月30日，全州主题教育工作推进会暨全州深化党员干部下基层察民情解民忧暖民心实践活动推进会举行。12月18日，州委书记、州委主题教育领导小组组长胡超文围绕深入学习贯彻习近平新时代中国特色社会主义思想，以“奋力推动恩施经济社会高质量发展取得新成效”为主题，为全州党员领导干部讲授专题党课。

【中央第十巡回指导组在恩施州召开会议】 10月30日，中央第十巡回指导组在恩施州召开会议，深入学习贯彻习近平总书记关于主题教育系列重要讲话和重要指示批示精神，听取恩施州主题教育工作情况汇报，与恩施州委主题教育领导小组、湖北省委第十三巡回督导组负责同志进行交流，指导推动恩施州主题教育走深走实。会议强调，要进一步深化思想认识，牢牢把握学习贯彻习近平新时代中国特色社会主义思想这一主题主线和根本任务，着力在以学铸魂、以学增智、以学正风、以学促干上下功夫。要进一步把握工作重点，突出县处级以上领导班子和领导干部这个重点对象，一体推进理论学习、调查研究、推动发展、检视整改等重点措施，真正让党员干部受教育，人民群众得实惠。要进一步分类施策指导，深入把握实情，区分不同领域、不同对象，通过生动鲜活、务实管用的方式，引导党员学思践悟、献计献策。要进一步压实工作责任，强化统筹协调，以严的要求、实的举措，推动主题教育取得实实在在的成效。

【省第五生态环境保护督察组督察恩施州情况反馈会】 12月18日，省第五生态环境保护督察组督察恩施州情况反馈会召开。督察组组长张歌莺通报督察情况，州委书记胡超文作表态发言。会议要求，恩施州要坚持习近平生态文明思想，充分发挥自身自然资源和生态环境优势，积极推进生态文明建设和生态环境保护，努力建设人与自然和谐共生的“美丽恩施”。要厚植绿色生态底色，严守生态保护红线。要深入打好污染防治攻坚战，补齐污水、垃圾收集处理等短板弱项。要积极稳妥推进“碳达峰、碳中和”，科学有序发展和利用清洁能源。要加快绿色发展步伐，形成节约资源和保护环境的空间格局、经济结构、生产方式、生活方式。对失职失责问题，要责成有关部门深入调查，厘清责任，严肃、精准、有效问责。对需要开展生态环境损害赔偿或需要提起公益诉讼的，按有关规定办理。

【恩施土家族苗族自治州成立40周年庆祝大会】 8月19日，恩施土家族苗族自治州成立40周年庆祝大会举行。全国人大常委会、国务院发来贺电。中央有关部门祝贺团团长、国家民委副主任段毅君，省委书记、省人大常委会主任王蒙徽出席并讲话。省委副书记、省长王忠林，省委副书记诸葛宇杰出席。段毅君代表中央有关部门祝贺团向恩施州各族干部群众致以节日祝贺，高度评价40年来特别是党的十八大以来恩施州各项事业取得的历史性成就、发生的历史性变革。王蒙徽代表省委、省人大常委会、省政府、省政协、省军区和全省人民，向中央有关部门祝贺团和与会嘉宾表示诚挚欢迎，向关心支持恩施发展进步的各族各界朋友表示衷心的感谢，向恩施州各族干部群众致以节日问候。

【外出学习考察】 4月10—12日，州委书记胡超文率恩施州党政代表团到甘肃省考察中医药产业发展并开展招商引资工作。10月12—15日，州委书记胡超文率队到广东省珠海市、广州市、东莞市、深圳市招商考察，并召开广东省湖北恩施商会企业家座谈会。11月23—26日，州委书记胡超文率队到浙江省、上海市招商考察，与杭州恩施商会、上海恩施商会的企业家共商恩施发展。12月7—10日，州委书记胡超文率恩施州党政代表团到福建省厦门市考察招商，学习厦门在加强生态文明建设、推进共同缔造、建设公共服务平台、打造全域旅游城市等方面的先进理念、典型经验。

【区域协作】 4月23日，武汉市恩施州对口协作座谈会召开。会议强调，要全面贯彻党的二十大精神，深入学习贯彻习近平总书记关于对口合作的重要指示精神，按照省委、省政府工作要求，提高政治站位，坚决扛起对口协作的使命责任，推动武汉与恩施对口协作取得新成效。

（徐 焘 孙 灏）

## 州委办公室

【概况】 2023年，州委办公室学习贯彻党的二十大和二十届二中全会精神以及省委、州委工作部署，坚持守正创新，认真履行“三服务”职能，推动党中央决策部署和省委、州委工作要求落实落地。

【综合服务】 州委办公室高质量统筹协调，服务省委书记、省长等省领导来恩考察调研活动，统筹恩施州成立40周年系列庆祝活动，衔接落实40余名副部级及以上领导来恩调研检查的接待服务工作，服务各类会议活动400余场次。落实州“四大家”秘书长联席会议制度，统筹州委、州政府双月重点工作，统筹州“四大家”领导会议活动，服务州委加强领导、总揽全局、协调各方、高效运转。推动国家安全工作责任制落实，省委国安办采用信息 239 期，6 篇信息获中央主要领导肯定性批示。做好参谋服务，聚焦“两山”实践创新示范区建设，形成调研报告 9 篇，编发《领导参阅》11 期，均得到州委主要领导肯定性批示。牵头或参与起草各类文稿 100 多篇，《在新征程上彰显党办新担当新作为新气象》等 6 篇理论文章在《党办工作》刊发。通过《工作动态》《综合信息》《一周观点》平台，累计编发信息 266 期，其中 3 期《综合信息》获州委领导签批。省委办公厅采用信息 205 篇，5 篇以“打头报”形式专报省委主要领导，4 篇获评优秀信息。严格执行 24 小时信息值班值守和情况报告制度，守牢紧急信息报送处置底线。信息工作居全省市州第 5 位，恩施、巴东等 6 县（市）进入全省县（市、区）第一方阵。收处各级各类文电 8835 件，对 2876 件批办类公文提出拟办意见。制定党的规范性文件 19 件，文件合法合规率 100%。审查州直单位、各县（市）向州委报备 441 件党的规范性文件，促进党内法规制度执行和文件制定质量提升。严格文件传输管理规定，接收机要件 550 件，投递机要件 505 件，发放中央、省、州文件 413 件 27059 份。加强档案行政管理业务指导，推动档案数字转型，全州 7 个国家综合档案馆纳入全省数字档案馆建设试点，恩施市、利川市、咸丰县档案馆通过省级验收。党内法规工作、档案工作保持全省第一方阵位次。提升督查考核工作质效。对习近平总书记批示精神贯彻落实情况实行清单化管理，建立健全台账 159 件。办理省委、州委主要领导批示 28 件，办理省委书记在省委常委会会议上交办事项 5 期，报送省委专题会议交办事项推进情况 24 期，督办州委常委会会议议定事项 105 项、州委书记交办事项 95 件、州委书记签批信访件 158 件。深化拓展整治形式主义为基层减负工作，修订《恩施州贯彻〈中共中央政治局贯彻落实中央八项规定实施细则〉精神实施办法》，州级层面下发文件、召开会议、督查检查考核数量持续下降。

【驻点帮扶】 州委办公室驻鹿子渡村工作队遍访 370 户脱贫户家庭，实施美好环境与幸福生活共同缔造，完善乡村旅游交通廊道，修建生活污水集中收集排放管网、人工湿地，修建风雨桥，协调推进强电线路迁改、弱电线路清理整治、地质灾害治理等工作。创建首批省级“一村一品”示范村，建成 33.33 公顷现代设施农业蔬菜基地，建成鹿子渡漂流游客接待中心。红旅融合田园综合体成为首批州直机关支部主题党日活动基地。村集体经济收入达到 32.7 万元。驻官坡社区尖刀班办成民生实事 20 多件，累计走访群众 929 户、机关企事业单位 24 家、大小商贸体 608 家，组织召开群众会 36 场，发现问题 96 个，帮助解决 54 个，协调处理矛盾纠纷 25 件。

【能力提升工作】 州委办公室深化“学习在先、思想引领”机制，严格落实“第一议题”要求，召开 24 次室务会会议、19 次理论学习中心组会议，举行支部主题党日 12 期。制定《州委办公室机关支部主题党日十条具体规定（试行）》，促进党建与业务深度融合。严格执行干部选拔任用条例和有关福利待遇政策规定，做好干部人事工作。制定《做实“四功”提升机关干部素质能力的实施方案》，举办全州党办系统业务培训，促进能力素质提升。

【党风廉政建设】 州委办公室认真履行党风廉政建设主体责任，组织全体党员干部观看《镜鉴家风》等警示教育片、到恩施监狱开展警示教育、到恩施政治生活馆开展红色教育和家风教育、签订《违规吃喝承诺书》等倡议信、承诺书。通报典型案例 17 次、观看廉政视频 18 次、学习各级廉政文件 31 次、下发工作提示 6 次。严格落实《机关纪委委员联系科室工作制度》。

（罗昌途）

## 组织工作

【概况】 2023 年，全州有基层党组织 7194 个，其中党委 383 个，党总支 607 个，党支部 6204 个。有党员 173482 名，其中农村党员 86380 名，女党员 46353 名，少数民族党员 103044 名，大专及以上学历党员 77023 名。2023 年度新发展党员 3078 名，其中新发展 35 岁及以下青年党员 2300 名，女党员 1636 名，少数民族党员 1740 名，大专及以上学历党员 1694 名。全州有公务员（含参公人员）18114 人，其中女性 5662 人，少数民族 13804 人，党员 14496 人，35 岁及以下 6369 人，研究生学历 1206 人。全州党政机关干部中，县处级正职 147 人，县处级副职 531 人，正科级 1833 人，副科级 3245 人。全州人才总量为 37.08 万人，其中党政人才 1.82 万人，企业经营管理人才 1.51 万人，专业技术人才、技能人才 26.8 万人，农村实用人才 6.68 万人，社会工作人才 0.27 万人。全州组织系统践行新时代党的建设总要求和新时代党的组织路线，聚焦“133”（突出党的政治建设这一根本性建设，开展“基层党建分类提升年”“党员干部本领提升年”“人才生态质效提升年”三大活动，实施“基层党建大比武”“新时代年轻干部成长工程”“特色人才品牌创建”三大行动）工作思路，抓基层、选干部、聚人才。11 月 14 日，全州组织工作会议召开，学习贯彻习近平总书记关于党的建设的重要思想，推进全州党的建设和组织工作高质量发展，为建设“两山”

实践创新示范区提供组织保证。

**【全州基层党建“大比武”】** 分领域开展基层党建“大比武”，分类开展教育培训、现场调研、示范创建、考核评价。按照普通党员、州县乡党务干部、村（社区）干部3大类开展党员干部教育培训，按照农村、城市、机关、国有企业、事业单位、两新组织6大领域开展基层党建现场调研，按照不同层级和领域制定基层党建考核评价指标。

**【基层党建工作】** 建立县乡党政班子成员抓基层党建“三个一”（作出1份党建公开承诺、领办1个党建重点项目、建立1个农村〈社区〉党建联系点）制度，全州101名县乡党委书记作出基层党建公开承诺并公示公开，1018名县乡党政班子成员领办（破解）1054个基层党建重点项目（工作难题）、建立1181个村（社区）基层党建联系点。围绕基层党建谋划、推进、督查、评估、考核、整改、宣传7个环节，细化10个加分项目、6个扣分项目，实行量化管理、每月梳理、季度通报。

**【健全城乡基层治理体系】** 以村民（居民）小组为基础划分基层治理单元，构建“纵向到底、横向到边、共建共治共享”的城乡基层治理体系。在农村建立“乡镇党委—村党组织—村民小组党支部（党小组）—党员中心户”组织体系，村优化为1347个，成立村民小组党小组9183个，设置党员中心户19971户；在城市建立“街道（城关镇）党（工）委—社区党组织—网格（小区）党支部—楼栋党小组—党员中心户”的组织体系，社区优化为242个，划分网格1066个，组建网格党组织979个、楼栋党小组14137个，设置党员中心户9240户。

**【抓党建促乡村振兴】** 州委党建工作领导小组印发《关于推动乡村组织振兴的若干措施（试行）》，出台健全乡村组织体系、加强乡村干部队伍建设、夯实乡村人才支撑、强化农村党员教育管理、建设宜居宜业和美乡村、发展壮大新型农村集体经济、深化共同缔造推进党建引领基层治理、压紧压实乡村组织振兴责任8条具体措施。恩施州抓党建促乡村振兴做法在全省组织部长会议上作交流发言。

**【建强村干部队伍】** 开展村“两委”班子届中分析，实施“村干部能力提升工程”，提升村干部政治素质和履职能力。利用结对帮扶、对口合作资源，选派176名村党组织书记、124名村“两委”其他成员到武汉、杭州学习培训，选派131名村党组织书记、4名村“两委”其他成员到武汉先进村跟岗锻炼。组织1945人全覆盖参加全国村党组织书记和村委会主任视频培训班，4个村（咸丰县彭家沟村、巴东县野花坪村、恩施市洞下槽村、建始县店子坪村）作为全国先进村典型案例进行交流展示。全覆盖培训村“两委”其他成员5953人、村务监督委员会主任1347人、村级后备干部4097人。优化驻村帮扶，共选派4182名机关优秀干部到1487个村（社区）开展驻村帮扶，全覆盖培训驻村第一书记和工作队员。

**【红色美丽村庄建设】** 按照标准化、规范化、便民化、内涵化要求，巩固提升10个全国红色美丽村试点、2个省级红色美丽村试点建设成效，推进新一轮10个全国红色美丽村试点建设（恩施市何功伟村、利川市金龙村、建始县红沙溪村、咸丰县麻柳溪村、来凤县桂花树社区、来凤县板沙界村、鹤峰县屏山村、鹤峰县洞长湾村、鹤峰县红岩坪村、鹤峰县所坪村），下发《关于充分运用红色美丽村资源开展红色教育的通知》，开展红色美丽村“线上打卡”活动，累计40万余人前往接受红色教育，带动5万余名群众增收致富。红色美丽村建设做法在全国革命老区党建联建暨红色美丽村发展座谈会上作交流发言。

**【绿色发展村建设】** 健全农村集体经济经营绩效与村干部报酬挂钩激励机制，开展“回头看”，对494个发展新型农村集体经济扶持村跟踪管理，全年全州共有89个村的476名村干部获得奖励237万元。发展农村集体经济的做法在省委组织部《湖北组工信息》刊发。

**【城市基层党建】** 出台《关于进一步完善网格化管理的实施意见》，健全州县领导包社区、州县部门包网格、社区“八员”（网格员、环卫人员、执法中心人员、路灯管理员、市政设施管理员、市场监管员、交警队员和城管队员）具体负责的网格管理包保责任制。完善“双下沉”制度，全州1300多家机关企事业单位、4万余名党员干部常态化到社区报到、到网格开展工作，474名机关干部全脱产下沉108个城市社区。实施“社区骨干培养计划”，推进完整社区试点建设，建成完整社区10个、城市会客厅69个。推进恩施市全省城市基层党建示范市创建。利川市“小院说事”入选全国城乡社区高质量发展典型案例。

**【提升各领域基层党建水平】** 机关党建做法在全国“共建长江经济带·机关党建促先行”协作交流会上发言。实施“国有企业党支部书记素质提升工程”和“国有企业党务干部能力提升工程”。全州606所中小学校理顺党组织隶属关系，594所中小学校建立党组织领导的校长负责制。开展两新党建集中攻坚，对14个大型商圈党建工作实行“一圈一策一专班”，对23家国家AAAA级以上旅游景区按照“1+1+N”模式（组建1个综合党委、打造1支骨干队伍、建设N个党群服务阵地）打造

"红色矩阵"。

【干部教育培训】 深化习近平新时代中国特色社会主义思想学习培训，抓好党的二十大精神学习培训，党的理论和党性教育专题占比达80%，其中习近平新时代中国特色社会主义思想的课时量占总学时76%。全年共举办主体班20期，培训1500余人。举办县处级干部学习贯彻党的二十大精神集中轮训班5期，培训1100余人。举办"两山"实践创新示范区建设专题研修班16期，培训2700余人。举办恩施州组工干部业务素质提升专题培训班，全州522名组工干部培训全覆盖。制定《建设"两山"实践创新特色党校三年行动方案（2023—2025）》，实施特色课程体系开发、特色教学基地打造、特色科研资政能力提升、特色人才队伍培育"四大行动"，完善全州"一主三辅多支撑"（以党校培训为"主渠道""主阵地"，以部门行业国企培训机构、高校培训基地、网络培训平台为辅助，以教学精品线路、教学基地、教学点为支撑）干部教育体系，集成打造以店子坪红色教育基地为代表的"红色教育"、以"两山"实践特色教育为代表的"绿色教育"、以"两山"实践决策咨询服务为代表的智库建设品牌体系。

【党员教育培训】 落实《2019—2023年全国党员教育培训工作规划》任务，聚焦全覆盖轮训党员目标，开展党员轮训"清零"行动，分层分类举办州级重点培训班25期、县级普遍培训班197期、基层党委兜底培训班590余期，实现党员培训全覆盖。

【干部日常监督】 征求纪检监察机关意见21批286人次，发布任前公示15批195人次。严格执行领导干部个人有关事项报告制度，完成999名县处级干部报告的材料收集、信息录入、综合汇总工作。抽查核实领导干部个人有关事项报告244名。抓好"12380"举报查核，全年共受理举报21件。加强干部日常管理监督，2023年州本级共实施提醒78人次、函询11人次。

2023年5月29日，全州组工干部业务素质提升专题班在州委党校开班
（州委组织部 供稿）

【公务员和选调生招录】 全州计划考录公务员648人，实际录用630人。定向选拔引进生1名（武汉大学博士生），定向招录10名选调生到州直单位工作，集中招录70名选调生到乡镇工作。统筹39家州直单位面向全州遴选79名工作人员。

【强化人才支撑】 出台《恩施州高层次和急需紧缺人才引进工作暂行办法》，实施"招硕引博"，招引227名硕士以上高层次急需紧缺人才。13名博士服务团成员、4名"科技副职"、50名"院士专家企业行"成员、14名"科技副总"、14名乡村振兴农业产业帮扶团专家到恩施州服务。新建省级科技特派员工作站13家、乡村振兴科技创新示范基地7家，认定州级星创天地14

2023年8月12日，恩施州首届"候鸟人才节"在利川市启动
（州委组织部 供稿）

家。创建省级卓越工程师实践基地2家、人才创新服务中心1家、人才驿站1家。评选14家恩施州名师名医名家工作室，建立10家技能大师工作室。开展“专业人才智汇基层”活动，州级选派20名“专家人才企业行”成员、200名“科技特派员”、30名“乡镇卫生院业务院长”、100名“农业科技服务队”成员下沉基层服务。举办恩施州首届“候鸟人才节”，200余名院士专家、37家高校院所参加活动，向32名院士专家颁发有突出贡献“候鸟人才”荣誉纪念奖，向10家“候鸟人才”工作站授牌，签订25个校地企合作、专家特聘协议。组建恩施州“两山”实践创新智库，举办高峰论坛。开展“人才服务月”活动，举办首批“硒谷英才”系列宣传，营造重才、爱才、用才氛围。

（崔鸿升　孔国龙）

## 宣传工作

**【概况】**　2023年，全州宣传思想战线坚持以习近平新时代中国特色社会主义思想为指导，贯彻落实中央、省委、州委关于宣传思想文化工作的安排部署，围绕全省工作大局和州委中心工作，做好全州宣传思想文化工作，为推进“两山”实践创新示范区建设提供思想保证、精神力量和文化条件。

**【组织领导】**　2月21日，州委宣传思想工作领导小组召开会议。州委书记、州委宣传思想工作领导小组组长胡超文主持会议。会议要求紧扣学习宣传贯彻党的二十大精神工作主线，围绕举旗帜、聚民心、育新人、兴文化、展形象，守正创新、真抓实干，为推进“两山”实践创新示范区建设提供思想保证和精神力量。2月28日，全州宣传部长会议召开。会议强调要坚持不懈用习近平新时代中国特色社会主义思想凝心铸魂，学习宣传贯彻党的二十大精神，坚持学用结合，打通理论武装“最后一公里”；坚持内外结合，做大正面宣传、加强舆论引导、扩大对外宣传，为庆祝建州40周年营造良好氛围；坚持城乡结合，深化文明培育、文明实践、文明创建，提升社会文明程度；坚持点面结合，助推文艺创作、文化供给、文化产业、旅游行业提档升级，打造文化恩施；强化宣传思想战线自身建设，开创全州宣传思想工作新局面。

**【理论武装】**　州委理论学习中心组全年开展13次集体学习研讨。开展贯彻学习习近平新时代中国特色社会主义思想主题教育，举办为期7天的读书班。印发中心组学习提示5期、通报2期。组织《习近平著作选读》等权威理论读物的征订学习，编发24期学习资料。组织召开全州党委（党组）理论学习中心组学习经验交流会。开展学习贯彻党的二十大精神宣讲8000余场，覆盖60余万人次。恩施州3部作品分别获得全省“温暖瞬间我来讲”微视频评选活动一等奖（全省唯一）、三等奖和优秀奖。湖北民族大学“百马行动宣讲团”、来凤县委宣传部被评为全省“基层理论宣讲先进集体”，3人被评为全省“基层理论宣讲先进个人”，1篇宣讲报告和1部微视频分别被评为全省“优秀理论宣讲报告”和全省“优秀理论宣讲微视频”。恩施市屯堡乡、鹤峰县燕子镇分别被评为全省“2022年度优秀‘理论热点面对面’实践基地”。全州各级党委（党组）（不含高校、党校）在省级以上刊物发表理论文章79篇。编纂《中国式现代化：理论和实践》，在《恩施日报》理论专版刊发13期、62篇理论文章。湖北省理论故事节目《是这个理》2次走进恩施。

**【意识形态工作】**　州委常委会2次专题研究意识形态工作。指导督促全州8个县（市）做好十二届省委第二轮巡视涉意识形态问题整改，对26家州直单位党委（党组）开展专项检查，对全州8个县（市）、8家州直单位党委（党组）开展专项督查，把意识形态工作作为党建工作责任制和全面从严治党年度考核的重要内容。定期召开联席会议2次，形成分析研判报告12期，印发风险防范工作提示。推动“扫黄打非”，检查经营单位销售商品，查办重点案件，开展“清朗”系列专项行动。

**【思想政治工作】**　州委宣传部、恩施日报社、恩施州广播电视台推出画册《何功伟》、电视纪实片《绝不回头》，《绝不回头》被省委组织部评为第二十三届全省党员教育电视片观摩交流活动纪录片一等奖。恩施州红二、六军团忠堡战斗展示园、来凤县长征文化遗址公园2项目获得中央预算内投资4000万元。开展“培根铸魂·守正创新——基层思想政治工作创新”活动，湖北民族大学附属小学等19家单位被评为2023年基层思想政治工作示范点，发布《湖北民族大学马克思主义学院打造“自信讲坛”用身边人影响身边人》等19个2023年基层思想政治工作创新案例。9月，州委宣传部、恩施市委宣传部在恩施市实验小学举行州、市“传承红色基因强国复兴有我”宣传教育活动，开展国防教育进校园、红领巾进军营等活动。州委宣传部、州教育局、恩施日报社开展“厚植爱国情怀赓续红色血脉”主题征文活动，评选出优秀征文57篇。

（邓　恒　马自超）

**【理论宣讲】**　组织州委宣讲团集中开展“学习贯彻党的二十大精神”宣讲75场，覆盖8个县（市）、州直所有单位及在恩国有企业和高校；面向全州推荐一批理论宣讲课程，提供点单宣讲167场，服务9000余人次。开展基层理论宣讲，2家单位被评为全省“基层理论宣讲先进集体”、3人被评为“基层理论宣讲先进个人”、《构建先行区建设示范区争当排头兵》被评为“优秀理论宣讲报告”、《学习张富清建功新时代》被评为“优秀理论宣讲微视频”。

**【巡听督查】** 完成全州党委（党组）理论学习中心组学习旁听、意识形态工作专项督查检查。按照《恩施州党委（党组）理论学习中心组2023年度理论学习巡听旁听实施方案》安排，对2个县和10个州直单位的党委（党组）理论学习中心组学习开展巡听。对6个县市、14个州直单位的意识形态工作责任制落实情况开展专项检查和督查，及时反馈问题，推动意识形态工作责任制落实落细。

**【支部主题党日学习资料】** 编印《支部主题党日学习资料》12期，收集习近平总书记重要讲话、重要文章、重要指示批示等学习内容176项，学习资料面向全州及时发布，为全州基层党组织开展支部主题党日活动提供学习参考。

**【“学习强国”学习平台】** 协调恩施日报社、州广播电视台等单位组稿供稿，全年在学习平台上稿1300余条。全州党员干部群众运用学习平台开展学习，全州9家单位、25人分别被评为全省“学习强国”学习平台“推广运用先进单位”和“学习达人”。3月22日，恩施州在“学习强国”学习平台党的二十大精神学习分享活动和市州学习管理员座谈会上作交流发言。

（徐　岳）

**【新闻宣传】** 围绕学习宣传贯彻党的二十大精神、全面从严治党、优化营商环境、杭恩对口合作、平安建设等多项重点工作，加强对经济社会热点问题的引导，巩固加大主流思想宣传。其中，在庆祝建州40周年期间，共刊播各类稿件5851条；第八届硒博会期间，各上级主要媒体刊发系列报道205篇（条）。在州级以上媒体平台和信息刊物刊播优化营商环境稿件2218条，全省排名第5；杭恩对口合作共采用稿件400余条，在全国20个对口合作城市中排名领先。持续推进新闻发布规范化建设，组织指导相关部门围绕优化营商环境、硒博会、全州人才政策等重要主题和活动组织召开新闻发布会，全年共组织26场新闻发布会。全州在省级及以上主要媒体刊播稿件7695条，同比增长77%。其中《人民日报》85条、新华社通稿399条、中央电视台340条（《新闻联播》7条）。发布阅读量超过10万的新媒体作品476个，形象片《我是恩施》总浏览量超过2亿次，《天路越武陵》获中国新闻奖三等奖，21件作品荣获湖北新闻奖一、二等奖及获奖总数排名第4（除各级媒体、武汉市外排名第1）。恩施日报社运维的恩施州政府门户网站在全国政府网站绩效评估中连续两年入列50强，恩施新闻网入选全国地市新媒体网站类影响力二十大案例；州广播电视台获评国家广电总局“中国广电全媒体蓝皮书（2023）”年度典型案例。

**2023年中央主要媒体稿件报道恩施州情况一览表**

表3

| 序号 | 媒体名称 | 报道标题 | 版面/栏目 | 发布时间 |
|---|---|---|---|---|
| 1 | 《人民日报》 | 湖北巴东县弘扬民俗文化——文旅融合富农家（新春走基层） | 2版 | 2023年2月2日 |
| 2 | 《人民日报》 | 湖北利川市毛坝镇善泥村——设置公益岗位　维护污水管网 | 13版 | 2023年2月22日 |
| 3 | 《人民日报》 | 用镜头记录春天（四季印象） | 12版 | 2023年3月21日 |
| 4 | 《人民日报》 | 湖北来凤县——优化产业结构　注入发展动力 | 6版 | 2023年3月21日 |
| 5 | 《人民日报》 | 保护生物多样性　呵护长江母亲河（新时代画卷） | 5版 | 2023年4月5日 |
| 6 | 《人民日报海外版》 | “赏花经济”激活旅游带富乡村（图） | 3版 | 2023年4月11日 |
| 7 | 《人民日报海外版》 | 牛洞坪村美如画 | 11版 | 2023年4月20日 |
| 8 | 《人民日报海外版》 | 咸丰文旅产业发展驶上“快车道” | 12版 | 2023年4月26日 |

续表3

| 序号 | 媒体名称 | 报道标题 | 版面/栏目 | 发布时间 |
|---|---|---|---|---|
| 9 | 《人民日报》 | “文化和自然遗产日”非遗宣传展示活动丰富多彩与非遗相伴 和传统同行 | 12 版 | 2023 年 6 月 13 日 |
| 10 | 《人民日报海外版》 | 避暑旅游正当时 | 12 版 | 2023 年 6 月 30 日 |
| 11 | 《人民日报》 | 湖北省恩施州以品牌引领着力发展茶产业，83 万名茶农因茶致富一片绿叶成就一个产业带富一方百姓（人民眼·农业品牌培育） | 13 版 | 2023 年 7 月 7 日 |
| 12 | 《人民日报》 | 湖北恩施鹤峰县——大桥飞架溇水河 | 3 版 | 2023 年 7 月 11 日 |
| 13 | 《人民日报》 | 利川有棵“神奇树” | 20 版 | 2023 年 7 月 31 日 |
| 14 | 《人民日报》 | 湖北省恩施军分区上校处长陈刚果——“只要有梦想，哪里都是星辰大海”（最美新时代革命军人） | 6 版 | 2023 年 8 月 2 日 |
| 15 | 《人民日报》 | 湖北恩施土家族苗族自治州庆祝成立 40 周年 | 3 版 | 2023 年 8 月 20 日 |
| 16 | 《人民日报》 | 红花峰林景区跨江索道稳定运行 | 14 版 | 2023 年 10 月 11 日 |
| 17 | 《人民日报》 | 茶产业大有可为 | 7 版 | 2023 年 11 月 29 日 |
| 18 | 《人民日报》 | 湖北利川实施引才回乡计划人才下沉基层 助力家乡发展 | 6 版 | 2023 年 12 月 4 日 |
| 19 | 《人民日报》 | 在湖北利川，挂牌确认的古水杉树有 5600 多棵，其中包括被标号为“0001”的“水杉模式标本树”——群山之间水杉灿灿（古树的故事） | 13 版 | 2023 年 12 月 11 日 |
| 20 | 《新华每日电讯》 | 羊倌上山记 | 6 版 | 2023 年 2 月 18 日 |
| 21 | 《新华每日电讯》 | 英雄从未远去追记我们与老英雄张富清的故事 | 10 版 | 2023 年 4 月 7 日 |
| 22 | 《新华每日电讯》 | “山水画”镶嵌天地间，清江画谷引客来 | 4 版 | 2023 年 8 月 13 日 |
| 23 | 《新华每日电讯》 | 土苗山乡展风华——写在新中国最年轻的少数民族自治州成立 40 周年之际 | 8 版 | 2023 年 8 月 21 日 |
| 24 | 《新华每日电讯》 | 引领新风尚 欢跃新时代湖北广场舞文化新见闻 | 8 版 | 2023 年 9 月 18 日 |
| 25 | 《新华每日电讯》 | 湖北恩施：新业态助力乡村振兴 | 1 版 | 2023 年 11 月 25 日 |
| 26 | 《新华每日电讯》 | 恩施：做活山水文章，打造流域振兴带 | 7 版 | 2023 年 12 月 29 日 |
| 27 | 《经济日报》 | 图片新闻（容美镇槽门寨子村民晾晒茶叶） | 8 版 | 2023 年 1 月 4 日 |
| 28 | 《经济日报》 | 湖北恩施全链条发展硒产业 | 3 版 | 2023 年 1 月 15 日 |
| 29 | 《经济日报》 | 冰雪盛会铸经典 向着春天再出发——写在北京冬奥会开幕一周年之际 | 1 版 | 2023 年 2 月 4 日 |

续表3

| 序号 | 媒体名称 | 报道标题 | 版面/栏目 | 发布时间 |
| --- | --- | --- | --- | --- |
| 30 | 《经济日报》 | 玩冰雪、吃刨汤、看灯会——全方位提升游客体验 | 9 版 | 2023 年 2 月 5 日 |
| 31 | 《经济日报》 | 春运数据展现复苏动力 | 6 版 | 2023 年 2 月 21 日 |
| 32 | 《经济日报》 | 湖北恩施打造“中国茶谷” | 5 版 | 2023 年 5 月 2 日 |
| 33 | 《经济日报》 | 鹤峰 华灯闪亮映农家 | 12 版 | 2023 年 5 月 12 日 |
| 34 | 《经济日报》 | 奇山异景出深闺 | 7 版 | 2023 年 6 月 10 日 |
| 35 | 《经济日报》 | 恩施为何“值”此青绿 | 7 版 | 2023 年 8 月 7 日 |
| 36 | 《经济日报》 | 驰骋向战的铁骑尖兵——记“最美新时代革命军人”向跃东 | 2 版 | 2023 年 8 月 15 日 |
| 37 | 《经济日报》 | 鄂渝共建世界级旅游地——游长江看三峡正当时 | 2 版 | 2023 年 10 月 3 日 |
| 38 | 《经济日报》 | 湖北鹤峰推进营商环境改善——证明少了 点赞多了 | 8 版 | 2023 年 11 月 8 日 |
| 39 | 《经济日报》 | 藤茶富了万户农家 | 6 版 | 2023 年 12 月 23 日 |
| 40 | 《光明日报》 | 群众赛事掀起新年冰雪热——聚焦北京冬奥会后首个大众冰雪季 | 9 版 | 2023 年 1 月 3 日 |
| 41 | 《光明日报》 | 湖北：电动“小火车”投入运营 | 9 版 | 2023 年 1 月 11 日 |
| 42 | 《光明日报》 | 湖北恩施：“贡水游龙”迎新春 | 9 版 | 2023 年 1 月 16 日 |
| 43 | 《光明日报》 | 除冰雪保民生 | 10 版 | 2023 年 1 月 18 日 |
| 44 | 《光明日报》 | 点铁成金——谈诗的化用 | 15 版 | 2023 年 1 月 20 日 |
| 45 | 《光明日报》 | 红色水利遗产：不该忽略的红色记忆 | 12 版 | 2023 年 2 月 5 日 |
| 46 | 《光明日报》 | 湖北利川：重焕坝漆光彩 | 4 版 | 2023 年 6 月 12 日 |
| 47 | 《光明日报》 | 湖北恩施学院：做好“三字文章”服务恩施绿色发展 | 9 版 | 2023 年 7 月 6 日 |
| 48 | 《光明日报》 | 图片报道：利川市毛坝镇五二村梁家坝子茶园 | 4 版 | 2023 年 7 月 29 日 |
| 49 | 《光明日报》 | 打造国防动员“智慧中枢”——湖北省恩施军分区上校处长陈刚果矢志强军事业纪实 | 10 版 | 2023 年 8 月 2 日 |
| 50 | 《光明日报》 | 图片报道——趣味运动会 引客进乡村 | 2 版 | 2023 年 8 月 13 日 |
| 51 | 《光明日报》 | 湖北来凤：一株藤茶“回甘”一方 | 2 版 | 2023 年 9 月 3 日 |

续表3

| 序号 | 媒体名称 | 报道标题 | 版面/栏目 | 发布时间 |
| --- | --- | --- | --- | --- |
| 52 | 《光明日报》 | 张南高速湖北段即将建成通车 | 2版 | 2023年9月9日 |
| 53 | 《光明日报》 | 湖北恩施：清江源头　人文秘境 | 10版 | 2023年10月8日 |
| 54 | 《光明日报》 | 湖北民族大学马克思主义学院：立足三大优势　推进三大工程　打造民族地区育人新高地 | 12版 | 2023年10月20日 |
| 55 | 《光明日报》 | 南剧：三百年古韵蕴新声 | 16版 | 2023年11月9日 |
| 56 | 《光明日报》 | 斑斓千年土家锦——土家族织锦技艺的发展演变与审美特征 | 9版 | 2023年12月17日 |
| 57 | 《光明日报》 | 这些暖心故事　爱心接力 | 1版 | 2023年12月21日 |
| 58 | 《光明日报》 | 湖北民族大学：多元协同　培养卓越新闻人才 | 12版 | 2023年12月23日 |
| 59 | 中央电视台 | 湖北姚家平水利枢纽工程今天开工 | CCTV-1综合频道《新闻联播》 | 2023年1月31日 |
| 60 | 中央电视台 | 立春“元宵”前后脚　格外喜庆热闹　华灯璀璨江南夜　团团圆圆过元宵 | CCTV-13新闻频道《新闻直播间》 | 2023年2月4日 |
| 61 | 中央电视台 | 花开中国　满眼春色（来凤） | CCTV-1综合频道《新闻联播》 | 2023年2月8日 |
| 62 | 中央电视台 | 推广篮球文化　拉动经济发展 | CCTV-1综合频道《晚间新闻》 | 2023年3月26日 |
| 63 | 中央电视台 | 又是一年春茶季　各地茶园抢“鲜”采 | CCTV-1综合频道《晚间新闻》 | 2023年3月26日 |
| 64 | 中央电视台 | 春暖茶香　全国多个茶叶主产区进入采摘期 | CCTV-13新闻频道《新闻直播间》 | 2023年3月31日 |
| 65 | 中央电视台 | 全国人大代表张琼丽的反响：人民领袖来自人民，人民领袖人民拥戴 | CCTV-1综合频道《新闻联播》 | 2023年3月11日 |
| 66 | 中央电视台 | 全国人大代表焦宪“16113”模式《发展乡村产业，打造宜居宜业和美乡村》 | CCTV-13新闻频道《新闻直播间》 | 2023年3月11日 |
| 67 | 中央电视台 | 全国人大代表　恩施州州长夏锡璠：做好“土特产”文章　推动乡村振兴 | CCTV-13新闻频道《新闻直播间》 | 2023年3月12日 |
| 68 | 中央电视台 | 建始创业青年潘启斌：带动更多的农民共同发展　增收致富 | CCTV-13新闻频道《新闻直播间》 | 2023年3月12日 |
| 69 | 中央电视台 | 非凡成就催人奋进　凝心聚力谋发展——州长夏锡璠采访 | CCTV-1综合频道《新闻联播》 | 2023年3月5日 |
| 70 | 中央电视台 | 湖北恩施　春天里的中国　农旅融合铺锦绣　特色产业助增收（咸丰） | CCTV-13新闻频道《朝闻天下》 | 2023年4月1日 |
| 71 | 中央电视台 | 湖北恩施　春天里的中国　农旅融合铺锦绣　特色产业助增收 | CCTV-13新闻频道《朝闻天下》 | 2023年4月3日 |
| 72 | 中央电视台 | 各地缅怀英烈　传承红色基因 | CCTV-1综合频道《新闻联播》 | 2023年4月5日 |
| 73 | 中央电视台 | 2023“世界华服大会”今天在湖北宣恩开幕 | CCTV-2财经频道《经济信息联播》 | 2023年4月22日 |

续表3

| 序号 | 媒体名称 | 报道标题 | 版面/栏目 | 发布时间 |
|---|---|---|---|---|
| 74 | 中央电视台 | 2023 湘鄂龙凤双城马拉松开跑 | CCTV-4 中文国际频道《中国新闻》 | 2023 年 5 月 1 日 |
| 75 | 中央电视台 | 恩施新版宣传片 | CCTV-13 新闻频道《新闻 30 分》 | 2023 年 5 月 29 日 |
| 76 | 中央电视台 | 赏民俗品文化　欢度端午假期 | CCTV-1 综合频道《新闻联播》 | 2023 年 6 月 24 日 |
| 77 | 中央电视台 | 云海飞瀑　喀斯特地形地貌天然博物馆 | CCTV-13 新闻频道《新闻直播间》 | 2023 年 6 月 24 日 |
| 78 | 中央电视台 | 点灯人——杨佐忠 | CCTV-12 社会与法频道《道德观察》 | 2023 年 6 月 26 日 |
| 79 | 中央电视台 | 各地开展活动庆祝中国共产党成立 102 周年 | CCTV-1 综合频道《新闻联播》 | 2023 年 6 月 30 日 |
| 80 | 中央电视台 | 街头巷尾的“爱心冰箱”开放了 | CCTV-13 新闻频道《朝闻天下》 | 2023 年 7 月 7 日 |
| 81 | 中央电视台 | 高温天气催热“清凉”经济 | CCTV-2 财经频道《经济半小时》 | 2023 年 8 月 2 日 |
| 82 | 中央电视台 | 中国龙舟队在湖北恩施进行封闭集训 | CCTV-13 新闻频道《新闻直播间》 | 2023 年 8 月 27 日 |
| 83 | 中央电视台 | 湖北恩施　藤茶飘香采摘忙　特色产业助增收 | CCTV-13 新闻频道《朝闻天下》 | 2023 年 9 月 5 日 |
| 84 | 中央电视台 | 湖北宣恩：万余亩黄金梨丰收　热销全国 | CCTV-2 财经频道《正点财经》 | 2023 年 9 月 12 日 |
| 85 | 中央电视台 | 九一八事变爆发 92 周年　各地举行活动铭记历史珍爱和平（提到恩施） | CCTV-1 综合频道《新闻联播》 | 2023 年 9 月 18 日 |
| 86 | 中央电视台 | 湖北 3200 多万亩中晚稻陆续成熟 | CCTV-13 新闻频道《新闻直播间》 | 2023 年 9 月 24 日 |
| 87 | 中央电视台 | 湖北建始：庆丰收贺团圆“摸秋”庆丰年 | CCTV-13 新闻频道《朝闻天下》 | 2023 年 9 月 29 日 |
| 88 | 中央电视台 | 湖北宣恩：走进湿地观鸟　守护生态家园 | CCTV-13 新闻频道《24 小时》 | 2023 年 10 月 2 日 |
| 89 | 中央电视台 | 湖北恩施：一览峡谷壮美　体验特色文化 | CCTV-13 新闻频道《新闻直播间》 | 2023 年 10 月 4 日 |
| 90 | 中央电视台 | 丰收了！湖北鹤峰：秋蜜采收季来临　万户蜂农割蜜忙 | CCTV-2 财经频道《经济信息联播》 | 2023 年 10 月 10 日 |
| 91 | 中央电视台 | 湖北恩施 兰香小院：美丽庭院里的“幸福经” | CCTV-13 新闻频道《新闻直播间》 | 2023 年 10 月 14 日 |
| 92 | 中央电视台 | 湖北巴东：“无人小火车”助力　万亩山地柑橘采收忙 | CCTV-2 财经频道《经济信息联播》 | 2023 年 10 月 26 日 |
| 93 | 中央电视台 | 【在希望的田野上】全国秋冬种过九成半（咸丰） | CCTV-1 综合频道《新闻联播》 | 2023 年 11 月 14 日 |
| 94 | 中央电视台 | 有你的日子是晴天 | CCTV-12 社会与法频道《道德观察》 | 2023 年 12 月 28 日 |

【文化事业发展】 电影《爱情神话》获第35届金鸡百花奖最佳剪辑、最佳编剧奖。电影《爱情神话》、南剧《本色》、民族歌舞剧《老兵》、歌曲《四季》、美术《恩施风光写生作品集》、长篇小说《花开如海》6部文艺作品获湖北省委、省政府第十二届"屈原文艺奖"，位居全省市州首位。小说《春天的春》获2023年度湖北省公益学术著作出版专项资金项目支持。歌舞剧《西兰卡普》、南剧《何功伟》、组歌《四季》、广播剧《没有翅膀的飞翔》获省委宣传部文艺精品扶持184万元。推进武陵山区（鄂西南）土家族苗族文化生态保护实验区建设。印发《关于打造"乡村文艺轻骑兵"深化拓展新时代文明实践助力乡村振兴的通知》。开展《幺妹儿带你慢慢儿耍》工间操比赛。全年全州组织文艺惠民演出、文化文艺培训2476场，惠及线下群众200余万人次，线上约1.48亿次点击量。开展"地方戏曲进校园"活动300余场，辅导课1500余节。组织农村公益电影放映29881场。

【文旅产业发展】 恩施州121家规模以上文化企业实现营业收入59.5亿元，同比增3.2%，规模以上企业比2022年净增15家，营业收入总量比2022年增加8.8亿元；第五次全国经济普查文化产业单位清查数8603家，比第四次全国经济普查文化产业单位清查数增加约1倍；全州共签约文化产业项目61个，签约资金337亿元。恩施州布衣织绣有限公司、湖北霸漆产业发展有限公司、利川星斗山红茶公司、来凤农园农业公司、来凤县嘉广联工贸有限公司、鹤峰岩边生态农业科技有限公司6家企业参加第十九届深圳文博会。润邦恩施玉露冷泡茶、西兰卡普古法染色系列包、西兰卡普汉服系列、梭花布土家女儿会定情物文创系列、恩施形象文创IP盲盒设计方案5个系列作品参加湖北省首届文化产业创新创意设计大赛，恩施玉露冷泡茶系列获三等奖。

【展演展示工作】 "土家稀奇哥"组合登上2023年总台春晚百姓大舞台版块，在中国非遗春晚、星光嘉年华幸福跃龙门等节目中演唱《幸福歌谣》《快乐老家》等歌曲，其成员易汉章在中宣部《庆祝中国共产党成立102周年交响音乐会》及文艺中国新春特别节目演唱长江大合唱选曲《抛天锣》。南剧《本色》、歌舞剧《老兵》、音乐会《稀奇的声音》等赴省晋京演出，国家民委将《老兵》作为主题教育内容推出专题简报。歌曲《四季》舞蹈《金面·千变》、"土家刀王"向前和登上第十四届中国农民春节联欢会。利川民歌《龙船调》登上央视春晚舞台。歌曲《龙船调的故乡》登上中央新影中学生频道主办的金龙迎盛世神州庆丰年春节联欢晚会。长篇小说《花开如海》上榜中央宣传部"奋进新征程建功新时代推荐书单"和7月"中国好书榜单"，入选《2023年农家书屋重点出版物推荐目录》时政类。长篇报告文学《战贫志》入选中央宣传部和农业农村部（国家乡村振兴局）共同指导的2023新时代乡村阅读季首届"乡村振兴好书荐读"提名图书。

【中央宣传部文艺局"为基层办实事"联系点建设】 中央宣传部文艺局调研"为基层服务办实事"联系点咸丰南剧艺术传承保护中心建设。《唐崖土司夫人（选段）》参演第三届全国戏曲会演（南方片）。举办中央宣传部文艺局"为基层办实事"联系点建设暨南剧保护传承发展讲座和研讨会。在湖北民族大学建立"湖北省中华优秀传统文化传承发展工程'十四五'重点项目"优秀传统文化传承示范基地和非遗技能传承示范点。中宣部下拨65万元专项支持南剧剧本电子化工程。南剧《何功伟》获得2024年度国家艺术基金创作类项目资助200万元。咸丰县南剧艺术传承保护中心获2023年度国家非物质文化遗产代表性项目补助资金91万元。

【全民阅读】 印发《关于做好2023年全民读书月活动的通知》，组织干部群众参加全省全民朗读大赛，提供朗读作品2578件，数量位居全省第5，获优秀组织奖。联合恩施市组织开展"悦享成长 书香恩施"2023年全民读书月启动仪式暨书香校园建设集中展演活动。州委书记胡超文在全民读书月活动期间向全州党员干部群众推荐《习近平著作选读（第一卷）（第二卷）》《人间正道：中国共产党百年奋斗与中国式现代化道路》《科技报国》《迈向共同缔造》4种好书。开展"假期读一本好书"读书征文、朗诵活动，表扬奖励优秀作品。通过读书分享会、宣传教育展览、亲子阅读、图书捐赠、送书下乡等丰富阅读活动。

（邓　恒　马自超）

## 统战工作

【概况】 2023年，州委统战部学习贯彻习近平总书记关于做好新时代党的统一战线工作的重要思想，强化党的全面领导，完善统一战线"大格局"；办好庆祝建州40周年活动，打造铸牢中华民族共同体意识"大平台"；着力服务中心大局，彰显统一战线"大优势"；凝心聚力，打造统一战线"大品牌"；加强机关自身建设，锻造统战干部"好队伍"，推动各项工作落地见效。

【巩固大统战工作格局】 州委常委会全年听取统战工作汇报6次，召开州委统一战线工作领导小组会议等综合性会议8次；州委、州政府主要领导出席统战相关活动32次，作出批示43次，并通过集中座谈、个别交流等方式与 120 余名党外代表人士谈心谈话。州委统战部充分发挥牵头协调作用，同州委统一战线工作领导小组各成员单位形成统战合力，实现各项目标。

【思想政治引领】 6 月 1—11 日，举办全州统战群团系统喜迎建州 40 周年“同心杯”职工运动会，62 支队伍 1200 余名运动员参赛，规模、水平空前。支持各民主党派、无党派人士、党外知识分子、新的社会阶层人士开展“凝心铸魂强根基、团结奋进新征程”主题教育、红色教育等活动 140 余场次。深化州领导、州委统战工作领导小组成员单位、州委统战部班子成员与党外代表人士联谊交友机制，州本级共联系党外代表人士 73 人，着力推动党外干部在各级人大、政府、政协应配尽配。

【服务中心大局】 推进“千村（企）万名好主播”培育，举办 2023 年州级骨干培训班，带动州、县、乡三级联训 30 场次，培训主播 2000 余人。全州主播带货总金额超 40 亿元，12 名主播带货金额均突破 1000 万元。持续开展异地恩施商会“一会引一企”行动，引进落户工业项目 13 个。7 个县（市）工商联获评 2022—2023 年度全国“五好”（政治引领好、队伍建设好、商会发展好、作用发挥好、工作保障好）县级工商联，利川市汪营镇商会参与社会治理案例入选全国工商联 2023 年“百佳商会调解案例”。协助争取中央项目资金 5000 万元、省级一般性转移支付资金 2 亿元，协助争取省委、省政府出台支持恩施州高质量发展措施三十条。

【多党合作事业】 配合完成民革中央、民盟湖北省委会，支持各民主党派州级组织开展长江生态环境保护民主监督活动 15 场次。围绕汇聚力量，不断创新举措，调动统战各领域成员心往一处想、劲往一处使，促进“五大关系”和谐，各民主党派、无党派人士参政议政成效明显，围绕生态环保、生物医药等领域提出多项高质量建议，20 余篇建议被全国政协、省政府等省级以上部门采纳。各民主党派、无党派人士开展社会服务 100 余次，投入资金 1100 万元。5 月 10 日，“建功先行区·礼赞四十年”九三学社湖北省委庆祝恩施州建州 40 周年文艺晚会举行。5 月 11 日，“九三学社湖北省名医工作站”揭牌仪式暨恩施州呼吸道病毒感染诊疗班举行，全国人大常委会委员、九三学社中央副主席、中国工程院院士丛斌参加仪式并为该站揭牌。5 月 17—19 日，全国政协常委、民革广东省委会主委程萍到恩施州调研。5 月 30—31 日，全国政协常委、省人大常委会副主任、民盟湖北省委主委杨云彦到巴东县调研。7 月 4—6 日，全国政协常委、重庆市政协副主席、民革重庆市委会主委王新强到恩施州调研。8 月 26 日，省政协副主席，农工党中央常委、湖北省委会主委杨玉华到恩施州调研。

【民营经济发展】 开展“服务企业双月会商”活动，出台《支持民营经济发展六条措施》，围绕异地商会在恩投资项目等开展会商 36 期，为 317 家民企协调解决困难 400 余个。联合多部门举办 2023 年恩施州地产品展销对接活动，全州共计 80 余家企业、1000 多个单品参展。推进“万企兴万村”行动，持续推广恩施州“万企兴万村”11 种帮扶模式，2169 家民营企业结对帮扶 1510 个村，投入资金 49.7 亿元，3 个项目被评为全省“万企兴万村”行动实验项目。

【民族工作】 州委主要领导在《民族团结》杂志和《中国民族报》刊发署名文章 3 篇，召开恩施州第八次民族团结进步表彰大会，表彰先进集体 70 家、先进个人 100 名。实施“三项计划”（各族青少年交流计划、各族群众互嵌式发展计划、旅游促进各民族交往交流交融计划）试点项目 14 个，争取资金 1.86 亿元。恩施州、利川市获评第十批、建始县获评第十一批全国民族团结进步示范区示范单位，21 个单位入选全省民族团结进步示范单位。

【宗教工作】 落实全国宗教工作会议精神。恩施玉龙寺、利川花梨岭获湖北省示范命名。完善宗教工作三级网络和两级责任制，8 个县（市）、90 个乡镇（街道）、2012 个村和 216 个社区明确宗教工作分管领导、协管员、联络员、网格员并建立台账。

【对台工作】 8 月 17—19 日，第七届“鄂台少数民族手牵手·相约恩施女儿会”活动在恩施举办，并被国台办《两岸关系》刊宣。

【侨务工作】 11 月 17 日，组织华创会加拿大—恩施合作专场，签约项目 4 个，金额 49.5 亿元。

【基层统战工作】 “基层统战助力美好环境与幸福生活共同缔造”行动亮点纷呈，全州成立乡贤理事会 1417 个，通过“请老乡、回家乡、建故乡”带动投资项目 398 个，投资额达 160 多亿元，创建省州级“同心聚力·共同缔造”基地和品牌 23 个。指导州、县知联会、新联会开展供需对接、“寻美恩施”等活动 80 余场次，“寻美恩施”相关视频网络浏览量破 2.5 亿次。

【党外代表人士队伍建设】 巩固州、县领导“一对一”联系党外代表人士制度，各级党政领导带头与党外代表人士联谊交友，通过参加统一战线重要活动、走访慰问等多种形式，联系对接党外代表人士 230 名。加强党外人士安排使用，党外干部在州、县（市）、乡三级领导班子均实现应配尽配。

【重要会议】 2月1日，召开异地恩施商会会长新年座谈会。2月14日，召开州委统一战线工作领导小组全体（扩大）会议暨全州统战部长会议。6月5日，召开州委统战工作领导小组、州宗教工作领导小组和民委委员制成员单位专题会。6月20日，召开“凝心铸魂强根基、团结奋进新征程”主题教育动员会。7月18日，召开恩施州民族团结进步先进集体和先进个人表彰大会、全州各民族代表人士座谈会。7月28日，召开恩施州推进中华民族共同体建设的历史贡献与现实路径研讨会；召开全州千村（企）万名好主播代表座谈会。8月3日，召开全州民营企业、商会和在恩投资企业代表人士座谈会。11月16日，召开恩施州光彩事业促进会第二次会员代表大会。全年共召开5次政党协商座谈会。

【重要活动】 3月4日，中科院教授、中国工程院王浩院士专家工作站站长张金松一行到恩施州调研。3月20日，州委书记胡超文率队赴中央统战部、国家民委进行专题汇报，中央统战部副部长、国家民委党组书记、主任潘岳听取工作汇报。4月21—24日，恩施州“千村（企）万名好主播”第二期州级骨干培训班在恩施市洞下槽村举行。4月22日，2022年度恩施州十大好主播颁奖仪式举行。9月11日、12月13日，全州北部片区、南部片区“同心聚力·共同缔造”现场拉练活动分别举行。9月27日，全省铸牢中华民族共同体意识宣传教育工作现场推进会在恩施州举行。11月19—21日，侨商荆楚行走进恩施暨“山海情·恩施行”加拿大湖北商会恩施州考察活动及专场推介会举行。

（邓　锐）

## 保密工作

【概况】 2023年，恩施州各级保密行政管理部门坚持总体国家安全观和新发展理念，统筹发展和安全，落实2023年度省、州保密工作要点，突出保密宣传教育、保密监督检查和保密科技服务，提升保密法治化现代化水平，防范化解重大失泄密风险，确保全州未发生失泄密事件，完成全年各项工作任务。

【落实保密工作责任制】 州委领导高度重视保密工作，将保密工作纳入州委领导重要议事日程、纳入州委常委会重要工作议题。州委书记3次主持召开常委会会议，专题学习习近平总书记关于保密工作的重要批示精神，听取全州保密工作情况汇报，重点研究解决机构编制和人员不足问题，州保密局所属事业单位增设保密技术服务科，增加事业编制4名，各县（市）保密局增加配备1名总工程师（副科级）负责县（市）保密业务技术工作。全州各级各部门严格执行保密工作责任制，及时调整保密委员会（保密工作领导小组），层层压实责任，保密工作责任制体系趋于完善。

【保密法治宣传教育】 举办恩施州首届保密宣传教育优秀课件评比活动。利用武汉大学省保密教育实训平台资源，组织1次保密培训，160余人参加，覆盖所有州直机关单位保密员、县(市)新进保密干部和涉密资质企业保密员。组建恩施州保密讲师团，到县(市)和州直单位开展保密知识讲座25余次，播放保密宣传警示教育片近60次，提升公民保密意识。1部作品获得全国保密公益宣传片创意文案优秀奖，1部作品获得全省保密公益宣传海报一等奖，2部作品获得全省“人人话保密”微视频评比二等奖。利川市保密局获得全国“保密宣传教育下基层”活动通报表扬，中共利川市东城街道工作委员会获评全省“保密宣传教育下基层”活动优秀基层单位。州保密局在全省“人人话保密”微视频征集评选活动中，获优秀组织奖。

【定密、涉密人员和网络保密管理】 将定密知识纳入保密教育培训，指导机关、单位制定工作秘密事项清单，完成2023年全州定密事项报备工作。做好互联网接入口、涉密计算机违规外联和机关单位互联网门户网站保密检查监管和涉密计算机的日常检查，指导各单位加强便携电子设备使用保密管理以及微信微博和QQ等应用的保密管理。

【保密检查】 完成对湖北民族大学保密检查，完成建始县、咸丰县、来凤县、鹤峰县的保密检查及宣恩县的“回头看”，实现县（市）检查全覆盖，全年共检查47个县直单位、8个乡镇，下达整改通知书56份，查封计算机11台、硬盘21块。以政治巡察保密工作专项检查为抓手，完成州委政治巡察保密工作专项检查全年工作任务，召开州委第二、三、四、五、六轮政治巡察单位保密专项检查反馈会。首次将政治巡察保密专项检查延伸至县(市)，完成42个县（市）直单位和乡镇的保密工作专项检查，下达整改通知书42份。对2022年以来全州保密违规行为进行通报，发挥保密检查的监督震慑作用。

【保密服务指导】 服务涉密企业发展，完成8家涉密资质企业的年度自检、4家企业保密资质事项申请的受理及初审、8家涉密资质企业事项变更和涉密人员备案材料的初审，配合省资质办完成资质“双随机”检查，接受资质问题咨询100余次。高质量服务涉密会议和重要活动，投入635万元建设的保密监管综合平台完成验收并投入运行，提升全州保密技术服务和监测能力。全年销毁涉密载体20余吨。为州委重要涉密会议、州内重要活动提供保密技术服务保障10余次。

（赵秀朝）

## 政策研究

【概况】 2023年，州委政策研究室坚持以习近平新时代中国特色社会主义思想为指导，学习贯彻党的二十大和习近平总书记考察湖北重要讲话精神，落实省委要求和州委工作部署，聚焦建设“两山”实践创新示范区，开展调查研究，做好财经服务，主持起草州委八届七次全会报告、州委八届八次全会报告、向省委工作汇报、“比抓强争促”工作会议讲话等重要文稿。12月，为加强州委对全州规划工作的领导，成立恩施州规划领导小组，州委、州政府主要领导任组长，有关州领导任副组长，州直有关单位为成员。州规划领导小组办公室设在州委财经办，承担领导小组日常工作。

【文稿服务】 完成州委主要领导讲话、汇报材料、典型发言等文稿256篇、130余万字。完成州委八届七次、八次全会有关文稿，落实省委关于长江经济带发展战略、流域综合治理、城市和产业集中高质量发展、强县工程等方面的重大部署。《奋力谱写中国式现代化恩施新篇章》《以党的二十大为指引全面推进乡村振兴》《主攻两大产业走好“两山”路径》等10余篇文章，分别在《人民日报》《政策》《湖北日报》等刊物发表。在全省市厅级主要领导干部“学习贯彻党的二十大精神，加快建设全国构建新发展格局先行区”专题培训班上的辅导报告，阐述恩施在全省流域综合治理和统筹发展大局中的鲜明特点、阶段重点、工作亮点，得到省委书记王蒙徽、省长王忠林的肯定。

【调查研究】 科学确定调研课题，完善州级领导领衔推进工作机制，明确州委年度重大改革调研课题，在12个方面形成重大调研成果。谋划7个调研课题，到8个县（市）及发展改革委、水利、环保、文旅、农业、规划等部门调研，各课题顺利结项。拟写调研报告18篇，2项调研课题被评为2023年度全州社会科学重大课题，6个调研课题被评为2023年度全州社会科学重点课题。《关于工业园区企业招工稳岗情况的调研报告》《恩施州页岩气产业发展现状及对策》等7期专送参阅件得到州领导批示，《扎实推进强县工程加快城乡融合发展》在《政策》刊发，《铺就“硒”望之路奋力打造全国硒产业高地》《通过“保险+期货”促进恩施州生猪产业健康发展》在《调查研究》刊发。

【财经工作】 制定《州委财经委关于落实省委常委会（扩大）会议暨市州党委书记座谈会精神的具体措施》。落实中央和省稳增长政策，出台经济稳健发展16条、接续政策29条、优化营商环境28条。组建33个重大项目重点工作专班，实行月调度、季拉练、年考核，开展4次比抓强争促现场拉练。宣咸高速提前15个月完成建设任务，姚家平水利枢纽工程、恩施机场迁建、沪渝蓉高铁宜昌至涪陵段、巴张高速沪蓉沪渝连接段等重大项目取得突破性进展。州县党政主要领导带头外出招商，高规格举办东湖茶叙五周年暨全球推广活动，举办硒博会、凉交会、房交会、茶博会，有效提升经济热度。全年，15项主要经济指标有12项增速高于全省平均水平，11项居全省前10位，6项居全省前5位。

（周　宇　李　洋　谭建成　刘成林　陈斯琪）

## 深化改革

【概况】 2023年，州委改革办学习贯彻习近平总书记关于全面深化改革的重要论述，聚焦建设“两山”实践创新示范区、流域综合治理、城市和产业集中高质量发展等重点领域，推动全面深化改革。全年谋划实施73项改革项目，承接3项国家试点、9项省级试点。召开州委深改委会1次、州委常委会12次、州政府常务会10次。审定改革事项45个，出台改革方案32个，形成20余篇调研成果。在国家级、省级媒体和刊物上刊发改革信息70余篇。2023年度省对市、州改革考核中恩施州位居全省第6。

【探索小流域综合治理新模式】 紧扣“生态美、产业强、百姓富”要求，探索分区分类管控新标准、全流域治理新路径、产业转型发展新业态、共同缔造新机制、绿色低碳生产生活新方式，将带水河流域划分水源保护区、农旅融合区、城镇发展区三级管控单元。实现畜禽粪污全利用，生活垃圾无害化处理率100%。建立“种养结合、近零排放、生态循环、绿色有机”山区农业发展标准体系，推广猪—沼—果循环农业发展模式，明晰流域综合治理恩施路径，省委专题会给予充分肯定。

【以控制成本为核心优化营商环境】 申报38类75项93个营商环境先行区改革创建试点，探索出全省首笔出口退税“即出即退”、全省首个应急转贷纾困基金签约县、全省首个增值税发票“财票链”等改革经验，工业用地“先租后让”、用银行保函代替土地竞买保证金交易等改革事项取得突破。制定《州人民政府支持实体经济发展有关奖励政策》《州人民政府支持经济社会发展有关激励措施》等系列惠企政策，开发“惠民利企政策一点通”平台，纳入“免申即享”惠企政策301条，可办事项456项，兑现奖补资金1.8亿元。深化“放管服”改革，统筹编制恩施州政务服务事项基本目录（州级事项733项，县级事项934项，乡级事项73项，村级事项38项），实行全州政务服务事项标准化管理、无差别办理，推动政务服务流程革命性重塑，全州25461项办事材料实现州、县、乡、村四级共享，事项办理环节较湖北政务服务网规定环节压减9583个，事项办理承诺时限较法定时限压减73049个工作日。

【推进市域社会治理现代化试点】健全综治中心组织运行体系，打造“只进一门、只跑一地”的一站式矛盾纠纷调处平台、服务群众的公共法律服务平台、运转高效的指挥调度平台。建立安全稳定风险防范化解工作机制，实行村级一日一排查、乡级一周一研判、县级一月一专题研究、州级一月一分析调度，安全生产事故起数、亡人数和亡人消防事故起数等均下降50%以上。

【推进教育数字化战略行动】 全州中小学接入国家、省、州、县、校五级贯通联动的智慧教育平台，实现中小学数字校园建设全覆盖，通过大校联小校、强校联弱校、城镇学校联农村学校等“1+N”方式，做强县域教联体，推动优质教育资源共享。

【完善生态环境治理体系】 建立长江大保护多元共治协作机制、“河长+检察长”协作机制、跨流域（区域）环境污染及突发环境事件共同应对机制。与相邻3个省5个市州签订框架协议，会同宜昌建立跨区域流域生态补偿机制。

【改革工作经验】 推进农村土地经营权抵押贷款改革获评第四届湖北改革奖（个人奖），探索开展经营性资产股份合作制改革，激活农村资源要素潜能，40个村被评为“全省集体经济进步村”，恩施市宅基地改革经验入选全国典型案例。推进供销社综合改革，加快建设为农服务供应链平台，“832平台”销售额占全省销售总额的74.3%。推进市域社会治理现代化试点，“四联并举”做实风险防范经验获评省政法工作创新品牌，“评理说事”经验成为省优秀创新成果，咸丰县苏老武调解工作室入选“全国模范人民调解委员会”，鹤峰县李桥村入选“第三批全国乡村治理示范村镇”。推进媒体融合发展，建成“1+1+8”（省级平台+州级平台+县市平台）传媒体系，“云上恩施”获评“全国广播电视融媒创新发展最佳客户端”，恩施州广播电视台获评“全国最具创新影响力城市广播电视台”。构建“大旅游”发展格局，建始县入选2023年国家级全域森林康养试点建设县，土家女儿城成为首批国家级夜间文旅消费集聚区，利川市在全省旅游发展工作会上作交流发言。推进国资国企改革，鹤峰县国企改革经验获副省长盛阅春肯定批示。

（周 宇 李 洋 谭建威 刘成林 陈斯琪）

## 州直机关党建

【概况】 2023年，州直机关党建工作聚焦“机关党建质量全面提升年”主题，以开展学习贯彻习近平新时代中国特色社会主义思想主题教育为抓手，以基层党建“大比武”为载体，提高机关党建质量。截至年底，隶属工委管理的基层党组织共516个，其中党委（机关党委）43个（含1个流动人才党委），党总支27个，党支部446个；隶属工委直接管理的基层党组织92个，其中党政机关59个，事业单位24个，国有企业9个；党委（机关党委）42个，党总支17个，党支部33个。州直基层党组织中共有中共党员8491名。其中正式党员8348名（占比约98%），预备党员143名（占比约2%）；在职党员6006名（占比约71%），离退休党员2306名（占比约27%），其他党员179名（流动党员176名、州农科院农村党员3名，占比约2%）。女党员2831名（占比约33%），少数民族党员4768名（占比约56%），中华人民共和成立前入党老党员6名。

【政治思想建设】 州委直属机关工委采取中心组示范引领学、党支部集中经常学、讲堂讲座专题学、交流研讨深入学、运用平台自主学“五学模式”，学习党的创新理论。主题教育期间，工委机关组织3次专题辅导报告、4次集中研讨交流、13次个人自学，4名领导班子成员分别讲专题党课。指导督促州直各基层党组织扎实开展主题教育，从留存党费中列支近19万余元，为基层党组织和党员干部订购必读书目11788本。先后在鹤峰五里坪革命旧址、延安等地举办党务干部、支部书记培训班，对260名党支部书记、140余名党务干部开展业务培训，举办发展对象、新党员培训班培训340余人，督导92家州直单位8491名党员按要求完成集中轮训。对州直单位101个基层党支部开展调研督办，调研检查42个基层党组织书记开展主题教育情况。在“恩施机关党建”微信公众号开设“主题教育·学思想·强党性·重实践·建新功”专栏，发布21期综合宣传报道。

【组织建设】 以基层党建“大比武”行动为抓手，全面提升基层党组织政治功能和组织功能。采取现场观摩、交叉检查、调研指导、交流评比、示范创建、考核评价等形式，对直管的州直单位党组织以“五比五强”为主题分片区、分领域、分专题开展互学互比，牵头开展全州机关党建现场调研，评选机关党建优秀案例 46 个、优秀支部工作法 17 个、重难点问题攻坚项目 6 个，评定 14 个州直机关支部主题党日活动基地。通过推行机关党建月度重点工作清单管理、开展全覆盖现场调研、机关党组织全面体检、实施重难点问题专项攻坚、加强分类指导、组织机关党建示范点创建交流等形式，指导州直基层党组织推动机关党建标准化规范化建设。制定《州直机关党建标准化规范化工作指南》《州直党政机关、国有企业、事业单位分类指导措施》，细化标准流程，加强指导督促。对 92 个直管单位党组织开展全覆盖“问题大起底”，对发现问题的 39 个州直单位党组（党委）寄发问题清单，点对点指导整改，分专题清理整治共性问题 46 个。

【围绕中心服务大局】 开设“奋力建设示范区机关党建促先行”专栏，组织 446 个基层党支部开展“我为示范区建设献一策”大讨论，宣传推介 43 个州直单位的经验做法。举办全州“颂党恩·迎州庆”歌咏大赛，全州万余名党员干部通过“线上+线下”参与比赛活动。深化党建引领基层治理推动共同缔造，对州城 33 个社区“大党委”第一书记、州直派驻社区“尖刀班”成员近 100 人开展专题培训，将州直单位下沉社区工作情况纳入机关党建考核体系。推进乡村振兴，协调支持对口帮扶高峰村修建入户路和产业路 4 千米，安装路灯 100 盏，利用州直帮扶资金 30 万元撬动群众自筹资金 50 万余元打造的农旅一体“共同缔造”示范院落投入使用。支持高峰村芍药种苗 2 万元，辣椒种苗 3 万元，帮助销售猕猴桃 2.5 万千克。拓展书院社区飞洋紫郡小区红色驿站功能，协调项目资金 60 余万元，建设社区养老服务中心。

【纪律作风建设】 开展州直单位和县（市）清廉机关建设“比学促”拉练，评选 19 个清廉机关优秀工作法、10 个清廉窗口，指导州财政局、州审计局等 10 个州直单位建设示范点，指导鹤峰县打造示范点，清廉机关建设特色做法被清廉湖北建设工作动态宣传推介。举办新党员、公务员纪律短训班和“诵读习语青春倡廉”青年读书会，先后组织 300 余名青年干部到恩施监狱、法院庭审现场接受警示教育。在“恩施机关党建”微信公众号开设“青年话清廉”专栏，“青年话清廉清廉伴青年”经验做法在“学习强国”学习平台、《恩施日报》等刊载。

【落实主体责任】 制定州直机关党建工作要点和州直机关落实全面从严治党主体责任清单。工委班子成员联系指导州直单位党组织、州直单位党组（党委）联系指导所属基层党支部全覆盖。建立机关党建月度重点工作清单管理，依托基层党建“大比武”、半年全覆盖调研督导等方式，开展常态化的工作调度，强化各单位机关党建责任制落实。制定指导督促州直单位党组（党委）落实机关党建主体责任的工作措施和强化机关党建分类指导的工作措施，加强沟通联系和分类指导。建立常态化全过程管理考核机制，进行台账管理、量化评分，以考核评价为手段推动机关党建责任落实。

（覃学炼）

## 网络安全和信息化

【概况】 2023 年，全州网信系统坚持以习近平总书记关于网络强国的重要思想、习近平总书记对网络安全和信息化工作作出的重要指示精神为指导，以学习宣传贯彻党的二十大精神和庆祝建州 40 周年为主线，构建网信工作“六大体系”。

【网络传播】 围绕“建州 40 周年”“土硒茶凉绿”等议题，设置“40 年芳华·讲给党听”“绿水青山就是金山银山”“‘桥’见恩施”等专题专栏。打造“寻找最美恩施”特色网宣品牌。组织恩施州 2023 年度网络传播十大精品推选。

【网络管理】 组织“两个责任制”督查 5 次，开展网络空间安全培训授课 50 余场（次）。制定实施《恩施州互联网违法和不良信息举报奖励办法（试行）》，构建“正管用”一体化监管平台，实施“四位一体，协同联动”工作机制。开展清朗等网络专项行动 45 项，通报从严整治自媒体乱象案例 3 起，关停违规网站 215 个，依法约谈和警示相关责任人 35 人。

【网络安全】 推进州网络安全协调指挥平台建设，组织网络安全检查 2 次，举办网络安全实训 20 余场次。6 月 19—21 日，举行全州网络空间安全培训班。9 月 15 日，恩施州联合重庆市黔江区开展跨区域攻防演练。9 月 11—17 日，举办 2023 年恩施州国家网络安全宣传周活动，持续擦亮“网络安全号”“网络文明号”品牌公交线路。

【网络社会工作】 6 月，在湖北省首份网络文明建设第三方评估中恩施位列前三。出台《恩施州网络文明建设评估指标体系任务清单》，落实网信委领导联系网络人士制度，组建 4 个工作专班进驻 16 家州级互联网重点企业开展党建指导。12 月 15 日，成立恩施州互联网行业团工委。选树州级互联网行业党建示范点 3 个。出台《恩施州“同心网盟计划”——网络代表人士定期话网工作方案》，打造网络代表人士定期话网工作品牌，推出优秀自媒体作品 100 余个。

【信息化工作】 全州基础网络 IPv6 业务承载能力基本具备，参与省级测评的重点领域门户网站 27 家均支持 IPv6。制定《恩施州推进数字乡村建设试点改革项目实施方案》，建始县省级数字乡村试点建设经验在全省数字乡村建设现场推进会被推介，宣恩县数字乡村项目入选 2023 年湖北省首批数字经济典型应用场景。数字乡村调研报告入选 2023 年度恩施州社会科学重大课题，宣恩县数字乡村建设试点调研报告得到州委主要领导批示。

【重要事项】 3 月 10 日，州委常委会会议专题研究网信工作，审议通过《2023 年全州网信工作要点》。7 月 4—6 日，中国网络空间院调研组到恩施州，专题调研“2023 年城市网络文明典型案例”。7 月 18 日，2023 年中国网络文明大会在福建省厦门市开幕，发布 2023 年中国网络文明典型案例城市，恩施州作为湖北省唯一城市入选。7 月 20 日，国家计算机网络应急技术处理协调中心湖北分中心主任、省委网信办副主任宋苑率调研组，围绕“重点行业领域网络与数据安全风险防范对策研究”主题到恩施州调研。8 月 15—16 日，全省地方网络名人素养提升培训班在恩施州城举办，同期举办 2023 年恩施州网络代表人士定期话网活动。9 月 18 日，八届州委网信委第二次会议审议通过《恩施州互联网违法和不良信息举报奖励办法（试行）》。

（冉运芳）

## 机构编制管理

【概况】 2023 年，恩施州委编办统筹推进完善机构职能体系，优化机构编制资源配置，推动机构编制工作高质量发展。贯彻落实党中央关于机构改革的决策部署，聚焦中央、省关于地方机构改革组织实施十个方面的重点任务，开展广泛调研，做好改革前期准备工作。在全省 2023 年度市县机构编制工作综合考核中，恩施州委编办获评一等次。

【行政复议体制改革】 明确州司法局为州人民政府行政复议机构，增设州司法局有关内设机构、领导职数和事业单位。指导县（市）完成行政复议体制改革相关工作。

【应急管理综合行政执法改革】 整合州级有关行业领域安全生产监管和应急抢险、灾害救助、防震救灾等方面行政处罚、行政强制职能，组建州应急管理综合行政执法机构，以州应急管理局名义统一执法。指导县（市）完成职能整合和机构组建工作。

【疾控体系改革】 整合设置疾控局局长（兼任卫健部门副职）领导职数，整合设置疾病控制中心，加挂卫生监督所牌子，设主任 1 名。

【卫校、电大并入恩施职院】 会同州人社局完成州卫校、州电大并入恩施职院全部人员编制性质、人员身份审核，全面完成人员转隶工作。

【为重点领域提供保障】 为州发改委增核副主任领导职数 1 名，兼任州粮食局副局长。撤销州大数据中心，设立州招商促进中心，专项负责全州招商工作统筹和州级招商引资工作，州商务局不再加挂州招商局牌子。

【服务人才强州战略】 根据《省委编委关于服务科教兴省人才强省战略的若干机构编制保障措施》《湖北省高层次人才专项事业编制管理办法》规定，建立用编“绿色通道”，在州直事业编制总体规模不突破前提下，统筹事业编制 50 名，建立高层次人才专项事业编制“周转池”，用于保障教育、卫生、科技、文化、金融、规划等重点领域事业单位全职引进高层次人才。

【服务卫生事业发展】 强化对疾病预防控制和公共卫生领域体制机制保障，实现全州各级疾病预防控制机构、基层医疗卫生机构编制配备达到国家和省定标准。为全州医疗系统下达招考（聘）工作人员用编计划 435 名，其中州直医疗系统 67 名，8 个县（市）直公立医疗机构 203 名，基层医疗卫生机构 165 名。

【服务教育事业发展】 按照“以县为主、市域调剂、省级统筹、动态调整”原则，完成中小学教职工编制达国标任务，从体制创新和力量配备上推动教育事业发展。下达高中（职中）教师用编计划 181 名，基层中小学教师用编计划 781 名。

【省委巡视整改问题销号】 根据省委巡视组反馈意见，组织各县（市）建立问题台账清单并逐一销号。恩施州涉及机构编制部门整改的问题 36 个，全部完成整改任务。

【完善机构编制工作规程】 指导建始、巴东、咸丰等县出台《关于各部门机构编制事项动议相关要求的通知》《机构编制事项工作规程（试行）》等文件，帮助县（市）健全机构编制管理制度。

【县（市）事业单位名称专项清理】 清理 8 个县（市）名称不规范事业单位 240 个，其中正科级 57 个，副科级 99 个，股级 84 个。按照机构管理权限全部完成规范更名工作。

【探索编制使用管理办法】 指导县（市）以“调结构”为思路，开展机构编制内部挖潜。利川市印发《利川市编制周转实施办法》，建始县印发《行政事业单位编制使用原则性意见》，宣恩县印发《宣恩县行政编制周转使用管理办法》，来凤县印发《来凤县事业编制周转管理实施方案》，鹤峰县印发《关于对县直行政机构人员编制进行结构性调整的通知》。

【机构编制监督检查】 加强与组织、人社、财政等部门协作配合，将日常工作、机构编制专项督查、巡察等过程中发现的问题纳入机构编制问题整改台账，限时整改销号。组织全州编制系统学习违规违纪典型案例，开展全州机关事业单位机构编制违规违纪问题自查自纠。

【信息化建设】 完成机构编制数据向大数据平台4.0的平稳迁移，实现新旧平台间的平稳过渡。在全州推行不见面审批工作，减少办事流程，方便办事群众。健全机构编制管理大数据平台维护管理机制，维护机构编制数据体系，为机构编制日常管理及各项改革提供数据支撑。

【“五重”工作】 全州“五重”工作（机构编制管理中实施的五项重要工作，即重程序、重职责、重监督、重服务、重创新）成果丰硕，恩施州《三网联动聚合力，用心用情保安置》获省“五重”工作优秀项目二等奖，《汇集零散空编，打破调剂壁垒，创新编制资源再分配》《打好“引育留用”组合拳，构筑人才建设“新高地”》获优秀奖。其中《三网联动聚合力，用心用情保安置》在《中国机构编制》杂志发表，《打好“引育留用”组合拳，构筑人才建设“新高地”》被中国机构编制网推介。州委编办被省委编办授予年度“五重”工作优秀组织奖。

（王进荣）

## 信访工作

【概况】 2023年，全州登记办理信访事项21747件，省级以上登记信访件占信访总量的22.92%，同比下降22.59个百分点；重复信访件占信访总量17.9%，同比下降11.6个百分点；群众对责任单位参评率为99.37%，满意率为99.46%，同比分别上升2.3个、3.08个百分点；求决类初次信访一次性化解率为98.5%，同比提升4.84个百分点。全州信访工作在全省考核中名列第2，连续10年被评为优胜。宣恩县成功创建“全国信访工作示范县”。

【信访工作责任制】 州委常委会听取工作汇报4次，研究部署推进信访法治化等工作；州政府召开常务会、专题会3次，研究突出信访问题。州委书记胡超文，州委副书记、州长夏锡璠带头每季度接访下访，包保化解疑难复杂信访事项。州信访工作联席会议定期调度督办，约谈县（市）5个、通报批评57次，提出改进工作建议401件。州委、州政府对成功创建“全国信访工作示范县市”的利川市、保留称号的巴东县，兑现奖励500万元，继续保留州级信访解难资金100万元。

【信访事项办理】 按照“三到位一处理”要求，狠抓初信初访初结初了，推动问题解决、一次性化解率提升。深化信访积案攻坚，坚持“双交办”，既交办属地县（市）、又交办州直主管部门，实行属事属地化解稳控责任捆绑。实现包案全覆盖，上级交办积案全部落实县级以上领导包案。中央信访联席办交办件已全部化解上报，实现“清零”销号。推广运用“一县一码”，强化源头治理，实体化运行矛调中心，加大信访事项依法规范办理力度，求决类初次信访一次性化解率为98.5%，居全省前3。

【宣传教育】 《信访工作条例》学习纳入州委、州政府重点工作内容，纳入“一月一主题”法治宣传月活动，纳入支部主题党日学习内容，纳入乡村振兴工作队重点工作，纳入党校培训必修课程，培训人数4100余人次。结合《信访工作条例》实施一周年活动，推动《信访工作条例》进乡村、进社区、进学校、进企业、进单位，在恩施市风雨桥广场举办《信访工作条例》实施一周年集中宣传日暨法治宣教活动，发放《信访工作条例》《中华人民共和国民法典》《调解仲裁指南》等宣传资料3000余份，现场接访32人次，接受群众咨询100余人次。

【典型经验推广】 利川市、巴东县、宣恩县源头化解信访矛盾、初信初访“一次性办好”等做法在新华社《瞭望》杂志、《法治日报》《农民日报》等刊载推介。省委常委、政法委书记肖菊华到州调研，对恩施市矛盾风险“一志一簿三表一册”闭环管控机制批示肯定，在全省推广学习。

（时　星）

## 外事工作

【概况】 2023年，州委外事工作委员会办公室（简称“州委外办”）共办理国家工作人员因公临时出国（境）审核审批63人次，指导各县（市）和相关州直单位涉外活动报备22件，涉及来访外籍人员185人次，为湖北和诺生物工程股份有限公司申办APEC商务旅行卡4张，为恩施市勃昕安数字科技有限公司等企业办理邀请外国客商申请来华签证邀请函核实单共4批次8人次。

【州委外事工作委员会第二次全体会议】 7月12日，州委外事工作委员会第二次全体会议召开。州委书记、州委外事工作委员会主任胡超文主持会议并强调，要深入学习贯彻党的二十大精神和习近平外交思想，统筹国内国际两个大局，统筹发展和安全两件大事，服务国家总体外交，在“两山”实践创新示范区建设中彰显外事担当作为。会议传达学习省委外事工作委员会全体会议精神，审议《中共恩施州委外事工作委员会2023年工作要点》。

【重要活动】 1月12—13日，法国驻武汉总领事胡建谊率团访问恩施州，州政府党组成员王纲会见总领事一行，双方围绕新能源项目合作开发事宜进行探讨交流。4月24日，由中共恩施州委、恩施州人民政府主办的“致敬江城 感恩奋进”东湖茶叙五周年暨恩施硒茶（恩施玉露、利川红）全球推广启动仪式在武汉市东湖宾馆举行，省委外办主任章笑梅率队莅临活动现场，并邀请美国驻武汉总领事馆总领事蓝如瑾、韩国驻武汉总领事馆总领事河成柱、英国驻武汉总领事馆商务领事诺安文、日本贸易振兴机构武汉代表处首席代表佐伯岳彦等嘉宾出席活动。美国驻武汉总领事馆总领事蓝如瑾女士作为外宾代表上台致辞。5月4日，中欧商会总秘书长、爱尔兰分会会长黄鑫到恩施州考察，先后前往中硒集团、恩施高中、恩施职院、宣恩县伍家台国家级出口茶叶质量安全示范区考察，分别调研座谈恩施硒产业发展情况、国际生培养计划、国际护士人才培养计划、文旅合作以及推动恩施茶叶出口爱尔兰等事宜。9月7—9日，恩施大峡谷—腾龙洞地质公园参加在摩洛哥马拉喀什召开的第十届联合国教科文组织世界地质公园大会，恩施州政府副州长杨盛僚应邀率队参加会议并作宣传推介。9月8日，恩施大峡谷—腾龙洞地质公园与马来西亚兰卡威世界地质公园签署姊妹公园合作协议。10月27日，州委书记胡超文主持会见韩国堤川市市长金昶圭一行，双方就促进友好交往、开展多领域合作进行交流。10月28日，恩施州与韩国堤川市教育科研合作意向书签署仪式举行，州农科院与忠北高科园韩方天然物中心、恩施职业技术学院与堤川市世明大学分别签署合作意向书。

【外资招商】 2月28日，恩施州在武汉举行外资企业暨咸丰县招商引资专场推介会，法国电力集团与恩施州咸丰县新能源项目正式签约，总投资2亿美元。该项目打破恩施州外资招商单个项目投资纪录。会后，州委外办主要负责人与出席活动的法国驻武汉总领事馆副领事罗冉（Laurent CUENOUD）一行座谈，就深化与法国在旅游、经贸、文化、友城建设等方面的合作交换意见。

（包　伦）

## 港澳事务

【拜访香港特别行政区政府驻武汉经济贸易办事处、澳门贸易投资促进局武汉代表处】 2023年6月29—30日，州委外办主要负责人拜访香港特别行政区政府驻武汉经济贸易办事处、澳门贸易投资促进局武汉代表处，并同郭伟勋、李雪雅会谈交流。在武汉期间，州委外办到美橘文旅、百信集团等港资企业招商洽谈。

【在鄂香港青年学子访问恩施】 8月23—25日，10余名在鄂香港大学生到恩施州考察访问。先后走访硒茶学院、宣恩县伍家台、彭家寨、恩施大峡谷，体验土家传统民俗文化，欣赏祖国山川壮美风光，切身感受湖北自然之美、人文之韵，了解国情和国家最新发展。

【恩施州代表团参加第28届澳门国际贸易投资展览会】 10月18—21日，应澳门贸易投资促进局邀请，州委外办组织农园（恩施）农业发展有限公司、来凤县乡村投资建设有限公司等企业和相关县（市）及部门人员组成代表团赴澳门参加第28届澳门国际贸易投资展览会。此次参展以“来凤藤茶”为主要展品，通过参展助推藤茶出山出海，提升“来凤藤茶”知名度和美誉度。展会期间，代表团拜访澳门贸易投资促进局和澳门葡语系国家地区食品及酒类联合商会，与澳门贸促局高级经理余诗敏、中国区总代表刘柯汉、武汉代表处主任李雪雅及联合商会会长叶绍文交流座谈，对恩施州的重点产业和优势资源进行推介，并重点推介来凤县的藤茶产业。代表团参观中国与葡语国家商贸合作服务平台展示馆，在联合商会举办的欢迎晚宴上播放《我是恩施》形象宣传片，向来自上海、安徽、山东、河南、浙江、澳门等地的与会代表展示和推介恩施州。

（包　伦）

## 老干部工作

【概况】 截至2023年底，全州离退休干部43677人（其中离休干部83人，退休干部43594人），退休职工6337人。全州厅级离退休干部52人，其中享受正厅级待遇12人，副厅级待遇40人。县级离退休干部1786人，其中享受正县级待遇567人，副县级待遇1219人。州直单位离退休干部3493人（其中离休干部30人，退休干部3463人），退休职工853人。州直单位县级离退休干部1124人，其中享受正县级待遇485人，副县级待遇639人。全州离退休干部职工党员21729名，离退休干部党支部403个，支部内党员13854名。州直单位离退休干部职工党员2157名，单独设立离退休干部党支部64个，支部内党员1918名。全州有专职老干部工作人员74人，兼职老干部工作人员1309人。

【离退休干部思想政治建设】 依托离退休干部党支部、老年大学、老干部活动中心等平台，举办专题辅导培训班、政治理论讲座、网络专题报告、送学上门等形式，组织全州403个离退休干部党支部和2.17万名党员开展学习贯彻习近平新时代中国特色社会主义思想主题教育。

【离退休干部党组织建设】 制定印发《关于加强新时代离退休干部党的建设工作的实施细则》。全州新成立离退休干部党支部64个、党小组119个。举办州级示范培训班，组织全州403个离退休干部党支部开展标准化规范化建设，创建州级“六好”（组织设置好、班子建设好、党员队伍好、学习活动好、作用发挥好、制度坚持好）离退休干部示范党支部18个。

【离退休干部服务管理】 落实离退休干部政治生活待遇，各地各单位举办干部荣誉退休仪式1846场次，走访慰问老干部全覆盖，发放慰问金3100万余元；帮扶困难老干部及遗属795人，发放帮扶资金55万余元。开展“我为老干部办实事”活动，谋划办结914件实事项目。制定全州离休干部“一人一策”精准服务卡，建立48名厅级离退休干部“一人一册”信息台账。

【离退休干部作用发挥】 组织开展选树“风范长者”活动，授予50名老干部“风范长者”称号。开展“学习贯彻二十大·喜迎建州40周年”话传统、谈复兴、聚力量调研访谈，形成离退休干部访谈成果30余篇。组织开展“献礼建州40周年”书法绘画摄影展，共展出作品800余件。组建“老年风范队”参加全州“颂党恩、迎州庆”歌咏大赛，获三等奖。

【州、县老年大学建设】 州、县老年大学共开设109个专业、263个班级，共招收学员7866人次。州老年大学开设46个专业、97个班级，共招收学员3858人次，坚持政治立校，将思想政治教育贯穿教学全过程，被评为恩施州基层思想政治工作示范点。

【基层老年学习活动场所建设】 制定《恩施州乡镇（街道）和村（社区）老年人学习活动场所建设三年行动方案》，统筹整合多方资源，共建成乡镇老年学校50个，村（社区）老年人学习点197个。争取省级补助资金150万元，建成恩施市三岔镇、龙凤镇和建始县高坪镇、红岩寺镇4所基层骨干老年学校。

【重要会议】 4月26日，全省民族地区关心下一代工作座谈会在来凤县举行。7月10日，召开庆祝建州40周年“五老”（老干部、老战士、老专家、老教师、老劳模）代表人士座谈会。10月26日，召开州委理论学习中心组集体（扩大）学习暨州直离退休干部形势通报会。

【离退休干部参观考察】 5月31日至6月2日，组织18名厅级离退休干部开展“迎州庆、看变化、促发展”调研活动，到恩施市、利川市参观考察城市建设、乡村振兴、产业发展、共同缔造等经济社会发展情况。全州各地各单位组织离退休干部开展参观考察活动521场次。

【完善离退休干部工作机制】 督导各县（市）明确1名副科级以上的县（市）委管理干部具体负责抓老干部日常工作，8个县（市）共明确11名符合条件的干部。开展调查研究，在全省老干部工作部门调研报告和理论文章评选中，获一等奖1篇、二等奖1篇、三等奖3篇，州老干局获优秀组织奖。建立局机关干部季度述职测评和县市老干部工作部门半年述职交流等工作机制。

（侯婉芹）

## 党校教育

【概况】 2023年，全州党校系统实施特色课程体系开发、特色教学基地打造、特色科研资政能力提升、特色人才队伍培育“四大行动”，建设全国、全省有影响的“两山”实践创新特色教育品牌。全州9所党校举办干部培训班（含主体班、专题班、社会培训）339期，培训各级干部7.34万人。

【教学内容】 贯彻落实培养造就政治过硬、适应时代要求、具备领导社会主义现代化建设能力的高素质干部队伍培训要求。按照“一个中心、三个重点、一个注重”（以习近平新时代中国特色社会主义思想为中心内容，以党的理论教育、党性教育和专业化能力培训为重点，注重知识培训）的总要求，形成“3+1”的教学体系（“3”是指党的理论教育、党性教育、能力提升3个单元，“1”是指特色课程单元），用习近平新时代中国特色社会主义思想凝心聚魂，把习近平新时代中国特色社会主义思想、习近平视察湖北重要讲话精神和党的十九大、二十大精神以及习近平总书记最新重要讲话精神作为教学重点和主线贯穿于教学活动全过程，习近平新时代中国特色社会主义思想课程达到70%，党性教育专题不少于30%。依托全州生态资源优势，打造践行习近平生态文明思想、“两山”理念恩施实践、恩施州流域综合治理、硒资源开发等干部教育专题。依托全州红色资源禀赋，围绕湘鄂西革命根据地、湘鄂川黔革命根据地、开国元帅和将军在恩施的战斗足迹、何功伟红色革命故事、张富清老英雄先进事迹、鄂西特委战斗历程等开发红色教育专题。

【教学改革】 制定《中共恩施州委

党校建设“两山”实践创新特色党校三年行动方案（2023—2025）》。开展全州党校系统教室形态布局调整牵引教学改革集体备课活动。综合协调400多万元资产资金，以铸牢中华民族共同体意识为主线，建成恩施州情、党性教育、“两山”实践、特色文化、政治文明5个主题教室，媒体沟通、心智拓展、模拟法庭3个实训室，翻转课堂、辩论课堂2个教学创新课堂，形成“5+3+2+N”教室形态布局。推进“招硕培博”工程，新招聘3名硕士研究生，选派26人次到中央党校等培训，实现教师外出培训全覆盖，实施“名师工程”，成立“科研名师工作室”，开展“七星”评选，评选教学之星等21位“星”。常态化开展“大家”面对面，邀请陈光炬等到校与教职工面对面交流10余次。举办2023年度全州党校系统教学大比武暨精品课评选活动，打造精品课程11个。与杭州市委党校签订合作协议。召开全州党校（行政学院）校（院）长会议。加入武陵山片区党校（行政院校）教育联盟。实施文化刻石、党校赋、初心亭等校园文化建设。

**【科研咨政】** 制定《推动决策咨询提质增效十条措施》，设立恩施州“两山”实践创新研究中心，成立恩施州“两山”实践创新智库，聘请首批来自生态环境部等25名智库专家，打造服务学校高质量发展和地方经济社会发展的新型智库，党校10名教师受聘为恩施州地校共建党委信息智库专家。全年完成各类科研成果93项，其中论文37篇，结项课题14项，科研成果获奖31项，决策咨询报告获得领导签批肯定11篇。《关于推进州城景城一体化建设的建议案》获州委书记胡超文和州长夏锡璠签批。全年编辑出版《清江论坛》4期，刊发文章66篇约26万字。举办全州党校系统第33届理论研讨活动，4名教师获一等奖；2023年全州社会科学课题评选，2名教师获评重大课题，2名教师获评重点课题，1名教师获评优秀课题。开展科研联合攻关，与中共中央党校政法教研部完成文化和旅游部招标课题。

**【基层宣讲】** 在全州开展“两进一讲”活动，制定教学课题清单名录，以文件的形式发往全州各级各部门，为有需求的单位开展点单式服务，变自主式宣讲为菜单式服务。打造教室课堂、线上课堂、广场课堂、院坝课堂，用群众喜闻乐见的语言和方式，讲清楚党的创新理论，推动党的创新理论飞入寻常百姓家。

**【主题教育】** 成立领导小组，制定实施方案，召开启动大会。通过读书班集中学、邀请中央党校教授辅导学、支部主题党日重点学、走进红色旧址现场学。开展调查研究，校委班子领办调研课题5个、民生实事4个，普通党员干部领办调研课题19个、民生实事6个，全部结项。校委班子带头落实“四下基层”，开展专题调研54次，发现问题10个，全部解决。全面检视整改，校委班子查找问题清单4个，制定整改措施11条，全部整改。组织支部及每名党员对照检查，拟定问题清单，围绕正反面案例，剖析查找问题根源，聚焦改革发展，破解制约党校发展难题。

**【乡村振兴】** 抽调4名教职工到五里村开展驻村帮扶，争取资金11.1万元，为五里村安装路灯37盏，受益25户，支持资金5万元维修村委会；采购五里村茶叶2万余元，组织主体班及教职工带动消费4.85万元。选派谭恩任社区尖刀班班长，校委班子调研金马社区10余次，教职工常态化开展“创文创卫”等工作435人次，支持资金5万元为金马社区安装路灯64盏，惠及88户，捐赠价值3万元防疫物资，建立社区工会组织，争取州图书馆投资40余万元设备、20万元图书，建成州图书馆金马社区分馆。

（柳载锐）

## 机关事务服务

**【概况】** 2023年，恩施州机关事务服务中心学习贯彻党的二十大精神及习近平总书记关于机关事务工作批示精神，围绕中心，服务大局，履行“服务、保障、管理”职责，保障党政机关高效运转。

**【办公用房】** 推进全州党政机关办公用房权属统一登记工作，登记完成率61%；强化办公用房信息系统运用，及时更新单位办公用房数据信息；助力恩施航空口岸对外开放，改造金桂大道华家坪集中办公区闲置办公用房用于恩施边检办公及技术业务用房使用；履行办公用房管理职能，全年办理涉及调剂、维修、政策咨询受理回复38件。

**【公务用车】** 州机关事务中心公务用车管理标准化与信息化融合发展工作成功创建全国第二批公务用车管理专项领域示范点，为湖北省唯一一家入围创建单位。围绕公务用车规范管理、高效保障、优质服务、节能降耗总体目标，全面启动标准化试点建设工作，成功发布第一批12项标准。规范管理公务用车，出台《州直单位公务车辆维修管理办法（试行）》；严格公务用车审批，提升新能源汽车在公车更新配置占比；发挥州级旧公车“公物仓”效益，调剂使用公车9台、节约财政资金约160万元，集中拍卖公务用车21台、收益49.82万元。强化公务用车监督管理，开展州直单位公务加油卡使用情况专项检查、公务用车ECT办理使用情况清理等常规检查，定期总结分析恩施州智慧公车信息平台数据，强化公车使用管理监督检查。

【公共机构节能】　州机关事务中心对州直116家公共机构单位面积综合能耗进行全面分析研判，下达能耗定额管理目标，实施分类管理；推进公共机构绿色低碳合同能源项目，收集整理合同能源储备项目，利川市人民医院能源费用托管项目正式投入运营；开展“敲门行动”，实地检查能耗高、体量大的公共机构能源跑漏滴冒，座谈了解食堂反食品浪费、生活垃圾分类、节约型机关创建、绿色办公等方面工作开展情况，节电、节水、节气、绿色办公等节能措施落实情况，营造公共机构绿色低碳、节能降耗的浓厚氛围，真正实现“节能检查实打实，节能宣传面对面”。全年成功创建138家党政机关节约型机关，22家省级节水型公共机构。

【公务接待】　州机关事务中心印发《恩施州重大活动接待服务工作实施细则》，建立重大活动接待服务联动机制。完成东湖茶叙五周年暨恩施硒茶全球推广、建州40周年庆祝活动、硒博会等重大活动保障工作。落实省委领导“讲好恩施菜品故事”指示精神，开展“富硒菜肴进省直机关”活动，助推特色资源走出恩施。代管企业武陵都宾馆圆满完成州级重大活动、各级来宾接待服务工作，全年营业收入913万元，同比增长46%；上缴税费35万元，同比增长65.7%；实现利润总额33.73万元，同比增长23.47%。

【后勤保障】　州机关事务中心协同推进五大办公区物业维修、卫生保洁、园林绿化、机关食堂等统一管理，规范食堂成本日核算，高效保障60余家州、市直行政事业单位的后勤管理工作。改善集中办公区食堂硬件设备，推进食堂接入“鄂食安”平台，打造“互联网+明厨亮灶”，强化食品卫生安全监管，提供用餐服务103万人次，州机关事务中心被省食安办表彰为食品安全问题专项治理行动“先进单位”；助力乡村振兴，推进优选农副产品和有机食材进机关食堂。推进管辖区“双创”工作，营造温馨舒适工作环境。全年保障全州重大活动、73家州直单位用车3621次，安全运行132.06万千米，单车运维、单车油耗同比均有下降，实现车容车况、服务保障双一流，效益效率双提升目标。

（刘龙凤）

## 庆祝建州40周年

【概况】　2023年，围绕“铸牢中华民族共同体意识·恩施各族人民同心共筑中国梦”主题，召开庆祝恩施州成立40周年大会，开展宣传推介、群众文体活动、项目建设比武等“四个十”系列活动。党中央亲切关怀，全国人大常委会、国务院发来贺电，中央有关部门祝贺团莅临祝贺。省委、省政府高度重视，书记王蒙徽、省长王忠林等9位省领导出席庆祝活动。省政府出台支持恩施州经济社会高质量发展专题会议纪要，省直有关部门全程指导。

【组织机构】　3月1日，印发《恩施土家族苗族自治州40周年庆祝活动总体方案》，确定以“3+N”（以举办1个庆祝大会、1个成就展、1场文艺演出为中心，开展N个系列活动）为构架开展建州40周年庆祝活动。成立恩施州建州40周年庆祝活动筹备工作领导小组，州委书记胡超文任领导小组第一组长，州委副书记、州长夏锡璠任组长。3月15日，印发《恩施州建州40周年庆祝活动筹备工作领导小组办公室人员名单和职责分工方案》，组建综合组、联络组、接待组、现场活动组、安全维稳组等13个专项工作组，70余家州直单位和8个县（市）参与，先后召开州庆筹备工作调度会46次、专题调度会40次。

【庆祝活动】　8月19日，恩施自治州成立40周年庆祝大会在州府所在地恩施市举行。全国人大常委会、国务院专门发来贺电，贺电指出，“党的十八大以来，在以习近平同志为核心的党中央坚强领导下，自治州经济快速发展，民族团结，社会稳定，人民生活显著改善，脱贫攻坚取得全面胜利，各项事业全面推进。在全面建设社会主义现代化国家新征程上，希望自治州各族干部群众以自治州成立40周年为新的起点，解放思想、改革开放，踔厉奋发、笃行不怠，为全面建成社会主义现代化强国、实现第二个百年奋斗目标，以中国式现代化全面推进中华民族伟大复兴而团结奋斗！”中央派出33家单位40位代表组成的中央有关部门祝贺团到会祝贺，祝贺团团长由国家民委副主任段毅君担任。省委书记、省人大常委会主任王蒙徽，省委副书记、省长王忠林，带领诸葛宇杰、宁咏、周月星、杨云彦、陈平、马旭明等省领导及34个省直单位主要负责人出席庆祝活动。来自全国21个民族自治州的代表，天津市、武汉市、杭州市3个对口合作支援协作地区代表，中国国新公司、国家电网有限公司、华中农业大学等中直定点帮扶单位代表以及有关方面代表，共计1000余人参加庆祝大会。州委书记胡超文致辞，州委副书记、州长夏锡璠主持大会。8月18—19日，组织与会嘉宾赴恩施市、利川市、宣恩县3个县（市）7个点位开展调研活动。8月18—20日，中央民族歌舞团以“中华民族一家亲”为主题，在州文化中心大剧院和利川市谋道镇、巴东县野三关镇共开展3场慰问演出。

【文体活动】　围绕“铸牢中华民族共同体意识·恩施各族人民同心共

筑中国梦”主题，举办系列文体活动，线上线下累计关注人群突破10亿人次。3月开始，先后举办“春游恩施”、全民健身跑、“颂党恩·迎州庆”歌咏大赛、“放歌40年”本土歌手大赛、广场舞大赛、少儿才艺大赛、“硒都工匠杯”技能大赛、非遗项目展演等系列文体活动。其中3—4月，举办近年来全州最大规模工间操比赛——幺妹儿带你慢慢儿耍，覆盖职工群众累计超过100万人；6月，举办全州最高规格的篮球赛——“恩BA”篮球赛，吸引线上线下观众超过5000万人次，在“我奥篮球”App赛事实时热度榜位居全国首位；5—8月，开展全州地域跨度最大的“青春”快闪活动——走进北京、上海、天津、深圳、杭州、武汉6大城市及州内各地；6—8月，举办全州时间跨度最长的群众文化活动周。8月19日，恩施市“土家女儿会”启幕，土家风情歌舞诗剧《嗯嘎·女儿会》亮相。

**【宣传推介】** 组织开展系列宣传推介活动，提升恩施知名度和美誉度。《人民日报》、中央广播电视台等全国30多家新闻媒体对恩施州建州40周年庆祝活动开展多层次、广覆盖、全景式采访和报道，各级媒体累计刊播稿件近6000条，其中中央、省级媒体近2000条。州庆形象片《我是恩施》在微信视频号首发，24小时浏览量突破600万，点赞量超过50万。纪念邮册《绿色恩施》通过60幅图片，搭配40张邮票，讲述恩施由封闭走向开放、由落后走向进步、由贫困走向小康跨越发展的历程。召开2次新闻发布会，对外发布州庆活动标识（logo）、吉祥物“硒硒都都”、主题歌曲《恩施清江谣》。举办文化图书成果展、集邮展、摄影展、美术展、书画展等系列展览，吸引10万余群众线上线下观赏。

**【项目建设】** 以建州40周年为契机，实施涵盖工业、基础建设、民生保障、生态环保等领域的十大重点项目。华芯科技显示模组全产业链生产制造项目、恩施卷烟厂技改项目、沐抚高台富硒矿泉水开发项目、清江恩施段环境整治及生态保护4大项目完工投产。姚家平水利枢纽工程、恩施机场迁建、沪渝蓉高铁宜昌至涪陵段、巴张高速公路沪蓉沪渝连接段、武陵山区域医疗中心等重点项目取得突破性进展。8月16日，举办庆祝建州40周年经贸洽谈会暨“请老乡、回家乡、建故乡”活动，现场签约102个项目，直接投资协议总额621.9亿元，其中10亿元以上项目25个、工业项目占比达55%。

（州委统战部　供稿）

**【建州40周年成就展】** 8月19日至11月26日，辉煌四十年 奋进新恩施——庆祝恩施土家族苗族自治州建州40周年成就展在州博物馆展出。展览由州委宣传部指导，州博物馆实施。展览以“铸牢中华民族共同体意识·恩施各族人民同心共筑中国梦”为主线，紧扣“辉煌四十年 奋进新恩施”主题，分为“序厅”“春风化雨 情暖恩施”“砥砺前行 辉煌征程”“美美与共 文化交融”“改革奋进 共创和谐”“绿水青山 金山银山”“尾厅”7个篇章，展览遵循政治、经济、文化、社会、生态“五位一体”，围绕恩施“两山”实践创新示范区目标定位，结合文字、图片、视频、实物、造型、场景等方式设计布置，辅以声、光、电等手段进行立体展示。展陈面积超过1200平方米，展出430多件（幅）实物、图片、影像资料等，同步推出线上展，线上线下参观观众120余万人。

（杨　欣　李　媛）

# 恩施州人民代表大会

## Enshi Prefctural People's Congress

### 综　述

【概况】　2023年，恩施州人民代表大会（简称州人大）及其常委会坚持以习近平新时代中国特色社会主义思想为指引，深入贯彻落实党的二十大、省第十二次党代会和州第八次党代会精神，坚持党的领导、人民当家作主、依法治国有机统一，从中国式现代化的丰富内涵中把握本质要求，从建州40周年取得的辉煌成就中汲取强大力量，感恩奋进，担当作为，为全州加快推进“两山”实践创新示范区建设、推动高质量发展作出积极贡献。

【坚持党对人大工作的全面领导】　州人大常委会始终坚持党的全面领导这一最高政治原则，确保人大工作的正确政治方向。州委把人大工作纳入全州整体工作布局，及时研究解决人大工作和建设中的重大问题，将党委领导人大工作、“一府一委两院”主动接受人大监督、有关部门自觉支持配合人大工作等情况纳入各级领导班子和领导干部考核内容。州委常委会先后6次听取人大专题工作汇报，就贯彻落实全省人民代表大会精神、州人大常委会党组工作、深化代表行动、人大立法等提出明确要求，为全州人大工作指明方向，提供保证。常委会党组坚持党管干部原则，依法任免地方国家机关工作人员49人次，组织任前法律考试18人次、宪法宣誓29人次，确保省委、州委推荐的干部人选通过法定程序成为国家机关领导人员。依法作出关于批准2023年州级财政预算调整方案的决议、关于批准恩施州国民经济和社会发展第十四个五年规划和二〇三五年远景目标纲要实施情况中期评估报告的决议等7项决议。严格落实重大问题、重要事项、重点工作请示报告制度，全年向州委请示报告工作22次。

【州九届人大常委会机构设置】　州九届人大常委会设办公室、法规研究室（规范性文件备案审查室）2个办事机构和常委会法制、监察和司法、财政经济、教育科学文化卫生、民族宗教侨务外事、农村、环境资源保护、社会建设、预算、代表选举人事任免10个工作委员会。其中法制、监察和司法、财政经济、教育科学文化卫生、民族宗教侨务外事、农村、环境资源保护、社会建设8个工作委员会与州人大相应的专门委员会合署办公。

【人大常委会自身建设】　持续加强常委会及机关自身建设，不断提升依法履职能力和水平。以党建引领抓实队伍建设、作风建设、制度建设。严格执行“第一议题”和党组理论学习中心组学习制度，及时跟进学习习近平总书记重要讲话精神。全年共召开常委会党组会议16次，常委会主任会议9次。扎实开展第二批主题教育，将理论学习、调查研究、推动发展、检视整改与人大职能职责有机融合、一体推进，共组织11次集体学习研讨、9次专题辅导。开展“下基层、察民情、解民忧、暖民心”实践活动，形成高质量调研报告12篇。制定和修订重要工作制度、重要议事规则20项。通过召开工作现场推进会、开办人大讲堂、举办干部职工运动会等方式，加强州、县（市）人大之间联系与沟通。先后在建始县、宣恩县召开全州人大常委会主任座谈会暨代表行动、票决制工作推进会，促进州、县（市）两级人大依法履职能力提升和乡镇人大规范化建设，全州人大工作呈现出整体联动、竞相发展的局面。办好“恩施人大”门户网站，开通“恩施人大”微信公众号。全年在州以上各级各类媒体登载、发表新闻宣传稿件1200余篇，其中国家级媒体30余篇，省级媒体500余篇。人民日报客户端、全国人大门户网站、省人大门户网站、荆楚网、《半月谈》《楚天主人》杂志等媒体对恩施州“人大立法推进富硒产业高质量发展”“人大监督推进全域旅游”和“高质量推进代表行动”等方面的经验做法进行宣传推介，引起广泛关注和点赞，吸引省内外人大同行到恩施州参观考察、联系交流。

（刘　浏）

## 重要会议

【概况】　2023年，州人大及其常委会共召开人民代表大会1次、常委会会议7次、主任会议9次。听取和审议20项专项工作报告，形成审议意见12件；作出决议决定7件；任免地方国家机关工作人员43人次。

【州第九届人民代表大会第二次会议】　1月5—7日，州第九届人民代表大会第二次会议在州城恩施召开，大会应出席会议代表418名，实到379名，符合法定人数。会议听取和审议州人民政府州长夏锡璠关于政府工作的报告、州人大常委会副主任涂元玲关于州人大常委会工作的报告、州中级人民法院院长雷超关于州中级人民法院工作的报告、州人民检察院检察长王宏关于州人民检察院工作的报告；审议州人民政府《关于恩施州2022年国民经济和社会发展计划执行情况与2023年计划草案的报告》《关于恩施州2022年预算执行情况和2023年预算草案的报告》；审议《恩施土家族苗族自治州茶产业发展条例（草案）》。会议作出关于政府工作报告的决议、关于恩施州2022年国民经济和社会发展计划执行情况与2023年计划的决议、关于恩施州2022年预算执行情况和2023年预算的决议、关于州人大常委会工作报告的决议、关于州中级人民法院工作报告的决议、关于州人民检察院工作报告的决议；表决通过《恩施土家族苗族自治州茶产业发展条例（草案）》。会议选举产生州九届人大常委会组成人员，尹达当选为州九届人大常委会主任，向红等12人当选为州九届人大常委会委员；同时选举产生恩施州出席湖北省第十四届人民代表大会代表。大会期间，收到代表10人以上联名提出的议事原案9件，其中法制类2件、经济建设类2件、教科文卫类2件、农业农村类3件。会议通过大会秘书处议案建议组《关于代表联名提出的议案处理意见的报告》，决定将9件代表联名提出的议案作为代表建议，连同大会期间收到的代表建议、批评和意见109件，共计118件，由州人大常委会有关工作机构在本次会议闭会后交有关机关和组织研究办理，并负责答复代表。

【州九届人大常委会第八次会议】　3月9日召开。会议听取州人大常委会法制工委关于2022年度规范性文件备案审查工作情况的报告；听取和审议州中级人民法院关于充分发挥人民法庭作用促进基层社会治理工作情况的报告、州人民政府关于恩施州竞技体育发展情况的报告；审议通过有关人事任免议案。

【州九届人大常委会第九次会议】　5月29日召开。会议审议并通过州九届人大常委会代表资格审查委员会关于代表变动情况的报告；审议《恩施土家族苗族自治州爱国卫生条例（草案）》（一审）；听取和审议州人民政府关于2021年度州级预算执行和其他财政收支审计查出问题整改情况的报告；审议通过有关人事任免议案。

【州九届人大常委会第十次会议】　7月31日召开。会议听取和审议州人民政府关于全州乡村建设行动推进实施情况的报告、关于全州安全生产工作情况的报告；审议《恩施土家族苗族自治州爱国卫生条例（草案）》（二审）、《恩施土家族苗

2023年1月5—7日，恩施州第九届人民代表大会第二次会议在州城恩施召开

（曾　伟　摄）

族自治州实施〈湖北省促进茶产业发展条例〉办法（草案）》；审议通过有关人事任免议案。

【州九届人大常委会第十一次会议】8月31日召开。会议审议并通过州九届人大常委会代表资格审查委员会关于代表变动情况的报告；听取和审议州人民政府关于2023年上半年全州国民经济和社会发展计划执行情况的报告、关于2023年上半年预算执行情况的报告；审议通过有关人事任免议案。

【州九届人大常委会第十二次会议】9月27日召开。会议审议并通过《恩施土家族苗族自治州爱国卫生条例（草案）》；听取和审议州人民政府关于2022年州级财政决算（草案）的报告，关于2022年度州级预算执行和其他财政收支的审计工作报告，关于2022年度国有资产管理情况的综合报告，关于铸牢中华民族共同体意识、扎实推进全州民族乡村巩固拓展脱贫攻坚成果同乡村振兴有效衔接情况的报告；审议并通过州九届人大常委会代表资格审查委员会关于代表变动情况的报告、州人大常委会关于许可对个别州九届人大代表依法采取刑事强制措施的决定（草案）。

【州九届人大常委会第十三次会议】11月24日召开。会议审议并通过《恩施土家族苗族自治州实施〈湖北省促进茶产业发展条例〉办法》；听取和审议州人民政府关于《恩施州传统村落和民族村寨保护条例》《恩施州饮用水水源地保护条例》实施情况的报告、州人大常委会法制工委关于两个条例立法后评估情况的报告；审查批准2023年州级财政预算调整方案；听取和审议州人民政府关于《恩施州国民经济和社会发展第十四个五年规划和二〇三五年远景目标纲要》实施情况中期评估报告、2023年度全州生态环境状况和生态环境保护目标完成情况暨长江大保护工作情况的报告、全州矿山管理和修复情况的报告；听取和审议州人民政府等单位关于州九届人大二次会议以来代表建议办理情况的报告；审议通过有关人事任免议案。

【州九届人大常委会第十四次会议】12月29日召开。会议审议州人大常委会关于废止《恩施土家族苗族自治州重点领域预防职务犯罪工作条例》的议案（草案）；审议并通过州九届人大常委会代表资格审查委员会关于代表变动情况的报告；会议作出关于召开州九届人大三次会议的决定；审议通过州九届人大三次会议议程（草案）、日程（草案）、主席团和秘书长名单（草案）、主席团常务主席名单（草案）、大会执行主席分组名单（草案）、副秘书长名单（草案）；决定州九届人大三次会议列席人员名单、邀请在主席台就座人员名单；审议州人大常委会工作报告（草案）及2024年度工作要点（草案）；补选湖北省第十四届人民代表大会代表；审议通过有关人事任免议案。

（刘　浏）

## 监督工作

【概况】　2023年，州人大及其常委会围绕州委中心大局，聚焦深入实施长江经济带战略，聚焦以流域综合治理为基础推进四化同步发展，聚焦推动城市和产业集中高质量发展，聚焦加快建设“两山”实践创新示范区，助力彰显“土、硒、茶、凉、绿”五大特色，围绕“立足大生态，构建大交通，发展大旅游，打造大产业”，依法履行人大监督职权。

【经济工作监督】　开展经济运行情况调研分析，听取和审议“十四五”规划实施情况中期评估、2023年上半年计划执行情况的报告。加强全口径预算审查监督，依法审查批准州级预算、决算方案，听取和审议州级预算执行、财政决算、预算调整情况的报告，督促加强财政资金统筹和政府债务管理，提升财政资金使用绩效。加强国有资产管理监督，听取和审议全州国有资产管理情况的综合报告，促进国有资产保值增值。深化财经监督和审计监督协同贯通，听取和审议州本级预算执行及其他财政收支审计、审计查出问题整改情况的报告，以“对单销号”的方式督促整改，合力提升整改实效，做好审计“后半篇文章”。开展农民专业合作社“一法一办法”执法检查，听取和审议全州乡村建设行动推进实施情况的报告，助力巩固全州脱贫攻坚成果同乡村振兴有效衔接。开展全州中医药、生物医药、电子电气、现代烟草等重点领域高新技术企业培育情况专题调研，推动解决企业发展难题。围绕构建大交通，专题调研全州普通公路“建养一体化”项目实施情况，督促完善普通公路养护管理考核机制。

【民生领域监督】　关注中小学生在校期间午休问题，督促推进中小学生午睡由“趴睡”变“躺睡”的代表建议办理，在恩施市4所中小学校开展试点。跟踪监督“双减”工作，督促相关职能部门全面履行校外培训分类监管职责，确保学生作业负担和培训负担明显减轻。听取和审议州人民政府关于竞技体育发展情况报告，推动全州竞技体育事业发展。围绕州城供水保障、智慧停车、城市文明养犬、老旧小区改造等方面开展专题调研。主动回应养老、残疾人保障等社会关切，推动养老服务体系和无障碍环境建设，督促政府履行法定责任、优化服务保障。加强安全生产、冰雪产业、农村公益性公墓建设等调研监督。

推动新时代“枫桥经验”在恩施州落实落地，推进矛盾纠纷多元化解，维护社会稳定。

【生态环境监督】 听取和审议州人民政府关于环境状况和环境目标完成情况暨长江大保护工作情况、关于全州矿山管理和修复工作情况的报告。开展国家《中华人民共和国湿地保护法》《中华人民共和国长江保护法》《湖北省清江流域水生态环境保护条例》执法检查和带水河流域综合治理试点、生态产品价值转化等专题调研。常委会班子成员分别带队督导各级环保督察反馈问题整改，实地检查流域生态环境、自然保护区生物多样性保护和固废、水土污染防治等情况，推动清江流域水环境、水资源、水生态系统保护工作，助力打赢蓝天、碧水、净土保卫战。

【法治政府建设监督】 完善“小切口、串联式、全覆盖”监督模式，以行政争议案件为切口，推动行政机关、监察机关、审判机关、检察机关加强协同监督。收集2022年度行政机关败诉案件、行政复议纠错案件、涉依法行政信访事项、行政检察案件进行分析研判，形成的调查分析报告受到州委领导高度重视和批示，要求全州上下举全力提高依法行政、依法办事水平。制度化推进法治政府建设监督，听取和审议州中级人民法院关于充分发挥人民法庭作用促进基层社会治理工作情况的报告，开展全州“八五”普法规划实施情况中期评估、司法鉴定行业发展、生态环境领域公益诉讼、法院审判质效及执行情况专题调研，推动优化法治化营商环境，合力推进法治恩施建设。

【民族事业发展监督】 听取和审议关于铸牢中华民族共同体意识、扎实推进全州民族乡村巩固拓展脱贫攻坚成果同乡村振兴有效衔接情况的报告。开展《宗教事务条例》执法检查，督促政府加大宣传教育力度，更加铸牢中华民族共同体意识。开展全州民族乡村建设发展、民贸民品企业贷款贴息政策落实等专题调研，支持民族乡村建设和民族企业发展。

（刘 浏）

## 代表工作

【概况】 2023年，州人大及其常委会加强履职平台建设，丰富代表活动内容，扩大代表参与途径，坚持人民当家作主。

【代表履职服务管理】 加强代表履职服务管理，支持和保障代表优先、依法履行代表职务。出台《关于持续开展“双联”活动的通知》，常委会组成人员联系基层人大代表实现全覆盖，人大代表联系广大选民更加广泛深入。组织人大代表参加省、州人大常委会开展的视察、调研、检查活动1000余人次；落实人大代表列席省、州人大常委会会议100余人次。规范化建设代表之家92个、代表联络站477个，8400余名五级人大代表进家入站，“家站”成为人大代表联系群众的桥梁纽带、为民履职的载体平台。全年共举办3期人大代表培训班，237名人大代表参训，举办1期乡镇人大主席培训班，培训人大干部和人大工作者107人。创新召开五级人大代表座谈会，明确代表职责，提升履职能力。

【代表行动成效】 开展“聚力共同缔造·代表行动”，共收集意见建议2982条，形成代表书面建议1315件，交办1315件，办结1303件。探索推行民生实事项目人大代表票决制，推动“为民作主”向“由民作主”转变。共票决实施民生实事项目309项，其中县（市）53项、乡镇256项，项目涵盖教育、医疗、环保、养老等方面，人民群众获得感、幸福感、安全感不断增强。

【建议办理】 将州九届人大二次会议以来收集到的121件代表建议，分解到54个单位主办，州、县（市）政府班子成员主动领办、人大常委会组成人员跟踪督办、各有关单位主要负责人积极承办、州政府督查室会同州人大常委会有关工作机构联合督查，建议办理质量持续提高。州委、州政府领导领办建议24件、州人大常委会组成人员督办建议43件，主办单位与代表的见面率、代表建议办结率及代表满意率均达100%。

（刘 浏）

## 专门委员会工作

【概况】 2023年，州人大各专门委员会立足自身职能，协助常委会开展立法、执法检查和审议专项工作报告等工作，对“一府一委两院”提出加强和改进工作的意见建议，跟踪督办相关审议意见落实落地。

【法制委员会】 制定地方性法规2部（《恩施土家族苗族自治州爱国卫生工作条例》《恩施土家族苗族自治州实施〈湖北省促进茶产业发展条例〉办法》），调研法规项目1部（《恩施土家族苗族自治州乡村民宿发展条例》），组织开展立法后评估2部（《恩施土家族苗族自治州传统村落和民族村寨保护条例》《恩施土家族苗族自治州饮用水水源地保护条例》），备案审查规范性文件22件。配合全国人大、省人大常委会完成17部法律法规的立法调研、征求意见等工作。完成2023年度省人大立项课题《完善自治州人大常委会规范性文件备案审查制度研究》，获省人大2023年课题研究结题评审三等奖。

**【监察和司法委员会】** 协助常委会听取和审议州中级人民法院《关于充分发挥人民法庭作用促进基层社会治理工作情况的报告》。持续开展行政争议案件调查分析，推进法治政府建设，开展生态环境领域公益诉讼检察工作监督。与州委政法委首次联合开展涉企案件评查工作；开展审判质效及执行情况监督；开展全州司法鉴定行业调研；参与法治恩施建设“一规划两方案”及“八五”普法规划推进情况中期督察评估工作；配合开展未成年人检察和反间谍法实施调研；配合完成相关文件备案审查工作。

**【财政经济委员会】** 加强计划执行和政府重大投资项目监督，听取和审议州人民政府关于全州“十四五”规划实施情况中期评估、全州国民经济和社会发展计划执行情况的报告，推动计划目标和重大任务的顺利完成。加强全口径预算审查监督，依法开展预算、决算草案审查，听取和审议州人民政府关于预算执行、财政决算、预算调整情况的报告，促进全面实施预算绩效管理，提升财政资金使用绩效。加强国有资产管理监督，听取和审议州人民政府关于国有资产管理情况的综合报告，促进国有资产保值增值。深化财经监督和审计监督协同贯通，听取和审议州人民政府关于州本级预算执行及其他财政收支审计、审计查出问题整改情况的报告，提升整改实效。强化政府债务监督，防控债务风险。围绕构建大交通，专题调研全州普通公路“建养一体化”项目实施情况，督促完善普通公路养护管理考核机制。

**【教育科学文化卫生委员会】** 推进《恩施土家族苗族自治州爱国卫生工作条例》立法工作，开展《恩施土家族苗族自治州乡村民宿发展条例》立法调研和草案起草等前期工作。开展《恩施土家族苗族自治州义务教育条例》修订前期准备工作。组织视察恩施州竞技体育工作，协助常委会听取和审议州人民政府《关于恩施州竞技体育发展情况的报告》。持续关注全州旅游发展情况，助力创建世界级旅游目的地。通过专题调研、督办代表建议办理等方式，持续关注恩施州全域旅游发展。督导旅游市场秩序及安全生产工作，形成高质量调研报告，督促州文旅局组织对全州国家AAA级以上旅游景区隐患问题整改回头看开展督导检查，暗访发现383个隐患问题，国庆节前基本整改完毕。开展全州高新技术企业培育情况专项调研，助力创新驱动发展。开展中医药发展调研，助力“华中药库”中医药高质量发展。

**【民族宗教侨务外事委员会】** 围绕民族乡村建设及发展组织开展专题视察调研，协助州九届人大常委会第十二次会议听取和审议州人民政府《关于铸牢中华民族共同体意识、扎实推进全州民族乡村巩固拓展脱贫攻坚成果同乡村振兴有效衔接情况的报告》，督促政府以铸牢中华民族共同体意识为主线，加大民族乡村发展支持力度，推进宜居宜业和美乡村建设。专题调研全州民贸民品企业贷款贴息政策落实情况，让更多企业享受优惠政策。根据省人大常委会相关要求，对恩施州《宗教事务条例》《湖北省宗教事务条例》实施情况开展检查，提高宗教活动场所规范化建设以及宗教工作人员依法管理宗教事务的能力和水平，促进宗教和顺、社会和谐。围绕“做好新时代侨务工作，助力‘两山’实践创新示范区建设”开展专题调研，把握新时代侨务情况新变化新特点，为涵养新时代侨务资源、“加强和改进侨务工作，形成共同致力民族复兴的强大力量”积极发力。

**【农村委员会】** 完成《恩施土家族苗族自治州实施〈湖北省促进茶产业发展条例〉办法》有关工作。组织开展全州乡村建设行动推进实施情况专项监督，开展《中华人民共和国农民专业合作社法》《湖北省实施〈中华人民共和国农民专业合作社法〉办法》等法律法规贯彻实施情况执法检查。围绕年度州委农业农村工作重点，开展全州高标准农田建设、全州村级集体经济发展两项重点课题调研，开展全州耕地“非农化”、全州乡村振兴示范村建设、全州土地承包经营权流转情况调研，助推全州农业高质高效、乡村宜居宜业、农民富裕富足。

**【环境资源保护委员会】** 组织开展《中华人民共和国湿地保护法》执法检查，对《中华人民共和国长江保护法》《湖北省清江流域水生态环境保护条例》贯彻实施情况开展调研，以法治力量守护绿水青山。开展全州矿山管理和修复工作专项视察，协助州人大常委会听取和审议《州人民政府关于全州矿山管理和修复工作情况的报告》。开展全州生态环境和长江大保护工作视察，协助州人大常委会听取和审议《州人民政府关于全州环境状况和环境目标完成情况暨长江大保护工作开展情况的报告》。聚焦强州城战略，开展州城饮用水水源地生态环境保护、智慧停车场建设、文明养犬、“两山”实践示范区建设等专题调查研究，形成高质量调研报告。调查研究工作在全省人大城环系统作先进发言。

**【社会建设委员会】** 组织开展全州安全生产工作情况视察，协助九届州人大常委会听取和审议州人民政府《全州安全生产工作情况的报告》。持续开展清明节文明祭扫工作、殡葬改革专项监督。组织开展全州冰雪产业发展情况调研。

（刘　浏）

## 上级视察调研

【概况】 2023年,加强与上级人大的联络与交流,全年累计接待上级人大视察、调研和执法检查19批次。

【全国人大调研组到恩施州视察调研】 11月2—3日，全国人大常委会委员、民族委员会副主任委员王志民率队到恩施市、宣恩县，就民族地区高质量发展情况开展调研，省人大民族宗教侨务外事委员会主任委员朱汉桥陪同调研。

【省人大常委会领导到恩施州视察调研】 2月22—24日，省人大常委会副主任、省总工会主席刘雪荣率队到利川市、恩施市，就生态环保和工会工作开展调研。3月1—2日，省人大常委会副主任胡志强率队到来凤县，就乡村振兴、美好环境与幸福生活共同缔造及对口帮扶工作情况开展调研。3月22—23日，省人大常委会党组副书记、副主任马国强率队到来凤县、恩施市，就烟草专卖和知识产权立法工作开展调研。4月11—14日，省人大常委会副主任杨云彦率队到恩施市、宣恩县，就恩施州立法工作情况、茶产业发展现状开展调研。6月15—16日，省人大常委会副主任刘晓鸣率队到巴东县，就《湖北省水利工程管理条例》开展立法调研、就水利工程管理工作开展调研。10月11—12日，省人大常委会党组书记、常务副主任王艳玲率队到利川市、恩施市，就“聚力共同缔造·代表行动”、人大代表联络站建设开展调研。11月21—24日，省人大常委会副主任刘晓鸣率队到鹤峰县、咸丰县、恩施市，就茶叶产业发展情况开展调研。12月27日，省人大常委会副主任杨云彦率队到建始县，就巩固拓展脱贫攻坚成果同乡村振兴有效衔接工作开展调研。

【省人大调研组到恩施州视察调研】 6月12—13日，省人大调研组到恩施市，就财政决算审查监督开展调研、督办省人大代表建议。6月19—20日，省人大调研组到利川市、恩施市，就未成年人检察工作及贯彻实施《湖北省人大常委会关于进一步加强新时代检察机关法律监督工作的决定》情况开展调研。6月26—28日，省人大调研组到建始县、恩施市，就基层社会治理工作开展调研。6月26—29日，省人大调研组到恩施市、鹤峰县、巴东县，就修订《湖北省实施〈中华人民共和国烟草专卖法〉办法》、基层立法联系点建设开展调研。7月3—5日，省人大调研组到建始县，就农旅融合建设和特色产业发展等工作开展调研。7月3—6日，省人大调研组到鹤峰县、宣恩县、恩施市、建始县，就旅游工作专项监督、“十四五”规划实施情况中期评估（科技、文旅）等开展调研。8月1—4日，省人大调研组到利川市、宣恩县、建始县，就代表行动开展情况、代表联络站建设情况和代表小组组建及活动开展情况开展调研。11月23—25日，省人大调研组到恩施市、宣恩县、鹤峰县，就《湖北省平安建设条例（草案）》开展立法调研。12月14—15日，省人大调研组到恩施市，就《中华人民共和国反间谍法》实施情况开展调研。12月25—26日，省人大调研组到恩施州走访联系省人大代表，调研代表履职和代表建议办理情况。

（刘　浏）

# 恩施州人民政府

## Enshi Prefctural People's Government

### 综　述

**【概况】** 2023年，恩施州地区生产总值突破1481.29亿元，增长6.0%；规模以上工业增加值增长10.1%；固定资产投资增长7.8%；社会消费品零售总额769.28亿元，增长9%；地方一般公共预算收入93.07亿元，增长21.2%；城镇、农村常住居民人均可支配收入分别达到38248元、15571元，增长6.5%、8.3%。州域经济不断发展壮大，绿色新兴产业占比持续提升。召开自治州成立40周年庆祝大会，开展宣传推介、群众文体活动、项目建设比武等系列活动。

**【项目建设】** 开工10亿元以上项目25个。姚家平水利枢纽工程成为全国首个开工的重大水利工程项目。宣咸高速完成交工验收，巴东高铁站快速通道建成通车，鹤峰东高速、建恩北高速、利咸高速加快建设。车坝河引水工程、恩施东—朝阳500千伏输电线路建成投运。沪渝蓉高铁宜昌至涪陵段即将开工；巴张高速沪蓉沪渝连接段签订投资人协议；恩施机场迁建项目预可研通过中国民航局行业审查。到位中央、省级预算内项目资金23.6亿元，增长41.4%；争取专项债券项目资金99.7亿元，全省第5位；争取特别国债资金46亿元，全省第3位。

**【产业发展】** 聚焦特色、品质、品牌，推进特色产业发展。全年接待游客8500万人次、实现旅游综合收入625亿元。宣恩彭家寨、恩施鹿院坪、巴东野三关森林花海成功创建国家AAAA级旅游景区，宣恩县兴隆老街创建国家级旅游休闲街区，咸丰坪坝营入选全国首批“避暑旅游目的地”，利川市获评中国“2023避暑旅游优选地”，来凤县创建“荆楚文旅名县”。富硒产业综合产值达到930亿元。创建全省首个国家农产品质量安全州，争创国家农业产业强镇4个，新增绿色有机地理标志农产品74个、地理标志证明商标2个，“恩施土豆”入选全国农业绿色发展典型案例，“来凤藤茶”入选国家农业品牌精品培育计划，“鄂马铃薯16号”入选首批国家农作物优良品种推广目录。工业经济发展成效明显，绿色新兴产业综合产值达到512亿元。咸丰页岩气区块探矿权挂牌出让，利川累计投产页岩气井13口、生产页岩气1.6亿立方米，新增清洁能源装机10万千瓦。新增规模以上工业企业130家、认定高新技术企业206家、新增瞪羚企业9家。服务业快速恢复，新增限额以上商贸统计单位400家、规模以上服务业企业68家。生物医药产业综合产值达到245亿元。中药材基地保有面积10万公顷，一正药业扩产项目建成投产，恩施州被中国民族医药协会授予“华中药库”称号。推进产业园区规范化建设，建成园区71平方千米，储备标准地447公顷，建成标准厂房357万平方米。恩施高新区入选省级新型工业化产业示范基地。利川经济开发区被确定为全省第一批数字经济标杆园区。

**【城乡建设】** 全州城镇化率达到49.1%。州、县（市）国土空间总体规划上报省级审查，编制完成小龙潭生态新城等重点片区详细规划和100个重点村村庄规划。推进“创文创卫”，市民文明素质和城市文明程度不断提升，宣恩县在全国文明城市提名城市全省模拟测评中名列前茅。启动市政公用设施补短板三年行动，改造老旧小区286个、燃气管道303千米，新增污水管网80千米，城镇生活污水集中处理率达到98.2%。建设城市口袋公园15个，建成完整社区10个。出台机动车停车场管理暂行办法，“全州一个停车场”管理服务系统基本建成。巩固拓展脱贫攻坚成果同乡村振兴有效衔接，对1.6万户、5万人监测对象开展常态化防返贫监测帮扶，风险消除率67%。新启动8个州级乡村振兴示范村、100个乡村振兴重点村建设，建成中国美丽休闲乡村1个。改善农村生产生活条件，新建改建农村公路1371千米，改造农村危房1694户，新建改建农村户厕1.6万户，寄递物流服务网点实现行政村全覆盖。巴东县成功创建“四好农村路”全国示范县。

【营商环境】 出台优化营商环境“50条”，90项试点改革入选全省优化营商环境改革先行区名单。深化政务服务改革，100类高频电子证照实现免提交，“一件事一次办”主题事项达到386个，州、县两级政务服务事项可网办率100%，宜荆荆都市圈通办事项达到638件。建成“惠民利企政策一点通”平台，实现免申即享。减税降费、退税缓费18.8亿元。新登记经营主体增长24.6%，新登记企业增长76.8%。推进国有企业、农村产权制度、公共资源交易等领域改革。农村土地经营权抵押贷款改革获第四届湖北改革奖，在全省率先实施公益林补偿收益权质押贷款，“农保贷”实现县市全覆盖。恩施州连续15年获得“湖北省金融信用州”称号。宣恩县“小田并大田”试点经验全省推广。创建全省公共资源交易综合监管先行区，州公共资源交易中心获评全国优秀平台。

【生态环保】 完成长江干流巴东城区段库岸整治，实施清江上游综合整治和来凤县老峡河等中小河流治理。恩施市带水河小流域综合治理成为省级试点。整治入河排污口191个，完成200个村生活污水治理。营林造林8266.67公顷，实施77家矿山修复治理。空气质量优良率、水环境质量居全省前列。七姊妹山国家级自然保护区被授予“世界最佳自然保护地”称号。探索生态产品价值转化路径，成立“两山”实践创新智库，开展GEP核算试点。

【民生保障】 财政民生支出占比稳定在80%以上。新增城镇就业3.5万人，新增零工驿站154家。农民工欠薪数字化治理试点入选国务院办公厅政务服务效能提升典型案例。全州社会保险参保达到697万人次，州、县、乡、村一体化医保经办服务实现全覆盖。农村低保、特困人员供养标准增长28.8%，19.8万困难群众的基本生活得到保障。筹集保障性租赁住房2018套，基本建成棚改安置房2783套。建成县（市）城区殡仪服务中心3个、农村公益性公墓32个。出台《关于推进基本养老服务体系建设的若干措施》，建成8个县（市）失能半失能人员照料中心、18个乡（镇、街道）养老服务综合体，完成2935户特殊困难老年人居家适老化改造。组建教联体115个，新建改建学校29所，新建校园图书馆（室）42个，建成中小学校园足球场地500个，建设冬暖夏凉温情教室4449间。恩施职业教育集团正式成立。创建三级乙等综合医院2家、省级临床重点专科22个，定向培养大学生乡村医生100名，县域内就诊率达到90%。适龄妇女两癌免费筛查做到愿检尽检。实施残疾人家庭无障碍改造526户，开展残疾人辅具免费适配9199人。新增婴幼儿托位6744个。

（陈治华　张文熙　陈薇薇　舒　森　陈欣兰　杨　炎）

## 重要会议

【概况】 2023年，州政府相继召开第二次全体（扩大）会议暨州政府廉政工作会议、工作务虚会等，召开州政府常务会议16次，讨论议题127项。召开系列重要专题会议研究重大事项。

【全州招商工作会暨项目签约仪式】 2月9日，举行2023年全州招商工作会暨项目签约仪式，总结2022年全州招商引资工作，安排2023年全州招商引资重点工作，动员部署全州战队招商、驻外招商工作。集中签约项目34个，计划投资总额288亿元。

【州城建设管理暨创文创卫推进会】 2月10日，召开2023年度州城建设管理暨创文创卫推进会，总结2022年州城创文创卫工作，对2023年工作进行动员部署。

【全州工业经济工作会议】 2月20日，召开2023年全州工业经济工作会议，贯彻党的二十大和中央经济工作会议精神，认真落实省委十二届三次全会暨省委经济工作会议、州委八届六次全会暨州委经济工作会议部署，坚持稳中求进工作总基调，完整准确全面贯彻新发展理念，努力提高全州工业经济发展质量和效益。

【全州审计工作会议】 2月21日，召开全州审计工作会议，贯彻落实全国、全省审计工作会议和十二届省委审计委员会第二次会议精神，部署2023年全州审计工作。

【全州国有企业工作会议】 2月23日，召开全州国有企业2023年度工作会议，会议贯彻落实党的二十大精神以及习近平总书记关于国资国企改革发展的重要论述，传达贯彻省政府主要领导批示和全省国资国企改革发展推进会精神，听取州属国有企业2023年主要工作安排，研究解决存在的突出问题，推动全州国有企业改革发展。

**【全州殡葬改革现场推进会】** 3月21日，召开全州殡葬改革现场推进会，贯彻落实民政部等11部委《关于巩固和深化“活人墓”等突出问题整治规范工作的通知》要求，对各县（市）落实《州人民政府关于深化殡葬改革的实施意见》情况进行督办，部署恩施州殡葬领域突出问题专项整治工作。

**【州九届人民政府第二次全体（扩大）会议暨州政府廉政工作会议】** 3月27日，召开州九届人民政府第二次全体（扩大）会议暨州政府廉政工作会议，全面贯彻党的二十大、中央经济工作会议、全国两会和国务院第一次全体会议精神，认真落实省委、省政府工作部署和州委工作要求，加快推动以流域综合治理为基础的四化同步发展，努力掌握和善于运用科学思想方法和工作方法，全力推进全州经济社会高质量跨越式发展，全力推动“两山”实践创新示范区建设成势见效。

**【全州城市建设管理现场会】** 4月12—13日，在巴东县召开全州城市建设管理现场会，推动提高城市规划建设管理水平，推进国家卫生城市和全国文明城市创建工作。11月13日，在利川市召开全州城市建设管理现场会，学习贯彻习近平总书记关于城市工作的重要论述和重要指示批示精神，部署当前和今后一个时期全州城市集中高质量发展、以县城为载体的就地城镇化及城市建设管理工作的重点任务。

**【全州禁毒工作会议】** 5月12日，召开全州禁毒工作会议，贯彻习近平总书记关于禁毒工作的重要指示精神，落实国家及省禁毒委系列决策部署，总结2022年以来全州禁毒工作成效，分析当前形势，研究部署下一步工作。

**【全州品牌建设工作会议】** 5月16日，召开全州品牌建设工作会议，贯彻落实国务院、省委省政府和州委关于品牌建设的工作要求。会议强调，要围绕“两山”实践创新示范区建设目标，全面加强品牌建设工作，做好“特色、品质、品牌”文章，推动恩施州经济社会高质量发展。

**【规范旅游购物秩序民意恳谈会】** 9月12日，召开规范旅游购物秩序民意恳谈会，与人大代表、政协委员、旅游经营主体及旅游从业者代表、市民代表座谈，倾听对规范旅游购物秩序的意见建议，部署下阶段工作。

**【州政府决策咨询委员会第二次会议】** 10月27日，召开州政府决策咨询委员会第二次会议，回顾过去一年的决策咨询工作，各位委员对恩施州2024年和未来一个时期的经济社会发展提出咨询意见，充分发挥高端智库的作用，助力恩施高质量发展。

**【第五届“中国天然氧吧”（恩施）产业发展大会】** 11月8日，举办第五届“中国天然氧吧”产业发展大会，总结发展经验，共商绿色转型，共话氧吧发展，共享美好未来。

**【州政府工作务虚会】** 11月22日，召开州政府工作务虚会，贯彻党的二十大和二十届一中、二中全会精神，省第十二次党代会、省委十二届四次全会精神，落实州委八届七次全会要求，总结全年工作。

**【州国防动员委员会第一次全体会议】** 12月9日，召开全州国防动员委员会第一次全体会议，审议《恩施州国防动员委员会工作规则》《恩施州国防动员委员会联合办公室工作细则》《恩施州国防动员委员会成员单位工作职责（试行）》。

**【州政府常务会议】** 州政府全年共召开常务会议16次，讨论研究议题127项。

**2023年恩施州政府重要常务会议一览表**

表4

| 召开时间 | 主要会议内容 |
| --- | --- |
| 1月29日 | 传达学习中央农村工作会议及中央一号文件精神，审议《中共恩施州委　恩施州人民政府关于做好2023年全面推进乡村振兴重点工作的意见》 |
| 2月24日 | 审议《关于在全州政府系统开展“五型”政府建设推动恩施州高质量发展工作方案》《以控制成本为核心持续建设一流营商环境实施方案》《恩施州推进落实武汉市对口帮扶2023年工作方案》，研究部署2023年营商环境重点工作 |

续表4

| 召开时间 | 主要会议内容 |
|---|---|
| 3月17日 | 审议《恩施州特色农产品品牌培育三年行动方案（2023—2025年）》，听取2022年人大代表建议和政协提案交办工作情况汇报，研究部署2023年提案交办工作 |
| 4月3日 | 审议《恩施州人民政府2023年立法工作计划》《恩施州构建更高水平的全民健身公共服务体系实施方案》 |
| 5月5日 | 审议《恩施州人民政府2023年重大行政决策事项目录》《中共恩施州委　恩施州人民政府关于以铸牢中华民族共同体意识为主线推进新时代党的民族工作高质量发展的若干措施》《恩施土家族苗族自治州爱国卫生条例（草案）》 |
| 5月29日 | 审议《中共恩施州委　恩施州人民政府关于促进中医药传承创新发展的实施方案》《恩施州2023年杭恩对口合作工作任务清单》，研究部署杭恩对口合作工作 |
| 6月19日 | 专题学习《中华人民共和国安全生产法》，审议《恩施州突发事件总体应急预案》《恩施州流域综合治理现代水网规划编制工作方案》《建立常态化破产处置府院联动机制助力优化营商环境的意见》，研究部署重大事故隐患专项排查整治2023行动工作 |
| 7月3日 | 审议《恩施州避暑康养产业发展规划（2022—2035年）》《恩施州创建世界级旅游目的地策划和实施计划》《恩施州文化旅游品牌三年营销推广战略策划书》 |
| 7月28日 | 审议《第八届世界硒都（恩施）硒产品博览交易会暨硒科技创新发展大会活动方案》《中共恩施州委　恩施州人民政府关于支持恩施职业技术学院高质量发展的十二条措施》 |
| 8月23日 | 审议《关于深入贯彻实施长江经济带发展战略推进流域综合治理和统筹发展加快城市和产业集中高质量发展的实施意见》 |
| 9月4日 | 审议《恩施土家族苗族自治州人民政府工作规则》《恩施州行政规范性文件备案审查办法》，研究部署全州耕地保护工作 |
| 9月18日 | 审议《恩施州质量强州建设实施意见》，研究部署全州高质量发展有关工作 |
| 10月8日 | 研究部署武汉市对口帮扶、杭恩革命老区对口合作工作，审议《关于推进恩施州茶产业高质量发展的意见》《关于进一步加强全州旅游安全管理工作的通知》《关于加强旅游团队购物市场监管的通知》 |
| 11月1日 | 审议《关于推动文旅深度融合加快恩施建设世界级旅游目的地的意见》，研究部署《恩施州国民经济和社会发展第十四个五年规划纲要》中期评估工作 |
| 11月27日 | 审议《恩施州城城市和产业集中高质量发展实施方案（2023—2025年）》《关于推进强县工程的工作方案》 |
| 12月20日 | 审议《政府工作报告》《关于恩施州2023年国民经济和社会发展计划执行情况与2024年计划草案的报告》《关于恩施州2023年财政预算执行情况和2024年财政预算草案的报告》《恩施土家族苗族自治州职工基本医疗保险和职工大额医疗费用补助实施办法》，研究部署全州粮食安全工作 |

【州政府重要专题会议】　1月28日，专题研究州文化中心文旅综合体项目。2月6日，专题研究新机场快速通道、恩施西收费站改扩建项目。2月8日，专题研究恩施州数字政府设计方案。4月4日，专题研究清江亮化提升等项目规划设计工作。5月7日，专题研究恩施望城坡露营基地项目建设工作。5月12日，专题研究施州古城城市更新重点片区城市设计工作。5月17日，专题研究10个示范样板工作。5月23日，专题研究全州科技创新工作。6月6日，专题研究小流域综合治理试点工作。7月1日，专题研究小流域综合治理工作。7月11日，专题研究全州地质灾害防治和耕地流出问题整改工作。7月18日，专题研究恩施望城坡旅游度假区项目推进工作。8月29日，专题研究恩施州数字政府建设工作。8月29日，专题研究

省10大民生项目、州10大民生实事、州10大重点项目推进工作。9月2日，专题研究恩施望城坡露营度假区项目建设工作。9月15日，专题研究外贸工作。10月11日，专题研究企业上市培育工作。10月19日，调度和谋划全州重大项目建设工作。12月5日，专题研究城市数字公共基础设施建设试点工作。12月13日，专题研究全州耕地保护工作。12月20日，专题研究城市数字公共基础设施建设试点工作。

（陈治华　张文熙　陈薇薇　舒　森　陈欣兰　杨　炎）

## 调研督办

**【副部级以上领导到恩施州调研】** 8月18—19日，武汉市委副书记、市长程用文到恩施州出席恩施州建州40周年庆祝活动。11月16日，上海市委副书记、市长龚正到巴东县调研。

**【省政府主要领导到恩施州调研】** 5月31日至6月1日，省委副书记、省长王忠林到恩施州巴东县，调研茶产业发展、易地扶贫搬迁安置区融入新型城镇化、平阳坝高铁新区规划建设及平阳湖消落区生态环境综合治理工程建设情况。8月18—19日，省委副书记、省长王忠林出席恩施州建州40周年庆祝活动。12月27—28日，省委副书记、省长王忠林到恩施州调研稳增长、县域经济发展、巩固拓展脱贫攻坚成果同乡村振兴有效衔接等工作。

**【省政府相关领导到恩施州调研】** 7月27—30日，副省长、省公安厅厅长徐文海到咸丰县、鹤峰县、宣恩县调研基层治理、“一村一警”、矛盾纠纷排查化解等工作，研究平交路口和山区道路安全隐患整改，指导基层重点案件侦办。8月17—20日，副省长陈平出席恩施州建州40周年庆祝活动，并调研茶产业发展情况。8月18—19日，副省长吴海涛到恩施市调研茶产业发展、中药材种植及加工产业发展情况。10月29—30日，副省长盛阅春到鹤峰县调研宜来高速东段项目建设情况及乡村振兴工作。11月16日，副省长张文彤到巴东县调研。12月11—12日，副省长张文彤到恩施市、利川市调研带水河小流域综合治理、森林防火、页岩气勘探开发等工作。12月10—11日，省委常委、常务副省长邵新宇到乡村振兴联系点巴东县，调研定点帮扶及产业发展工作。12月25—26日，副省长、省公安厅厅长徐文海到利川市调研乡村振兴、交通安全、禁毒等工作。12月27日，副省长、省政府秘书长蔚盛斌到恩施市看望慰问省政府办公厅驻村干部，调研产业发展助推乡村振兴及村庄规划有关情况。12月28日，省政府党组成员彭勇到宣恩县调研寄递物流、黑茶产业发展、乡村振兴产业发展和美好环境与幸福生活共同缔造情况。

**【政务督查】** 对全省10大民生实事进行任务分解，跟进调度和实地暗访，完成涉及恩施州的42个具体事项。跟踪督办省政府支持恩施州经济社会高质量发展事项，加强国务院、省政府督查激励事项对接争取，获得国务院督查激励事项2项、省政府督查激励事项17项。聚焦全州重点工作强执行。对州《政府工作报告》103项重点工作进行任务分解。加强州政府常务会议议定事项跟踪办理，对2015—2021年召开的107次州政府常务会议689项议定事项完成情况进行梳理，跟进督办18项未完成事项，向州政府常务会议专题汇报议定事项落实情况5次。对州政府主要领导调研、专题会安排的343项任务和70份签批件进行跟踪督办，定期报告落实情况。全年形成督查工作月报12期、政务督查工作专报31期、督查工作周报13期，督查工作先后9次获得州委、州政府主要领导肯定性批示。

**【建议提案办理】** 督促全州政府系统办理全国人大代表建议1件，省人大代表建议28件、省政协提案6件，办理州人大代表建议114件、州政协提案171件，推动解决一批群众急难愁盼和事关全州经济社会发展的问题。

**【网络舆情问政及信访件办理】** 办理国务院“互联网+督查”平台留言18条，人民网网民给省长留言11条、给州长留言27条，省长阅批信访件15件、州长阅批信访件85件。

（陈治华　张文熙　陈薇薇　舒　森　陈欣兰　杨　炎）

## 州驻外地机构

**【州政府驻北京联络处】** 2023年，州政府驻北京联络处围绕全州“大招商、招大商”整体部署，协调服务各方招商团队15批次，拜访企业30余家。配合相关单位推动恩施机场迁建、姚家平水利枢纽工程等重大项目建设。加强与发展改革委、农业农村部、卫生健康委、民政部等部委和北京市支援办等单位的联络对接，完成州主要领导在京政商活动的服务保障。与商会对接，加强京地交流，协办推介活动。拜访恩施籍在京知名人士、企业家和关心支持恩施发展的领导和各界朋友，全年接洽拜访120余人次。邀请在京恩施籍政界、学界、商界等知名人士近20人回家乡参加建州40周年庆祝活动。党建工作和驻京群众工作分别被省驻京办评为优秀单位。

**【州政府驻武汉办事处】** 2023年，州政府驻武汉办事处加强与省委、省政府及省直有关部门的政务联络，收集和传送涉及恩施经济社会发展的政策、经验等信息。加大恩施宣传推介力度，加强对武汉恩施商会的指导和服务。先后到河北安国、安徽亳州、湖南长沙、咸宁考察中药企业，到黄石考察旅游企业，到浙江宁波、荆州考察农副产品企业，到广东深圳考察清洁能源企业；陪同多个公司到恩施州考察风电、矿泉水、中药材等项目，协助签订高新区泰瑞医疗制氧设备生产项目，总投资5亿元。整合各县（市）驻汉群工办力量，学习贯彻《信访工作条例》，全年编发日常信息180多条。工作经验得到省信访局肯定，并在全省驻汉群众工作会议上作典型发言。

（陈治华　张文熙　陈薇薇　舒　淼　陈欣兰　杨　炎）

## 州政府办公室

【概况】　2023年，州政府办公室围绕州委、州政府工作大局，做好统筹、参谋、服务、督办等工作，履行“三服务”（服务发展、服务决策、服务落实）职能职责，发挥全州政府系统运转中枢作用，助推“两山”实践创新示范区建设。州政府办公室获评2023年度全省政务信息突出单位、湖北省2023年度公共机构节水示范载体。州政府办公室信息调研科科长周沧获评全省政务信息突出个人，州政府办公室四级调研员黄河家庭被授予“荆楚书香家庭”称号。

【简约政务】　修订完善《州政府工作规则》，制定《关于在全州政府系统开展“五型”政府（学习型、创新型、法治型、实干型、廉洁型政府）建设，推动恩施州高质量发展工作方案》，出台《州人民政府关于推行简约政务的工作措施》《会议活动类文件（函件）办理及领导外出报备流程》等，推动全州政府系统政令畅通、运转高效。加强发文审核，全年以州政府和州政府办公室名义印发纳入精简范围的文件52件，比去年减少6件。全年组织召开全州性会议27次、州政府常务会议16次。

【统筹调度】　共形成州政府主要领导每周活动预安排50期，编发州政府领导每日工作动态及来宾考察人员情况247期。建立秘书长联席会议制度，协助州领导处理好日常政务。协助州领导开展月调度、双月督办、季拉练，拟定双月重点工作。组织召开经济形势分析会、州政府常务会议、专题会议等，推动完成全年目标任务。

【参谋服务】　州政府办公室协调组织庆祝建州40周年系列活动、第八届世界硒都（恩施）硒产品博览交易会等全州性重大活动。完成王忠林、邵新宇等30多位省部级以上领导到恩考察调研服务保障工作。全年向省报送政务信息862篇，国办、省厅采用110余篇，领导签批6篇。全年编报应急信息64期，形成调研报告10余篇。研究出台《关于建立社情民意汇集办理机制工作方案》，建立并运行领导调研掌握社情民意、设立基层民意联络员等6项工作机制，召开4次州政府民意恳谈会。

（陈治华　张文熙　陈薇薇　舒　淼　陈欣兰　杨　炎）

## 政策研究

【概况】　2023年，州政府研究室围绕州委“立足大生态、构建大交通、发展大旅游、打造大产业”，彰显“土、硒、茶、凉、绿”特色优势的工作部署，开展调查研究，注重成果转化，为州委、州政府科学决策提供参谋服务。

【文稿服务】　做好政府工作报告、经济工作会、政府全会等大型会议材料筹备工作，完成向国家、省有关汇报材料、发言材料、交流材料、推介材料的起草工作，以及各类述职材料、辅导报告、采访稿、主持词、致辞等。编发《政府工作综述》11期、《亮点推介》11期、《政府公报》6期，报送《专送参阅件》1期，全年完成各类文稿350篇104万余字。《关于深入贯彻实施长江经济带战略，推进流域综合治理和统筹发展，加快城市和产业集中高质量发展的实施意见》《恩施州城市和产业集中高质量发展思路汇报提纲》、带水河小流域综合治理试点汇报得到省州领导肯定。

【调查研究】　聚焦全州经济社会发展重点、亮点、难点问题，开展调查研究，形成一批优质调研报告。印发工业经济、盆景产业、红色资源和红色旅游融合发展等5期《调查研究》。完成州委重点调研课题，形成《聚焦特色、品质、品牌，探索生态价值转化有效途径》调研报告。围绕农村经济发展、降低市场主体运营成本和外出考察学习情况，形成《恩施市芭蕉侗族乡探索发展新型农村集体经济的启示》《恩施州水价、气价高位运行状况的调查报告》《赴襄阳市谷城县堰河村考察学习情况报告》。《探索建立六项机制，推动经济高质量发展》获省长签批并转发各市州学鉴。一批关于旅游产业发展、工业经济发展、农业品牌建设、乡村建设等方面的情况汇报获省州领导表扬肯定，其中《聚焦特色品质品牌，做好“土特产”文章》调研报告获省委、省政府领导签批，在《农民日报》发表并获州社科联重大课题奖。

【决策咨询】　持续建好州政府决策咨询委员会平台，召开“发挥智库职能，助力恩施发展”主题座谈会，全体委员对恩施州茶叶产业高质量发展提出意见建议。邀请专家到恩施州开展生态产品价值实现机制调研，并以《工业经济高质量发展》《生态产品价值实现》为题在政府系统“周末经济课堂”授课。

（吴 琦）

## 人力资源管理

**【概况】** 2023年，全州事业单位共招聘2118人，其中统一公开招聘326人，专项公开招聘1792人（含“招硕引博”125名，“才聚荆楚·智汇恩施”招聘634名，公费师范生招聘15名，中小学学校定向委培招聘312名，中小学教师招聘434名，农村订单定向医学生招聘31名，服务期满“三支一扶”人员考核聘用182名），政策性安置退役士兵115人；指导来凤县开展“兵教师”招聘试点工作，作为全省40个试点县（市）之一，来凤县共招聘“兵教师”2人。招募选派“三支一扶”高校毕业生278名。新增持证技能人才7986人，高技能人才934人，新增技师、高级技师71人。完成22项人事考试任务，服务考生9.75万人次。州人社局“双学、双比、双促”党建品牌被评选为“恩施州十大党建案例”，入选湖北省机关党建创新榜。在2023年州直基层党建“大比武”中，《“双学双比双促”惠民生，党建业务融合开新局》被州直机关工委评为“2023年州直机关党建创新案例”，局机关党支部《“业务党小组”赋能“三亮、三融”推进党建业务在最基层融合》被评为“2023年州直单位优秀支部工作法”，州人社局综合窗口被评为“2023年州直单位清廉窗口”。《恩施州：“五治”联动守护农民工“钱袋子”》案例入选湖北省深化下基层察民情解民忧暖民心实践活动典型案例。组织“尊法守法·携手筑梦”2023年人社法治知识竞赛活动，全州注册人数达5.94万人，居全省第6位，有效答题44.63万人次，居全省第5位。

**【优化营商环境】** 州人社局制定《2023年营商环境评价劳动力市场监管指标优化提升工作清单》《2023年营商环境评价指标按月完成工作任务清单》，争取5个省级营商环境改革试点项目，改革项目数全省第4，被省营商办通报表扬。其中，恩施市“创新基层劳动关系公共服务站点建设”被纳入国家试点改革事项；宣恩县、咸丰县“标准化安薪项目创建”被纳入获得国家层面肯定和推广的改革事项；鹤峰县“劳动力资源信息化建设”、咸丰县“推进一站式劳动保障维权中心建设”、利川市“创新零工驿站建设模式”被纳入省定试点改革事项。

**【面向全国重点高校开展校园招聘】** 组织28家州直及县(市)企事业单位走进武汉高校开展校园招聘,与武汉大学、华中科技大学合作共建“恩施州引才工作站”。组队参加宜昌第二届“330”三峡国际人才日、厦门大学招才引智等招聘活动,并赴西藏山南市开展援藏专项招聘,全年共招聘硕士及以上研究生227人。

**【首次组织事业单位新聘用工作人员岗前培训】** 10月9—13日，在州委党校举办恩施州州直事业单位新聘用工作人员岗前培训班，184名事业单位工作人员参加培训。培训采取集中授课与分享交流相结合的形式开展，围绕事业单位工作特点，从理论素养提升、公文写作实践、公务礼仪等多个层面开展各类课程和活动15场。

**【出台《恩施州高层次和急需紧缺人才引进暂行办法》】** 6月，提请恩施州人才工作领导小组审议通过《恩施州高层次和急需紧缺人才引进工作暂行办法》，对从州外引进的博士、硕士研究生，3年内给予生活、租房、购房补贴分别为28万元、10.3万元。

**【第116批中国博士后科技服务基层活动】** 8月14—15日，第116批博士后科技服务基层活动（湖北恩施）举办。此次活动由全国博士后管委会办公室、人力资源和社会保障部留学人员和专家服务中心（中国博士后科学基金会）、湖北省人社厅共同主办，州委人才办、州人社局联合承办。来自复旦大学、南开大学、浙江大学、中国农业大学等全国知名高校和科研单位的16位专家、博士后，服务15家恩施州企事业单位。活动期间，博士后科技服务团成员共走访单位29家，现场解决技术难题23个，开展学术讲座12场，培训人员395名，义诊活动2次，达成长期服务合作意向26项。

**【湖北省“院士专家企业行”恩施州服务活动】** 7月6日，湖北省“院士专家企业行”活动恩施州启动仪式在州城举行。此次活动，省委人才办、省人社厅从武汉大学、华中农业大学等18所省内高校和科研院所选派50名专家教授，结对服务50家恩施州企业，服务期限半年。

**【州级“专家人才企业行”】** 12月,州委人才办、州人社局选派2023年“专家人才企业行”活动专家20名，对接帮扶企业20家，期限1年，服务期间，专家下沉服务企业不少于6次，每次不少于2天。

**【公立医院薪酬制度改革】** 州人社局先后到州中心医院、州优抚医院、州妇幼保健计划生育服务中心等单位调研，召集州卫健委、州财政局、州医疗保障局等部门参加座谈会，印发《深化州直公立医院薪酬制度改革实施方案》，推进公立医院薪酬制度改革。

【2023年度省市县乡考试录用公务员恩施考点笔试】 2月25—26日，湖北省2023年度省市县乡考试录用公务员恩施考点笔试在州城恩施举行。在7所学校设置9个考点、547个标准化考场，共16334名考生参加考试。

【恩施州2023年事业单位统一公开招聘考试笔试】 4月2日，全州事业单位统一公开招聘考试笔试在州城恩施举行。全州175家事业单位推出290个岗位，招聘工作人员326名，共设置7个考点、386个考场，11527名考生参加考试。

【荣誉】 1月3日，恩施市长源轴承制造有限公司劳动争议调解委员会被评为全国金牌调解组织；2月5日，州公共就业和人才服务局被表彰为“全国巾帼建功先进集体”；7月21日，咸丰县人民联合委员会、巴东县野三关镇劳动人事争议调解中心被评为省级金牌调解组织；8月18日，恩施州农民工欠薪数字化治理试点上榜国务院办公厅公布政务服务效能提升典型案例；10月9日，巴东县野三关镇人社中心主任谭志斌被人力资源和社会保障部、中华全国总工会、中国企业联合会、中国企业家协会、中华全国工商业联合会授予“全国和谐劳动关系创建工作先进个人”称号；11月6日，恩施高新区社会事务局杨燕等15人被湖北省劳动关系三方委员会认定为湖北省金牌劳动关系协调员，州企业联合会、企业家协会、湖北联信律师事务所被认定为湖北省金牌协调劳动关系社会组织。

（陈黎魁）

## 民族宗教事务

【概况】 2023年，恩施州民宗委落实习近平总书记关于加强和改进民族工作的重要思想、关于宗教工作的重要论述，奋力推进铸牢中华民族共同体意识走在全省前列，引导宗教与社会主义社会相适应，在全州形成民族团结、宗教和顺、社会和谐的良好局面。

【铸牢中华民族共同体意识】 全面推进中华民族共有精神家园建设。打造“硒都石榴红”铸牢中华民族共同体意识宣传教育品牌。编制出台铸牢中华民族共同体意识规划。下发加强宣传教育的专门文件，组织四级干部群众1.9万余人聆听国家民委专家到恩施示范宣讲和省委统战部“同心大讲堂”讲座，组织在恩高校、民宗委委员单位和民族宗教界代表人士参加专题学习培训6期，组织全州1.1万余人参加“全州同上一堂课——铸牢中华民族共同体意识专题辅导”。命名第三批民族文化传承基地10个。推动高校试讲试用《中华民族共同体概论》，一体推进大中小学铸牢中华民族共同体意识教育。多种形式推广“道中华”，组织开展恩施州铸牢中华民族共同体意识网络知识竞赛，参与人数达24万人次。举办恩施州推进中华民族共同体建设的历史贡献与现实路径研讨会，汇编论文集74篇，形成恩施州成立40年来民族领域最系统的理论研究成果。3项调研成果被省民宗委授予“全省‘十佳’实践创新成果”“全省优秀调研成果”，州民宗委获组织奖。2项调研成果分别获评全州2023年度社会科学重大课题、优秀课题。《幺妹儿要出大山外》等3个案例入选2023年全省铸牢中华民族共同体意识宣传教育十大精品案例。承办全省铸牢中华民族共同体意识宣传教育工作现场推进会并作经验典型发言。创新推进各民族交往交流交融。整理鄂西南地区各民族交往交流交融史料45万多字，推出《唐宋时期鄂西南地区各民族交往交流交融》等成果，配合做好《湖北省各民族交往交流交融史料汇编》编纂工作。实施“三项计划”试点示范项目14个，指导巴东县、来凤县推进中华民族共同体体验馆园建设，建成恩施女儿会主题公园。组队参加省第十六届运动会和第十届少数民族传统体育运动会，分别获得2金9银3铜、29金86银149铜的成绩。为国家民委举办的铸牢中华民族共同体意识文物古籍展提供文物文献实证15件，组织西兰卡普、恩施玉露、利川红等企业到京参加湖北省铸牢中华民族共同体意识体验馆体验项目轮展，获得各级领导和社会公众好评。联合举办2023年“云裳杯·龙船调”民族服饰设计大赛决赛，展出21个系列共84套服饰。线上线下创新开展第十五个全州民族团结进步宣传月活动，实施“5个100”示范工程，恩施州、利川市入选全国第十批民族团结进步示范区示范单位，建始县入选全国第十一批民族团结进步示范区示范单位公示名单，宣恩县等20个单位被命名为全省2023年度民族团结进步示范区示范单位。持续抓好外来少数民族务工经商人员国家通用语言文字和政策法规培训，加强服务管理。服务经济社会发展。争取中央衔接资金、省级少数民族发展资金和民贸民品贴息引导资金共计1.86亿元。497家企业获省民宗委民贸企业动态认定，兑付2022年度民贸民品贴息引导资金4284万元。依托恩施玉叶公司实施恩施州“石榴籽”民族手工艺融合创新试点项目。主要领导带队到杭州等8个城市招商，促成恩施市泳锐精工固件制造项目在恩施市七里坪产业园三期落户并投资1.3亿元。

【宗教工作】 组织全州基督教界、佛教界开展学习贯彻党的二十大精神、全国全省宗教工作会议和宗教政策法规集中学习培训，支持宗教界全面从严治教，加强教风建设，指导州级宗教团体开展班子述职评议。落实宗教领域平安建设。持续开展宗教活动场所9个安全情况“四不两直”（不发通知、不打招呼、不听汇报、不用陪同接待、直奔基层、直插现场）常态化检查，扎实做好自建房、旅游安全、极端天气灾害安全防范等工作。利川花梨岭天主教堂被省民宗委命名为平安宗教活动场所示范单位。夯实基层基础。指导督促8个县（市）更新宗教工作三级网络两级责任制落实情况工作台账，明确5429名民宗工作分管领导、专干、联络员、网格员，强化横向到边、纵向到底工作格局。

【领导调研】 1月9日，州委书记胡超文到鹤峰县铁炉白族乡细杉村为基层干部群众、企业一线职工宣讲党的二十大精神，调研巩固拓展脱贫攻坚成果同乡村振兴有效衔接、民族团结进步等工作。

【重要会议】 2月16日，召开2023年民宗系统工作会议，回顾总结2022年工作，安排部署2023年各项工作。5月5日，州委副书记、州长夏锡璠主持召开政府常务会议，传达学习全省民宗委主任会议、全省宗教工作三级网络两级责任制现场推进会、省宗教工作领导小组全体会议暨全省“治非”“抵渗”专项工作电视电话会议精神，听取全州民族宗教工作情况汇报，研究恩施州《关于以铸牢中华民族共同体意识为主线推进新时代党的民族工作高质量发展的若干措施》《恩施州第八次民族团结进步表彰工作方案》，安排部署迎接民族工作检查和宗教工作督查等工作。7月18日，全州各民族代表人士座谈会召开。7月18日，全州民族团结进步先进集体和先进个人表彰大会举行。7月28日，恩施州推进中华民族共同体建设的历史贡献与现实路径研讨会在州城举行。9月27日，全省铸牢中华民族共同体意识宣传教育工作现场推进会在恩施州举行。11月1—3日，全省民族地区巩固拓展脱贫攻坚成果同乡村振兴有效衔接工作座谈会在鹤峰县召开。

【乡村振兴工作】 3月8日，省委统战部副部长、省民宗委党组书记、主任沙玉山带队到鹤峰县，调研鹤峰县省直定点帮扶及区域协作工作和省民宗委对口帮扶石龙洞村重点项目推进情况。

【携手迎亚运对口活动】 3月16—18日，州政协副主席、州庆办副主任张全榜带领州民宗委干部组成考察组到浙江省杭州市参加“浙里石榴红　同心享亚运”对口地区各民族携手迎亚运系列活动启动仪式暨落植民族团结石榴林活动。

【胡超文到京汇报民族工作】 为推进恩施州全国民族团结进步示范创建工作打造“升级版”，办好恩施州建州40周年庆祝活动，3月20日，州委书记胡超文率队到中央统战部和国家民委进行专题汇报和衔接沟通。中央统战部副部长，国家民委党组书记、主任潘岳听取工作汇报并讲话。

【社会科学课题获优】 州人民政府发布2023年度社会科学重大、重点、优秀课题的通报，州民宗委申报的《湖北民族地区创建全国“两山”实践创新示范区路径研究》获评2023年度社会科学重大课题，《恩施州各民族交往交流交融历史对创建全国铸牢中华民族共同体意识示范州的经验启示》获评2023年度社会科学优秀课题。

【荣誉】 4月13—14日，湖北省第十六届运动会群众体育类（少数民族）竞赛项目在三峡大学举办，恩施州代表队以2金9银3铜的成绩，位列金牌榜第3，总分榜第2。其中，蹴球、高脚竞速项目各斩获1块金牌，民族健身操项目取得团体总分第3名的成绩。8月22日，省民宗委发文《关于对恩施州民宗委进行表扬的通报》，在全省民宗系统对恩施州民宗委进行通报表扬。湖北省民宗委印发通报，表扬“2023年度全省民族宗教工作系统理论创新和实践创新成果”以及工作表现突出单位。恩施州民宗委《恩施州各民族交往交流交融历史对创建全国铸牢中华民族共同体意识示范州的经验启示》获评“全省‘十佳’实践创新成果”，来凤县民宗局《民族地区涉案纠纷中习惯法文化功能探析》、鹤峰县民宗局《创新发展县域优秀民族文化的探索与实践》获评全省优秀调研成果。恩施州民宗委获组织奖。

（张思齐）

## 政务服务

【概况】 2023年，恩施州持续深化“高效办成一件事”，全面推行“一网通办”，推进政务服务工作质效，人民群众办事满意度和体验感。开展“局长进窗口”工作，实行月体验、月通报机制，全年累计体验事项7320项，发现问题878个，提出解决措施878条，相关工作经验作为典型案例被湖北省学习贯彻习近平新时代中国特色社会主义思想主题教育深化党员干部下基层察民情解民忧暖民心实践活动简报第21期刊发推介。

【全面深化“高效办成一件事”】 恩施州推进政府职能转变和“放管服”改革协调小组印发《恩施州政务服务事项基本目录（2023年版）》。升级“鄂汇办”恩施旗舰店，推进100项高频便民服务事项上线“鄂汇办”。落实“首席服务员”制，在不动产登记、用水用气联动报装等“一件事一次办”领域设立“首席服务员”，授予审批服务、调度跟踪等权限，颁发授权书。

恩施州、县两级共有151名“首席服务员”上岗，办件3500余件。指导咸丰县、建始县、来凤县、鹤峰县完成营商环境先行试点创建并通过省级验收，4项改革项目（咸丰县“跨部门综合监管改革”、建始县“深化政务服务‘一窗通办’改革”、来凤县“推行政务服务告知承诺制和容缺受理服务模式”改革、鹤峰县“拓展涉企领域‘免证明’应用场景改革”）纳入全省营商环境先行试点。

**【政务服务队伍建设】** 开展县、乡、村三级窗口工作人员“岗位大练兵业务大比武”活动，不断提升服务能力。全年开展“岗位大练兵，技能大比武”活动10余次，参加技能测试2000余人。开展政务服务专项整治，州政务局印发《开展政务服务领域不担当不作为突出问题专项整治实施方案》，组织州直相关部门、各县（市）开展自查自纠和重点领域排查工作。

**【“互联网+监管”工作】** 全面梳理监管事项，组织认领省级新增5项监管事项，梳理检查实施清单45项。全量归集监管数据，推进部门监管系统与省、州“互联网+监管”平台互联互通，组织各级监管职能部门实时录入监管行为数据2000余万条。推动监管创新，实现“恩施州建设领域保障农民工工资支付管理系统”接入省“互联网+监管”平台，累计推送1907万余条数据。建成恩施州“互联网+监管”系统。

（黄誉娇　张　欣　田　甜　田　芳）

## 数智恩施建设

**【概况】** 2023年，州政务局坚持以数字政府建设为抓手，强化顶层设计，加强项目统筹，助推经济发展、社会治理、城市建设等数字化转型。

**【数字政府建设】** 会同华信设计院编制完成《恩施州数字政府建设总体设计方案》，确定“1163”（建设1个数字底座，建成1个城市运行指挥中心，打造一网通办、一网统管、城市生命线、智慧旅游、城市App和智慧交通6大场景应用，构建运维运营、安全保障、标准规范3套体系）建设模式。州数字政府建设领导小组办公室印发《州级数字政府项目建设流程》，规范项目建设有序。推动项目建设，2023年报请州政府同意实施信息化项目26个，资金概算2.28亿元，其中14个项目完成招标，6个项目建成验收。全年组织26次技术评审，评审一次性通过率92%；对20个数字政府项目开展财评，送审金额10056万元，评定金额8847.13万元。

**【服务部门】** 州政务局参与解决电子政务外网租赁等一批信息化项目遗留问题；对23个信息化项目开展建设成效评估，发现并交办13个问题。推动建设“恩政通”“一网通办”“一网通投”“‘12345’与‘110’对接”等一批信息化项目，全力支撑各部门的业务需要。恩施城市智慧停车、宣恩县数字乡村、5G智慧工厂（来凤腾升香料化工有限公司）3个项目入选湖北省首届100个数字经济应用场景。

**【数据共享】** 组建首席数据官、数据专员队伍，州数字政府建设领导小组办公室印发《恩施州政务数据资源共享实施细则》，推动数据共享互通、创新应用。2023年新增数据1.15亿条，同比增加22%；向省级申请回流数据3.14亿条，同比增加10%；调用数据接口超1100万次，同比增加29%。归集证照81.5万本，调用证照接口161.8万次，身份证、户口簿、营业执照、残疾人证、居住证等高频电子证照真正从“能用”变为“好用”。建成公共数据开放平台，上线公共数据开放目录301个。支持和指导鹤峰县成功创建“拓展涉企领域免证明应用场景改革先行区”。

**【政务外网服务】** 全年处置外网网络安全隐患6起，组织参加全省外网攻防演练1次，53套在外网运行的业务系统安全稳定。完成州级协同办公系统商用密码升级改造，强化日常管理运维。截至2023年底，全州协同办公系统用户达5.92万人，全年流转公文628.05万次，保障各级各部门政令畅通、运转高效。

（黄誉娇　张　欣　田　甜　田　芳）

**【恩施州数字产业发展有限公司】** 2023年，推进州级数字政府建设。投资1亿元建成恩施州“两山”创新数字化建设项目——数字底座（一期）政务云，可提供14002个vCPU、48685G内存、3.23P云存储能力。实现政务数据全量归集共享，为恩施州未来5年数字政府建设提供算力、存储、密码应用支撑服务。“两山”政务云通过中国电子工业标准化技术协会云服务（三级）测评并获得信息技术服务标准符合性证书（ITSS）。提升中枢平台数据处理能力，建设恩施州“两山”创新数字化建设项目——数字底座（二期）数字中枢，集数据采集汇聚、清洗治理、分析挖掘、资源管理、共享开放功能于一体，为数字政府各业务系统互联开放、资源共享提供服务支撑。推进政务数据资源汇聚共享，加强社会数据与政务数据互通融合，推动公共数据开放流通，挖掘数据价值并分析应用，为数字政府应用场景提供规范化数据服务。强化数字赋能业务系统应用。在政务服务方面，实施“一网通办”建设，提升“一事联办”“一窗通办”能力。在公共服务方面，建设电子营业执照“一网通投”和升级优化公共资源电子交易系统，实现免注册、无介质、零成本，不见面数字化开展公共资源交易。在服务城市治理方面，实施一体化智慧房产监管，全州统一平台建设使用、统一流程规范标准，实现集约管理、智能监控。“恩施城市停车”项目入选湖北省首批数字经济典型应用场景案例。建成“恩政通”政务办公系统，实现协同办公、公务用车、工作督办、紧急调度、工作调研等功能“一端集成”。“恩政通”项目申报国家发展改革委“2023年度中国改革案例”和省委网信办“网络安全技术创新典型案例”。建设世界硒都·硒博汇数字经济园区，承办第八届世界硒都（恩施）硒产品博览交易会暨硒科技创新发展大会。建成恩施硒产品展销中心，集政务接待参观、科普、旅游、购物于一体，助力硒知识科普和硒产品销售，被州文旅局授予“恩施州旅游购物示范店”，120余家本地特色优质硒品企业签约入驻。上线“硒博汇”电商平台，整合推出恩施硒产品官方品牌“硒博汇”，取得中国国际贸易促进委员会湖北省分会恩施自治州支会唯一授权“硒博汇”商标独家经营许可。引进土家非遗文化传承湖北允曦文化艺术发展有限公司、硒资源交易中心、硒茶学院等硒产业链企业，配套酒店和大型宴会中心，形成硒产业和文旅产业融合发展的产业生态。

（罗佳轩）

## 政务公开

【概况】　2023年，州政务局贯彻落实州委、州政府关于政务公开工作要求，加大指导力度，提升工作质效，其中，恩施市、巴东县工作经验被省政管办在全省推介。

【规范性文件清理】　配合州司法局开展全州行政规范性文件清理、上传工作，全州行政规范性文件已上传省级法规规章规范性文件数据库，并通过州政府门户网站、微信公众号等进行宣传。

【办理依申请公开】　按照《中华人民共和国政府信息公开条例》等相关规定，承办州政府依申请公开工作，督促各级各部门严格依法依规依程序做好依申请公开工作。共办理州人民政府依申请公开41件，答复及时率和满意率均达100%。

【日常监管】　共计开展政务公开检查4次，推动22项重点领域信息更新、188条重大建设项目公示。组织全州范围内的政务公开培训1次，邀请省政管办政务公开处授课指导。

（黄誉娇　张　欣　田　甜　田　芳）

## “12345”热线

【概况】　2023年，州“12345”热线受理群众诉求131917件，总办结率100%，直接答复率84.08%，群众满意率99.99%。推动各县（市）“12345”热线与州平台对接，实现全州“12345”热线统一标准、数据共享。

【高效联动“110”】　印发《恩施州12345政务服务便民热线与110报警服务台高效对接联动工作实施方案》，建立“12345”与“110”高效对接联动机制。2023年全州“12345”热线累计转接“110”工单2822件，接听“110”来电3733个；向“110”转交工单14件，去电483个。有效分流110非警务类事项，保障人民群众急需的公共安全服务。

【营商环境曝光台】　累计在《恩施日报》、恩施电视台刊播《营商环境曝光台》稿件41期，交办问题28件，提交整改报告28份。整理制作2022年《恩施州〈营商环境曝光台〉曝光问题及整改情况资料汇编》，报送州“四大家”相关领导、省政管办获得好评。

【参政辅政】　以周报、月报、专报形式将社情民意呈报州政府领导和部门负责人，辅助科学决策。编发“12345”热线周报48期、月报12期、半年报1期。在“恩政通”App开辟“‘12345’热线”板块，同步上传热线实时数据、重点工单、分析报告等，以便州政府领导和部门主要负责人随时了解社情民意。

【创新主动治理】　开展“局长接听日”活动，聚焦社会保障、医疗保障等8类专题，邀请相关部门负责人接听热线电话，接处群众诉求92件。探索“未诉先办”，对接州文旅局收集全州旅游景点、推荐路线、美食住宿等信息并收录入知识库，做好旅游导服工作。

（黄誉娇　张　欣　田　甜　田　芳）

## 优化营商环境

【概况】　2023年，恩施州认真落实党中央、国务院决策部署和省委、省政府工作要求，以控制成本为核心，以市场主体需求为导向，以先行改革为抓手，推进一流营商环境建设，为全州经济社会健康平稳发展提供支撑。

【营商环境工作机制建设】　出台持续建设一流营商环境50条措施，明确50项重点任务。州政府建立州领导领衔评价指标和先行改革事项，州政府主要领导每季度一调度，州政府分管领导每月一调度等工作机制。州纪委监委开展营商环境领域

"不担当、不作为"突出问题专项监督。州委政法委每季度举办一场新闻发布会，通报法治化营商环境建设情况。州营商办组建专班分指标、分县市、分责任单位开展调研督导，会同恩施日报社、州电视台持续开设营商环境曝光台，曝光典型案例70期，交办问题线索50个。

【全州优化营商环境工作会议】 4月6日，州委、州政府召开全州优化营商环境大会，州委副书记、州长夏锡璠主持会议。7月14日，州委副书记、州长夏锡璠主持召开全州优化营商环境工作推进会。10月12日，州委常委、常务副州长张远梅主持召开2023年营商环境评价调度会。

【营商环境重点领域改革】 全域开展"无证明地区""无涉企保证金市州""全省公共资源交易监管先行区"创建，复制推广50项国家级、48项省级营商环境改革创新经验，完成144个先行试点改革事项，其中90个改革试点事项获省通报表扬、数量居全省第3。恩施市水电气"联动报装"，利川市公安政务"集成化"窗口，建始县企业开办实行"N+2050"标准［N（23）个事项、2个环节、0.5天办结、0费用］，巴东县工程建设项目验收实行"多测合一、联合验收、验登合一"，宣恩县开展企业所得税"一键申报"、出口退税"即出即退"，咸丰县劳动人事争议"智慧仲裁庭"，来凤县运用税收大数据畅通民企强链补链，鹤峰县探索"新官理旧账"机制等改革事项取得突破。《湖北省优化营商环境简报》刊发推介恩施州优化营商环境经验做法18条。

【政务环境建设】 "清减降放"改革实现275项材料直接取消，60080项办事材料州、县、乡、村四级"免提交"，482项申请材料依承诺办理，431项申请材料整合进申请表单，576项材料由政府部门现场获取，州、县两级事项承诺时限较法定时限压缩92.8%。推出便民办税举措65条，推行"非接触式"办税233项，"非接触式"办税比例达到93.52%。农民工欠薪数字化治理试点入选全国政务服务效能提升典型经验案例，州公共资源交易中心被评为全国优秀公共资源交易平台。

【市场环境建设】 集成服务提升经营主体开办质效，在38个行业推行"一业一证"改革，累计发放行业综合许可证5213张。落实市场主体歇业制度，办理"歇业备案"48家。加强中小企业支持力度，全州政府采购授予中小企业合同金额占比达94.31%，累计发放"政采贷"额度66328.3万元，同比增长313.03%。严格涉企检查，制订年度涉企行政执法检查计划155项。推行包容审慎监管和柔性执法，"双随机、一公开"联合抽查比达82.33%。全年全州新登记经营主体88389户，增长26.6%，其中企业27092户，增长76.8%，新登记经营主体数量以及新登记企业占比创历史新高。

【法治环境建设】 全域开展"无证明地区"创建，动态清理告知承诺制证明事项清单528项，其中新增49项、保留324项、取消149项、修改6项。落实涉企案件经济影响评估制度，压缩民商事案件审理周期，全州民商事案件一审简易、速裁、小额程序适用率居全省第1。推进法治政府示范创建，鹤峰县"打造无涉企保证金县市"、建始县"涉企行政执法案件经济影响评估制度"被命名为全省第二批法治政府建设示范项目。

【开放环境建设】 许家坪机场航空口岸获批正式对外开放，利川、来凤两地外综服中心获省商务厅认定备案。利川市建设跨境电商产业园，宣恩县办理全省首笔出口退税"即出即退"业务，恩施硒茶首次搭乘海铁联运班列出口。全州进出口总额34亿元，增长69.1%，实际使用外资2491万美元，增长36.3%。

【要素环境建设】 全面取消小型低风险项目城市基础设施配套费，免收政府投资、政府控股或参股国有企业依法必须招标工程项目投标保证金和履约保证金。落实城镇规划区范围内建筑区划红线外用水用气报装和160千瓦及以下的中小微企业用电报装"零收费"，工业企业平均用水、用气成本降低10%。普惠小微贷款平均利率较年初下降0.49%，土地竞拍保证金压缩至不低于土地价款10%。在全省率先将政府采购预付款比例由省基准线30%提高至40%，其中中小企业预付款比例提高至不低于合同金额60%，企业成本负担得以实质性下降。

【社会环境建设】 举办"企业恳谈会亲清每月谈"活动，开展政企交流活动70次，解决问题189个。聘请营商环境观察员23名，组织观察员、人大代表政协委员、企业代表体验政务服务等工作成效，推进"无证明市州"创建，开展涉企案件经济影响评估，州信用平台已汇集行政许可数据53.3万条，行政处罚数据2.2万条，为293家市场主体完成信用修复。开展"局长进窗口"活动，累计体验546个政务服务事项，发现并解决问题67个。开展政务服务"好差评"，通过现场"扫码评"、线上"系统评"，评价办事效率、服务能力、工作作风。

【鹤峰县降低施工图审查费用】 鹤峰县通过"豁免、分段、购买服务+监管"等措施开展降低施工图审费用改革，降低企业制度性交易成本和项目建设时间成本，保障项目建设的质量安全。为项目单位支付图审费用38.57万元，平均为项目开工建设提前近1个月时间。

**【建始县推进“一窗通办”改革】** 建始县从服务模式、队伍建设、技术支撑、大厅运管、渠道融合5个维度同步发力、系统推进，持续深化“一窗通办”改革，提升基层政务服务标准化、规范化、便利化水平。按照县级“1+3”（“综合服务+公安、税务、婚姻登记”1厅3专区）设置无差别综合办事窗口22个、公安综合窗口14个、税务综合窗口10个、婚姻登记窗口1个受理县级1927项政务服务事项，乡镇“1+1”（综合窗口+公安专窗）设置无差别综合办事窗口2~4个，除公安派出所外的21个站所将乡镇本级和县级前移共351项政务服务事项全部授权综合办事窗口受理，做到一套材料、一次告知、一表申请、一窗受理、一网通办、一次办结。研发“一窗通办”桌面导航程序，搭建含综窗收件智能化辅助系统、多网融合应用系统、智能材料收转系统于一体的综窗协办平台，推进系统“整合”，破除通办平台连通堵点，实现各综合窗口任意平台（含单机运行程序）一键启动、专网间一键切换，提升综合办事窗口工作质效。

（张　雪）

# 中国人民政治协商会议恩施州委员会

## CPPCC Enshi Prefctural Committee

## 综　述

【概况】　2023 年，政协恩施州委员会（简称州政协）及其常委会紧跟党中央决策部署和省委、州委工作要求，立足统一战线组织和专门协商机构职能定位，认真履职，主动作为，服务“两山”实践创新示范区建设，贡献政协智慧和力量。突出政治建设，始终把政治建设摆在首位，当好“两个确立”的坚定捍卫者、“两个维护”的忠实践行者。强化协商主业，把握专门协商机构性质定位，锚定建设“两山”实践创新示范区的历史使命。践行民主真谛，把握全过程人民民主的实践要求，彰显政协特色优势，推动“有事好商量、众人的事由众人商量”扎根基层、可感可及。发挥统战功能，把握新时代统一战线的新形势新要求，坚守人民政协是统一战线组织的首要定位和基本属性，厚植统战思维、履行统战职能。

【政治建设】　落实“第一议题”学习制度，构建党内党外联动学、结合履职融通学、集中教育一体学的学习体系。推动学习贯彻习近平新时代中国特色社会主义思想主题教育扎实开展，举办专题读书班、集中研讨、专题党课、正反面典型交流发言等活动 28 场次。主动接受、全面落实党对政协工作的全面领导，坚持做到年度协商计划、重点履职工作、重要联谊活动主动报请州委批准、落实州委安排、执行州委决定。出台《“党徽闪耀·院坝协商”试点建设方案》，选取咸丰县忠堡镇高笋塘村为试点，以党建引领协商共治、共同缔造。加强功能型党支部建设，落实党员委员组织关系双重管理制度，在政协全体会议期间和重要视察考察调研、集中学习培训等活动中设立临时党组织，在委员工作室选派政治指导员，持续深化“两个全覆盖”。

【议政建言】　开展“州城景城一体化建设”议政协商，收集各类意见、建议 200 余条，形成参阅件、社情民意信息 12 篇，“启动施州古城更新改造”“对五峰山核心区实施抢救性管控和整体开发”等建议，进入决策视野；向州委、州政府报送《关于推进州城景城一体化建设的建议案》。瞄准马铃薯育种产业化等重点优势产业转型升级，从抢占竞争先机、推进多样化发展、打造振兴引擎、释放产业化活力等方面建言，推动出台《恩施州农业种质资源保护与利用行动方案（2023—2027 年）》。开展“推进恩施玉露产业示范带建设”专题协商，推进恩施市黄连溪至宣恩县庆阳坝恩施玉露走廊标准化建设。开展长江生态环境保护民主监督和全州港口与船舶污染防治专题调研，就污染源治理、入河排污口整治、重点库岸管控等突出问题，共商共谋共促。聚力“创文创卫”，呼吁强化州、市资源统筹，提出“加强城市‘口袋公园’建设”“优化城区交通组织”、出台《公共场所控制吸烟规定》等建议。

【统一战线工作】　加强政协党组同各民主党派、无党派人士的经常性联系，落实政协党组成员分工联系民主党派、人民团体制度。促成农工党恩施州委员会与北京佑安医院达成“同心助医·佑恩健康”五年公益行动合作意向，支持九三学社成功承办九三学社湖北省委走进恩施系列活动。联合团州委，举办全州青少年模拟政协提案征集活动。组织委员参加全州铸牢中华民族共同体意识宣讲活动，组建“铸牢中华民族共同体意识”委员读书群，围绕树立正确民族观、促进各民族交往交流交融等学习研讨。开展“走进三家台蒙古族村，喜迎建州40年”视察调研界别活动，助推该村打造乡村振兴和民族团结进步“双示范村”。坚持宗教中国化方向，组织民族宗教界委员，视察宗教活动场所贯彻落实宗教法规情况，助力提升依法治教水平。坚持经常性思想工作向基层群众延伸、向新阶层人士覆盖，拓展中共党员委员联系党外委员、界别委员联系界别群众覆盖面。加强与各地政协联谊交往，67 批次州外政协考察团到恩施州考察调研。

【能力建设】　对照《中国共产党政治协商工作条例》和新修订的政协章程，以协商制度为轴心，建立覆盖政协党的建设、履职工作、组织管理、内部运行等方面配套机制。制定落实协商工作规则，建立健全对口协商、界别协商、专题协商座谈会实施办法等 7 项制度性文件。落实年度协商计划统筹和主席会议成员领衔调研重点课题制度，推进专委会联合调研，加强委员自主调研，采取小分队调研、“码上协商”等创新性举措，推动调查研究与协商议政对接、一体落实。出台加强州政协常务委员会自身建设的实施意见，落实常委“双重述职”制度。构建“专委会+界别+委员工作室”履职链，引导委员围绕“双创”、基层治理、乡村振兴等工作，完成“五个一”履职活动。全年参加学习培训、重点协商活动的委员共计1600 多人次。建成 130 个委员工作室，打通委员履职“最后一公里”。

【文史工作】　深化“委员读书”活动，围绕人文 VS 科技、艺术赏析、健康等主题开展 3 期文化大讲堂，组织委员参加省政协举办的“践行习近平生态文明思想，助力美丽湖北建设”等主题学习研讨，开展“书香润德·悦读伴行”读书分享会。开展武陵山区（鄂西南）土家族苗族文化生态保护实验区建设监督性视察，聚焦少数民族文化的传承保护和非遗文化活化利用，助推文化事业和文化产业繁荣发展。结集出版鄂西文史资料 2 辑，收录文章 36 篇近 30 万字。争取杭州市支持，启动湘鄂西、湘鄂川黔革命根据地历史丛书编撰工作。全年在人民网、新华网、《人民政协报》《湖北日报》等主流媒体和“学习强国”学习平台发布原创稿件 138 篇。

【服务发展】　召开“加快推进全州社区养老事业发展”专题协商会，达成推进适老化改造、创新“物业+养老”“医疗+康养”模式等共识，助推基本养老服务体系建设。聚焦中小学生心理健康、课后延时服务规范化运行、新建小区配套建设幼儿园、校园食品安全等热点问题建言献策，为全州教育事业改革发展争取支持。关注人民健康，围绕推进“323”攻坚行动、规范医疗废弃物处置等方面，组织大会发言、开展视察监督、专题协商。围绕“老旧小区加装电梯”“推动城市适老化社区、适老化住房建设和改造”等共性议题，联合调研、联动协商、联办落实。引导各级政协聚焦美丽乡村建设、小区天然气管道安装、社区环境综合整治等“小切口”，开展“院坝协商·共同缔造”活动160 余场次。

（潘　阳）

## 重要会议

【概况】　2023 年，州政协共召开各类重要会议 10 次，其中全体会议 1 次，常委会会议 4 次，专题协商 2 次，现场推进会 2 次，州政协成立 40 周年座谈会 1 次。

【政协恩施州第九届委员会第二次会议】　1 月 4—6 日，政协恩施州第九届委员会第二次会议在州城恩施举行。会议听取并讨论中共恩施州委书记胡超文的讲话，听取、讨论并赞同州委副书记、州长夏锡璠所作的政府工作报告，会议听取讨论州政协九届一次会议建议案办理情况的通报和其他报告。会议审议批准吴建清代表政协恩施州第九届委

2023 年 1 月 4 日，政协恩施州第九届委员会第二次会议在州文化中心恩施大剧院举行

（曾　伟　摄）

员会常务委员会所作的工作报告，审议批准政协恩施州第九届委员会常务委员会所作的提案工作情况的报告。会议期间，政协委员和政协各参加单位、各专门委员会、各界别，共提交提案215件，初审合格提案共215件。

**【政协恩施州九届五次常委会会议】** 1月6日，政协恩施州第九届五次常委会会议召开。会议听取委员分组讨论情况汇报，审议通过九届州政协常委会工作报告的决议（草案）、州政协第九届提案委员会关于九届二次会议提案审查情况的报告（草案）、会议政治决议（草案）。

**【政协恩施州九届六次常委会会议】** 7月31日，政协恩施州第九届六次常委会会议召开。会议传达学习习近平生态文明思想、习近平总书记在全国生态环境保护大会上的重要讲话精神，以及省政协十三届常委会第二次会议精神，聚焦“州城景城一体化建设”协商建言。州委常委、常务副州长张远梅通报2023年上半年全州经济社会发展情况。会议审议通过政协恩施州第九届委员会常务委员会《关于推进州城景城一体化建设的建议案（草案）》和有关人事事项。

**【政协恩施州九届七次常委会会议】** 10月20日，政协恩施州第九届七次常委会会议召开。会议传达学习习近平总书记关于宣传思想文化工作的重要指示和全国宣传思想文化工作会议精神，审议通过有关人事事项、州政协相关制度。政协委员、农业专家、企业代表围绕“恩施州马铃薯育种产业化”协商议政，推动马铃薯育种产业化建设落地实施，助力马铃薯产业富民强州。

**【政协恩施州九届八次常委会会议】** 12月27日，政协恩施州第九届八次常委会会议召开。会议传达学习中央经济工作会议、省委十二届五次全体会议、州委八届八次全体（扩大）会议相关精神，协商通过有关人事事项，听取州政府关于州政协九届二次会议以来提案办理情况的通报、部分州政协常委2023年度述职报告，审议通过州政协九届三次会议相关文件草案、州政协各专门（工作）委员会2023年工作报告、州政协有关制度，书面通报其他工作情况。

**【“一线协商·共同缔造”现场推进会】** 3月23日，州政协召开“一线协商·共同缔造”现场推进会。会议传达学习恩施州委《关于加强和改进新时代全州政协工作的具体措施》，8个县（市）政协负责人作交流发言。3月22—23日，与会人员先后到恩施市芭蕉乡兰香小院、恩施市石榴籽生态农业发展有限公司、恩施市润邦国际富硒茶有限公司、利川市都亭街道办事处乳泉社区、利川市团堡镇野猫水村和黄泥坡村、利川市汪营镇石坝村和齐跃桥村等地现场调研学习，详细了解共同缔造活动开展情况。

**【加快推进全州社区养老事业发展专题协商会】** 6月27日，州政协召开加快推进全州社区养老事业发展专题协商会。调研组成员张祖清代表调研组作主题发言；调研组部分成员就建设农村居家养老服务体系、提升社区养老服务能力、推进全州康养产业高品质发展作协商建言；建始县、恩施市相关负责人汇报该县（市）社区养老现状及发展思路；部分与会政协委员现场提问，州直有关部门作出回应。

**【推进恩施玉露走廊标准化建设专题协商会】** 9月16日，州政协推进恩施玉露走廊标准化建设专题协商会召开。政协委员、基层干部、茶农、茶企、基层科技服务工作者等围绕恩施玉露茶产业发展交流发言，州直相关部门及恩施市、宣恩县政府负责人现场回应，共同推进恩施玉露走廊标准化建设。

**【全州政协委员工作室建设暨党徽闪耀院坝协商试点建设推进会】** 11月24日，全州政协委员工作室建设暨“党徽闪耀·院坝协商”试点建设推进会在咸丰县举行。与会人员前往忠堡大捷纪念园开展红色教育，察看忠堡镇高笋塘村委员工作室及“院坝协商·共同缔造”重点项目红二、六军团忠堡战斗展示园建设情况，参观高笋塘村腊肉加工厂，了解高笋塘村党建和履职深度融合“党徽闪耀·院坝协商”试点工作情况。州政协通报政协委员工作室建设情况，咸丰县、恩施市作交流发言，咸丰县忠堡镇党委汇报高笋塘村“院坝协商·共同缔造”协商意见办理落实情况。

**【恩施州政协成立40周年座谈会】** 11月20日，恩施州政协成立40周年座谈会召开。州委书记胡超文出席并讲话。州委副书记、州长夏锡璠，州人大常委会主任、州委副书记尹达到会祝贺。州政协党组书记、主席吴建清主持。政协恩施州第三、四、五届委员会副主席刘元香，老政协委员代表胡心木，利川市政协党组书记、主席刘勇，省政协委员、农工党恩施州委主委向仕莲，省政协委员、州科协主席冯兴炼，州政协办公室老干科科长吴高杲发言。

（潘　阳）

## 参政议政

**【概况】** 2023年，州政协聚焦实体经济发展，围绕立足大生态、构建大交通、发展大旅游、打造大产业，开展调查研究、议政建言、民主监督，助推“两山”实践创新示范区建设。

**【建言献策】** 承办“宜荆荆恩”四地政协主席联席会议，聚焦“流域统筹发展与综合治理”协商建言，达成《恩施共识》，向省政协报送协商成果，呼吁支持四地携手创建全省融合发展示范区、长江经济带绿色发展先行区。开展马铃薯育种产业化专题调研，从抢占竞争先机、推进多样化发展、打造振兴引擎、释放产业化活力等方面建言，推动出台《恩施州农业种质资源保护与利用行动方案（2023—2027年）》。开展推进恩施玉露产业示范带建设专题协商，从规划、标准、项目、科技、品牌、企业等方面提出建议，推进恩施市黄连溪至宣恩县庆阳坝恩施玉露走廊标准化建设；借助省政协平台，呼吁将恩施打造成“全省三茶统筹发展先行区”，有关建议引起省里关注。开展“州城景城一体化建设”议政协商，收集到各类意见、建议200余条，“启动施州古城更新改造”“对五峰山核心区实施抢救性管控和整体开发”等建议，进入决策视野；向州委、州政府报送《关于推进州城景城一体化建设的建议案》，提出以“一城两水三山”“唱响女儿会文化IP”为重点，打造宜居宜业宜游城市空间，引起社会广泛关注。

**【社情民意】** 州政协共收到社情民意信息93篇，采用34篇次，其中州政协《社情民意》专报采用32篇次；转州直部门2篇次；报送省政协信息17篇次。共收到州领导批示或有关部门反馈意见17篇次，发挥社情民意信息“直通车”作用。

**【提案办理】** 州政协九届二次会议以来共征集提案216件，其中会议期间提交215件、会后提交1件。经审查，立案179件、并案34件、不予立案3件。立案的提案，交由69家州直单位和8个县（市）政府办理。交办提案均按时办结，见面率、答复率、满意率均在99%以上。

（潘　阳）

2023年度恩施州政协优秀提案一览表

表5

| 序号 | 提案编号 | 提案标题 | 提案者 |
|---|---|---|---|
| 1 | 1号 | 关于加强新型现代烟草产业链建设的提案 | 民进恩施州总支 |
| 2 | 7号 | 关于传承红色文化，推动恩施红色旅游高质量发展的提案 | 农工党恩施州委员会 |
| 3 | 15号 | 关于恩施城区重大节日期间适度开放燃放烟花爆竹的提案（15号、187号并案） | 汪弄潮、李文猛等委员 |
| 4 | 34号 | 关于进一步落实“双减”政策的提案（34号、127号、215号并案） | 胡云彪、崔应东等委员，恩施州妇女联合会 |
| 5 | 40号 | 关于进一步推动诉源治理工作的提案 | 州政协社会法制港澳台侨外事委员会 |
| 6 | 42号 | 关于后疫情时代促进中小微企业发展的提案（42号、177号、198号并案） | 恩施州工商业联合会，吴航、王军等委员 |
| 7 | 83号 | 关于打造数字政府，建设数智恩施的提案 | 民革恩施州委员会 |
| 8 | 88号 | 关于加强公共场所控烟，推动州城创文创卫的提案 | 恩施州妇女联合会 |
| 9 | 89号 | 关于落实规划，确保州城清江段河畅水清岸绿景美的提案（89号、67号并案） | 袁雄、张俊等委员 |
| 10 | 97号 | 关于推进我州中小学生研学旅行健康快速发展的提案 | 州政协教科卫体委员会 |
| 11 | 105号 | 关于发挥非遗文化价值作用，助推我州文旅产业发展的提案（105号、27号、53号并案） | 民进恩施州总支，肖奇、段迪斯等委员 |
| 12 | 122号 | 关于建设百里恩施玉露走廊，打造全州高质量发展示范带的提案 | 州政协经济委员会 |
| 13 | 151号 | 关于加强直播电商发展助推全州数字经济高质量发展的提案 | 肖锋等委员 |

续表5

| 序号 | 提案编号 | 提案标题 | 提案者 |
|---|---|---|---|
| 14 | 161 号 | 关于加强恩施历史文化保护和传承的提案 | 民建恩施州委员会 |
| 15 | 164 号 | 关于在乡村振兴背景下加强少数民族特色村寨保护的提案（164 号、134 号并案） | 民建恩施州委员会，陈力委员 |
| 16 | 173 号 | 关于加快推进完整社区建设，缔造美好人居环境的提案 | 邓毅委员 |
| 17 | 184 号 | 关于实施“三师下乡”共同缔造和美乡村的提案 | 民盟恩施州委员会 |
| 18 | 199 号 | 关于加强堇叶碎米荠种质资源与知识产权保护的提案 | 殷红清等委员 |
| 19 | 200 号 | 关于擦亮“利川红”金字招牌的提案（200 号、204 号并案） | 蒋潇娓、杨贵荣等委员 |
| 20 | 203 号 | 关于深化创文创卫，提升州城品位的提案（203 号、72 号、87 号、91 号并案） | 经济界、恩施州妇女联合会、恩施州工商业联合会（总商会），向开艳等委员 |

## 2023 年恩施州委常委领办重点提案一览表

表 6

| 领办领导 | 提案编号 | 标　题 | 提案人 | 主分类 | 承办单位 | |
|---|---|---|---|---|---|---|
| | | | | | 主　办 | 会　办 |
| 胡超文 | 203 号 | 关于深化创文创卫，提升州城品位的提案（203 号、72 号、87 号、91 号并案） | 经济界别；向开艳、汪业民、吴秀忠；恩施州妇女联合会；恩施州工商业联合会（总商会） | 城乡建设类 | 州双创办 | 州纪委监委、州委组织部、州委宣传部、州公安局、州财政局、州住建局、州卫健委、州市场监管局、州文旅局、州政务局、州林业局、州自然资源规划局、州商务局、恩施市人民政府 |
| 夏锡璠 | 083 号 | 关于打造数字政府，建设数智恩施的提案 | 民革恩施州委员会 | 社会治理类 | 州政务局 | 州政府国资委 |
| 张远梅 | 111 号 | 关于加快我州页岩气开发利用的提案 | 民进恩施州总支 | 产业发展类 | 州发改委 | 州财政局、州自然资源规划局、州林业局、州税务局、州经信局、州生态环境局、州商务局、州地方金融局、人行恩施州中心支行、恩施银保监分局 |
| 张　淼 | 051 号 | 关于强化乡镇（街道）公共文化职能的提案 | 周爱华 | 教科文卫体类 | 州委编办 | 州委组织部、州文旅局、州人社局 |
| 田金培 | 151 号 | 关于加强直播电商发展助推全州数字经济高质量发展的提案 | 肖　锋　黄　红 | 产业发展类 | 州商务局 | 州人社局、州乡村振兴局、州文旅局、州市场监管局、州农业农村局州硒资源中心、州发改委、州委统战部、州委网信办、州供销社、州财政局 |

续表6

| 领办领导 | 提案编号 | 标　题 | 提案人 | 主分类 | 承办单位 | |
|---|---|---|---|---|---|---|
| | | | | | 主　办 | 会　办 |
| 向红林 | 161 号 | 关于加强恩施历史文化保护和传承的提案 | 民建恩施州委员会 | 教科文卫体类 | 州文旅局 | 州教育局、州委宣传部 |
| 单艳平 | 079 号 | 关于充分发挥资源优势，加快生物医药产业集群发展的提案 | 民革恩施州委员会 | 产业发展类 | 恩施市人民政府 | |
| 刘智勇 | 200 号 | 关于擦亮“利川红”金字招牌的提案（200 号、204 号并案） | 蒋潇娓　杨贵荣<br>谭　俊 | 产业发展类 | 州农业农村局 | 州委宣传部、州财政局、州文旅局州人社局、州商务局、利川市人民政府 |

2023 年恩施州政府领导领办重点提案一览表

表 7

| 领办领导 | 提案编号 | 标　题 | 提案人 | 主分类 | 承办单位 | |
|---|---|---|---|---|---|---|
| | | | | | 主　办 | 会　办 |
| 夏锡璠 | 083 号 | 关于打造数字政府，建设数智恩施的提案 | 民革恩施州委员会 | 社会治理类 | 州政务局 | 州政府国资委 |
| 张远梅 | 111 号 | 关于加快我州页岩气开发利用的提案 | 民进恩施州总支 | 产业发展类 | 州发改委 | 州财政局、州自然资源规划局、州林业局、州税务局、州经信局、州生态环境局、州商务局、州地方金融局、人行恩施州中心支行、恩施银保监分局 |
| 宋　涛 | 173 号 | 关于加快推进完整社区建设，缔造美好人居环境的提案 | 邓　毅 | 城乡建设类 | 州住建局 | 州民政局 |
| 杨盛僚 | 045 号 | 关于加强农业产业链融合发展，助推恩施州农业高质量发展的提案 | 张　利 | 产业发展类 | 州农业农村局 | 州地方金融局、人行恩施州中心支行、恩施银保监分局、州邮政管理局、州商务局 |
| 许　强 | 106 号 | 关于减少餐饮浪费树立节约风尚的提案 | 民进恩施州总支 | 资源环境类 | 州市场监管局 | 州机关事务中心、州商务局、州文旅局、州发改委、州农业农村局 |

2023 年恩施州政协领导督办重点提案一览表

表 8

| 领办领导 | 编　号 | 标　题 | 提案人 | 主分类 | 承办单位 | |
|---|---|---|---|---|---|---|
| | | | | | 主　办 | 会　办 |
| 吴建清 | 20230122 | 关于建设百里恩施玉露走廊，打造全州高质量发展示范带的提案 | 州政协经济委员会 | 产业发展类 | 州农业农村局 | 州乡村振兴局、州文旅局、恩施市人民政府、宣恩县人民政府 |

续表8

| 领办领导 | 编　号 | 标　题 | 提案人 | 主分类 | 承办单位 | |
|---|---|---|---|---|---|---|
| | | | | | 主　办 | 会　办 |
| 张全榜 | 20230105 | 关于发挥非遗文化价值作用助推我州文旅产业发展的提案（105号、27号、53号并案） | 民进恩施州总支，肖奇，段迪斯、张伦 | 教科文卫体类 | 州文旅局 | 州委宣传部、省民族歌舞团、州民宗委 |
| 王继刚 | 20230042 | 关于后疫情时代促进中小微企业发展的提案（42号、177号、178号并案） | 恩施州工商业联合会（总商会） | 产业发展类 | 州经信局 | 人行恩施州中心支行、恩施银保监局、州地方金融局、州商务局、州人社局、州营商办 |
| 刘晓冰 | 20230090 | 关于推进我州中小学生研学旅行健康快速发展的提案 | 州政协教科卫体委员会 | 教科文卫体类 | 州教育局 | 州文旅局、州发改委、州银保监局、州交通运输局 |
| 何义发 | 20230184 | 关于实施“三师下乡”共同缔造和美乡村的提案 | 民盟恩施州委员会 | 城乡建设类 | 州自然资源规划局 | 州人社局 |
| 戴清堂 | 20230172 | 关于加快推进马铃薯和中药材种质资源保护与利用的提案 | 沈艳芬　殷红清　瞿　勇 | 产业发展类 | 州农业农村局 | 州财政局、州农科院、州科技局、州卫健委、省农科院中药材研究所、湖北民族大学 |
| 张紫阳 | 20230013 | 关于加强民族服饰传承发展的提案 | 谭　骁　杨　宇 | 教科文卫体类 | 州民宗委 | |
| 万雪峰 | 20230040 | 关于进一步推动诉源治理工作的提案 | 州政协社会法制港澳台侨外事委员会 | 法治建设类 | 州委政法委 | 州司法局、州公安局、州中级人民法院 |

## 重要调研

【概况】　2023年，州政协围绕马铃薯育种产业化、推进玉露走廊标准化建设、社区养老、船舶港口污染防治等议题开展调研，形成高质量意见建议，推动建言成果转化。

【加快推进全州社区养老事业发展专题调研】　3—5月，州政协副主席万雪峰率调研组到恩施市、建始县、咸丰县等州内县（市）以及武汉、扬州和苏州等地区，走进社区养老服务综合体、康养小镇，开展专题调研，了解恩施州社区养老事业发展现状，破解发展中存在的重难点问题，推动全州社区养老事业发展。

【全州港口与船舶污染防治专题调研】　5月，州政协副主席何义发率调研组，到恩施市、建始县、巴东县调研清江流域、长江（巴东段）港口和船舶污染防治工作。向州委、州政府呈报《发展绿色航运守护一江清水——恩施州港口与船舶污染防治工作调研报告》参阅件，从坚决堵住污染源、提升污染疏导力、恪守法治生命线、铸牢治理共同体、践行绿色新理念5个方面提出港口与船舶污染防治工作建议，助力长江大保护。

【少数民族文化生态保护实验区建设监督性调研】　5月，州政协副主席刘晓冰率政协委员前往利川市、巴东县围绕武陵山区（鄂西南）土家族苗族文化生态保护实验区建设，开展监督性调研，形成监督调研报告，为推进实验区建设和少数民族文化的传承、保护、利用，提出政治站位高起来、办事机构专起来、保障制度硬起来、保护传承活起来的对策建议，得到州委、州政府主要领导充分肯定，并被评选为2023年度恩施州社会科学重大课题。

【推动恩施玉露走廊标准化建设专题调研】　6—8月，州政协组织“推动恩施玉露走廊标准化建设”专题协商课题调研活动，采取专题调研与县（市）、乡镇、村、茶企、茶农五级联动协商相结合，与重点提案督办相结合，与协商在一线相结合等方式，到恩施市芭蕉侗族乡、宣恩县椒园镇沿线村、茶企、茶园等地开展调研。6月6—7日，州政协主席吴建清、副主席戴清堂就推动恩施玉露走廊标准化建设率部分州政协委员和恩施市、宣恩县、州直相关单位负责人开展专题调研并召开院坝协商会。

**【马铃薯育种产业化专题调研】** 7月，州政协副主席戴清堂率调研组到恩施市、建始县、宣恩县、鹤峰县马铃薯育种基地和生产企业实地察看调研，到黑龙江齐齐哈尔、佳木斯，以及黑龙江省农业科学院克山分院（中国北方马铃薯研究中心）、北大荒薯业集团等，调研马铃薯种薯企业及其基地建设情况。从抢占竞争先机、推进多样化发展、打造振兴引擎、释放产业化活力等方面建言，推动出台《恩施州农业种质资源保护与利用行动方案（2023—2027年）》。

**【全州民族宗教工作调研】** 10月，州政协副主席刘晓冰带领部分少数民族和宗教界别委员到利川市、建始县、来凤县、恩施市部分宗教活动场所、中国少数民族特色村寨调研，召开专题座谈会，形成《全州宗教活动场所贯彻落实有关宗教法规情况调研报告》，针对恩施州宗教问题现状提出4方面的意见建议。

**【上级视察调研】** 5月9日，省政协副主席秦顺全调研“一线协商·共同缔造”工作；5月23—25日，省政协副主席张维国调研农村、社区医疗卫生队伍建设和乡村振兴等工作；9月4—5日，省政协主席孙伟调研贯彻落实省委关于加强和改进新时代市县政协工作的实施意见、“一线协商·共同缔造”行动、茶产业链建设等情况；9月25—27日，省政协副主席王红玲调研农业产业绿色发展情况；10月18—20日，省政协党组副书记、副主席尔肯江·吐拉洪调研加强基层政协党的建设、“一线协商共同缔造”行动、委员履职和品牌强省建设等情况。

（潘　阳）

# 纪检监察

## Discipline Inspection and Supervision

### 综　述

**【概况】** 2023年，全州纪检监察机关学习贯彻习近平新时代中国特色社会主义思想，拥护“两个确立”、做到“两个维护”，坚持稳中求进、质效并重，忠诚履职、担当尽责，纪检监察工作取得新成效。全州纪检监察系统先后13次在省纪委监委召开的相关工作会议上作交流发言，1个集体、2名个人获国家级表彰，1个集体获省部级表彰，年度考核在全省名列前茅。

**【主题教育和教育整顿】** 统筹推进学习贯彻习近平新时代中国特色社会主义思想主题教育和纪检监察干部队伍教育整顿，及时跟进学习习近平总书记重要讲话和重要指示批示精神46次，召开专题会议和领导小组会议27次，举办为期7天的读书班，组织开办州、县、乡纪检监察干部集中政治培训9期、警示教育7次。认真落实“法规制度执行年”活动要求，制定《全州纪检监察系统开展“法规制度执行年”活动工作措施》，分级组织全员签订《纪检监察干部执纪守纪执法守法承诺书》，在执纪执法业务部门建立法规监督员制度，组织全系统法规制度线上考试2次、线下测试3次，参考3000余人次。组织开展2轮教育整顿自查自纠，全系统人人撰写心得体会和党性分析材料，填报自查报告2842份。5次组织专班到县（市）督办检查，对县（市）纪委监委主题教育和教育整顿开展情况进行督导。

**【纪检监察体制改革】** 调整监督检查室、审查调查室，单设信息技术保障室；优化调整22家派驻（出）机构监督范围。完善“室组地”联动、县乡办案协作区运行机制，制定《恩施州纪委监委“室组地”联合办案工作指引（试行）》，促进“四项监督”融合，规范和加强“室组地”在审查调查中的协作配合，全州派驻机构立案数同比增长54.9%。

**【自身建设】** 全面推进制度“废改立”工作，州本级完成1983—2022年规范性文件和内部工作制度清理，形成任务清单177项，制定完善借用干部管理、涉案财物管理、规范网络言行等内控制度20余项，向省纪委监委和州委、州人大常委会报备规范性文件19件，督促指导县（市）纪委监委报备规范性文件46件。举办业务培训17期，选派干部跟岗锻炼108人次。在全州纪检监察系统表彰先进集体20个、先进工作者50名。开展违规办案、违规吃喝等8个专项整治，自上而下全覆盖谈心谈话3轮1400余人次，全员签订抵制违规吃喝《承诺书》，填报自查自纠表1326份。进行2轮网络群组清理，清退各类群组8000余个。从严查处纪检监察干部违纪违法问题，给予纪检监察干部党纪政务处分17人，调离系统4人。按规定向“两代表一委员”和特约监察员通报全年工作，主动接受各方面监督。

（陈　艾　赖　超）

### 重要会议

**【中国共产党恩施州第八届纪律检查委员会第三次全体会议】** 2月9日，中国共产党恩施州第八届纪律检查委员会第三次全体会议举行。会议以习近平新时代中国特色社会主义思想为指导，深入贯彻党的二十大精神，认真落实二十届中央纪委二次全会、省纪委十二届二次全会工作部署，总结2022年全州纪检监察工作，部署2023年任务，审议通过吕星代表州纪委常委会所作的《一刻不停推进全面从严治党为加快建设“两山”实践创新示范区提供坚强保障》工作报告。

**【恩施州监察委员会监察官任职宣誓仪式】** 8月31日，按照中央纪委国家监委、省纪委监委要求，举行恩施州监察委员会监察官任职宣誓仪式，全州共确定监察官1177名，全员签订《执纪执法承诺书》。

（陈　艾　赖　超）

2023年2月9日，中国共产党恩施州第八届纪律检查委员会第三次全体会议召开

（州纪委监委　供稿）

2023年8月31日，恩施州监察委员会举行监察官任职宣誓仪式

（州纪委监委　供稿）

## 政治监督

**【概况】** 2023年，全州纪检监察机关聚焦习近平总书记重要讲话和重要指示批示精神、党中央重大决策部署以及省、州重点工作要求，围绕全省构建新发展格局先行区、恩施“两山”实践创新示范区建设，紧盯流域综合治理、共同缔造、生态环保、平安稳定、乡村振兴、营商环境等重要任务，部署专项监督21项，推动整改问题1519个，立案审查违反政治纪律和政治规矩案件16件。

**【落实习近平总书记重要指示批示和党中央重大决策部署】** 全州纪检监察机关对151项习近平总书记重要指示批示精神落实情况开展常态化监督检查。结合综合监督单位职能职责和管党治党政治责任落实情况，通过沟通会商明确重点关注项目，建立政治监督“项目库”，实行红黄绿预警提示机制，跟进监督推进情况；建立“问题库”，将调研督导、考核通报、巡视巡察、监督检查、自查自纠等工作中反映或发现的问题建库，紧盯问题整改、汇总、分析；建立“线索库”，把问题线索处置作为政治监督最有效的方式，聚焦职能部门向纪检监察机关移送和纪检监察机关监督检查发现、起底的问题线索，定期跟踪督办、综合研判，形成“办案、治理、监督、教育”完整闭环。2023年州级层面“项目库”纳入事项563个，“问题库”纳入问题412个、“线索库”纳入问题线索208条，确保习近平总书记重要讲话和重要指示批示精神、党中央重大决策部署以及省、州重点工作要求落地见效。

**【开展主题教育整改整治】** 州纪委监委学习贯彻习近平总书记关于主题教育系列重要讲话和重要指示批示精神，立足职能职责，把整改整治工作贯穿始终。组建整改整治工作专班，先后4次调度专项整治工作，督促配合州直相关部门担当作为。在清风恩施、《恩施日报》等媒体平台公开征集线索，与州电视台开展《一问到底》栏目曝光问政，收集各类问题7294个、线索1143条。强化“室组”联合监督、“室组地”联合办案，处置问题线索1041件，立案487人，留置29人。开展典型案例解剖式调研7个，制定下发纪检监察建议43份，督促发案单位汲取教训、堵塞漏洞、改进工作。

**【加强“一把手”和领导班子监督】** 州纪委监委加强对“一把手”和领导班子监督，组织16名党组织书记向州委常委会（扩大）会议述责述廉，完成93家州管党委（党组）的政治生态分析研判自评，对20个党委（党组）开展集中研判，与下级“一把手”和领导班子成员谈话653人次，发现并指出问题1959个，督促整改到位1748个。严把党风廉政意见回复关，回复廉政意见724人次，其中暂缓、否决29人；推进廉政档案建设，建立电子廉政档案1.3万份，基本实现乡科级以上干部全覆盖。

（陈 艾 赖 超）

## 正风肃纪

**【概况】** 2023年，全州纪检监察机关严肃整治享乐主义、奢靡之风，大力纠治形式主义、官僚主义，深入整治群众身边不正之风和腐败问题，健全风腐同查工作机制，推动全州作风建设常态化长效化。

**【纠治“四风”】** 全州纪检监察系统从营商环境、项目建设、安全生产等8个重点领域入手，集中开展“不担当、不作为”突出问题专项整治。印发《自查自纠工作指引》，指导、督促各级党委（党组）和党员干部组织开展专题学习5万余人次，自查自纠面上问题2485个，查处问题598个，处理处分944人。紧扣党员领导干部腐败问题与作风问题交织的特点，强化纪委、巡察、审计贯通联动，同步开展问题线索排查梳理，起底问题线索682件，处理处分398人，推动风腐同查同治。全州查处享乐主义奢靡之风问题416个，处理处分431人，其中党纪政务处分380人。

**【整治群众身边不正之风和腐败问题】** 州纪委监委制定《全州开展群众身边腐败和作风问题专项整治责任清单》，分类细化33项具体任务，向5个专项整治领域分管州领导制发《工作提示函》，督促各项任务落到实处。召开群腐工作专题调度会5次，会商沟通76次，协助解决问题83个。督促职能部门自查发现问题6220个，完成整改6213个，移交线索499件。全州纪检监察机关共查处群众身边腐败和作风问题2528个，党纪政务处分580人，移送司法机关处理12人。编印典型案例通报39期223人，制定下发纪检监察建议书182份，推动建立和完善制度967个，促进干部规范用权、依法用权、廉洁用权。

**【强化基层监督治理】** 全州纪检监察系统常态化开展“室组地”联合监督，灵活采用交叉检查、提级查办，州、县派驻机构线索处置、立案、处分同比增长16%、85%、124%。组织325个职能部门和1620个村（社区）建立小微权力清单，开展“亮政策、亮监督、亮成效、亮身份、亮权力”活动，规范权力运行。

（陈 艾 赖 超）

## 执纪审查

**【概况】** 2023年，全州纪检监察机关始终保持反腐败政治定力，全州立案1828件、处分1896人、留置79人，51名党员干部主动投案或主动交代问题。认真落实“三个区分开来”，科学运用“四种形态”，其中第一、第二种形态处置占比93.7%。加大容错纠错力度，对19名干部适用容错减责免责，查处诬告陷害案15件，为746名干部澄清正名。

**【信访举报】** 全州纪检监察系统立足信访举报部门职能职责，对8个县（市）乡镇进行全覆盖下沉遍访，共转交办业务外问题1.8万余件。州纪委监委信访接待中心接待来访群众1504人次、接听举报电话6537人次。全州纪检监察机关接收来信1317件次，接收网络举报813件，化解2021年以来重复访477件。通过领导包案、点名督办等方式，推进治重化积，全州信访举报上级转交办件同比下降24.15%、上级转送重复举报同比下降33.9%，下沉回流趋势明显。

**【案件查办】** 全州纪检监察系统聚集重点问题，关键环节，有效整合办案资源和手段，先后与审计机关建立协作配合工作机制，与银行系统建立联合打击洗钱犯罪工作协同机制，与公安部门联合出台办案措施监督检查办法，实行信息共享、措施互助。严格按照中央和省有关规定，研究出台问题线索处置工作指引，细化线索流转、分办、处置、督办等工作流程。组织开展问题线索大起底，对巡视巡察件、上级交办件、领导签批件、重点领域专项监督等重点问题线索分类建立台账，通过“线上+线下”“电话+书面”“核对台账+发送通报”等多种方式，建立起周关注、月提醒、季催结的督办模式，确保线索件件有着落。开展全州纪检监察机关案件查办专项整治工作，全州起底案件3365件，清理各类措施17444件次、涉案财物469笔，共发现并整改各类问题1886个。

**【量纪执法】** 针对各县（市）案件存在执纪执法不平衡、不精准问题，重案州核320件，提出变更或退查建议37件。开展6轮案件质量评查，评查案件824件，发现并整改各类问题5297个。受理申诉复查案件9件9人，审结9件9人，维护受处分党员干部合法权益。坚持“处分公开宣布”制度，委领导带队到相关单位开展处分公开宣布7人次。组织部分州直单位“一把手”和县（市）党委、政府领导班子成员观摩庭审2次，发挥“查处一案、警示一片、治理一域”的治本作用。

（陈 艾 赖 超）

2023年3月6—31日，州纪委监委机关组织2022年1月以来州直单位提拔重用的州管领导干部及家属集中参观“清廉恩施·家和万事兴”家教家风展览

（州纪委监委 供稿）

## 宣传教育

**【概况】** 2023年，全州纪检监察机关坚持党性党风党纪一起抓，把纪律教育融入日常监管、执纪执法全过程，引导广大党员干部学纪、知纪、明纪、守纪。全年共在国家级主流媒体发稿109篇，省级发稿358篇，85部新媒体作品被中央纪委国家监委网站和省纪委监委网站采用。

**【清廉恩施建设】** 州纪委监委发挥统筹督办职能，构建清廉恩施建设“全周期管理”闭环，印发《2023年清廉恩施建设工作任务清单》《八个清廉载体建设指导手册》，建立定期谋划、部署、推进、督查的工作机制，实行“一月一汇总、一季一提示、半年一督办”工作模式。以“清廉+X”的工作思路，将清廉文化、家庭、机关、企业、学校、医院、村居建设与地域、工作特色有机融合，督促各责任单位、各县（市）挖掘地域、行业资源，建设一批平台样板和活动载体。全州共建立10个清廉机关建设示范联系点、8个“湖北省家风家教实践基地”、22个“恩施州家风家教实践基地”，组织百姓宣讲员开展“廉洁文化我来讲”活动百余场，制作精品廉洁故事视频12个，推动清廉恩施建设社会化宣传全覆盖。

**【纪律教育】** 州纪委监委将纪检、组织、宣传、工委、党校、司法等部门职责分工细化，印发党员干部纪律教育工作任务清单，从7个方面30项具体任务明确党委（党组）、“一把手”、班子成员、党支部四个层面的相对责任。将纪律教育融入监督执纪全过程，提出纪律教育建议769份，督促相关案发单位召开专题警示会40余场次，对涉案干部开展纪律教育900余人次，回访教育729人次。紧盯重要节点发送廉洁提醒61次、通报曝光典型案例8期26例。举办各类纪律教育主题展12场次，组织全州党员干部统一参加党章党规党纪知识线上测试，督促各级党组织利用主题党日特色实践、纪律教育主题活动等形式参观廉政教育基地，营造全州纪律教育氛围。

**【开展宣传教育月活动】** 全州纪检监察机关聚焦警示教育、党规党纪学习、纪律教育活动和协同推进清廉恩施建设、鲜明激励干部担当作为5项重点任务全面开展“党风廉政建设宣传教育月”。召开全州领导干部警示教育大会，组织观看警示教育片、旁听职务犯罪案件庭审。分层组织2023年新提拔重用县处级、县（市）乡科级领导干部开展集体廉政谈话，并组织其配偶及成年子女参加廉政座谈会。组织年轻干部参与“扣好廉洁从政‘第一粒扣子’”专题交流会，分享纪律教育心得体会。在州内各类媒体推出《一起寻访张富清足迹》《一面永不收卷的红旗》《桥锁风雨海晏河清》等纪律教育宣传视频，在恩施日报社、州电视台等主流媒体开设相关专题专栏，讲好清廉故事、传播清廉声音。

**【荣誉】** 11月，恩施市纪委监委被中央纪委国家监委新闻传播中心评为先进工作单位；12月，恩施州纪委监委机关被湖北省水利厅评为湖北省机关事务管理局节水型单位。10月，恩施市纪委监委宣传部部长杨绍虹被中国纪检监察杂志社评为先进工作者；11月，恩施州纪委监委甘娜被中央纪委国家监委新闻传播中心表彰为优秀通讯员。

（陈　艾　赖　超）

## 巡察工作

【概况】　2023 年，恩施州委巡察机构统筹推进 3 轮常规巡察、1 轮专项巡察，全年共完成 34 家党组织的政治监督，全覆盖率达 56.82%。8 个县（市）按照年度计划部署开展 29 轮巡察，完成对 105 家县（市）直单位、17 个乡镇、245 个村（社区）党组织的政治监督。截至年底，县（市）直单位（含乡镇）巡察全覆盖率为 44%，村（社区）巡察全覆盖率为 40%。

【州委履行主体责任】　州委常委会会议、书记专题会议 7 次研究部署巡察工作，听取巡察情况汇报，传达学习中央、省委巡视工作规划和全国、全省巡视巡察工作会议精神，以及省委巡视工作领导小组关于对 11 个县（市）党委巡察工作开展专项检查情况通报。州委书记履行第一责任人责任，听取 4 轮巡察情况汇报并点人点事 15 件，作出批示 7 次，专题研究部署整改工作 2 次。州长对巡察问题较为突出的 2 名政府职能部门“一把手”进行约谈，其他常委班子成员落实分管领域、部门的整改领导、检查、督促责任。

【政治巡察】　紧扣全覆盖目标和中心工作推进政治监督，将落实党的二十大决策部署以及“三新一高”、“十四五”规划、“两山”实践创新示范区建设、铸牢中华民族共同体意识等重点任务和乡村振兴、优化营商环境、推进流域综合治理、统筹发展与安全等重点工作纳入巡察监督内容，4 轮巡察共发现面上问题 1053 个，问题线索 75 件。根据巡察移交问题线索立案 26 人，留置 2 人。

【联动巡察】　制定《恩施州上下联动巡察工作计划》，明确州县联动对象、监督重点。根据省委统一部署，首次采取常专结合、提级巡察、省州县三级联动的方式，对 8 个县（市）纪委监委机关开展专项巡察。针对权力集中、资金密集、资源富集的部门和单位，采取常专结合、板块轮动的方式优化组合、集中扫描。先后对州广播电视台、恩施日报社开展同类巡，对州林业局及 4 家自然保护区开展集中巡；对全州住建部门开展州县同步巡，推动发现工程建设等领域面上问题 276 个、问题线索 50 件。

【提级交叉】　明确部分乡镇（街道）由州委巡察机构安排提级或交叉巡察，采用乡村一体巡、直接巡村、同类型村专项巡等方式开展监督。选取 8 个重点乡镇启动首轮交叉巡察，查找基层党组织履行职责、政策落实、服务群众、正风肃纪等方面的政治偏差，发现面上问题 1828 个，问题线索 49 件。

【监督贯通协作】　加强与“两办”、纪检、组织、宣传、审计、财政、人大、政协等单位和部门的监督贯通协作，细化专责部门监督清单，落实联席会议和巡前通报制度。全年共收集财政监督清单、审计报告、人大建议、政协提案、情况通报等 310 份，推动问题线索量同比增长 74%。

【巡视整改】　配合州委做好十二届省委巡视 8 个县（市）党委反馈问题整改督办，协助州委组建 2 个工作专班对十二届省委巡视反馈县（市）的问题整改进行专项督查，提请州委常委会 2 次听取汇报、专题研究，印发督查通报 1 期。

【巡察整改】　推进“双签字双反馈”要求，向 10 位州领导呈送《整改责任督办告知书》，探索实施“巡察问题+点人点事+整改标准”反馈机制，将书记点人点事整改落实情况纳入州委督查监督内容。坚持“三账”统一、过程管控、“室组地”联动，在全州范围内通报巡察整改弄虚作假典型案例 1 次，开展提醒谈话 26 人次、批评教育 28 人次、责令书面检查 1 人次。八届州委前四轮巡察反馈面上问题整改率达 98.2%，书记点人点事完成率达 100%。

【成果运用】　八届州委前四轮巡察推动建章立制 515 个。针对巡察发现的“看病难看病贵”问题，组织开展不合理医疗检查及用药突出问题专项治理，发现问题 1578 个，问题线索 105 件；针对“评标专家库建设和监管责任”问题，对近四年来进场交易的工程建设项目全面筛查，发现问题 45 个，督促依法作出行政处罚 6 人，立案 5 人；针对选人用人、基层党建等问题，对全州 252 名组工干部开展专题培训。

【巡察工作专项检查通报问题自查整改】　对照《省委巡视工作领导小组关于对 11 个县（市）党委巡察工作开展专项检查的情况通报》，督促全州巡察机构实行清单式整改、销号式管理。组建 2 个督导组，采取调研座谈、查阅资料、跟组指导等方式，指导县（市）优化整改方案，全州巡察机构自查问题均整改完成。

【指导督导】　巡察办领导班子成员分片包联，18 次下沉县（市）调研，对县（市）指导督导实现全覆盖。编印《恩施州巡察信息》3 期，反映全州巡察工作动态。加大宣传推介力度，在中央纪委网站、《湖北巡视巡察》等发稿 19 篇。

【质量评估】　制定《恩施州巡察质量评估办法（试行）》，围绕巡察报告质量、工作规范、纪律作风、创新创优等方面，设计质量评估体系，细化 53 项评价指标。明确 2023 年度州对县（市）党委巡察工作年终考评项目清单及评分细则。

**【队伍建设】** 推动解决县（市）巡察机构人员编制不足问题，宣恩县、建始县分别新增 1 个事业编、4 个行政编；咸丰县增核 4 个正科级巡察专员职数；鹤峰县达到每组不低于 3 名行政编制的要求。选派 5 名新提拔副县级干部到巡察一线历练，安排 8 名县（市）巡察干部到州委巡察组跟组学习，巡察机构 2 名干部轮岗交流，3 名专职干部晋升职级。

（黄　涛）

# 民主党派 工商联

# Non-Communist Parties and Federation of Industy and Commerce

## 中国国民党革命委员会恩施州委员会

【概况】 中国国民党革命委员会恩施土家族苗族自治州委员会（简称民革恩施州委）是中国国民党革命委员会设在恩施的地方组织，是恩施州民主党派重要组成部分。2023年，民革恩施州委有党员130人（交叉党员1人），下设恩施州直综合第一支部、恩施州直综合第二支部、恩施州中心医院支部、湖北民族大学支部和恩施市支部。设有参政议政工作委员会、民主监督工作委员会、社会服务工作委员会、宣传与教育工作委员会、促进祖国和平统一工作委员会、女党员和老党员工作委员会、内部监督工作委员会7个专委会。截至年底，1人任恩施州人民政府副州长，1人任恩施市人大常委会副主任（驻会），1人任恩施市政协副主席（驻会）；1人担任湖北省第十四届人大代表，1人担任湖北省第十三届政协委员；6人担任恩施州第九届人大代表（常委1人），14人担任恩施州第九届政协委员（副秘书长1人、常委6人）。

【自身建设】 7月22日，召开廉洁自律警示教育会，专题学习郑建邦在民革厅级实职干部廉政警示教育大会上的讲话精神。12月22日，完成民革湖北民族支部第四届委员会届中调整，高仕红当选支部主委。全年发展新党员6人。民革恩施州直综合第二支部与民革海南省陵水县支部缔结友好支部。推荐州委委员、骨干党员、新党员50多人次参加中共湖北省委统战部、民革湖北省委会等举办的学习培训。组织召开纪念中共中央发布“五一口号”75周年座谈会；《一声春雷惊万物 风动情长迎春归》获中共湖北省委统战部“七十五载风雨同舟，共创荆楚美好未来”主题征文一等奖；《“世界爷”下听诉说》等2篇文章获民革湖北省委会“纪念中共中央发布‘五一口号’75周年”主题征文活动一等奖，《团结一致谋发展 风雨同舟共筑梦》等2篇获二等奖。

【参政议政】 民革恩施州委围绕共同缔造、流域综合治理、康养旅游品牌打造、数字农业产业发展等议题参与政党协商4次。完成9个重点调研课题立项工作，形成《强化流域综合治理 推动恩施绿色发展》《做好“康养+”文章，推动恩施州全域旅游高质量发展》等调研成果。2023年省、州两会上，提交大会发言3件，集体提案7件，个人提案、建议19件，《关于打造数字政府，建设数智恩施的提案》被列为州委副书记、州长夏锡璠领办的重点提案并获评年度优秀提案，《关于充分发挥资源优势，加快生物医药产业集群发展的提案》被列为州委常委、州委秘书长单艳平领办的重点提案。全年向民革湖北省委、恩施州政协、中共恩施州委统战部报送信息40余篇，《关于推进页岩气勘探开发助力湖北绿色发展的建议》被民革中央采用，《关于调整老联军驾校十字路口交通信号灯的建议》被州政协专报采用并获副州长祝革鹏签批。

【长江生态环境保护民主监督】 民革恩施州委履行执行组长工作职责，协助做好民革中央长江生态环境保护民主监督第五监督调研组到巴东县调研的方案制定、联络协调和服务配合任务，配合民革中央在恩施州开展监督调研。聚焦清江源头生态环境保护，组织专题调研组前往利川市调研，形成调研报告1篇。

【社会服务】 结合中共恩施州委统战部“同心聚力·共同缔造”要求，持续擦亮“助力乡村振兴、共建美好家园”自创社会服务品牌，12月在恩施市白杨坪镇麂子渡村、鹤峰县太平镇洞长湾村开展社会服务活动。落实民革中央“博爱·牵手”活动要求，以社会服务专委会为依托，以“民革义诊医疗队”“民革法律顾问队”“民革红十字志愿服务队”为抓手，常态化开展“博爱·牵手”法律服务、捐资助学、健康义诊等社会服务活动11次，惠及群众2000余人，捐赠爱心助学资金及物资3万余元。

【促进祖国和平统一】 民革恩施州委助力经贸文化交流，参与接待国民党中常委、湖北香连药业有限责任公司董事长王伯纶考察组一行、台湾村里长参访团、巴西湖北联谊会代表团等港澳台侨及海外团组5次，接待60余人。

【宣传工作】 提升恩施民革微信公众号传播力和影响力，开设“二十大辅导报告百问”“中共二十大精神应知应会百题”“五一口号·记忆”等学习专栏，全年在微信公众号发布学习内容260余篇、工作动态90余篇。民革湖北省委、恩施州政协、中共恩施州委统战部等采用工作动态80余篇。

【荣誉】 民革恩施州委获民革湖北省委会2023年度参政议政工作先进集体二等奖。李玮玮、谭爱玲获民革湖北省委会2023年度参政议政工作先进个人二等奖；张娅琴获反映社情民意信息工作先进个人一等奖；戴绍雄被评为全国红十字志愿服务典型，获“全国学雷锋先进个人”称号。

（李 会）

## 中国民主同盟恩施州委员会

【概况】 2023年，中国民主同盟恩施州委员会（简称民盟恩施州委）有盟员302人，女盟员115人，交叉党员7人，平均年龄54岁，本科及以上学历228人（含硕士研究生41人、博士14人），中高级职称233人。发展新盟员9人。民盟恩施州委下设民盟恩施州委直属一支部、民盟恩施州委直属二支部、民盟恩施州委直属三支部、民盟恩施州教育支部、民盟湖北民族大学支部、民盟恩施职业技术学院支部、民盟恩施市支部、民盟恩施高中支部8个支部。盟员中，1人担任湖北省第十四届人民代表大会代表，1人担任政协湖北省第十三届委员会委员；5人担任恩施州第九届人民代表大会代表，其中1人担任州人大常委会委员；24人担任政协恩施州第九届委员会委员，其中1人担任州政协副主席，8人担任州政协常务委员；1人担任宣恩县第十九届人民代表大会代表；15人担任政协恩施市第十届委员会委员，其中2人担任市政协常务委员。

【思想建设】 民盟恩施州委开展中心组集中学习8次，召开学习贯彻中共二十大精神宣讲报告会，盟员98人参加学习。开展“凝心铸魂强根基、团结奋进新征程”主题教育。参加民盟省委及中共恩施州委统战部主题教育及现场学习活动。线上开展“共读经典、书香润盟”活动，在微信公众号开设专栏，推送“中共二十大报告”等16部著作112期学习文章。开展主题教育线下活动6次，组织盟员20人到重庆开展主题教育现场学习。开展纪念中共中央“五一口号”发布75周年系列活动，召开纪念座谈会，观看纪录片《人民政协之路——五一口号》；组织108名盟员观看影片《望道》。在“恩施民盟”微信公众号和《恩施民盟》杂志宣传盟务工作和盟员先进事迹，推送“礼赞建州四十载·凝心聚力启新程”盟员绘画、书法、摄影、歌舞、文学等文艺作品48件；开辟“五一口号·记忆”“共读经典书香润盟”学习专栏推送学习文章150篇。各支部在已建成“盟员之家”开展活动11次，新建成民盟湖北民族大学支部“盟员之家”、

2023年3月21日，民盟恩施州委共同缔造课题调研组在宣恩县庆阳坝村调研

（民盟恩施州委 供稿）

恩施高中支部“盟员之家”、州直三支部“盟员之家”。完成民盟省委盟史研究课题《施方白小传》；协助民盟省委开展盟史专题研究，收集整理抗战时期民盟先贤在恩施活动的历史资料。

【组织建设】　成立民盟恩施州委直属三支部，恩施市支部届中调整，民盟恩施州委直属一支部启动换届筹备工作。发展新盟员 9 人，平均年龄 33 岁，均为大学本科以上文化程度，中级及以上职称 4 人。召开年度盟务工作总结大会，表彰先进集体和个人；组织老盟员开展“喜庆建州四十年，感受城乡新风貌”重阳节活动；组织盟员参加中共湖北省委、中共恩施州委统战部和各级民盟学习培训 15 人次。发挥机关枢纽作用，协助支部和专委会开展服务盟员、服务社会活动 12 次，组织盟员和机关干部参加全州统战群团系统喜迎建州 40 周年“同心杯”职工运动会和湖北宣恩第十五届贡水河水上运动会。

【政治协商】　民盟恩施州委履行参政党职责，在《政府工作报告》征求意见会议、党外人士座谈会等会议上，围绕主题建言献策。主委会成员领衔政党协商课题，在 4 次政党协商发会议上围绕“融汇多元、创新赋能，共同缔造和美乡村”“推进规范化建设，加强综合治理，筑牢饮用水水源地水质安全防线”“发挥山地气候资源优势，打造避暑康养和冰雪旅游‘长红’品牌”“加快推进时空信息平台建设，全面提升城乡数智化治理水平”提出意见和建议。支持盟员州政协委员参加议政性协商课题调研，在州政协议政协商会议上作题为《关于提升社区养老服务能力的建议》《关于马铃薯文化挖掘的建议》的发言。

【参政议政】　民盟恩施州委在州两会期间，提交集体提案和盟员人大代表建议、政协委员提案 23 件，其中集体提案《关于实施“三师下乡”共同缔造和美乡村》和盟员个人提案《关于进一步落实“双减”政策的提案》被评为州政协 2023 年度优秀提案；《捧起“森林粮食”金饭碗，做好“金山银山”大文章》入选州政协会议书面发言。全年完成民盟省委调研课题、民盟州委重点课题和招标课题 15 个，形成 15 篇调研报告，其中，民盟湖北省委招标课题“破解农村学校师资难题，改善民族地区办学条件”调研成果入选省政协“加快民族地区基础设施建设”月度专题协商会书面发言。向州、市政协提交社情民意信息 34 件，被州政协采用 4 件；向盟省委提交 9 件，被采用 4 件；其中《关于加强征兵淘汰人员解释工作的建议》《关于优化（我省）退役军人保障部门间协调机制的建议》由盟省委转报民盟中央并采用；《关于提高我州中小学班主任待遇的建议》《利川苏马荡综合执法局行政执法困境亟待解决》《关于五峰山核心区实施抢救性管控和整体开发的建议》获州领导批示。

【社会服务】　成立民盟恩施州委“同心服务团”，下属教育、医疗、法律、文化艺术、城乡规划建设与发展 5 个志愿者服务队，开展帮教、义诊、送法、发展规划等社会服务活动 8 次。在“民盟助力乡村振兴实践基地”下塘坝村和下坝村，围绕产业发展、基层治理等领域开展调研 6 次、社会服务 3 次。6 月 1 日，在恩施市新塘乡下塘坝小学开展“爱心暖童心，欢乐庆‘六一’”关爱留守儿童活动，联合州妇联等单位为 92 名学生赠送爱心礼物、捐赠校园建设资金和文体用品，合计价值 4. 6 万元；民盟恩施州委女盟员工作委员会“爱心妈妈”小分队 2 次到利川市汪营镇开展关爱困境儿童活动。

【民主监督】　民盟恩施州委参与、协助民盟湖北省委在恩施州开展长江生态环境保护民主监督调研工作，参加“推进宜昌、恩施建立健全流域生态保护和高质量发展”主题调研活动。围绕“水资源节约集约利用与调度”主题，到利川市、建始县调研，形成《民盟恩施州委 2023 年长江生态环境保护民主监督调研报告》。

【荣誉】　民盟恩施州委被民盟中央、司法部表彰为“黄丝带帮教”工作先进集体；被民盟湖北省委表彰为“盟务工作先进单位”。司马俊莲被民盟中央表彰为社会服务先进工作者；任焯煊被民盟中央、司法部表彰为“黄丝带帮教”工作先进个人。

（张　珍）

## 中国民主建国会恩施州委员会

【概况】　2023 年，中国民主建国会恩施州委员会（简称民建恩施州委）有会员 354 人，其中大专以上文化程度 299 人，中高级职称 166 人，女会员 116 人，中共交叉会员 16 人，平均年龄 51.9 岁。民建恩施州委下设 1 个基层委员会、2 个总支、13 个基层支部：恩施市基层委员会及所属的 4 个支部，州直总支及所属的 5 个支部，湖北民族大学总支及所属的 3 个支部，恩施职院支部。内设 8 个部委会，分别为：办公室、组织部、宣传部、参政议政部、社会服务部、理论研究部、基金办公室、企业委员会、妇女委员会。会员中有省人大代表 1 人，省政协委员 1 人；州人大代表 9 人（其中常委 2 人），州政协委员 24 人（其中常委 8 人）；县（市）人大代表 4 人（其中常委 1 人），县（市）政协委员 26 人（其中副主席 1 人、常委7人）。7月20日，民建中央副主席、江苏省政协副主席、民建江苏省委会主委洪慧民调研恩施民建工作；12月11日，民建中央副主席、湖北省副省长、民建湖北省委主委张文彤调研恩施民建工作。

**【思想建设】** 全年编印2期《恩施民讯》，民建恩施州委网站、微信公众号转载民建中央、省委会主题教育方面的学习内容和文章30余篇，发布各基层组织主题教育新闻动态50余篇，刊载会员学习心得体会文章40余篇。举办4期“民建清江讲坛”，分别邀请全国人大代表、全国政协委员、经济专家、党校教授宣讲党的二十大精神和全国两会精神、分享参政议政技巧、解读国家经济政策。民建恩施州委主委张伟撰写的征文《此心安处是吾乡》被州政协、恩施日报和省委统战部刊物《统一战线》专刊刊发。在团结网、《湖北日报》和《恩施日报》等各级会外媒体发布宣传信息189篇。

**【组织建设】** 发展新会员14名，其中，经济界人士12名，占比86%，司法界1名，基础教育界1名，各占比7%。全年推荐2名会员参加州级党外干部培训班，推荐黄光英、李少2名会员任民建湖北省委青年工作委员会委员。指导民建恩施市二支部、民建恩施市三支部增补支部委员，完成届中调整班子成员，改善基层支部领导班子的年龄和人才结构。

**【主题教育】** 民建恩施州委通过“凝心铸魂强根基、团结奋进新征程”主题教育固牢民建会员理想信念。6月，州委会成立主题教育领导小组，印发主题教育方案，召开动员会议，安排部署工作。各基层组织先后召开动员会议，开展现场教学活动：恩施市基层委联合北京市大兴区工委参观叶挺纪念馆，州直四支部联合宜昌高新区一支部参观中共鄂西特委旧址，州直二支部组织会员到咸丰县严家祠堂家风家训传承教育基地学习，州直三支部组织会员到咸丰县清坪镇龙潭司村开展现场教学。9月，召开主题教育中期推进会，安排民建恩施州直三支部、民建恩施市一支部、民建恩施职院支部3个基层支部作交流发言，部署下阶段工作。12月，组织30名骨干会员和新会员到重庆开展主题教育培训暨红色基地调研活动。在民建湖北省主题教育推进会上，民建恩施州委作题为《凝心铸魂下六“功”团结奋进有六“度”》的典型交流发言。

**【内部监督委员会】** 12月1日，民建恩施州委五届二十一次全体（扩大）会议召开，审议通过《内部监督委员会选举会议议程》《民建恩施州第五届委员会内部监督委员会主任、副主任、委员选举办法》。会议选举产生民建恩施州委会内部监督委员会，唐红珍当选内部监督委员会主任，刘海清、钱楷、鲁诚当选副主任，谭冬青、何玲、杨洁当选委员。

**【调查研究】** 结合政党协商议题，开展“美好环境与幸福生活共同缔造”“水安全和水环境安全”“全域旅游高质量发展”“数字经济园区建设”专题调研，形成调研成果在政党协商会上协商建言。班子成员牵头开展重点课题调研，“促进中医药传承创新发展”“推进县域‘教联体’扩面提质”“推进清江流域山水林田湖保护与修复”3个课题获民建湖北省委立项；各基层组织聚焦乡村振兴、体育经济、中医药产业、科技创新、文化教育、法治化营商环境等重点课题开展调研，提交调研成果14篇。

**【参政议政】** 在省两会上提交建议5件，提案3件，省人大代表张伟所提《请求支持省农科院中药材所升级中药材良种繁育中心纳入省级重大项目库》建议得到省政府采纳，《关于支持恩施州建设生态产品价值省级试点的建议》由省人大专题督办。州两会上，提交建议9件，提案41件，大会发言2篇，其中，口头发言1篇，题为《擦亮恩施旅游“金字招牌”建设“世界级旅游目的地”》，书面发言1篇，题为《夯实生态碳汇基本功　打造绿色崛起新引擎》；在州政协九届一次会议上所提集体提案《关于加快推进优化法治化营商环境的提案》及委员曾小玉等个人提案共10件被评为优秀提案。全年向民建省委提交社情民意信息93篇，获采用54篇，其中，《关于完善生育保险制度 助力优化生育政策促进人口长期均衡发展战略实施的建议》被全国政协采用，《关于建设湖北省中药材良种繁育中心的建议》被省委统战部采用，《关于深入推进教师“县管校聘”改革的建议》在省政协月度协商会上口头发言。向州政协提交社情民意信息38篇，获采用9篇，州领导签批5篇。

**【长江生态环境保护民主监督】** 开展长江生态环境保护民主监督工作。组建调研组到恩施市、宣恩县，重点调研流域综合治理试点开展情况、中央和省环保督察中涉及长江大保护方面的整改情况、城镇污水垃圾处置情况等，并与当地党委政府及职能部门座谈反馈，形成书面调研报告《民建恩施州委2023年长江生态环境保护民主监督工作调研报告》报送至中共恩施州委统战部，发挥民主监督作用。

**【助企纾困解难】** 走访调研会员企业20余次，了解企业发展现状和困难诉求。探索建立“逢八茶叙会”，搭建企业家交流平台，组织企业家交流反映诉求，帮助协调解决。解决企业融资需求，助力银企对接，邀请人民银行和10家商业银行与30

家企业面对面沟通交流，为民建恩施州委会及会员企业首次签约授信10.7亿元。

【社会服务】　民建恩施州委及各基层组织围绕全州统一战线“同心聚力·共同缔造”品牌打造和民建“乡村振兴实践基地”建设，开展“思源”品牌社会服务活动29场次，争取和投入各类物资及资金共919万元。其中，争取思源基金会捐赠240万元实施风雨桥项目、111万元的“乡村振兴能量包”项目；争取民建海宁市基层委资金42万元，开办2个“民建海宁·恩施思源班”；发动150余名恩施民建会员捐赠“思源”助学金16.46万元；携手爱心企业为巴东捐赠280万元药品和医疗设备，为鹤峰捐赠10万元路灯，为胜利街社区捐赠5万元现金及3万元监控设备。民建恩施州委和州直三支部分别到恩施市三岔镇燕子坝村开展慰问活动，捐赠价值2万余元物资。

【跨区域交流】　4月，民建恩施州委组织部分会员企业家及机关干部一行到宜昌调研学习，交流组织建设和社会服务工作；11月，组织民建恩施州直一支部到荆州市，与民建荆州市委直属综合总支共同开展主题教育和友好支部缔结活动。7月，民建武汉市委到恩施州调研乡村振兴，座谈交流主题教育和社会服务工作开展情况；10月，民建武汉市委带领民建武汉市硚口区企业家一支部到恩施，与民建恩施州直四支部缔结友好支部；12月，民建荆州市委到恩施州调研支部“会员之家”建设，交流组织建设工作。

【荣誉】　9月，主委张伟被民建中央表彰为民建思想政治建设工作先进个人。民建恩施州委被民建湖北省委评为2022年度新闻宣传工作先进单位（二等奖）和2022年度反映社情民意信息工作先进单位（二等奖）。会员康银蔓、吕檬被民建湖北省委评为全省反映社情民意信息工作先进个人。

（吕　檬）

2023年10月31日，民建恩施州委开展长江生态环境保护民主监督专项调研，到垃圾焚烧发电厂、污水处理厂、小流域综合治理试点等实地走访并座谈交流，了解恩施市长江生态环境保护及绿色发展情况　（张远明　摄）

## 中国民主促进会恩施州总支部委员会

【概况】　2023年，中国民主促进会恩施州总支部委员会（简称民进恩施州总支）下设5个支部，有会员58名。会员中有湖北省第十三届政协委员1人、恩施州第九届人大代表2人、恩施州第九届政协委员12人、恩施市第十一届人大代表1人、恩施市第十届政协委员6人。

【思想建设】　制定《民进恩施州总支关于开展“凝心铸魂强根基、团结奋进新征程”主题教育工作方案》并作动员部署。开展中共二十大精神专题培训，邀请州委宣讲团成员，宣讲中共二十大精神。总支开展理论学习中心组（扩大）学习活动5次，各支部开展理论学习活动2次。组织开展中共中央发布“五一口号”75周年纪念活动，在民进湖北省委会征文活动中获优秀组织奖。组织会员到重庆市红色教育基地、建始县店子坪村红色教育基地、鹤峰县满山红革命烈士纪念馆和党风廉政警示教育基地参观学习。总支主委罗永健被民进中央表彰为民进全国宣传思想工作先进个人。

【组织建设】　3月，完成总支及下属支部届中调整，罗永健当选为民进恩施州总支主委，下设支部的2名主委和4名委员实现届中调整。新建民进恩施州高校支部，配备1名主委和3名委员。全年发展新会员6名，教育文化领域占比80%，均为中高级知识分子。总支机关增设参政议政科，增核行政编制1个，增核正科级领导职数1个，完成人员选调工作。组织新会员到省社会主义学院参加培训学习。会员黄丽芬、谭永胜被推荐担任湖北民进长江艺术团副团长、湖北开明画院副院长。

【参政议政】　民进恩施州总支组织开展“美好环境与幸福生活共同缔造”“推进流域综合治理”“做好冷凉两篇文章，促进全域旅游高质量发展”“加强数字恩施建设”4次专题调研，参加政党协商会议，提出工作建议。在州政协九届二次会议上提交民进集体提案15件，大会发言材料2件，均获立案交办。其中3件提案被确定为中共恩施州委、州政府、州政协领导督办的重点提案。向民进湖北省委会提交提案4件，向州政协、中共恩施州委统战部提交社情民意信息33件，其中4件获州领导签批或相关部门采用，1件被州政协表彰为优秀社情民意信息。民进恩施州总支提交的《关于加强新型现代烟草产业链建设的提案》《关于发挥非遗文化价值作用，助推我州文旅产业发展的提案》被州政协表彰为2023年度优秀提案，《关于加强农村撤并学校资产管理的提案》被民进湖北省委会表彰为2023年度优秀提案。

【长江生态环境保护民主监督活动】 民进恩施州总支到咸丰县开展长江生态环境保护民主监督活动，围绕唐岩河岸线治理和生态修复开展调研，提出针对性建议。

【社会服务】 发挥民进教育界别智力优势，开展“生活·实践”教育活动，促进素质教育发展。联合相关部门组建工作专班。邀请当代教育名家、省人大常委会原副主任、民进湖北省委会原主委、华中师范大学教授周洪宇进行“生活·实践”教育专题辅导培训。推动恩施硒都实验小学等6所中小学校开展“生活·实践”教育示范校建设。对接民进广东省委会，向咸丰县人民医院捐赠眼科医疗设备110万元，为100名困难群众实施白内障免费手术。引进武汉民进会员企业和湖北民进爱心基金，向利川市凉雾乡幼儿园捐赠20余万元的学前教育装备和文体游戏用品。开展“六一”儿童节走访慰问，为大峡谷风景区前山小学、恩施市何功伟小学、宣恩县清外小学的留守儿童和家庭困难学生送去学习用品、体育器材和助学慰问金。帮助宣恩县板寮村新建农村图书室，捐赠农业科技书籍1500册，与湖北恩施学院图书馆实现电子图书资源共享。组织开展“春联万家”活动，一批民进书法家会员无偿为社区干部群众书写春联。参与中共恩施州委统战部组织的春节慰问活动，向恩施市儿童福利院捐赠1500元书籍。

（宋兴月）

## 中国农工民主党恩施州委员会

【概况】 2023年，中国农工民主党恩施州委员会（简称农工党恩施州委）下设1个基层委员会（湖北民族大学基层委员会）、1个总支委员会（恩施市总支）和3个直属支部（州直综合支部、州中心医院西医支部、州中心医院中医支部），全州农工党员总数为242人。现有4名党员任州人大代表、17名党员任州政协委员，主委向仕莲任州九届人大民族宗教侨务外事委员会副主任委员，副主委王克全、张凤分别任州九届政协提案委员会副主任委员、经济委员会副主任委员，7名党员任州政协常委。王克全被农工党省委会表彰为参政议政工作先进个人，1篇调研报告获评农工党省委会2022年度优秀调研报告二等奖；杨佐忠被湖北省政府表彰为先进工作者，央视CCTV-12《道德观察》栏目播放专题人物纪录片；李绪锋获评2022年度湖北省“最美消费维权人物”（专职维权工作者）；向仕莲、毛红梅获省委会优秀党员称号，张登仕、徐先早获评优秀党务工作者、宣传工作先进个人。

【思想建设】 农工党恩施州委召开7次全体会议和理论学习中心组集体学习，领导班子参加专题学习6次。推进“凝心铸魂强根基、团结奋进新征程”主题教育，组织编汇、拍摄《恩施农工工作掠影（2021—2023年）》《团结奋进开新局、致敬湖北农工40年》。召开纪念中共中央发布“五一口号”75周年专题宣讲会，组织党员参加征文活动，报送征文9篇，省委会采用6篇，其中庹纯洁的理论文章获农工党中央理论征文三等奖，张立婷的文章在《前进论坛》和省委统战部评选活动中获二等奖，贺信的文章在省委统战部评选活动中获优秀奖。组织党员参加全州政协系统“学思践悟二十大，展现政协新作为”演讲比赛，获优秀奖。加强宣传工作，累计对外宣传112篇次，其中国家

2023年12月16日，中国农工民主党恩施市总支部委员会成立

（农工党恩施州委 供稿）

级媒体平台 8 篇，省级主流媒体 4 篇，其他地市级官方平台（黔江区）1 篇，州级报刊 2 篇，电子报刊 2 篇，其他州级媒体 89 篇。“恩施农工党”微信公众号 3 件原创新闻稿阅读量突破千次。

【组织建设】　新发展党员 12 人，主界别领域 9 人，占比 75%，全州党员增至 242 人。组织党员参加井冈山“高校党外代表人士培训班”、省委会第 44 期新党员培训班等 15 人次。湖北民大基层委和恩施市支部获省委会“优秀基层组织”称号，市支部被中共恩施市委统一战线工作领导小组办公室评为“恩施市 2022 年度统战工作突出单位”。成立中国农工民主党恩施市总支部委员会，李国玲当选第一届总支主委，总支下设医药卫生支部和综合支部。新挂牌成立恩施农工党企业党员之家，全州党员之家增至 5 个，1 个党员之家被命名为第二批省级农工党党员之家。牵头建成恩施爱尔眼科医院政协委员工作室，18 名政协委员开展首次活动。7 月，农工党重庆市黔江区总支委员会到恩施开展组织交流活动，并就区域医疗中心建设课题进行联合调研。8 月，省政协副主席，农工党中央常委、湖北省委会主委杨玉华到恩施调研组织建设。9 月，州委会到北京与农工党北京市昌平区总支签订“农工党友好组织”共建备忘录。

【参政议政】　围绕中共恩施州委政党协商课题、农工党省委会课题等开展调研 11 次，形成调研报告 7 篇。州委会撰写《恩施州反映：山区农村地区如期实现饮水安全问题清零，水源水库建设仍受三方面因素制约》被州委办公室采用，并报省委办公厅；向仕莲提出《关于加强全省癫痫疾病统一管理的提案》由省政协立案，获评省政协十三届一次会议以来好提案，相关报道《我是代表委员丨向仕莲：让癫痫疾病患者得到更多社会关爱》被人民日报客户端、湖北社会科学网和湖北妇女网等省级以上媒体转载；全年提交提案建议共 37 件，集体提案《关于传承红色文化，推动恩施红色旅游高质量发展的提案》和王军提交《关于后疫情时代促进中小微企业发展的提案》获评州政协 2023 年度优秀提案；向省委会、州政协、州委统战部分别提交社情民意 52 件、12 件和 31 件，其中省委会采用 51 件，州政协采用 3 件，2 件得到副州长宋涛和州政协副主席万雪峰签批，2 件报送至省政协；向仕莲撰写的《加强民族地区水源水库建设确保农村群众饮水用水安全》被农工党中央采用并报全国政协；恩施市支部提交的 5 件提案和 4 篇社情民意被市政协采用，1 件人大代表建议被列为重点建议，彭争、杨露被中共恩施市委评为委员履职突出个人，石娟获评提案办理突出个人。州委会在鹤峰县开展对口长江生态环境保护民主监督，就“饮用水水源地保护”提出意见建议。

【社会服务】　持续擦亮“同心助医”特色社会服务品牌，依托农工党中央公益项目捐赠的价值 100 万元的医疗设备，助力全州建起 200 个“健康驿站”；争取北京医疗资源，组织专家为恩施 101 名乡村医生现场授课；与首都医科大学附属北京佑安医院达成“同心助医·佑恩健康”五年公益行动意向，佑安医院免收 400 万费用优先接收恩施州医疗骨干进修，支持二级以上医院加入中国医院协会传染病分会和佑安肝病感染病专科医疗联盟，为全州肝病重症患者开通绿色通道。命名授牌 5 家“同心医院”为“同心助医”社会服务基地，恩施爱尔眼科社会服务基地被授牌为农工党湖北省委会首批社会服务基地。在全州开展“义诊进乡村”“助残扶残到家门”“同心六一”“社区义诊”等公益活动 25 场次，累计惠及 6000 余人次，免费捐赠医疗服务、药品、爱心物品等 15 万余元。妇女工作委员会开展“一月一主题”“民法典宣传月”等法治体检进学校、进企业、进社区活动，开展法律宣讲 25 场次；对接共青团中央所属中国光华科技基金会“青年之桥”项目，争取杭州市恩施商会 3 年 100 万元的慈善捐助。开展“我为党员企业办实事”活动，成立政务服务团、健康服务团和法律服务团，走访调研恩施市金盾保安集团、巴东爱尔眼科等企业，形成建议被州政协采用。

（王克全）

## 九三学社湖北省委直属恩施支社委员会

【概况】　2023 年，九三学社湖北省委直属恩施支社委员会（简称九三学社湖北省委直属恩施支社）秉承“爱国、民主、科学”宗旨，开展“凝心铸魂强根基、团结奋进新征程”主题教育。承办九三学社湖北省委庆祝恩施州建州 40 周年大型文艺晚会及系列活动。

【组织建设】　九三学社湖北省委直属恩施支社有社员 17 人。支社设主委 1 人，湖北慧宜医疗集团董事长、恩施慧宜眼科医院院长杨方列为主委，湖北民族大学化学与环境工程学院副教授娄方明、恩施慧宜中西医结合风湿医院副院长、心血管首席专家张宏伟为委员。5 月 10 日，九三学社中央副主席丛斌到恩施州，调研社员思想状况和社会服务工作。

【参政议政】　九三学社湖北省委直属恩施支社主委杨方列在政协湖北省第十三届委员会第一次会议上，提交《把硒资源优势变为硒产业优势，大力发展我省硒健康产业》《发挥我省原创 MNP 技术优势发展湖北传染病源体监测产业》提案。在州政协会议上，提出《搞好“大屋场”建设是实现农村“美好环境与幸福生活共同缔造”的关键环节》《推进州域流域综合治理，坚守水安全底线》《恩施州清江流域综合治理的主要问题及对策建议》《做好“两篇文章”，促进全域旅游高质量发展的对策与建议》《“保市场主体”是当下的一项重要工作》《创造条件鼓励生育 持续享受人口“红利”》《强化民企法律服务 促进民企健康发展》7项建议。7月，参加省政协副主席王兴於到宣恩县黄家坪、一正药业调研活动，调研“一线协商·共同缔造”行动，到恩施土家女儿城文化旅游有限公司、恩施旅游集团公司调研座谈。

【社会服务】 九三学社湖北省委直属恩施支社配合九三学社中央“亮康行动”湖北推广基地——恩施慧宜眼科医院做好“亮康行动”工作。组织社内医疗专家到利川市、来凤县、宣恩县开展九三学社医疗专家科普义诊活动4场次。5月，与州政协、州妇联和各民主党派界别举办“汇聚恩施各界力量 关注儿童友好环境”界别活动，开展“博爱—牵手”送医送法下乡社会服务活动。邀请北京、武汉三甲医院12名医疗专家到恩施开展学术讲座和义诊，并在州内成立“九三学社湖北省名医工作站”，已授牌湖北慧宜医疗集团、来凤县翔凤镇卫生院、咸丰县高乐山镇卫生院、巴东县清太坪镇卫生院4家医疗机构。开展义诊10余次，为2000余名患者提供免费医疗服务，赠送药品1万余元。培训医务人员300余人次。

（黄雪茸）

## 恩施州工商业联合会

【概况】 2023年，恩施州工商业联合会(简称州工商联)贯彻习近平总书记关于新时代民营经济统战工作以及加强和改进工商联工作的重要指示批示精神，围绕“两个健康”主题，发挥工商联优势作用，推动落实纾困惠企政策，服务民营经济高质量发展。

【主题教育】 坚持把“学思想”贯穿主题教育始终，举办7期专题读书班，班子成员分别到所在党支部、各直属商会和联系帮扶村讲授专题党课，邀请州委党校专家为全州工商联干部职工、直属商会负责人和民营企业代表60余人作专题辅导讲座。结合党员干部“下基层、察民情、解民忧、暖民心”实践活动和“与企连心，为企服务”助企纾困服务年活动，开展助企纾困及党员志愿服务活动。截至2023年12月，州工商联党员干部到基层59人次，收集问题10个，领办民生实事项目5件，均已全部办结。抓好问题检视整改，建立第二批主题教育问题清单，共检视问题5个，全部整改到位。

【思想政治引领】 全州工商联开展学习贯彻党的二十大精神宣讲活动52次。州委常委、统战部部长田金培在州工商联（总商会）七届二次执委会上作形势分析报告，鼓励民营企业家增强发展信心搞发展。联合直属商会、基层商会、民营企业家开展12次红色教育活动。召开全州理想信念教育报告会，5名民营企业家及商会会长作理想信念报告。在浙江省杭州市举办全州2023年度年轻一代民营经济人士教育培训班，引导全州年轻一代民营企业家坚定理想信念、提升能力素质。结合建州40周年庆祝活动，联合开辟“天南地北”恩施人专栏，宣传恩商先进典型事迹，刊登39期。全州工商联系统全年共在各类刊物和网站刊登相关信息70余篇，其中《召唤优质企业回乡投资》在《中华工商时报》刊登。

【政治协商、参政议政与民主监督】 州工商联组织引导工商界人大代表、政协委员有序参与政治生活和社会事务。举办全州工商联系统信息和调研工作专题培训班，提升政协委员履职能力。召开州政协第九届工商界委员座谈会，通报2023年工商界委员提案完成情况，研究讨论州政协九届三次全会发言稿及提案主题，安排部署2024年工商界委员工作室相关工作。结合主题教育，开展走访调研，州联班子成员全年到基层商会、民营企业专题调研60余次，倾听企业呼声，“一对一”帮助解决实际困难。组织州政协工商联界别委员开展2次专题调研考察座谈活动，筹建工商联界别政协委员工作室，全年提交政协提案和社情民意30多件，其中《关爱中小微企业发展，助力“两山”实践创新示范区建设》作全会大会发言，《关于后疫情时代促进中小微企业发展的提案》《关于推进创文创卫工作的提案》等集体提案获州政协年度优秀提案。

【助力乡村振兴】 州工商联推进“万企兴万村”行动，召开全州“同心聚力·共同缔造”暨“万企兴万村”行动现场拉练会，起草出台《恩施州民营企业（商会）“同心聚力·共同缔造”实施方案》，打造32个民营企业、商会“同心聚力·共同缔造”示范样板点。全州2169家民营企业、商会组织结对帮扶1510个行政村，实现村企结对全覆盖，投入资金49.7亿元，实施1584个帮扶项目，辐射56万人口，带动33.5万人就业，助力构建“一乡一业、一村一品”的产业格局，探索出产业、就业、技能等11种帮扶模式和多样化的村企链接机制，3个村企结对帮扶项目被确定为省“万企兴万村”行动实验项目。

【招商联络】 州工商联完善并严格落实异地商会联络制度，18名州领导联系服务18家异地恩施商会。加强对外交流和沟通联络，联合浙江台州恩施商会举办恩施州异地商会联谊交流暨招商推介会，到北京、上海、广东等地开展招商引资活动，协调项目签约落地。融入宜荆荆都市圈，宜昌、恩施两地工商联就建设宜荆荆都市圈城市商会联盟进行交流互访。与武汉市工商联对接，推动落实对口帮扶任务。加强与对口帮扶地区杭州市的交流与合作，赴杭州市工商联参加友好工商联座谈会，杭州市恩施商会1名常务副会长被杭州区域协作发展促进会聘请为“杭恩合作交流大使”。

【服务民企发展】　州工商联完善州、县两级“四大家”领导联系商会、重点民营企业工作机制。贯彻落实《中共中央、国务院关于促进民营经济发展壮大的意见》精神，举办恩施州民营企业、商会和在恩投资企业代表人士座谈会，组织4期“服务民营企业专题会商”活动，推动各项惠企政策落实落地，帮助兑现招商补贴670余万元，帮助37家企业与10余家银行搭建“政银企”交流平台。召开异地恩施商会会长座谈会，听取民营企业、商会代表对推动恩施州高质量发展的意见建议，协调解决企业实际困难。召开全州民营企业金融服务专题会议，对接服务246家企业，为92家有融资需求满足融资条件的企业审批授信14.8亿元，缓解民营企业融资难题，该项工作被省工商联评为2023年全省工商联工作实践创新成果一等奖。联合州优化办、州市场监管局、州个私协会印发《关于切实加强全州非公有制企业投诉服务平台建设的通知》。做好恩施州优化营商环境评价工作，根据《2023年全省营商环境评价工作方案》和省工商联《关于配合做好营商环境评价工作的通知》精神，向州政府作专题汇报，与州营商办联合召开民营企业评营商环境协调会，确保“民营企业评营商环境”数据准确及时报送。加强恩施州非公有制企业投诉服务平台建设，截至2023年12月底，恩施州在省投诉服务平台认证企业71326家，认证商会105家，认证律师224名，共受理诉求102件，办结率和满意率均达100%，位列全省前列。开展“万家民企促就业”行动，参与恩施州2023年“春风行动”暨就业援助月全州园区企业招聘会，动员全州民营企业在非公有制企业投诉服务平台发布岗位招聘信息，提供295个优质岗位，招聘2432人。

【民企法治服务】　州工商联结合“八五”普法宣传教育和“依法治企”法律服务月，开展“法律三进”“法治体检”“万所联万会”活动。召开全州法治民企建设工作会，邀请州法院专家就企业法律风险防范为州及县（市）工商联、商会、150位新任执常委企业负责人进行培训。全州216名律师对186家民营企业进行“一对一”“法治体检”，提供法律咨询506次，出具法律意见书119份、为民营企业审理合同435份、帮助企业化解矛盾纠纷267件。与公检法司等部门建立联系协作机制，确定20家民营企业作为全州行政执法监督联系点，探索建立涉案企业合规第三方监督评估机制，协助办理合规案件11件，涉案企业缴纳税款700余万元，实现营业额收入3.6亿元，稳定就业近800人，助力涉案企业有效防范法律风险，依法规范经营。

【全面从严治党】　州工商联党组落实党组主体责任、党组书记“第一责任人”职责和班子成员“一岗双责”。在州工商联（总商会）七届二次执委会上，对全州工商联系统落实全面从严治党政治责任进行专题部署。全年共19次在党组会、党组理论学习中心组学习会议和全体干部职工大会上传达学习党风廉政建设有关会议、文件精神，研究部署、督促落实党风廉政建设有关工作。支持配合州纪委监委派驻纪检监察组把监督工作融入工商联履职尽责全过程。结合清廉机关建设，开展违规吃喝专项整治工作及党风廉政月活动。

【组织建设】　州工商联巩固拓展“五好”（政治引领好、队伍建设好、商会发展好、作用发挥好、工作保障好）县级工商联创建成果，严格落实领导联系县（市）工商联制度。出台《恩施州工商联系统所属商（协）会廉洁诚信自律公约》，推动商会加强自身建设，引导商会积极参与社会治理，利川市汪营镇商会一案例被全国工商联评为2023年百佳商会调解案例。指导成立恩施市金子坝街道办事处商会，全州工商联系统所属乡镇、街道商会已全部注册登记，实现全覆盖。

（刘田甜）

# 群众团体

# Mass Organizations

## 恩施州总工会

【概况】 2023年，全州工会在州委和省总工会的领导下，各项工作取得新成效。省人大常委会副主任、省总工会主席刘雪荣和州委书记胡超文、州长夏锡璠等州领导先后6次对全州工会工作作出肯定性批示，在全省工会、全州交流发言6次。恩施州总工会被评为2023年度全省工会“职工说了算”工作考评优胜单位。

【思想政治引领】 用好劳模工匠宣讲团，全年开展宣讲642场次。全州工会系统举办中国工会十八大精神宣讲会、湖北省工会十四大精神宣讲会、《习近平关于工人阶级和工会工作论述摘编》宣讲会、《湖北省人民代表大会常务委员会关于大力弘扬劳模精神劳动精神工匠精神的决定》宣讲活动等，引导广大工会干部、职工群众深入学习，筑牢共同奋斗思想根基。加强新闻宣传工作，州总工会官网发布信息532条，微信公众号发布推文474篇，全州工会系统在省级新闻媒体平台发稿378篇，在国家级新闻媒体平台发稿106篇。

【阵地建设】 全州已自建成户外爱心驿站102个，联建站点60个，惠及全州新就业形态劳动者达3万余人。联合人社部门融合共建爱心驿站和零工驿站18家。

【基层工会建设】 参与完善社会治理体系、提升社会治理效能的实际行动，结合实际，按照“增强凝聚力、扩大覆盖面”的总体思路，推进“小三级”工会建设，激发“小三级”工会组织活力。截至11月中旬，全州共建立“小三级”工会组织1638个，其中村工会组织1357个，社区工会组织231个，实现村社区工会组织全覆盖。累计新发展工会会员237183人，全州共有工会会员495675人。

【职工帮扶】 全州各级工会共筹集资金610.8万元，开展困难职工帮扶和送温暖；筹集104万元助学资金解决困难及低收入职工家庭子女“读书难”问题。全州工会开展夏季服务职工系列活动，筹集送清凉资金89.6万元，为近1.2万名一线职工送上“清凉大礼包”；举办暑期职工子女托管班，各级工会、企事业单位工会组织暑期职工子女托管班28个班次，为1166名职工子女提供免费托管服务。

【创新职工服务体系】 以“三建活动”（建服务平台、建工作机制、建工会组织）为载体，聚焦新就业形态劳动者最关心、最直接、最现实需求，提供“7+N”工会服务（送清凉、送温暖、送安全、送法律、送培训、送保险、送学费），传递党和政府的关怀、工会组织的温暖。

【“两节”送温暖活动】 开展“两节”送温暖慰问活动。全州各级工会共筹集资金139万元，开展走访慰问部分困难企业和职工、劳模工匠、一线职工、防疫人员以及新就业形态劳动者3200余人次。其中州总工会筹集资金40.9万元，帮扶、慰问870人。

【文体活动】 举办“幺妹儿带你慢慢儿耍”职工工间操展演活动，全州412支代表队1007家单位参与，直接展演职工2万余人，56支决赛队伍进行线上展演，5天内投票点赞数达七百四十万，累计点击量破亿人次，先后推出“工间操+文旅”“工间操+快闪”“工间操+校园”等模式，覆盖职工群众100余万人，抖音平台“幺妹儿带你慢慢儿耍”主话题视频播放量达3.7亿次，被评为全省新时代职工思想政治工作经典案例。举办2023年全州统战群团系统喜迎建州40周年“同心杯”职工运动会暨“恩BA”篮球赛，62支队伍1200余名运动员参赛，规模、水平空前。举办“中国梦·劳动美——建功先行区当好主力军”全州职工宣讲比赛，320名选手参赛，引领职工永远跟党走、建功新时代。

2023年6月12日，恩施州工会代表会议暨恩施州总工会七届二次全委（扩大）会议召开　（州总工会　供稿）

【劳模精神】　全年共推选全国工人先锋号1个，省劳动模范和先进工作者22个，荆楚工匠1个，州五一劳动奖85个、州工人先锋号33个。鹤峰县劳模代表许群群在2023年湖北省庆祝“五一”国际劳动节暨省劳动模范和先进工作者表彰大会上作典型交流发言。开展首届恩施州“十大最美产业工人”评选活动，培育选树一批行业领军人物。打造全州首条“劳模号”主题公交专线和劳模文化长廊，推动“三个精神”走进基层、深入职工。召开州政府与州总工会联席会议，在全省率先提高全州省部级以上劳模荣誉津贴标准，惠及省部级以上劳模320人。为14名全国劳模申报专项补助资金6万余元，为87名省部级劳模发放补助资金99.37万元，组织1400余名劳模、职工、技术工人开展疗休养，州外到恩疗休养25万余人，共挂牌劳模（职工）疗休养基地29家，与杭州市总工会签订疗休养合作协议，推动疗休养事业发展。

【消费帮扶】　组织各基层工会参与消费帮扶，得到州委、州政府相关领导肯定，被恩施州实施乡村振兴战略指挥部办公室、恩施州消费帮扶工作专班办公室评为全州消费帮扶工作先进单位。将省总工会爱心消费资金673万元全部用于补助困难企业工会购买农副产品，全年全州各基层工会通过“扶贫832”购买恩施州农产品15949万元。

【开展劳动和技能竞赛】　重点在5G智能应用、医疗卫生、农业、金融、消防、清洁能源等行业和领域开展“当好主人翁·建功新时代”主题劳动和技能竞赛。全州共开展各类竞赛185场次，覆盖职工30余万人，6个项目被定为省级引领性劳动竞赛项目。全州职工积极开展群众性创新创造活动，国网建始县供电公司“电力系统配电网自动化技术的应用”被评为全省职工百优“五小”成果。58个项目参加湖北省“鄂有绝活”高技能人才技能大赛，2个项目被评为“优秀绝活奖”。第四届“工创杯”职工双创大赛报名数量达125个，8个项目进入全省复赛，来凤腾升香料化工有限公司荣获“十佳创业奖”，职工创业创新活力竞相迸发。黄俊创新工作室被评为湖北省职工（劳模、工匠）创新工作室，新建州级产业工人培训示范基地10家、职工（劳模、工匠）创新工作室10家。

【对口帮扶与协作】　4月，杭州市总工会、杭州市对口支援与区域合作局联合印发《关于进一步深化杭恩两地疗休养工作方案》。7月10日，州委常委、州委统战部部长、州总工会主席田金培带队到杭州市总工会对接杭恩两地工会对口合作工作，正式签订《杭州市·恩施州两地工会疗休养合作协议》。10月18日，杭州市总工会与恩施州总工会签订《2023年对口合作协议书》。

【考察交流】　2月23日，省人大常委会副主任、省总工会主席刘雪荣到恩施州调研工会工作，看望慰问一线职工。4月12—13日，省总工党组成员、副主席刘建宇一行到恩施州调研工人文化宫建设情况。10月19日，省总工会党组书记、常务副主席陈惠霞到省总工会平安建设联系点恩施市调研督导平安建设工作，宣传落实中国工会十八大精神。

【重要会议】　6月12日，恩施州工会代表会议暨恩施州总工会七届二次全委（扩大）会议召开，选举产生恩施州出席湖北省工会第十四次代表大会代表。州委常委、州委统战部部长、州总工会主席田金培主持会议。

**【创卫创文】** 恩施州总工会成立创卫创文工作领导小组，制定《恩施州总工会创建国家卫生城市和全国文明城市工作方案》，明确全年创文创卫目标任务。通过州总工会微信公众号、抖音号、工会娘家人微信群转发各类创建内容。累计发布创建相关图文 34 余条，视频 1 个，累计阅读量超过 2 万次。恩施州总工会被评为“恩施州 2023 年度创文创卫工作突出单位”。

**【巡察工作】** 8 月 29 日，召开巡察州总工会机关党组工作动员会，传达学习中央、省委和州委关于巡视巡察工作的新精神、新要求，通报相关工作安排，对配合做好巡察工作作出安排。

**【工人文化宫获评首批全国标准化工人文化宫】** 11 月，中华全国总工会办公厅公布首批全国标准化文化宫名单，恩施州工人文化宫被确认为首批全国标准化文化宫，全省仅 2 家，全国仅 48 家。

**【全国“最美工会户外劳动者服务站点”】** 恩施州共有 103 家工会户外劳动者服务站点，其中宣恩县上湖塘社区户外职工爱心驿站、利川市谋道镇苏马荡新市民广场工会爱心驿站·新市民之家被评为 2023 年度全国“最美工会户外劳动者服务站点”推树站点，驿站自投入使用以来，每日平均服务人次达到 70 余人次。

**【开展新就业形态劳动者温暖活动】** 走访调研新就业形态劳动者群体，组织外卖骑手、快递小哥召开座谈会，了解其所思所需所盼，设身处地地建设服务阵地。针对新就业形态劳动者需求，将爱心驿站与骑手之家进行资源整合，融入更多工会元素，配备个性化物资，让新就业形态劳动者感受工会贴心服务。为更好服务于职工群众，不断适应新形势新任务新要求，依托美好环境与幸福生活共同缔造，鹤峰县变“爱心驿站”为“爱心移站”，通过“职工点单、精准供给、上门服务”，用“服务清单”对接“问题清单，为户外项目工地等一线职工提供“义诊上门”“义剪入户”“电影下乡”等服务。依托构建城区“15 分钟职工服务圈”，打造“会、站、家”一体化职工之家 20 个，向杭州市总工会争取资金 60 万元，将现有的服务阵地提档升级，在恩施市红庙、高新区新建 2 个职工服务活动中心，实现阵地共用、服务共享。

**【16 人被湖北省人民政府表彰为“湖北省劳动模范”】** 恩施花枝山生态农业股份有限公司技术总监刘港，建始县茨泉宾馆有限责任公司厨师长李军武，中国移动恩施分公司派驻大集场村第一书记兼工作队长李晨赫，湖北一红一绿茶业科技集团有限公司总经理何洁，国网来凤县供电公司安全监察部主任张志国，湖北利川红产业集团有限公司高级茶艺师陈孟秋，湖北中烟工业有限责任公司恩施卷烟厂卷包车间维修工范忠，宣恩县非物质文化遗产传习所工会主席罗义杰，恩施市公共汽车有限责任公司一分公司安全员聂池昆，咸丰韵达快递有限公司快递员黄鄂林，巴东县公交公司驾驶员谭玉玲，巴东县野花坪村村民委员会党支部书记、村委会主任王祖华，利川市勤隆中药材专业合作社社员龙祥云，中国邮政集团有限公司湖北省来凤县分公司绿水支局投递员匡锦梅，鹤峰县天牧牧业专业合作社理事长许群群，宣恩县椒园镇黄坪村黄金梨专业合作社理事长姚元翔被省人民政府表彰为“湖北省劳动模范”。

**【6 人被湖北省人民政府表彰为“湖北省先进工作者”】** 巴东县第一高级中学副校长马海林，鹤峰县社会福利院向朝阳，恩施市第二中学教师杨佐忠，咸丰县市容环卫管理所党支部书记、所长何立，利川市第一高级中学教师罗治业，恩施土家族苗族自治州中心医院心内科主任医师雷玉华被省人民政府表彰为“湖北省先进工作者”。

**【荣誉】** 宣恩县总工会黄新枝获“全国工会系统先进工作者”称号。国网湖北省电力有限公司建始县供电公司花坪供电所获中华全国总工会“全国工人先锋号”称号，湖北中烟工业有限责任公司恩施卷烟厂峡谷情班组、建始县烟墩大道消防救援站获湖北省总工会“湖北省工人先锋号”称号，湖北交投鄂西建设公司获湖北省总工会“湖北省五一劳动奖状”，建始县人民医院医院感染管理科主任、主管护师吴绍红，恩施德源硒材料工程科技有限公司副总裁、研究员丛欣获湖北省总工会“湖北省五一劳动奖章”。湖北省烟草公司恩施州公司烟叶科技中心调制技师李富强、利川市艺苑民族工艺美术有限公司木雕师张之文被湖北省总工会评为“荆楚工匠”。

（雷　荟）

## 共青团恩施州委

**【概况】** 2023 年，共青团恩施州委共有下级组织 8291 个，其中团的领导机关 8 个，团委 222 个，团工委 18 个，团总支 142 个，团支部 7856 个，团员 145311 人。全州共有少先队员 28.39 万人，少先队大队 529 个，中队 6658 个，校外少工委 300 个，少先队校外实践教育基地 57 个。

**【理论武装和思想引领】** 组建青年宣讲团，覆盖青少年 22 万余人。开展“学习二十大，争做好队员”“红领巾爱学习”“清明祭英烈”“向国旗敬礼”等各类主题队日活动，覆盖全州6771个中队。以“青年大学习”为抓手，全年200万人次团员青年参学；每月举办“青年读书会”，邀请各类青年典型和各领域专家分享读书体会和书单。建强“青”字牌团属新媒体，2023年“青春恩施州”新媒体平台粉丝总量突破20万，微博上榜政务排行榜团委榜前50名，抖音获赞321万，抖音作品上榜全国热榜TOP1。在《恩施日报》开设“青春奋斗强国有我”专版，开展“恩施正青春”暨恩施青年走进FM94电台直播活动。推出文创产品近40个，视频《牵挂》被湖北教育频道展播，青春励志原创音乐短片《无畏》被国家、省级媒体推介，“中国美”华服快闪视频被团中央全球华服日视频采用。

【基层组织改革】　共青团恩施州委联合州纪委监委机关举办全州青年干部党风廉政建设和能力提升培训班，联合武汉团市委举办2023年恩施州、宜昌市五峰县团干部培训班。解决“团队衔接”“学社衔接”“党团衔接”问题。严格落实“三会两制一课”制度。推进县域共青团改革，在省级以上媒体发布改革典型案例12篇。全年新建非公领域团组织137个。开展社会领域活力团支部创建评选活动，4个团支部受到团省委通报表扬。承办、举办2023年省、州中学精品微团课展示活动。组织各级青联委员开展“青联委员服务千村”“青联委员县市行”“我为青年做实事”活动21次，“青联思享汇”活动10场，承办湖北省青联委员学习贯彻习近平新时代中国特色社会主义思想培训班，共60余名省青联委员参加培训，承办港澳台大学生交流交往活动3场。

【少先队工作】　全州529所学校均建立学校少工委，大队辅导员配备率达100%。州少工委联合州教育局对1290名少队员，72个少先队集体评定并颁发“红领巾奖章”三星章。开展2023年恩施州学校少工委主任井冈山研修班，举办全州少先队辅导员技能大赛和培训班，全州120多名骨干辅导员参加，开展少先队鼓号队专项培训，邀请全国知名鼓号队专家为全州60多名辅导员教学。建立7000余人的校外辅导员资源库，新建少先队校外实践教育基地56个，举办“红领巾遇见茶”“红领巾牵手火焰蓝”等系列社会实践活动。10名少先队员在全省“红领巾读档人大赛”“红领巾讲解员大赛”中获奖，4名少先队辅导员在全省“少先队辅导员技能大赛”中获奖。

【青少年成长帮扶】　共青团恩施州委召开恩施州青年工作联席会议第四次全体会议，出台《恩施州预防未成年人违法犯罪工作措施清单》。深化“我为青年办实事”，持续开展“希望梦想小屋”关爱项目，为30名困难少年改造梦想小屋。组织600余名大学生在农村开设145个希望家园点，6个“童心港湾”，为3000余名留守儿童提供暑期校外看护服务。组织159名高校共青团干部与低收入家庭就业困难学生结对帮扶。摸排特殊困难青少年158名，争取帮扶资金31.6万元开展帮扶。实施州级“Young时代·遇见”系列青年婚恋交友主题活动2场，为300余名单身青年搭建婚恋交友平台。

【维护青少年合法权益】　共青团恩施州委推进恩施州未成年人司法社会服务中心建设，为涉罪或受害未成年人开展心理援助38次。制定出台《湖北恩施12355青少年服务台工作规范指南》。联合恩施交通广播电台开展4期“12355·呵护成长中高考减压心理疏导”青听专栏。全年累计开展心理健康知识讲座20余场，覆盖受益人群3000余人。举办恩施州青少年法治文化节和“法护成长”法治宣传月系列活动，创编以“校园欺凌”和“电信诈骗”为主题的情景剧，推出《预防未成年人犯罪，向“跑分”说不》法治宣传原创漫画。

【青年创新创业创优】　共青团恩施州委联合人社、财政、人行、农商行等部门在全州实施“青创贷”项目，累计向符合条件的创业青年、

2023年8月28日，由团州委、州教育局、州少工委联合主办的2023年度全州少先队辅导员职业素养展示活动在恩施州城举行

（共青团恩施州委　供稿）

小微企业发放“青创贷”6.14亿元，为33名“新农人”提供免息贷款支持100万元。落实好扶持农村青年创业“田园小康”项目。举办恩施州第五届青创赛，为18个获奖项目发放扶持资金14.6万元；承办全省农村青年致富带头人“特色民宿”省级示范培训班、举办全州高素质青年农民电商专题培训班，覆盖创业青年150名。举办恩施州首届候鸟人才节——全州博士服务团基层行活动，实施博士“项目领题”计划，成立恩施州博士人才联盟。

**【基层社会治理与乡村振兴】** 共青团恩施州委举办共创美好社区“志愿公益集市”省级示范活动，举办第三届恩施州志愿服务项目大赛，为10个项目发放扶持资金5.5万元。在多个平台开展志愿者招募动员，服务州庆、硒博会等大型赛事活动。建立健全各级团属志愿者协会，实现县级志愿者协会全覆盖。“志愿汇”App共注册志愿者18.6万人。招募春运“暖冬行动”志愿者1043名，招募365名西部计划志愿者（含研究生支教团），围绕基础教育、服务“三农”、医疗卫生、基层青年工作、基层社会管理等领域开展服务。实施乡村振兴青年先锋宣传寻访、“青春为家乡代言”系列活动，推荐1人获评第二届全国乡村振兴青年先锋称号。实施西部计划（研究生支教团）项目，举办研究生支教团“助力恩施州高质量发展”座谈调研活动。开展“博士服务团基层行”“青联组织服务千村”等活动。

**【希望工程】** 共青团恩施州委争取社会各界爱心资金820万元，其中资金718.89万元，物资101.11万元。实施“幻方计划”“圆梦行动”“劲牌阳光学子计划”“东润助学”“希望护航关爱行动”等项目，发放资金412.35万元，资助困难青少年3177名。摸排691名眼睛近视困难青少年，发放价值34.55万元爱眼护眼卡；新立项希望小学3所、新建希望卫生室2所。实施“乡村仁医添翼行动”公益活动，联合州卫健委发文，为108名基层一线医务工作者提供学历深造帮扶。恩施州45所学校开展姚基金希望小学篮球季，承办2023年姚基金希望小学篮球季湖北省级联赛。在“5·20”“99公益日”等重要时间节点发布公益宣传推文和公益宣传片，营造浓厚公益氛围。拍摄“益”起点亮“希望梦想小屋”专题公益宣传片，在5月20日通过《中国青年报》、腾讯公益等新媒体平台推广展播。

**【调查研究】** 建立调查研究“三张清单”，联系州、县两级联系对象130位，领导班子分别就青少年心理健康问题凸显、共青团参与共同缔造动员能力不足2个课题分别到医院、学校、卫健部门、社区等相关单位和基层一线，通过实地走访、召开座谈会听取意见建议，并召开调研成果交流会，针对调查研究的情况制定有效解决措施，形成高质量调研报告。其中调研报告《关于进一步提高当代青年心理健康水平的建议——基于恩施州“12355”青少年服务台心理健康热线分析》得到州委领导签批肯定。

**【开展学习习近平新时代中国特色社会主义思想主题教育】** 按照团中央统一部署，面向全州广大团员和青年开展学习贯彻习近平新时代中国特色社会主义思想主题教育，印发全州团员和青年主题教育实施方案，团支部规范开展“思想旗帜”“坚强核心”“强国复兴”“挺膺担当”4个专题学习，学习覆盖率达100%。组建青年宣讲团，到基层开展分众化宣讲92场，举办“青年读书会”7期。

**【重要会议】** 3月6日，共青团恩施州委八届二次全体（扩大）会议暨2023年全州共青团工作会议召开。6月30日，全州青年工作联席会议第四次全体会议召开。

**【2023年恩施州青少年模拟政协提案征集评选展示大赛】** 10月21日，2023年恩施州青少年模拟政协提案征集评选展示大赛举行，这是全省各市州首次举办青少年模拟政协提案展示大赛。大赛共征集80余件模拟政协提案，近300名青少年报名参加，200余名各级政协委员、思政教师担任指导老师。经过初选、复审，17个提案作品进入展示大赛。最终评选出一等奖1名、二等奖2名、三等奖3名。州政协副主席张全榜出席并为获奖选手颁奖。

**【恩施州第三届社区计划竞赛】** 10月27日，共青团恩施州委线上举办恩施州第三届青年志愿服务“社区计划”工作竞赛。竞赛评选出恩施市金子坝街道红庙社区、巴东县信陵镇白土坡社区等8个社区和“清和集市公益行，志愿服务暖人心”志愿服务项目、“银龄跨越数字鸿沟”科学普及志愿服务项目等8个项目分别参加2023年湖北省青年志愿服务社区计划竞赛的主体赛、项目赛。12个项目在省级青年志愿服务“社区计划”竞赛中获奖。共青团恩施州委和共青团恩施市委获优秀组织奖。

**【荣誉】** 4月28日，共青团恩施州委、恩施州青年联合会授予于丹、向凤、朱旭、苏辉、赵寄凯、黄俊、詹琦、熊诗桥、蔡娟、潘俊宏“恩施州青年五四奖章”。5月6日，省人社厅、共青团湖北省委、省青联授予陈娟“湖北青年五四奖章”。4月20日，共青团中央授予陈炊宏全国优秀共青团员称号，授予谭平全国优秀共青团干部称号。11月24日，共青团中央、农业农村部授予赵寄凯全国乡村振兴青年先锋称号。12月5日，共青团中央授予向光琼中国青年志愿者优秀个人称号。

（梅世琼）

## 恩施州妇女联合会

【概况】 2023年，全州建有乡镇（街道）、村（社区）妇联1679个、三新领域妇女组织189个、行业系统妇联12个，妇女微家194个、妇女小组1720个，州、县（市）、乡、村四级妇联执委23777人，各级团体会员13个。全州建家长学校1437个，妇女儿童之家1378个，湖北省示范儿童之家32个，儿童友好空间微改造11个。全州2人参加中国妇女第十三次全国代表大会，48人参加省第十三次妇女代表大会，4人当选省妇联执委。2023年，州委副书记、州长夏锡璠在全省妇女儿童工作会议上作交流发言，“七在一线”工作法获时任省妇联党组书记、主席邓长青肯定批示，“12338”妇女维权热线、预防化解婚姻家庭矛盾纠纷等工作经验在省有关会议上交流分享，《“五心五强五提升”促党建与业务深度融合》获评省委直属机关工委“机关党建创新榜”案例。

【党的建设】 州妇联学习贯彻党的二十大及习近平总书记关于妇女儿童和妇联工作的重要论述精神，以“党建带妇建，妇建促党建”为工作主线。全年党组理论学习中心组学习13次，举办“巾帼大讲堂”3期、专家辅导讲座2次，支部书记讲党课3次。开展学习贯彻习近平新时代中国特色社会主义思想主题教育，举办专题读书班1期，党员轮流微党课分享学习体会8次，主题讨论3次。召开支委会14次、支部党员大会4次，党员讲党课10次，开展支部主题党日活动12次。参加“党建大比武”，创建“五心五强五提升”“五步法”等党建品牌。全年接收中共正式党员1人，提交入党申请书2人。全面完成党员轮训任务，选派3名党员干部参加州级主体班培训，举办党员干部政治能力培训、党支部委员兜底培训。领导班子成员和党员干部开展调研88人次，解决妇女儿童急难愁盼问题9个，形成调研报告4篇。

【思想政治引领】 组建巾帼宣讲队、红色文化传承宣讲队、巾帼维权普法宣教队、“好家风·好家教”宣讲队、执委宣讲队5支巾帼宣讲队，带动全州200余支巾帼宣讲队，运用三棒鼓、南剧、山民歌等群众喜闻乐见的方式开展“巾帼大宣讲”1400余场，受众9.6万余人次。线上打造“互联网+妇联”的工作格局，“恩施女性之声”新媒体平台发布作品1200余篇（部），累计阅读量233万余次，州级及以上主流媒体发稿260余篇（部）。发起“巾帼心向党经典家家唱”百万级网络话题，深化“寻访最美巾帼红网络大V恩施行”活动，寻找巾帼好网民。线下打造悦读万家、关注儿童友好环境等活动品牌，全州1.4万余名巾帼志愿者组建志愿服务队伍565支，开展公益服务活动1600余场，服务群众58.9万余人次。

【妇女事业发展】 编印《恩施“两山”实践创新示范区巾帼创业群英榜》，联合开展巾帼创新创业大赛、“春风行动”招聘会，举办高素质女农民电商、手工编织、家政等培训200余期2.7万余人。争取“天才妈妈梦想工坊”项目获支持近80万元，帮助土家织锦西兰卡普亮相中国时装周、上海时装周T台秀场。打造湖北省“姐妹共建·幸福家园”首批样板点8个、州级示范点30个。联合举办恩施州首届“准者体育·巾帼风采杯”女子篮球赛，清华大学和北京师范大学女子篮球队带来表演赛，线上线下累计观看人数破10万。开展城乡适龄妇女“两癌”免费筛查36.8万人次，帮助129名低收入“两癌”患者获救助金129万元，开展“巾帼健康科普大讲堂”157场次。

【家庭文明建设】 开展寻找“最美家庭”“晒出您的全家福分享家风家训”等家庭文明建设活动，举行恩施州“最美家庭”发布仪式，45万人次观看直播。牵头推进清廉家庭建设，以线上“云展览”+线下“1+8”州县巡展的方式，举办“清廉恩施·家和万事兴”家教家风展10万余人观展。开展“树清廉家风·创最美家庭”家庭助廉、“万户家庭讲家风故事”等活动2000余场。实施“家爱

2023年5月9日，由恩施州妇联、州委文明办联合主办的“激扬家国情 奋斗新征程”2022—2023年恩施州“最美家庭”发布仪式暨清廉家风宣教活动在州广播电视台举行

（州妇联 供稿）

驿站”、好家风“云广播”等公益项目，开展清廉家风宣讲等活动70余场15万余人受益。实施咸丰县清廉家庭示范建设，打造清廉家庭示范站点、清廉家风一条街。举办首届“乡村家庭文化周”活动，持续开展“每周同上一堂家庭教育课”，推动家校社协同育人，2万余名家长参与学习。发布《赞歌唱我家》MV，在“学习强国”学习平台等宣传。

**【维护妇儿合法权益】** 制定恩施州妇女儿童发展规划（2021—2030年）统计监测指标体系，推动重难点目标任务落实落地。构建“1+8”州县“平安家庭”建设大格局，健全反家庭暴力、预防性侵未成年人、智障未成年人探访关爱保护“三到家”、婚姻家庭矛盾隐患排查化解等机制，开展重点家庭排查帮扶“百日行动”“防治性侵未成年人”等专项行动，排查重点关注人群6987名、重点家庭2452户，打造“百合花”婚姻家庭调解、“评理说事”等议事调解品牌。开展“一月一主题”“三八维权周”等法治宣教活动2000余场，发放宣传资料9万余份。募集州妇儿关爱基金近100万元，帮助134名女生获“金凤工程”“春蕾计划”资助共38.3万元。组织“爱心妈妈”结对关爱留守困境儿童，开展“把爱带回家”“彩虹行动”等儿童关爱服务活动近900场，“恩医天使妈妈”作为唯一爱心妈妈代表在全国暑期儿童关爱服务活动上分享爱心故事。筹款8.33万元实施儿童友好空间微改造项目11个。开展“美好生活共同缔造我的城市我作主”儿童友好城市主题活动，评选展示出100件优秀书信及音频作品。

**【加强妇联组织建设】** 推动妇联组织向妇女生产生活最小单元延伸，在村民小组、社区网格、居民楼栋等建立妇女小组1720个。实施州民族妇女儿童发展与服务中心大楼改造项目。链接社会组织在9个村（社区）实施暑期儿童关爱“彩虹行动”，提供安全教育等服务200余场次。指导202个“妇女之家”完成提档升级，获评省“妇女之家效能展示”示范点4个。全州举办各类培训班48期，为15089名基层妇联干部、执委赋能。以“执委进万家、姐妹回娘家”为主题开展大宣传，组织2万名执委到1800多个村（社区），走访家庭3.2万户，解决群众急难愁盼问题2700余个。

**【考察调研】** 3月15—17日，省妇联党组书记、主席邓长青到建始县、宣恩县等地就妇联组织参与共同缔造等工作开展走访调研。6月15日，省妇联党组成员、副主席李燕到巴东县野三关镇上李坪村等地开展妇女儿童工作调研，了解妇联组织作用发挥、留守儿童关爱、妇女儿童之家运行等情况。10月15—17日，省委宣传部文明创建三处处长万春梅、省妇联家庭和儿童工作部部长廖云到恩施市、咸丰县、宣恩县等地，调研妇女儿童之家活动开展情况，督导儿童快乐家园、ECD项目执行情况等。

**【恩施州“最美家庭”发布仪式暨清廉家风宣教活动】** 5月9日，州妇联、州委文明办在州广播电视台举行“激扬家国情　奋斗新征程”2022—2023年恩施州“最美家庭”发布仪式暨清廉家风宣教活动，现场揭晓20户“最美家庭”，以播放“最美家庭”事迹短片、情景剧演绎、家风故事分享等形式，让全州干部群众同上一堂清廉家风课。活动通过电视、网络平台同步直播，45万人次观看。

**【荣誉】** 2月25日，来凤县农园果蔬专业合作社理事长向辉、利川市鄂渝风观光农业发展有限公司总经理赵冬妮获“全国三八红旗手”称号；宣恩县公安局政治处民警郑奉英、来凤县税务局机关党委专职副书记乔应凤获“全国巾帼建功标兵”称号，国网来凤县供电公司供电服务指挥分中心、恩施自治州人民检察院第七检察部获评“全国巾帼文明岗”，恩施州公共就业和人才服务局获评“全国巾帼建功先进集体”。3月1日，恩施市高旗实验小学教师魏红彩、建始县人民法院茅田法庭庭长刘丛艳、宣恩县义工协会会长张琼、利川市凉雾乡人民政府副乡长刘琴超获2022年“湖北省三八红旗手”称号，利川市人民检察院未成年人检察工作办公室、国家税务总局来凤县税务局大河分局、鹤峰县财政局获2022年“湖北省三八红旗集体”称号。3月3日，建始食达好农产品工贸有限公司副总经理吴苑、宣恩腾辉若叶农业发展有限公司法人黄凤芝、湖北西凤来硒生态农业科技有限公司董事长杨艺琼、鹤峰县人民检察院党组成员、副检察长胡婕获评“湖北省巾帼建功标兵”，恩施市公安局行政审批大队、湖北中烟恩施卷烟厂厂部办公室获评“湖北省巾帼文明岗”，恩施市舞阳坝街道办事处官坡社区获评“湖北省巾帼建功先进集体”。5月14日，恩施州优抚医院党总支部副书记郑芙蓉家庭、鹤峰县中营镇梅果湾村黄萍家庭获评“全国最美家庭”。8月25日，恩施市“全国三八红旗手刘小英工作室”被命名为湖北省“三八红旗手工作室”。9月18日，咸丰县许远琼家庭、来凤县黄休林家庭被评为“荆楚最美家庭”。10月16日，恩施市公安局“全国维护妇女儿童权益先进集体”称号，建始县人民法院茅田法庭庭长刘丛艳获“全国维护妇女儿童权益先进个人”称号。

（余晓玲　陈昱菡）

## 恩施州科学技术协会

**【概况】** 截至2023年12月，恩施州科学技术协会（简称州科协）有所属学会（协会、研究会）54个，高校科协3个，科研院所科协3所，企业科协44个，专家工作站31家。共建国家级科普教育基地2个，省级科普教育基地11个、特色产业科普基地19个、科普惠民社区18个、科普教育学校18个；建成州级科普教育基地87个、科普惠民村（社区）21个、科普教育学校10个。

**【科技馆体系建设】** 建始县科技馆获国家级免费开放补助，来凤县科技馆、巴东县科技馆、宣恩县科技馆获省级免费开放补助，各场馆不断更新展教设备，提升科普能力，全年全州科技馆共接待青少年5万余人次。第三轮“中国流动科技馆”完成恩施、建始、巴东、来凤、宣恩巡展，科普大篷车进乡村、进校园22次。

**【全国科技工作者日系列活动】** 3月9日，全州科技工作者座谈会召开，州委书记胡超文出席会议并讲话。5月29日，州科协联合州委宣传部、州委人才办举行“庆祝建州四十周年·首届‘最美科技工作者’发布仪式”，发布“最美科技工作者”10名、“最美科技工作者”提名人10名，开展“最美科技工作者”主题宣传。5月30日，州委书记胡超文、州长夏锡璠向全州科技工作者致信，号召科技工作者自立自强、勇攀高峰，州领导走访慰问11名优秀科技工作者代表。

**【全国科普日活动】** 9月17日，恩施州2023年“全国科普日”主场活动启动式暨“科普进校园”中国流动科技馆来凤站开馆仪式在来凤县举办，该活动被中国科协表彰为2023年全国科普日活动优秀活动。其间，联合州全民科学素质工作领导小组成员单位开展“科普进校园”、全民科学素质科普知识网络竞赛、巾帼健康科普大讲堂、银龄科普等18项活动，特色活动共计50余场次，参与科技工作者2000余人次，惠及群众20万余人次。

**【“科创筑梦”助力“双减”】** 州科协持续开展高校科学营、太空种子种植、青少年科学调查体验等各类科创、科普活动，激发青少年科学兴趣。9月18—22日，开展“湖北大手拉小手”科普报告恩施行，来自信息技术、桥梁建设、航空航天、心理健康、气象等领域9名高校院所专家在全州开展31场科普讲座。州科协获2022年中国科协青少年科学调查体验活动优秀组织单位。全州各类科普教育基地面向青少年开展研学、参观活动共300余场，5万余名青少年参加。

**【“科技工作者之家”建设】** 开展科技人才举荐推荐，1人获评中国农技协“百强乡土人才”，2人获评“第六届湖北省科普先进工作者”，7人获选湖北省企业“创新达人”，1人获选湖北省“创新达人”宣讲代表。完成214名州外恩施籍科技专家和3298名国内著名高校大学生信息调查，编印《州外恩施籍科技专家名录》《国内著名高校大学生信息名录》。参与恩施州“候鸟人才节”活动，陈焕春、桂建芳院士受邀开展“两山”实践创新决策咨询，湖北美术学院秦岭教授被授予有突出贡献“候鸟人才”荣誉。

**【全民科学素质提升】** 增加州委老干局、省农科院中药材研究所为州全民科学素质工作领导小组成员单位，成员单位增至31家。召开恩施州2023年全民科学素质工作领导小组会议。配合完成中国科协第十三次公民具备科学素质比例抽样调查。7月24日，州委常委会召开会议，听取全州全民科学素质工作汇报。会议议定将全民科学素质建设工作纳入恩施州高质量发展综合绩效评价指标，开展州对县（市）全民科学素质建设督查。

**【青少年科技创新大赛】** 州科协组织参加第九届全国青年科普创新实验暨作品大赛（湖北赛区）和第37届湖北省青少年科技创新大赛，1件作品获全国二等奖；15件作品在省赛中获奖。联合州教育局、团州委、州妇联举办第十八届恩施州青少年科技创新大赛，评出各类各等次作品2108件，其中科幻绘画类810件，科普征文类741件，科技创新

2023年5月29日，州科协联合州委宣传部、州委人才办在州工人文化宫举行“庆祝建州四十周年·首届‘最美科技工作者’发布仪式”

（州科协　供稿）

成果类344件，科技辅导员创新成果类40件，科技实践活动项目69项，优秀科技教师104名。共评选出优秀组织工作者17名、优秀组织单位30个，优秀组织奖15个。

【科普阵地建设】 宣恩科技馆、湖北七姊妹山国家级自然保护区被省科协命名为湖北省科普教育基地，新建省级科普惠民社区项目3个、科普教育学校3所，州级科普惠民社区2个、科普教育学校2所，成立州硒科普教育基地6个，新命名恩施州科普教育基地36个。

【科技志愿服务】 开展“红色赋能党建强会”科技志愿服务活动22场，易美军被中国科协表彰为2022年度科技志愿者先进典型，恩施市“科学探秘之旅”科技志愿服务项目、鹤峰县科协志愿者服务队被省科协向中国科协宣传推介。推进科技志愿服务进农村、进社区、进企业、进学校。支持州医学会“健康面对面、心脑共防治”、州护理学会“护理志愿服务科普助力护老佑民促健康”，州心血管学会“红色赋能党建强会医+‘X’志愿服务行”，州全科医学会“关注老人健康迈向全面小康”，州神经康复学会“‘医’义非凡，恩施义诊有你我”等科技志愿服务活动开展。

【助力乡村振兴】 国家乡村振兴局、中国科协第一批产业顾问组分别落户恩施、利川、建始、巴东，为当地茶叶、魔芋、柑橘等产业开展决策咨询、技术指导。承办“2023年武汉市对口帮扶恩施州项目—科技应用、科技创新创业普及培训”。利川、宣恩、咸丰、来凤获批成立省农函大分校，全州农函大分校开展农业技术培训8场。巴东县易达聚农杂粮蔬菜专业技术协会获评2023年全国“百强农技协”。州科协在2023年首次全国基层农技协组织提能培训会暨湖北省科技小院交流观摩现场会作典型发言。

【服务创新驱动发展】 促成中国工程院院士、华中农业大学教授陈焕春与州农科院签订“院士工作站”合作协议，并由省科协批准建站，实现恩施州院士工作站“零”的突破。新建专家工作站11家、企业科协9家、科技小院6家，宣恩茶叶科技小院被省农技协评为“最美科技小院”。支持“中国养蜂学会蜜蜂饲养管理专业委员会第26次学术交流会”等7个重点学术交流项目开展。面向全州科协组织和科技工作者征集科技创新智库研究课题9篇。恩施市申报为湖北省“科创湖北”试点县（市、区），2023年“科创湖北”学会专家硒都行暨富硒及中药材产业对接会活动在恩施市举办。支持“‘一红一绿’机械化加工能力提升培训”等5个产学研项目实施。恩施州爱森农业有限公司在2023年中国创新方法大赛湖北赛区中获优胜奖，州科协被省科协评为优秀组织单位。

（喻　清）

## 恩施州文学艺术界联合会

【概况】 2023年，恩施州文学艺术界联合会（简称州文联）共有州级文艺家协会16个，各级各类文艺家协会会员13006人。全州文联系统90余部作品在省级以上各类重要文艺活动中获奖，12个项目获得省级文艺精品专项扶持，组织开展庆祝建州40周年系列文化惠民活动100余场次，举办各类培训培养专业文艺人才600余人次。

【我们的节日——2023中国元宵节俗座谈会暨宣恩元宵节俗考察活动】 2月4—5日，由中国民协、湖北省文联、中共宣恩县委、宣恩县政府等单位主办，湖北省民协、湖北省文联文学艺术院、恩施州文联等单位承办的“我们的节日——2023中国元宵节俗座谈会暨宣恩元宵节俗考察”活动在宣恩县举办。中国民协分党组书记、驻会副主席邱运华，中国民协副主席林继富等领导及专家学者、媒体记者和群众共观民俗展演。2月6日，“我们的节日——2023中国元宵节俗座谈会”在宣恩举行。

【省文联调研恩施州基层文艺工作】 2月6日，省文联调研恩施州基层文艺工作座谈会召开。省文联党组书记、常务副主席张士军出席并讲话。州文联主席团成员、县市文联代表、州级各文艺家协会负责人、恩施文艺名家代表等参加座谈会。

【恩施土家摆手歌舞参加第十三届中国民间艺术节】 4月21日，恩施土家摆手歌舞代表队代表湖北省应邀参加中国文联、中国民间文艺家协会在山东青岛举办的“奋进新征程 花开西海岸——第十三届中国民间艺术节”活动。恩施州参赛队首次将歌舞祭一体的土家摆手（舍巴日）文化呈现在国家级赛事舞台。

【湖北文艺名家走进恩施】 9月21—23日，武汉市文联副主席、武汉文学院院长张执浩组织12位文艺家到恩施，开展结对帮扶和“深入生活、扎根人民”主题创作采风。10月30—31日，湖北省文联党组成员、副主席马尚云，湖北省民间文艺家协会主席鄢维新，湖北省摄影家协会副主席肖佳法一行到巴东，开展摄影采风以及调研文艺赋能乡村振兴工作活动。

【“荆楚红色文艺轻骑兵”走进利川】 5月31日，湖北省文联“荆楚红色文艺轻骑兵”小分队到利川市岩洞寺小学开展文艺演出。荆楚网、指间利川等媒体平台同步直播，近30万人次观看。举行“杨娟奖学金”颁奖仪式，向利川市毛坝镇善泥小学等47座小学捐赠图书9712册，颁发奖学金一等奖20名、二等奖30名、三等奖30名。

【文艺品牌打造】 建设“一县一品”文化品牌，开展“文化恩施”建设研讨座谈，参与举办恩施土家女儿会、巴东纤夫文化旅游节、来凤土家摆手舞文化旅游节等文化活动，《土家族摆手歌舞》作为湖北省唯一节目参加第十三届中国民间艺术节展演。擦亮“土家稀奇哥”文艺品牌，组织召开“土家稀奇哥”获奖座谈会，支持“土家稀奇哥”恩施汇报演出和武汉、北京巡回音乐会，“土家稀奇哥”参演中宣部组织的庆祝中国共产党成立102周年交响音乐会等重大活动50余场次。打造生态恩施文学创作品牌，举办“新时代生态文学研究暨第二届恩施文学研讨会”，支持湖北省文艺评论基地（湖北民族大学）建设，召开新时代乡土文艺创作座谈会。推介“生态恩施州·天然写生地”品牌，举办“土家墨韵——秦岭恩施风光写生作品展”、《中国当代名家画集——杨官汉》新书发布会等活动，邀请中国国家画院、湖北鹰台书画院书画名家到恩施州采风写生。

2023年12月9—10日，州文联举办首批恩施州民族民间文化守艺人传承基地授牌暨文化传承培训 （州文联 供稿）

【创作与研究】 全州文联系统多部文艺作品（个人）及刊物获省级以上重要文艺奖项。其中，电影《爱情神话》、南剧《本色》、民族歌舞剧《老兵》、歌曲《四季》、美术《恩施风光写生作品集》、长篇小说《花开如海》6部文艺作品获湖北省第十二届屈原文艺奖；《来凤文艺》获第八届湖北文学奖优秀文学内刊奖；易汉章获第十四届湖北戏剧牡丹花奖；覃涛、姚进分获第30届湖北省摄影艺术展记录类金奖和铜奖；谢春华、廖双锋分获第七届湖北书法黄鹤奖二等奖和三等奖；江汉、杨顺丕获2022湖北青年影像奖；廖双锋、姜绍来分获“中国好书法”第十七届全国书法大赛成人组特等奖和一等奖；《抬石号子》获第二届（2023）湖北乡村音乐潮“潮人大赛”金奖；《谋道好风光》在2023“村村有歌”湖北乡村振兴原创歌曲征集活动中获评优秀作品。摄影作品《深山接龙》《守望》分别入选第29届全国摄影艺术展、第五届全国青年摄影大展；广场歌舞《土家摆手歌舞》被评为“第十六届中国民间文艺山花奖·优秀民间艺术表演作品”入围作品，杜李短评《少数民族文学创作征候分析》入围第八届“啄木鸟杯”中国文艺评论推优终评。出版《恩施州文联第三届签约作家丛书》7部，创作完成报告文学《“疫”无声处听惊雷》和《巫峡口赋》9篇。长篇小说《花开如海》入选2023年农家书屋重点图书推荐目录，长篇报告文学《战贫志》入选2023新时代乡村阅读季首届“乡村振兴好书荐读”提名图书及湖北省2023年度农家书屋书单推荐目录，长篇散文《你好，优诗美地》亮相北京图书会展。广播剧《没有翅膀的飞翔》在中央广播电视总台中国之声《记录中国》栏目播出。

【文艺扶持】 12部文艺作品获省级文艺精品项目扶持。其中，组歌《四季》、广播剧《没有翅膀的飞翔》、南剧《何功伟》、民族歌舞剧《西兰卡普》获省委宣传部文艺精品创作扶持专项资金；电影《为谁而舞》、组歌《四季》、南剧剧本《何功伟》、书法《东汉元和四年刻石》、美术《峡谷清韵》、民间文艺《编织技艺传承人口述史研究》入选2023年湖北省签约制文学艺术创作扶持项目；纪实文学《春风吹拂太阳河——影像里的乡村振兴“最美图景”》、长篇小说《春天的春》获2023年度湖北省公益学术著作出版专项资金资助。

【服务文旅融合】 启动“学习强国”学习平台、中国摄影家协会艺术摄影委员会指导的“大美恩施 盛世凝眸”摄影大赛，全网点击量超1600万。组织正南梅园文艺采风创作，编印《正南梅园，春天的织锦》专辑，开设《梅香正南》专栏。参与策划组织“梅花小镇文化周”活动，吸引网民1700万人（次）登录浏览、投票评选、在线赏梅。举办“《优诗美地》分享之旅”活动，20余名作家及摄影家用文字和图片宣传推介巴东文旅资源。

【文化惠民活动】 举办恩施州“舞动四季·追梦有你”舞蹈比赛，吸引各县（市）、各年龄阶段的舞蹈爱好者百余件作品参加，线上直播近5万人观看。开展荆楚“红色文艺轻骑兵”到重点革命老区鹤峰县宣传红色文化、传承民族文化演出2场。联合州剧协举办“礼赞新征程 建功示范区”文化惠民演出，联合州曲协举办恩施市纪念延安双拥运动80周年军地联谊文艺活动。承办“荆楚红色文艺轻骑兵+湖北广电村村讲村村响”宣讲演出暨第二十届“春满楚天”推优分享活动。持续打造“乡村文艺轻骑兵”，建好首批“恩施州民族民间文化守艺人传承基地”。州民间文艺家协会获评首届学雷锋文艺志愿服务“时代风尚”最美文艺志愿服务组织，王金海、谢春华、廖甲波、刘守红4人获评第八届学雷锋文艺志愿服务“时代风尚”优秀文艺志愿者。州书法家协会和吴长铨、程海菌分别被评为2023年元旦春节两节期间“万福下乡”公益惠民活动先进单位及先进个人。

【人才培养】 杨军当选为中国少数民族声乐学会理论创作专业委员会主任，谈焱焱当选为中国音乐文学学会理事，谢春华被评为第七届湖北书法艺术节先进个人，田苹、金晖、张明霞、杨道运成为恩施州首届“名家工作室”领衔人，江汉被录取为国家艺术基金2023年度艺术人才培训资助项目《新时代新媒体摄影人才培训》学员，汤尧、兰天天获2023年度湖北省新文艺群体高级专业技术职务任职资格。屈玫均入展首届湖北省青年美术作品展览。推荐9名中青年骨干参加中国摄影家协会2023年少数民族摄影人才培训班、“贯彻落实党的二十大精神——湖北摄影主题创作研讨班”、第八届湖北省中青年文艺评论家高级研修班，向省文联推荐优秀民间文艺人才22人。组织参加全省文联组联工作会议暨组联干部培训班、第四期全国市县文联文艺骨干网络培训班，承办湖北省民俗摄影专题培训班、全省广播电视节目创新创优培训班，举办摄影知识讲座、《国展方向十二个选择》公益讲座，开办“湖北省青年书协书法篆刻、楷书、行草、隶书传习班恩施班”，累计培训专业基层文艺人才600余人次。

（刘　洋）

## 恩施州残疾人联合会

【概况】 2023年，恩施州残疾人联合会（简称州残联）推动残疾人康复求助工作，提升残疾人受教育水平，加大残疾人就业创业扶持力度。全年州残联党员干部下基层走访共计377人次，收集并妥善处理残疾人合理化诉求76个。残疾人托养照护、残疾人证办理、残疾人定点康复机构管理等工作在全省残联工作会议上作典型交流发言。推进清廉机关建设，制定和修改《党组议事规则》《财务管理制度》《残疾人慰问救助经费审批制度》等各类制度30项。

【残疾人证核发管理】 恩施州残联系统优化办证服务，实施办理残疾人证资源服务平台下沉工作，把线下帮办代办服务覆盖到所属乡镇（街道），为有需求不便出门的重度残疾人积极开展提供上门办证、就近就便办证服务。开展“智联建始”残疾人网上办证试点，推动实现残疾人办事不出门不跑路。全年全州共计下乡评残近3000人，残疾人证“跨省通办”187件。

【康复服务】 全州共争取和落实各类康复帮扶资金922.45万元，为917名残疾儿童提供康复救助，为659名残疾儿童发放家庭生活补贴。为4.52万名残疾人提供家庭医生个性化签约服务，为1109名精神残疾人提供服药补助。审核确定2023年恩施州残疾儿童康复训练定点机构10家和手术定点机构1家。不定期对残疾儿童定点康复训练机构进行检查，在省残联及第三方机构评估检查中，恩施州评估得分在全省排名第1。

【残疾预防】 州残联系统组织开展大型康复义诊筛查活动20余次，免费为2002人开展听力检查和听力残疾评定。为12.16万名中小学生普及爱耳护耳知识。为4.41万名残疾人发送残疾预防宣传短信和宣传手册。联合恩施日报社、电视台等部门，宣传残疾预防知识，提升宣传覆盖面。

【辅具适配】 为全州9199名残疾人免费适配发放辅助器具9661件，完成省定7820名任务，完成率达113.8%。开展常规性辅具适配和个性化辅具适配工作，为州直公共服务性机构及单位残疾职工（含职工残疾家属）适配助听器、轮椅等辅具88件，共惠及州城14个公共服务场所、35名残疾职工及家属。开展“阳光伴我行”善明门儿童轮椅适配，全州共适配67台儿童轮椅。

【残疾人社会保障】 开展州级示范“残疾人之家”创建，推动32个“残疾人之家”为残疾人提供日间照料、辅助性就业、社区康复等服务。实施“阳光家园计划”项目，全州2251名残疾人得到托养照料服务。对全州526户困难重度残疾人家庭实施无障碍改造，超额完成省定任务286户。组织开展无障碍环境建设知识培训和监督检查工作，30名残疾人参加无障碍环境体验监督，提出改进建设意见18条。与州红十字会联合发起“有爱无碍爱心助行”公益募捐活动，改善困境肢体残疾人生存境况，筹集善款 20 万元。新培育助残社会组织 5 个，实现各县（市）全覆盖，累计开展志愿助残活动百余次。

【残疾人信访维权】 组织开展法律进残疾人家庭、进特殊教育学校、进残疾人康复托养机构、进残联系统机关等系列法治宣传活动 8 次。修订完善州残联信访受理工作制度，每周五县级领导接访和每季度由县级领导带队下基层解决重要信访问题，把信访人满意度纳入全州残联系统目标管理，督促县（市）残联认真开展残疾人信访工作。完善信访接待大厅设施设备，增添摄像头、办公桌椅、录音电话等。全年共妥善处置残疾人来访 35 人次。

【残疾人就业创业】 实施全州残疾人自强创业计划，创建 4 个省级残疾人就业创业品牌基地，为 165 名残疾人争取省级就业创业项目支持，扶持 16 名残疾人自强创业，扶持 2 家企业创建州级残疾人创业就业示范基地，全年为残疾人争取创业帮扶资金 153 万元。组织参加“宜荆荆恩”残疾人创业大赛，9 名参赛残疾人获得 7 万元创业扶持资金。组织参加全省第七届残疾人职业技能大赛，10 名参赛残疾人中 4 人获奖，其中范绪英获棒针项目一等奖。持续实施“蒲公英培训计划”，为全州 1283 名残疾人提供实用技术、电商等培训。组织残疾人专场招聘会 21 场，走访企业 127 家，开发就业岗位 1074 个，走访登记失业残疾人家庭 317 户、重残无业人员 1009 人，帮助 577 名残疾人就业。制定出台《恩施州本级用人单位安排残疾人就业岗位补贴和超比例奖励实施细则》，为保障残疾人就业提供政策支持，推动全州 410 家用人单位安置残疾人就业 896 人。

【巩固拓展残疾人脱贫攻坚成果】 持续开展残疾人易返贫致贫动态监测，为全州 8.3 万名残疾人代缴医保 2900 万元，落实残疾人“两项补贴”1.03 亿元。

2023 年 6 月 15 日，恩施州“最强追梦人”发布暨故事报告会在州文化中心举行 （州残联　供稿）

【残疾人教育工作】 全州争取湖北省“融合教育”试点学校补助项目资金 40 万元。为全州 136 名残疾毕业生提供“一生一策”就业服务，服务率 100%，就业率 93.68%。实施多学段困难残疾学生助学项目，惠及 286 名残疾学生和困难残疾家庭学生。为全州 96 名残疾人大学生提供助学帮扶，申请助学奖励 14.2 万元，保障 122 名残疾学生参加高考。残疾儿童少年义务教育入学率达 100%；对义务教育阶段不能入校就读的重度和多重残疾儿童少年实施送教上门，督促全州义务教育学校做到零拒绝、全覆盖。

【残疾人文化工作】 开展文化进残疾人家庭“五个一”活动（读一本书、看一场电影、游一次园、参观一次展览、参加一次文化活动），全州 1420 名残疾人享受关爱服务。为州城 600 余名残疾人举办 27 场文娱活动。组织选送《保护牙齿大作战》《祈福》《鼓舞》3 个节目，参加全省特教学校学生艺术会演。

【残疾人体育工作】 州残联组织参加湖北省第十一届残运会，取得 8 金 3 银 9 铜的历史最佳成绩，为获奖运动员发放奖金 4.65 万元。组织开展“爱在恩施州”全州残联系统首届残健融合运动会，25 名残疾人参加比赛。培养残疾人康复体育指导员 11 名，为州城 400 名重度残疾人上门安装配送康复健身器材 827 件，上门指导训练、检查康复健身效果 400 余人次。

【残疾人事业宣传】 州残联举办恩施州“最强追梦人”发布暨故事报告会，讲述 10 名优秀残疾人自立自强、勇于追梦的故事，表彰 6 家助残扶残先进组织。活动当天 200 余名残疾人现场观看，763.34 万人观看网络直播。依托官方网站、微信公众号等新媒体平台，将残疾预防、医学康复、安全防范等知识融入日常宣传工作。全年原创性宣传报道被《湖北日报》、湖北省残联分别转发引用 23 篇、40 篇。

【助残及慰问活动】 州残联系统开展第 24 次全国“爱耳日”、第十六个“世界孤独症日”、“六一”儿童节、恩施州第七次全国残疾预防日、国际残疾人日等宣传教育慰问活动，发放宣传手册1万余份，为残疾儿童家庭送去慰问金3万余元、慰问品1208份、适配助听器等辅具120台。州残联系统组织开展“助残暖冬·聆听你的声音”关爱走访探视慰问活动，对州直单位困难残疾职工及残疾人家属、综治联系点、帮扶村、包保社区、集中安残残疾人企业、麻风病院、县（市）部分困难残疾人等开展慰问活动，全年走访慰问4357名残疾人，发放慰问金及物资共99.63万元。

【重要会议及培训】 2月27日，2023年州政府残工委全体会议暨全州残联工作会议召开。会议通报2022年全州残联工作目标管理考核情况，安排部署2023年全州残疾人工作。7月20—21日，恩施州残联举办全州残联系统工作者培训班，来自县、乡两级残联的64名残疾人工作者参加培训。

（林荣满）

## 恩施州红十字会

【概况】 2023年，全州红十字系统聚焦主责主业，依法履职尽责，各项工作取得新成就。全州救护员培训12895人、普及培训13.7万人次，新建基层组织407个，新增会员3847人，新增志愿者2216人，新建博爱家园6个。

【党的建设】 开展党组中心组学习12次、支部主题党日活动12次、谈心谈话2次、专题组织生活会1次、专题党课8次。制定《恩施州红十字会大兴调查研究的实施方案》，开展调研10次，走访座谈干部群众200余人，“三项清单”办结率100%。

【“三救”工作】 推进“三救”（应急救援、应急救护、人道救助）工作提档升级。联合举办恩施州2023年度紧急医学救援实战演练暨技能竞赛；开展防溺水宣传活动315场；开展第15个“防灾减灾日”宣传及救护培训活动，组织活动及演练12场次。召开2023年全州红十字系统应急救护专项工作会；联合州人社局印发《关于将应急救护知识纳入职业技能培训部分专业公共课程范围的通知》；全年培养救护师资118人，培训救护员12895人，普及培训13.7万人次。投入80万元新建1个应急救护培训基地；推动恩施州“救在身边”名师工作室建设。开展“交通救护伴行”活动，向交通站点发放便携式急救包420个。加大AED配置力度，新增AED设备25台，全州累计配置77台。做好人道救助工作，继续实施“红十字博爱送万家”活动，慰问560个家庭发放17万元慰问物资；持续开展“天使计划”救助项目，救助20人资金83万元；开展“博爱之希”项目，救助56人共22.8万元；开展关爱重点人群“敲门行动”，发放慰问健康包1600个。

【“三献”工作】 推进“三献”（无偿献血、造血干细胞捐献、遗体与人体器官捐献工作）工作。新增造血干细胞捐献采样入库390人份，实现捐献2人。联合州委平安办印发《关于将捐献造血干细胞救人纳入见义勇为行为表彰奖励范围的通知》，2名志愿者获“全国无偿捐献造血干细胞奉献奖”、3名志愿者获“全国无偿捐献造血干细胞特别奖”、2名志愿者获“恩施州见义勇为先进个人”表彰。新增遗体和人体器官捐献志愿登记2692人，实现器官捐献20例。承办湖北省人体器官捐献源头培训暨肝胆疾病学会“肝胆相照、重症护航”学术活动；开展“生命接力+生命教育”志愿服务40余次；开展湖北省人体器官捐献志愿登记宣传季（恩施站）活动。加强无偿献血宣传，联合州卫健委印发《关于做好2023年度无偿献血工作的通知》，全年无偿献血44979人次，献血量1501.11万毫升。建立“关爱无偿献血者”项目，救助困境献血者及家人。恩施州获2020—2021年度“全国无偿献血先进市（州）”称号、1名志愿者获“无偿献血志愿服务奖（二星级）”。

【募捐筹资工作】 全州募捐款物合计5791万元，其中募集资金3864万元，募集物资（折价金额）1927万元。开展“5·8人道公益日”和“湖北第二届数字公益节”等募捐筹资活动，全州发起项目15个，参与捐赠74090人次，共筹款652.46万元，捐款人次和筹资金额均位列全省第1位。

【基层组织建设】 召开全州县域红十字会基层组织建设推进会。联合相关部门印发《关于落实红十字“博爱家园”建设助力乡村振兴工作的实施方案》，融入美好环境与幸福生活共同缔造活动，建成“博爱家园”6个、“博爱校医室”4个、“博爱广场”8个，助力乡村振兴和共同缔造。其中，鹤峰县五里乡紫荆村通过红十字会发起“美丽鹤峰共同缔造项目”，项目总投资504.5万元，通过红十字会筹款68万元，惠及全村380余户、1100名居民；利川市发起“温暖有爱职工互助”公益项目，号召职工捐款职工享用。咸丰县成功创建省级县域红十字会基层组织试点县（市）。全州新建红十字会基层组织406个。

【宣传工作】 组织开展纪念第76个“世界红十字日”暨2023年恩施州“红十字博爱周”活动，倡导“关爱生命”“救在身边”“生命接力”等文明新风尚。召开全州红十字会新闻宣传工作培训会。全州红十字系统在各类主流媒体发布新闻438篇；其中在《中国红十字报》《博爱》杂志刊发25篇，“博爱荆楚”、省红十字会官网刊登稿件 208 篇。在自媒体发布宣传信息 1292 余篇，其中州红十字会官微浏览量 3.7 万人次、官网点击量 15.5 万人次。

**【志愿服务】** 召开全州红十字志愿服务工作会，发布 20 名“最美红十字志愿者”。开展青少年心理健康讲座 46 场，覆盖 3.5 万人次。1 名志愿服务队队长被评为“湖北省最美志愿者”，1 名志愿者获“2023 年湖北省最美红十字人”称号，恩施市、利川市志愿服务项目分别获全省红十字志愿服务二类、三类项目。全年新增会员 3847 人，新增志愿者 2216 人，新增志愿服务队 15 支。

**【红十字青少年工作】** 参与开展“百校人道公益荆楚行”主题活动，在 5 所学校实施校内帮扶。成立恩施州首个红十字青少年研学教育实践基地——宣恩县彭家寨红十字青少年研学教育实践基地。开展红十字青少年活动月行动，覆盖 37 所学校、5 万人次。

**【荣誉】** 全州红十字系统获国家部委先进个人表彰 8 项，获省厅级先进集体表彰 17 项、先进个人表彰 2 项。州红十字会在 2023 年度市州红十字会重点工作督办调研中获全省一等奖（全省排名第 1）；8 个县（市）分获单项奖 15 项。州红十字会被中国造血干细胞资料库湖北分库评为 2022 年度造血干细胞捐献工作先进单位。志愿者周鑫、夏宏被国家卫生健康委、中国红十字会总会、中央军委后勤部卫生局表彰为无偿捐献造血干细胞奉献奖；志愿者汪利、秦宏勇、赖申涛被国家卫生健康委、中国红十字会总会、中央军委后勤部卫生局表彰为无偿捐献造血干细胞特别奖；刘勇获得中国红十字会总会全国红十字志愿者先进典型荣誉；志愿服务队队长戴绍雄被湖北省委宣传部、省文明办等 18 部门联合表彰为 2022 年度学雷锋志愿服务“湖北省最美志愿者”；志愿者李霖被湖北省委宣传部、省红十字会表彰为第一届湖北“最美红十字人”；会员谭小平被中国红十字会总会表彰为中国红十字会“会员之星”；志愿服务队队长戴绍雄被中国红十字会总会表彰为全国红十字志愿服务先进典型。

（张　森）

# 法 治

## Rule of Law

### 全面依法治州

**【概况】** 2023年，恩施州坚持以习近平新时代中国特色社会主义思想为指引，学习贯彻习近平法治思想，落实党中央法治建设决策部署和省委工作要求，发挥法治固根本、稳预期、利长远的保障作用，推进全面依法治州工作。落实州委常委会会议、州委理论学习中心组会议集中学法制度，组织开展集中学法8次。把习近平法治思想纳入主题教育宣讲课程，开展各类宣讲153场次。各级党校（行政学院）开设习近平法治思想教学专题，全年组织学习600余场次，培训干部9300余人次。州委召开全面依法治州委员会第五次会议，安排部署2023年法治建设工作，各县（市）和州直单位主要负责人现场述法并接受测评。州（县、市）委全面依法治州（县、市）委员会各协调小组及办公室均召开年度工作会议，分层级、分领域安排部署法治建设重点工作。州委制定《恩施州贯彻落实中央依法治国办法治督察反馈意见整改方案》，召开州委常委会会议及工作调度会，安排部署中央法治督察反馈意见整改工作，实地督察相关县市、州直单位整改工作，19个共性问题、13个个性问题、1个重点督办问题均完成整改，1个反面典型正按程序申报销号。

**【加强地方立法】** 印发《关于党的规范性文件制定有关事项的工作提示》，规范党的规范性文件制定工作。全年审查党内规范性文件183件，向省委报备19件。推进《恩施州爱国卫生工作条例》制定，组织开展《恩施州传统村落和民族村寨保护条例》《恩施州饮用水水源地保护条例》立法后评估工作。向省人大常委会报备规范性文件2件。加强行政规范性文件管理，制定《恩施州行政规范性文件备案审查办法》，集中备案审查行政规范性文件234件并予以通报，完成500余件行政规范性文件清理。

**【法治政府建设】** 州、县、乡三级联动，推进法治政府建设示范创建。鹤峰县“打造无涉企保证金县市”和建始县“探索涉企行政执法案件经济影响评估制度改革”获评全省法治政府建设示范项目。制定《恩施州人民政府重大行政决策程序规范》，推动各级政府科学决策、民主决策、依法决策。出台《关于切实发挥党政机关法律顾问和公职律师作用的十条措施》，推动律师深度参与依法行政。开展行政执法领域不担当、不作为、乱作为专项整治，建立投诉举报渠道，起底行政败诉和行政复议纠错案件453件，发现问题线索218条，立案173件，发出监督建议62份。推进行政复议体制改革，成立恩施州行政复议服务中心，增加事业编制8名。受理行政复议案件439件，州政府经行政复议后的诉讼案件胜诉率达100%。出台《恩施州行政机关负责人出庭应诉规定》，对应出庭而不出庭或出庭不出声的情形建立通报考核机制，全州行政机关负责人出庭应诉率达100%。

**【严格公正司法】** 推进政法领域18项改革任务，“四联并举做实风险防范三篇文章”获评新时代湖北政法工作十大创新品牌，“评理说事”获评新时代湖北政法工作优秀创新成果二等奖。全年受理执行案件25345件，居全省第3。执行信访办结率91.67%，居全省第3。执行完毕率37.12%，居全省第2。结案平均用时58.04天，居全省第1。全州检察机关共发出检察建议267份，办复率100%。立办行政公益诉讼案件424件，提起行政公益诉讼案件7件，监督行政机关依法行政。开展检察听证1041件次，推动矛盾纠纷及时化解、就地化解。

【建设法治社会】 “评理说事”“平安建设+小院说事”等基层社会治理创新做法在全国、全省推介。《人民日报》刊发州委书记胡超文署名文章《尊崇法治、厉行法治，形成基层社会治理的最大合力》。全州8个县（市）建成一站式矛盾纠纷调处中心，汇集多种调解主体，实现矛盾纠纷一站式受理、一揽子调处、全链条解决。全年排查调处矛盾纠纷17681件，化解17150件，调解成功率97%。深化“公法三进（公共法律服务进园区、进景区、进社区）”，推进园区、景区、社区公法工作站实体化运行。全年受理法律援助案件2315件，办理公证3222件，办理司法鉴定4299件。恩施仲裁委受案160件，标的总额2.4亿元，调解结案率61%。“一月一主题”法治宣传被《新华社》《湖北日报》《法治日报》报道。开展“12·4”宪法宣传周活动，央视CCTV-1《新闻联播》宣传报道。建成各类法治文化广场126个、法治文化长廊96个、法治宣传栏1945个，90个乡镇（街道）实现法治文化阵地全覆盖。

（叶 林）

## 立法工作

【概况】 2023年，州人大及其常委会发挥立法主导作用，推进科学立法、民主立法、依法立法，使立法工作更体现恩施特色，解决实际问题。以良法促进发展、保障善治，完成年度立法计划。制定出台法规2部，报请批准法规1部，启动调研法规1部。

【完善立法机制】 坚持“党委领导、人大主导、政府依托、各方参与”的立法工作格局，完善“立法工作与州委中心工作同向发力，各部门齐心协力，各工作专班用心用力”的立法项目工作机制。健全选题立项、调研起草、审议论证等各环节工作制度。在立法中丰富和践行全过程人民民主，激发代表参与立法，拓展立法参与途径，发挥基层立法联系点“直通车”作用，运用好立法基地、专家智库，广泛吸纳民意民智，及时回应社会关切，每部法规梳理收集到的意见建议都在500条以上。组织专门力量对现行有效的22部法规进行梳理分析和调查研究，科学编制立法计划，统筹谋划立改废释各项工作。

【提升立法质效】 颁布施行《恩施土家族苗族自治州人民代表大会常务委员会关于加强生物多样性协同保护的决定》，率先在国内生物多样性保护领域探索跨区域协同立法，保护生物多样性成为共识。制定出台《恩施土家族苗族自治州爱国卫生工作条例》，填补恩施州在爱国卫生运动立法方面的空白，推动健康美丽恩施建设。表决通过《恩施土家族苗族自治州实施〈湖北省促进茶产业发展条例〉办法》，助推全州茶产业高质量发展。开展《恩施土家族苗族自治州乡村民宿发展条例》立法调研，为后续立法提供依据和参考。

【推进法规实施】 州人大及其常委会坚持立法与实施并重，严格执行法律实施“三年一查”规定，组织开展《恩施土家族苗族自治州传统村落和民族村寨保护条例》《恩施土家族苗族自治州饮用水水源地保护条例》立法后评估，督促相关部门主动履职，推动条例有效实施。

【备案审查】 向省人大报备规范性文件3件，共审查规范性文件22件，其中州政府13件、县（市）人大常委会8件、州检察院1件。持续开展涉及法治建设、生态环境、行政复议等领域文件的集中清理归集，参与湖北省法规规章规范性文件数据库建设，为公众线上查询文件政策提供便利。加强备案审查制度研究，《完善民族自治地方法规备案审查制度研究》获2023年度省人大研究课题奖。

【颁布实施本级法规】 9月27日，《恩施土家族苗族自治州爱国卫生工作条例》经州第九届人民代表大会常务委员会第十二次会议通过，12月1日经省第十四届人民代表大会常务委员会第六次会议批准，自2024年3月1日起施行。

（刘 浏）

## 政法委及综治

【概况】 2023年，全州政法系统贯彻落实党中央决策部署和省委、州委工作要求，推进恩施政法工作现代化。实现全省全国两会、建州40周年等重大节会期间维稳安保。利川市“候鸟”枫桥驿站化解旅游纠纷、宣恩县“四队四会四级联防”等5个创新工作法获省委政法委通报表扬，《四联并举做实风险防范“三篇文章”》获评新时代湖北政法工作十大创新品牌，“评理说事”获评新时代湖北政法工作优秀创新成果二等奖。

【主题教育】 全州政法系统开展第二批主题教育，举办全州政法领导干部学习贯彻习近平新时代中国特色社会主义思想锻造政法铁军专题研讨班，全州45个政法单位，近200名党员干部参加。对全州8个县（市）政法系统开展现场拉练，《着力打造县乡村三级综治中心升级版——基于社会矛盾综合治理机制研究和探索的恩施实践》，成功申报2023年度恩施州社会科学重大课题。

**【落实平安稳定第一责任】** 全州政法系统以为建州40周年营造平安稳定的社会环境为主线，聚焦重点抓落实，确保国家安全和社会稳定。运用共同缔造的理念和方法，推进共建共治共享，向省委平安办报送8个试点村（社区）开展基层社会治理创新试点。牵头负责带水河流域（全省5个小流域综合治理试点之一）基层社会治理和平安建设工作。推进平安建设系列专项行动，排查化解矛盾纠纷14600余件，恩施州群众安全感、公正执法满意度、矛盾纠纷有效调解率、扫黑除恶评价巩固提升，第三方测评位居全省第一方阵。

**【基层社会治理】** 打造矛盾纠纷调处、应急指挥调度、公共法律服务、社会治理（网格服务管理）“四位一体”的“大统筹”工作平台。参加全省党委政法委系统政法智能化建设项目成果展演，牵头展示维稳应急指挥平台。营造创安氛围，州委、州政府对全州平安稳定工作作出突出贡献的50个先进集体和80名先进个人进行表彰奖励。充实基层治理一线队伍，配齐配强综治中心、法庭、司法所、派出所、信访办工作人员，加强驻村辅警专项经费保障。动员1347个驻村工作队、243个社区尖刀班，5000余名党员干部参与基层社会治理。探索治安防控新模式，来凤县、宣恩县分别组建张富清治安义务巡逻队、治安联防巡逻队。落实“10+3+6”首席法律咨询专家模式，聘请首席法律咨询专家30名。信访问题“六必查”、领导接访、矛盾纠纷大排查大化解、“1+4+N”矛盾风险研判处置等机制落地见效，全州99%以上的矛盾纠纷在村一级调处化解。州委政法委帮助鹤峰县大路坪村33户农家完成特色民居改造。

**【法治工作】** 发挥案件评查作用，累计对440余件（其中涉企案件170起）案件进行评查，通过向社会公开执法监督电话和邮箱，办理群众来电来信77件次，来访321次。救助304起案件的389位当事人，发放司法救助资金743.74万元。落实每季度召开优化法治化营商环境新闻发布会制度，全年共召开4次新闻发布会，州法院在全省法院系统优化营商环境单项考核中居第2位。

**【政法干部队伍建设】** 持续推进政法单位领导班子成员轮岗交流，全面落实乡镇党委副书记兼任政法委员机制，推进乡镇（街道）政法单位主要负责人兼任乡镇（街道）副职工作。组织对州法院、州检察院开展专项政治督察。实现政治轮训全覆盖，全州政法单位全年共组织政治轮训（学习）100余场，2万余人次参训。召开州法学会第四次会员代表大会，选举产生新一届理事会及领导机构。召开全州政法系统舆论意识形态工作会议，提升政法宣传舆论队伍专业化水平。贯彻落实关于巩固政法队伍教育整顿成果实施意见和湖北省具体措施，严格执行新时代政法干警“十个严禁”、防止干预司法“三个规定”。

**【弘扬见义勇为精神】** 继续落实困难见义勇为人员关心关爱政策，州本级慰问50名先进人员，发放慰问金5万元；争取省级求助慰问，向省级申报见义勇为“爱心账户”10名，争取受助资金5万元。为登上中央政法委2023年第三季度见义勇为勇士榜的刘学家争取专项慰问金5万元。持续完善“见义勇为救助责任险”，在全社会营造见义勇为氛围，通报表扬8名州级见义勇为先进个人和5个州级先进集体，发放奖金13万元。

（曹　灏）

## 公　安

**【概况】** 2023年，恩施州公安机关打赢建州40周年等安保硬仗，命案防范、电诈攻坚、交通事故预防、信访积案化解工作成效明显。持续开展主题教育，常态组织廉政教育、英模宣传、政治轮训、作风整顿。严格落实中央八项规定及其实施细则精神、公安部严禁违规宴请饮酒规定，严肃查处违纪违规行为。选拔任用副县级领导干部6人，重用正科级干部担任部门主官1人，轮岗交流干部18人，查处侵害公安民警执法权威案（事）件46起。承办全省公安机关第三届综合技能比赛，综合成绩居全省第2。获评2023年“湖北政法系统十佳新媒体主办单位”“百佳新媒体账号”。被评为全州法治建设工作优秀单位、全州信访工作优秀单位。

**【打击犯罪】** 侦破刑事案件5052起、破案率57.34%，抓获犯罪嫌疑人9757名、同比上升17.53%。侦办省督涉恶案件，抓获8名涉案嫌疑人并提请公诉。侦破命案积案12起，连续12年现行命案全破。破涉养老诈骗案件18起、抓获72人，打掉5人以上团伙6个，打击“欺诈骗保”工作为全省为数不多取得战果的地市；破获2起省督50万以上重大盗窃案件、3起省督百万元以上传统诈骗案，6次获省厅贺电表扬。电诈案件同比下降3.6%，破获电诈及关联犯罪案件1057起，抓获电诈及关联犯罪人员2778人，冻结涉案银行账户2410个、冻结涉案资金8552.8万元。

【重大安保】　统筹全州1.5万余人次警力，州县一体、警种合成作战，完成省主要领导到巴东、建始、恩施调研和庆祝大会、女儿会开幕式、中央民族歌舞团慰问演出等8场主体活动，以及到恩施领导、嘉宾9条调研线路，职工工间操等系列庆祝活动等安保任务。固化州庆安保工作机制，完成中秋、国庆、硒博会等系列安保任务。

【经侦工作】　经济犯罪案件立案数同比上升16.17%，采取强制措施人次上升56.26%，抓获犯罪嫌疑人同比上升28.9%，“工程建设领域整治”公安机关考核排名全省第2，“云端”专项行动排名全省第4。侦办“12·5”非法经营烟草案，打掉5个犯罪团伙，捣毁窝点10处，在全国发起云端集群战役，获副省长徐文海签批和省厅通令嘉奖，被省厅列为督办案件。参加全省经侦云端集群战役情报研判大比武，在20支代表队中名列第5，获得三等奖。

【出入境管理】　办理涉跨境赌博案件及关联案件206起，抓获涉跨境赌博违法犯罪总人数350人，移送起诉478人。开展打击妨害国（边）境犯罪“獴猎”2023专项行动和“三非”（非法入境、非法居留、非法就业）外国人治理“犁平”行动，办理妨害国边境管理刑事案件114起、抓获犯罪嫌疑人217人，办理“三非”外国人案件14起。受理审批签发出入境证件共计8.76万件（含签注），为有特殊紧急事由的申请人开通“绿色通道”、提供加急办证200余人次。

【禁毒工作】　推进湘鄂“猎枭”“清源断流”“8·23”清剿毒品攻坚等专项行动，侦办部省督目标案件8起、铲除罂粟18581株。破获部督“2023-417”目标案件，打掉覆盖3个省8个地市的6层贩毒网络。组织开展“禁毒宣传进万家”活动100余场，发放宣传单10万余份，发送公益短信30余万条，受众人数80余万人次。

【公共安全】　组织开展涉旅交通违法整治等专项行动140余次，交管工作在全国农村交通安全管理现场会上作经验介绍。全州未发生涉枪、涉爆、涉校、涉医院、涉散装汽油等重大案事件。组织专班对国家AAAA级以上旅游景区逐一全覆盖开展隐患大排查、大整改，7—12月景区安全事故“零发生”。依托社采平台更新行业场所信息1.38万家，累计检查行业场所1756家，查处违反行业场所管理行政案件585起，整改隐患132处。

【黄赌整治】　办理黄赌案件1771起，抓获违法犯罪嫌疑人4726人，采取刑事强制措施1145人、治安处罚3752人，6起案件被省厅雷火办列为省督一类案件。组织开展黄赌问题暗访检查，发现黄赌问题线索7条，全部完成核查任务。

【助力生态环境保护】　破坏生态环境立案543起，打击团伙41个、端掉窝点73处、移送审查起诉747人。“食药环森”刑事案件立案数全省第3、移诉人数全省第1。“昆仑2023”大比武全省第2。“冯刘危害国家重点保护植物案”入选全国破坏生态环境犯罪十大典型案例。

【信访工作】　推进重复信访专项治理及信访源头治理攻坚行动，省信访局、省公安厅交办的信访积案全部化解。在省公安厅重点工作绩效考评中，恩施州公安信访工作居全省第2位。

【基层建设】　推动派出所所长、社区民警进街道（乡镇）、社区（村）班子，28名所长、168名社区民警、1356名驻村辅警分别进乡镇、社区（村）班子。出台《恩施州公安机关“枫桥式派出所”创建考核奖惩办法（试行）》，完成派出所“两队一室”（在基层派出所建立案件办理队、社区警务队、综合指挥室）改革任务。落实“235”包联机制（省公安厅、市局、县局干部包联派出所数量比为2∶3∶5），全州72名包联干部下沉基层派出所，发现问题320个，解决200个。联动“12345”与“110”，分流非警务警情2536起，宣恩高罗派出所“四队四会四级联防”矛盾纠纷调处模式入选“全省101个‘枫桥经验’创新工作法先进典型”。

【优化营商环境】　省公安厅3个优化营商环境先行区改革事项“临时住址数字化管理”“基层公安政务集成化探索”“六停五不”柔性执法在恩施州试点，全部通过省公安厅验收，其中“六停五不”试点工作获省优化领导小组通报表扬。完成“毕业生落户一件事”试点改革任务。9月，全省公安优化营商环境先行区创建现场会在利川市召开。

【便民服务】　办理户口“跨省通办”业务4032件，开具户籍类证明“跨省通办”27件，居民身份证首次申领“跨省通办”228件、“省内通办”171件，办理异地临时居民身份证3262张，受理新生儿落户一事联办4272件、毕业生落户“一件事”4件。

【规范执法】　推进规范执法，8个县（市）局配齐执法办案管理中心队伍。全覆盖评查执法办案单位案件7期96起，发布案件质量通报7期、通报执法问题343条。全年主要执法问题推送同比下降91.07%，扣好“执法第一粒扣子”考核排名全省第5位。

【荣誉】　共有124个集体和506人次受到州公安局以上表彰奖励，其中5个集体和4名个人获公安部表扬，7个集体和9名个人被省公安厅记二等功，州公安局被省公安厅记集体三等功。恩施州公安局被国家机关事务管理局、中共中央直属机关事务管理局、国家发展和改革委员会、财政部评为节约型机关称号，恩施州公安局内保支队被国家卫生健康委、中央政法委、公安部等11个部委联合表彰为2020—2021年度全国平安医院建设表现突出集体，恩施市看守所被公安部评定为2022年度全国一级看守所，恩施市拘留所被公安部评定为2022年度全国一级拘留所，恩施市公安局森林警察大队被公安部通报表扬为“全国公安机关‘昆仑2022’专项行动成绩突出集体”，恩施市公安局国保大队被公安部评为全国公安政保工作基层战略支撑点、一级政保大队，恩施州公安局高速公路警察支队宣黔大队被公安部、中华全国总工会评为全国公安机关成绩突出集体，恩施州第一强制隔离戒毒所被国家药品不良反应监测中心评为2022年药物滥用监测基层优秀报告单位，宣恩县公安局森林警察大队大队长舒国胜被公安部表彰为全国公安机关依法严厉打击涉野生动物犯罪专项行动成绩突出个人，宣恩县公安局政治处民警郑奉英被全国妇联表彰为全国巾帼建功标兵，利川市公安局出入境管理大队大队长赵琳瑛被公安部、共青团中央评为全国公安机关成绩突出青年民警，利川市公安局东城派出所民警上官云琪母亲王蓉被公安部、全国妇联表彰为爱警母亲，恩施州公安局信访处民警熊红斌被公安部评为全国公安机关信访突出问题攻坚化解专项工作行动成绩突出个人，恩施市公安局被全国妇女联合会表彰为全国维护妇女儿童权益先进集体。

（谭　欢）

## 检　察

**【概况】**　2023年，坚持党对检察工作的绝对领导，严格落实“第一议题”制度，党组学习习近平总书记重要讲话及重要指示批示精神25次。常态化开展“以政治说办案、讲工作”活动，推进党建与业务深度融合。创新工作机制，成立专门检察侦查和调查部门（第九检察部），履行检察机关侦查办理司法工作人员相关职务犯罪职能，立案2件2人。落实巡回检察改革，完成对恩施监狱的常规巡回检察，完成对恩施、利川、宣恩、咸丰看守所的交叉巡回检察，完成对巴东、建始社区矫正工作的交叉巡回检察。深化纵向一体履职机制，依法跟进、接续监督基层院办理的重大监督案件45件。完善横向一体履职机制，内部相互移送线索130余条。落实防止干预司法“三个规定”，主动记录报告480件。全年办案“零事故”、队伍“零违纪”。全州检察机关共办理各类案件20184件，24个集体、22名个人获省级以上表彰，60个案例入选省级以上典型案例。

**【刑事检察】**　加强刑事侦查活动监督，监督立案、撤案633件，监督纠正漏捕90人、漏诉278人，监督纠正侦查活动违法988件。加强刑事审判活动监督，对认为确有错误的刑事裁判提出抗诉36件，检察长依法列席法院审判委员会讨论重大案件18次。加强刑事执行活动监督，审查减刑、假释、暂予监外执行案件164件，监督纠正监外执行不当和社区矫正监管活动违法394件次，监督纠正财产刑执行不当114件次。

**【民事检察】**　办理民事裁判结果监督案件215件，提出、提请抗诉和发出再审检察建议19件，对经审查认为正确的179件民事裁判做好服判息诉工作。办理民事审判、执行活动监督案件148件，发出检察建议124件。开展民事虚假诉讼监督，办理虚假诉讼案件19件，提出、提请抗诉和发出再审检察建议16件，为被侵害对象挽回损失530余万元。

**【行政检察】**　受理行政裁判结果监督案件23件。受理行政审判、执行及行政非诉执行活动监督案件110件，发出检察建议95件。化解行政争议69件。探索行政违法行为监督，办理行政违法行为监督案件165件。推进行政执法与刑事司法反向衔接，依法向行政机关提出检察意见400件。

**【公益诉讼检察】**　立办生态环境资源保护、食品药品安全、国有财产保护、国有土地使用权出让等重点领域案件340件，立办安全生产、文物和文化遗产保护等领域案件95件。对121件案件开展磋商，制发诉前检察建议276件，98%的公益损害问题在诉前得到解决，对经过诉前程序问题仍未解决的9起案件，依法提起诉讼。利川市检察院督促保护高山湿地草场行政公益诉讼案被最高人民检察院评为典型案例。参加最高人民检察院、省检察院组织的公益诉讼立法研讨会，提出意见建议。

**【未成年人检察】**　严惩侵害未成年人犯罪189人。开展落实强制报告制度专项监督，发现应报告未报告案件5件，推动追责6人，开展未成年人文身治理和校外托管、培训机构整治专项行动，立办案件50件。对81名涉嫌严重犯罪的未成年人提起公诉，对68名主观恶性不大、犯罪情节较轻的未成年人作出不起诉决定，同步做好帮教工作。开展罪错未成年人分级干预（设置轻重不同、各有侧重并呈梯级衔接状态的教育矫治措施），及时纠正行为偏差。提升未成年人普法实效，州检察院《普法微动漫牵出侵害未成年人案件线索》案例获最高人民检察院表彰。

**【平安建设】** 落实宽严相济刑事政策，做到依法该严则严、当宽则宽，维护国家安全、社会安定、人民安宁。对性质和影响恶劣的犯罪，保持“严”的震慑力度，批捕1662人，起诉4501人。把国家安全和政治安全放在首位，起诉涉邪教、暴恐犯罪5人。以扫黑除恶常态化为牵引，起诉故意杀人、抢劫、强奸等严重暴力犯罪215人、“黄赌毒”等犯罪636人。对大多数轻微犯罪，发挥“宽”的教育作用，对5438名自愿认罪悔罪的犯罪嫌疑人适用认罪认罚从宽制度，对无社会危险性或犯罪情节轻微的，依法不批捕903人、不起诉1893人。

**【清廉建设】** 落实监检衔接机制，提前介入职务犯罪案件调查48件，受理监委移送职务犯罪63件80人，决定逮捕39人，起诉45件51人。推动从源头上预防职务犯罪，制定下发职务犯罪领域社会治理类检察建议9份。全州粮食购销领域职务犯罪调研报告获省检察院肯定并推荐至最高人民检察院。

**【法治化营商环境建设】** 抓实优化营商环境专项检察活动，2次在全省检察系统会议上交流经验，省检察院对恩施州营商环境评分99分，排名全省第1。以监督办案为着力点，起诉侵害市场主体合法权益犯罪93人，监督立案、撤案135件，依法对认罪认罚的315名企业“四类人员”（涉案犯罪嫌疑人为企业投资者、经营者、管理者、关键岗位工作人员）从宽处理。以机制落实为支撑点，落实涉市场主体案件快速受理机制，逐案开展办案影响、风险研判，推动案件办理提质增效。以品牌创建为牵引点，培育优化营商环境品牌13个。州检察院“一红一绿”重点地理标志保护工作品牌入选全省检察机关十大典型案事例，6项优化营商环境先行区创建试点全部通过省级验收。

**【开展流域综合治理】** 围绕打造安全、生态、文化、发展清江，出台21条工作意见，全方位助力清江流域综合治理。坚持专项带动，开展矿山治理、河湖保护等专项行动，起诉破坏环境资源犯罪163人，办理生态环境资源领域公益诉讼案件224件。州检察院第一检察部被评为全国“两打”专项行动（打击危险废物环境违法犯罪和重点排污单位自动监测数据弄虚作假违法犯罪行动）表现突出集体。坚持协同治理，加强跨部门、跨区划沟通协作，凝聚治理合力。恩施市检察院督促保护清江河岸线及水域安全案，入选全省深化“河湖长+检察长”机制助推流域综合治理典型案例。州检察院助力流域综合治理专项工作获省检察院及州委主要领导批示肯定，在全省检察系统会议上交流经验。

**【提升社会治理效能】** 落实最高人民检察院一至八号检察建议，围绕社会治安、安全生产、产权保护、养老保健等领域开展类案分析，制发社会治理类检察建议204件，推动相关行业堵漏建制。落实“谁执法谁普法”责任制，引领社会法治意识提升。设立检校课堂助力法治建设，检察长到同级党校宣讲习近平法治思想9次，入选恩施州基层思想政治工作创新案例。围绕反诈防骗、毒品预防等拍摄的8部普法视频被中央媒体转发，州检察院落实“七号检察建议”、宣恩县检察院宪法宣传教育活动被央视CCTV-1《新闻联播》报道。

**【回应群众信访诉求】** 坚持和发扬新时代“枫桥经验”，共受理群众信访1132件次，全部做到规范受理、认真办理、按期答复。2个团队被表彰为全国检察机关控告申诉检察部门接待窗口深化开展“为民办实事”实践活动表现优秀团队。持续创新工作方法，对1217件案件进行公开听证（邀请人大代表、政协委员、社会公众、案件当事人等参与案件评议，通过公开审查的方式办理案件），既解“法结”又解“心结”，相关做法被《人民日报》刊发。州检察院通过公开听证，促使一起历时22年的刑事申诉案件得到妥善处理，被最高人民检察院评为“每案必评、实质化解”典型案例。

**【办好民生司法案件】** 加大对非法集资、电信网络诈骗等犯罪的打击力度，批捕211人，起诉871人。起诉制售有毒有害食品、假药劣药犯罪21人，立办食品药品安全领域公益诉讼案件96件。开展燃气安全专项行动，督促消除燃气安全隐患238个。联合住建等部门共同落实“四号检察建议”，推动消除窨井盖安全隐患43个。

**【保护特殊群体权益】** 持续加强就业者、劳动者合法权益保护，办理涉劳动纠纷、就业纠纷民事行政监督案件69件，开展根治欠薪专项行动，支持起诉91件，帮助319名农民工追回拖欠工资630万余元。强化妇女权益保护，起诉强奸、拐卖等犯罪115人。用好国家司法救助制度，办理司法救助案件170件，发放司法救助金267万元。参与打击整治养老诈骗专项行动，起诉26人，追赃挽损80余万元。

**【推进企业合规改革】** 稳妥扩大办案规模，对拟适用合规案件逐案审查、逐级报备，办理企业合规案件34件。提升办案质效，严格监管人员选任、合规计划制订、合规整改验收，邀请专业人员担任特邀检察官助理，推动涉案企业真合规、真整改，11家涉案企业完成整改并通过验收。审慎推进创新举措，办理审判环节企业合规案件2件，对26家涉案小微企业适用直接考察模式，提升办案效率。

**【实施数字检察战略】** 自主研发公

益诉讼、刑事执行、行刑反向衔接等法律监督模型4个，核查相关线索3069条，办理监督案件184件。州检察院研发的税费类国有财产保护监督模型获全省优秀创意奖。领用最高人民检察院、省检察院共享模型35个，核查平台推送及上级院交办线索317条，立办案件26件，发出检察建议14件。推进政法跨部门大数据办案平台、“益心为公”检察云平台等深度融入检察实践。

【专业能力建设】　有针对性地开展教育培训活动180次。组织检察官与法官、警察、律师同堂培训49次，共促执法司法理念提升。实施青年干部成长“检星工程”，组建9支青年先锋团队。开展理论研究、岗位练兵、业务竞赛，承办中国式刑事司法现代化与毒品犯罪治理学术研讨会，在省级以上期刊发表理论调研文章35篇，13名干警入选最高人民检察院、省检察院人才库，2名干警在全省检察业务竞赛中获奖。

【基层基础建设】　坚持政策、力量向基层倾斜，帮助基层院解决人员招录、员额遴选等难题，补充调整和交流基层院班子成员27人，招录16人，遴选员额24人。利川市检察院被确定为最高人民检察院院领导基层联系点。恩施市检察院“三有”检察文化（有趣、有益、有促）入选全国检察机关基层检察院建设特色品牌。

【自觉接受监督】　全方位接受人大监督，主动向人大及其常委会报告工作，邀请代表视察工作、主动走访代表308人次，办理意见建议13条。常态化接受民主监督，主动听取政协委员意见建议，认真办好相关提案，邀请民主党派成员担任公益保护志愿者。多角度接受社会监督，办理律师申请事项2800余次，公开案件信息11000余条，在州级以上主流媒体发稿800余篇，45部作品在湖北检察好新闻、新媒体作品大赛中获奖。

【荣誉】　2月25日，州检察院第七检察部被全国妇联表彰为全国巾帼文明岗。8月3日，州检察院第六检察部、恩施市检察院第四检察部、利川市检察院、咸丰县检察院、鹤峰县检察院政治部被湖北省人社厅、湖北省检察院表彰为2018—2022年度全省检察机关先进集体；州检察院政治部副主任李志、建始县检察院检察委员会专职委员向燕妮、巴东县检察院第二检察部主任彭蔚、宣恩县检察院第二检察部主任朱涛、来凤县检察院第二检察部主任宋玉华被湖北省人社厅、湖北省检察院表彰为2018—2022年度全省检察机关先进个人。9月，州检察院第七检察部被共青团中央、最高人民法院、国家发展改革委等23家全国创建青年文明号活动组委会成员单位表彰为二星级全国青年文明号。11月29日，州检察院第七检察部被最高人民检察院记全国检察机关集体一等功。12月29日，州检察院新闻办公室负责人万莞榕被湖北省人社厅、共青团湖北省委表彰为2017—2022年湖北省青年岗位能手。

（陈晓涵）

## 法　　院

【概况】　2023年，恩施州中级人民法院（简称州中院）辖8个县（市）法院和49个中心人民法庭。两级法院现有中央政法专项编制951名，实有在编干警884人，员额法官342人。其中州中院专项编制124名，实有在编干警116人，员额法官45人。全年共受理各类案件85797件，结案84754件。其中州中院受案6455件，结案6350件。

【刑事审判】　贯彻总体国家安全观，依法惩治各类刑事犯罪，审结刑事案件3144件4584人。严惩煽动颠覆国家政权、邪教组织等犯罪，维护国家政治安全。始终保持对严重暴力、涉枪涉爆、黄赌毒、盗抢骗等犯罪的高压态势，依法严惩危害食品药品安全、电信网络诈骗、侵犯公民个人信息等犯罪，审结相关案件1763件。常态化开展扫黑除恶斗争，审结涉黑涉恶案件4件24人。依法严惩腐败犯罪，审结职务犯罪案件54件55人。全面贯彻宽严相济刑事政策，对认罪认罚的3713人从宽处理，严格规范办理减刑假释案件165件，对17名未成年人依法适用非监禁刑。强化人权司法保障，依法宣告5名被告人无罪，守住防范冤假错案的法治底线。

【民商事审判】　审结涉教育、医疗、住房、社保、婚姻等民生案件12537件，审结涉农案件396件，65%以上案件通过调解和解妥善解决。审结一审商事案件27622件，标的额64.92亿元。审理破产及破产衍生案件249件，盘活资产8.7亿余元，化解债务13.7亿余元，安置职工500余人。实行知识产权类案件集中管辖，审结一审知识产权案件299件。建立涉军司法救助“绿色通道”，审理涉军案件6件，维护军人军属合法权益和国防利益。1起案件入选湖北法院妇女儿童权益保护十大典型案例，1起案件入选湖北法院维护残疾人合法权益八大典型案例。

【行政审判】　审结行政案件1139件、国家赔偿案件29件，审查行政非诉执行案件336件。妥善审理因土地房屋征收补偿、招商引资等涉产权保护领域引发的争议，促进行政机关强化权利保护意识，明确公权力行使边界。推动行政争议实质化解，行政机关负责人出庭应诉率100%。1起案件入选湖北法院行政机关“一把手”出庭应诉实质化解行政争议典型案例。

【执行工作】　组织开展“百日攻坚”等集中执行行动，执结案件35706件，执行到位金额70.07亿元。强化善意文明执行理念，为563家企业法人修复信用，对76家企业暂缓适用强制措施。利川法院失信预警守信激励机制获评第五届“新华杯”全国优秀信用案例。网络司法拍卖成交236件，成交金额1.17亿元。

【法治化营商环境建设】　优化司法供给，出台降低诉讼成本十二条举措，推动“立审执管一体化”改革，开展“上诉案件一键移送”等24项“小切口”改革，7项改革入选全省优化营商环境改革先行区试点，《人民法院报》、人民网等主流媒体聚焦报道。持续推进涉企案件经济影响评估，审结涉企案件24355件，在线评估率100%，平均结案时间同比下降21.47天。联合省法学会举办湖北省第二届破产法实务研讨会，州中院在全省破产审判工作会议上作交流发言。服务创新驱动发展，实行知识产权类案件集中管辖，推动适用小额诉讼程序，审结一审知识产权案件299件。

【生态文明建设】　审结环境资源案件159件，适用替代性修复措施11件32人。建立生态环境保护修复基地4个，设立环境资源审判庭8个、旅游巡回法庭和巡回审判点14个，加强旅游和生态保护领域诉源治理。推广预防性司法保护和生态补偿机制，参与构建长江大保护司法协作机制，深化清江、酉水、溇水等流域司法保护协作，以法治行动践行“绿水青山就是金山银山”理念。

【诉讼服务】　全面优化“一站式”功能，在全省法院率先上线“诉讼服务一码通”，开创“法院+部门”一码联办线上司法新模式，实现立案、调解、送达、诉前保全、申诉等对外事务100%全流程在线办理。“一站式”质效评估得分居全省第2。推广“智慧执行”微信客户端，当事人通过手机即可获取案件节点信息、联系执行法官、提供财产线索。推进全流程无纸化办案和电子卷宗随案同步生成及深度应用，电子送达率和电子卷宗随案同步生成率均为100%。推进智慧法院建设，应用各类系统平台128项。

【践行“枫桥经验”】　与8家州直单位建立“总对总”诉调对接机制，通过“多元调解+速裁”，实现60%以上的一审民商事案件在诉讼前端快速解决。加强能动司法，延伸审判职能，共发送司法建议书65份。创建新时代“枫桥式人民法庭”，成立假日法庭、“生态+文化+旅游”等民族特色法庭。利川谋道法庭“候鸟”枫桥驿站化解旅游纠纷工作法入选全省新时代“枫桥式工作法”先进典型。化解信访积案73件，案访比全省最低，州中院在全省法院“有信必复”暨涉诉信访重点工作推进会上作交流发言。

【审判监督管理】　实行“周提醒、月通报、季研判”督促机制，强化长期未结案件跟踪督办。严格审限管理，最大限度减少延长审限案件、缩短案件审理周期。平均结案时间全省最短。常态化开展案件质量评查，专项评查发改指等重点案件1051件，及时通报整改相关问题11个。全州法院一年以上未结案件实现动态清零，来凤法院积案清理工作经验被最高人民法院推广。

【诉讼制度改革】　推进以审判为中心的诉讼制度改革，推行庭前会议、非法证据排除、法庭调查“三项规程”，正确适用认罪认罚从宽制度，健全刑事司法权力运行机制。推进民事案件繁简分流，健全速裁快审、实质解纷等工作机制，推广要素式审判、示范裁判，提升简易程序适用率，实现用较少人员化解大量简单案件的目标。全州法院均成立速裁团队，共审结民事简案22867件，占比47.85%；平均结案时间21天，全省最短。

【队伍建设】　全州法院全年开展集中研学419次、政治轮训2200余人次。组织线上线下各类培训205期7221人次。提拔任用、交流使用及职级晋升278人次，选拔培养优秀年轻干部，2名进入基层法院领导班

2023年7月9日，湖北省第二届破产法实务研讨会在恩施举行　（黄　洋　摄）

子，24名走上中层领导岗位。开展“恩法大家讲”“恩法‘星’青年”活动12期。州中院在全省法院政治部主任座谈会上交流文化建设工作经验。

【接受监督】 执行州人大会议决议及常委会审议意见，向州人大常委会专题报告法治化营商环境建设、人民法庭规范化建设等工作情况，邀请人大代表、政协委员视察调研、旁听庭审、见证执行410人次，州两会交办的5件代表建议、政协提案全部办结，满意率100%。主动接受纪检监察监督，邀请派驻纪检监察组列席会议、活动49次。依法接受检察机关法律监督，邀请检察长列席审判委员会重大案件讨论22次。推进司法公开，人民陪审员参审案件1666件，公开案件信息53602条。

【荣誉】 5月12日，利川市人民法院汪营法庭被湖北省高级人民法院表彰为“全省法院环境资源审判工作先进集体”；7月4日，宣恩县人民法院“法官工作室”志愿服务团队被中央宣传部、中央精神文明建设办公室、民政部等部门和单位表彰为“2022年度全国学雷锋志愿服务‘四个100’先进典型”；9月4日，恩施州中级人民法院获湖北法院“公正杯”篮球比赛冠军；11月1日，恩施市人民法院刑事审判庭被中国人民银行湖北省分行、湖北省公安厅、湖北省高级人民法院等11部门表彰为“全省打击治理洗钱犯罪先进集体”。3月20日，建始县人民法院刘丛艳被湖北省人力资源和社会保障厅、湖北省妇女联合会表彰为“湖北省三八红旗手”，11月13日被全国妇联表彰为“全国维护妇女儿童权益先进个人”；5月12日，恩施市人民法院张玲被表彰为“全省法院环境资源审判工作先进个人”；6月30日，利川市人民法院冉艳蓉被最高人民法院表彰为“人民法院党建工作先进个人”；9月26日，恩施州中级人民法院吴卫获湖北省法院诗歌创作大赛特等奖；11月1日，恩施市人民法院张云路、巴东县人民法院吴林被表彰为“全省打击治理洗钱犯罪先进个人”；11月7日，宣恩县人民法院秦宸烨被湖北省知识产权局、湖北省高级人民法院、湖北省人民检察院、湖北省公安厅表彰为“知识产权保护工作成绩突出个人”；12月5日，来凤县人民法院程璟被最高人民法院表彰为“全国法院先进个人”；12月19日，利川市人民法院胡长玖被最高人民法院表彰为“人民法院督察工作先进个人”。

（杨　尧）

## 司法行政

【概况】 2023年，恩施州司法局围绕“一个统抓、五大职能”（统抓协调全面依法治州，全面履行行政立法、行政执法监督、刑事执行、公共法律服务、涉外法治等职能）定位，推进全面依法治州和司法行政工作，为恩施州加快建设“两山”实践创新示范区提供法治保障和优质法律服务。恩施市清江公证处负责人熊艳玲被司法部表彰为全国公共法律服务工作先进个人；恩施州强制戒毒所二大队大队长吴澜被司法部表彰为2023年全国戒毒所先进个人；巴东县司法局官渡口司法所所长陈娟获湖北青年五四奖章。

【行政立法】 围绕乡村民宿发展、爱国卫生、古树名木保护等重点领域开展立法；出台《恩施州行政规范性文件备案审查办法》，加强行政规范性文件备案审查的规范管理。全年审查立法项目4件、重大行政决策4件、行政规范性文件11件，备案审查县（市）人民政府和州政府各部门行政规范性文件234件。

【行政复议与行政应诉】 出台《恩施州行政机关负责人出庭应诉工作规定》，推动州、县（市）组建行政复议咨询委员会，成立行政复议服务中心，全州复议机关新增事业编制33名。全年全州共审结办结行政复议案件486件，州政府行政复议案件经法院审理后无一件败诉。全州行政机关负责人出庭应诉率100%。

【行政执法监督】 全域开展“无证明地区”创建，牵头对州直各部门报送的742项证明事项开展多轮清理并进行动态更新，其中，实行告知承诺制26项、不需要申请人提交90项、保留清单6项。持续规范涉企行政执法。以“行政执法队伍能力提升年活动”为载体，与州工商联建立协作机制，建立涉企行政执法监督联系点20个；开展行政执法领域“不担当、不作为、乱作为”专项整治，发现问题线索218条，立案173件，发出监督建议62份，解决群众和企业诉求114个。

【普法依法治理】 组织开展“八五”普法中期评估自评工作。开展“一月一主题”法治宣传教育活动，梳理12个宣传主题，开展滴灌式精准普法，全州累计开展主题普法活动6500场次，解答法律咨询20500人次，推行以案释法典型案例120期。举办9期乡村“法律明白人”示范培训班，全年累计遴选、培养“法律明白人”8832名，实现每个村（社区）至少培养5名“法律明白人”，全州村（社区）全覆盖的工作目标。完成“全国民主法治示范村（社区）”复核工作，全州17个全国民主法治示范村（社区）全部予以保留。开展省级法治文化建设示范点创建，利川市禁毒教育基地、宣恩县未成年人法治教育基地、来凤县禁毒教育基地、恩施市红庙法治公园被命名为全省第四批五星级法治文化建设示范点。

【律师工作】　承办湖北省“乡村振兴法治同行”专题研讨会，组织开展恩施州第三届“激扬青春崇法明理”律师辩论赛。出台《关于切实发挥党政机关法律顾问和公职律师作用的十条措施》。与州市场监管局、州公安局印发《在全州开展法律咨询服务类经营主体突出问题专项治理工作方案》，启动法律咨询服务类经营主体突出问题专项治理。开展法律服务“一月一活动”，累计组织律师为239家民营企业开展法律咨询2000余次、审理合同435份、化解矛盾纠纷267件。

【公共法律服务】　持续推进公共法律服务体系建设，截至年底，恩施州公共法律服务网络智慧平台共提供各类法律咨询11573人次，生成法律意见书3441件。全年共收到法律援助申请案件2919件，挽回利益3925.73万元。

【公证】　与武汉市司法局建立对口帮扶长效机制，召开全州公证员第五次会员大会，按期完成恩施州公证协会换届。全州8个公证处共办理公证3222件，收费111.9万元。

【司法鉴定】　召开恩施州司法鉴定人协会第三次会员大会，选举产生恩施州司法鉴定人协会第三届理事会理事和监事。恩施州5家鉴定机构共有在册司法鉴定人71人，全年办理司法鉴定4299件，收费747.17万元。

【国家统一法律职业资格考试】　恩施州报考国家统一法律职业资格客观题考试人数为1336人，主观题报考人数为643人。成绩合格申请法律职业资格证书368人，其中A类137人，B类6人，C类225人。办理法律职业资格档案由外省调入恩施州8人，由恩施州调出6人。

【人民调解】　全州共调解案件17681次，调解成功17150件，调解成功率97%。咸丰县联合人民调解委员会“苏老武调解工作室”获“全国模范人民调解委员会”称号，向贞东、杜昌政、谭支坤等获“全国模范人民调解员”称号。

2023年1月30日，恩施市龙凤镇组织开展“新春走基层　送法进万家”活动
（州司法局　供稿）

【社区矫正】　围绕事前预防、事中监管、事后检验“一事通办”，优化社区矫正监管平台，开发综合管理、随行智控等应用场景，完善“精密智控、精细管理、精准帮扶”的“智慧矫正”体系。该项目获得2023年度全省政法智能化建设“智慧司法”类一等奖。推进社区矫正中心规范化建设，恩施市、来凤县社区矫正中心已实体化运行，对城区内的流动社区矫正对象进行管理，减轻城区司法所监管压力，提高教育矫正质量。

（邢中良）

【监狱管理】　2023年，恩施监狱聚焦“五个重点”落实监管安全核心制度（罪犯严格管控、设施严格管理、环节严格监控、时段不留死角、部位严格排查）。常态化开展交叉清监、“两违品”整治（违规品、违禁品）、扫黑除恶工作，完成智慧安防系统。构建监狱、监区、全员三级风险研判体系，落实狱情“一收三分”（收集、分析、分类、分流）闭环管理。在押罪犯思想政治、法律常识、文化教育合格率均达到95%以上。新入监罪犯心理测试率100%，心理健康档案建档率100%，在押罪犯开展心理健康教育普及率100%；罪犯出监评估率100%。实现连续28年无罪犯自杀、连续19年无罪犯脱逃。

（王　会）

## 仲　裁

【概况】　2023年，全州仲裁机构共处理劳动人事争议案件2077件，立案受理1848件，不予受理229件，当期结案1864件，仲裁结案率100%，调解成功率95.27%。推进“互联网+调解”工作模式，劳动者和用人单位通过全国劳动人事争议在线调解服务平台申请调解，截至12月底，全州通过平台共处理调解申请458件。

【一站式劳动保障维权中心建设】　7月16日，印发《关于推进一站式劳动保障维权中心建设的实施方案》，在全州建立一站式劳动保障维权中心，探索“一门受理”“一站办结”“一管到底”服务新模式，保障劳动者平等就业权、劳动报酬权、休息休假权、劳动保护权、职业培训权、社会保险权、提请劳动争议处理权等7项权力。截至12月底，全州共建立1个州级、8个县（市）级、90个乡镇级、1635个村级一站式劳动保障维权中心，处理劳动保障维权案件4196件。

**【“人社+工会”劳动争议裁调对接】** 全州推进“人社+工会”劳动争议裁调对接工作，保护劳动者合法权益。截至12月底，全州共建立州、县、乡三级“人社+工会”劳动争议裁调对接工作室及派驻点99个，选聘调解员359名，调解案件365件，涉及资金452万元，发放调解员补贴12万元。

**【复制推广智慧仲裁模式】** 开发恩施州智慧调解仲裁系统，复制推广“一站式”劳动保障维权中心智慧调解仲裁模式，实现劳动人事争议在线受理、在线调解、在线裁决、在线送达文书，降低当事人维权成本。

**【培育金牌调解组织】** 培育恩施州特色调解品牌，打造国家级、省级、州级金牌调解组织23家，其中，恩施市长源轴承制造有限公司劳动争议调解委员会被评为全国金牌调解组织；咸丰县人民联合委员会、巴东县野三关镇劳动人事争议调解中心被评为省级金牌调解组织；华芯科技（恩施）有限公司劳动争议调解委员会等20家被评为州级金牌调解组织。

（陈黎魁）

**【司法仲裁】** 恩施仲裁委员会受理仲裁案件160件，涉案标的额2.4亿元。全年受理案件的平均标的额为152万元。裁决结案39%，调撤结案61%，被法院撤销裁决和不予执行案件量为0。

（田枭桀）

# 军事

Military Affairs

## 中国人民解放军湖北省恩施军分区

【概况】 2023年，中国人民解放军湖北省恩施军分区（简称恩施军分区）贯彻党中央、中央军委和习近平主席决策指示，落实军委国防动员部和省军区党委部署要求，以“奋力打造鄂西南应战应急主力军和突击队，积极构建湖北省国防动员重要一极和坚固支点，合力争创驻地民族团结和‘双拥’共建全国先进”为目标，推动部队建设。综合考评居全省第3位。

【思想政治建设】 恩施军分区抓好主题教育和“学习强军思想、建功强军事业”教育实践活动，组织瞻仰何功伟、刘惠馨烈士陵园，板栗园大捷烈士陵园和鄂西特委旧址，激励全体官兵奋进强军事业。恩施军分区党委理论学习中心组组织10次专题学习研讨，早交班领读领学习近平讲话精神等重要论述70次，开展23期“小讲堂大练兵”活动，46人次围绕政治教育、战备训练、遂行任务、业务工作等内容交流发言。思想政治教育创新做法《小讲堂释放大能量》、主题教育理论文章《提高联合作战国防动员演练质效》先后被《国防报》头版、二版刊发。召开党建形势分析会和专题组织生活会，规范民兵预建党组织工作，完善民兵政治教育参考教案，提高民兵政治教育质量。开展专项教育整治、专项清理整治等活动，掌握官兵思想动态。挖掘先进典型事迹，“最美新时代革命军人”陈刚果、“荆楚楷模”鹤峰县贺英女子民兵连受到主流媒体关注报道。

【谋战务战准备】 恩施军分区树立向战为战导向，修订完善战备方案预案，坚持把备战打仗作为第一要务，正规值班备勤。组织6次情报侦搜培训和工作讲评，全区民兵情报有效信息排名全省靠前。组织开训动员，完成本级季度、半年和年度军事训练考核。抓实实战化训练，获省军区通信演练第2名、全省民兵干部骨干暨民兵教练员集训比武团体第1名，6人次受省军区表彰，恩施市民兵应急连和入案分队代表省军区参加国动部民兵拉动考核，成绩优异。完成全州46所高中、2所高校7.1万余名学生军训任务，组织参与火箭残骸搜索、安保维稳、应急抢险等急难险重任务126次。

【国防动员】 以推进国防动员转型发展为重点，设立州国动委联合办公室，规范军地工作运行模式。推进“智慧动员”系统硬件升级，接续组织“恩动—2023”国防动员演练，强化两级机关组织指挥和民兵分队遂行任务能力。建强基层武装，构建州、县两级专武干部军事训练课目教学人才库，在全省新任职基层武装部长集训比武中获评优秀，4人被表彰为“优秀学员”。州、县两级征兵服务站建成率排名全省第1，全州兵员征集质效不断提升。

【后勤保障】 恩施军分区从严抓紧后勤装备管理，提高综合保障质量效益。严格落实党委管财议财制度和资金集中收付制度，优化经费投向投量。推进军地交叉地带清理整治和后勤重点行业领域整肃治理。全年完成装备物资保障、机关食堂、集体宿舍升级改造、营院绿化亮化、基础设施维护整修等任务。

【双拥工作】 恩施军分区加强军地协作共建，军政军民关系不断牢固。组织举办纪念延安双拥运动80周年军地联谊文艺活动、“双拥杯”军地篮球赛、双拥工作成就展、集中送喜报等系列双拥活动。做好庆祝建州40周年10名嘉宾联络接待任务。推进“八一爱民学校”共建活动，开展国防教育。推动驻地随军家属就业安置，落实军人子女教育优待，解决军人“三后”问题。助力乡村振兴，协调资金支持13个帮扶村36个乡村振兴项目建设，“一对一”结对帮扶87名困难学生，培养使用兵支书10人，参与保护红色场所9处，推荐恩施腊肉、茶叶等6种农副产品纳入省军区“鄂有好货”定点帮扶村农副产品库。

【党管武装工作述职大会】 2月2日，恩施州召开党管武装工作述职大会。州委书记、军分区党委第一书记胡超文强调，要坚决扛起党管武装政治责任，落实党管武装各项制度，研究解决有利于部队建设发展的事，立起恩施州党管武装新标杆。军分区党委书记、政治委员任哲对各县（市）党管武装工作特色做法给予肯定。恩施市、利川市、宣恩县、鹤峰县4个县（市）人武部党委第一书记作述职发言，其他4名书记作书面述职。

【清明祭英烈活动】 4月1日，恩施军分区在恩施市何功伟烈士陵园和鄂西特委旧址组织开展“传承红色基因、建功强军事业——清明祭英烈”活动。了解何功伟、刘惠馨两位烈士坚贞不屈、视死如归，为党和人民献出宝贵生命的革命事迹，回顾抗战时期中共鄂西特委的建立和开展革命斗争的历史。通过场景复原、历史照片、文物、雕塑、绘画等，感受革命先烈在峥嵘岁月里的光辉历程，砥砺军分区全体人员建功强军事业。

2023年9月23日，恩施军分区组织恩施市旗峰小学部分少先队员开展进军营国防教育活动 （张 梨 摄）

【国防教育活动】 9月23日，恩施市旗峰小学组织30余名少先队员走进恩施军分区机关开展国防教育活动，“零距离”感受军营，增强国防意识。国防主题教育课堂上，最美新时代革命军人、军分区动员处陈刚果处长分享从军经历和体会，寄语学生努力学习，为国防事业多做贡献。

【主题教育讲座】 11月17日，恩施军分区政治委员任哲以“深入了解州情形势，拥政爱民助力驻地高质量发展”为题开展主题教育专题讲座。各县（市）人武部结合辖区实际，围绕破解基层难题，拓宽共建思路，融入驻地建设，因地制宜开展教育实践活动。

【援建“八一爱民学校”】 12月20日，恩施军分区在恩施市红土乡石灰窑村“八一爱民学校”开展援建活动，为学校捐赠办公设备、表彰优秀教师和优秀学生。

（向 杰）

【集训比武】 4月3—4日，恩施军分区选定军事理论、轻武器射击、识图用图、“四会”教学4个比武课目，防护、单兵战术基础、卫生救护3个考核课目，组织全州重点民兵干部骨干暨民兵教练员集训考核和比武竞赛。

【组织民兵分队连贯式拉动考核】 9月28日，恩施军分区采取静态查与动态考、随机抽与定点考相结合的方式，围绕“人装到点、装载卸载、摩托化机动、徒步机动、共同基础、专业装备操作使用、分队任务行动”7个方面，实地考核19个课目，检验利川市民兵应急连战斗力水平。

（谢 奎）

【巡视反馈问题整改】 恩施军分区推进巡视反馈问题整改。将“五查五纠”清理整治、后勤行业领域整肃治理、“五治八查树形象”教育整顿一体推进，坚持问题导向，逐级压实责任。全年共完成9个领域18类问题的清理整治。

【营区改造】 恩施军分区协调投入资金，将机关原综合楼及老公寓楼升级改造为新食堂、集体宿舍，为单身公寓、集体宿舍标准化配备设施设备，组织营院绿化亮化、办公楼顶防水、公寓住房和仓库生活基础设施维护整修，巩固和提升营区正规化建设水平。

（李 粤）

## 中国人民武装警察部队恩施支队

【概况】　2023 年，中国人民武装警察部队湖北省总队恩施支队（简称恩施支队）贯彻习近平强军思想，聚焦武警部队“三升两降”目标，贯彻总队党委决策部署，把握思想引领的迫切需要、备战决胜的现实要求、多向承压的安全态势，坚持重心下移打基础，官兵的心气不断凝聚，部队建设稳步发展。

【思想政治建设】　推进理论学习、教育实践活动和党内主题教育。发挥书香军营、“每周一句、强学强记”等载体作用，提升教育质效。分 2 批组织参观张富清先进事迹展馆、鄂西特委旧址。开展“强军风采”系列文化活动，组织第四届军事体育运动会和第六届“最强战士”军营肌肉秀，参加总队“唱响嘹亮战歌、奋进建军百年”主题歌咏比赛获三等奖。连续 7 年帮扶恩施市洞下槽村，被军委表彰为“军队支持乡村振兴‘百村示范’建设对象”。持续做好宣传工作，全年累计在国家级媒体和“湖北武警”微信公众号刊稿 110 余篇，支队被总队表扬为“新闻舆论工作先进单位”；宁建朋、张祖豪被总队表扬为“新闻舆论工作先进个人”。

【练兵备战】　完成恩施建州 40 周年联勤武装巡逻、建始县“7・4”特大暴雨抢险等任务，来凤中队被总队表彰为“执勤先进单位”，李亚飞、向泽文被总队表彰为“执勤先进个人”。组织分批轮训、野外驻训和“魔鬼周”极限训练，开展参谋业务、基础体能、轻武器射击和教练员培训复训，提升官兵“智、技、体”能力。先后获总队比武 1 个团体第 2 名、1 个团体第 5 名，杨森、马睿获评总队参谋业务集训优秀个人，孟梦获得总队参谋人员比武侦察要素第 1 名，机动中队被总队表彰为“军事训练先进单位”、谭从刚被表彰为“军事训练先进个人”。

【基层建设】　组织基层党组织书记和中尉以下干部培训，升级机关和基层中队营区环境，推动基层工作 45 个具体问题规范落实，完成年初承诺的 30 件好事实事。开展“平安收官、安全起航”建安创安活动，连续 21 年实现安全无事故。

（王　军）

## 人民防空

【概况】　2023 年，恩施州人防系统聚焦重点项目建设、人防教育宣传，推动人防工作发展。11 月 30 日，经州委编办批准，国防动员和人民防空保障中心成立。

【人防工程建设管理】　强化项目管理，应建防空项目报建审批严格按照“三个规范性文件”（《湖北省人民防空工程管理规定》《湖北省防空地下室易地建设费收缴使用和监督管理办法》《湖北省物价局　湖北省财政厅　湖北省人民防空办公室关于印发人防工程易地建设费标准及有关问题的通知》和“恩施州工程建设项目审批管理系统”标准程序执行。

【人防宣传教育】　开展国防动员宣传教育月系列活动，在机关、社区开展国防教育重点宣传，通过主流媒体集中宣传，开展校园专项宣传，组织“国防万映”主题电影展映等现场宣传。全年征订发放《中国人民防空》杂志 200 份、《人民防空知识》教材 2 万余份，发放宣传资料 1.2 万余份。

【人防指挥通信】　推进县（市）人防地面指挥中心和人防机动指挥信息系统建设，启动人民防空方案滚动编修工作。加快预警报知系统建设，警报覆盖率和鸣响率实现 100%。

【城市防空防灾警报试鸣】　9 月 18 日，各县（市）统一开展“9・18”防空警报试鸣，鸣响率达 100%。防空警报分为预先警报（鸣 36 秒，停 24 秒，反复 3 遍，时间 3 分钟）；空袭警报（鸣 6 秒，停 6 秒，反复 15 遍，时间 3 分钟）；解除警报（连续鸣放 3 分钟）。

（唐　义）

# 经济管理

# Economic Management

## 发展和改革

**【概况】** 2023年，恩施州全年实现地区生产总值1481.29亿元，同比增长6%，增幅居全省第10位；固定资产投资同比增长7.8%，增幅居全省第7位；城镇居民收入同比增长6.5%，增幅居全省第1位。易迁后扶工作先后受到国务院、省政府督查激励通报表彰，恩施州被省政府表彰为全省投资和重点项目建设贡献单位，州价格监测中心被评为2022—2023年度全国价格监测工作先进单位。

**【项目建设】** 全州固定资产投资同比增长7.8%，高于全省2.8个百分点；到位中央、省级预算内项目资金23.6亿元，增长41.4%；争取专项债券项目资金99.7亿元，全省第5位；争取特别国债资金47.9亿元，全省第3位。全年开工10亿元以上项目25个。宜咸高速、巴东高铁站快速通道、和诺生物烟叶废弃物综合利用、一正药业总部基地、清江红花峡峰林景区等项目全面建成。鹤峰东高速、建恩北高速、利咸高速、姚家平水利枢纽工程、恩施白酒生产经营项目、州中心医院新区医疗中心（二期）等项目快速推进。恩施机场迁建项目预可研通过中国民航局行业审查，沪渝蓉高铁宜昌至涪陵段即将开工，巴张高速沪蓉沪渝连接段已签订投资人协议，新机场高速启动投资人招标。

**【区域合作】** 携手杭州市编制对口合作工作实施方案等合作性文件。两地60余所学校建立对口合作关系，合作成立恩施州首个生物多样性跨区域协作共建基地。恩施高新区建成杭恩革命老区合作产业园，杭恩双向“飞地经济”模式实现优势互补。融入宜荆荆都市圈，都市圈服务专窗实现州、县全覆盖，圈内通办事项达638件。与宜昌市制定全省首个跨市州横向生态保护补偿机制，联合启动三峡库区绿色低碳发展示范区规划编制工作。恩宜两地联合申报长江三峡地区山水林田湖草生态保护修复工程入选国家试点，工作经验全国推广。开展湘鄂西、湘鄂渝黔革命老区（武陵山片区）交流合作，启动武陵山片区高质量发展规划研究，推动争取湘鄂西、湘鄂渝黔革命老区振兴发展上升为国家战略。

**【改革工作】** 服务融入全国统一大市场建设，出台恩施州工作清单，建立妨碍统一大市场典型案例通报约谈机制，完成妨碍统一大市场建设政策措施清理。实施包容普惠创新指标全量提升，该指标由全省第13位进位至第6位。完善信用体系，归集上报信用数据170万条，“双公示”数据准确率、及时率居全省前列。规范中介服务，发布中介机构考评结果6期，中介服务网入驻机构608家、在网办理项目1758个，分别居全省第2和第1。开展承诺审批，办理审核备事项191项，总投资411.01亿元。

**【物价工作】** 开展重要民生商品保供稳价十项行动，对重要民生商品实行“月调度、季分析”，重要民生商品物足价稳。严格执行主副食品、生猪、建材等价格监测报告制度，采集、审核、汇总、上报300多种重要商品和服务价格信息。办理各类价格认定案件718件，认定金额

1.15 亿元。开展农产品成本调查，完成玉米、烤烟、生猪等主要农产品成本调查及收益分析。服务重点领域价格改革，累计开展成本监审项目 37 个，共核减不合理成本费用 5751.90 万元。完成天然气、城市公交、景区、教育、停车、殡葬收费 6 大类 21 个项目的政府定价。

【城镇和产业集中高质量发展】 恩施州城作为全省地市级“双集中”试点，州委八届七次全会通过关于城市和产业集中高质量发展的实施意见，州政府印发三年实施方案。优化空间布局，形成东城、西城、舞阳坝+月亮湾“3+1”组团结构。强化州城城市风貌管控，推进施州古城活化利用，加强清江两岸环境综合治理。恩施市获评中国“十大魅力打卡之城”。集中发展富硒产业和生态文旅康养产业，引进立讯精密、信濠光电等 500 强企业，建成富硒产业、现代烟草、生物医药等特色产业园。州城硒产业综合产值达 230.82 亿元、接待游客 2057.94 万人次、实现旅游综合收入 191.55 亿元。利川市作为全省县市级扩面试点，以清江为主轴，优化形成“一轴三片区”的空间布局，吸引超过 60 万“候鸟”旅居避暑。

（唐　义）

## 强县工程

【概况】 2023 年，州委、州政府贯彻落实省委、省政府关于强县工程各项工作要求，围绕增加农民收入、缩小城乡差距两大目标，以利川市、建始县、宣恩县试点为重点，探索、创新机制和方法，推动强县工程各项工作落实。前三季度，全州县域生产总值达到 1075.4 亿元、位居全省第 7 位，城镇居民人均可支配收入达到 26339 元、增幅居全省第 1 位，农村常住居民人均可支配收入达到 8506 元、增幅居全省第 8 位。

【组织领导】 州委常委会、州政府常务会就省委一号文件、省委农村工作会议精神、省强县工程方案进行专题学习，研究制定恩施州《关于推进强县工程的工作方案》，安排部署具体工作 20 余项；将强县工程工作纳入州委八届七次全会、《关于深入贯彻实施长江经济带发展战略、推进流域综合治理和统筹发展、加快城市和产业集中高质量发展的实施意见》、《恩施州流域治理统筹四化同步规划》、州委一号文件等重要内容。建立以州委、州政府领导谋划、州委农办牵头抓总、州直有关部门分头推进的落实机制；建立由州委、州政府分管领导担任召集人、40 余家州直单位主要负责人为成员的联席会议制度，以州委农村工作领导小组名义制定《恩施州强县工程联席会议制度》；建立完善州领导联系县、州直单位和县市联系乡村的工作机制。12 月 15 日，州委、州政府分管负责人召集 8 个县（市）和 39 家州直部门，召开强县工程联席会议，就强县工程开展情况专项调度。

【壮大县域经济】 落实“该干什么的地方干什么”的理念，持续彰显“土、硒、茶、凉、绿”特色优势，引导各县（市）、乡镇结合实际确定发展重点、分类发展，突破性发展富硒产业和生态旅游康养产业，壮大县域市场主体，推动城市和产业集中高质量发展。前三季度，规模以上工业总产值达到 212.9 亿元、增加值增速位居全省第 3；硒产业综合总产值达到 680 亿元，旅游综合收入达到 597.17 亿元，省级上市后备“金种子”企业总数达到 7 家、“银种子”企业 306 家、四板挂牌企业 306 家，全年新签约亿元以上产业项目达到 480 个。

【提升县城建设品质】 坚持顺应山水格局、彰显巴土文化，按照“滨水控宽度、临山控高度、整体控密度”原则，依山就势推动建筑退台式布局，科学布局学校、医院、文体、养老、托幼等功能设施，加快带状公园、社区公园、口袋公园建设，提升县城宜居水平。全州城镇化率达到 48.38%，城镇开发边界内路网密度达到 6.07 千米/平方千米，前三季度完成老旧小区改造 183 个，10%的城市社区建成完整社区，建成城市“口袋公园”15 个，打造女儿会公园、龙船调公园等“城市客厅”17 处，州城所在地恩施市环境空气质量位列全省 13 个国考城市首位，6 个县市环境空气质量综合指数排名全省前 10 位。

【提升县城服务水平】 围绕县城重要民生事项，实施县域普通高中标准化建设和中职学校达标工程，启动县域三级医院创建，加强养老基础设施和商贸体系建设。截至三季度，全州新增城镇就业 3.18 万人，完成教育项目 140 个、新改扩建学校 29 个，建成四星级养老机构 4 家、三星级养老机构 5 家，县域三级医院覆盖率达到 37.5%，筹措资金 1500 万元支持县域商业体系建设项目 30 个，恩施市入选湖北省 2023 年县域商业体系建设试点县（市）。

【推进乡村产业高质量发展】 围绕“茶、烟、菜、药、果、畜、粮、蜂”八大农业主导产业，落实“链长制”，延长产业链条。四大茶叶品牌（恩施玉露、恩施硒茶、鹤峰茶、利川红）价值达到 85.94 亿元，恩施土豆品牌价值达到 18.06 亿元；规模以上农产品加工企业总数达到 278 家，省级产业化联合体达到 12 家；经农业农村部认证“绿色有机地理标志农产品”企业 247 家、面积 22.64 万公顷、产品 708 个（均居全省第 1 位），国家农产品质量安全州创建成功（全省首个且唯一）；

来凤获评“中国藤茶之乡”，宣恩获评国家级平安农机示范县（全省仅3个）。

【缩小城乡公共服务差距】 统筹县、乡、村三级服务体系，推动基本公共服务向基层延伸。前三季度，全州组建教联体省州试点32个，59%的义务教育学校纳入教联体；县域内就诊率持续稳定在90%以上，完成大学生村医订单定向培养100名、特殊困难老年人居家适老化改造2935户，建成16个乡镇（街道）养老服务综合体、20个农村老年人互助照料中心；累计办理下沉事项40余万件，4个县（市）参与全省优化营商环境先行试点创建工作通过验收；完成新全民健身示范工程项目11个。

【完善基层治理体系】 坚持和加强党建引领，不断完善治理体系、治理架构和治理机制。村规民约、一村一（辅）警、一村一法律顾问实现全覆盖，健全矛盾纠纷一站式、多元化解决机制。村（居）民议事协商、公示榜和积分制等管理机制实现规范化运行，2个案例入选全省农村“一约四会”典型案例。

【探索强县工程恩施做法】 推进利川市发挥本土工匠和技能大师引领作用、建始县推进政务服务下沉、宣恩县农村寄递物流“一村一站”工程三大试点，开展专项督查3次。借鉴宣恩县“快递+电商”“一点多能”等成功经验，以州政府办名义印发《关于加快实现农村寄递物流村级服务网点全覆盖的通知》，推动全州农村寄递物流体系建设，截至10月底，全州行政村实现村级寄递物流综合服务网点全覆盖，农产品上行时效减少1天以上，快递业务量同比增长47.18%，部分县（市）实现翻番。复制利川市以训树才、以师带才、以评促才等典型做法，加大州内院校申报省级高技能人才培训基地支持力度，推进技能人才平台建设，开展职业技能培训等，建成省级及以上技能大师工作室7个、全州新增持证技能人才7986人次；州级技能人才库涵盖农技、文艺等12大类，制茶、育婴等42个职业工种。推广建始县“一个平台”“一套清单”“一支队伍”等做法，在全州范围内试行政务服务县、乡、村三级联动，全州90个乡镇（街道）实现“前台综合受理、后台分类审批、统一窗口出件”，1590个村（社区）村级便民服务基本实现“网（掌）上办”或“就近办”。

（杨济滔）

# 国有资产监督管理

## 综合监管

【概况】 恩施土家族苗族自治州人民政府国有资产监督管理委员会（简称州国资委）对7家地方国有企业（恩施州国有资本投资运营有限公司、姚家平水利枢纽开发建设公司、恩施州农发信用融资担保股份有限公司、恩施州平安押运有限公司、恩施州硒康牧业发展有限公司、恩施州粮油储备有限公司、恩施州城乡规划设计院有限公司）履行出资人职责。2023年，州国资委调整优化国资结构布局，健全国资监管机制，强化创新驱动发展，壮大产业赋能平台，服务全州工作大局。

【国有经济运行情况】 截至2023年底，全州纳入国资国企财务统计报表系统的国有独资及控股企业共115户，其中州本级企业12户，县（市）级企业103户。全州地方国有企业资产总额1978.71亿元，同比增长35.42%；实现营业收入54.53亿元，同比增长15.31%；固定资产投资98.76亿元，同比增长超50%；利税总额4.37亿元，同比增长93.36%；国有企业负债总额917.58亿元，平均资产负债率为46.37%，同比下降2.91%，风险总体可控。全州地方国有企业发展稳中有增、回升向好，对州域经济社会发展支撑作用明显增强。

【服务中心大局】 州、县国有企业共实施亿元以上重点项目121个，完成重点项目投资107.43亿元，分别占全州重点项目数和投资额的22.79%、23.05%；姚家平水利枢纽成为全国首个开工的重大水利工程项目，恩施高新区25万平方米标准厂房项目竣工验收，州文化中心文旅综合体夜经济提升工程建成使用，州民族体育运动中心、现代烟草产业园等一批重点项目加快建设。资产盘活实现新提升，全州地方国企资产总额比2022年底净增620亿元，其中利川、恩施资产总额分别增长219亿元、149亿元，增幅明显。推动国资国企向关键行业重点产业布局，州国投集团完成AA信用评级，州文旅投公司、州数产公司等3家产业主体实质化运作，探索建立茶叶产业链公司；《西兰卡普》成为恩施旅游新名片，土司城和龙麟宫游客人数超疫前同期，数字底座（一期）政务云完成终验，“恩政通”平台投入使用；鹤茶集团成为鹤峰茶产业集群聚集发展的重要平台，宣恩城发仙山贡水旅游区成为旅游热门打卡地。

【国有企业改革】 巩固国企改革三年行动成果，董事制度和经理层任期制、契约化管理机制以及国有企业现代企业制度全面推行，完善法人治理结构，经营性国有资产实现统一监管。鹤峰县国企改革典型经验被副省长盛阅春批示推广，建始、巴东在国企党组织归口管理上实现破局。《恩施州国有企业改革深化提升行动实施方案（2023—2025年）》印发实施，重点任务清单分解落实，工作进度位居全省市州前列。

【央企国企合作】 州委书记胡超文、州长夏锡璠、常务副州长张远梅相继会见中国铁建、中建六局、中铁十八局等央企负责人27批次。举办庆祝建州40周年经贸洽谈活动，22家央企国企来恩集中签约、投资规模109亿元，中交第三工程局、中国电建等3个在恩项目新签约落地。中石化江汉油田、中建三局、中国一冶、武汉城发等央企国企在恩合作项目投资金额208亿元、完成年度投资30亿元，同比增长26.67%。

【国有资产监管】 制定、修订主业投资、融资担保与资金管理、经营业绩考核、薪酬管理4项制度，健全事前引导、事中防范、事后监管相衔接的全链条治理体系。完成湖北姚家平水利枢纽开发建设公司总经理和总工程师公开招聘，组织经营管理人才综合培训2期，投融资、碳汇经济等专题培训2期，培训近500人次。加强融资、投资、债务、担保、资金等重点领域风险管控，坚决守住不发生重大安全生产事故和重大信访事件底线。

【加强党的建设】 实施"培根铸魂""融合提质""固本强基""清廉护航"四大行动，压实国资国企系统全面从严治党主体责任。组织开展"党的二十大精神进国企"系列活动，学习习近平总书记关于国资国企改革发展和党的建设重要指示批示精神。开展第二批主题教育，党委领导班子领衔调研课题3个，领办发展中重难点问题3个、民生实事6件，全部办结销号。强化基层党建"标准+质量+示范"建设，组织开展基层党建"大比武"和问题"大起底"行动，擦亮"国投红帆""188工作法""五彩幸福公交"等党建品牌。《民心是最大的政治》获全省"温暖瞬间我来讲"微视频大赛一等奖。与州纪委监委联合召开全州国资国企领导人员警示教育大会，持续开展国有企业重点领域、工程建设领域突出问题专项整治，其中重点领域问题136个，州属国企工程建设领域问题28个，全部完成整改。清廉国企建设工作在全省考核评估中位居前列。

（乔　阳）

## 恩施州国有资本投资运营集团有限公司

【概况】 恩施州国有资本投资运营集团有限公司（简称州国投集团公司）是州委、州政府打造的国有投资运营综合平台，主要从事对外投融资、项目开发、景区运营、资产经营、过桥资金管理和党委政府决策安排的重大项目投融资建设等业务。下有恩施州文化旅游投资开发有限公司、恩施州数字产业发展有限公司、恩施土司城旅游管理有限公司、恩施州工程咨询有限公司、恩施国投建设开发有限公司、恩施州城市发展有限公司、恩施州青树林建设开发有限公司、恩施州清恩物业服务有限公司、恩施州鑫华投资开发有限公司、湖北省施州印象投资开发有限责任公司10家全资子公司，联合控股、参股恩施州农发担保有限公司、湖北银行、湖北宜鹤高速公路有限公司等18家企业。截至2023年底，州国投集团公司资产总额98.18亿元，职工100余人。

【资产管理】 州国投集团公司管理经营性资产583户，全年实现租金收入2294万元，完成州水利湖泊局、州公路局等单位经营性资产移交及过户登记手续，取得不动产权登记证64本，共计土地面积1.65万平方米，房产面积0.63万平方米，资产价值1110万元。推动恩施土司城、龙麟宫旅游复苏，全年接待游客141.34万人次，实现旅游综合收入4033.95万元，同比2019年分别增长32%、34%。

【项目建设】 州国投集团公司抓好项目建设，围绕数化恩施、文化旅游、产业园区、基础设施等重点领域推进重大项目建设。打造"世界硒都·硒博汇"数字经济园，新建数字政府项目，开发"恩政通""一网通办""一网通投"等项目建设，建成"全州一个停车场"，接入8个县（市）298个停车场，入选湖北省首批数字经济典型应用场景案例。打造州文化中心文旅综合体，完成大型演艺剧目《西兰卡普》创排及市场运营，启动忘尘峰露营度假区

2023年10月23日，州国投集团公司建设的位于恩施市小渡船办事处望城坡村望尘峰露营度假区草坪基地外景　（州国投集团公司　供稿）

建设。推进州民族体育运动中心、原亚洲大酒店装饰装修、恩施大厦、州中心医院新区医疗中心（二期）、“一中心两基地”（恩施州应急管理保障中心、恩施州应急救援综合训练基地、恩施州应急物资储备基地）二期、信濠光电玻璃防护屏恩施生产基地装修及污水处理配套、高新区西区民心家园、恩施国投·湖北银行金融综合体、土司城、龙麟宫提档升级等重点项目建设。完成保障性租赁住房房源分配和装修改造，交付入住159套。全年续建项目8个，总投资38.8亿元；新建项目7个，总投资43.2亿元。

【投资融资】　州国投集团公司顺利完成AA信用评级，评级展望“稳定”。完成项目融资27.06亿元，成功申报数字政府专项债券2.1亿元、恩施职业技术学院产教融合综合实训基地建设项目专项债券1.1亿元。参股企业全年实现收益分红5家，分得股利566.88万元。

【企业党建】　开展学习贯彻习近平新时代中国特色社会主义思想主题教育。2023年形成调研报告7篇，正反典型案例2个。以“党建领航·国投红帆”品牌建设为载体，提炼“12345”（一条主线、两个服务、三个作用、四大工程、五个平台）党建工作法，打造土司城“党建+”品牌特色。打造土司城百花园清廉微景观、搭建州中心医院新区医疗中心（二期）项目“廉洁不能倒”骨牌等廉洁文化阵地，培育“155”清廉国投（一个主题、五廉举措、五廉单元）、“1234”（一个平台、两张清单、三廉行动、四道关口）清廉项目等清廉品牌，州国投集团公司的经验做法先后被荆楚网、《恩施日报》等媒体宣传报道。

【履行社会责任】　州国投集团公司在乡村振兴、租金减免、基层治理等方面履行好社会责任。释放政策红利，助企纾困，为符合条件的293户服务业小微企业及个体工商户共计减免租金168万元。累计拨付帮扶资金28万元支持恩施市茅坝槽村饮水工程建设。累计发动干部职工600余人次参与社区“双创”和志愿服务，投入2.4万元开展包保网格人居环境治理、“牛皮癣”清理等活动。投入1.9万元支持官坡社区文化阵地建设、投入5万元支持金龙社区基础设施建设。组织65名党员干部开展“下基层、察民情、解民忧、暖民心”实践活动100余次，在资产经营管理、企业帮扶、社区治理等方面发现、解决问题68个。

【荣誉】　州国投集团公司被州国资委评为优秀企业基层工会组织，在工间操展演活动中获州直企业组特等奖、全州企业组二等奖；恩施州数字产业发展有限公司被团州委授予“恩施州青年文明号”称号。

（陈红艳）

# 财　　政

## 收支与管理

【概况】　2023年，全州财政部门落实积极财政政策，提升财政资源配置效率、财政政策效能和资金管理使用效益，为全州经济社会高质量发展提供支撑。全州地方一般公共预算收入完成93.07元，同比增长21.2%；全州地方一般公共预算支出完成473亿元，同比增长11.3%。其中，教育支出77.11亿元，同比增长1.3%；卫生健康支出53.57亿元，同比增长8.4%；社会保障和就业支出76.54亿元，同比增长19.0%；灾害防治及应急管理支出4.58亿元，同比下降7.2%；农林水支出86.2亿元，同比增长13.0%。

【财政收支管理】　落实省财源建设高质量发展政策，开展高质量财源建设专题调研，发挥财源建设综合协调机制，加强上下联动和部门协同，财政收入实现较快增长。全州地方一般公共预算收入全年完成93.07亿元，同比增长21.2%，增幅在17个市州中排名第5位。其中，税收收入完成60.63亿元，同比增长11.5%。全州一般公共预算支出473亿元，同比增长11.3%。全州中央直达资金支出进度全省排名第2位。争取发行新增专项债券项目161个，落实转贷资金99.69亿元，居全省第5位，撬动投资456亿元。全州累计发行新增专项债券206.86亿元，突破200亿元大关，撬动投资748亿元。

【服务高质量发展】　全州新增减税降费退税缓费22.36亿元。设立3亿元应急转贷纾困基金，为157家中小微企业转贷续贷资金10.5亿元，在全省17个市州中率先实现应急转贷纾困服务县（市）全覆盖。落实房屋租金减免、缓缴政策，共减免、缓缴租金1442万元，受惠企业达824户次。筹措财政衔接资金38.5亿元，争取武汉市对口帮扶资金2.9亿元，推进巩固拓展脱贫攻坚成果同乡村振兴有效衔接。建成20个省级和美乡村试点村，巴东县、鹤峰县入选2023年度和美乡村示范片建设试点县，150个村成功申报发展新型农村集体经济扶持村。政府采购脱贫地区农副产品工作成效显著，全州在“832平台”预留份额2.89亿元，完成采购额6.54亿元，均居全省第1位。推进惠企政策“免申即享”改革，累计为3027家企业直接兑付财政奖补资金1亿元。落实政务服务“清减降放”，非营利组织免税资格认定、资产评估机构及其分支机构的备案、财政票据领用证办理3项政务服务事项实现“一网通办、一窗通办”。优化调整州级财政支持各项事业发展奖补政策，兑现支持实体经济发展和经济社会发展奖补资金3.9亿元。州级财政筹集资金5.6亿元，支持恩施民族体育运动中心、州文化中心文旅综合体、智慧城市数字经济园、恩施高新区富硒产业园等州级重点项目建设。注入州国投公司资本金7亿元，支持国有投资平台发展壮大。

【财政改革】 落实“零基预算、精细管理”要求，推动支出标准体系建设，严控预算调整和调剂，严格预算级次管理，推进预决算信息公开，全州部门所属单位2023年预算、2022年决算公开实现全覆盖。推进预算管理一体化改革，推进系统模块上线和考核工作。推进权责发生制政府财务报告制度改革，首次使用预算管理一体化系统完成报告编制。持续做好财政总会计制度改革，新制度实现顺利上线和有序衔接。

【财政管理】 防范化解地方债务风险，分类施策化解存量、严控增量，恩施市财政统筹管理试点初见成效，全州政府债务余额627.2亿元，占省核定限额的95.8%，风险总体可控。推动国有“三资”清理盘活，实现盘活收益31.12亿元。加强绩效指标体系建设，建立共性项目和单位共有项目指标体系，探索开展县级政府财政运行综合绩效评价，促进绩效管理和预算管理融合。严把政府投资项目评审关口，评审项目631个，平均审减率7%。规范推进PPP项目实施，累计落地项目27个，总投资额达135.09亿元。开展财政普法宣传，实现行政执法决定法制审核全覆盖。加强惠民惠农财政补贴资金“一卡通”发放管理，上线“一卡通”管理平台，实现财政补贴资金线上拨付全覆盖。统筹开展会计和评估监督检查、惠民惠农财政补贴资金“一卡通”突出问题专项治理“回头看”、省级重点项目（资金）专项监督、财经纪律十大领域专项整治等监督检查。

【非税收入管理】 规范执行《政府非税收入管理办法》，落实湖北省行政事业性收费和政府性基金目录清单管理制度，做到依法征收、应收尽收、应缴尽缴。全州一般公共预算非税收入完成32.4亿元。其中，专项收入6.3亿元，行政事业性收费3.62亿元，罚没收入3.8亿元，国有资本经营收入0.03亿元，国有资源（资产）有偿使用收入16.8亿元，捐赠收入0.07亿元，政府住房基金收入1.5亿元，其他收入0.28亿元。按照“业务需求、先易后难、稳步推进”原则，推进电子票据改革，截至年底，州本级财政电子票据开具量突破532万份，金额54亿元，覆盖医疗、教育和社会团体等领域。推进预算管理一体化非税收入收缴改革，除恩施市外，其他县（市）和州本级实现行政事业单位预算管理一体化非税收入收缴全覆盖。推进非税收入缴库电子化改革，恩施州作为全省非税收入缴库电子化改革试点，完成非税收入缴库电子化系统上线测试。

（温 艺）

## 政府采购

【概况】 2023年，恩施州立足本地实际，对标国内一流水平，推动政府采购管理和服务方式持续优化，提升市场主体的获得感和满意度。全州全年采购规模达50.92亿元，其中货物类10.43亿元，工程类33.57亿元，服务类6.92亿元。

【推进政府采购改革】 完成全省首个“一网通投”政府采购项目，6个政府采购改革案例均通过省级验收并在全省复制推广。其中优化政府采购质疑投诉处理机制改革位居全省首位。在省内独创数字见证系统，开展全流程可视化管理。开展跨省远程异地评标，实现“线下不见面、线上面对面”的远程同框。推进数字化转型，率先接入全省政府采购数据汇聚平台，完成全省首个政府采购项目。恩施州通过湖北省政府采购数据汇聚平台发布公告项目数、发布结果项目数均居全省之首。

【用好政府采购政策工具箱】 做实消费帮扶，赋能乡村振兴。全州“832平台”销售额19.63亿元，占全省的75.67%；采购额6.54亿元，占全省的47.8%。在市州级城市中，恩施州“832平台”采购额、销售额及供应商数量连续4年均位居全国第1。践行绿色采购，助力低碳发展。通过优先或强制采购环保节能产品、鼓励采购绿色建材、推广使用绿色包装等措施，全面落实绿色采购政策。全州绿色采购比例达99.7%。

【优化营商环境】 在省内率先提高采购合同预付款比例，高出全省基准线10个百分点，对中小企业预付款比例高于全省基准线30个百分点。在全省首创首付款制度，鼓励采购人明确不低于合同金额50%的首付款比例。扩大融资规模，“贷动”中小企业发展。实施财政激励政策，将银行办理“政采贷”情况纳入社保基金存放评价因素，激发银行积极性；优化“政采贷”平台，在全省率先开发三方评价、星级排名、超时预警等模块，打造全省最优政采融资平台，提升服务“智”效。全州全年发放“政采贷”贷款6.8亿元，是2022年的4.22倍。

（袁 媛）

## 会计事务管理

【概况】 2023年，开展全州注册会计师行业总支部及3个事务所党支部书记述职述廉及支部工作评议考核。组织召集 3 家事务所党支部书记、12 家事务所党员骨干及其他从业人员共 80 余人开展“党建+业务”专题培训。咸丰振兴联合会计师事务所党支部罗坤被省行业党委表彰为优秀共产党员，咸丰振兴联合会计师事务所所长张发敏被省行业党委表彰为“积极支持党建工作(党外)合伙人(股东)”。

**【加强会计管理基础】** 组织州直行政事业单位会计主管 150 余人开展为期 2 天的政府会计准则制度培训班集中学习。完成全州 1960 家行政事业单位内部控制报告编报，对州直 146 家行政事业单位内控报告核查会审，对 6 家单位内控报告现场真实性核查，全州内控管理系统初步建立，预算管理水平成效初显。

**【行业监管】** 加强代理记账机构行业管理，联合税务、市场监管等部门开展“无证经营、虚假承诺”专项整治活动，对 50 家“无证经营”机构和 46 家“虚假承诺”机构进行专项检查，处理无证经营机构 37 家，处理虚假承诺机构 2 家，其余机构均限期整改。全州 226 家代理记账机构全年业务总收入 6977.6 万元，服务客户数 12066 家，相关从业人员近 700 人。

**【会计队伍建设】** 全州共 3614 人报名参加初级考试，1185 人报名参加中级考试，31 人报名参加高级考试，1146 人报名参加全国统一注册会计师考试，初级通过率 18.7%；中级通过率 13%；高级通过率 32.3%。全州 2471 名会计人员完成信息采集，共 9121 名会计人员进入信息采集平台，共 3651 人次完成年度继续教育学习培训。选送 4 名中青年企业会计人才申报参加财政部高层次财会人才素质提升工程，分别到北京、厦门国家会计学院参训，选拔 5 名会计人才参与湖北省第八期高端会计人才选拔培养，推荐 6 名会计人才参与省财政厅 2023 年度高层次财会人才素质提升工程岗位能力培训。恩施州中心医院总会计师梁秀林、建始县会计局局长樊艳华等 4 名基层会计人员获评“湖北省先进会计工作者”。参与 2023 年“湖北工匠杯”职业技能大赛，共组织 56 支队伍参与选拔赛，参赛选手 614 人，14 个单位进入总决赛。利川市财政局等 6 支队伍获得团队二等奖，恩施州会计局、来凤县财政局等 8 支队伍获得团队三等奖，覃麟等 11 人获得个人三等奖，恩施州财政局获优秀组织奖。全州会计事务管理工作受到省财政厅会计处和厅注册会计师考办通报表扬；恩施州会计局获 2021—2022 年度“恩施州巾帼建功优秀集体”、2023 年“恩施州工人先锋号”称号。

（许辉燕）

# 公共资源交易监督管理

## 综合监管

**【概况】** 2023 年，恩施州成功创建湖北省省公共资源交易监管先行区，开展“综合监管、联动执法”和工程建设领域招投标专项整治工作。恩施州营商环境招标投标指标排名全省第 1；招投标综合监管工作作为地方自主探索改革被列入全省优化营商环境改革先行区。

**【先行区改革试点】** 恩施州被确定为“创建全省公共资源交易监管先行区”唯一试点，通过湖北省公共资源交易监督管理局验收。恩施州本级作为电子营业执照“一网通投”改革试点，利川市、巴东县作为全流程电子化改革试点地区，2 项改革通过省级验收，并完成全州推广应用。在巴东县试点开展公共资源招标投标全生命周期智慧监管，搭建“全生命周期智慧监管平台”，对接立项审批、电子交易系统、电子服务平台、行政监督平台，形成招投标项目信息全流程汇集、监管。开展“综合监管、联动执法”改革，建立“力量联席、信息联通、检查联动、执法联办、奖惩联合”的工作机制，改革工作被湖北省优化营商环境领导小组通报表扬。

**【招投标“评定分离”】** 恩施州在推行房屋市政项目招投标“评定分离”改革基础上，鹤峰县在工程建设项目招投标全领域推行“评定分离”，利川市在公路、自然资源和规划工程领域推行“评定分离”，建始县在农业、公路工程建设领域推行“评定分离”，宣恩县在交通、水利工程建设领域推行“评定分离”。

**【教育培训、综合监管】** 开展评委抽取“四方监督”（综合监管部门、行业主管部门、公共资源交易中心、招标人）、开评标现场“监督+见证”双重管理。组织开展评标专家、招标代理机构职业道德和廉洁教育培训。对代理机构开展实名信息登记并进行信用分类定级，截至 2023 年，全州有 B 类代理机构 207 家，C 类代理机构 7 家，E 类代理机构 1 家。实现招标投标网上办事率、全流程电子化率、不见面开标率均达 100%。

**【招投标领域专项治理】** 州政务服务和大数据管理局印发《恩施州评标专家不作为、乱作为专项整治工作方案》《恩施州集中开展工程建设招投标领域专项整治实施方案》《恩施州工程建设领域突出问题专项治理工作方案》。恩施州公共资源交易综合监管部门对 2020 年以来依法必须招标的项目开展检查，检查项目 1664 个，发现围标串标、评标专家不正确履职、规避招标等问题线索 378 个。全州监管部门作出行政处罚 24 份，其中，处罚评标专家 17 人，取消评标专家资格 7 人，处罚招标人1家、投标人4家、相关责任人员2人，罚款46.2万元。在行政处理方面，将10人纳入评标专家黑名单（已过处罚追溯期），约谈教育评标专家63人、招标人6家、招标代理机构53家，给予3名评标专家记大过处分，公开通报典型案例3起。

（黄誉娇 张 欣 田 甜 田 芳）

## 州公共资源交易中心

【概况】 2023年，州公共资源进场交易项目8279个，交易额472.93亿元。州本级完成交易数3030个，累计交易额13.94亿元。其中，建设工程交易项目40个，交易额13.01亿元；政府采购交易项目26个，交易额0.45亿元；网上商城项目2964个，交易额0.48亿元。

【"系统数字化"建设】 投资400余万元对交易系统升级改造，逐步实现公共资源交易（采购）从信息化向数智化的转变。做到评委抽取阳光透明，围标串标智能分析，标书响应智能清标，暗标盲评只认标准，客观得分自动生成，主观打分辅助评析，异样评分预警提醒，交易过程留痕可溯，政策标准智能引导。初步评审效率提高75%以上，差错率和人为干预因素降低。

【远程异地评标】 持续推进远程异地评标常态化，与包括内蒙古、山东、广东、新疆等省（自治区）逾60个地市签订远程异地评标合作协议。截至12月31日，全州实现州内远程异地评标399场次，州外（含省外）远程异地评标584场次，远程异地评标达100%。建立远程异地评标"三随机"机制（副场抽取人员随机确定、副场顺序编码随机排列，副场抽取随机摇号）和副场联络对接"三专"措施（专人、专设备、专渠道）。

【规范管理】 增设交易见证科，制定见证工作清单和评标专家禁止性规定，明确见证内容、见证方法、见证处置形式。启用代理机构"招信码"（实时展示代理机构、代理业绩、从业人员、差错行为、信用信息的二维码），落实代理执业资格准入和精准赋码，实行代理机构一人一码、扫码亮证执业，不良记录跟进公示，诚信记录一站式共享，遏制招投标乱象。应用"一标一档"档案管理系统，出台《恩施州公共资源交易中心进场交易项目电子档案管理实施细则》，规范进场交易项目电子档案的收集、归档、管理。

【整合共享公共资源交易平台】 按照"应进必进"（应当进场项目必须进场）要求，推动公共资源交易平台整合共享，配合推动国有资产交易、矿产权、国有土地出让等适合以市场方式配置的公共资源全部纳入交易平台。截至12月31日，州本级举办国有建设用地使用权现场拍卖会2场，全州土地矿业项目成交96笔，总成交价21.94亿元。

【优化服务】 降低制度性交易成本，截至12月31日，全州共有967个标段免收"投标保证金、履约保证金"，金额66.4亿元。实行中标通知网上发出，超时默认，合同签订和合同变更网上办理，减少中间环节。

【清廉建设】 在中心大厅建设360度透明可视评委、副场抽取室；实行现场管理全跟踪，一人跟踪服务一个项目，全程记录公共资源交易（采购）各环节，为监督部门提供监督支撑；对交易行为进行全留痕管理，改造升级电子交易系统；梳理《廉政风险点防控清单》，查找小微权力运行中的风险隐患点55个。

【招商引资】 全年开展招商引资9次，邀请企业到恩施考察4次，促成武汉源墨科技有限公司签约新能源项目1个，投资金额3亿元。

【荣誉】 州公共资源交易中心被中国物流与采购联合会授予"全国优秀公共资源交易平台"称号。

（许唐亮）

## 税　务

【概况】 2023年，全州税务部门共组织各项收入326.75亿元（含海关代征增值税、消费税，未扣减出口退税），同比增长6.68%，增收20.45亿元。其中，组织税收收入162.38亿元，同比增长5.3%，增收8.18亿元；社会保险费收入95.09亿元，增长16.19%；非税及其他收入69.28亿元。税务部门完成地方一般公共预算收入67.98亿元，增长7.93%，其中地方级税收完成60.63亿元，同比增长11.5%。

【党建引领】 推动政治机关建设，涌现出州税务局"六个一体化"、第二税务分局"学讲评"、利川市税务局"331"、宣恩县税务局"饮税思源"等党建品牌，其中建始县税务局"672"、来凤县税务局"云惠富爱"党建品牌得到省税务局主要领导肯定，州税务局机关主题党日"三三三"工作法作为优秀党建案例向国税总局推荐，"三心工作法"入选州直机关党建重难点问题专项攻坚典型项目。全州税务系统获省部级表彰4项，省级以下表彰22项。

【税收科研】 完成税收经济分析报告76篇，县域经济发展分析报告入选恩施州社会科学重大课题，被州委内刊《领导参阅》刊发，获州委书记肯定。举办"渝鄂湘黔"武陵山片区税收经济分析联席会议，片区工业经济分析报告入选恩施州社会科学重点课题，获州长肯定，并被省委办公厅《湖北信息》采用；与武汉、宜昌等地联合完成的《长江三峡集团有限公司回迁湖北经济税收分析》获省委书记批示。

【依法治税】 推进精确执法试点，开展“微课堂”话执法、“税案说法”促规范、涉税调解化争议、税收共治优环境。税务执法信息公示平台发布信息 11414 条，办理告知承诺事项 30641 件次，组建涉税争议咨询调解中心 9 个，开展说理式执法 4059 户次，办理重大税务案件 6 件，税务行政处罚数量为 3821 户次，不予税务行政处罚数量为 29095 户次，其中首违不罚数量为 15469 户次。

【税收征管】 截至 12 月底，全州纳税申报率和有税申报率均居全省第 2 位，全年清理欠税 8.78 亿元。探索开展非税收入征管效能评价，为全省推广提供“恩施样板”。完成“双随机、一公开”重点稽查对象 60 户；组织风险税费收入 9.17 亿元，同比增长 31.94%，贡献率达 5.65%。建立大数据选案分析团队，运用税收大数据助企供需“补链强链”先行区改革试点工作，被省营商办通报表扬。

【纳税服务】 推进“金税四期”成功上线，总税控纳税人共 9.02 万户，数电票推广共 8.56 万户，推广率 94.9%，超过全省平均水平。开展纳税人学堂培训 102 场，培训纳税人 1.53 万人次，印发宣传手册 6.77 万件。成立 8 支专业服务团队，为 252 户重点项目企业提供个性化、便利化服务，为纳税人解决 1088 余件急难愁盼问题，惠及纳税人 6403 户次。通过征纳互动平台进行智能应答 2.1 万次，人工互动 1117 次，日均咨询电话 200 余次。通过“银税互动”为 5099 户纳税人授信金额 23.75 亿元，较上年相比贷款户数增加 2251 户，提升比例 79%。

2023 年 4 月 13 日，“渝鄂湘黔”武陵山片区税收经济分析联席会议在恩施州召开 （州税务局 供稿）

【优化营商环境】 7 个先行区改革项目受到省优化营商环境领导小组通报表扬，其中来凤县税务局“强链补链”、鹤峰县税务局“没办成我来帮”兜底服务纳入国家试点改革事项，先行区项目数量和国家试点数量均居州直第 1 位。开展新时代“枫桥式”税务分局创建工作，9 个基层税务分局（税源管理股）通过省税务局验收，其中建始县税务局作为全省首批创建试点之一，为全省推广实施积累经验。

【队伍建设】 选拔任用科级、股级干部 111 人，调整交流科级、股级干部 50 人，职级晋升 208 人次，遴选青年干部 25 人。新录用公务员 108 人，审核 319 卷干部任前人事档案。举办培训班 17 期，培训干部 700 余人次。联合州总工会组织 9 个条线 15 个岗位开展练兵比武，组织 45 岁以下青年干部开展全员业务知识竞赛。恩施州税务局绩效考评以第 9 名成绩位列全省税务系统“第 1 段”，被评为“绩效优秀单位”。

【荣誉】 2 月，国家税务总局来凤县税务局机关党委副书记乔应凤被中华全国妇女联合会表彰为全国巾帼建功标兵；3 月，国家税务总局恩施州税务局党委纪检组副组长向光琼被全国总工会表彰为全国五一巾帼标兵；11 月，向光琼被共青团中央表彰为第十四届中国青年志愿者优秀个人。

（王姗露）

## 审　计

【概况】 2023 年，全州审计机关共完成审计项目 113 个，其中审计 103 个、专项审计调查 10 个。查出主要问题金额 520908 万元，其中违规金额 71847 万元、损失浪费金额 159 万元、管理不规范金额 448902 万元；审计发现非金额计量问题 488 个；损益（收支）不实金额 16167 万元；审计发现侵害人民群众利益 16 万元；出具审计报告和专项审计调查报告 141 篇，被批示、采用 44 篇次。审计处理处罚金额 68040 万元，其中应上缴财政 10994 万元、应减少财政拨款或补贴 228 万元、应归还原渠道资金 54723 万元、应缴纳其他资金 995 万元、应调账处理金额 1100 万元；移送司法机关、纪检监察机关和有关部门处理事项 33 件，移送处理人员 17 人，移送处理金额 5762.04 万元。审计期间整改金额29403万元；审计促进整改落实有关问题资金6944万元；审计促进拨付资金到位14229万元；审计后挽回（避免）损失1920万元；核减投资额2594万元。审计提出建议430条，被采纳430条；推动被审计单位制定整改措施302项；促进被审计单位建立、健全制度11项；提交审计信息380篇，被批示、采用331篇次。向社会公告审计结果9篇。全州8个审计项目被表彰为全省优秀审计项目。

**【州委审计委员会办公室工作】** 及时向州委审计委员会报告相关会议及文件精神，州委审计委员会领导对报送的材料文件第一时间签批具体落实意见，全年州委常委会、州委审计委员会、州政府常务会召开会议研究审计工作8次，听取工作汇报18次，书面签批意见39件。4月17日，召开八届州委审计委员会第二次会议，集中学习习近平总书记关于审计工作的重要讲话和重要指示批示精神及有关会议精神，审议2023年州委审计委员会工作要点和年度审计项目计划、2021年度州级预算执行和其他财政收支审计查出问题整改情况报告等审计监督重大事项。严格执行重大事项请示报告制度，将“审计体制改革后审计办高效运行体制机制研究”纳入调研课题，向县（市）审计办点对点交办调研发现的问题；全面梳理细化各类报送事项的主体、范围、程序、时限等，制定《请示报告重大事项清单》，印发州委审计委员会、州委审计办公文办理规范，确保重大事项请示报告应报尽报。全年向省委审计委员会报送重大事项请示报告15份，收办各县（市）报送重大事项请示报告58份。建立审计办向审计委员会请示报告“直通车”机制，通过《审计要情》《审计重要信息》等向审计委员会报送审计情况及综合报告19篇。配合完成省对州党政主要领导经济责任和自然资源资产审计工作，推动审计监督与各类监督贯通协作，全州出台贯通协作制度7项，建立健全审计机关与纪检监察机关、巡察机构、组织人事部门、财政部门、统计部门等联系协调、日常配合、定期会商等工作机制。

**【2022年度州本级预算执行和决算草案审计】** 5月15日至6月30日，对州财政局2022年度组织实施的州本级预算执行和决算草案情况进行审计。重点审计州级部门组织财政收入、预算执行、决算草案编制等方面的情况。审计结果表明，2022年面对艰巨繁重的改革发展稳定任务，全州经济运行平稳、发展质量稳步提升、社会大局保持稳定，全年发展主要目标任务基本完成，全州经济社会健康发展。财政收入完成预期目标，全州地方一般公共预算收入全年完成76.8亿元，扣除增值税留抵退税因素后，可比完成84.2亿元、增长8.7%。财政支出有保有压，兜紧兜牢“三保”底线，全州一般公共预算支出425.1亿元，同比增长12.9%，其中民生支出343.6亿元，占一般公共预算支出的80.8%。全州共投入11.5亿元支持疫情防控和公共卫生补短板建设。坚决落实党政机关过“紧日子”要求，2022年压减州直部门一般性支出2667.3万元。稳经济一揽子政策措施落实有力，全州共为1422户增值税纳税人办理留抵退税11.73亿元，为1111户承租国有行政事业资产的小微企业和个体工商户减免租金1095.1万元。推进巩固拓展脱贫攻坚成果同乡村振兴有效衔接，争取筹措财政衔接资金19.7亿元（上级16.6亿元、州级3.1亿元），争取对口帮扶资金2.8亿元，通过2021年省对市县衔接补助资金绩效评价考核。专项债券发行转贷成效明显，全州成功申报发行新增专项债券项目174个，落实转贷资金107.2亿元。支持重点产业发展，兑现企业上市、旅游、科技发展等奖补资金3.99亿元。支持重点项目建设，安排高新区标准厂房建设资金5.6亿元，安排州中心医院公共卫生临床中心、州妇幼保健计划生育中心等医疗卫生项目建设资金1.3亿元。持续优化政府采购营商环境，建成全州分散采购电子交易平台，实现并推广跨市州“宜荆荆恩”四地政府采购远程异地评标，在全省率先实现政府采购项目远程异地评标。推进惠企政策免申即享改革，州惠民利企“一点通”平台正式上线运行，已注册企业168家，上线惠企政策284条，可办理事项378项，为2815家企业直接兑付财政奖补资金6258.8万元。财政改革有序推进，推进预算管理一体化改革以及财政事权和支出责任划分改革，出台《恩施州交通运输领域州县财政事权和支出责任划分改革实施方案》。审计发现的主要问题：州本级部分追加预算支出效率不高、转移支付资金分配下达不够及时、预算收入未及时缴库、债券资金16个月未使用、直达资金管理不规范等。

**【全州民政领域重大政策落实和相关专项资金管理使用情况审计】** 7—9月，对8个县（市）民政领域2020—2022年社会福利机构、殡葬服务等方面重大政策落实和相关专项资金管理使用情况进行审计。本次审计以2020—2022年社会福利机构、殡葬服务等方面专项资金拨付、管理、使用为基础，聚焦重大政策落实、财政财务收支、工程项目建设管理等情况，覆盖58个社会福利机构和15个殡葬管理服务机构。审计结果表明，截至2022年底，全州形成县级民政部门统筹协调，乡镇（街道）公办福利机构为主体、民办社会福利机构为补充、照料活动中心为延伸的保障服务网络体系，全州福利网络完善，特困人群兜底保障、应养尽养，财政保障有力，公益殡葬改革有序推进。审计发现的主要问题：部分社会福利机构存在套取资金、隐瞒截留收入、占用供养对象资金、超范围列支、政策落实不到位及财务管理、资产管理、项目建设不规范等问题，部分殡葬服务机构存在承包经营权转让、财务管理、资产管理、项目建设不规范及殡葬服务违规收费、挪用隐瞒截留殡葬服务收入、政策落实不到位等问题。审计发现的重大问题已按规定移送处理。

【2022年武汉市对口帮扶恩施州项目资金审计】 6月25日至8月3日，对武汉市·恩施州对口帮扶工作领导小组办公室及州教育局、州文旅局、州农业农村局等17个州直单位2022年度对口帮扶项目资金管理使用及绩效情况进行审计。审计结果表明，武汉市、恩施州贯彻落实省委、省政府决策部署，围绕“产业兴旺、生态宜居、乡风文明、治理有效、生活富裕”要求，推进对口帮扶各项工作，巩固拓展全州脱贫攻坚成果与乡村振兴有效衔接，以帮助提升恩施州自我发展能力为根本，凝聚两地多方力量，开展产业、旅游、人才、文化教育、公共服务、经济协作等全方位、多领域、多层次的帮扶合作，成效明显。审计发现的主要问题：超范围使用项目资金、项目调整未按规定备案、项目档案资料管理不规范、采购管理不规范等。

【宣恩县2020—2022年高标准农田建设项目审计】 11月6日至12月10日，对宣恩县2020—2022年高标准农田建设项目进行审计。审计结果表明，宣恩县委、县政府重视高标准农田建设工作，成立工作领导小组，下设工作专班，实行分片包干管理。主管部门出台《宣恩县高标准农田建设规划（2021—2030）》和《宣恩县高标准农田建设项目管理办法》，明确建设目标、任务及措施，规范项目管理和建设程序。审计发现的主要问题：在非耕地上规划建设高标准农田、部分建设内容未实施、亩均投资低于省定标准、虚列资金、挤占挪用资金、资金使用效益不高、项目变更程序不规范、后续管护不到位等问题。审计发现的重大问题已按规定移送处理。

【党政领导干部经济责任审计】 全州审计机关共对28个单位35名领导干部进行经济责任审计，其中任中审计20人，离任审计15人。审计查出主要问题金额3950万元，其中负直接责任金额69万元，负领导责任金额3881万元。审计提出建议92条，被采纳92条，提交审计报告和审计结果报告56篇。审计结果表明，被审计对象总体上能够认真贯彻落实中央和省、州重大决策部署，在重大改革任务推进、重大经济事项决策执行、财政财务管理和经济风险防范、落实党风廉政建设责任和廉洁从政（从业）规定等方面履职尽责，担当作为。

【领导干部自然资源资产离任审计】 全州审计机关共完成领导干部自然资源资产离任（任中）审计9个，被审计领导干部16人。2023年领导干部自然资源资产离任（任中）审计以贯彻落实绿色发展理念，推动改善生态环境质量、提高资源利用效率为目标，重点关注领导干部贯彻执行中央生态文明建设方针政策、决策部署和省委省政府、州委州政府工作要求，自然资源资产管理，国土空间规划，污染防治，生物多样性保护，重点生态修复工程等情况。审计共揭示土地资源开发利用、水污染防治、森林资源管理保护、生态环境保护修复、项目管理及资金征管用6个方面55个问题。

【恩施国投·高新区电子信息产业园标准厂房建设审计】 5月10日至9月5日，对恩施国投·高新区电子信息产业园标准厂房建设项目进行审计。审计结果表明，恩施国投·高新区电子信息产业园标准厂房建成，在提升产业园承载能力，改善招商引资条件，促进电子信息及相关产业发展等方面发挥作用。审计发现的主要问题：多计工程造价、部分事项结算计价依据不足、部分工程未按照施工图设计要求施工、补充协议与主合同部分服务内容重复、未派业主评委且评标委员会未按招标文件要求进行评分、招标文件条件设置不合理、局部位置外观存在质量缺陷等。

（王　凌）

# 统　计

## 统计实施与管理

【概况】 2023年，州统计局在省统计局年度工作考核中，获得13个专业优秀等次、6个专业良好等次，名列市州第1位。连续15年被评定为州直单位综合目标考核优秀等次。《恩施州与全国20个革命老区重点城市经济发展对比分析及启示》《恩施州空巢老人养老问题现状及对策研究》被州政府表彰为2023年度恩施州社会科学重大课题和优秀课题。全州统计系统4次在全省统计工作会议上，就抓班子带队伍、强化基层基础、市场主体入统和经济普查工作作经验交流发言。

【大统计工作机制】 根据《关于建立大统计工作机制的通知》要求，组织召开4次州直部门统计联席会议，规范部门统计数据资源，夯实部门统计工作基础，促进部门数据共享，发挥部门联动作用。首次将统计工作列入28个州直部门2023年度政绩目标考核范畴，巩固“政府领导、统计协调、部门主抓、企业主责、齐抓共管”的大统计工作格局。

【统计法治建设】 将统计法纳入全州"八五"普法内容，纳入领导干部和公职人员学习考试考核内容。执行、运用好国家统计方法制度，确保统计数据真实准确、完整及时，推动各级党委政府和部门学习《防范和惩治统计造假、弄虚作假重要文件选编》。印发《恩施州统计局统计违法行为举报制度》《领导干部违规干预统计工作记录台账》《恩施州统计局数据质量评审会议制度》《恩施州统计数据质量核查工作方案（试行）》《恩施州统计数据质量管控手册 3.0》《恩施州调查单位入库工作指南》等制度，建立起"横向到边、纵向到底"的统计管理体系，压实依法统计、依规统计责任。推进专项治理，成立督导组，对 8 个县（市）开展实地督导，推动工作落实。利用市场监管、税务等部门资料对比分析，完成 2000 余家统计调查单位的核查任务。开展执法检查，对 12600 余家（次）统计调查对象开展自查自纠，修订失实数据，对 300 余条数据质量问题进行全面整改。

【统计基层基础】 按照"州级统筹、分级负责、分层实施"原则，建立常态化培训指导机制，形成"1+1+N"培训模式，先后举办"全州统计工作专题研讨班""深入开展专项治理夯实统计基层基础""第五次全国经济普查方案及数据处理系统培训"等专题培训班 18 次，培训 2800 余（人）次。持续推进电子台账建设，恩施州所有"四上"（规模以上工业，有资质的建筑业、有开发经营活动的全部房地产开发经营业，限额以上批发和零售业、限额以上住宿和餐饮业，规模以上服务业法人单位）企业，重点项目、乡镇（村居）统计台账建设全覆盖，留存统计原始数据，提升基层基础规范化水平。贯彻落实州政府《关于加强乡镇统计工作的通知》精神，采取以奖代补、购买服务等多种形式解决乡镇统计力量薄弱问题，全州各乡镇（办事处）统计办公条件均基本满足工作要求。

【统计服务】 准确判断经济运行态势，预测重点指标走势，预警完成滞后指标，为党委政府指导经济社会发展提供决策依据。收集、整理和对比分析武陵山周边地区和全国 30 个少数民族自治州统计资料，反映全州高质量发展和绿色崛起建设情况。围绕经济社会发展热点、难点和焦点问题，推出统计分析精品，撰写分析报告 67 篇，印发统计资料 39 期，州领导签批 4 篇。围绕统计工作难点、重点和堵点，编制《创新工作清单》，破解部分困扰统计事业发展的难题。其中 2 个课题获得全州社会科学奖，劳动力就业情况、城乡人口迁移流动趋势研究专题报告得到州委主要领导肯定，民生需求专项调查报告、营商环境满意度民意调查报告被州长和常务副州长签批。《与全国 20 个革命老区重点城市经济发展对比分析及启示》获全省市州优秀统计分析报告一等奖第 1 名。

【第五次全国经济普查】 将第五次全国经济普查工作写入《政府工作报告》，组建筹备领导小组及其办公室。5 月，州政府召开常务会议专题研究部署"五经普"工作，印发《关于认真做好第五次全国经济普查工作的通知》。成立由常务副州长任组长，11 个州直部门为成员单位的领导小组。建立"月初提示、月中提醒、月底通报，每周例会、每旬调度、每月督办"的日常运行工作机制、"1+1+N"包保责任机制、季度经济普查部门联席会议沟通协调机制和月度通报机制。推进普查试点、"两员"选聘、普查区划分及绘图、单位清查等工作。建立普查人员"线上+线下"沟通交流平台，利用传统媒介、新媒体营造宣传氛围。

【机关管理】 建立"1+18"制度管理体系，完善管控制度，引导全州统计机构和统计人员严格遵守统计法律法规。成功创建"全州最佳文明单位"、州直"红旗党支部"、无烟型机关、节水型机关、节约型机关。党组书记、局长覃遵国撰写的《倡导"六个三"工作理念推动恩施统计事业高质量发展》《"三个突出"高效服务经济社会高质量发展》在《湖北统计》刊发。省委直属机关工委网站和《湖北机关党建》杂志刊发州统计局机关党总支"四色同建"工作法，《恩施日报》以《党建引领筑堡垒全力护航促发展》为题专题报道机关党建工作，以《"五位一体"工作法聚力推进清廉机关建设》为题专门报道清廉机关建设工作。巩固州直清廉机关建设示范点成果，"四色同建"工作法被评为优秀党建案例，"五位一体"工作法被评为"优秀工作法"。

（羿成宇）

## 国家统计局恩施州调查队

【概况】 2023 年，国家统计局恩施州调查队（简称州调查队）组织实施农作物播种面积、主要农产品产量、居民收支、居民消费价格指数（CPI）、工业生产者价格指数、采购经理指数、城镇低收入居民基本生活费用指数、劳动力等调查以及畜禽、脱贫县、小微企业跟踪、农民工等监测调查，参与全国文明城市测评工作。围绕恩施州社会经济中的热点、难点问题开展调查研究，为全州各级党委、政府领导决策发挥参谋作用。开展专题调研 70 余个，编撰信息分析 170 余条，其中被国家局内网采编 56 篇；被《中国信息报》采用 3 篇；13 篇被州委、州政府领导签批；1 篇统计调查信息被总队评为经济社会好信息；1 篇统计分析报告被总队评为二等奖，1 篇被州政府评为优秀课题二等奖。

【住户调查】 州调查队响应“党建引领调查，纪实民生民情”党建品牌建设，联合住户调查点推进党建共建工作，提升住户调查数据质量。做好“一本通”使用和“e管理”微信小程序推广应用，确保新样本平稳过渡。夯实住户调查基础工作，推进分县反馈制度，落实“日审周清月结”制度，推动各县（市）提升住户调查数据质量。

【农业农村调查】 完成新一轮主要畜禽监测调查样本轮换工作。开展玉米、水稻、马铃薯实割（挖）实测。出台规范粮食和畜牧业归口管理统计工作措施。

【劳动力与专项调查】 完善劳动力调查制度机制，抓好队伍建设、工作保障、业务培训、宣传发动和资料管理。加强数据审核、陪访回访和数据质量检查力度。发挥调查“轻骑兵”优势和作用，围绕就业工作中的难点、热点问题，开展调查研究。

【价格调查】 开展价格源头数据专项核查，提高数据质量；推进电子扫描数据应用试点工作；加强价格台账管理，受湖北调查总队委托，整理规范9套台账，并在全省推广应用；继续推进星级评定制度。

【助力创文工作】 助推宣恩县创文工作，开展现场模拟测评，推动该县创建国家级文明城市；助力来凤县创文工作，通过现场调研，提出可行建议，制定创建方案，促进州城“创文创卫”。

（王廷徽）

## 市场监督管理

【概况】 2023年，州市场监督管理局统筹发展与安全、监管与服务、活力与秩序，完成年度目标任务。全州食品、药品安全公众满意度分别为89.1%和91.32%，全省排名分别位居第2。接受八届州委第四轮巡察整改，建立完善14项制度机制。围绕基层市场监管所标准化、数字化建设等7个课题开展专题调研。被市场监管总局表彰为全国“长江禁渔打非断链”专项行动突出集体，被国家机关事务管理局等4部委表彰为全国节约型机关，被国家知识产权局表彰为积极落实商标便利化改革措施、提升窗口服务水平、推动窗口工作高质量发展等方面工作实绩突出单位。巴东县野三关市场监管所获评全国首批五星级市场监管所。田远波获评2022年度全国知识产权保护工作成绩突出个人，刘磊获评全国涉疫药品和医疗用品稳价保质专项行动工作成绩突出个人。

【市场主体发展】 组织开展“新春创业服务月”、市场主体“壮苗”、大学生创业“育苗”、个体工商户服务月等活动，协调银行系统为6915户经营主体发放创业担保贷款13.61亿元，对33465户新登记经营主体开展回访帮扶，回访帮扶率达77.0%。会同人社、教育、税务建立服务大学生创业长效机制，激发市场活力。全年全州实有经营主体471587户，同比增长12.81%。其中，实有企业类经营主体总数103746户（国有、集体及其控股企业3752户，私营企业99606户，外商投资企业388户），同比增长25.68%，实有个体工商户353388户，同比增长9.92%，实有农民专业合作社14453户，同比增长3.11%。全年全州新登记各类经营主体88739户，同比增长24.56%，同比增长率位居全省第3。其中新登记企业类经营主体27188户，同比增长76.82%，同比增长率位居全省第7，新登记企业占比为30.64%，均创历史新高。

【优化营商环境】 全州推进9个省级优化营商环境先行区试点项目以及4个自主项目改革，在开展登记注册“三化”改革等试点改革上先行先试。向全州推广38个“一业一证”改革行业，建立高效运转机制，探索“一业一证”工作与准营承诺即入制改革有效衔接。支持部分县（市）创新工作方法，在全省率先制定“个体工商户跨县（市）迁移”制度，打破个体户跨区迁移只能先注销后新设的局面，并通过提供“升级留档”等服务破解“个转企”发展难题。实行“首席服务官”制度，对有需求经营主体开展“证前指导”。打通公安、税务、人社、公积金、银行、住建相关业务系统，实现水、电、气等数据实时对接。推进行政审批改革、优化政务服务方面，建立经营主体风险防控机制，加强数据分析和研判，强化隐患排查处置，为风险经营主体登记“踩刹车”，及时核实处置数据异常问题。持续开展领导干部进窗口体验活动，强化食品及医疗器械核查员管理。打通州、县两级业务快速通道，在8个县（市）政务服务中心设立商标受理延伸服务窗口，下放商标注册、转让、质押登记等24项商标业务，方便群众和企业就近办理业务。

【食品安全监管】 整合优化食品安全“两个责任”工作专班，实行州局食品科室包联县（市）工作机制，从健全督办考核机制等方面入手，推进包保干部“三清单一承诺”以及“三亮”等工作落实见效。州委、州政府主要领导带头落实食品安全“两个责任”包保工作，8次开展食品安全督导。全州6086名包保干部对46257家食品生产经营主体100%签订承诺书并开展督导，全州在产在营获证主体包保覆盖率、包保主体数据归集率、包保任务督导完成率均达100%，督导发现问题整改率98.92%。推进省食安城市创建，建始、巴东、宣恩、鹤峰4地完成省级食品安全县验收，全州创建比例达87.5%。针对校园及周边、养老机构、食用农产品集中交易市场、传统美食特色街区等重点区域，双考、双节、旅游季等重点时间节点，对节令食品、肉制品等重点品种开展食品安全隐患排查整治，全年全系统累计检查食品生产经营者89406户次，发现问题42923个，整改完成率99.96%。建成规范化农村食品经营店781家。推进食品安全放心工程，全年全州共完成食品抽检13662批次，食用农产品快检60870批次，均超额完成目标任务。

【药械安全监管】　持续开展基层医疗机构联合整治，提升全州基层医疗机构药械管理水平，改善农村群众用药环境，规范管理近效期药品和不合格药品，标识及制度问题发现率从37.39%降到2.67%，过期药品发现率从6.35%降到0，发霉生虫中药饮片发现率由11.15%降到4%；阴凉储存药品未按要求储存问题发现率由50.77%降到21%，空调、阴凉柜等药械储存及温湿度调控设备配备完善率由53.69%提升到89.4%。全州药械妆不良反应报告数完成率均超过150%，新的、严重的报告比例远超省局既定目标，药物滥用监测单位报告覆盖率达100%。全州药品安全公众满意度全省第2，连续5年排名全省前3。

【特种设备安全监管】　推进特种设备“两个规定”落地，恩施州主体责任系统录入率生产单位达100%，使用单位达99%。特种设备年度监督计划完成率以及隐患排查整改率均达到100%。电梯一次检验合格率97.89%。气瓶“阳光充装”实现全覆盖，累计上传气瓶信息110余万条，升级信息化扫码充装枪127条。气瓶登记数、检验数、报废数大幅提升，超期未检气瓶实现系统自动识别。以暗访督查方式推进超期未检和检验不合格特种设备专项整治问题整改，全州特种设备整体超期保持动态清零。联合湖北特检院恩施分院对重点景区单位应急救援预案、队伍、演练进行专业指导，帮助企业提升应急救援能力，指导景区开展客运索道、大型游乐设施、起重机械等各类应急演练60余场次，宣传覆盖群众超2万余人次。

【产品质量安全监管】　提请省市场监管局对1家严重不符合生产条件企业予以撤销。对全州18种重点产品销售企业开展产品质量隐患排查治理，对可能危及人身财产安全的消防器材、成品油、电动自行车乘员头盔等产品开展775批次监督抽查，检出不合格产品171批次，不合格产品发现率22.06%。

【智慧监管】　全州乡镇市场监管所全部应用“智慧监管一张网”平台，覆盖率达100%，基层所监管人员使用系统人数占比87.23%，食品、产品、特种设备等12个业务模块实现常态化高效应用。确定恩施市为全州首批食品药品智慧监管试点，持续推动传统监管向全程、动态、实时的科学监管转变。争取省市场监管局支持，打通州食品追溯平台与鄂食安平台放心消费承诺码数据通道，实现数据共享。全州累计1088家食品生产企业进入平台，其中赋码1038家，赋码生产产品数7100种，赋码批次数51442批次，消费者扫描二维码413169次。

【质量提升工作】　州委常委会传达学习质量强省纲要等内容，研究质量工作。印发《质量强州建设实施意见》。召开全州品牌建设工作会议，部署特色品牌矩阵打造工作。州政府对经营主体发展情况以及企业开办市场监管部门牵头三项指标进行调度。召开质量强州工作会议以及公共服务质量提升推进会，开展全州公共服务质量监测，对公共教育、医疗服务等12个领域进行公共服务质量满意度调查，收集意见建议984条。《小白酒大产业》微视频、《燃气数字化质量管理转型实践》典型案例分别作为质量强国建设微视频作品和数字化质量管理创新与实践案例被市场监管总局备选。

【品牌专利建设】　推广使用“知慧桥”专利转化运用公共服务平台，全年全州专利授权2532件，其中发明专利授权79件，实现专利转让469件（次）、专利许可20次。搭建银企对接平台，全州办理知识产权质押融资2.56亿元。全州新注册商标5400件，居全省第5位；有效注册商标总量42372件，同比增速居全省第4位；全州累计注册地理标志商标38件，居全省第6位；获批地理标志保护产品24件，居全省第3位；542家经营主体获准使用新版地理标志专用标志，占全省核准用标总数的27.4%，全省排名第1。新增“忠路贡茶”“关口葡萄”2个地理标志证明商标。“来凤藤茶”“鹤峰葛仙米”获首届中部四省（鄂晋皖赣）地理标志品牌培育创新大赛金奖。恩施玉露品牌建设入选国家知识产权局全国商标品牌建设优秀案例。“恩施硒茶”入选中国品牌建设促进会“2023中国品牌价值评价信息”全国区域品牌（地理标志）百强，排名第41位。旅游品牌“腾龙洞”获2023年“我喜爱的湖北品牌”电视大赛金奖。在地理标志品牌培育创新大赛和“我喜爱的湖北品牌”电视大赛两项省级品牌赛事上，恩施州累计获得金奖16枚，金奖数量连续5年保持全省第1。在长江流域九省（市）地理标志产业高质量发展大会上，恩施州作为全省市州唯一代表进行主旨分享。在全国商标业务受理窗口工作会议上，恩施州商标业务受理窗口被评为全国优秀窗口，并作经验交流发言。恩施市被确定为2023年度知识产权强省建设示范县域。

**【质量技术支撑】** 服务地方特色产业发展，推荐32家企业优质产品（服务）作为“湖北精品”入库培育，9个产品通过“湖北精品”标准先进性评价，7个产品被认定为首届“湖北精品”。围绕“土、硒、茶、凉、绿”等特色优势，新发布省地方标准8项、州地方标准19项。利川硒红茶标准化试点示范项目高分通过省级验收，鹤峰县移动政务服务上门办等4个标准化试点项目获得2024年省级立项（其中A类2个，B类2个）。在硒产品、食品、食品接触材料、建筑材料和日化用品等5个行业82家企业开展对标质量提升工作。强化认证服务，全年全州累计新获证组织共433家、各类质量认证证书1126张，新增检验检测机构6家。全年全州完成12项社会公用计量标准建设及增扩项任务，全州社会公用计量标准达到155项，基本满足州域经济发展需要。恩施州计量所作为全省唯一市州法定计量技术机构，在国家级计量对比活动中被通报表扬。

**【公平竞争监管】** 全面落实公平竞争审查制度，全州共清理存量政策192件，修改2件，废止4件，审查新增出台文件、政策措施359件。开展反不正当竞争工作，分阶段对网络领域、民生领域和商业标识、商业信誉保护问题开展治理，全州共立案查处反不正当竞争案件29件。

**【价格监管】** 推进民生领域价格监管，聚焦殡葬服务领域、中小学教辅材料收费等方面开展专项治理。检查殡葬服务单位83家次，督促6家单位对存在问题进行整改，责令清退违规多收费用3.91万元，立案调查2件；检查中小学学校及培训机构418家次，责令清退违规收费3.96万元。开展涉企违规收费专项整治“回头看”，全州检查459家（含转供电主体）各类涉企收费单位，立案调查3件，清退多收价款3.09万元。

**【广告监管】** 对房地产、涉农领域、医疗健康、民办教育、养老服务、网贷借贷、私募基金等容易出现非法集资风险领域开展线上线下全覆盖摸排清理。排查涉金融广告84个；清理涉嫌违法户外广告、张贴物320余份，各类传单500余份；约谈督促12家校外培训机构自行拆除违规广告牌；清理、拆除门店门头广告牌、走道通道等公共区域悬挂张贴广告以及网络平台广告160余条（块）。

**【网监及合同综合监管】** 对网络交易行为实行网络监测月报告制度，加强网络监管。采取电话提醒、微信推送、开会约谈和实地走访等方式，指导网络平台第三方代理商落实主代表责任，并对其平台的541家餐饮主体实行在线监测，规范平台外卖行为。督促指导14家医美行业机构规范使用《医美行业消费服务合同》示范文本。督促企业对抽查发现36份合同中涉嫌不公平、不公正37条合同格式条款进行整改。

**【信用联合监管】** 规范双随机监管，制发联合抽查事项清单（第三版）并动态维护“一单两库”，全州共创建抽查任务1704起，其中联合抽查1402起，占比82.28%。依托“信用风险+双随机”模式推进“一业一查”，实行信用风险分类实施差异化监管。全州使用信用分类创建抽查任务1416起。州市场监管局等5个成员单位被省联席会议办公室评为2023年全省“双随机、一公开”监管工作先进单位。全州共为26447户失信主体修复失信记录，以柔性监管助推经营主体诚信发展。

**【消费者权益保护】** 全州共接收消费诉求24863件，其中消费者咨询14993件，投诉7190件，举报2673件，表扬7件。总量较2022年同期减少2643件，降幅9.61%。涉及消费争议金额711.22万元，为消费者挽回经济损失397.65万元。持续开展“放心消费在恩施”创建活动，全州4家单位获得“2022年度全省放心消费创建示范单位”称号。全州124家实体店参与“七天无理由退货”。4家单位成功创建“湖北线下实体店无理由退货优秀示范点”。9家企业入选“湖北省消费教育基地”名单。

**【依法行政】** 印发《关于进一步加

2023年5月26日，恩施州启动2023年全州化妆品安全科普宣传周活动
（州市场监管局 供稿）

强单用途商业预付卡和非义务教育阶段校外培训机构监管工作的通知》，厘清各部门在预付卡和校外培训机构消费市场监管职责。完善执法监督机制，印发《进一步规范恩施州市场监管系统行政处罚案件办理行为的意见》《行政处罚裁量权适用规定》《12315“诉转案”处理工作流程》等指导性文件，完善全州系统层级监督和机关内部的同级监督机制，对案件线索实行全链条管理，对行政处罚权裁量权适用裁量情形、原则以及“诉转案”适用范围、工作流程、移交方式、办结时效进行明确，防范类案异罚风险，规范执法行为。印发《行政执法指导案例》5 期、《行政执法简报》4 期，对县（市）局案件查处的法律适用、案件查处思路和依法办案的案例进行分析指导。

【执法办案】 全州共立案查处各类违法案件 2916 件，其中食品案件 1654 件，药品案件 369 件，向公安机关移送案件 24 件，立案 20 件。

【队伍建设】 组织开展“市场监管业务大培训大比武大提升”活动，评选优秀课程授课人 4 名、优秀学员 7 名。组织全州 90 个乡镇所在职在岗人员 1700 人参加省市场监管局市场监管所标准化规范化岗位任职线上培训。

【重要会议】 2 月 16 日，全州食品安全监管暨“两个责任”工作推进视频会召开；3 月 28 日，全州质量强州工作会议召开；5 月 16 日，全州品牌建设工作会议召开；5 月 26 日，举行全州化妆品安全科普宣传周活动启动仪式暨“5·25 爱肤日”科普宣传社区行活动；6 月 8 日，召开恩施州特种设备安全生产专业委员会全体会议；7 月 11 日，州知识产权战略实施工作联席会议办公室召开知识产权领域营商环境评价和品牌建设推进会；8 月 3 日，宜荆荆都市圈认证检验检测监管工作情况专题调研座谈会召开；8 月 11 日，2023 年全州知识产权执法办案及商标地标注册培训会召开；8 月 23 日，全州防范和打击传销暨公平竞争审查工作视频会议召开；9 月 1 日，全州执法办案暨法治工作会议召开；11 月 9 日，全州常态化扫黑除恶斗争市场流通领域整治工作推进会召开。

【上级督导调研】 6 月 6—8 日，省纪委监委派驻省市场监管局纪检监察组组长、省市场监管局党组成员余军，到恩施州开展“局组联动监督”调研；8 月 9 日，省市场监管局党组书记、局长刘荣山到恩施州调研市场监管工作；8 月 10—11 日，省市场监管局党组成员、副局长徐小勇到恩施州调研燃气具相关产品质量安全监管工作和“三网一中心”智慧监管平台应用情况；10 月 10—12 日，湖北省第三督查组对恩施市、利川市 16 家集中用餐单位食堂开展随机督导检查；11 月 16—17 日，国家市场监管总局法规司到恩施州调研纤维和纤维制品质量监测制度建设情况。

（陈久奎　刘乾竹）

## 海　关

【概况】 恩施海关业务监管范围为恩施州全境。2023 年，全州外贸进出口总值 35.4 亿元，比 2022 年增长 78.3%，增速位居全省各市州首位，新增进出口货物收发货人备案 115 家，出口食品生产企业备案 12 家，出口食品原料种植场基地备案 13 家，进境粮食加工企业备案 2 家，进口粮食进口商备案 1 家，进口食品进口商备案 1 家，出口饲料和饲料添加剂企业备案 1 家；开展核查作业 25 起；办理简快案件 1 起，涉检行政处罚案件 1 起。

【通关监管】 2023 年，恩施海关进口整体通关时间 7.08 小时，同比压缩 70.7%，出口整体通关时间 0.05 小时，同比压缩 91.5%；监管进出境货物及包装合计 918 批次，货值 7611.6 万美元；出具检验检疫证单 838 份；审核签发原产地证书 319 份，签证金额 6428.9 万美元；受理报关 47 单；征收关税及进口环节税 100.4 万元。持续推进口岸公共卫生核心能力建设，通过武汉海关第三督导考核组考核。配合武汉海关卫检处、监管处到恩施许家坪机场现场实地调研海关技术用房改扩建和联防联控机制建设情况，持续跟进指导国际区改造建设，推动海关监管场地、设施设备、技术要求落实到位。

【检验检疫监管】 恩施海关修订非洲猪瘟防控应急预案，加强对关区出口猪鬃企业的监督管理。开展外来有害生物监测和口岸病媒生物监测，开展外来入侵物种普查 5 次，在恩施许家坪机场开展病媒生物监测 40 余次，严防重大动植物疫情传入和外来物种入侵。开展国门生物安全“进校园”活动，向学校师生宣传普及国门生物安全相关知识；对辖区内供港澳蔬菜种植基地出口辣椒开展番茄褐色皱果病毒调查、监测及供港澳蔬菜专项检查，对出口茶叶开展安全监督抽检和风险监测 4 批次，保障恩施特色农产品出口质量安全。全年恩施海关辖区出口中药材报检货值 1991.7 万美元，增长 17.6 倍；出口茶叶 4965.5 万美元，增长 59.4%；出口莼菜 105.9 万美元，增长 32.7%；出口箬叶产品 206.7 万美元，增长 15.7%。

【优化营商环境】 恩施海关通过“企呼关应”机制，收集并解决企业问题难点 145 个；开展送“服务包”活动，为 24 家企业服务 61 次；加强对企业境外技贸措施应对工作的指导力度，维护辖区出口企业权益；

优化原产地签证业务办理模式，释放 RCEP 等政策红利，签发 RCEP 证书 12 份，货值 67.8 万美元；指导恩施州首家加工贸易企业完成辖区首本加工贸易手册设立工作；围绕促进外贸保稳提质、保障特色农产品出口质量、帮助地方对外开放平台建设等问题开展调研，撰写调研报告 6 篇，推动成果转化，帮助企业解决问题 18 个。

【打击虚假贸易】 恩施海关抓好虚假贸易管控，以重点企业、重点商品综合分析为抓手，挖掘辖区企业涉及不实贸易、虚开骗税等风险隐患，将管控虚假贸易工作与常态化打击虚开骗税工作统筹结合，持续开展常态化风险监控，加强统计数据质量管控。全年对辖区 15 家贸易型企业开展出口真实性核查。

（张　帆）

## 公共检验检测

【概况】 2023 年，恩施州公共检验检测中心在岗干部职工 82 人（含自聘人员 16 人），拥有高级职称者 14 人（正高 1 人），中级职称者 27 人，中高级技术职称占在岗人员的 51.85%。在岗人员学历构成为硕士研究生 10 人，大学本科 56 人，本科及以上学历占在岗人员的 81.48%。现有资产总值约 2.05 亿元，房屋总面积 1.84 万平方米。拥有检验检测仪器设备 844 台（套），设备总值 8883.7 万元。年检测能力约 10000 批次，检测能力覆盖食品、食用农产品、粮油产品、药品、化妆品、工业产品等。

【检验检测工作】 完成各类检验检测业务 9308 批次：保障全州食品、药品、农产品、种子等质量安全监管，完成政府监督抽检 5471 批次；为硒食品精深加工产业产品开发、招商引资、乡村振兴、返乡创业、行政执法等提供检测服务 2579 批次；为硒博会提供检测服务 1258 批次，其中参展产品送检 311 家企业 886 批次产品（其中州内 287 家 782 批次，州外 24 家 104 批次），名优产品评选 210 家企业 372 批次产品（其中州内 144 家 266 批次，州外 66 家 106 批次）。全年向行政监管部门提供不合格抽检报告 93 份，提供各类政府监督抽检质量分析报告 30 份，统计报表 150 余份。

【检测能力建设】 新购仪器设备 42 台（套），对 468 台套设备进行检定/校准。修改完善体系文件，强化日常监督，执行内部质量控制 31 次。参加国家级能力验证 12 项，省级能力验证 4 项。CNAS 3 类产品、38 项参数、14 个标准首次通过监督评审。通过省级农产品质量安全机构考核，取得农产品质量安全检测资质 308 项。通过省级 CMA 资质扩项，新增粮食等参数 46 项，标准变更 49 项，新增授权签字人 1 名。通过省食品安全承检机构考核并位于全省前列。完成粮油（原粮）检测能力建设，填补原粮检测能力空白。参加 2023 年药品化妆品国家级能力验证 6 个验证项目，全部获“满意”结果，资质能力持续增强。

【产品标准及检验方法标准科研】 参与制定、修订标准共 14 项，其中参与修订国家标准 1 项，参与制定省级地方标准 1 项，参与制定恩施州地方标准 8 项，新申报恩施州地方标准 4 项。硒蛋白国家标准修订初步完成，解决原标准存在的原料来源、标准覆盖范围、生产成本同题。参与的湖北省科技计划项目《道地中药材恩施黄精品种选育与富硒栽培及产品加工关键技术研发》于 10 月通过验收结题。成功申报湖北省自然科学基金依托单位，与州农科院联合申报湖北省自然科学基金创新发展联合基金项目《魔芋杂交种子顽拗性生物学机制研究》。

【招商引资】 全年开展招商活动 13 次，主要领导外出招商 6 次，接待客商来访 3 次，提供有效投资信息 6 条，签约项目 1 个，项目拟投资 1.15 亿元。

【队伍建设】 州公共检验检测中心开展 86 轮次、972 人次业务培训，邀请特聘专家专题培训 2 次。提拔任用 8 名副科级干部，岗位异动 18 人，推荐申报职称 3 人，专项公开招录 2 人，聘请专家团队 11 人。1 人连任省人大代表，1 人推荐为州政协委员，1 人推荐为州科协委员。

【荣誉】 州公共检验检测中心获湖北省药品承检机构检验检测技能竞赛团体二等奖、个人三等奖。在全州食品安全抽检监测技能大比武中，1 人获全州个人二等奖，3 人取得参加省级比赛资格。在省级食品安全快速检测技能竞赛中，选拔参赛队获全省第 2 名。

（朱发斤）

# 农业和农村经济

# Agriculture and Rural Economy

## 综　述

【概况】　2023年，恩施州农林牧渔业总产值达488.77亿元，实现农林牧渔业增加值281.388亿元。恩施州农村常住居民人均可支配收入为15571元，增幅8.3%，比全国平均水平（7.7%）高0.6个百分点，比全省平均水平（8.0%）高0.3个百分点。

【粮油生产】　全州粮食种植总面积达37.82万公顷，较2022年增加3121.56公顷，粮食总产量1477.6万吨，较2022年增加39.9万吨。油菜种植面积6.21万公顷、产量12.7万吨，面积和产量分别较2022年增长4208.77公顷、0.96万吨。

【蔬菜水果生产】　全州蔬菜播种面积14.89万公顷，同比增加1.48%；蔬菜产量297.79万吨，增产2.92%。水果面积5.97万公顷，同比下降2.32%，产量37.53万吨，同比增长12.6%。

【中药材】　全州药材在田面积10.04万公顷，同比增长1.85%，药材产量18.56万吨，同比增长4.2%。

【农业产业化】　制定印发《2023年全州农业主导产业全产业链建设工作要点》，产业强镇项目全州共有7个，位居全省第1。在全省产业链工作简报刊发“鹤峰茶+供应链”经验做法；完善“链长制”，打造“茶、烟、蔬、药、果、畜、粮、蜂”八大主导产业全产业链。农业农村部办公厅推介第六批全国农村创业优秀带头人典型案例156个，其中恩施州咸丰县御硒源茶业的李丹获推介。对新认定的16家省级龙头企业兑现奖励资金160万元，省级以上重点龙头企业共67家，州级龙头企业259家，规模以上农产品加工企业达289家；12个省级农业产业化联合体实现销售收入12.24亿元、带动农户4.91万户。成功申报创建第十一批全国“一村一品”示范村镇2个，总数达21个。

【农业金融与投入】　对规模以上农产品加工企业新发放贷款超5亿元，提供贷款展期、延期、减免利息等信贷支持40520万元。特色优势农产品保险提质扩面，总保费规模达到2870.35万元、保险金额7.90亿元、理赔件数568件、理赔金额1346.23万元、承保户数5万余户。开展防范非法集资宣传，印发《全州农业领域金融风险大排查工作方案》，在巴东县木龙垭村联合开展“守住钱袋子·护好幸福家”防范非法集资集中宣传日活动。全州农业农村系统开展进龙头企业、农民合作社、家庭农场等新型农业经营主体集中宣传活动规模达到214场次5万人次。

【农业品牌建设】　在北京、武汉等一线城市开设土特产专卖店45家、餐饮示范店25家、硒茶品牌形象店274家，“恩施玉露誉满三镇，利川红红遍江城”态势基本形成。鹤峰葛仙米获美国巴拿马万国博览会金奖。来凤藤茶入选全国农业品牌精品培育计划，“恩施土豆”入选全国农业绿色发展典型案例，“恩施土豆”入选农业农村部全国农业绿色发展典型案例，《坚持稳粮增效添绿能着力打造恩施土豆“靓丽名片”》入选2023年国家农业绿色发展先行区创建典型案例；“恩施玉露”“利川红”“恩施土豆”进驻国家地标馆；恩施州84家企业、211个产品入驻省优质农产品展销平台。

【农产品质量安全】 10月，农业农村部印发《农业农村部关于命名第三批国家农产品质量安全县（市）的通知》并授牌，恩施州成功创建国家农产品质量安全州。开展豇豆农药残留突出问题治理，印发《恩施州豇豆农药残留突出问题攻坚治理方案》《关于切实做好全州豇豆农药残留突出问题攻坚治理工作的通知》《全州豇豆农药残留突出问题攻坚治理问题清单》，全州开展豇豆定量检测277批次，合格率100%；速测3152批次（其中胶体金检测1128批次），合格率为100%。推动农产品质量安全检验检测能力建设，恩施州、利川市、巴东县和来凤县公共检验检测中心成功认证CATL资质，建始县、宣恩县、咸丰县和鹤峰县成功认证CMA和CATL资质。提升基层监管服务能力，建立乡镇监管员、村级协管员信息化管理档案并实行动态调整，全州共有乡镇监管员289名、村级协管员1551名，实现乡镇、村（社区）全覆盖。联合畜牧、市场监管等部门印发《关于加快推进食用农产品产地准出与市场准入有效衔接的通知》，推动产地直销农产品带证销售。截至12月底，全州2385家主体开具电子合格证97890张，带证上市农产品累计44238.2吨。全州产品认证位居全省第1，新认证绿色、有机、地理标志农产品77个，总数达747个；在第22届绿博会上恩施州获得9个金奖。

【农业生态保护】 印发耕地生产障碍安全利用、农业外来入侵物种防控和野生植物保护、农膜管理等工作计划。组织完成省农业农村厅下达的恩施州100个点位重金属耕地土壤/农作物协同监测采样任务。对全州8个县（市）外来入侵物种普查团队开展质量控制，印发《恩施州农业外来入侵物种普查成果编制规范》并组织省级专家团队对全州外来入侵物种普查成果进行评审。成功申报省级生态农场5家，获推上报国家级生态农场3家；组织推荐的湖北海棠、恩施黄牛、葛仙米3个物种通过全球环境（GEF）资金实验项目专家评审。

【农业调解仲裁】 加强农村土地承包经营纠纷调解仲裁工作体系建设，依法规范开展调解仲裁。做好涉农土地信访处置，全年接访、核查、复核30余件次。开展湖北数字农经网平台应用及农村土地承包经营纠纷调解仲裁工作培训。完成2023年度农村土地承包经营矛盾纠纷调解仲裁考评工作，恩施州2023年度仲裁工作考评位于全省第一梯队。

【农业行政执法】 全州立案查处各类农业综合行政违法案件179件，移送司法机关2件，罚没款70余万元；2件案件获评全省农业行政处罚优秀案卷，1件种子案被选送参加全国农业行政处罚案卷评查，1件不合格牛肉案评选为全省农产品质量安全行政处罚典型案例。推进农资打假，印发《2023年全州农资打假行动方案》《豇豆农药残留突出问题攻坚治理方案》《关于印发农资下乡“忽悠团”联合整治行动的实施方案的通知》等文件，抽检农业投入品300余批次，查办农资案件40余件，督导检查农资经营主体和农业生产主体172家，发现问题65个，下达责令改正通知书19份。推进动监执法，全面实施无纸化出具动物及动物产品检疫合格证明（B证）工作；加强畜禽移动监管，联合市场监管、公安部门开展打击畜禽违法调运及私屠滥宰等“百日行动”，打击畜牧兽医行业违法违规行为。全州产地检疫生猪122.26万头、禽类425.62万羽、牛羊2502头（只）；屠宰检疫生猪产品3.56万吨、禽类0.21万吨、牛羊0.14万吨，全州申报养殖环节无害化处理病死生猪1.42万头，捣毁私屠滥宰窝点14个，立案查处非法调运畜禽32起。

【农业机械化】 全州农机总动力达265.03万千瓦，主要农作物耕种收综合机械化率达45.48%。规范实施农机购置补贴政策，落实补贴资金1387.713万元，占可用资金48.26%，补贴机具12435台。落实农机报废更新补贴政策，农业机械发动机由国三向国四升级换代，淘汰老旧动力、收获、插秧、植保、脱粒等农业机械，促进农机装备结构优化和绿色安全发展。推进粮食烘干能力建设，督促咸丰、来凤等地完成2022年度粮食烘干机奖补项目检查验收；全州新增粮食烘干机9台，新增批处理能力130吨，现有循环式粮食烘干机32台，单批次处理能力达到581吨。印发《恩施州农机防灾救灾应急预案》，建立应急指挥体系，明确相关部门职责和应急准备内容，规范灾害应急响应程序。强化与应急管理、水利和相关农机企业的沟通联系，建立健全病虫统防统治、抗旱排涝等农机抗灾救灾协作机制。推广应用北斗终端和“互联网+农机作业”等信息化技术，推动智能农机和智慧农业等融合发展。探索在机插秧、粮食烘干等作业监测的应用，全州共安装53台（含2套自动驾驶设备），提升农机智能化、信息化水平。培育壮大农机合作社等新型农机服务主体，全州新注册登记农机合作社8个，争取武汉对口帮扶资金28万元，支持3个合作社开展全程机械化示范基地创建，其中恩施市从湖南长沙引进湘农农机公司落户恩施高新区。宣恩县成功创建2022年度全国“平安农机”示范县。

【农业项目建设】 围绕流域综合治理和统筹发展，谋划产业发展、农村人居环境整治、农业面源污染治理等各类项目 95 个，总投资 307.88 亿元，其中亿元以上的项目 77 个（茶叶 14 个、蔬菜 8 个、中药材 13 个、水果 4 个、畜禽 9 个、粮食 17 个、中蜂 3 个、产业园 9 个）。结合“三区三线”划定开展“两区”补划，完成补划 3 万公顷，补划成果通过省农业农村厅核验。围绕 2024—2025 中央预算内农业行业基础能力建设，谋划项目 14 个，总投资 4.3 亿元。加强项目管理，制定州本级农业产业发展资金使用方案，及时对结余资金进行调项使用，最大程度提高资金使用效率；对申报项目及时录入系统和审核，严格按照程序和要求参与项目检查、验收。

【农业招商】 印发《州直招商战队第一战队 2023 年度招商工作实施方案》《州直招商战队第七战队 2023 年度招商工作实施方案》，向县（市）农业农村部门印发《关于进一步做好农业农村部门招商引资工作的通知》。州农业农村局独立完成签约亿元以上项目 4 个，分别是湖北中楚农牧实业有限公司的 2 亿元“肉牛养殖项目”，四川川香万家乡村发展集团有限公司的 1 亿元“川香牧草生产及加工产业链项目”，湖北紫东置业有限公司的 1.2 亿元“硒茶饮料加工生产项目”，湖北未来家园高科技农业股份有限公司的 1.3 亿元“富硒天麻产业链建设项目”，均已完成项目备案工作。第一、第七战队多次前往北京、宜昌、南京等开展招商考察，提供有效信息 80 条，洽谈项目 50 个，完成签约备案项目 15 个，开工项目 6 个。

【对口帮扶】 推进杭恩革命老区对口合作，完善《恩施州 2023 年杭恩对口合作工作任务清单》《宜荆荆都市圈 2023 重点工作清单》。促成两地农业农村部门互访交流、调研考察 3 次，签订对口合作框架协议。组织 14 家企业、40 余个农产品参加浙江农博会，获得 1 个金奖、5 个优质奖。制定《杭恩对口合作示范基地特色农产品展销中心建设方案》，推进“硒品入杭”。推进武汉对口帮扶，争取帮扶项目 3 个，总金额 523 万元。参加武汉都市圈农业合作暨恩施、五峰农业协作对接活动，实地考察学习。

【农旅融合】 恩施市二官寨村、宣恩县伍家台村入列农业农村部乡村旅游推介名单，2 条恩施州休闲农业与乡村旅游精品线路被省农业农村厅推广。组织参加全省油菜花海评选活动，恩施市屯堡乡绝壁油菜花海获“2023 湖北最美油菜花海”；巴东县牛洞坪悬崖梯田油菜花海获“2023 湖北特色花海”。举办 2023 年“恩施土豆花儿开”产业高质量发展研讨会。指导县（市）举办“油菜花节”“土豆花儿开”“水稻插秧节”“丰收节”等文化旅游推介活动，推进农旅融合。

（杨济滔）

## 茶产业

【概况】 2023 年，恩施州茶园面积达 12.15 万公顷，干毛茶产量达 13.17 万吨，同比增长 7.07%，农业产值 64.5 亿元，同比增长 11.03%，综合产值 248 亿元，同比增长 10.5%；其中投产茶园面积 10.52 万公顷，较上年扩大 4400 公顷，同比增 4.37%。全州干毛茶加工产值达到 103.7 亿元，同比增长 10.9%。

【市场营销】 恩施硒茶组团参加世界大健康博览会、武汉茶业博览交易会、“楚茶论坛”武汉国际茶产业博览会、中国国际茶叶博览会、厦门 2023 世界绿茶采购交易会、北京国际茶业及茶艺博览会、兰洽会、广州芳村茶文化节等专业展会。完善产地交易市场，武陵山茶叶交易中心完成提档升级，交易量达 4.1 万吨，年交易额突破 20 亿元。全州茶叶直接出口量 1.3 万吨，出口额 4.1 亿元，同比增长 22.4%。

【品牌创建】 中国茶叶区域公用品牌价值评估中，恩施州 4 个茶叶品牌上榜，上榜区域公用品牌总价值达 85.94 亿元，其中恩施玉露品牌价值 32.63 亿元、恩施硒茶品牌价值 25.47 亿元、鹤峰茶品牌价值 20.35 亿元、利川红茶品牌价值 7.49 亿元。参加专业性展会，其中楚茶杯斗茶赛恩施州共 61 个产品参赛，34 个产品获奖，蓝焙·恩施玉露荣获“绿茶茶王”、星斗山·利川红荣获“红茶茶王”。恩施玉露、恩施硒茶入围“2023 中国地理标志农产品区域公用品牌声誉百强”。恩施玉露品牌被评为“2023 大众喜爱的中国茶品牌 TOP10”，入选第 28 届上海国际茶文化旅游节“全国十大名茶”。来凤藤茶入选农业农村部 2023 年农业品牌精品培育计划，获“2023 中国茶叶品牌 100 强”。

【宣传推介】 恩施硒茶 10 秒广告片在央视 CCTV-1、央视 CCTV-4、央视 CCTV-9、央视 CCTV-13 每日投放；恩施硒茶广告再次亮相天安门广场地下通道 LED 大屏；“恩施硒茶”品牌广告 5+15 秒特约标准版在湖北广播电视台《城市之声》多点插播；恩施玉露、利川红、咸丰白茶、来凤藤茶、贡水白柚、建香猕猴桃等“恩施硒物”亮相央视 CCTV-17《乡村大舞台—好物节》特别节目。举办“致敬江城·感恩奋进”——恩施玉露、利川红东湖国事活动茶叙用茶五周年暨全球推广启动仪式、恩施硒茶采购商大会暨武陵山茶叶交易中心开市仪式、首届国际藤茶大会、首届茶产业高质量发展科技论坛等活动。

【科技创新】 加强科技平台建设，“一带一路”国际茶贸易产业科技创新院藤茶发展研究中心成立；咸丰县成立中国农科院茶叶研究所邓余良专家工作站；全州建成2家省级中药材星创天地、5家州级企校联合创新中心，8家企业被认定为中药材高新技术企业。推进老茶园改造工作，制定《恩施州老茶园改造工作推进方案（2022—2025年）》，开展茶园管理培训，培训茶农3万余人次。《茶叶新品种玉露一号》《一年交园子工程技术》等最新科研成果发布。"茶树害虫茶网蝽高效绿色防控技术创建与应用"项目科技成果达到国内领先水平，茶网蝽"秋防春控"防控技术模式达到国际先进水平。

（杨济滔）

## 渔业渔政

【概况】 2023年，制定《恩施州长江流域重点水域禁捕退捕工作要点》，与周边地市签订执法合作协议，与公安、市场监管等部门配合，打击非法捕捞行为。

【渔政执法】 全州共开展联合行动247次，清理取缔涉渔"三无"船舶101艘，清理违规网（钓）具数量2249张（个），检查水产品销售经营点559个次、检查渔具生产经营点281个次、检查水生生物保护区数量91个次。

（杨济滔）

## 畜牧业

【概况】 2023年，恩施州畜牧兽医系统全产业链建设稳健起步。全年猪牛羊禽肉产量38.11万吨，比上年增长4.4%；其中猪肉产量34.56万吨，比上年增长4.8%。禽蛋产量4.78万吨，比上年下降1.6%。年末生猪存栏299.96万头，增长3.1%；累计生猪出栏441.61万头，比上年增长3.9%。

【"畜牧产业全产业链示范样板"建设】 "畜牧产业全产业链示范样板"是2023年州《政府工作报告》十大示范样板之一。新建成保种场3个、繁育场5个，新创建1个国家级生猪核心育种场，来凤酉水鸡新增为国家级畜禽遗传新资源，7个品种入选湖北省畜禽遗传资源保护名录，"硒都黑猪"入选农业农村部2023年农业主导品种。新增畜禽规模养殖场300家以上。新建2个大型饲料加工厂，年生产能力突破80万吨；新建成1个生猪定点屠宰厂、1个牛羊屠宰厂，新增畜禽年屠宰能力30万头以上；新建成3条畜产品精深加工生产线、1条100万枚鸡蛋加工生产线，恩施黑猪直销北京，富硒鸡蛋直供杭州亚运会，产品附加值持续提升。打造"巴东县惠丰牧业有限公司产业一体化模式""湖北大派食品集团有限公司产业联合体模式"2个典型案例，示范样板建设初见成效。

【畜牧绿色发展】 成功创建1个部级畜禽养殖标准化示范场、一批"种养结合、生态循环"示范点，发展发酵床养牛等绿色健康养殖模式166家，恩施黑猪"16113"养殖技术（即1栋100平方米标准化"恩施黑猪"栏舍、饲养6头能繁母猪、年出栏100头育肥猪、配套1口沼气池和特色种植面积30亩）获全省乡村振兴实用技术大赛三等奖。加大涉牧环保问题整改，做好第二轮省级生态环境保护督察交办信访件办理工作。推进小流域综合治理试点涉牧工作，制定《带水河流域畜禽养殖场（户）粪污治理设施提升改造技术指导意见》，成功探索"三格化粪池+庭院湿地+还田利用"生态循环农业模式。严格落实养殖监管各项措施，全年开展2次督办检查，全州畜禽粪污资源综合利用率达到80%以上，高于省定目标任务。

【重大动物疫病防控】 开展2次风险研判，分县（市）作出预警并提出措施建议。围绕春、秋两防及动物疫病高发期，开展2次指导督办。严格落实"强制免疫"制度，重大动物疫病做到了"应免尽免"，抗体合格率达到90%以上。持续推进防疫基础设施建设，持续推进动物疫病净化，创建全州首个国家级非洲猪瘟无疫小区。全州未发生区域性重大动物疫情，防控形势总体平稳。

【畜产品质量监管】 构建例行抽检、监督抽检、专项监测、快速检测、企业自检为一体的质量监测预警体系，全年完成各项监测10000批次以上，畜产品质量安全监测合格率保持在98%以上。将新修订的《中华人民共和国畜牧法》等8部涉牧法律法规汇编成册，印发行业、部门，举办全州涉牧市场主体法律法规培训班，提高从业人员质量安全意识。开展依法打击生猪私屠滥宰"百日整治"专项行动、规范畜禽养殖用药专项整治行动、规范宠物诊疗秩序专项整治行动等。新建2个无害化处理厂、一批无害化收集中心，制定出台《关于加强病死动物无害化处理监管工作的通知》，建立"定点收集、集中处理、全程监管"的无害化处理工作体系。

【畜牧安全生产管理】 开展安全生产教育和培训，举办全省农村地区畜禽粪污贮存池和沼气设施安全生产应急演练，应急处置能力全面提升。结合省、州质量安全例行抽检，对全州屠宰、饲料企业开展安全生产监督检查，发现的问题全部整改完成。开展安全生产检查100余次，全州涉牧安全生产形势总体稳定。

【畜牧招商引资和项目建设】 谋划固定资产投资项目13个，估算投资58.61亿元，谋划10亿元以上产业项目3个；组织申报2023年中央财政畜牧产业发展项目4个、湖北省产业链奖补项目11个，奖补资金近6000万元；全年新增到位项目资金2876万元，共争取9818万元，同比增长41.4%。外出招商10余次，全州新签订亿元以上产业项目3个；派专人外出驻点招商，考察企业120余家，收集有效投资信息70余条，推动签约项目3个。

**【恩施十大富硒土特产】** 以“恩施腊肉”“恩施山花蜜”为代表的特色畜产品被东方甄选直播团队推介，先后亮相第二届中国（武汉）文化旅游博览会、首届湖北食品产业链博览会、第二十九届中国兰州投资贸易洽谈会等大型展会，进入武汉市“恩施餐饮示范店”、杭州市恩施消费帮扶展销馆。10月28日，“恩施腊肉”“恩施山花蜜”被第八届世界硒都（恩施）硒产品博览交易会暨硒科技创新发展大会评选为“恩施十大富硒土特产”（即恩施玉露、恩施大米、恩施腊肉、恩施山花蜜、利川红、贡水白柚、板桥党参、咸丰白茶、恩施土豆、来凤姜）。

**【举办“恩施山花蜜”品鉴活动】** 5月20日，由州畜牧兽医服务中心主办，州中蜂产业协会承办的2023年“5·20”世界蜜蜂日主题活动暨“恩施山花蜜”现场品鉴活动在恩施市喜福汇家居广场举办。

**【干部队伍能力提升】** 完成对州、县、乡、村四级畜牧兽医工作人员技术轮训，共培训1561人；组织各县（市）开展各类培训百余次，累计培训10万人次以上。举办2023年“恩施工匠”职业技能大赛——动物疫病防治员职业技能竞赛，组织参加2023年“湖北工匠杯”全省动物疫病防治员职业技能竞赛，恩施州代表队以总分第1获“团体优胜奖”。分7批组织干部职工赴南京、成都等地培训；支持干部职工立足岗位开展学术研究，2个课题入选2023年度恩施州社会科学重点、优秀课题，1项研究获2023年恩施州技术支撑类科技计划项目立项，2人通过高级职称评审、1人通过中级职称评审、4人通过初级职称评审。

（胡伦祥）

## 农业科技

**【概况】** 2023年，恩施州开展玉米大豆（薯玉豆）复合种植模式、省粮食作物绿色高效吨粮模式、省马铃薯产业体系、省科技厅薯玉豆重点科研课题等，牵头制定发布省级技术标准2项，“薯玉豆”模式推广经验在农业农村部种植业简报及《湖北日报》专版刊发，恩施、利川在全省作典型交流。

**【种业振兴】** 支持本土种业企业恩施粒粒金种业有限公司获批省级种子生产经营资质，来凤水稻良种繁育基地获批省级十大良种繁育基地之一。完成3年种质资源普查行动，征集保存至国省级种质资源库340份，位居全省前列；联合研究制定堇叶碎米荠、道地药材等国家DUS测试指南。以市州牵头主持完成国家及省州农作物新品种区试8组76试点62个新品种，推荐国、省审定新品种8个，3个品种入选湖北省主导品种，“鄂马铃薯16”入选首批《国家农作物优良品种推广目录》；组织农作物新品种展示示范75点次580个次品种。春秋播种子质量监督抽检181份，合格率97.8%；海南田间纯度种植鉴定131份，合格率100%；马铃薯、水稻等种子花期田间检验合格率达99%，质量管理在全省作典型交流。遴选发布农业主推技术21项，主导品种23个。“鄂马铃薯16”入选首批《国家农作物优良品种推广目录》，“恩禾单1号”“鄂马铃薯16”“硒都黑猪”入选2023—2024年湖北省主导品种。

**【农业技术推广】** 围绕省、州农业主推技术创建示范样板4666.67公顷，培训8万人次，发放资料15万余份。开展乡村振兴专题培训，346人参加学习。全年共组织1194人参加省、州、县基层农技人员知识更新培训。

**【农业农村人才培养】** 全州共组织生产经营型、技能服务型、短训等各类高素质农民教育培训6000余人，组织430名产业带头人赴小岗、凤凰、武汉等地参加全国农村实用人才带头人培训。全年共组织16人参加全省农业产业化领军人才培训，组织700名学员参加农业经理人培训，完善“头雁”人才库，补充“头雁”人才100余名，推荐30余人参加头雁项目培训。恩施德源硒材料工程科技有限公司董事长储震被评为“全省十佳农民”。7月，开展恩施州首届乡土拔尖人才选树活动，共选树20名乡土拔尖人才。推荐系统内1人入选“全州十佳科技特派员”，2人被评为“最美科技工作者”，2人担任州级科技特派员。推荐8人参加“湖北省农村实用人才创新创业大赛”，获二、三等奖各1名，优胜奖2名；组织20余人参加全省农村电商大赛，获一、二、三等奖各1名，优胜奖4名；举办2023年恩施州乡村振兴人才创新创业项目大赛，评选出20个优秀项目，共资助项目补助26.2万元。

（杨济滔）

## 农村经济管理

**【概况】** 2023年，全州完善农村土地基本经营制度，稳定土地承包关系，开展农村集体产权制度改革。投入资金扶持农村新型经营主体发展壮大，推进农业社会化服务。

**【农村宅基地管理和改革】** 全州共申请宅基地8971宗，已审批6703宗、面积98.17公顷。推进“两项试点”工作，对恩施市农村宅基地制度改革试点和农村乱占耕地建房住宅类房屋专项整治试点开展督导。引导利用闲置宅基地和住宅发展符合乡村旅游、餐饮民宿、农产品初加工等新产业新业态，开展农村闲置宅基地整治。截至年底，共盘活利用闲置宅基地9035宗，复垦复绿28.55公顷，增加集体经济收入1461.66万元，增加农民收入15886万元。恩施市龙凤坝镇双堰塘村案例入选全省闲置农村宅基地和闲置农房盘活利用典型案例名单。巩固“大棚房”问题整治成果，指导各县（市）加强管理，开展常态化监管。

**【农村集体产权制度改革】** 规范农村集体经济组织运行管理，推动实体化规范化运行，有条件的地方开展村集体经济组织与村委会事务分离、财务分设试点，探索农村集体经济组织成员财产权利多种实现形式。指导咸丰县做好全国“村集体经济组织与村民委员会账务分设”试点，鹤峰县2023年全省优化营商环境先行区改革事项“农村产权流转交易市场建设”试点工作。对接省交易管理信息平台，推动农村产权交易市场向县（市、区）和乡（镇、街）延伸覆盖，8县（市）均建立农村产权交易市场，开展线上线下交易，其中依托“湖北农村资产交易管理信息平台”开展交易112宗、交易金额3284.5万元（累计交易760宗、交易金额12亿元）。

**【新型村级集体经济发展】** 组织150个新型村级集体经济扶持村项目申报、实施工作，全州2019—2023年累计申报644个扶持村。推介省级典型村1个待认定（利川市柏杨坝镇雷家坪村），申报2024年省级试点村3个待认定（宣恩麻阳寨村、水田坝村，鹤峰上六峰村）。做好村级债务化解后续工作，兑现州对县奖补资金338万元，争取省对县奖补资金296万元。开展集体经济发展情况调研，收集整理典型案例60余个，撰写调研文章4篇，金果坪乡联合总社发展模式在《三农综述》推介，恩施市芭蕉乡18个村组建“石榴籽”生态农业发展有限公司、宣恩椒园镇级集体经营公司等“抱团”发展模式成效初显。

**【农村新型经营主体】** 恩施州创建“六有”（有合法登记注册、有适度经营规模、有规模财务管理、有先进生产技术、有稳定主导产业、有良好经营效益）合作社4890家，“六有”家庭农场2910家。从事产业包括养殖、蔬菜、药材、茶叶、果品、林业等方面，涵盖全州特色优势主导产业。开展示范申报监测，4个案例入选湖北省农民合作社、家庭农场典型案例名单。完成国家农民合作社示范社监测和经营异常名录移出工作，创建省级示范家庭农场18家。恩施州农民专业合作社共申报贷款贴息115.08万元，同比增23.4%，家庭农场申报贷款贴息88.03万元，同比增144.5%。

**【农业社会化服务】** 围绕粮油生产、地方优势农业特色产业发展的关键薄弱环节开展全托管、季节托管、部分生产环节托管等个性化服务，完成2022年5个项目县农业社会化服务项目绩效评价工作；推进2023年6个项目县实施农业社会化服务项目，完成服务面积1.6万公顷。加强服务主体经营管理、技术装备、市场开拓等能力建设，培育多元化、专业化、社会化服务组织，全州农业社会化组织达2555个。

（杨济滔）

# 乡村振兴

Rural Revitalization

## 综 述

【概况】 2023年，全州深入学习贯彻习近平总书记关于巩固拓展脱贫攻坚成果同乡村振兴有效衔接的重要讲话和重要指示批示精神，坚持落实责任、落实政策、落实工作，守住不发生规模性返贫的底线，巩固脱贫成果，推进乡村振兴。

【落实政治责任】 严格落实“四个不摘”（摘帽不摘责任、不摘政策、不摘帮扶、不摘监管）要求，坚持五级书记抓巩固拓展脱贫攻坚成果和乡村振兴，州级每2个月、县（市）每1个月、乡镇每半个月调度1次有效衔接工作情况。全年州委常委会7次研究、州政府常务会议6次研究“三农”工作；州委农村工作领导小组召开6次专题会议，调度巩固拓展脱贫攻坚成果同乡村振兴有效衔接工作。各行业部门围绕巩固脱贫成果后评估指标，每季度开展1次调研指导。各驻村单位主要负责人每月到村走访1次，解决群众急难愁盼问题。

【目标考核】 将巩固脱贫攻坚成果工作纳入高质量发展和综合目标考核，对县（市）开展巩固脱贫攻坚成果专项考核，对州直部门开展行业指标和驻村工作考核，激励各级各部门履行巩固拓展脱贫攻坚职责。利川市按照季度对乡镇综合评价，对每轮综合评价前三名给予奖励，推选优秀村并奖励该村10万元资金。结合乡村振兴领域不正之风和腐败问题专项整治强化作风建设，形成“督查暗访—自查自纠—问题整改—跟踪问效”闭环，聚焦责任落实、政策落实、工作作风，组织常态化暗访督查5轮次，对暗访督查发现问题当场交办、全州通报、限期整改，共通报和整改问题195个。对2022年省巩固拓展脱贫攻坚成果考核评估反馈4类16个方面121个问题清单和国家巩固拓展脱贫攻坚成果考核评估反馈13个问题，开展举一反三、全面排查，一体整改、落实整改责任，逐项整改销号。

【整合帮扶力量】 加大财政衔接资金争取力度，到位上级衔接资金17.74亿元，同比增长5.9%；州本级预算安排乡村振兴衔接资金3.1亿元，与2022年投入持平。争取85家中直、省直定点帮扶单位投入帮扶资金6.37亿元，实施帮扶项目448个，培训干部人才5.05万人次，帮销恩施农副产品1.63亿元。争取武汉市对口帮扶资金2.85亿元，实施帮扶项目141个，联合举办专场招聘活动60次、提供就业岗位4.3万个，联合举办40期创业就业培训班、培训1626人次，双方互派307名教师、医生赴武汉跟岗学习或到恩施支教支医。全州整合4137名驻村干部、8000多名村“两委”成员力量，组建1487个驻村“尖刀班”，每月印发“尖刀班”重点工作任务，统筹推进村级各项工作。开展“万企兴万村”行动，全州共有2169家企业和商会与1510个村精准结对，投入资金49.7亿元，辐射带动56万人。

【防返贫监测】 开展防止返贫监测帮扶集中排查工作，全州累计走访摸排99.7万户，新识别纳入监测对象1625户5255人，全州共有监测对象1.62万户4.98万人，风险消除率达67.1%。风险未消除的监测对象，按照“一户一策一专班”要求，制定帮扶措施。恩施市统筹财政资金220万元，为因疾病（意外）导致治疗费用支出大、人均可支配收入较低的农户和脱贫户两类人群实施防贫保，做到“花小钱、办大事”。

【“两不愁三保障”】 围绕“两不愁三保障”和饮水安全，持续巩固脱贫成果。农村低保、农村特困人员供养标准较上年增长28.8%。开展农村低收入人群危房日常巡查，全年完成农村危房改造1694户，全州农村低收入群体危房实现动态清零。全面落实分类资助参保政策，共资助参保125.75万人，落实资助参保资金1.84亿元，全州低收入人口和脱贫人口实现应保尽保。落实基本医保、大病保险、医疗救助三重制度保障，累计报销医疗费用10.08亿元，农村低收入人口住院费用政策范围内支付比例92.09%。落实依申请救助2428人，救助资金支付2253.36万元。全州监测对象核实患者分类救治率99.9%、家庭医生签约服务率99.9%。全州义务教育阶段入学率100%，初中三年巩固率100%，适龄残疾儿童少年义务教育入学安置率100%。疑似辍学对象实现动态清零。严格落实学生资助政策，全年共发放资助资金5.27亿元，惠及学生44.72万人次。提升水源保证率，完善农村供水工程网络，积极推进城乡供水一体化、农村供水规模化建设及小型工程规范化改造，加强农村供水工程标准化管理，健全农村供水问题排查监测和动态清零机制，坚决守住农村供水安全底线，全州共改善农村供水人口27.55万人。

【易迁后续扶持】 5月，国务院通报表彰全国督查激励事项，恩施易迁后扶工作上榜，全省唯一。全州1425个6户以上的安置点全部实现“五通”（通路、通水、通电、通网络、通有线电视）。累计为1245个安置点配套菜地、322个安置点配套猪圈、897个安置点配建生产服务用房。改扩建学校66所、幼儿园16所、医院（卫生室）170个，新建文化广场927个、综合活动室383个、福利院10个、日间照料中心20个，实现安置区综合服务设施全覆盖，安置区基础设施不断完善，公共服务大幅提升，搬迁群众幸福感不断增强。全州搬迁劳动力14.4万人全部实现“零就业”动态清零。

【产业帮扶】 中央衔接资金按照不低于60%用于产业发展。全州特色农产品基地面积达到46.67万公顷，“茶、烟、菜、药、果、畜、粮、蜂”八大产业链综合产值突破1000亿元，特色产业对农民收入的贡献率达到70%。全年累计向2万户脱贫户和边缘易致贫户发放小额信贷资金92885.20万元，支持发展生产和开展经营；恩施州涉农贷款余额达1116.49亿元，占各项贷款比重65.35%。建成国家级农业龙头企业3家、省级67家、州级259家，规模以上农产品加工企业289家，通过股份分红、土地流转、订单收购、种养托管等方式建立联农带农富农机制，带动近70万农户实现增收。“832平台”线上销售总额达17.82亿元，占全国销售总额的16.1%、湖北省销售总额的74.3%，8个县（市）均位居全国销售额排名前10。推进硒品入汉，支持在汉创建239家“恩施硒茶”、45家恩施土特产专卖店和25家恩施餐饮示范店。

【就业创业】 推进有组织的劳务输出，在武汉、杭州等城市建立14个劳务协作工作站，为66.7万群众提供外出务工服务。打造恩施“一红一绿”制茶师、恩施茶艺师等劳务品牌，通过劳务品牌引领、园区企业吸纳、帮扶车间带动、公益岗位安置等方式，多渠道促进就近就地就业。全州脱贫人口（含监测对象）外出务工达41万余人，脱贫人口从事公益性岗位2.45万人，192个就业帮扶车间吸纳脱贫人口4194人就业增收。全州2023年雨露计划毕业生8375人，除升学和参军外，通过签订协议和劳动合同、灵活就业创业，基本实现全部就业。通过一次性创业补贴、创业扶持项目、创业担保贷款等激励政策，鼓励和引导各类返乡人员、大学生等群体积极创新创业，以创业带就业促增收。全州发放创业担保贷款16.92亿元，扶持9476人创业增收，带动21842人就业增收。

【资产盘活】 引导村集体经营公司与民营资源、社会资本合作，通过租赁、入股分红等方式盘活农村闲置资源资产，壮大村集体经济，带动脱贫群众增收，全州共有1948个集体经济组织，年经营收益10万元以上的达到910个，占比46.7%。对财政投入形成的产业基地、加工厂房、村级光伏电站等经营性项目资产，强化后续管护，健全利益联结机制，资产收益分配向无劳动力、弱劳动力脱贫家庭倾斜。全年全州村级光伏电站累计发电收益3637.6万元用于壮大村集体经济，惠及289个脱贫村，电站收益主要用于脱贫户和监测户公益岗位支出、劳务支出和小型公益事业支出。

【政策宣传】 开展驻村工作队员政策培训，督促、指导全州村“尖刀班”通过群众会、院落会、入户宣传等方式，宣传医疗保障、健康帮扶、教育帮扶等政策，确保群众知晓有什么帮扶政策、能享受什么帮扶政策、怎样享受帮扶政策。宣传文明祭祀、森林防火、防溺水等方面内容，推进乡风文明，保障群众安全。展示全州巩固脱贫攻坚成果、全面推进乡村振兴的好典型、好经验、好做法，持续讲好恩施乡村振兴故事。全年在中央、省级媒体刊发恩施州乡村振兴类新闻稿件70余条，树立积极正面的舆论导向。

（杨济滔）

## 乡村建设

【概况】 2023年，指导县（市）制定村级"小微权力"清单、自治事项清单、政务服务清单，通过积分制、清单制、网格化、数字化、接诉即办等做法，激发农民参与村级公共事务的积极性。加强典型示范，创建第三批全国乡村治理示范村4个。巴东县乡村治理典型案例入选全省乡村治理典型案例。推进宣恩县开展全州清廉村居典型县创建工作，宣恩县黄坪村入选全州试运行湖北省清廉村居信息服务系统试点村。全州创建清廉村居省级典型村7个、州级典型村11个、县级典型村151个。坚持和发展新时代"枫桥经验"，推动共同缔造与基层社会治理融合。

【乡村治理体系建设】 健全"村党组织—村民小组（网格）党支部（党小组）—党员中心户"组织架构，把组织建到"最小管理单元"，筑牢治理根基，实现党务、村务、医务、警务、服务"五务合一"。落实"四议两公开"机制，完善议事规则，村级事项由村民共议共评，议事结果跟踪问效。创新开展积分制，建立村级"红黑榜"，用"小积分"撬动"大治理"。115个村探索实施积分制管理，建成全国民主法治示范村（社区）17个，成功申报18个国家文明村、71个省级文明村。利川市沙溪乡、巴东县大支坪镇等7个单位获省级新时代"枫桥式"工作法表扬。搭建村民议事平台，调动群众参与基层社会治理的积极性，让"村里事"变"自己事"。利川市"小院说事"案例获评全国城乡社区高质量发展典型案例。搭建典型选树平台，开展"最美家庭"、十星级文明户评选活动，营造向上向善良好氛围。开展群众文化活动5000余场，满足人民群众文化需求。开展全州"村BA"篮球联赛，丰富乡村体育活动。搭建公益服务平台，鼓励在外能人投身乡村公益事业，多方发力共同缔造和美乡村。利川市见天村召开"坝坝会"，共商修建至大峡谷景区的3.5千米旅游公路，2名村干部和4名在外企业家带头捐款272万元，100多名村民义务投工投劳，让村民吃上"旅游饭"。

【美丽乡村建设】 新启动8个州级乡村振兴示范村，按照州级财政每村补助600万元，撬动整合其他资金方式，打造乡村振兴示范样板，已实施项目30个、涉及资金6667.79万元。新启动100个乡村振兴重点村，已实施项目280个、涉及资金34876.94万元。全州4个乡镇、49个村入选湖北省乡村振兴示范乡镇、村创建名单。229个村被评为全省和美乡村建设试点村。累计建成全国乡村旅游重点乡1个、全国乡村旅游重点村4个、全国乡村旅游观测点2个，湖北旅游名镇7个、湖北旅游名村11个、湖北旅游名街1个。恩施二官寨、利川白鹊山、咸丰望城坡、来凤杨梅古寨、鹤峰大路坪、宣恩伍家台、建始罗家坝、巴东牛洞坪等"赏花踏青之旅"线路入选"大美春光在路上"全国乡村旅游精品线路。推进数字乡村建设试点，对接数字乡村建设标准体系，指导县(市)数字乡村"一县一试点"建设，取得明显成效。

【农村人居环境整治】 宣恩县、咸丰县实施中央投资农村人居环境整治项目，其中宣恩县项目已竣工并接受省发改委、省农业农村厅组织的现场考核评估。组织对2022年度来凤县新街村、巴东县柳家山社区、利川市白竹坝村3个美好环境与幸福生活共同缔造试点项目进行综合评估验收，新申报恩施市古场坝村、巴东县木龙垭村、利川市干堰村3个共同缔造试点项目。加大配电网建设，提升供电可靠率、电压合格率，新建改造10千伏线路348.52千米，改造低压线路533.8千米。印发《恩施州农村生活污水治理三年行动方案（2023—2025年）》，完成177个村的污水治理，治理率预计达到32.26%。全州农村生活垃圾收运处置体系覆盖所有行政村和自然村组，无害化处理率达到95%，所有村庄均配齐保洁人员；77个乡镇建有垃圾中转站，创建省级垃圾分类示范村70个。实施县乡道畅通、通村路升级、通组路补短板"三大工程"，全年新改建农村公路1371千米，开展普通公路养护提质三年攻坚行动，累计完成路面改善工程231千米，实施村道安防工程925.5千米，申报美丽农村路创建项目286千米。巴东县成功创建"四好农村路"全国示范县，恩施市成功创建"四好农村路"省级示范县，来凤县旧司镇、宣恩县万寨乡、恩施市白果乡、鹤峰县走马镇成功创建"四好农村路"示范乡镇，宣恩县黄傅公路被评为2022年度湖北省"十大最美农村路"。加强农村建房风貌管控，推广6.1万份农村建房图集，培训农村建筑工匠21批次、1896人。加大农村寄递物流体系建设，各县（市）寄递公共配送中心陆续建成并投入使用，乡镇实现快递服务网点全覆盖，全州1356个行政村建成1474个村级寄递服务网点，村级网点覆盖率达100%，部分村实现一村多点。持续深化殡葬改革，恩施、巴东、来凤城区公益性殡葬设施建设顺利推进，恩施、巴东乡镇级农村公益性公墓实现全覆盖，建成32个农村公益性公墓，民政部将恩施州纳入全国殡葬领域跨部门综合监管试点单位。持续推进农村厕所革命，完成农村户厕建改15449户，完成任务的100.1%。全州累计建改农村卫生厕所71.55万户，普及率93.6%，其中无害化厕所46.5户，普及率60.9%。

（杨济滔）

# 老区建设促进工作

【概况】 2023年，恩施州革命老区建设促进会（简称州老促会）开展老区红色文化宣传，搞好红色资源的保护和建设，成立湘鄂西红色文化教育培训中心。动员社会力量实施“思源回报”工程，促进杭州对口支援工作，参加中国老促会对恩施州乡村振兴的第三方调研评估。为促进恩施州重点革命老区建设作出新贡献，被省老促会评为全省先进单位。

【革命遗址遗迹保护】 州老促会筹集资金对相关县（市）的红色遗址遗迹进行保护和修缮。利川市投入52.99万元对部分革命遗址维修和竖碑保护。恩施市老促会与市发改局、乡村振兴局将“红三军政治部旧址”“红土乡烈士陵园”“恩施县苏维埃政府旧址”“恩施市土地革命纪念馆”为主的红色遗址作为重点保护建设项目。建始县对红四军攻占建始城遗址、湘鄂西中央分局照京坪旧址等5处革命遗址进行挂牌保护，配合县委组织部启动官店镇干溪坪村（巴建鹤边防司令部所在地）试点项目，投资700万元。启动田家坝老区精神研学纪念园、七里坪红色教育基地项目建设，投资600万元。鹤峰县争取资金20多万元建设红四军诞生地纪念园围墙、花台。争取15万元资金筹建红军将领湘鄂西红三军参谋长唐赤英烈士纪念碑。来凤县完成革勒车镇桑树坪村红十八师战斗战场遗址、旧司板土科江南游击纵队战斗战场遗址立碑工作。咸丰县完善青冈岭龙潭司起义前敌指挥部遗址纪念碑建设。宣恩县在红十八师血战杨柳沟遗址，打造红色教育基地，由县老促会出资30万元，先期完成征地工作。投资20万元在红七师师长叶光吉遇难处建造1000米水泥石板路。巴东投资600万元实施江家村红旅融合项目，投资150万元建成金果坪乡红三军巴东革命历史陈列馆，投资80万元实施金果坪乡段德昌烈士墓周边环境整治项目，投资750万元实施红三军旧址群修缮工程，组织编制《红三军革命旧址群保护利用规划》并通过湖北省文旅厅专家评审。

【红色文化宣传】 创办专题红色短视频《红色恩施》公众号平台。3月29日，州老促会组织红色文艺轻骑兵重点革命老区鹤峰行活动，到著名革命烈士贺英牺牲地—鹤峰县太平镇洞长湾演出。7月28日晚，州老促会在恩施州城民族广场举行《恩施州庆祝革命根据地创建95周年暨建州40周年民族音乐会》。8月25日，由湖北省社会科学界联合会、湖北省名人研究院、恩施州老促会主办的“音乐党课进基层”活动在恩施州文化馆剧场举行。州老促会利用各种媒体做好红色文化宣传工作，被中国老促会评为全国红色宣传二等奖。

【老区教育基地】 全州共创建12个基地，其中5个列入省老促会授牌匾的“老区精神教育基地”，利川忠堡大捷纪念园、鹤峰湘鄂边五里坪革命旧址纪念馆列为中国老促会与省老促会联合授牌的“老区精神教育基地”。

【老区文化活动及会议】 协助中央、省、州党史部门承办召开《湘鄂川黔革命根据地历史价值与新时代乡村振兴研讨会》。州老促会参加中国老促会组织的《关于组织革命老区文化建设成果遴选推荐和展示》活动，选送报告文学两篇、歌曲类11首、短视频5个。经中国老促会、省老促会评选，恩施州选送的歌曲《幺妹儿住在十三寨》获得中国老促会全国优秀作品，土家音乐《土家盆鼓庆丰年》、报告文学《忠堡大捷》、网络视频《英雄无畏——鼓罗山三十二烈士》获得全省优秀作品奖，州老促会获得省老促会表彰组织奖。于德海撰写的《老区精神与党的建设——老区精神是党的建设伟大工程宝贵资源和精神财富》被中国老促会评为全国优秀论文。

【助力乡村振兴】 全年募集使用资金1301.02万元，用于革命遗址遗迹保护、改善老区基础设施、扶持乡村产业发展、救助部分困难村民。先后在恩施屯堡花枝山茶叶基地、建始红岩寺甜柿基地、咸丰曲江高山羊村金丝楠苗木基地等处建立参与产业扶持联系点。在恩施市屯堡乡花枝山扶持生态茶叶产业，销售收入超过4000万元，全村人均纯收入13000元，花枝山生态茶合作社先后被授予“国家级示范社”“全国妇联巾帼科技示范基地”，中国老促会授予花枝山生态茶领头人刘小英“扶贫巾帼英雄”称号。杭州市向恩施州拨付财政援助资金1000万元，杭州市下属8个结对区向恩施州结对县（市）拨付援助资金共1600万元，正在实施项目35个，总投资超30亿元。两地合力传承弘扬红色文化，编制完成《红色旅游纪念性公园规划》，支持长征国家文化公园（恩施段）以及红二、六军团忠堡战斗展示园建设，助力恩施申报创建国家文化产业和旅游产业融合发展示范区；参加中国老促会和省老促会对恩施州乡村振兴第三方调查评估，抽查咸丰县乡村振兴情况。中国老促会副会长、调查评估组组长姜平对咸丰县及恩施州基础设施建设、巩固拓展脱贫攻坚成果同乡村振兴有效衔接、红色资源保护利用等方面工作给予充分肯定。

（吴建辉）

# 工　业
## Industries

## 综　述

【概况】　2023 年，全州工业经济克服下行压力，全年走势呈“V”形反转，主要指标完成工作目标。全州全年规模以上工业企业累计实现产值 260.6 亿元，同比增长 5.7%，实现规模以上工业增加值 76.7 亿元，同比增长 10.1%，排名全省第 4 位；全州累计开票销售收入 247.15 亿元，同比增长 15.34%；实现工业增值税 18.45 亿元，同比增长 21.81%；全州累计实现工业用电量 19.1 亿千瓦时，同比增长 6.4%；制造业贷款余额 57.47 亿元，较年初增幅 11.42%。

【企业培育】　全年州新增规模以上工业企业 115 家，规模以上工业企业总数 550 家。全州 13 家企业产值首次突破亿元，产值过亿企业共有 56 家；全州 162 家规模以上工业企业税收超 100 万元，其中税收千万元以上 27 家。42 家企业成功申报省级专精特新中小企业，总数达 78 家；湖北博今电气有限公司成长为国家专精特新“小巨人”企业，全州国家专精特新“小巨人”企业总数达 7 家；新增湖北省创新型中小企业 183 家，总数达到 308 家。9 月，恩施州被省人民政府表彰为实施中小企业成长工程稳规进规成效显著地方。

【企业服务】　全州新增省级公共服务平台 2 家、省级小型微型创业创新示范基地 1 家，全州省级公共服务平台总数达到 4 家、省级小型微型创业创新示范基地总数达到 4 家、国家级小型微型创业创新示范基地 1 家。举办全州工业产品推介会，专精特新企业投融资恩施州专场对接活动。举办专精特新企业负责人培训班，推荐和诺生物贺择、德源硒材料张斌彬入围“楚天英才计划 · 创新型企业家项目”民营企业首批培养人选。

【技术改造】　全州新开工建设工业技改项目 145 个，续建复工工业技改项目 58 个，新投产工业技改项目 120 个。其中，累计开工亿元工业技改项目 41 个，新开工建设亿元以上工业技改项目 15 个，续建复工亿元以上工业技改项目 26 个，新投产亿元以上工业技改项目 20 个。

【生态环保节能工作】　按照《湖北省绿色制造体系建设实施方案（2022—2025 年）》要求，组织工业企业开展绿色工厂、绿色设计产品、绿色供应链管理企业创建达标工作，建立培育库实行梯级重点培育。立讯精密、兴龙工具 2 家企业，均被认定为省级绿色工厂，立讯精密通过工业和信息化部评审，被认定为国家绿色工厂。配合州水利和湖泊局开展工业企业节水示范企业创建达标活动，推动全州工业企业节约用水工作，提升水资源利用效率。加强高耗能、高排放项目生态环境源头防控，建立“两高”项目准入部门联席会商机制，配合州发改委开展工业“两高”项目会审工作，对“两高”项目实行清单化管理，加强排污督查。加强一般工业固体废物处置利用，印发《关于进一步做好工业固体废物综合利用的通知》，摸清全州工业固体废弃物综合利用企业的基本情况、综合利用情况，引导支持工业固体废弃物综合利用企业推动技术进步，建立一般工业固体废弃物管理台账，引导工业企业采用先进工艺和设备组织生产，减少工业固体废物量的产生和降低工业固体废物危害性。全州工业固体废物综合利用处置率达到96.47%，超过90%的目标任务。开展工业节能诊断工作，对拟申报绿色工厂、绿色产品、绿色供应链企业，已获得省级专精特新企业授牌，以及拟申报国家级专精特新企业，全州重点工业企业开展公益性节能诊断服务，提升全州工业企业节能降耗水平。

（赵晓辉）

## 支柱产业

【能源行业】 2023年，全州规模以上能源企业41家，占规模以上工业企业总数的7.5%。其中水电20家、风电4家、光伏发电1家、生物质发电1家、天然气15家。1—12月，能源行业累计完成产值44.4亿元，占全州规模以上工业总产值的17.1%，同比增长17.3%，直接拉动全州规模以上工业增加值增速约4.9个百分点，20家水电企业1—12月累计发电量86.2亿千瓦时（2022年同期67.4亿千瓦时），同比增长27.8%，完成产值28.1亿元，同比增长26%。4家风电企业1—12月累计发电量10.7亿千瓦时，同比增长0.5%，完成产值5.4亿元，同比增长4.8%。15家天然气企业1—12月累计完成产值10.3亿元，同比增长4.8%。

【食品行业】 全州规模以上食品企业达238家，占规模以上工业企业总数的43.3%。其中，农副食品加工业88家，食品制造业19家，酒、饮料和精制茶制造业131家。1—12月，食品行业累计完成产值76.2亿元，占全州规模以上工业总产值的29.3%，同比增长5.1%，直接拉动全州规模以上工业增加值增速约1.2个百分点。农副食品加工业1—12月累计完成产值31.9亿元，同比增长0.2%。食品制造业1—12月累计完成产值5.8亿元，同比增长7.8%。酒、饮料和精制茶业1—12月累计完成产值38.5亿元，同比增长9.1%。其中，123家茶叶企业1—12月累计完成产值37.3亿元，同比增长9.6%。

【建材行业】 全州规模以上建材企业共74家，占规模以上工业企业总数的13.5%。1—12月，建材行业累计完成产值35.6亿元，占全州规模以上工业总产值的13.7%，同比增长-9.1%，直接拉动全州规模以上工业增加值增速约0.3个百分点。5家水泥企业1—12月累计完成产值10.4亿元，同比增长-12.9%。

【医药行业】 全州规模以上医药企业共有18家，占规模以上工业企业总数的3.3%。1—12月，医药行业累计完成产值13.5亿元，占全州规模以上工业总产值的5.2%，同比增长-2.7%，直接拉低全州规模以上工业增加值增速约0.3个百分点。13家中药饮片加工企业1—12月累计完成产值7.7亿元，同比增长4.6%。

【电子行业】 全州规模以上电子企业31家，占规模以上工业企业总数的5.6%。1—12月累计完成产值29.3亿元，占全州规模以上工业总产值的11.3%，同比增长2%，直接拉动全州规模以上工业增加值增速约0.2个百分点。

【其他行业】 全州规模以上其他行业企业148家，占规模以上工业企业总数的23.5%。1—12月累计完成产值61.2亿元，占全州规模以上工业总产值的12.6%，同比增长12.6%，直接拉动全州规模以上工业增加值增速约4.4个百分点。其中，纺织服装行业企业19家，累计实现产值8.2亿元，同比下降7.6%；烟草行业企业4家（不含恩施卷烟厂），累计实现产值6.6亿元，同比增长19.2%。煤炭开采和洗选业企业11家（其中10家位于建始县），累计实现产值5.2亿元，同比增长13.2%。

（赵晓辉）

## 行业管理

【工业行业管理】 2023年，开展全州工业、民爆行业管理和安全监管工作，实现工业、民爆行业“零事故”目标。召开全州工业、民爆安全生产工作会议，布置2023年全州工业、民爆行业安全监管工作。聚焦安全生产风险高的行业，保持“打非治违”高压态势，排查整治行业领域安全生产突出、共性、深层次风险隐患问题，重点关注安全生产现场死角，将风险隐患消除在萌芽状态。对民爆企业开展“三违”（违章指挥、违章作业、违反劳动纪律）“四超”（超员、超量、超时、超生产能力）行为现场管理；对粉尘涉爆、涉氨制冷、有限空间作业企业以抽查检查和专项整治相结合的方式，排查治理问题隐患。开展民爆销售企业销售许可证年检，严格企业安全生产条件初审上报质量，促进民爆销售企业加强安全基础工作。加强对工业、民爆企业安全监管。检查工业企业280家（次），发现一般问题隐患380条，整改合格率100%。开展全州工业行业冬季火灾集中治理“百日会战”行动。打好“多元共治整体战、风险隐患歼灭战、消防宣传攻势战、督导问效主动战”四大战役。推进安全生产标准化建设，提升企业标准化生产建设和管理水平。加强安全生产宣传教育，开展“安全生产月”“防灾减灾知识问答”“安全宣教培训”等活动。加强应急救援建设，全州民爆企业均开展 2 次安全救援应急演练，提高民爆企业应急管理水平。

【煤炭行业管理】　推动落实企业主体责任，持续督煤矿队伍建设、督安全投入、督岗位责任制落实、督现场管理。组织专班到贵州省毕节市考察，形成《恩施州煤炭产业发展情况调查报告》。开展煤矿打非治违、隐患排查、顶板管理、“一通三防”等专项行动，全年共检查、巡查煤矿 28 矿次，指出问题隐患 92 条，均整改闭环销号，全州煤矿安全生产持续保持“零事故、零死亡”态势。

【电力行业管理】　制定印发《关于持续开展“打外破、防外损、清障碍”专项行动的通知》《关于认真落实 2023 年度分级挂牌督办电力行业重大隐患的通知》《关于开展全州电力行业重大事故隐患专项排查整治工作的通知》。检查电力企业 27 家，累计发现并完成整改隐患 55 处。会同州公安局、州自规局、州林业局、州交通运输局、州应急局、国网恩施供电公司召开密集输电通道安全管理工作会商会，州政府办公室印发《关于加强密集输电通道安全管理工作的通知》，建立联合防控工作机制，对恩施境内 ± 800 千伏“复奉”“锦苏”特高压线路涉及咸丰县、来凤县进行梳理，做好常态化风险防控。联合国网、各县（市）做好抗冰防汛等恶劣天气、电网安全风险预警、迎峰度夏、重大活动期间电力安全工作，未发生拉闸限电事件。落实 160 千瓦及以下的中小微企业用电报装“零投资”，实施“零费用”电网配套项目 2203 个，完成“零费用”接入用户 2.7 万户，为客户节约办电成本 1.7 亿元。推进工商业用户电力市场化交易，代理购电 20.47 万户次，代购电量 21.91 亿千瓦时。

（赵晓辉）

## 州企业联合会（企业家协会）

【概况】　2023 年，恩施州企业联合会（企业家协会）（简称“州企联”）发挥桥梁纽带作用，参与劳动关系“三方协商”（政府、职工、企业和企业家），落实雇主组织职责。推动对口帮扶，服务会员企业。听取会员单位意见建议，拓宽企联工作思路。参加 2023 年全州社会组织党组织书记暨党建指导员培训班。

【宣传工作】　州企联通过官网、微信公众号、期刊对重大活动、重点工作、重要会议和政策宣传报道。《恩施企业与企业家》编印 4 期；微信公众号发布信息 56 条，总浏览 28370 次；官网发布各类信息 535 条，总浏览 48615 次。

【劳动关系“三方协商”】　州企联落实雇主组织职责，参与州级劳动关系“三方协商”工作。8 月 24 日，州协调劳动关系三方委员会办公室发布《关于认定 2023 年度恩施州劳动关系和谐企业和恩施州金牌劳动关系协调员等组织和个人的通知》，144 家单位和个人被认定为先进组织和个人。11 月 6 日，湖北省协调劳动关系三方委员会办公室发布《关于认定 2023 年度“湖北省金牌劳动关系协调员”“湖北省金牌协调劳动关系社会组织”的通知》，州企联被认定为“湖北省金牌协调劳动关系社会组织”。州劳动关系“三方四家”（三方：政府、职工、企业和企业家；四家：人社局、总工会、工商联、企业联合会/企业家协会）共同印发《推进基层劳动人事争议调解组织建设方案》。

【对口帮扶】　全州 8 位企业家参加武汉企业家浙江大学第 26 期和第 27 期培训班。5 月上旬、7 月下旬，武企联（武企协）先后两次组织 50 余位企业家，到恩施州咸丰县、来凤县、利川市开展乡村振兴活动，捐资百万元对口帮扶乡村建设，认养黑猪 20 头，集中采购价值约 15 万元的农特产品。12 月 18—20 日，2023 年武企联浙大班恩施学员（25、26、27 期）到武汉学习考察，恩施、武汉两地近 30 位企业家参与活动。

【重要会议】　2 月 22 日，州企联三届一次理事会议召开，会议宣讲党的二十大精神，回顾总结州企联

2023 年 5 月 10 日，武汉企业联合会、武汉企业家浙江大学第 25、26 期培训班部分学员参观考察宣恩县伍家台昌臣茶叶有限公司　　（周妮娜　摄）

2022年度工作，安排部署2023年度工作，州企联副会长单位、常务理事单位、理事单位负责人参会。5月16—17日，第十七次湖北省市州企联会长会议在鄂州市召开，15个地市州企联、企协负责人参会。12月27—28日，第十八次全省市州企联会长会议在黄石市召开，各市州企联、企协负责人40余人参会。

（周妮娜）

## 信息化工作

【信息基础设施建设】 2023年，持续统筹各通信公司推进5G等新型基础设施建设，全年新建5G基站2591个，累计建成5G基站7467个，实现州、县（市）城区、重点乡镇5G网络全覆盖，并逐步向行政村覆盖延伸，5G行政村通达率达到77.0%，5G用户达到167.2万户，5G用户普及率达到49.1%。加强高速光纤宽带网络建设，全年新建光缆长度1.1万千米，光纤端口30.0万个，光缆总长达到23.9万千米，光纤宽口总数达到400.8万个，千兆宽带用户数达到41.1万户，千兆宽带用户普及率达到32.8%。

【两化融合】 5月16日，印发《恩施州数字经济发展三年行动计划(2023—2025年)》。全年新增19家省级两化融合示范企业，总数达到99家，新增2家省级5G全连接工厂、1家省级工业互联网平台，均实现零的突破。恩施城市智慧停车项目、宣恩县数字乡村项目等7个案例入选湖北省首批数字经济典型应用场景。

（赵晓辉）

## 工业园区建设

【概况】 2023年，全州拥有省级开发区8家，分别是恩施高新技术产业园区（简称“恩施高新区”）、利川经济开发区、建始工业园区、巴东经济开发区、宣恩工业园区、咸丰工业园区、来凤经济开发区、鹤峰经济开发区。开发区核准批复面积1886.45公顷，实现年度规模以上工业总产值181.66亿元。“硒产业·恩施高新技术产业园区”入选2023年度省级新型工业化产业示范基地，利川经济开发区获湖北省第一批数字经济标杆园区，恩施白杨坪产业园成为全省第一批新标准认定合格的化工园区。湖北来凤腾升香料化工有限公司、立讯精密工业（恩施）有限公司、湖北博今电气有限公司3家企业的工业设计中心被认定为2023年度省级企业工业设计中心。

（唐 义）

【“1+8”园区建设】 推进“1+8”园区建设（恩施高新区以核心区为龙头、8个县市园区联动发展）。恩施高新技术产业园区（含恩施市硒都产业园区），成立于1992年10月，获批核准面积344.5公顷，（扩区后总面积577.49公顷），产业主要分布在恩施高新技术产业园区、七里坪产业园、白杨坪产业园、城区产业转移园。由恩施高新区管委会管理的恩施高新技术产业园区2023年实现规模以上工业产值约41.9亿元，规模以上工业总产值增幅约0.92%，主导产业占园区规模以上工业总产值比重约73.35%，新增规模以上工业企业5家。由恩施市人民政府管理的硒都产业园区2023年实现规模以上工业产值约24.9亿元，规模以上工业总产值增幅约30.22%，主导产业占园区规模以上工业总产值比重约72.88%，新增规模以上工业企业10家。湖北利川经济开发区，成立于2006年8月，获批核准面积306.82公顷，产业主要分布在城东新区、汪营农业科技园。2023年实现规模以上工业产值约27.8亿元，规模以上工业总产值增幅约11.13%，主导产业占园区规模以上工业总产值比重约76.28%，新增规模以上工业企业7家。湖北建始工业园区，成立于2008年8月，获批核准面积289.62公顷，产业主要分布在广润、黄土坎、陇里3个片区。2023年实现规模以上工业产值约17.3亿元，规模以上工业总产值增幅约7.47%，主导产业占园区规模以上工业总产值比重约53.28%，新增规模以上工业企业7家。湖北巴东经济开发区，成立于2008年6月，获批核准面积148.23公顷，产业主要分布在野三关工业园区、高铁新区、沿江建材工业园区。2023年实现规模以上工业产值约11.3亿元，规模以上工业总产值增幅约11.79%，主导产业占园区规模以上工业总产值比重约85.52%，新增规模以上工业企业4家。湖北宣恩工业园区，成立于2006年8月，获批核准面积40公顷，产业主要分布在椒园生态工业园、城郊工业园、宣南创业园。2023年实现规模以上工业产值约18.6亿元，规模以上工业总产值增幅约3.1%，主导产业占园区规模以上工业总产值比重约76.37%，新增规模以上工业企业5家。湖北咸丰工业园区，成立于2008年8月，获批核准面积188.06公顷，产业主要分布在忠堡工业园、白水坝工业园。2023年实现规模以上工业产值约10.9亿元，规模以上工业总产值增幅约11.13%，主导产业占园区规模以上工业总产值比重约79.41%，新增规模以上工业企业7家。湖北来凤经济开发区，成立于2001年12月，获批核准面积211.54公顷，产业主要分布在桂花树工业园、四合工业园。2023年实现规模以上工业产值约13.6亿元，规模以上工业总产值增幅约7.72%，主导产业占园区规模以上工业总产值比重约51.73%，新增规模以上工业企业10家。湖北鹤峰开发区，成立于2006年8月，获批核准面积12.17公顷

（扩区后总面积124.66公顷），产业主要分布在太平工业园、八峰工业区。2023年实现规模以上工业产值约18.97亿元，规模以上工业总产值增幅14.22%，主导产业占园区规模以上工业总产值比重约76.66%，新增规模以上工业企业7家。

（赵晓辉）

## 恩施高新技术产业园区

【概况】 2023年，恩施高新区新增涉税市场主体1519户，总数达7206户。完成固定资产投资29.3亿元，其中工业技改投资同比增长12.4%。实现规模以上工业总产值41.9亿元，规模以上工业增加值10.14亿元，同比增长6.2%。实现财政总收入4.05亿元。完成地方一般公共预算收入2.68亿元、同比增长9.9%，其中完成税收收入2.32亿元、同比增长25.8%。

【发展规划】 恩施高新区编制完成恩施市国土空间总体规划高新区片区路网及用地布局，完成头道水片区和松树坪片区控制性详细规划初稿，开展沿江高铁恩施南站站区修建性详细规划、电力专项规划等规划编制工作。编制完成《恩施高新技术产业园区扩区调区总体规划（2021—2035年）环境影响报告书》《恩施高新技术产业园区拓展区（头道水园区）控制性详细规划环境影响报告书》《恩施高新技术产业园区松树坪片区控制性详细规划环境影响报告书》，取得省、州生态环境部门审查意见。

【项目建设】 恩施高新区推进重点项目89个，总投资415亿元，完成年度投资29.2亿元。生物医药产业园、现代烟草基地、民族体育运动中心等23个项目开工建设；电子信息产业园四期25万平方米标准厂房等10个项目基本建成；传化公路港一期、响水坝工业污水处理厂等14个项目建成投运。谋划申报特别国债项目3个、专项债项目8个、中省预算内项目（中央预算内投资计划项目、省预算内投资计划项目）25个，资金需求46.8亿元。谋划2024年建设项目71个，总投资358.5亿元，年度计划投资50亿元。

【工业经济】 纳入重点进规培育企业25家，新增规模以上工业企业7家，总数达38家；省级创新型中小企业17家，新增省级两化融合（信息化和工业化融合）试点示范企业1家、总数达5家，国家两化融合贯标企业6家；产值过亿元企业8家，分别是立讯精密工业（恩施）有限公司、达翔技术（恩施）有限公司、湖北省思乐牧业集团有限公司、湖北省思乐牧业集团恩施市法希饲料有限公司、华新水泥（恩施）有限公司、恩施州民生天然气（集团）有限公司、国能长源恩施水电开发有限公司、恩施中石油昆仑燃气有限公司。

【招商引资】 完善《恩施高新技术产业园区工业项目招商引资优惠政策》《恩施高新区招商引资优惠政策兑现工作管理办法》。全年新签约亿元以上项目30个，引进上市公司深圳市信濠光电科技股份有限公司入园投资，项目总投资10亿元。引进祥盈盛再生铜杆以及再生铝棒项目、恩施富硒黑猪肉预制食品产业项目、信濠光电玻璃防护屏恩施生产基地项目、泰瑞医疗制氧设备生产项目、恩施传化中药材集散中心及智慧物流装备交易市场项目总投资5亿~10亿元项目5个，占比16.6%；引进恩施万达嘉华五星级酒店等项目总投资超过10亿元项目3个，占比10%。新开工亿元以上项目13个，投产亿元以上项目7个，新入统亿元以上项目5个。

【优化营商环境】 出台《高新区重点招商引资项目"三个首席"服务制度方案》《恩施高新区支持工业经济发展的实施办法》《以控制成本为核心持续建设一流营商环境实施方案》，推进企业"首席服务员"制度，为企业提供全流程帮代办政务服务。健全惠企政策"免申即享"制度，出台《恩施高新区关于激发市场主体活力推动经济稳健发展的若干政策措施》，兑现企业各类奖补资金1.14亿元。争取特别国债、一般债券、专项债、中省预算资金4.1亿元。完善入园项目无绩效退出机制，清退4家企业出园、腾退厂房6万平方米。推进投融资平台建设，恩施高新政信融资担保有限责任公司升级为州级融资担保平台，新增担保1.8亿元、在保余额2.3亿元。报批土地76.4公顷、征收土地66.67公顷、供应土地67公顷、储备"标准地"70.6公顷。2023年度湖北省省级产城融合型开发区土地集约利用监测统计结果在全省省级产城融合型开发区中排名第2，高新区电子信息产业园四期（高新投融智产业园）项目列为全省节约集约用地十大经典案例。

【双创平台建设】 恩施高新区持续推进双创平台（创新、创业服务平台）建设，硒产业·恩施高新技术产业园区获批湖北省新型工业化产业示范基地。恩施高新技术产业园区被授予省级人才创新服务中心，立讯精密入选国家级绿色工厂，华新水泥被认定为湖北省智能制造试点示范企业，达翔技术（恩施）有限公司被授予省级人才驿站，恩施德源硒材料工程科技有限公司、达翔技术（恩施）有限公司被授予省级卓越工程师实践基地。恩施高新区电子信息产业集群确定为2022年度湖北省重点成长型产业集群。恩施州科技孵化器考评连续两年获优秀等次，新增省级企校联合创新中心1家、省级工业设计中心1家、专家工作站3家。2022年度创新驱动评价在全省省级高新区中排名第4，2021—2022年全省开发区综合评价考核在全省第三类31家开发区中排名第2位。

【科技创新】 新认定高新技术企业18家、总数达56家，新增省级专精特新中小企业5家、总数达10家，入库科技型中小企业73家，完成技术合同登记7亿元、同比增长40%。恩施硒圣植物科技有限公司申报的“硒蛋白肽关键技术研究”项目获2023年湖北省“楚天英才计划”科技创新团队立项，为全州首个。恩施州科技孵化器考评连续两年获优秀等次。新增省级企校联合创新中心1家、省级工业设计中心1家、专家工作站3家，现有国家级科创平台5个、国家级孵化器2家、国家级众创空间3家、国家级星创天地6家；省级研发机构20家、省级孵化器3家、省级众创空间5家，省级大学科技园1家、省级青创园1家，专家工作站5家，省级工业设计中心1家。

（高　航）

## 恩施州高新投资开发有限责任公司

【概况】 恩施州高新投资开发有限责任公司（简称“州高新投资公司”）是经恩施州人民政府批准组建的州级国有独资公司，注册资本金10亿元，主要服务全州重点项目建设、重大产业投资、州高新区创建国家级高新区建设。2023年，公司资产总额16亿元，较2022年增加1.01亿元，增长6.74%；净资产总额9.06亿元，较2022年增加0.16亿元，增长1.8%；全年实现营业收入总额2679.16万元，利润总额1481.05万元，较2022年增加70.56万元，增长5%。

【企业党建文化】 州高新投资公司设计并启用新的公司logo。在25万平方米标准厂房项目创立“硒望N次方”党建品牌和188项目党建工作法，188项目党建示范点成为全州国有企业党建工作调研现场、州直机关第一片区基层党建“大比武”暨清廉机关党建拉练现场。州高新投资公司被评为全州基层思想政治工作示范点。

【投融资工作】 推进“退城进园”各项工作，月亮湾现代农业高科技产业园项目获批汉口银行1亿元银行授信。恩施州城松树坪片区排水防涝补短板工程获得特别国债0.69亿元。谋划申报总投资47.01亿元的恩施州清江流域重点段生态环境综合整治与产业开发EOD项目，项目实施方案通过生态环境部初评。

【项目建设】 启动“双百亿”（100亿元项目实施库，100亿元项目储备库）投资强区行动，开工建设以25万平方米标准厂房、恩施州财源科技孵化园、州烟草产业基地等为主的100亿元重大项目，初步形成以恩施南站配套道路、恩施中药材集散中心项目、双耳洞智慧冷链物流中心项目等投资项目为主的100亿元项目储备库。截至12月底，25万平方米标准厂房项目完成主体结构工程，比原计划提前1年。恩施州财源科技孵化园项目1号、2号、3号楼装修完成。州烟草产业基地项目完成桩基施工。恩施高新区产业园建设项目工程总承包（EPC）项目规划9号路、15号路建成通车。

【资产管理】 州高新投资公司实现国有资产保值增值，资产总额达到16亿元，同比增长6.74%。新增原中波台、州食品公司、月亮湾和高桥河水库等资产，资产估值约1.2亿元。

【社会责任】 州高新投资公司分别为恩施高新区六角亭街道西湖社区、恩施市金子坝街道金龙社区捐赠基层治理经费2.6万元、2万元。组建40人志愿服务队，参与恩施高新区六角亭街道谭家坝村、西湖社区结对帮扶、卫生清扫、交通文明劝导等志愿服务活动，全年累计开展志愿服务300余人次。对承租州高新投资公司房屋的小微企业和个体工商户实行租金减免和缓缴政策，缓缴和减免租金共计142万元。

（陈　勇）

# 清洁能源工业

【概况】 2023年，恩施州新增发电装机10.74万千瓦，清洁能源总装机达482.48万千瓦。页岩气工业化勘探开发取得突破，累计产气量突破1.6亿立方米。

【产业建设】 利川区块2023年新增投产页岩气井7口，全州累计投产页岩气井14口，其中利川13口、咸丰1口。提交申报探明地质储量598亿立方米，并已通过审查。鄂西—渝东红星地区二叠系页岩气勘探取得重大突破，入选中国石化2023年十大油气勘探成果。咸丰区块探矿权成功出让，恩施市“鄂恩页2井”取得较好气显调查成果。国能长源巴东县沿渡河镇100兆瓦农光互补光伏发电项目等重点项目开工建设，光伏项目等级迈入10万千瓦级；建始县高坪镇（一期）农光互补光伏发电项目（5万千瓦）、宣恩县整县屋顶分布式光伏开发试点项目（5万千瓦）等续建项目建设加快；华润建始100兆瓦风电场项目及其配套的华润建始76兆瓦/152兆瓦时储能电站项目推进前期工作。

【能源生产】 全州发电装机总规模达482.48万千瓦，其中水电398万千瓦，风电59.71万千瓦，光伏17.31万千瓦，余热余压电站及其他

7.46 万千瓦。全州地区发电量（含水布垭）109.57 亿千瓦时。其中，水电 96.17 亿千瓦时、风电 10.37 亿千瓦时、自备电厂发电 1.18 亿千瓦时、垃圾发电 1.07 亿千瓦时、光伏发电 7770 万千瓦时。全州清洁能源产业实现综合产值 90.28 亿元。

【能源通道】　500 千伏恩朝线投运，恩施电力外送限额提升至 130 万千瓦。220 千伏鹤峰变开工和第二通道前期工作加快推进，110 千伏旗杆桥、黄土坡等重点项目建成投运。川气东送二线及巴东支线前期工作有序推进。恩施电网已形成以 500 千伏恩施站、建始站“双点支撑、南北互供”为支撑的主干骨架，县域电网基本实现 220 千伏全覆盖、至少有 2 回 110 千伏通道与主网相连，乡镇电网实现 35 千伏全布局。天然气覆盖 8 个县（市）53 个乡镇，55 万用户，通气乡镇比例达 58.7%。累计建成长输天然气管道 471 千米，各类城镇燃气管道超 8050 千米。

（唐　义）

## 国网湖北省电力有限公司恩施供电公司

【概况】　国网湖北省电力有限公司恩施供电公司（简称“国网恩施供电公司”）供电区域覆盖恩施全州，供电区域面积 2.41 万平方千米。2023 年末，供电服务人口（常住人口）339.04 万人，供电营业厅 90 个、供电所 82 个、供电服务站 12 个。用电客户 177.71 万户，其中低压客户 176.70 户（居民客户 153.31 万户）。全年国网恩施供电公司售电量 64.47 亿千瓦时。国网恩施供电公司用工总量 4330 人。

【电源】　截至 2023 年底，恩施州发电装机容量 482.64 万千瓦（水布垭 184 万千瓦、江坪河 45 万千瓦），较 2022 年增加 9.34 万千瓦。其中，水电占比 82.50%，风电占比 12.37%，光伏发电占比 3.59%，生物质 1.16%，余热余压 0.39%。全年，电厂发电量 109.57 亿千瓦时（含水布垭 36.50 亿千瓦时、江坪河 8.23 亿千瓦时），同比增加 28.91%。其中，水电占比 87.77%，风电占比 9.46%，光伏发电占比 0.71，生物质 0.98%，余热余压（含电铁反送电）1.08%（自 2023 年起，统调电站水布垭、江坪河计入电源总装机容量，水布垭电站发电量计入总发电量）。

2023 年 3 月 27 日，位于利川市建南镇建新村的页岩气红页 1-4、1-5 压裂现场　（州发改委　供稿）

【电网结构及负荷特点】　恩施电网西联重庆、东接宜昌，担负恩施州电力供应和清洁能源消纳重任。恩施电网已形成 500 千伏“双点支撑、南北互供”、220 千伏县域全覆盖、35 千伏乡镇全布设、10 千伏连万家的现代化大电网。2023 年，恩施电网用电负荷呈现夏季、冬季两个高峰，夏季负荷受高温天气影响略高于冬季负荷。2023 年高温天气主要集中在 8 月上中旬，最高气温达 40℃，年最大用电负荷 130.9 万千瓦，日最大用电量 2454 万千瓦时。

【供电能力】　恩施电网有 500 千伏变电站 2 座、变电容量 225 万千伏安；35～220 千伏变电站（开关站）210 座，较 2022 年减少 2 座（2023 年新投运利川陈家湾和小柏杨、巴东黄土坡变电站、建始黄鹤桥配电站，退役 4 座，统计口径调整 2 座）；变电容量 659.16 万千伏安，同比减少 5.18 万千伏安（因设备状态调整，减少容量 23.43 万千伏安，2023 年新投运主变 7 台，容量 18.25 万千伏安）。恩施城乡配电网络不断完善，网架结构及转供能力得到加强，基本消除存量低电压，10 千伏配网中，架空线路达 2.29 万千米，电缆线路达 6.17 千米，电缆化率 2.64%。10 千伏配变单体容量 147.9 千伏安/台，开闭所 89 座，环网柜 336 座，柱上开关 3371 台。其中，10 千伏城市配电线路配变单体容量 340 千伏安/台，开闭所 46 座，环网柜 237 座，柱上开关 559 台。10 千伏县域配电线路配变单体容量 139.8 千伏安/台，开闭所 43 座，环网柜 99 座，柱上开关 2812 台。

【用电结构及用电水平】　全州全社会用电量 71.38 亿千瓦时，同比增长 4.79%，居全省第 5 位。全州第一、第二、第三产业及城乡居民生活用电占全社会用电比重分别为 1.80%、30.40%、30.29%、37.51%。与 2022 年同期相比，第一产业用电比重提升 0.18 个百分点，第二产业用电比重上升 1.46 个百分点，第三产业用电比重上升 0.34 个百分点，城乡居民生活用电比重上升 0.32 个百分点。

**【电网建设】** 完成电网规划滚动修编，2 项 220 千伏、1 项 110 千伏项目纳入电网规划中期调整。协助州发展改革委完成 2023—2030 年全州清洁能源产业规划。金上—湖北、宁夏—湖南±800 千伏特高压工程恩施段全面开工建设。恩施东—朝阳 500 千伏输电线路建成投运。鹤峰 220 千伏变电站建设顺利推进。全年投产 110 千伏及以上输变电工程项目 8 个，新建及改造配网线路 1054.86 千米、配电台区 416 个、容量 9.82 万千伏安。获评国网公司优质工程银奖、省公司现代智慧标杆工地、省公司输变电达标投产工程各 1 个。助力绿色低碳转型，新能源接入 10.74 万千瓦，其中分布式光伏 5.47 万千瓦。建设改造铁塔基站电源 2000 个，开展小水电调峰辅助服务测试，聚合各类可调负荷资源达 8300 千瓦。完成湖北民族大学“双碳校园”、利川市人民医院能源托管项目建设。以巴东土店子、恩施前山村能源革命示范项目为依托，推进村级源网荷储微电网建设。恩施首个万千瓦级集中式光伏电站并网投运、首个“净零”排放示范村基本建成。

2019—2023 年恩施州电网 35～220 千伏公用变电站规模一览表

表 9

| 年份 | 220 千伏 | | | 110 千伏 | | | 35 千伏 | | |
|---|---|---|---|---|---|---|---|---|---|
| | 变电站（座） | 变压器（台） | 容量（万千伏安） | 变电站（座） | 变压器（台） | 容量（万千伏安） | 变电站（座） | 变压器（台） | 容量（万千伏安） |
| 2019 | 12 | 20 | 285.6 | 41 | 58 | 189.6 | 134 | 171 | 98 |
| 2020 | 12 | 20 | 285.6 | 42 | 60 | 196.6 | 152 | 191 | 115.77 |
| 2021 | 13 | 21 | 306.6 | 44 | 63 | 213.75 | 154 | 203 | 125.61 |
| 2022 | 13 | 21 | 306.6 | 46 | 66 | 226.9 | 153 | 215 | 130.84 |
| 2023 | 13 | 21 | 306.6 | 47 | 68 | 239.75 | 150 | 172 | 112.81 |

2019—2023 年恩施州电网 35～220 千伏公用输电线路规模一览表

表 10

| 年份 | 220 千伏 | | 110 千伏 | | 35 千伏 | |
|---|---|---|---|---|---|---|
| | 条数（条） | 长度（千米） | 条数（条） | 长度（千米） | 条数（条） | 长度（千米） |
| 2019 | 36 | 1079 | 101 | 1792 | 203 | 2201 |
| 2020 | 40 | 1247 | 106 | 1871 | 221 | 2385 |
| 2021 | 43 | 1279 | 107 | 1780 | 223 | 2440 |
| 2022 | 44 | 1295 | 111 | 1837 | 208 | 2389 |
| 2023 | 43 | 1327 | 100 | 1874 | 182 | 2394 |

2019—2023 年恩施州配网配电设备规模一览表

表 11

| 年份 | 配电变压器 | | 配电开关 | | 开关站（座） | 环网箱（座） | 配电室（座） | 箱式变电站（座） |
|---|---|---|---|---|---|---|---|---|
| | 台数（台） | 容量（万千伏安） | 台数（台） | 其中柱上开关（台） | | | | |
| 2019 | 22632 | 302.9 | 1946 | 1449 | 50 | 233 | 306 | 733 |
| 2020 | 24707 | 343.3 | 2308 | 1605 | 55 | 256 | 329 | 800 |
| 2021 | 27185 | 358.1 | 2710 | 1902 | 61 | 354 | 354 | 1032 |
| 2022 | 27854 | 372.2 | 2951 | 2102 | 68 | 398 | 375 | 1108 |
| 2023 | 27601 | 408.2 | 4599 | 3371 | 90 | 336 | 686 | 850 |

【安全生产】　恩施电网安全稳定运行27周年，国网恩施供电公司获评省公司安全生产红旗单位。完成成都大运会、杭州亚运会、建州40周年等143次重大保电任务，获评“国网公司大运会保电先进集体”。开展电网数智保供行动，超特高压线路实现全线可视，建成新一代集控系统主站，在全省率先开展主站一键顺控试点建设。有效管控三级及以上作业风险4286项、五级电网风险35项。整体作业计划执行率提升至99.64%。认定“无违章现场”省公司级50个、地市级74个。集中开展“重大事故隐患专项排查整治2023行动”，整改各类隐患4526项。推进超特高压线路属地化运维试点，消除缺陷161项、隐患142项、树障466处，处理主网设备重大缺陷42处。建成恩施州电力负荷管理中心。规范网络端口和办公终端2.03万个，发现“零日漏洞”2项，在全省率先获得国家信息安全漏洞共享平台认证。

【经营业绩】　业绩考核位列全省第11名。在省公司对标排名中先进性第10名、成长性第6名，27项一级指标位列全省第二方阵，公司获地市公司对标“成长标杆”，2家县公司获县级供电企业对标“成长标杆”。强化全过程管理，综合计划项目总体执行率99.41%。电费回收率100%。降线损增收1400万元。业扩报装净增容量128.34万千伏安。市场化交易电量24.1亿千瓦时，增长9.69%。开展“合规管理提升年”活动，实现全年零违规。

【服务质效】　客户服务满意指数99.55%，位列全省第2。首次实现4家县级单位“零投诉”。创新开展配网“三降一升”格网行动，频繁停电、高损、负损台区同比分别下降88.89%、85.14%、73.56%，配网自动化有效覆盖率同比提升65.05%。服务州域经济发展，支持利咸高速、咸丰石墨烯等重点项目建设。做好延伸服务，完成605户高危、重要及敏感用户用电安全摸排。服务企业降成本，推动恩施州和8个县（市）政府出台红线外延伸投资政策文件。完成19个新住配项目资产接收。“零费用”接入2.5万户，为客户降本近2亿元。创建5个国网“村网共建”电力便民服务示范点，43个营业厅实现水电气联办，“刷脸办”“一证办”成常态。创建1个“国网助力乡村振兴示范村”。消费帮扶完成率居全省第1。建设充电站214座，率先在全省实现充电设施乡镇全覆盖。309座光伏扶贫电站持续释放“红利”，稳定发电2.6亿千瓦时。

【改革创新】　推进国有企业改革深化提升行动163项重点任务。推进省管产业改革改制，在全省率先完成财务“并账并表”。优化组织架构和工作体系4个，县公司配电管理体系实现独立运行。建立“一岗多级、绩效联动”宽带岗级体系。优化“1+4”业绩考核体系，发挥绩效考核“指挥棒”作用。171个基层站所实现光纤直连、双通道冗余。开展电网设备数据治理攻坚行动，完成4.04万条权威数据治理，基本建成“静态电网一张图”。建成数字化库房5个，标准型供电所覆盖率100%，1个供电所入选国网数字化实用型引领示范单位，1项课题入选省公司首届“青创梦工厂”十大重点项目。获得发明专利授权9项。1项成果首次纳入省公司应用型重点项目。4项成果分获中国科研创新项目管理中心科研成果一等奖、湖北省企业管理现代化创新成果一等奖、省公司年度优秀管理创新推广成果、省公司QC成果二等奖。

【企业党建】　推动“一所一支部”全覆盖。实施11个专业领域的“党建+”工程和44项“强作风+业务”专项行动，推进“民族团结党旗红”主题实践。完成省公司党委巡察配合任务，完成整改措施311项。盘活人力资源，建立“四个蓄水池”，州、县两级入库729人，80后四级领导人员同比增长24%。入选省公司数字化人才“王牌部队”4人，认定优秀创新人才5人。加强主题传播，中央媒体发稿总数位居全省第2。信息工作连续两年位居全省第一方阵。获省公司技能运动会进位奖，1个部门、1个班组分获“全国巾帼文明岗”“全国工人先锋号”。2人分获湖北省劳动模范、年度“十大最美鄂电人”。

（罗　萍　陈　洁）

2023年4月15日，巴东县土店子村梨园光伏长廊一角

（国网恩施供电公司　供稿）

## 国能长源恩施水电开发有限公司

【概况】 2023年，国能长源恩施水电开发有限公司（简称“国能长源公司”）管理水电站37座，分布在全州8个县（市）清江、郁江、唐崖河等8条主要流域，中大型水库电站10座。装机100台，总装机容量60.249万千瓦，多年平均发电量20.1亿千瓦时。截至年底，公司有（含代管的老渡口和小河公司，不含相对控股的朝阳寺和桃花山公司）职工981人，其中领导班子7人，中层管理人员49人。2023年公司管理口径资产总额28.95亿元，所有者权益14.34亿元，资产负债率50.48%。公司自2010年成立至2023年底，累计实现利润总额9.28亿元，累计上缴税费14.68亿元。

【经营情况】 国能长源公司累计完成发电量17.29亿千瓦时，同比增加6.30亿千瓦时，增幅57.26%，完成年度计划的108.46%；实现售电收入53179.19万元；实现利润总额8096.69万元，同比增加13909.99万元；累计发生税金及附加758.67万元，同比增加221.58万元。

【助力乡村振兴】 国能长源公司参与4个村的乡村振兴工作，投入资金近百万元，发展药材、茶叶、养殖、种植、大棚蔬菜等产业。为利川市杉木根村捐赠资金15万元。全年累计帮扶消费120余万元。

【安全环保】 国能长源公司未发生人身伤亡事件及二类障碍以上事件，未发生受地方通报的环保、职业健康和网络安全及信访保密等事件，被集团公司评为安全环保一级单位，公司职业健康工作获得省级健康企业命名和州级健康企业命名。

（董　珺）

## 湖北能源集团齐岳山风电有限公司

【概况】 湖北能源集团齐岳山风电有限公司（简称“齐岳山风电公司”）是湖北能源集团新能源发展有限公司的全资子公司，主要负责利川市区域风电资源的开发、建设、运营和管理。齐岳山风电公司自2008年4月8日成立以来，先后建成投产齐岳山风电场一期、齐岳山风电场二期、齐岳山风电场三期（双鹿）、齐岳山中槽风电场、利川汪营风电场、利川天上坪风电场、利川安家坝风电场共7个风电项目，总装机台数207台，总装机容量32.63万千瓦。齐岳山风电公司是恩施州内规模最大的风力发电企业。自2010年首批机组投产发电至2023年底，累计发电559541.34万千瓦时，实现产值341320.22万元。2023年，齐岳山风电公司在编在职员工35人，完成发电量56368.17万千瓦时，实现产值34384.58万元。

【安全生产】 截至2023年，齐岳山风电公司未发生安全一票否决事故或事件，未发生安全生产控制指标内事件，未发生职业病病例、未发生火灾事故和集体食物中毒事件，未发生政府、行业或上级单位在质量安全方面的通报批评事件。实现百日安全生产周期52个，累计实现安全生产4855天。

（何　刚）

# 烟草制造业

## 湖北中烟工业有限责任公司恩施卷烟厂

【概况】 2023年，湖北中烟工业有限责任公司恩施卷烟厂（简称“恩施卷烟厂”）共有在册员工786人，厂区占地面积18.3万平方米，建筑面积16万平方米。工厂具有4000千克/小时和2400千克/小时两条全新制丝线，15台（套）卷包中速机组，2台（套）卷包高速机组，主要生产“峡谷情”“峡谷柔情”“奇景”等黄鹤楼中高端产品。

【产品产销】 恩施卷烟厂生产卷烟33.57万箱，销售卷烟46.67万箱，单箱结构44937元、同比增长1347元；销售高价位卷烟1.66万箱，同比增长4.32%；销售纯高端卷烟4.12万箱，同比增长8.75%。

【品牌建设】 恩施卷烟厂加强品牌培育，新版“峡谷情”和新品“视界”研发上市。“峡谷柔情”生产11.07万箱、同比增长23.13%，“奇景”生产15.18万箱、同比增长17.59%，“峡谷柔情”和“奇景”形成供需互促的良性循环。实施营销数字化转型，推行“互联网+营销”品牌培育模式。结合传统营销方法与依托1916沙龙、新商盟、直播等平台，开展集盒兑奖、扫码兑奖、知识问答等线上线下活动宣传新品208场次。

【技改创新】 恩施卷烟厂完成《基于黄鹤楼“硬峡谷情”产品升级改造的全机械化包装平台研究与应用》等8项课题，降低“峡谷情”单箱成本价格，节约219.34万元。全年核心期刊收录论文共4篇，授权专利14项。引进消化吸收2台（套）ZJ119-ZB416A国产高速机组。统筹实施配电系统升级改造项目，确保设备实验工作同步进行，完成停产技改项目建设。恩施卷烟厂承接6个国家局基地单元及1个工商共建基地单元管理工作。基地单元落实“12244”中棵烟高油分定向生产技术要点，提升烟叶质量。

（谭　洵）

## 湖北烟草金叶复烤有限责任公司

【概况】　湖北烟草金叶复烤有限责任公司（简称“金叶公司”）注册资本11.74亿元，下设恩施复烤厂、襄阳复烤厂2个非独立法人单位，拥有2条打叶复烤生产线，年设计加工能力105万担。2023年，金叶公司累计加工烟叶143.54万担，产出片烟4.86万吨，实现营业收入3.47亿元，实现税利6991万元。

【技术创新】　金叶公司开展多级切断工艺、打叶复烤调控等技术研究，分析优质原料烟叶质量特征、风格特色等要素。制定配套整叶分切加工工艺，拓展优质原料体系、提升中等烟叶在配方模块中的配伍性；探明中棵烟高油分烟叶吸湿、散湿理论机制，开发“高温短时”润叶+“双直线定温”复烤的中棵烟高油分烟叶复烤工艺，形成中棵烟高油分烟打叶复烤技术标准。重大专项《“黄鹤楼”细支卷烟专属性、定制化打叶复烤关键加工技术研究与运用》获湖北省局（公司）2022年度科技进步一等奖，重大专项《基于“黄鹤楼”细支卷烟加工需求的模块配方打叶复烤技术研究》获湖北省局（公司）2022年度科技进步三等奖。2项QC优秀成果获湖北省局（公司）三等奖，2个QC小组被评为湖北省优秀质量管理实践标杆。

【区域加工中心建设】　金叶公司建设和培育重点品牌原料区域加工中心。建立全国唯一一家晾晒烟专业化加工中心。挂牌“黄鹤楼”品牌原料区域加工中心、黄鹤楼打叶复烤联合试验站（湖北站）、“利群”品牌原料区域加工中心、“好日子”品牌原料区域加工中心、“龙烟”品牌原料定制化区域加工中心、龙烟品牌原料加工技术联合研究室。

（黄　倩）

# 商　贸

# Commerce and Trade

## 商　务

【概况】　2023年，全州商务系统克服经济下行和国际环境挤压的双重压力，围绕社零消费恢复扩大、开放型经济稳健发展、商贸行业安全稳定，推进内强消费、外促开放，实现商务经济高质量发展。全州社会消费品零售总额769.28亿元，同比增长9%；进出口总额35.4亿元，同比增长78.3%；实际使用外资2491万美元，同比增长39%。

【消费促进】　建立“州、县、乡镇”纵向考核和“商务、统计、税务、市场监管和相关行业部门联合推进”横向联动机制，首次对社零消费工作调度到乡镇，制定《强化主体培育推进社零工作突破性发展十二条措施》，兑现2022年批零住餐行业限额以上企业“免审即享”奖励资金250万元，新增入库单位414家，总数突破1100家。开展“一县一特色·一月一主题”促消费260余场，围绕大宗消费举办2期“荆楚购·车行楚天”汽车消费展销活动，成交汽车485台、金额7711.42万元；投放“惠购湖北”普通消费券和家电消费券2386万元，拉动消费金额1.83亿元。25家恩施餐饮示范店、140个恩施经典土家菜品亮相武汉城区，恩施炕土豆作为湖北十大楚菜名点入驻湖北经济学院“非遗食堂”，累计培训“楚大厨”1509人。

【电商发展】　组织开展“东方甄选恩施行”“抖音‘乡村守护人’在行动”直播带货活动，线上销售州内农特产品1500余万元；首届“秀山丽水杯”2023农村直播电商案例赛事恩施州6个案例获奖，培训直播电商人才1100人，组织开展“网上年货节”“618购物节”“双11”“双12”电商促销活动，全年电商交易额超过130亿元。

【商业及供应链】　争取县域商业建设项目资金1330万元，支持奖补项目18个；升级改造鹤峰满山红农贸市场，建成恩施菜大师、利川利鲜生等农批市场；恩施市入选湖北省2023年县域商业体系建设试点县（市）。利川龙船天街、龙船调公园美食街、建始茨泉西路美食街、鹤峰民族风情街、来凤革勒车特色街、利川童话小镇“1980街区”等特色商业街区建成开业。推进“百企千品进万店/央企”“硒品入汉入杭入京”等行动，组织企业参加食博会、消博会、兰洽会、电博会、硒博会等展会，拓展恩施农特产品销售市场，恩施馆获最佳布展奖、优秀组织奖和绿色布展奖。

【外贸进出口】　建立年出口100万美元以上企业监测清单，帮助企业稳存量拓增量。新增外贸实绩企业20家。推进内外贸一体化和“线上线下”双向融合，全州出口市场超过120个国家和地区。先后组织100多家企业参加广交会、服贸会、进博会等20余个展会，签订意向订单近1亿美元。开展“外贸综合服务提升行动”，利川、来凤外贸综合服务中心得到省级认定备案，全州外贸综合服务中心达到4家，累计签约服务企业201家，协助企业办理退税约550万元；发展跨境电商新业态，建成利川跨境电商产业园，全州跨境电商交易额突破3亿元。全省首笔出口退税“即出即退”业务在宣恩县落地；“恩融通”融资平台全年授信“楚贸贷”2700万元，帮助企业解决融资难困境。

【对外及对港澳台贸易】　建立外资招商大使群，设立中国香港、台湾地区，新加坡、日本、俄罗斯等10余个国家外资招商联络处，聘请100余名外资招商大使，精准开展外资招商。组织武汉数字经济专题推介会、深圳电子信息产业招商推介等20余场专题招商推介活动，拜访商协会、外资企业或组织50余家，邀请30余个商协会、组织及外资背景企业来恩施州考察，引进法国电力、星巴克、明华永翠、阿特斯新能源等10余个外资大项目，实现利用欧资“零”的突破。

【口岸建设】　恩施航空口岸获国务院批复同意对外开放，成为湖北省内第3个拥有正式开放航空口岸的市州。恩施国际航站楼改扩建完成可研、初设、施工图、财政评审及招标等工作。恩施边检机构申报取得进展，国际航线恢复准备有序。谋划“铁海联运”发展思路及模式，与宁波市签订铁海联运合作协议，通关条件进一步便利。

【优化营商环境】　制定《恩施州外商投资指引》，建立《恩施州外商投资投诉工作联席会议制度》，定期统计并及时协调、处理外商投诉问题，为外商投资企业在恩投资提供便利。推动扩权赋能强县改革，将州商务部门10项经济社会管理权限直接下放至县（市），制定《深入推进向各县（市）下放经济社会管理权限工作指引》，对下放事项后续工作进行指导。完成省优化营商环境评价指标的部门填报、企业问卷调查。

【安全生产】　开展重大事故隐患排查整治行动、餐饮经营单位燃气安全专项整治、冬季防火“百日会战”行动，组建督导专班开展11轮安全督导，检查重点商贸企业187家次，均实现问题隐患“双交办”。商贸领域重大隐患排查整治行动共抽查检查商贸企业919家次，发现问题隐患1098处，完成整改1069处。督促指导鹤峰县政府完成州政府挂牌督办的海通大市场重大消防安全隐患整改。全州餐饮经营单位检查10501家，检查率100%；排查问题隐患1051个，整改1051个，整改率100%，按时间节点完成集中攻坚阶段目标任务，确保商贸行业安全稳定。

【行业管理】　化解77座加油站遗留问题。出动执法人员81人次开展“双随机、一公开”检查，抽查企业30家，实现“进一家门，查多项事”。州商务局“双随机、一公开”监管工作获省先进单位和州成绩突出单位。坚持“日监测、周报表”制度，实时掌握全州米、面、油、蛋、肉、奶、蔬菜、主副食品、汽柴油等产品的日销量、库存量和可供天数，并随机抽查部分产品价格，全州生活必需品价格平稳、供应充足。强化备案指导，全州二手车、报废机动车回收拆解行业发展稳定。

【驻村帮扶】　开展防致贫返贫动态监测，全年新识别监测户1户4人，特困供养2人。家庭医生签约率达100%，脱贫人口参保农村合作医疗保险参保率达100%，全村无辍学儿童，义务教育入学率达100%。联合住建部门对全村542户常住户住房进行全面排查，动态掌握脱贫户住房状况。对监测户开展差异化扶贫，为3户监测户落实帮扶资金5400元。安排村内“护林员”“保洁员”公益岗9人。协助办理脱贫人口小额贷款1人，发放贷款5万元。打造美丽院落3个。争取30万元完成简车坝村委会篮球场改造。

【贸促工作】　服务全州外贸高质量发展，配合州商务部门组织100余家企业参加广交会、杭博会、兰洽会、西博会、进博会、“荆楚云展”等系列展会，扩大国内国际市场。帮助企业解决融资需求近2000万元。组织企业参加湖北省营商环境线上调研活动。参与招商服务专班工作，服务州领导外出招商13次。

【主题教育】　完成“读书班”学习7期，150余人次参与学习。局领导班子成员调研40余次，形成调研报告5篇。办结制约商务经济高质量发展难题1个，领办5件民生实事全部办结，化解信访问题2个。解决企业和群众难题17个。参加舞阳大街社区“创文创卫”文明劝导、卫生清理等志愿服务320余人次。

（邓　军）

## 粮　食

【概况】　2023年，全州粮食行政管理部门推进粮食储备体制机制改革，从严粮食储备管理，强化粮食流通监管，落实粮食应急保供，守住粮食安全底线。

【粮食调控】　超额完成省下达的地方粮食储备规模任务，初步建立权责清晰、管理科学、运转高效、保障有力的粮食储备体系。加强政府成品粮储备动态管理。探索建立企业社会责任储备。完善应急保障体系，择优选定粮食应急保障主体204家，达到“城区每3万人或每个社区不少于1个、每个乡镇不少于1个粮食应急供应网点、每个县（市）不少于1家粮食应急加工企业和应急配送中心”要求。落实收购政策，开展粮食流通统计制度执行情况专项监督检查，全州粮食收购企业累计备案72家，纳入全州粮食流通统计粮油企业149家，累计从生产者收购粮食4.7万吨，粮食收购价格均在国家最低收购价（1.29元/千克）以上，未启动政策性粮食收购，未发生“卖粮难”“打白条”现象。

【粮食仓储和产业发展】　全州政策性粮油库存数量真实、质量达标、储存安全、管理规范。常态化开展安全隐患排查整治，组织排查人员350人次，累计检查粮油16.48万吨，发现并整改一般性安全隐患35个。完成193个样品的采集、送检和检验结果报送。完成巴东县、宣恩县准低温仓升级改造，改造仓容0.72万吨。完成9个粮食应急保障中心项目建设。组织粮油企业参加十九届粮食产销协作洽谈会、全国脱贫地区优质特色粮油产品展销会等展会。全州纳入流通统计的156家粮油企业产值稳定在10亿元以上，全州粮食行业现有驰名商标1件、湖北著名商标14件、“荆楚好粮油”称号2个、“中国好粮油”示范企业1家，咸丰县被命名为“中国生态富硒稻米之乡”。

【粮食执法督查】　制定《恩施州粮食安全责任制清单》，各县（市）和成员单位相应建立本级清单。深化粮食购销领域腐败问题专项整治，健全完善粮食购销领域制度机制。强化流通监管，出台《恩施州州级储备粮安全管理年度考核办法》《关于加强粮食购销部门综合监管的具体措施》等文件，落实日常检查计划，组织开展粮食购销定期巡查，抓好库存检查、“两个安全”、粮食流通统计、粮食质量安全等专项监督检查。办理行政处罚案件16起。

（唐　义）

## 供　销

【概况】　2023年，州供销社贯彻落实省委专题研究全省供销社综合改革工作会议精神和《省委省政府办公厅关于印发〈持续深化全省供销合作社综合改革实施方案〉的通知》工作要求，组建恩施供销集团，建设全州城乡供应链一体化网络服务平台，设立恩施供销乡村振兴基金（恩施供销合作发展基金）。开展党员干部下基层察民情解民忧暖民心实践活动，解决村级基层社薄弱、市场主体销售困难等6项具体问题。全州8个县（市）供销社均召开社员代表大会，健全理事会、监事会。

【消费帮扶】　全州消费帮扶工作继续保持在全国第一方阵，“832平台”线上销售总额19.49亿元，占全国16.6%，占全省76.1%。自2020年来，累计销售额64.05亿元，连续4年位居全国地市州第1。在武汉举办“恩施‘硒’物　江城品味”产销对接活动，现场签订意向采购订单3000余万元；组织全州30余家优质企业1000余种单品参加浙江对口消费帮扶集中展销平台启动仪式；组织企业以“线下+线上”同步结合方式参加北京脱贫地区农副产品产销对接会；组织50家供应商入驻线上“硒博汇商城”平台，组织15家优质企业100余种单品参加“硒博会进谋道·苏马荡”展销活动。

【基层组织建设】　以巩固存量、提升质量为原则，摸清基层组织底数，联合村“两委”建设村级基层供销社、领办创办农民专业合作社、推进“共同缔造”试点村建设，推动基层组织高质量发展。创建全省供销系统“共同缔造”试点村30个，争取奖补资金143万元。全州累计建成基层供销社131家，其中村级基层社39家，领办创办农民专业合作社1094家，2023年申报国家级农民专业合作社示范社2家，省级示范社5家。

【农业社会化服务】　鼓励农资企业加强与新型农业经营主体合作，做好春耕农资保供稳价工作，全州有18家农资企业被省社确定为“2023年全省供销社系统春耕保供稳价重点企业”。围绕承接省社农业社会化服务试点项目资金、承担农资储备职能，注册恩施州启农农业服务有限公司。2023年全州供销社系统土地托管面积达57053.33公顷，农业生产社会化服务规模达177706.67公顷。

【培育壮大社有企业】　12月27日，恩施州供销社资产经营管理有限公司改组，组建为恩施供销集团

2023年8月18日，“稳增收 树品牌 促振兴”2023浙江对口地区农优产品消费帮扶集中展销活动暨平台启动仪式在杭州举办，恩施特产馆正式开馆

（州供销社　供稿）

有限公司，注册资本5000万元，承担社有资产布局、重组，社有企业产业发展和社有企业服务等功能，2023年该公司实现资产租赁收入948万元，纳税247万元，对41户承租小微企业、个体工商户减租94.87万元。恩施硒茶茶业集团有限责任公司执行1498.88万元恩施硒茶央视广告投放，上线恩施硒茶集团公众号和小程序，组建恩施硒茶企业联盟，30余家企业加入。恩施硒茶茶业集团有限责任公司占股70%注册湖北恩施硒茶科技产业发展有限公司。恩施鑫硒电子商务有限公司2023年实现营业总收入5616.63万元，在州城开设5家“供销鲜生”社区店。

【流通体系建设】　宣恩县、巴东县“供销集采集配中心”投入运营，来凤县供销社城北农贸市场完成改造升级，租金收入提高2倍，建始县供销社城乡智慧冷链物流园和农产品批发市场建设2个项目录入重大项目库。州供销社与杭州市供销社签订《对口合作协议》，在杭州市建成杭恩合作农产品展销馆——恩施馆，在萧山设立上千平方米的“销地仓”。截至2023年底，建成州内产销地仓2家，武汉销地仓3家，杭州销地仓1家。

【土特产专卖店】　争取奖补资金250万元，支持鼓励市场主体在武汉建成“恩施土特产专卖店”45家。

【荣誉】　州供销社获2023年度全省供销系统综合业绩考核市级优胜单位二等奖、全省供销社系统2023年度消费帮扶工作表扬单位。社情民意信息报送工作排名全省供销系统第4，信息宣传工作排名全省供销系统第7。谭琳玲获2023年度全国供销社总社监事会优秀信息员，谢丽丽获2023年度全国供销合作社统计同工种竞赛先进个人。

（向　妮）

## 烟草专卖

【概况】　2023年，全州烟草商业系统围绕“强基础、利长远、抓规范、谋跨越”工作思路和“高质量发展争先竞位年”主线，推进工作开展。经济运行总体稳中有进、稳中提质，全年实现销售收入、利税分别为69.7亿元、11.26亿元。

【烟叶生产】　全州收购烟叶86万担（烤烟70.5万担、白肋烟14.38万担，雪茄烟1.12万担），100%完成计划任务；实现烟农售烟收入13.45亿元，同比增加0.15亿元；实现烤烟农户均收入12.62万元，同比增加0.25万元，亩平收入3791元，同比增加43元；收购“中高油”烟叶20.46万担、同比增加8.46万担，收购带茎采烤烟叶16万担、同比增加7.38万担，连续两年承办中棵烟高油分烟叶开发现场会。

【卷烟营销】　坚持“总量控制、稍紧平，增速合理、贵在持续”工作方针，注重市场调控、品牌培育、终端建设、规范经营，累计销售卷烟103704箱，同比增加2001箱，增幅1.97%。持续开展在销品规市场竞争力评价，全年共退出品规17个；深化“三级品牌”共育机制，探索“一县一品”“一品一策”培育模式，共育品规销量比重达到40.19%，排名全省第1位。全年建设文明吸烟场所215个，完成下达目标的122.8%，累计建成文明吸烟场所1235个。

【专卖管理】　实施专卖、营销、物流“三方协同”互动，强化重点区域、重点对象、重点环节专项整治，全州累计查处涉烟案件584起，查获非法卷烟1610.53万支，烟叶烟丝等原辅材料113.29吨，查处5万元以上案件103起，公安立案刑事案件17起，省督案件2起。

【助力乡村振兴】　构建“烟草+N”的帮扶模式，以抓党建、兴产业、促发展为主线，以“七个一工程”和“一县一品牌”工程为主体，以“1+X”产业发展模式为主导，接续推进巩固拓展脱贫攻坚成果同乡村振兴有效衔接。州烟草专卖局对口帮扶村利川市金龙村被中共中央组织部授予“全国第四批红色美丽村庄”建设试点村。

【基础设施建设】　全州投入烟基项目建设资金6007.14万元，建设烟基项目6126件。完成烟基建设年度任务，农机农艺融合，1个水源工程（巴东钟坝河水库）正式获批建设，土壤保育和绿色防控技术落实，烟区生态环境和生产条件改善。

【企业文化】　全州烟草系统以省烟草专卖局“知行”文化为引领，加强恩施烟草“山文化”建设，将企业文化建设与精神文明创建、法治建设、基层创优等相结合。1人获湖北省总工会“荆楚工匠”称号，8人获“省级烟草技术能手”称号。

（罗　漫）

## 石油销售

### 中国石油天然气股份有限公司湖北恩施销售分公司

【概况】　2023年，中国石油天然气股份有限公司湖北恩施销售分公司实现成品油销售总量14.1万吨，实现非油销售5616万元，油品质量抽检合格率为100%，在湖北销售公司利润规模中排名第4。分公司属湖北公司二类A档地市分公司，在岗员工285人，2023年招收恩施本地员工12名，属地化用工达到95%以上。下辖4个片区（恩施片区、利川片区、南四县片区、建始巴东片区），共有44座加油站。全年安全环保责任事故为零。

【油品营销】 拓展会员主题活动，打造“拉新、提老、唤醒”客户营销工具，新增会员4.8万人，会员规模超12万人。丰富“加油站+”业态，强化渠道资源接入，与工商银行、智慧停车平台开展合作，引入促销资源码，引流客户0.37万人；开展各类旅游主题活动5次，引流客户0.23万人；与昆仑燃气、建设银行实现电子券嫁接，引流客户0.51万人。全年渠道引流累计新增汽油销量0.14万吨。在主要竞争对手和社会主体网点新增5座、自有网点减少1座的情况下，汽油实现同比增量0.51万吨。

【非油销售】 拓宽非油增收空间，组织开展“六园”（茶园、水果园、蔬菜园、烟叶园、药材种植园、物流园）开发专项工作，实现化肥收入455万元，关联开发农户非油需求，实现收入118万元。销售农特产品193万元。开展旅游年卡销售2450张，实现收入49万元。全年“两业”（恩施旅游业和农业）贡献非油收入894.5万元。拓展新业务，销售新能源汽车10台，增加收入46.84万元。取得水泥、混凝土销售资质，累计销售783吨，收入35.76万元。参与政府招标19次，中标金额267万元。推进“油惠商城”“硒客直播间”“美团到家”3个线上业务，全年贡献非油收入330.4万元，非油毛利39.6万元。

【生产经营安全】 全面推动全领域风险识别，生产经营安全平稳运行。编制全领域风险清单139条，编入全员岗位安全生产责任制和责任清单。对作业活动、作业区域和设备设施3个风险类别、25个风险点，识别出9204条危害因素并制定消减和防控措施，明确防控责任人。推进大安全体系建设，组织开展各类安全隐患专项排查整治行动4次，共计发现和完成问题整改527项。完成安全环保隐患整改9个，投入费用46.42万元。全年开展盗抢、计质量纠纷等应急预案演练748站次，2466人次参加。

（卢文凭）

## 中国石化销售股份有限公司湖北恩施石油分公司

【概况】 2023年，中国石化销售股份有限公司湖北恩施石油分公司供应成品油总量共计50.17万吨，实现销售收入43.81亿元，上缴税收2367.24万元。新建投营3座综合加能站，新建27座充电电站，形象改造8座站，取得1宗加能站建设用地，升级改造铁路油库2个项目，总投资1.47亿元。

【提升服务】 以县（市）公司为单位，组织员工开展“加油服务六步法”“室内收银五步法”服务标准化实操训练。在重大活动以及周末及节假日期间，对城区大站、景区站、高速进出口站增加临时用工，并为消防、救护、救灾、应急等特种车辆开辟加油绿色通道。在中心城区、高速进出口、国省道及旅游线路加能站设立20座洗车点，开展加油免费洗车活动。

【安全管理】 《恩施石油党建+安全专项活动实施方案》出台，落实安全生产要求；组织开展安全教育培训、事故演练、查改问题，全面强化“三商”（承包商、承运商、供应商）管理；全面排查安全环保隐患，改造6座加油站卸油口、治理4座高寒站破损地坪；组建“应急处置专群”“特许加盟站工作群”“维稳转群”等，事前预警，实时监控，有效防范，及时处置，降低企业风险。

【履行社会责任】 《恩施石油易捷服务助力乡村振兴》经验做法被《恩施日报》、“学习强国”学习平台等多家媒体刊登。组织专家下乡开展技术指导现场会10余次，对党参、烟叶、茶叶等多个基地土壤采样，打造千亩示范田。将鹤峰县乡镇企业生产的山泉水“希祺泉”引入中国石化易捷店，销售50余万瓶。22家恩施企业、222个农副产品被中石化纳入采购名目，在全国3万家易捷店以及App商城线上线下销售，年销售额超千万元。在州城及8个县（市）中心城区、交通要道打造6座“司机之家”、15座爱心驿站，为环卫工人、快递员、网约车司机等户外工作人员免费提供热水、取暖纳凉等服务，为长途卡车司机提供停车休息、淋浴洗衣、加水充电等服务，在巴东野三关镇初级中学援建恩施州首个“博爱校医室”。

【荣誉】 中国石化恩施石油分公司被州委平安恩施建设领导小组评为2022年度平安建设（综治工作）合格单位；咸丰石油分公司被咸丰县市场监管局评为“放心消费创建示范单位”。何琴、侯秋芳被州委文明办、共青团恩施州委表扬为“2021—2022年度恩施州青年岗位能手”，咸丰楚蜀加油站、宣恩莲花加油站被州委文明办、共青团恩施州委表扬为“2021—2022年度恩施州青年岗文明号”。商小琴被州总工会表扬为“2023年恩施州最美产业工人”。王楚怡被省人社厅、共青团湖北省委表彰为“2017—2022年度湖北省青年岗位能手”。

（李　梦）

# 金　融

# Finance

## 地方金融

【概况】　2023年，全州共有17家银行机构，其中8家地市级分行，包括1家政策性银行（农发行）、5家国有大型银行（工行、农行、中行、建行、邮储银行）、2家城商行（湖北银行、汉口银行）；有9家地方法人银行机构，包括8家县（市）农商行和1家村镇银行，有银行业机构网点389个，从业人员5151人。全州有35家保险机构，其中18家财险公司，17家寿险公司，保险机构网点数317个，保险从业人员1.37万人。全州有证券公司2家分支机构（华泰证券、长江证券）。

【服务实体经济】　恩施州地方金融工作局协调加强信贷投放。组织召开2023年全州金融工作暨“金融早春行”政银企对接会，促成农行湖北省分行与州政府签署战略合作协议。协同举办服务高新技术企业“春晓行动”暨银企创新融资对接活动和产融结合赋能中小企业高质量发展专精特新企业投融资恩施州专场对接会，举办金融服务高层次人才交流对接会。运用“恩融通”平台加强银企对接，线上对接融资累计达62.57亿元。坚持“一行一策”考核银行机构支持地方经济发展成效。2023年末全州各项贷款余额达1805.41亿元，较年初增长198.22亿元，增幅12.33%，比2022年同期增加1.64%，高于全省平均水平3.01%，超额完成省定新增180亿元信贷目标任务。强化企业融资增信支持。引导政府性融资担保公司优化担保服务，降低担保门槛，加大对交通运输、餐饮、旅游、科技等行业的增信支持力度。支持政府性融资担保公司与省再担保集团，县（市）政府与省农担恩施分公司开展风险分担业务，扩大新型政银担业务规模。全年新型政银担新增业务19.8亿元，在保余额24.1亿元（其中“4222”科技融资担保业务1.5亿元），同比增长94%。推广农村土地经营权抵押贷款，制定《恩施州林权抵押贷款指导意见》《恩施州公益林补偿收益权质押贷款指导意见》，拓宽农村融资渠道。全州农村土地经营权抵押贷款投放1.85亿元，林权抵押贷款投放9772万元。农村土地经营权抵押贷款改革写入省委、省政府2023年8号文件，荣获第四届湖北改革奖（个人奖）；林权抵质押贷款“两山”实践创新示范区建设案例在国家发展改革委改革内参杂志刊发。推动县（市）发展农业保险，全州农业保险实现保费收入6055.9万元，保险金额15.28亿元，农业保单质押贷款投放1.55亿元。

【资本市场建设】　恩施州地方金融工作局组建推进3家重点企业上市工作专班，州领导分别包保咿呀英博、鄂旅股份、一正药业3家重点企业。出台《恩施州加强资本市场建设推进企业上市十条措施》《落实省加快推进企业到北京证券交易所上市和新三板挂牌工作方案》，加强对拟上市企业在税收、土地、人才引进、金融保障等方面的支持，引导符合条件的企业尽早在新三板挂牌。全州培育省级上市后备“金种子”企业7家，“银种子”企业13家，四板挂牌企业306家，累计实现融资16.98亿元。

【地方金融监管】　规范地方金融行

业秩序，实行地方金融从业承诺、从业负面行为公示、客户告知三项制度，压实股东、高管及从业人员的主体责任，保护金融消费者合法权益。采用非现场监管与“双随机、一公开”“互联网+监管”现场检查等措施，规范地方金融组织经营行为，强化对地方金融组织的风险管控。全州有12家融资担保公司（其中1家分公司），4家小额贷款公司（其中2家分公司），1家典当行。

【防范化解金融风险】 开展金融风险防范宣传活动2462余次，印制户外广告、宣传品80万余份，发送短信70万余条，辐射人数百万余人，提升人民群众风险防范意识和风险识别能力。推进非法集资风险稳控。加强非法集资陈案化解攻坚，全州5起非法集资陈案已销号2起，剩余3起已进入司法环节，超额完成省定非法集资陈案下降20%目标任务。中央第二巡视组巡视湖北反馈意见中涉及恩施州36起非法集资陈案全部审结。2018—2023年连续5年获全省防范化解金融风险考核前3位。

（向敬轩）

## 金融监督管理

【概况】 2023年，国家金融监督管理总局恩施监管分局围绕服务实体经济、防控金融风险、深化金融改革三大任务，持续提升监管工作质效。截至年末，恩施州共有17家银行业金融机构，银行物理网点388个，在岗从业人员5100余人。全州银行业各项存款余额2215.58亿元，较年初净增224.84亿元，增幅11.29%；各项贷款余额为1805.41亿元，较年初净增198.22亿元，增幅12.33%；不良贷款余额29.42亿元，不良贷款率1.62%，较年初下降0.09个百分点，处于历史低位。全州共有35家保险公司，包括18家财产险公司、17家人身险公司，保险物理网点317个，保险业从业人员1.35万余人。保费收入64.72亿元，赔款及给付26.45亿元。分局获2023年度湖北监管局系统优秀领导班子、政务信息工作突出单位、新闻舆情工作突出单位等荣誉。《人民法治》《中国银行保险报》《湖北日报》等宣传报道10余次。

【机构改革】 根据《党和国家机构改革方案》，国家金融监督管理总局恩施监管分局于2023年7月20日正式挂牌成立。联合人行恩施州分行成立领导机构和工作机构，推进机构改革，对接地方公积金中心、税务局、医保局，协调转隶人员工资等事宜。制定分局县域派出机构接收组建工作实施方案。党委班子成员分别到7个县（市）监管组、6个人行县市支行座谈，传达机构改革相关精神。

【防范金融风险】 2023年末，全州银行业不良率1.62%，处于历史低位；全年共处置不良贷款24.75亿元，同比多处置0.84亿元。督导银行配合做好“保交楼”金融服务，推动农发行发放第二批“保交楼”专项借款0.93亿元，辖内4家银行累计为4个“保交楼”项目提供配套融资0.79亿元。持续开展保险行业乱象整治，全年共清退“三无”中介机构和兼业代理机构5家。支持地方法人银行改革化险，对法人银行开展利润、不良处置和资产质量真实性核查；指导咸丰、鹤峰2家农商行募集资本金1.13亿股，中小法人银行资本补充取得实质进展。

【服务实体经济】 2023年末，全州银行业各项贷款余额1813.54亿元，较年初净增206.34亿元，增幅12.84%，高于全省平均水平3.01个百分点，完成州委、州政府确定的全年信贷目标的108.6%，银行机构存贷比83.54%，居全省第5位。开展“走万企提信心优服务”、民营企业金融服务质量提升年等活动，联合相关部门建立惠企政策咨询办理联络机制；制定《营商环境获得信贷指标责任清单》，推动辖内小微企业信贷结构持续优化、融资成本逐步降低。全州普惠型小微企业贷款较年初增幅连续12个月高于各项贷款平均增速。实施普惠金融工作站“提档升级”计划和“百千工程”，在全州建立银保融合普惠金融工作站“示范站”8个、精品站80个。召开政策性农险推进会，推动茶叶、蔬菜、肉牛等地方特色农险“提标、扩面、增品”，为5.4万户次农业生产主体提供风险保障9.1亿元。地方特色农业保险工作经验在《中国银行保险报》头版及《湖北日报》经济专栏刊载。“防贫保”综合保险为20余万户脱贫人口提供风险保障。持续推广农村土地经营权、林权抵押贷款，发放“两权”抵押贷款265笔2.78亿元；在全省率先开展“农保贷”业务试点，全年累计发放“农保贷”1.55亿元。

【金融改革】 在全省率先建立新市民金融服务示范点30个，推出惠及新市民信贷产品147个、保险产品104个；银行累计代发农民工工资22.94亿元，覆盖25.54万人。开展优化营商环境先行区试点创建，在建始县探索开展在建工程建设项目预付工程款授信，发放贷款15笔8687.7万元。督导辖内银行落实存量房贷利率调整政策，调整后利率区间为3.25~4.3%。会同州医保局、州财政局遴选5家保险公司共同承担“惠民保”运营。构建金融纠纷多元化解工作模式，调解纠纷102件；在建始县探索与法院共建“法院+金融”诉调对接工作室，相关经验被《人民法治》报道。

【提升监管能力】 提高现场检查能力，在省局系统EAST技能竞赛中荣获一等奖2个、三等奖1个、优秀奖1个。按季度召开非现场监管分析会，提升非现场分析能力。组织保险机构与监管部门举办“互学互鉴”交流学习活动10期。开展“一月一主题”法治宣传活动，提升监管干部学法用法水平。优化行政审批程序，全年共办理112项行政许可事项。依法依规开展行政处罚工作，全年共对3家机构实施行政处罚85万元，对个人处罚5万元，警告1人次。

（骆 幸）

## 银行业

### 中国人民银行恩施州分行

【概况】 2023年末，恩施州共有银行机构17家，其中政策性银行1家、国有商业银行5家、城市商业银行2家、地方法人机构9家，共有各级分支机构（营业网点）389个，从业人员5151人。截至2023年末，恩施州银行机构本外币各项存款余额达2215.58亿元，比2023年初增加224.84亿元，同比增长11.29%；贷款余额1805.41亿元，较2023年初增加198.22亿元，同比增长12.33%。全州信贷结构持续优化，普惠小微、民营主体、科技创新、涉农等领域贷款均高于各项贷款平均增幅。恩施州保费收入64.71亿元，同比下降1.15%，其中，产险24.64亿元、增长11.85%，寿险40.07亿元、下降7.74%；理赔金额26.45亿元、增长20.72%。恩施州证券交易户数10.31万个，同比减少10.66%；证券交易额907.9亿元，同比增加49.99%。

【信贷投放量质双升】 组织政银企对接，开展“金融早春行”、高新技术企业对接会等为166家企业提供授信109.11亿元，为64家企业现场放款15.58亿元。城镇老旧小区改造融资签约会签约额度达107亿元。加大对地方法人银行资金支持，再贷款再贴现余额38.36亿元，撬动法人银行新增贷款52亿元。运用普惠小微贷款支持工具1716万元，带动新增普惠贷款9亿元。银行机构累计发放大额（1000万元以上）贷款383笔、142.81亿元。支持扩大有效投资，联合建立政银协调机制，推送重点融资需求项目167个，累计授信95亿元，115个未全额用信项目授信转化率由35.86%提升至49.18%。

【服务重点领域】 支持民营小微经营主体可持续发展，组织开展民营企业金融服务质量提升年活动，印发落实方案、制定“恩施民企融资十条”。民企贷款余额457.33亿元，较年初增幅18.44%，其中信用贷款增幅51.19%。支持茶产业链优先发展，全州金融机构对935家茶企新发放贷款995笔，金额4.51亿元；996家茶企享受贷款展期、延期等信贷支持1067笔，金额5.68亿元；6个县（市）组织茶产业现场银企签约，签约茶企88家，签约金额1.38亿元。全面提升民生领域金融服务质量，落实创业担保贷款政策，创业担保贷款余额达41亿元、同比增幅41.7%，累计投放16亿元。推进金融支持保交楼、保租房，金融机构提供配套融资1.99亿元，17个项目银行个贷余额14.4亿元。保障性租赁住房项目授信26.92亿元。支持绿色低碳发展，绿色贷款余额205亿元，同比增幅28.7%，年内新增38.5亿元。协调开展绿色项目合作推荐机制，为26个项目授信10.08亿元。

【落实普惠政策】 普惠小微贷款平均利率较年初下降0.49个百分点，银行机构累计减费让利9940万元。为332家民贸民品企业落实贴息资金4288.83万元，涉及贷款1308笔、40.8亿元，居湖北省首位。稳增长三项贴息资金287.07万元。“湖北消费贷”落地，个人消费信贷成本降低。调整优化住房信贷政策，推进法人银行存量住房贷款调整，平均首付比、平均利率均较2022年末有所下降。银行机构对11.19万笔、339.64亿元存量首套房贷款利率进行调整，调整后加权平均利率4.24%。优化融资服务，“301”线上信用贷款发放34.72万笔、210.9亿元，是2022年的1.5倍，利率下降0.23个百分点。小微企业“银税互动”贷款、“循环贷”增幅分别达到21.8%、45%。

【维护辖区金融稳定】 持续开展央行评级等级提升行动，推动解决辖区内农商行资产质量不优、资本水平不足突出问题，指导农商行加强风险管控和风险抵补能力建设，防止评级等级下降劣变。在继续保持辖内高风险机构阶段性清零基础上，评级结果较上年末实现评分和等级“双提升”。做好金融风险监测与防控，通过压力测试、资产质量现场评估、央行评级现场评价、存款保险风险核查、动态掌握地方法人银行重点领域风险，及时将地方法人银行反映的需要协助的事项提请州政府解决。指导地方法人银行积极处置化解风险，牵头制定《恩施州辖内地方法人银行风险化解方案》，提请州委、州政府两次召开全州银行业机构稳增长防风险专题会议，研究部署法人银行不良处置和资本补充工作。推动辖内地方法人银行“真金白银”化解风险，各项风险指标明显好转。加强金融生态环境建设，恩施州连续16年成功创建“湖北省金融信用市州”。

【优化金融服务】 健全反洗钱宣教长效机制，探索反洗钱宣教高校合作模式，与湖北恩施学院联合开设反洗钱专业选修课程，成功申请湖北省反洗钱宣传教育基地，相关工作经验被《金融时报》“中国教育在线”等10余家媒体刊发。统筹做好金融系统常态化扫黑除恶工作，相关做法被恩施州扫黑办通报表扬，并被湖北省扫黑办工作简报刊载，在全省推介。推动减费让利政策落实落地，恩施辖内银行机构累计减免支付手续费1.7亿元，惠及小微企业和个体工商户55411户。解决现金工作突出问题，设立火烧币鉴定工作室，为群众鉴定兑换火烧币12起，兑换金额57万余元，兑换率达90%以上。高效办理个人所得税汇算清缴退税业务，恩施州全辖各级国库办理个税退税业务金额达6774.09万元。建立国债发行销售奖惩机制，全年储蓄国债共发售18期7990.78万元。持续整治征信市场，实现涉"征信"字样企业零新增。提升外汇服务质效，联合辖内银行拓展汇率套保业务，以高标准结合实际举措解决"汇率避险拓客瓶颈"问题，全年辖内银行为4家企业办理汇率套保业务，实现恩施辖内汇率套保业务"零的突破"；办理非法买卖外汇案件1起，实现外汇案件办理"零"的突破。妥善处理金融消费者投诉，累计受理消费者投诉49件，办结49件，办结率100%。优化金融营商环境，获得信贷指标在全省排名第7位；指导利川市、建始县探索推进在建工程建设项目预付工程款授信工作，2县（市）为19户企业开展预付工程款授信1.25亿元，放款1.15亿元。利川市、建始县被纳入2023年全省优化营商环境改革先行区，获湖北省优化营商环境领导小组发文通报表扬。

（余　倩）

## 中国工商银行股份有限公司恩施分行

【概况】　2023年，中国工商银行股份有限公司恩施分行（简称"工行恩施分行"）实现营业收入6.57亿元，实现净利润2.36亿元，实现中间业务收入8922万元，各项存款余额225.66亿元，比年初增加20.3亿元，各项贷款余额221.72亿元，比年初增加22.15亿元，各项贷款不良余额（含信用卡）12527万元，比年初增加1501万元，不良率为0.54%，普惠贷款余额14.66亿元，较年初增加5.05亿元，对公结算账户新开3473户，较同期增加526户，个金600万以上私人银行月日均客户64户，600万以上私人银行客户资产8.8亿元，较年初净增2亿元，信用卡客户总量12.9万户。

【对公业务】　工行恩施分行依托工商信息平台新注册客户，加大基本结算账户开户率，针对亿元以上重点项目清单、政府专项债申报清单，定期跟进。结合《湖北省分行公司基础客群建设工程实施方案》《机构金融业务部"双争"主题营销活动方案》，对辖内客户进行全量分配、分层维护。对标绿色、科创、战新、普惠、涉农、专精特新等重点领域融资需求，运用GBC+与26个场景建设，以种植e贷、新农种植贷、政采贷为基础，在茶叶、烟叶等地方特色产业加大融资支持，同时对蔬菜、水果、药材、油类等地方作物实现业务突破，全年共计为小微企业、个体工商户涉农客户授信208户，授信金额13003万元。

【零售业务】　工行恩施分行围绕客户"赚、花、借、管"需求，制定阶段性营销方案，加大民生场景"聚富通"收费项目、"智慧教育""智慧校园""智慧党建"建设，服务社会。持续擦亮个人贷款业务品牌，从"等客户"向"找客户"转变，一手房二房贷、房抵贷、经营快贷、e企快贷、融e借、信用卡条线汽车、家装、综消、账单分期贷同步发展，实现净增额系统领先，余额、增量同业"双第一"业绩。

【国际业务】　工行恩施分行推进"境内外汇业务首选银行"战略。全年对公跨境收支4175万美元，对公跨境收支客户52户，较同期增加9户，结售汇量4565万美元，对公结售汇活跃客户44户，较同期增加3户，外汇对公存款余额428万美元，同业占比72.34%，净增额194万美元，以上均处同业第1。跨境人民币结算量842万元，同业第2位。在2023年国际业务专业条线评价中，恩施分行综合得分居全省第2位，创历史最佳成绩。

【风险管控】　工行恩施分行出台《新建信贷关系客户准入管理实施细则》《加强信贷业务基础工作管理及考核的通知》等文件，对贷款的调查、审查和处置等全流程履职管理作出明确规定。加强贷款大户风险管理，全年共召开12次大户风险联防联控分析会，重点分析17个大户、涉及金额88.31亿元。落实联防联控机制，组织开展内控评价，持续做好《内控手册》运用。加强反洗钱尽调及分类质量管理。

（满延军　刘慧玲）

## 中国建设银行股份有限公司恩施分行

【概况】　2023年，中国建设银行股份有限公司恩施分行（简称"建设银行恩施分行"）坚持党建引领，服务实体经济，支持全州地方经济发展。全年开展党委中心组学习17次。组织开展"学习张富清日"主题党日活动，配合建设银行总行、建设银行湖北省分行在来凤县举办11期党性教育培训班，参训学员585人次。

【经营效益】　建设银行恩施分行实现中间业务毛收入8218万元，中间业务净收入5214万元；实现账面利润3.55亿元；2023年为地方贡献税收3116.19万元。

【负债业务】　建设银行恩施分行一般性存款余额212.97亿元，较2022年末新增26.30亿元，日均余额206.26亿元，较2022年末新增32.63亿元。

【资产业务】　建设银行恩施分行各项贷款余额177.42亿元，较2022年末新增15.78亿元。对公贷款余额87.71亿元，新增6.66亿元；个人贷款余额89.71亿元，新增9.11亿元，全年累计实现信贷投放87.33亿元，其中发放对公贷款56.37亿元，发放个人类贷款（含信用卡）30.96亿元。2023年全州银行机构支持地方经济发展考核排名第4。

【服务乡村振兴】　建设银行恩施分行加大涉农贷款投放力度，全行涉农贷款余额53.02亿元，较2022年度新增4.55亿元。向上级行申请乡村振兴定点帮扶捐赠资金50万元，用于宣恩县高罗镇向家坪村产业循环路硬化、咸丰县黄金洞乡尧坪村组级产业路路基开挖工程、建始县官店镇摩峰村产业路亮化工程。依托“金智惠民”“裕农学堂”等，对基层干部、农村致富带头人开展金融及农业技术培训，全年累计开展8场培训活动。实施“村链”工程，打造“裕农通”乡村振兴综合服务平台。全州裕农通乡村覆盖966个，乡村覆盖率82.70%，活跃服务点799个，农户签约2.05万人。金融业务办理均在线上进行，农户足不出户可享受到优质金融服务，手机成为农户的“新农具”，农村金融服务“最后一公里”打通。

【荣誉】　建设银行恩施分行获评州人民政府2023年度金融支持恩施经济发展突出贡献单位，省行2023年度数字化经营先进集体、创新先进单位、2023年度不良处置先进单位；建行来凤支行获评建设银行总行文明单位。

（苏　霜）

## 中国农业银行股份有限公司恩施分行

【概况】　2023年，中国农业银行股份有限公司恩施分行各项存款时点余额259.22亿元，市场份额31.60%。日均余额244.2亿元，市场份额31.50%。各项贷款余额214亿元，市场份额28.22%，净增21亿元。营业收入完成7.51亿元，同比增加0.29亿元，净利润2.81亿元，同比增加0.7亿元。全年未发生重大案件、重大风险事件、重大责任事故。

【金融服务】　与州政府签订战略合作协议，推进“强县工程”，实现8个县（市）全覆盖。全年批复项目20个，金额41.37亿，投放重点项目14.72亿元。普惠贷款较年初净增9.58亿元，其中惠农e贷净增9.86亿元，同比多增4.77亿元。服务地方实体经济举措得到州长批示肯定，服务“三农”工作成效被总行“三农”信息简报报道。

【风险控制】　2023年，有不良余额1.18亿元，通过强化信贷风险管控及风险资产处置力度，不良贷款较年初下降4878万元，不良率较年初下降0.31个百分点，不良实现双降。全年处置不良贷款1.73亿元。清收已核销贷款7079万元。

（郝胜远）

## 中国银行股份有限公司恩施分行

【概况】　2023年，中国银行股份有限公司恩施分行（简称“中国银行恩施分行”）辖经营性机构5个，县行网点6个，本级部门9个，年末在职员工226人。2023年末，中国银行恩施分行本外币各项存款余额123.57亿元，较年初新增14.93亿元，增幅13.74%。本外币各项贷款余额133.63亿元，较年初新增14.16亿元，增幅11.85%。连续5年获评反洗钱A类机构银行。

【信贷投放】　中国银行恩施分行关注水利、交通、教育、医疗、清洁能源等重大基础设施建设项目，支持文旅、制造业等产业龙头企业及上下游供应链，加强信贷投入支持。2023年贷款较年初新增13.78亿元，增幅11.53%，贷存比为115.32%，位列全州商业银行第1。

【普惠金融】　中国银行恩施分行聚焦小微企业金融需求，普惠金融贷款较年初新增4.54亿元，计划完成率达100.89%。累计投放13.41亿元，服务小微企业超1500家。普惠金融贷款利率定价3.82%，较年初下降0.01%，定价水平为全州最低。

【减费让利】　中国银行恩施分行推动落实普惠小微贷款阶段性减息政策，累计完成减免贷款利息173.89万元，惠及1429户普惠小微市场主体。对普惠小微贷款进行贴息，在原贷款合同利率基础上减息1个百分点。

（胡　姮）

## 中国农业发展银行恩施州分行

【概况】　2023年，中国农业发展银行恩施州分行（简称“农发行恩施州分行”）年末在岗职工160人，年末贷款余额292.22亿元，位居全州银行业金融机构首位。全年州政府相关领导对农发行恩施州分行相关工作作出4次批示。11月，州九届人民政府第34次常务会议听取农发行恩施州分行相关工作情况汇报。

【信贷支农】　农发行恩施州分行围绕恩施州“两山”实践创新示范区建设，累计投放资金56亿元。其中服务国家粮食安全，落实州、县储备资金需求，推进全州市场化粮油业务发展，累计投放粮棉油贷款0.8亿元，支持粮油仓储项目1.2亿元；支持巩固拓展脱贫攻坚成果，推进恩施市、来凤县乡村振兴实验示范区建设，累计投放贷款20.52亿元，投放改善农村人居环境贷款3.76亿元；服务农业现代化，投放农地贷款7.26亿元，支持生态治理、废弃矿山修复及耕地“提质改造”；服务城乡融合发展，围绕县域城镇化补短板强弱项、老旧小区改造、保障性租赁住房建设等项目，投放城乡一体化贷款8.33亿元，拓展惠农高速、国省道、农村公路领域合作，支持348国道等项目建设2.18亿元；服务生态环境保护，支持保障城乡供水安全体系和农村供水排水、水环境治理等民生水利项目5.07亿元。年末绿色信贷余额100.53亿元，居全州金融机构首位。

（叶昭炜）

## 中国邮政储蓄银行股份有限公司恩施州分行

【概况】 2023年，中国邮政储蓄银行股份有限公司恩施州分行（简称“邮储银行恩施分行”），持续加大对“三农”、中小微企业等国民经济重点领域和薄弱环节的支持力度，以高质量金融供给服务地方经济发展。邮储银行恩施分行资产总额达到455.13亿元，居恩施同业第2位。各项存款余额415.93亿元，其中储蓄存款余额394.01亿元，市场占有率22.63%；对公存款余额21.91亿元，市场占有率5.11%；各项贷款余额108.56亿元，较年初净增24.42亿元，市场占有率5.99%。不良贷款金额1.62亿元，较年初下降119万元；不良率1.50%，较年初下降0.45%。2023年度，邮储银行恩施分行综合监管评价得分94.2分，评价结果为1级，在全州5家国有大型商业银行中排名第1。

【支持地方经济】 邮储银行恩施分行对中小微企业、个体工商户等发放贷款46.28亿元，户数15578户，其中，信用贷款25.64亿元，占比55.4%。实体贷款结余规模达51.41亿元，净增11.71亿元，增幅为29.5%。加大对绿色项目、绿色企业的支持力度，2023年末，绿色信贷结余4.36亿元，增幅29.38%。

【普惠金融】 利用“新农直通车”“楚农直通车”等服务平台，为客户提供便捷融资渠道。全年发放普惠型小微企业贷款33.83亿元，较2022年增加投放4.02亿元，增幅为13.49%；其中发放信用贷款18.47亿元，占比达到54.6%。截至2023年末普惠型小微企业贷款结余规模达到34.98亿元，净增5.12亿元，增速17.14%；结余户数11600户，净增1317户，增速12.81%。

【服务乡村振兴】 加大涉农贷款投放力度，涉农贷款结余达到62.43亿元，较年初净增13.38亿元，增幅26.53%。建成“752”普遍授信村190个，建成深度开发达标信用村156个，普遍授信及深度开发达标信用村均居全省第1位，极速贷信用户（线上）贷款授信13253户9.99亿元，结余4.9亿元，用信率49%，本年净增1.36亿元，所有县（市）行信用户贷款规模均达到4000万元以上。新型农业经营主体贷款结余3.35亿元，实现规模逐年提升。在2023年度恩施州金融机构服务乡村振兴考核评估中获得优秀等级。

【服务新市民】 提升基础金融服务便利性，对15个网点升级改造，提升客户体验，升级自助设备89台，更换老旧设备11台，优化便民服务设施，建立爱心驿站14个，为新市民提供温馨的休息环境和饮水服务。增强金融服务力度，推出个性化创新金融产品和服务，将新市民纳入湖北“青创贷”和“再就业”扶持范畴。全年为全州新市民累计授信3.49亿元，累计放款1.16亿元，结余规模达到1.33亿元，为新市民的创业和再就业提供金融支持。发行新市民专属借记“U+卡”，为新市民量身打造专属借记卡，该卡叠加多项权益，包括免除跨行手续费、短信服务费和跨行取现手续费等。

（黄晓娟）

## 湖北银行股份有限公司恩施分行

【概况】 2023年，湖北银行恩施分行坚持“服务政府、服务中小、服务民众”定位，积极支持恩施州建设“两山”实践创新示范区。年末各项存款时点存款、贷款时点余额分别为126.85亿元、92.83亿元，累计在恩施州入库税款3.85亿元。

【金融服务】 湖北银行恩施分行聚焦重点领域、行业、人群，强化信贷支持，发放各类贷款40.81亿元，服务恩施州经济社会发展。围绕“两山”实践创新示范区建设，支持省级试点带水河小流域治理等绿色项目，助力旅游业、特色农产品产业发展，发放绿色贷款11.80亿元。响应“保交楼、保民生、保稳定”工作，发放全省第一笔“保交楼”项目资金7000万元。在房地产企业面临阶段性困难和流动性紧张的情况下，授信房开贷6.30亿元。服务实体经济，成立民企金融专班，强化“一对一”金融服务，投放普惠贷款17.30亿元。发放新型政银担贷款、政采贷、税易贷，持续降低融资门槛和融资成本，缓解民营企业“融资难、融资贵”难题。聚焦市民金融，服务消费内需，创新信贷产品，搭建消费场景，创建专业团队，增强优质服务，发放消费类贷款 7.22 亿元，满足市民安居、出行、教育等消费金融服务需求。

（刘　念）

## 湖北恩施农村商业银行股份有限公司

【概况】　2023 年，湖北恩施农村商业银行股份有限公司（简称“恩施农商行”）落实州委、州政府激发市场活力、支持实体经济等工作部署，坚守支农支小市场定位，坚持服务乡村振兴、服务地方实体经济，巩固拓展脱贫攻坚成果，打造城乡人民自己的银行。至年末，全州有 8 家经营性法人机构，营业网点 135 个，在岗员工 1781 人。全州农商银行各项存款余额 634.51 亿元，比年初净增 66.59 亿元，增幅 11.73%。贷款余额 451.85 亿元，比年初净增 56.44 亿元，增幅 14.27%，其中微贷余额 211.57 亿元，较年初增长 51.23 亿元。

【聚焦业务发展】　加大“农业产业链”“文旅产业链”“消费市场”的信贷支持力度，坚持“两个毫不动摇”，贯彻落实各项助企纾困政策，发挥好农商行地缘、人缘和业务流程短、简、快的优势，加大对市场主体的全方位支持，切实做到不断贷、不抽贷、不压贷，帮助市场主体渡难关、谋发展。推行网点简易核算，优化存款结构，加大信贷投放力度，开展精细化管理，增强创效能力。

【服务乡村振兴】　围绕“土、硒、茶、凉、绿”五大优势，加大“农业产业链、文旅产业链、市场消费”三大板块信贷投放力度，截至 12 月末，发放茶叶产业贷款 2.56 亿元、烟叶贷款 2.8 亿元、文旅行业贷款 2.4 亿元、创业贴息贷款 9.8 亿元。2023 年贷款比年初净增 56.44 亿元，比同期多增 6.47 亿元，贷款投放突破历史最高值，超额完成州政府全年 50 亿元信贷计划，按季持续在 10 家金融机构支持地方经济发展考核中排名第 1。12 月末脱贫小额信贷累计发放 2.22 万户 8.65 亿元，目前余额 10.16 亿元，全州 90% 以上的脱贫小额贷款由农商行发放。自乡村振兴协议签订以来，累计投放乡村振兴贷款 328 亿元。

【助企纾困解难】　通过降低利率、减免收费、减免利息为各类市场主体减费让利 2.15 亿元。小微企业平均利率 4.51%，较年初下降 1.25 个百分点。落实创业担保贷款政策，12 月末创业贴息贷余额 30.7 亿元，比年初净增 10.6 亿元，支持 1.69 万人创业，带动 3.33 万人就业。创新推出“两山民宿贷”等系列产品，投放相关贷款 4892 万元，支持 457 家酒店、民宿实现提档升级，新增 5000 余个酒店、民宿房间。

【风险防控】　对接政府及相关部门，召开资本入股及风险贷款化解工作专题会议 2 次，分别到各县（市）与县委书记、县长及相关部门对接，各县（市）政府均达成国有资本入股意向，鹤峰、咸丰 2 家行完成国有资本入股工作。

【荣誉】　获 2023 年度支持地方经济发展考核第 1 名。获全省农商行支农支小服务“春天行动”综合考核市州行第 1 名，获庆祝建州 40 周年恩施州银行业金融机构职工劳动和技能竞赛点钞、假币识别及团体一等奖。《恩施日报》整版刊发“当好小微金融‘店小二’打造乡村振兴‘主办行’全州农商行全力服务地方经济发展 40 年”文章。开设“致敬最美农商人”专题宣传 24 期，累计在指定媒体用稿 131 篇，农村新报用稿 67 篇，省联社掌上农信平台用稿 255 篇。

（周　宇）

# 保险业

## 中国人民财产保险股份有限公司恩施州分公司

【概况】　2023 年，中国人民财产保险股份有限公司恩施州分公司（简称“人保财险恩施州分公司”）下设 8 个县（市）支公司，全州各类性质用工 783 人，代理制保险营销人员 1294 人。2023 年实现签单保费 125198.2 万元，其中，车险 56320 万元，非车险 68878.11 万元，市场份额 50.27%。处理各类赔案 108814 笔，支付赔款 92251.54 万元；上缴各项税款合计 9561 万元（含代收代缴车船使用税）；解决就业 72 人。

【行业服务】　人保财险恩施州分公司围绕国家乡村振兴战略，发挥基层服务机构的支点作用和平台功能，筑牢粮食、畜禽、蔬菜等领域的农业安全风险屏障，为“三农”提供风险保障近 44.6 亿元，直接赔款 6008 万元。对接健康建设，开办大病保险、门诊慢特病保险和城乡居民意外伤害等民生类保险，共承办各类社保项目 8 个，累计服务人数 394.31 万人。支持恩施州大生态发展和环境保护，为建始县、咸丰县 61153.33 公顷森林提供风险保障 9.17 亿元。服务社会治理，在安全生产、食品安全、建筑质量、治安管理等领域有效拓宽保障范围，开展社会治安综合保险、“尖刀班”保险和见义勇为补偿险等社会治理类保险，全州治安保险覆盖全州所有行政村，提供保险保障 362 亿元，支付赔款 1619 万元，为全州 22994 名“尖刀班”工作人员提供意外保险保障 270 亿元。

（朱琳源）

## 中国人民人寿保险股份有限公司恩施中心支公司

【概况】 2023 年,中国人民人寿保险股份有限公司恩施中心支公司下设 8 个县(市)支公司。截至 12 月 31 日,完成规模保费 23368.32 万元,新业务价值 761 万元,同比上升 12.5%;完成首年期交保费 4212.45 万元,完成短期险保费 1552.65 万元,同比上升 1.63%,赔付 1689.53 万元。

【行业服务】 支持中小微企业发展,拓展团体保险业务。围绕乡村振兴支持涉农业务,对农、林、牧板块业务进行重点引导和支持。对政府公益性岗位、人社口径各类技能培训业务提供专项支持。加大专属养老保险的试点推广力度,自 2022 年 3 月专属养老在湖北省试点以来,累计签单 39 单、保费 13.56 万元。承保工会新业态女性职工的女性特定疾病保险,借助公司客户节与工会开展员工福利计划等活动,共承保工会新业态人员 800 人,收取保费 2 万元。

【合规管理】 发挥风险合规委员会作用,研究审议公司风险管理情况、专项风险报告、风险合规事件的防控和化解。加强监督检查和审计整改,防控风险隐患。开展案件专项风险排查、背景调查、合规风控穿透式检查、反洗钱自查及既往问题“回头看”等专项检查工作,定期开展关键指标监测、收集分析操作风险损失事件,全面核查基层机构合规内控管理薄弱环节。

(张冬敏)

## 中国太平洋财产保险股份有限公司恩施中心支公司

【概况】 2023 年,中国太平洋财产保险股份有限公司恩施中心支公司(简称“太保产险恩施中支”)设有 13 个管理部门,下辖 8 个支公司,2 个营销服务部。公司秉承“以客户需求为导向”的服务宗旨,创新保险产品和服务,提升客户体验,为客户提供全方位风险保障。

【理赔服务】 推行“太好赔 5.0”服务文化,包括以客户满意为中心,提升客户理赔体验和感受的利他精神;以社会责任为使命,搭建大灾和公共事件响应体系的逆行担当;以自我提升为追求,以匠心精益求精的滴水追求。在投诉方面做到投诉治理“8 个做”,包括全面预警引内诉、授权前置快化解、分级处理清流程、溯源治理明责任、数据监测跟过程、回访闭环防升级、齐抓共管建机制、严格考核强问责。2023 年,太保产险恩施中支签订的野生动物肇事补偿责任保险正式生效,野生动物肇事补偿责任保险为村民“保驾护航”,全年政保项目共计赔付 1.3 万余户。

【“三农”保险】 太保产险恩施中支推广适合农村发展的各类险种和服务,帮助养殖、种植户、合作社及农户防范抵御风险。推动地方特色保险,包括茶叶种植保险、肉牛养殖保险、蔬菜种植保险。来凤县、宣恩县防贫保“3+2”为农户提供 13.8 亿元风险保障。恩施市、建始县森林保险为 7.5 万户林农、林场、企业的 12.05 万公顷林地提供 18.07 亿元风险保障。为服务“三农”量身定做的“e 农保”农村保险,包括“农庄保”“农安保”和“农家保”,保费低、保额大、惠及人群广,帮助农户提高防范风险能力。

【宣传活动】 太保产险恩施中支围绕农村老人、留守妇女儿童、残障人士、贫困人口等,发放宣传彩页、指导安装国家反诈 App,提高公众警惕性。开展“3·15 消费者权益保护教育宣传周”“7·8 全国保险宣传日”“9 月金融普及月”宣传活动;面向快递小哥、外卖骑手、保安保洁、进城务工人员等新市民开展保险知识宣传;开展“以案说险”宣传。

(向 炜)

## 中国太平洋人寿保险股份有限公司恩施中心支公司

【概况】 2023 年,中国太平洋人寿保险股份有限公司恩施中心支公司所辖分支机构有建始营销服务部、巴东支公司、利川支公司、宣恩营销服务部、咸丰营销服务部、来凤支公司、鹤峰营销服务部、巴东支公司野三关营销服务部。全年实现总体保费收入 3.6 亿元,理赔给付支出 1.99 亿元。处理案件 2759 件,支付赔款 3989 万元,案件量同比增长 23%。平均出险至支付时效 38.62 天,从申请到支付仅需 1.1 天,获赔率 99.4%,结案率 100%。

【合规经营】 恩施中心支公司受邀参加中国人民银行恩施州分行与湖北恩施学院开展的“湖北省反洗钱宣传教育基地”揭牌仪式,参与现场授课。将风险为本的工作理念贯穿公司经营管理,构建风险防控体系,未发生洗钱风险案件、未发生涉黑涉恶风险案件。

【荣誉】 恩施中心支公司连续 7 年被国家税务总局评为 A 级纳税信用单位,获太保寿险总公司“投诉管理/消费者权益保护服务管理优秀团队”奖,被太保寿险湖北分公司评为 2023 年度金海豚奖,被太保寿险湖北分公司评为 2023 年度反洗钱工作优秀集体。

(尹 恒)

# 交通 邮政 通信

# Transportation, Postal Services and Telecommunication

## 交 通

### 交通运输管理

【概况】 2023年，全州统计在册公路总里程31480千米。其中，高速公路624千米，普通国省道3445千米，农村公路27411千米，在册公路网密度（含高速公路）为131千米/百平方千米。高速公路有沪渝、沪蓉、恩来、恩黔、利万、宣鹤、建恩、宣咸8条624千米，实现“县县通高速”目标；在建鹤峰东、建恩北、利咸3条高速公路134千米，总投资280亿元；规划巴张高速沪蓉沪渝连接段、武汉至重庆高速恩施段、恩施机场高速、利云、安来高速覃家坪至珠山寨堡5条高速公路149千米，总投资364亿元。普通国省干线有7条国道、1508千米（不含新纳入规划的G646、G652，达到二级公路及以上标准的1179千米），26条省道、1937千米（达到二级公路以上标准的1276千米），国省道二级公路以上里程占比71%。全州90个乡镇中79个已通达二级公路，26个国家AAAA级以上旅游景区中21个已通达二级公路及以上等级公路，15个国家AAA级旅游景区均已通达双车道。农村公路有县道2556千米、乡道11810千米、村道13045千米，所有行政村和聚居20户以上自然村通沥青水泥路，所有行政村通客运班车。现有长江巴东港、清江恩施港2个省级重要港口，溇水鹤峰港、酉水来凤港、唐崖河咸丰港3个省级一般港口，各类港口泊位41个。现有通航航道25条、628.5千米（长江主航道38.5千米、长江支流航道5条55千米、清江主航道110千米、清江支流航道7条235千米、鹤峰溇水航道58千米、其他内河航道10条132千米）。客运站场在建和规划7个，在营78个（一级站1个、二级站4个、三级站5个、四级及以下站点含乡镇综合运输服务站68个）。交通物流园区在营7个，在建5个、规划2个，全部建成后可实现年货物吞吐量3704万吨。

【重点项目建设】 全州全年累计完成公路水路固定资产投资144.9亿元（高速公路87.4亿元，普通公路45.1亿元，站场水运12.4亿元），同比增长20%。争取部省补助投资10.1亿元。利咸高速投资贡献率排名全省高速公路项目第2，获评一季度、年度全省高速公路“红旗”项目；宣咸高速获评二、三季度全省高速公路“红旗”项目。新增国家公路网规划武汉至重庆高速恩施段、G646、G652约400千米。恩高宣快速通道等13个项目153千米纳入交通运输部“十四五”规划中期调整项目库，G646等11个项目271千米纳入前期储备项目库。宣咸高速建成通车，利咸、鹤峰东和建恩北高速公路加快建设，推进实施49个1231千米国省干线公路项目，10个区域交通“硬联通”项目全部开工、建成1个。巴东综合客运枢纽、咸丰综合客运枢纽主体完工。宣恩忠建河航道整治等水运项目有序推进。

【运输服务保障】 全州完成道路旅客运输量2385.6258万人次、旅客周转量153636.5363万人千米，同比增长23.68%、38.64%；公路货物运输量4493万吨、货物周转量达668088.27万吨千米，同比增长20.25%、19.43%；完成水上客运量

157.65万人次、旅客周转量9281.4846万人千米,同比增长达417.91%、563.82%;水上货运量111.5112万吨、货物周转量34307.507万吨千米,同比下降17.83%、19.82%。平稳推进"规模以上"道路货运企业培育,湖北畅通迅景物流有限公司成功纳入交通运输部规模以上货运企业名录,恩施州纳入规模以上货运企业名录的企业达5家。持续巩固拓展"村村通客车"成果,争取省厅下达恩施州2022年农村客运补贴资金和专项补助资金8089万元,恩施州建制村通客车保持率为100%,农村客运公交化率达16.02%,较2022年度提升11.2%。实施巡游出租汽车转型升级,恩施州新能源出租车1099辆,占总数的41.11%,超过省定2025年出租车领域新能源比例达35%的目标。扩大城市公交延伸范围和新能源公交车比重,2023年全州新增新能源公交车6台,新能源车辆达660台,占比达96.21%。做好重点时段运输保障,及时高效完成"五一假期"恩施市旅游客运运力统筹调运及恩施州支援甘肃地震救援物资货运运力调集等关键节点及重点时段交通运输组织保障任务。提升"12328"热线服务水平,2—5月,恩施州"12328"电话平台在全省运行服务质量综合考评取得优异成绩。

**【项目前期工作】** 恩施机场高速获省政府同意采取特许经营模式(BOT)建设,投资人招标代理机构遴选已完成。巴张高速沪蓉沪渝连接段选定投资人,项目公司已在巴东县注册成立。普通国省道方面,完成G242恩施市分水岭至马鞍龙段改建工程、G209建始县楂树坪绕镇段、巴东县野三关大桥3个项目工可研批复。完成S339建始县红岩寺至城区段新建工程、巴东县野三关大桥2个项目初步设计批复。完成G351利川市龙井至核桃坝段新建工程、G209巴东溪丘湾至巴东县城段改扩建工程、G209宣恩绕城公路工程(雷家坳至卸甲坝段)、G242来凤县三胡至桂花树工业园段改扩建工程、S366利川市长岩屋至易家店子段改扩建工程、S463咸丰县尖山至大路坝段改扩建工程(K5+510-K25+720段)、S476鹤峰县谷家垭至五里段改扩建工程、巴东县野三关大桥8个项目施工图设计批复。物流站场方面,来凤县交通基础设施(综合交通枢纽)项目(含来凤龙凤物流园交通物流中心)完成设计施工总承包招标。

**【交通运输行业治理】** 强化"两客一危"(从事旅游的包车、三类以上班线客车和运输危险化学品、烟花爆竹、民用爆炸物品的道路专用车辆)企业、重点营运车船的执法监管,深入开展水运企业经营资质核查、道路客运市场"百日攻坚"、旅游客运市场专项整治及道路客运"打非治违"等专项行动;联合州公安交管局对全州驾培驾考行业开展联合专项督查,对全州23家驾校进行检查督导。强化重点营运车辆动态监控监管体系,建立全州道路营运车辆违法信息抄告、动态监控考核抽查季通报制度。组织推进行政审批"清减降放",将17个州级道路运输行政许可事项的审批权限下放到县(市),保留1项实施告知承诺制证明事项。严格依法行政,恩施州交通运输综合执法领域共立案查处547起,办结529起,结案率达96.7%,处罚款292.16万元,行政复议、行政诉讼败诉案件为零。强化交通执法队伍建设,参与首届湖北省交通运输综合行政执法大练兵大比武竞赛活动,获执法大讲堂竞赛单项一等奖、业务知识竞赛单项二等奖、队列及交通指挥手势竞赛单项三等奖,团体总分全省第1,获得团体一等奖。做好农民工工资治欠保支工作,联合州人社局印发《恩施州工程建设领域农民工工资保证金差异化存储办法》《恩施州"标准化安薪项目"创建标准》,开展"标准化安薪项目"选树活动,培树G350利川市石山庙至羊子岭段、宣恩县普通公路"建养一体化"01项目包等12个标准化安薪项目,在全州交通建设领域起到示范引领作用。

**【"四好农村路"建设】** 实施县乡道通畅、通村路升级、通组路补短板"三大工程",完成新改建农村公路1371千米,打造美丽农村路286千米。推进"四好农村路"(建好、管好、护好、运营好农村公路)示

2023年6月,来凤县旧司镇"四好农村路"一角　(州交通运输局　供稿)

范创建，巴东县成功创建“四好农村路”全国示范县，恩施市成功创建“四好农村路”全省示范县，来凤县旧司镇、宣恩县万寨乡、恩施市白果乡、鹤峰县走马镇成功创建全省“四好农村路”示范乡镇。宣恩县黄傅公路7月获评2022年省级“十大最美农村路”，咸丰县唐朝旅游公路入选2023年度省级“十大最美农村路”预选名单。

【交通安全应急】 全州交通运输系统认真开展“迎州庆，保稳定”安全生产大检查、道路旅客运输安全体检、营运车辆司乘人员使用安全带专项整治、遏制道路交通事故多发专项整治等行动，全州公路水运工程建设领域、水上交通安全领域保持“零事故”，安全生产总体形势保持平稳。组织编订《恩施州交通运输行业安全生产监督检查工作指引》，压实行业、属地、企业、从业人员“四方责任”。开展交通运输安全生产八大专项行动、重大事故隐患专项排查整治、交通运输重要基础设施安全防护、岁末年初全州交通运输领域安全生产和消防安全“百日会战”、道路运输客运市场专项整治“百日攻坚”、安全隐患排查整治“回头看”等专项行动，累计督导检查企业及项目1668家次、车辆14193辆次、船舶176艘次，立案查处447起，处罚款236.33万元，对全州交通运输行业7处挂牌督办隐患、53处重大事故隐患、754处一般隐患整改情况进行梳理排查，督促落实整改销号，确保安全隐患动态清零。强化应急准备，扎实做好防汛救灾、扫雪防滑等工作，有效保障人民群众安全便捷通行。加强值班值守，严格执行重点时段24小时应急值守和领导带班制度，确保交通运输政令畅通，及时妥善处置各类突发事件。

【春运工作】 春运期间，恩施州公路、铁路、水路、航空共完成旅客运输量195.26万人次，与2022年同比增长15.39%，与2019年同比下降50.90%。其中，道路运输量118.35万人次，与2022年同比增长12.38%，与2019年同比下降61.4%；铁路运输量68.98万人次，与2022年同比增长22.48%，与2019年同比下降5.73%；水路运输量7739人次，与2022年同比下降15.4%，与2019年同比下降71.42%；民航运输量7.15万人次，与2022年同比增长7.14%，与2019年同比下降52.93%。州内高速公路通行车辆526.36万辆，与2022年同比增长21.04%。全州未发生旅客运输伤亡事故、重大服务质量事件和旅客长时间滞留现象，运输秩序平稳。

【荣誉】 2月，恩施州公路局养护科副科长杨鹏获国家卫生健康委、中国红十字总会、中央军委后勤保障部卫生局“2020—2021年度全国无偿献血奉献奖铜奖”。4月，中共湖北省委、湖北省人民政府授予恩施市公汽公司司机聂池昆“湖北省劳动模范”称号；11月23日，恩施市交通运输综合执法大队被湖北省交通运输厅表彰为“全省交通运输系统先进集体”；12月8日，宣恩县农村公路事业发展中心荣获中国交通报社、交通运输部规划研究院首届公路助力乡村振兴创新实践优秀案例推选展示活动“十佳案例”；12月22日，恩施州公路局信息科科长刘琳获评中央人民广播电台中国交通广播“2023年度优秀通讯员”。

（田德久）

## 高速公路

【概况】 2023年，全州高速公路项目建设全面实施。实现高速公路年度投资82.9亿元，占年度投资计划81.5亿元的101.72%。其中，鹤峰东项目10.6亿元，占年度投资计划11亿元的96%；宣咸项目9.5亿元，占年度投资计划9.5亿元的100%；建恩北项目6亿元，占年度投资计划6亿元的100%；利咸项目56.8亿元，占年度投资计划55亿元的103.3%。在建项目超额完成年度目标任务。

【在建高速征迁协调服务】 2023年，建成1条高速公路（宣咸项目年底通过交工验收），全面建设3条高速公路（鹤峰东、建恩北、利咸），推进互通收费站项目2个（恩施西收费站改扩建、利川东互通）。利咸项目被评为全省2023年度“红旗”项目，宣咸项目被评为二、三季度“红旗”项目。截至2023年底，鹤峰东项目路基、隧道、涵洞、房建等工程全部完成，路面、交安、绿化、机电工程完成99%，云南庄、溇水河特大桥完成90%，鹤峰东连接线、云南庄至城区（中坝）连接线完成32%，建恩北项目路基工程完成83%、涵洞通道完成100%、桥梁工程完成18%、隧道工程完成55%；利咸项目路基工程完成74%、桥梁工程完成48%、隧道工程完成38%。恩施西收费站改扩建项目前期工作和征地拆迁工作均已完成，项目已开工建设。利川东互通已通过发改部门核准，施工图通过省交通运输厅审查待批复，利川市启动征地拆迁，项目公司完成监理招标。

【拟建项目前期工作】 巴张高速沪蓉沪渝连接段招商引资及相关专题报批成效显著，完成投资人招标。获得三峡风景名胜区选址论证报告批复，用地预审、规划选址等核准前置专题全部完成，项目工可研报告通过省交通厅审查。恩施西收费站前期工作、征地拆迁已全部完成，建设用地已组卷报批至省自然资源厅，局部工程已提前开工建设。利川东互通投资协议重新签订，项目已核准，施工图设计已通过省交通运输厅审查待批复，征地拆迁和施工准备同步开展。省交通运输厅同意提前开展利云高速、武汉至重庆高速公路恩施段前期工作，已完成2个项目工可研招标并开展相关研究工作；支持谋划的利云、来秀、利黔、巴张高速野三关至湖南省界段、安来高速覃家坪至珠山寨堡高速公路等项目纳入省道网中长期规划，分时纳入五年规划。

（姚　慧）

## 国省干线公路建设管护

【概况】　截至2023年底，全州共有国省道33条、3445千米，其中国道7条、1508千米，省道26条、1937千米，国省道总里程位列全省第1，国省道路网密度14.35千米/百平方千米。按技术等级分，一级公路84千米、二级公路2372千米、三级及以下公路989千米，二级以上公路占比71.29%。国省道桥梁670座，其中特大桥5座、大桥126座、中桥161座、小桥378座；隧道36座，其中特长隧道4座、长隧道16座、中隧道6座、短隧道10座。

【公路项目建设】　在“十四五”规划50个国省道项目中，工可批复率80%、初设批复率76%、施工图批复率68%，工可和初设批复率分别排名全省第3和第2。恩高宣快速通道等13个国道新改建项目共153千米纳入交通运输部“十四五”规划中期调整项目库，排名全省第1。2023年全州累计完成国省道固定资产投资29.1亿元，完成路基82千米、路面138千米，建成一批事关州域经济社会发展的重点项目，G348巴东县城至高铁站快速通道建成通车；G351恩施市芭蕉互通至谢家土段全线通车，实现芭蕉乡通二级路目标；S463唐崖绕镇段、G242恩施下云坝至晓关段基本建成。

【公路养护】　全州完成国省道路面大中修工程423千米、危桥（隧）改造41座、地质灾害防治工程130千米、安全设施精细化提升工程287千米，建成359千米“七彩旅游公路”。G318建始高坪至恩施崔坝段、S245鹤峰下坪至太平段通过全省美丽国省道创建初评验收。开展小修保养和日常管养，累计完成清理水沟25313千米，修补坑槽约24403平方米，路面灌缝1668余千米，疏通整修涵洞11868道，修复安防设施15751米，更新和维护标牌1749余块。全州路面技术状况指数PQI总体评分为87.57分。

【公路安全生产】　全州因暴雨发生公路交通中断46处，造成公路坍塌方25.5万立方米，路基冲毁2200米，损毁挡墙1.6万立方米、路基5万立方米、路面76.3万平方米、涵洞28道，造成经济损失约2.8亿元。全州累计投入应急保畅机械设备926台班、人员2573人次、资金940万元，交通中断全部抢通，切实保障人民群众安全便捷出行。开展安全生产三年攻坚行动，对国省道重要基础设施、关键环节、重点领域、重点区域督导132次，排查安全隐患64处，全部完成整改。完成6处州级挂牌隐患整改销号。围绕重点领域、重点部位和重点人员，开展针对性培训，邀请省应急管理厅专家培训1次，开展国省道突发中断等应急演练9次。

【公路法治建设】　州交通运输局、州农业农村局、州自然资源和规划局联合印发《关于普通公路两侧建筑控制区范围内不得新审批宅基地的通知》，规范普通公路两侧建筑控制区范围内不得新审批宅基地，建立联动机制，加强对公路两侧建筑控制区新增违法建筑物的管控。

【公路科技创新】　推广应用生态自密实混凝土、气泡混合轻质土、开普封层施工工艺等公路“四新”技术，助推建养工作迈向新台阶。创新赋能，推动公路向数字化、智能化转型，与铁塔公司恩施州分公司签订战略合作协议，以利川齐岳山隧道和恩施浑水河大桥为试点，开展路段监测和路况信息收集分析，采用技术手段保障公路运行安全。咸丰县启动全州首段国省道“智慧公路”建设项目，在S249坪坝营集镇至坪坝营景区段，设计弯道安全行车引导系统、AI公路路面事件预警系统、边坡安全实时监测等功能，新技术赋能助力公路高质量发展。

【荣誉】　州公路管理局在全省市州级桥隧养护管理规范化评价中位居

2023年1月11日，G348巴东县城至平阳坝巴东高铁站一级公路修建现场

（州公路管理局　供稿）

第1名，鹤峰县、巴东县公路事业发展中心分别位列全省普通国省道养护管理评价第2名、第20名。鹤峰县公路事业发展中心被省公路事业发展中心评为2023年度湖北省普通国省干线十佳养护单位。鹤峰县杨家大湾、三里荒服务区，恩施市鸦鹊服务区，来凤县兴隆坳服务区被省公路事业发展中心评为2023年度湖北省普通公路“五星级服务区”。州公路管理局机关党支部“打造三个课堂创新党员教育方式”、巴东长江公路大桥管理局“‘四项工程’筑牢护桥堡垒”分别被州委直属机关工委评为2023年州直单位优秀支部工作法、州直单位机关党建创新案例。州公路管理局驻土桥社区尖刀班班长牟兰被恩施州创文创卫工作领导小组评为2023年度州城创文创卫工作突出个人。

（曾雅君）

## 农村公路建设管护

【概况】　截至2023年底，全州农村公路在册总里程27395.4千米。其中，县道2540千米，乡道11810千米，村道13045.4千米。

【农村公路建设】　全州农村公路建设完成固定资产投资15.9亿元，新改建农村公路1371千米。开展农村公路工程建设突出问题专项治理，完善招投标、施工管理、竣工验收等管理制度，建设规范管理水平有效提升。巴东县成功创建“四好农村路”全国示范县，成为全州首个获此殊荣的县（市）。

【农村公路养护】　全州养护总里程26619千米，共投入养护资金20775万元。在全省普通公路养护评价情况通报中，路面技术状况评分来凤县进入前10名，养护管理评价恩施市进入前10名，恩施市被省公路事业发展中心评为“2023年度湖北省农村公路十佳养护单位”。农村公路技术状况自动化检测州级完成抽检813.2千米，6个县（市）自检9452千米。养护提质攻坚行动有序推进，完成危桥改造项目38座、路面改善工程273千米、村道安防工程1209.7千米，创建美丽农村路422.84千米。建立健全由地方政府主导，县、乡、村三级联防联控监测和应急综合处治机制，汛期农村公路灾毁中断1026条3352处，直接经济损失约4.15亿元，共投入资金2133.2万元抢通1025条3351处；冬季除雪防滑保畅共投入融雪剂1005吨、防滑料365立方米、机械2864台次、人员12961人次、资金458.1万元，设置警示牌5944块。全州6个县（市）推行农村公路灾毁保险，2万余千米农村公路纳入灾毁保险。省交通运输厅就恩施州农村公路灾毁保险工作开展专题调研，交通运输部、财政部、国家金融监管总局及浙江、福建、贵州、甘肃、湖北5省在恩施联合开展“全国农村公路灾毁保险交通强国试点建设”集中调研，灾毁保险工作得到高度肯定。

【农村公路安全生产】　落实部门监管责任，细化安全生产责任清单，州农村公路管理局严格落实局领导包保县（市）责任，压紧压实安全生产属地责任和企业安全生产主体责任。开展农路物流安全生产专项行动，加强安全隐患排查整治，扎实开展“安全生产月”活动，聚焦行业矛盾风险点，妥善应对行业重大舆情，做好矛盾纠纷排查化解和源头防范，组织开展拖欠农民工工资专项治理，全力做好行业信访维稳工作，推动常态化扫黑除恶斗争，持续做好春运、两会、汛期、州庆、国庆等重要时段、重要节假日的应急值守和安全保畅，全年未发生重特大安全责任事故，行业安全形势平稳可控。

【全面从严治党】　开展学习贯彻习近平新时代中国特色社会主义思想主题教育，完成州农村公路养护运行情况调研，配合省交通运输厅开展农村公路灾毁保险专题调研，组织并参与省交通运输厅《农村公路路面改善工程设计指南》编制调研。配合八届州委第四轮巡察，认真落实巡察组反馈问题整改。深化作风建设，加强革命传统教育、廉政警示教育、家教家风教育。高质量办结州人大代表建议、州政协提案11件，均为满意以上。

（张仕斌）

2023年7月21—22日，省考核组到恩施市开展省级“四好农村路”示范县创建考评
（州农村公路管理局　供稿）

## 道路运输管理

【概况】 2023年，全州客运量累计完成2385.63万人次，客运周转量153636.54万人千米，同比分别增长23.68%、38.64%；全年完成货运量4492.31万吨，货运周转量668089.24万吨千米，同比分别增长20.23%、19.43%。

【道路运输】 全州共有道路旅客运输企业141家，车辆4939辆；道路危险货物运输企业24家，车辆504辆；普通货物运输业户7781户（其中企业663家，个体户7118户），车辆9547辆。新开通恩施—板栗园等4条客运班线，新备案金果坪—恩施等2条定制客运班线，新培育规模以上货运企业1家。全州组建道路运输应急救援队伍8支、救援人员183人、车辆180辆。完成春运、新兵运输、中高考、暑运等重点时段和节假日运输组织保障任务。

【站场建设】 全州道路客运站场建设完成投资5.04亿元，达年度计划总投资100.23%，超额完成任务。黔张常铁路咸丰综合客运枢纽获交通运输部补助资金4000万元，省交通运输厅在巴东县召开郑万高铁巴东综合客运枢纽资金申请报告咨询评估会。全州建成验收乡镇综合运输服务站2个，分别为建始官店综合运输服务站和恩施芭蕉综合运输服务站，农村候车亭420个，其中新建港湾式候车亭257个、新建直停式候车亭156个、改建港湾式候车亭7个，累计申报补助资金2324万元。全州共有汽车客运站79家、货运站1家。

【城市客运】 全州公交车企业14家，其中国营6家，民营8家，公交车总数683台。全州巡游出租车出租企业20家，其中国营3家，民营企业17家，巡游出租车2018辆；网络预约平台公司8家，其中恩施7家、建始1家，网约预约出租车655辆。推动落实特殊人群优惠乘车保障，全州累计办理老年免乘卡约8.2万张，2023年免费乘车达1496.41万人次，免费金额近3000万元。宣恩县公交公司整合县域内阿尼阿兹石头院子、伍家台茶园、曜天眼景区等主要景点，打造宣恩县公交旅游风景线。恩施市于10月26日出台《恩施市人民政府关于印发〈恩施市巡游出租汽车经营服务管理办法〉的通知》文件，规范巡游出租车经营服务行为，保障乘客、驾驶员和巡游出租车经营者合法权益，维护行业健康发展。开展出租车服务质量信誉考核，恩施州2家出租车企业（巴东锦瑞、巴东东顺伟业）首次达标出租汽车服务质量信誉考核AAAAA企业（全省仅4家）。

【新能源车推广】 通过宣讲政策、上门服务、争取财政补贴等方式，加大新能源车推广力度。全年下线公交车63辆，新增新能源公交车6辆，全州新能源公交车达660辆，新能源占比达96.21%，位居全省前列，远超全省公交新能源化占比75.6%的平均水平，率先完成至2025年新能源公交车占比达85%的目标任务。全州新能源出租车达1099辆（巡游出租车529辆、网约预约出租车570辆），新能源占比达41.11%，超过省定2025年出租车领域新能源比例达35%的目标。

【维修检测】 全州维修企业共1115户（其中一类维修企业54户、二类维修企业303户），机动车检测站25家，I/M站47家，提供大型柴油车汽车尾气治理业务维修企业5家。完成25家维修企业VOCs原辅料替代方案，完成17家汽修企业密闭式调漆房建设任务。邀请中国交通通信信息中心技术专家对县（市）管理和企业业务人员进行汽车维修电子健康档案系统操作培训。一、二类汽车维修企业和部分三类汽车维修企业已安装使用湖北省汽车维修电子健康档案系统，入网企业达296家，2023年上传维修记录达17.59万条，出具汽车维修竣工出厂合格证共5.62万张，数据上传、竣工出厂合格证使用同比分别提高68.1%、33.1%。完成2022年度299家维修企业年度质量信誉考核，AAA级99家、AA级152家、A级48家。

2023年6月7—9日，恩施州巡游出租车参加爱心送考活动

（州道路运输管理处 供稿）

【驾培和从业资格培训及考试】 恩施州共有驾培机构29家，摩托车驾驶员培训机构3家；备案教练车、教练员分别为1886辆、2129人。共组织客运、出租车驾驶员和危货运输从业人员等考试175场，参考6031人次，其中，合格4253人次，合格率70.52%，收取从业资格考试费39.26万元上缴财政。组织参加省交通运输厅主办的2023年“湖北工匠杯”技能大赛—汽车维修工职业技能大赛，恩施恒信众联汽车销售服务公司、恩施市中等职业技术学校修理厂2名选手分别获三等奖和优胜奖，州道路运输管理处获组织奖。完成2022年度28家驾校年度质量信誉考核，AAA级4家、AA级16家、A级8家。

【安全管理】 组织开展安全督导检查74次，检查企业203家次，发现交办问题481个，均已完成整改。按照《恩施州800千米以上省际道路客运班线安全风险评估实施方案》，配合州交通运输局组织评估专班，对来凤—义乌、来凤—珠海、鹤峰—温州3条到期线路开展安全风险评估，排查整治安全隐患，提升省际长途客运班线安全管理水平。全州道路运输领域生产安全形势总体平稳，共发生道路运输生产安全事故4起，死亡0人，受伤9人。

【行政审批】 推进道路运输领域深化扩权赋能强县改革工作。6月，配合州交通运输局下放道路运输从业资格证办理权限20个事项，组织召开全州行政审批权限办理业务培训会。持续推动“互联网+政务服务”工作，推进道路运输3类9证电子证照全覆盖，落实普货从业资格证凭A2、B2驾驶证直接申领政策。全年办结业务8096件，录入恩施州社会信用信息平台信息3259条。

【春运工作】 截至2023年2月15日，历时40天的2023年春运工作结束。春运期间全州累计投放客运车辆13.25万辆次（不含城市公交和出租），共计发送旅客118.35万人次，同比增长12.38%，未发生较大以上事故。

（祝 璐）

## 港航管理

【概况】 2023年，全州内河航道通航里程450.31千米。有港口5个，汽车渡口1处，人行渡口157处。巴东港水路至重庆450千米，至宜昌110千米，至武汉736千米。全年完成水路运输客运量157.65万人，比2022年同期增长417.9%；完成水路运输货运量111.51万吨，比2022年同期下降17.8%；完成港口货物吞吐量133万吨，比2022年同期下降44.8%。全年水上安全形势稳定，未发生水上交通事故，港口生产、水运工程持续保持“零”事故。

【航道】 州境内有可通航航道25条，总里程628.5千米，三级及以上高等级航道里程159.4千米；其中，长江主航道38.5千米、长江支流航道5条55千米、清江主航道110千米、清江支流航道7条235千米、鹤峰溇水航道58千米，以及其他内河航道10条132千米。全州管养的高等级航道里程137.9千米（三级），其中清江水布垭至恩施段110千米，三峡库区支流沿渡河23.9千米、小溪河4千米。

【港口、渡口】 全州有港口企业10家，其中长江水域5家，清江水域4家，酉水水域1家。有长江巴东港、清江恩施港2个省级重要港口和溇水鹤峰港、酉水来凤港、唐崖河咸丰港3个省级一般港口。拥有船舶停靠泊位32个（其中客运泊位24个、货运泊位8个）。全州有涉水乡镇63个，渡口157处，渡船148艘。有汽车渡口1家（巴东清江库区桃符口）。

【水路运输企业】 全州有水路运输企业15家，其中客运企业10家（旅游企业7家，普通客运企业3家），货运企业5家（省际货运4家，清江流域1家）。有营运性运输船舶84艘，其中客运船舶53艘、货运船舶31艘。

【港航建设】 完成港航建设投资4.96亿元（含社会投资）。稳步推进在建工程，建成巴东港船舶污染物接收转运码头、恩施港云坛口旅游码头一期工程和鹤峰县溇水航道

2023年10月，清江浑水河码头一角 （州港航局 供稿）

整治工程，开工建设鹤峰港江坪河旅游码头和南渡江旅游码头。巴东港宝塔河港区无源洞作业区36号散货码头、主城港区西壤坡旅游码头、宝塔河港区东壤口通用物流码头前期工作取得实质性进展，即将开工建设。落实流域综合治理和统筹发展规划，做好沪渝蓉高铁宜昌至涪陵段、巴东至张家界高速沪蓉沪渝连接段等省、州重大项目涉水服务保障。截至2023年底，“十四五”规划2个航道项目完工1个、在建1个；9个港口项目完工4个、在建3个、推进前期2个。

【运输服务】 恩施港云坛口港区旅游码头一期工程建成投运，水旅融合景区持续增加。全州新增客运船舶8艘（含2艘省际客船、2艘新能源客船）、718客位运力，新增货运船舶3艘、4017载重吨。全州水路客货运市场回暖，客货运船舶新增量创10年来新高。纯电能源船舶正式投运，来凤酉水卯洞水域，2艘全新纯电动力客船下水运营，为全州水运绿色发展开先河。

【平安水运】 推行“州局领导包县（市），县局领导包重点企业、项目、水域，企业管理人员包一线从业人员”的捆绑包联机制，围绕航道、港口、船舶、船员、企业等关键因素，开展航运公司安全与防污染日常监督检查、水路交通安全生产重大事故隐患排查整治和重大风险防范化解、船员实操能力、规范水路客运船舶船岸靠泊问题等专项行动，对全州港航企业经营资质和营运船舶完成全覆盖核查。完成“美丽乡村渡口”共同缔造26个渡口渡船撤销拆除和14个渡口提档升级，提升渡运安全能力。

【污染防治】 制定港口与船舶污染防治攻坚行动重点工作清单，明确目标责任。完成第二轮中央生态环保督察反馈问题（省序号47）省级验收和13处港口码头入河排污口整治销号。落实巴东港主城港区西壤坡神农溪旅游码头、巫峡港区小溪河天翼物流散货码头改造工程岸线批复，巩固非法码头治理成果。推广应用新能源船舶，来凤港建成2艘纯电动旅游船舶，鹤峰港5艘在建。全州108艘产生生活污水船舶均已配置污染物收集装置，实现“零排放”。巴东县制定《港口与船舶污染物接收转运处置管理办法》，推动长江干线港口与船舶污染物免费接收。鼓励船舶使用岸电设施，完成船舶受电装置设施改造31艘，实现率100%。与宜昌海事局签订《水上交通安全监管和防污染合作协议备忘录》，在长江、清江流域开展船舶消防、溢油等多科目水上综合应急演练3次，提升水运环保突发事件应急反应能力。

【机关党建】 完成党支部换届选举。打造“水运微课堂”学习交流平台，全年开展各类政治学习20余次。组织干部职工到咸丰县龙潭司、建始店子坪接受红色教育。落实八届州委第四轮巡察反馈问题整改和交通运输系统干部队伍教育整顿工作。开展违规吃喝专项治理、工程建设领域突出问题专项整治和“不担当、不作为”专项整治等工作。

（许　燊）

## 铁　路

【概况】 2023年，恩施州铁路建设委员会办公室（简称“州铁路办”）加快推进新建沪渝蓉高铁宜昌至涪陵段（简称“宜涪高铁”），优化安恩张、恩黔铁路线路走向，新谋划利川至万州高铁连接线（简称“利万高铁连接线”）、鹤峰至张家界高铁连接线（简称“鹤张高铁连接线”）。2023年，恩施州铁路旅客发送量722.78万人次，比2022年增长85.1%；旅客到达量697.12万人次，比2022年增长69.9%；铁路货物发送量2.03万吨，比2022年减少44.4%；货物到达量223.8万吨，比2022年增加20.9%。

【新建沪渝蓉高铁宜昌至涪陵段】 湖北宜昌经恩施至重庆涪陵高速铁路，是中国“八纵八横”沿江高铁通道的重要组成部分。为时速350千米的高速客运专线，正线全长约490.2千米，总投资约1259亿元，其中恩施州境内长约188千米，投资约490亿元。2023年，推进用地预审、规划选址、社会稳定、通航论证等可研批复前置要件，争取对地方带动最大的五峰至鹤峰南线方案，为可研获批奠定基础。12月28日，湖北省政府在宜昌举行宜涪、宜常高铁湖北段开工动员活动，省委副书记、省长王忠林在宜昌主会场出席活动并宣布项目正式启动，随后，恩施州政府在恩施高新区恩施南站站区举行宜涪高铁恩施段开工动员活动，州委书记胡超文宣布项目启动。本项目的建设标志着沿江高铁通道全面形成。

【恩施州“十四五”及中长期铁路网规划】 1月17日，《恩施州“十四五”及中长期铁路网规划》通过专家评审。规划采用部分共线方式优化安恩张铁路、恩黔铁路线路走向，增强州域内铁路的连通性并节约投资；新谋划利川至万州高铁连接线、鹤峰至张家界高铁连接线，构成连接渝西高铁、沪渝蓉高铁宜昌至涪陵段及张吉怀高铁路网。

【安恩张铁路、恩黔铁路】 安恩张、恩黔铁路是恩施州进入国家中长期铁路网规划（2016—2030年）的铁路项目，均已纳入湖北省中长期铁路网规划及湖北省“十四五”铁路发展规划。安恩张、恩黔铁路项目采取恩施站南下部分共线的方式进行优化，既增强国家铁路网的通道功能，又加强宣恩、来凤、咸丰与州城的联系，同时缩短新建线路里程，能有效节约铁路投资。2023年，州铁路办赴重庆市巫溪县参加安恩张铁路地市州县联席会议，多次赴省发改委、铁四院汇报沟通，推动安恩张、恩黔铁路优化方案纳入省和国家层面规划。

【利万、鹤张高铁连接线】 利万高铁连接线即湖北利川至重庆万州高速铁路，线路东起沪渝蓉高铁宜昌至涪陵段利川西站，西至西渝高铁樊哙至万州连接线，设计时速350千米/小时，新建线路长约100千米。鹤张高铁连接线即湖北鹤峰至湖南张家界高速铁路，线路北起沪渝蓉高铁宜昌至涪陵段鹤峰站，南至张吉怀高铁张家界西站，设计时速350千米/小时，新建线路长约119千米。两项目自北向南连接西渝高铁、成达万高铁、沪渝蓉高铁宜昌至涪陵段、张吉怀高铁等多条高速铁路，将实现高速铁路间的有机衔接，构建西部地区连接关中城市群、长江中游城市群、长株潭城市群、北部湾等地区的纵向高速客运通道。2023年，州铁路办多次赴国铁集团、中国铁路经济规划院及省发改委专题汇报，争取省级层面的重视和支持，并加强与张家界市桑植县、重庆市万州区沟通对接，共同推动争取项目纳入省和国家层面规划。

【建始铁路专用线】 9月8日，建始铁路专用线正式建成投运。该专用线含2条石油线，1条货物线，对于发挥国家铁路运输优势，降低运输成本，扩大成品油供应等具有重要意义。

【首次铁海联运】 9月，鹤峰县凯荣实业发展有限公司首批两个40英尺地中海海运集装箱茶叶，搭乘宜昌东班列前往宁波北仑港港前码头，出口非洲卡萨布兰卡。州铁路办多次联合铁路部门到企业调研，宣传铁路运输政策，优化货运方式。茶叶通过铁海联运班列出口，对恩施州出口企业起到示范引导作用。

【高岭土首次“公转铁”】 12月8日，恩施州1600吨高岭土首次通过“公转铁”（公路运输转铁路运输）“散改集”（散杂货运输改为集装箱运输）敞顶箱专列从宜万铁路恩施站运往川渝地区，为可持续交通注入“绿色”动能。

【铁路配套设施升级】 以州庆为契机对恩施火车站进行形象提升，新建便民综合服务台、增设饮水服务设施及恩施形象公益宣传广告。协调运管部门加开至恩施火车站的高峰期及晚班公交趟次，方便群众出行。协调武汉铁路局集团公司、中移建设有限公司与移动、联通、电信3家运营商开展铁路沿线信号故障排除攻坚，对已出现的公网90条故障告警完成清零，制定长效设施整改方案，对宜万铁路沿线通信信号质量及设备运行情况进行全面检测评估和整体提升。

【征地拆迁补偿资金结算】 协调省客运铁路投资有限责任公司拨付征地拆迁资金431.9万元，协调黔张常铁路公司新增征地拆迁验工结算资金878.22万元，均拨付到县。对咸丰县、来凤县征地拆迁资金进行专项财务检查，确保资金安全运行。协调武九铁路客运专线湖北有限责任公司新增征地拆迁验工结算资金905.38万元，按程序拨付至巴东县。

（朱韦思）

## 民用航空

【概况】 2023年，恩施机场运送旅客159.48万人次、货邮1615吨、起降航班14595架次，其中旅客吞吐量、起降航班架次双超2019年，同比分别增长11.8%、30.3%。全年安全生产形势平稳，未发生各类

2023年12月8日，恩施高岭土首次通过“公转铁”运往川渝地区

（州铁路办 供稿）

责任事故、事故征候，未发生等级以上不安全事件，实现第30个安全年。航班放行正常率88.24%，位居辖区支线前列，旅客满意度4.37，超年度目标2.8个百分点。完成杭州亚运会、建州40周年等重大运输保障任务。

【安全生产】 恩施机场围绕跑道安全、危险品运输、净空保护、鸟击防范等关键环节，开展岗位作业规范百日行动、机场运行专项整治、重大安全隐患专项整治、机闹整治专项行动，提升隐患排查治理效能。实施双围界建设、消防车购买、驱鸟设备添置、站坪嵌缝料更新，举办“硒都·2023”应急救援综合演练，提高应急救援保障能力。

【服务运行】 建立全流程运行效率监测机制，推动监管智慧化数字化，干预临界航班332架次，航班截载时间缩短至30分钟，首件行李提取等待时间缩至6分钟，航班靠桥率达到98.5%。建立服务质量法定自查事项清单，完善服务质量监督改进机制，营造良好窗口形象。建立货运代理人诚信制度，营造货物航空运输诚信经营环境。深化“巴韵

情”服务品牌，制作爱心卡，张贴服务指引二维码，更新楼内指引标识，落实首乘服务举措，不断满足旅客出行需求。

【航空市场】　开通航线19条，通达城市24个。主动向航司传递航班运营数据、恩施旅游形势，坚定航司运营恩施的信心和决心。稳定航班架次，提高航班执行率，冬春航季和夏秋航季航班总量在淡旺季保持相对稳定，日均航班达到40架次。举办杭州、大连、南昌、北海4地航空市场推介会，参与武汉、杭州凉交会，西昌、腾冲、舟山市场推介会，开展恩施机场突破150万人次市场宣传，搭建航司、旅游企业双向联系平台，促进航空供应链上下游之间相互认知，打造优质组合产品，实现市场多方共赢。推进通程航班建设，联合东航完成58条通程航线备案，通程航班直达航点扩展至85个。推动“经汉飞”中转+通程升级，强化恩施精品航线核心产品，恩施—武汉往返旅客人数全年达42.3万人次，占全年旅客总量的26.5%。

【项目建设】　7月14日，恩施航空口岸机场基础设施改造项目经州发改委批复立项，11月3日正式开工。推进机场迁建项目，与机场集团建投公司签订建设服务协议，配合州迁建专班开展工作，基本实现年度预期目标。11月22日预可研报告评审会在恩施召开，民航局出具预可研报告行业审查意见。目前正对接国家发展改革委推进立项评审。场外配套工程完成新机场高速公路项目可研报告编制，启动预可研报告环评、稳评、节能审查编制工作。

【社会责任】　恩施机场安排年度扶贫专项资金9万元，协助解决帮扶村720米道路硬化资金问题。通过“832平台”购买35万余元扶贫村农副产品。开展“双创”活动50余次，参与文明劝导志愿服务活动200余人次。

2023年9月27日，恩施机场开通成都—恩施—济南航线

（恩施机场公司　供稿）

【荣誉】　恩施机场地面服务部直尕思得班组获“全国民航五一巾帼标兵岗”称号，恩施机场消防支队在中南地区首届机场消防员岗位职业技能大赛中获优秀组织奖，恩施机场地服团支部被湖北机场集团授予五四红旗团支部称号。石琳凤获评民航中南辖区重大活动网络安全保障先进个人；罗波、陈明航获民航中南地区首届机场消防员岗位职业技能大赛个人综合三等奖；陈明月、杨冬霜分获“湖北工匠杯”技能大赛“民航特种车辆司机”个人三等奖、优胜奖；朱钧被湖北省企业团工委表彰为优秀共青团干部。

（陈明浩　关林子）

## 交通物流

【概况】　2023年，州交通物流系统围绕“增密、互通、提质”要求，推动交通物流融合发展，为全州“构建大交通”、乡村振兴、加快建设“两山”实践创新示范区提供交通物流保障。配合八届州委第四轮巡察，认真落实巡察反馈问题整改。办结州人大代表建议、州政协提案11件，结果均为满意以上。

【物流设施建设】　全州交通物流基础设施建设完成固定资产投资2.41亿元。恩施传化公路港一期、建始县电商冷链扶贫产业园一期、巴东江北农村物流园相继建成运营。恩施传化公路港一期、建始县电商冷链扶贫产业园一期投资补助项目已完成省厅核查。恩施市七里坪物流园、巴东县青龙桥智慧物流产业园、鹤峰县太平农产品冷链物流园建设稳步推进。恩施传化公路港等5个项目纳入全省“十四五”规划中期调整货运枢纽重点项目库。参与制定《恩施州流域综合治理和统筹发展规划三年行动方案》，明确现代物流体系建设项目支撑。

【交通物流发展】　与州邮政局完成邮政快递物流运行情况调研，探索“交邮合作”和“客货邮”一体发展的思路和举措。开展全州数字物流调研，提出全州发展数字物流建议。推动交邮合作、交快合作，完善县、乡、村三级农村物流网络体系。巴东县、来凤县、咸丰县获省补助资金的农村交通物流发展项目运行较好。

（张仕斌）

# 邮 政

## 邮政管理

【概况】 2023年，恩施州寄递服务网络拓展畅通，安全保障有力，满意度提升，行业运行有序。恩施州邮政快递业务收入完成13.64亿元，同比增长22.14%。邮政行业寄递业务量累计完成8379.73万件，同比增长18.94%；其中，快递业务量累计完成3560.39万件，同比增长47.88%。3月，州邮政管理局被省人社厅、省“扫黄打非”工作小组办公室评为全省“扫黄打非”先进集体。

【农村寄递物流建设】 州邮政管理局牵头全州农村寄递物流建设，推动州人民政府将农村寄递物流建设工作纳入《恩施州乡村建设行动实施方案》《恩施州2023年“稳预期、扩内需、促消费”工作方案》，印发《州人民政府办公室关于加快实现农村寄递物流村级服务网点全覆盖的通知》，将“快递进村”工作纳入主题教育为民服务办实事项目。统筹乡村振兴和东西部协作等专项资金8000余万元，其中州级财政一次性兑现村级网点建设补贴资金99.6万元，支持农村寄递物流体系节点建设和运营管理。宣恩县举办全省现场培训会。完成建设村级寄递物流综合服务网点1474个，实现快递服务进村全覆盖。农村寄递物流建设经验先后被《人民日报》《半月谈》《中国邮政快递报》《湖北日报》等媒体专题报道。

【分拣转运中心建设】 全州累计提供14.87公顷土地和34处房屋用于县级共配中心、乡镇服务站点建设。建成县级寄递物流公共配送中心9个，乡镇寄递综合服务站点281个。

【助推经济发展】 州邮政管理局指导寄递企业打造寄递业务量超500万件的快递服务现代农业“铜牌项目”1个。全年寄递茶叶、土豆、腊肉等农特产品超1500万件，“恩施硒茶”搭乘海铁联运班列出口，引导邮政、顺丰等寄递企业为恩施立讯、达翔等制造业企业定制寄递物流运输专线方案。宣传推介以宣恩县板栗园村为代表的“千件邮路”。依托“832平台”、抖音等电商平台，拓宽农产品销售渠道，形成农产品产供销全流程物流服务体系。在旅游景区建成邮政快递服务站点12个，为13个景区提供上门揽收服务。

【寄递渠道安全监管】 州邮政管理局联合州委政法委召开全州寄递渠道安全管理工作领导小组会议，安排部署年度寄递渠道安全重点工作，与州公安局、州国安局等部门开展国庆、两会等活动期间寄递渠道安保工作专项检查、寄递渠道禁毒“百日攻坚”专项行动、寄递渠道扫黄打非专项检查、寄递渠道打击涉烟违法行为专项行动。贯彻实施《快递业务经营许可管理办法》，开展快递业务经营资质清理和快递市场秩序整顿专项行动。落实省邮政业申诉处理权限下放承接工作，依托“12345”政务服务热线，对申诉中心接到的损害消费者利益行为依法查处。全年处理用户申诉1502件，为用户挽回经济损失8万余元，用户满意率100%。

【企业主体责任】 州邮政管理局督促邮政快递企业落实《湖北省安全生产条例》、生产经营单位安全生产责任“两个清单”和《邮件快件处理场所、营业场所安全管理规范化二十条细则》要求，开展安全生产隐患问题排查整治专项活动，整改销号一批安全问题。完成成都大运会、杭州亚运会、建州40周年等重大活动期间的寄递安保任务，指导建始县邮政监管执法大队组织全州邮政快递业消防安全培训及应急演练活动。

【“绿盾”工程建设】 推进全州安全视频监控联网，建立智慧邮政监管平台，实现对全州乡镇以上邮政快递生产经营场所视频监控联网全覆盖。邮政干线车辆实现北斗导航系统设备安装全覆盖。推进科技成果转化，智能车辆、智能分拣设施、智能仓库和云仓在行业广泛应用，全州新增智能分拣设备10套。

【邮政普遍服务】 州邮政管理局与有关邮政企业落实《邮政普遍服务标准》，全州每周投递5次以上行政村达519个。农村邮路汽车化率达99.56%。对邮政营业场所普遍服务开展专项整治行动，推进高校录取通知书、巡视巡察专用信箱、纪特邮票发行等专项监督检查。指导州邮政分公司加强邮政综合服务平台建设，开办警邮合作网点94个、税邮合作网点102个，全年收寄政务邮件40.9万件。

【机要通信监管】 州邮政管理局联合州国家保密局开展机要通信保密安全全覆盖检查，及时督促整改问题隐患，实施机要通信跟班作业，开展多场景应急演练，确保党和国家秘密载体安全传递。

【“扫黄打非”检查】 州邮政管理局联合州文化和旅游市场综合执法支队，开展邮政快递业“扫黄打非”联合检查和专项行动，编印《恩施州寄递行业“扫黄打非”基层工作站建设指南》，指导邮政快递企业建成“扫黄打非”基层工作站142个。

【依法治邮】 州邮政管理局加强《中华人民共和国宪法》《中华人民共和国民法典》和新修订的《邮政行政执法监督办法》等法律法规的宣传学习。落实行政执法三项制度和重大执法决定法制审核制度，开展行政执法不规范专项整治活动，规范执法行为。落实全州普法依法治理工作要求，利用“12·4”国家宪法日等系列宣传教育活动，加强行业普法宣传教育，组织全局干部职工参加法宣在线考试，考试合格率为100%。制订年度常规检查和“双随机”检查计划，加强日常监督检查。

**【优化营商环境】** 州邮政管理局制定《2023年邮政快递业优化营商环境工作方案》，压缩许可备案、申请和公共服务事项办理承诺时限，精简审批材料，实行证明事项承诺制和“一次性告知”制度，巩固企业群众办事“不上门、不跑路、一网通办、一次办好”成果。推进稳岗就业和惠企政策落地，落实包容审慎监管要求。

**【快递市场秩序】** 开展快递服务质量专项整治行动，重点整顿不按址投递、末端违规收费等农村快递服务乱象和电商快件限制发货等行为，查处农村末端网点违规收费案件2起。开展快递市场日常监督检查，全年共检查企业1047家次，行政约谈11家次，下达限期整改通知书57份，立案查处违法违规企业6家次。

**【快递包装绿色治理】** 推进快递包装绿色转型，全州各寄递企业分拨中心可循环中转袋保有量达2.63万条。指导恩施顺丰开展可折叠可循环包装箱（盒）试点。全行业新能源汽车保有量达37台。建成绿色分拨中心8个，绿色网点25个。

**【关爱快递小哥】** 州邮政管理局开展夏送清凉、冬送温暖等“暖蜂”行动，走访慰问快递员250余名。会同州总工会、人社等单位做好保障快递员群体合法权益工作，从业人员参加工伤保险率达100%。推动建设快递小哥“一站式”服务平台，开放“户外工作者驿站”69个、“张富清红色驿站”143个，免费提供停车、热水、充电等服务。号召餐饮行业开设“小哥食堂”，提供便餐、休憩服务。

（王　森）

## 中国邮政集团有限公司恩施州分公司

**【概况】** 恩施州邮政分公司是中国邮政集团有限公司下属地方分公司，公司依法经营各项邮政业务，承担邮政普遍服务义务，受政府委托提供邮政特殊服务，对竞争性邮政业务实行商业化运营。经营业务主要包括：国内和国际信函寄递、包裹快递、报刊、图书等出版物、邮票发行、邮政汇兑、机要通信、邮政金融、邮政物流、电子商务及各类邮政代理业务和国家规定开办的其他业务。2023年，全州邮政实现收入7.92亿元，增幅14.19%，快于地区生产总值增速9.69个百分点，高于全省平均增幅2.76个百分点。

**【业务发展】** 代理金融业务从“做储蓄”向“财富金融”和“生态金融”转型战略落地见效。共建设各类智慧场景946个，新增有效户33077户。突出发展特快和物流业务，创新开展惠农合作、政务服务、医药市场及汽车产业链等项目协同营销，突破发展社区团购、退换货业务，实施大客户“一户一策”，加快布放寄件宝。全年共实现收入9017万元，增幅18.55%，业务量增幅38.3%。成功举办庆祝恩施州建州40周年——2023年湖北省主题集邮展览活动，提升邮政社会影响力，开发《绿色恩施》纪念邮册、纪念邮折及建州40周年系列衍生产品，实现项目收入300余万元；创新开展图书巡展活动，校园报刊收订实现突破；开展新媒体附近推、家乡包裹、网点橱窗广告机、烟草零售等创新型项目。全年共实现收入3873万元。

**【农村物流网络建设】** 以“快递进村”为切入点，加快县级寄递物流共配中心和村级综合便民服务站的建设，科学设置汇接点，全面完善点的布局；重新规划段道328条，推进4类段道优化；系统优化格口设置和分拣作业流程，加快推进用点直投，实现县乡村邮件进出口时限更快、投递频次更多、投递频次更优。

**【融入乡村振兴】** 依托网点“四合一”改革、三级物流体系建设，按州、县、网点（站点）三级搭建“专职+兼职+代办”三类营销配置，建成21个营销团队。依托金融网点建设自提点92个，依托邮政农村综合便民服务站，培育赋能站主，延伸农村地区邮政营销“触手”。加快邮银协同，融资e贷款净增8985万元，整村开发信用村71个，中邮惠农示范社达标7个、中邮惠农示范农业企业达标4个。

**【基础管理持续规范】** 持续推进外包专项整治，以规范外包范围管理、需求管理、合同执行等“十大环节”，构建合规、健康、良性的外包效益效率管控闭环；加大集中采购力度，重点推进服务、业务外包集中采购，资金节约率10%以上；加强制度执行情况监督检查，杜绝违规违纪行为。

**【筑牢安全生产防线】** 落实邮银联防联控责任，筑牢合规防线；运用风险模型，实现违规问题精准管控，全年未发生重大案件和风险事件，未发生大额罚款和大额赔付，未发生重大负面舆情。压实全员安全责任，聚焦“八大安全”加大隐患排查和整改力度，完成国家重大活动期间邮政安全服务保障工作目标。

【荣誉】 恩施州邮政分公司在省分公司主题劳动竞赛活动中，名列小组第2名；来凤县分公司匡锦梅获“湖北省劳动模范”称号，巴东县分公司谭德刚获“恩施州五一劳动奖章”称号。

（牟 澎）

# 通 信

## 中国电信恩施分公司

【概况】 2023年，中国电信恩施分公司（简称“恩施电信”）践行国家“千兆光网”战略，推进“网络强州”，加强信息化服务保障，推进“云改数转”。截至年底，全州城镇恩施电信光网100%覆盖，行政村电信光网100%覆盖，自然村通光率为98%，千兆能力占比达到80%，平均速率500兆，居民聚集居住地覆盖率为100%；5G网络覆盖全州所有县（市）、乡镇以及部分较为发达行政村。恩施电信4G基站有4832座，覆盖率达到98%以上，5G基站2868座，城区、乡镇达到全覆盖，农村发达地区基本覆盖。全年为全州各类重点活动提供支撑保障，累计出动应急保障车辆182次，出动保障人员1136人次，完成建州40周年等各类大型活动保障和突发事件应急保障。助力“双创”工作，累计投入3500万元，完成全州所有弱电整治和责任区域整治。

【天翼云服务】 恩施电信承接集团天翼云4.0形成的“4+4+31+X”的全国资源布局，以其分布式、自主可控、安全可靠、开放共享的独特优势，构建未来网络架构的核心。截至年底，天翼云恩施节点第一期完成建设并投入使用，可以服务恩施本地云桌面、云主机用户10万户以上。加快数据中心建设，通用算力规模达到1.04PFLOPS。

【支持“数字政府”建设】 恩施电信推进恩施州“两山”创新数字化建设项目——数字底座（一期）政务云项目建设投入运营。在全州“12345”政务服务便民热线平台基础上，聚焦“高效办成一件事”，完善“互联网+”政务服务体系，打造全省数字政府综合信息服务运营标杆，助力优化营商环境。推进“一网统管”工程，推进政务云、电子政务网等“一网统管”基础底座的升级改造，提升预警分析、科学决策和协同指挥能力。推进智慧社区和智慧城市工程，支持“智慧恩施”建设。在夯实政务云、电子政务网等基础云网底座基础上，推进OTN网络的全面替代，通过天翼云服务为政府、企业提供数字支撑。加强“智慧应急”系统建设，构建快速反应、精确指挥、科学决策的数字应急管理体系。对接公安、消防、住建、民政等城市大脑系统，建设“智慧社区”标准化应用平台，全力打通全域社会治理“最后一公里”。

【服务乡村振兴】 推进数字乡村工程，建立“数据汇聚、数据处理、数据应用”一体化功能体系，在全省“三农”大数据平台一期建设项目基础上，进一步实现“三农”数据资源开放共享和业务决策分析，打造“三农”大数据基座。全州8个县（市）数字乡村平台乡镇覆盖率为100%，以“驾驶舱”模式向各级政府展示，为基层干部群众生产生活数字赋能。推进“万兆到县、千兆到校、百兆到班”进程，加快远程教育基础信息设施建设，引入学科类教育资源和素质类教育资源，促进区域教育资源均衡和教育公平。聚焦“双减”政策推进“数字校园”建设，促进智慧教育示范区和智慧教育示范学校建设。对“互联网+健康医疗”转型升级，依托省卫健委健康医疗大数据中心，继续推动全州卫健系统以及医疗机构转型升级。聚焦恩施机场迁建等重点项目，发挥云网、安全底座优势，提供智慧交通、公路治超、智慧机场、智慧停车等数字化能力，加快全州交通物流领域数字化工程发展进程。推进恩施5G+工业互联网数字底座，快速赋能中小企业上云。布局5G+工业互联网典型行业应用能力，通过场景驱动推动企业5G网络改造升级和应用落地。

【协同反电诈工作】 严格执行实名制，用户入网按照实名制规定办理，加强约谈及考核。联合公安、教育等部门，通过营业厅宣传、进村入户、反电诈进校园等方式进行反电诈宣传，累计覆盖人数达30万人。

（张 艳）

## 中国移动通信集团湖北有限公司恩施分公司

【概况】 2023年，中国移动通信集团湖北有限公司恩施分公司（简称“恩施移动”）下设恩施市、利川、巴东、建始、来凤、宣恩、咸丰、鹤峰8个县（市）公司。组建州、县、乡、村立体多层次服务网络，开通热线电话、互联网、微信、码店等线上服务平台。5G基站规模达到3633个。恩施移动承建的利川5G智慧红茶项目、和诺5G+工业园区项目、咸丰5G+智慧水利项目获得“绽放杯”5G应用大赛湖北赛区奖项，巴东智慧城市（一期）获“光华杯”中部赛区优秀集体奖及团队个人奖，建始长岭岗森林防火项目获“光华杯”乡村振兴赛道创新示范奖。

【基站建设】 恩施移动新建5G基站1448个，规模全省第4。启动景区无线网络专项提升工程，在苏马荡等区域新建159个5G站点和13个4G站点，景区5G站点达到340个，4G站点达到626个。全州实现县城以上700M+2.6G双层网100%

连续覆盖，乡镇700M和2.6G网络100%互补覆盖，高校、省级工业园区、火车站、机场、长江航道全覆盖，所有国家A级旅游景区和避暑度假区实现4G、5G网络全覆盖。行政村5G覆盖率为90%。新建千兆小区985个，总量居全省第2。千兆小区累计达到2064个，占比同比提升6.5%。11月8日，恩施移动数据中心在恩施市金子坝街道动工建设。

【网络保障】　完成恩施州建州40周年、“东方甄选恩施行”等系列活动的通信保障，完成重点区域涉及591个基站、1699千米线路和65条专线的测试、巡检及扩容，抽调6台应急车、207名保障人员、67辆保障车现场值守。

【服务“创文创卫”】　恩施移动开展“蜘蛛网”线缆清理。全年投入资金2354万元，完成“创文创卫”小区整治1621个、老旧小区弱电改造125个共1.1万户，迁移光交36个、光缆842千米、杆路139千米、管道15管孔千米。投入3.8万元，建设8个爱心驿站。

【服务乡村振兴】　恩施移动支持恩施州数字乡村建设，标准化数字乡村平台覆盖全部行政村，恩施市大集场村获评“中国移动2023年度乡村振兴帮扶示范点”，利川市大沙溪村获评“中国移动数智乡村最佳实践案例”。选派25名驻村人员帮扶9个行政村，牵头负责7个村，组织购买和销售农产品124万余元，争取公益慈善资金275万元，帮助贫困人口实现转移就业140人。

（邓淑华）

## 中国联合网络通信有限公司恩施州分公司

【概况】　2023年，中国联合网络通信有限公司恩施州分公司（简称“恩施联通”）年度经营业绩KPI考核排名湖北联通系统第1。2023年完成主营业务收入达8.27亿元，总资产达8.47亿元，资产收益率（ROA）11.76%，投资占收比13.9%，年度实缴税款992万元。

【通信基础设施建设】　恩施联通持续打造以5G/4G、宽带、算力和政企“四张精品网”为核心，集高速泛在、云网融合、绿色低碳、安全可控于一体的智能化综合性数字信息基础设施。打造面向个人用户的5G精品网，截至12月，全州移动基站总量11031个，其中5G基站1955个；4G/5G网络在市区、县城、乡镇覆盖率达到98%，行政村、主要交通干线覆盖率达到97%。打造面向家庭用户的千兆精品网，全州共建成光纤宽带端口110万个，其中千兆端口达到60余万线，千兆网络100%覆盖到乡镇。打造面向企业用户的政企精品网，完成规模商务楼宇覆盖，交付政企双线。打造面向政府用户的算力精品网，投资建设恩施州第1个低碳环保的IDC数据中心，投入资金建设恩施州第1个边缘云池，为恩施州智慧城市、数字政府及各行各业数字化建设提供高安全、高稳定、高可靠的信息化数字基座。

【支持“数智恩施”建设】　作为新型智慧城市建设者和运营服务商，恩施联通践行“数字信息运营服务国家队、数字技术融合创新排头兵”的企业使命，全面构建“基座全自研、应用聚生态、服务全链条、安全端到端”的能力体系，打造“数据智脑引擎+场景应用”的新型智慧城市产品体系，聚焦数字赋能，推动“数智恩施”建设，注入恩施地方经济发展新动能，助力千行百业数字化转型。参加恩施州首届“绽放杯”5G创新应用大赛，参赛项目团队获得大赛二等奖1个、提名奖2个、纪念奖3个。成功打造智慧政务、智慧校园、智慧旅游等领域4个千万级标杆项目，在智慧教育、生态环境、交通文旅、医疗健康、金融证保等多个领域提供个性化的5G智慧应用多元化解决方案，累计服务百余家行业单位。

【服务乡村振兴】　恩施联通持续加强农村及偏远地区通信网络基础设施建设，网业协同推进数字乡村网络覆盖，提升和补强乡村区域移固网网络基础能力，发挥行业优势，消除数字鸿沟。公司在未通光纤宽带和移动网络村民小组“动态清零”工作中被省通信管理局表彰为先进集体。拨付并使用帮扶资金65万元用于亮化工程、基础设施修缮、数字乡村建设等10个帮扶项目，超额完成消费帮扶目标。在全州各乡镇设立支局，带动就业人数240余人。开通以恩施市三岔河湾村为代表的600余个数字乡村平台，以数字技术赋能农业农村现代化，以信息化及大数据技术赋能基层治理。

【荣誉】　恩施电信共有13个集体、25名个人获得集团公司、省分公司党团工会相关表彰，恩施市分公司总经理李莉被集团公司表彰为“中国联通劳动模范”。州分公司党委被中国联通集团公司表彰为2023年度“先进基层党组织”，州分公司被湖北联通表彰为2023年度“先进单位”，州分公司团委被授予2023年度中国联通集团公司“五四红旗团委”称号。

（黎永君）

## 中国铁塔股份有限公司恩施州分公司

【概况】　截至2023年年底，中国铁塔股份有限公司恩施州分公司（简称“恩施铁塔”）拥有铁塔站址数量超过7000座，资产原值达13.91亿元，2023年完成营业收入

2.79 亿元，收入增长率为 6.67%。州分公司下设 8 个县（市）办事处，主要资源为铁塔站址，已共享至移动、联通、电信、广电、公安、电视台等相关单位，推进全州通信网络覆盖、数字恩施、双碳减排等方面工作。

**【数字基础设施建设】**　恩施铁塔投资 1322 万元，建设 1487 个 5G 基站、605 个 4G 基站，实现县城及所有乡镇的 5G 全覆盖，弥补农村区域的 4G 覆盖短板，助力解决乡村振兴工作中“通信难”等问题。按照“政府主导、铁塔统筹、开放共享、服务社会”原则，合力推进 5G 基站铁塔及楼顶天面、室内分布系统、微站、管道及光交、局机房等通信设施的共建共享。

**【通信保障】**　恩施铁塔运营商持续改善“1+5”指标（1 指标为平均站址断电退服时长；5 指标为：超长退服率、平均站址断电退服率、超频故障率、维护配套解决率、站址流失率），“1”指标达标率为 97.22%，与 2022 年 97.22%持平；“5”指标综合达标率为 96.97%，较 2022 年 94.44%提升 2.53 个百分点。全年维护投资总额约 2100 万元，其中电池整治项目投资金额 1453.68 万元，占比达到 69.22%。5 月与移动、联通、电信等公司组织联合防汛应急演练。完成冰雪天气、雷雨天气重要保障，节假重要时间节点应急响应保障等工作。

**【5G 信息化运用】**　恩施铁塔拓展服务行业专网客户，为各类垂直行业、政企客户提供信息通信基础设施服务。挖掘 5G 行业应用特别是 5G 专网建设商机，打造全州全域视联平台，支撑、协同运营商深化共享发展，打造标杆案例，培育新的业务增长点。全年行业应用投资金额 3700 万元，其中农业、林业、环保、城管行业总投资超 1000 万元。

**【换电服务】**　恩施铁塔在全州开展 5G+恩施州绿色低碳出行智能换电业务。建设智能换电站超 100 个，投放电池超过 6000 组，累计服务超过 8000 名用户，为骑手解决就业成本高、充电难和充电不安全问题。同时配合州总工会，成立恩施州骑手工会，联合恩施市、利川市、宣恩县、咸丰县、来凤县政府相关部门联建蜂巢、骑手之家、爱心驿站，为外卖员、快递员提供休息、喝水、热饭等贴心服务。

**【助力乡村振兴】**　中国铁塔股份有限公司在恩施州定点帮扶宣恩县高罗镇麻阳寨村和鹤峰县容美镇麻旺村，帮扶资金和消费帮扶 2 个指标双超千万元，得到国务院国资委最高等次“好”的评价。恩施铁塔在做好中国铁塔总部定点帮扶点各项衔接工作的同时，派驻工作队在建始县高坪镇望坪村、咸丰唐崖镇杨家营村参与乡村振兴工作。

（崔显锦　李　谦）

## 湖北广电网络恩施分公司

**【概况】**　2023 年，湖北广电网络恩施分公司（原湖北省楚天视讯恩施分公司）拥有有线数字电视注册用户 69.6 万户，广电宽带用户 33.2 万户，传输数字电视节目 189 套。9 月，根据中国广电治理电视“套娃”收费和操作复杂会议要求，开展自查自纠，提升群众观看电视满意度。湖北广电网络恩施分公司技术支撑部被湖北省广播电视局表彰为“全省广播电视传输覆盖网秩序维护工作”先进集体。

**【广电 5G】**　湖北广电网络恩施分公司推进数字文化服务建设，广电 5G 网络经历一年试运行和商用验证，初步形成“有线+无线”全媒体融合发展格局。

**【安全播出】**　湖北广电网络恩施分公司落实广播电视安全播出及网络安全、设施保护等各项保障要求，强化信号传输、应急处置、效果监测等值守保障措施，保障广播电视信号安全优质传输。以零中断、零事故完成全年重要安播期的安全播出、安全传输任务。

（姚希蒙）

# 住房和城乡建设

## Housing and Urban and Rural Construction

### 综　　述

【概况】　2023年，全州住建系统践行好房子、好小区、好社区、好城区“四好”建设理念，聚力打造宜居韧性智慧城市，建设宜居宜业和美乡村，统筹做好稳增长、惠民生、补短板、守底线各项工作，稳步提升城乡建设管理水平。全年召开全州城市建设管理工作现场会2次、城镇老旧小区工作现场会1次、就地城镇化工作现场会1次，年度完成固定资产投资201.85亿元，新增城市“口袋公园”15个，建成“席地而坐”的城市客厅18处，全州累计列入湖北省历史文化名城1个、历史文化街区3个、历史建筑119处。开展调查研究，形成《全州城镇老旧小区改造情况调研报告》《城镇燃气安全管理调研报告》等6项调研报告，解决基层部门、行业企业及群众反映问题87项。开展“思想大讨论、行业大调研、能力大提升、作风大转变”破冰提能行动，围绕“先行区建设·住建怎么干”，组织全州住建、城管系统“局长大讲堂、科长大讲堂”12期。开展城市运行安全大体检、市容环境秩序综合大整治、燃气安全“扫街”大行动，保障庆祝建州40周年活动顺利开展。城市低收入住房困难家庭住房保障工作省对州考核排名全省第8位，较2022年上升8个位次；城市管理工作成效排名全省第11位，较2022年上升4个位次。

【城市建设主要指标】　恩施州8个县（市）城市建成区总面积125.13平方千米，与2022年持平。城区户籍人口86.41万人，比2022年增加0.73万人，增长率0.85%；城区暂住人口12.35万人，比2022年增加1.47万人，增长率13.5%。建成区绿地面积4859.80公顷，比2022年增加136.25公顷，增长率2.88%；建成区公共绿地（公园绿地）面积达1823.19公顷，比2022年增加185.69公顷，增长率11.33%；建成区绿地率38.84%，人均公园绿地面积18.46平方米。城市建成区路网

2023年12月5日，从凤凰山森林公园俯视恩施州城冬日一景　（谭　华　摄）

密度6.13千米/平方千米，道路总长788.09千米，道路面积1257.23万平方米，其中人均道路道面积12.73平方米。城市供水管道总长2252.91千米，供水综合生产能力67.40万立方米/日，年供水总量1.22亿吨；用水人口98.19万人，供水普及率99.42%。城镇天然气供气总量1.95亿立方米，液化石油气储气能力9930.24吨，总用气人口98.13万人，燃气普及率99.36%。排水管道总长1886.55千米，污水处理厂处理能力38.65万立方米/日，污水年排放量1.14亿立方米，污水处理总量1.11亿立方米，污水处理率98.20%。干污泥处理能力161.80吨/日，干污泥年处理总量1.49万吨，处理率100%。生活垃圾无害化处理能力2790.00吨/日，年度生活垃圾清运量46.26万吨，生活垃圾无害化处理量46.26万吨，生活垃圾无害化处理率100%。

【就地城镇化政策措施】 贯彻落实全省加快推进以县城为重要载体的就地城镇化工作部署，聚焦教师、医务人员、多孩家庭、进城农民、引进人才5类群体，全州除恩施市外的7个县（市）分别出台综合性民生奖补政策及相关实施细则。摸排购房需求1.93万套，年度完成奖补资格兑现3852套，排名全省第3。

【营商环境】 开展省级营商环境先行区创建，9项改革事项获评全省营商环境先行区。分别是鹤峰县降低施工图审查费用改革，咸丰县建设项目工程监理制度改革，来凤县、建始县小型工程施工项目部管理人员配备改革，恩施市共享“水电气”营业厅创建改革，建始县、咸丰县、来凤县工程质量潜在缺陷保险制度改革，建始县房屋市政工程“验登合一”改革。

【政务服务】 共办理房产估价机构二级备案变更事项2件；办理二级建筑师注册初审事项13件、二级结构师注册初审事项11件；办理建筑业企业资质申报事项78件，建筑业企业资质简单变更（含注销）事项188件，施工劳务资质备案事项596件；办理工程监理企业资质申报事项3件、工程勘察企业资质申报事项1件；办理安全生产许可证新申请事项326件、延期事项157件、变更事项254件；办理勘察、设计、监理资质变更事项17件；办理工程检测延续事项2件；根据州人民政府2023年7月印发的《关于进一步明确恩施市人民政府和州政府相关部门支持恩施高新区发展职能职责的通知》要求，办理州管工程及高新区项目施工许可证核发事项4件，施工许可变更事项3件；开展申报建筑业资质业绩核查事项6批次，实地核查建筑业企业18个。

【招商引资】 统筹州自然资源规划局、州交通运输局等成员单位，开展招商引资工作。全年共梳理上报招商有效信息59条，上报完成率140.6%，其中州住建局上报有效信息完成率460.0%。主要领导外出招商共计43次，成功签约亿元以上工业项目4个，其中州住建局促成天创环境治理项目落户恩施市，项目总投资10.04亿元，完成州政府年度招商考核任务。

【巡察整改】 接受八届州委第五轮巡察，反馈34个具体问题，集中整改期内完成32个问题整改，余下2个问题未销号。以巡察整改为契机，共修改完善《州住建局领导班子AB角补位工作制度》《州住建局基层党建工作制度》等33项工作制度，制定出台《恩施州机动车停车场管理暂行办法》《恩施州老旧小区改造工作流程》等4项规范性文件。

【荣誉】 参加湖北省住建行业职业技能大赛，恩施州代表团获团体单项队伍形象展示第1名和现场模拟执法第3名，恩施市城管执法队员蒋昌宇被评为优秀个人。参加湖北省园艺技能大赛，恩施州代表团获团体第3名。参加湖北省住建系统首届职工运动会，恩施州代表团获团体操一等奖、男子篮球赛季军。参加“燃气杯”第五届全省技能选拔竞赛，恩施州代表团获团体第4名。恩施市住建局、恩施市城管局获评2023年度全省住建系统表现突出单位，恩施市风雨桥口袋公园获评省级“最美口袋公园”称号，宣恩县睿山华庭小区获评省级“美好家园”称号。州住建局建筑节能与墙体材料革新办公室副主任黄露秋被省政府办公厅评为“2023年度全省政务信息工作突出个人”。恩施市住建局行政审批科获评共青团湖北省住房和城乡建设系统“创建青年文明号先进集体”称号，鹤峰县城市管理综合执法大队获评“创建青年突击队先进集体”称号。

（陈世海）

## 住房保障

【概况】 2023年，贯彻落实《国务院办公厅关于加快发展保障性租赁住房的意见》和省住建厅《关于加快解决从事基本公共服务人员住房困难问题的实施意见》精神，通过收购、改造、新建等多渠道筹集保障性住房。开展保障性安居工程财政资金绩效评价，推行政府购买公租房运营管理服务试点，推进公租房“补缺口、强管理”行动，完成公租房信息系统贯标运行，推进棚户区改造项目建设、城市危旧房摸排调查、住房供需调查等任务。

【保障性租赁住房】 恩施州坚持以需定供定数量，把好房源收购质量关，加大保租房房源筹集和分配力度，完善以公租房、保障性租赁住房为主体的住房保障体系，促进解决新市民、青年人特别是从事基本公共服务人员等群体住房困难问题。全州保障性租赁住房年度筹集任务2018套，截至12月底，共筹集2018套，竣工1722套，分配1499套，竣工分配率88%。

【棚户区改造】 新开工棚户区改造计划任务200套，基本建成棚户区改造计划任务1760套（其中包含以往年度开工在2023年基本建成的项目）。截至12月底，全州完成新开工棚户区改造200套，基本建成棚改安置住房3138套，基本建成数占年度目标任务的178.3%。

【公租房分配入住】 纳入国家计划公租房（不含已盘活处置项目）分配率应达90%以上。恩施州共有政府投资公租房房源2.66万套，企业自建公租房20套。截至12月底，全州公租房分配入住2.51万套，分配入住率94.5%，高出目标任务4.5个百分点。其中州本级分配入住332套，分配入住率100%；恩施市分配入住6418套，分配入住率94.5%；利川市分配入住3449套，分配入住率95.9%；建始县分配入住3109套，分配入住率96.0%；巴东县分配入住4796套，分配入住率90.6%；宣恩县分配入住1924套，分配入住率91.6%；咸丰县分配入住1922套，分配入住率100%；来凤县分配入住1384套，分配入住率96.4%；鹤峰县分配入住1792套，分配入住率95.0%。

【住房租赁补贴发放】 计划发放城镇低收入住房困难家庭住房租赁补贴1176户。截至12月底，全州共为1326户住房困难家庭发放住房租赁补贴218.69万元，占年度计划发放户数的113.8%。

【城市危旧房调查摸底】 按照住房和城乡建设部关于城市危旧房摸排要求，调查摸底城市建成区范围内住房435栋，危旧房占346栋、建筑面积58.94万平方米，其中城市建成区范围内国有土地上C、D级危房63栋、建筑面积4.52万平方米，国有企事业单位破产改制遗留非成套住房283栋、建筑面积54.42万平方米。截至9月底，恩施州城市危旧房调查摸底情况全部录入系统。恩施市人民政府针对D级危旧房出台《城市危旧房改建操作指南》。

【住房供需调查】 10—11月，开展住房供需调查，分别对全州范围内各类人群（以青年群体为重点）购房、租房需求进行调查摸底。共收集各县（市）样本数据3000余份，采取线上线下相结合、抽样调查、大数据分析等方式，了解各县（市）购买类、租赁类、改造类住房需求及商品住房、二手住房、市场化租赁住房、保障类住房供应情况。分析掌握住房需求现状及趋势，进行供需比对，以需求牵引供给，完善市场供应体系。

（陈世海）

## 房地产业

【概况】 2023年，全州贯彻落实中央、省、州房地产工作会议精神和全省31条政策工具箱，以供给侧结构性改革为主线，落实“稳地价、稳房价、稳预期”长效管理调控机制，促进房地产业平稳健康发展。落实《关于进一步促进全州房地产业良性循环和健康发展的若干措施》《关于进一步促进全州房地产业平稳健康发展的若干措施》《关于引导和鼓励农民进城购房的指导意见》，制定出台“认房不认贷”政策，在金融、税务支持、土地支持、优化住宅品质、规范预售许可、落实调整住房公积金政策、实施“带押过户”、放宽首套住房商业性个人住房贷款利率下限、落实商品房促进农村人口有序向城镇转移等方面，继续实施一揽子利好政策，房地产市场基本稳定。全年商品房施工面积1366.63万平方米，比2022年下降9.1%；竣工面积233.40万平方米，比2022年增长133.9%；完成房地产开发投资139.26亿元，比2022年增长负6.7%，增幅排名全省第7；完成商品房销售面积235.37万平方米，比2022年增长负0.8%，增幅排名全省第6，高于全省4.8个百分点；待售面积199.92万平方米，比2022年增长121.9%；商品房销售额124.05亿元，比2022年增长1.1%，其中住宅销售额111.46亿元，比2022年增长0.4%。

【房地产市场平稳健康发展联席会议制度】 继续落实州政府《关于建立恩施州推动房地产市场平稳健康发展联席会议制度的通知》，定期采集整理房地产土地出让、规划、建设、销售等环节的数据信息，加强内在关联性研究，预测和分析研判，发挥统筹协调作用，加强对全州房地产市场的监督管理。

【房地产行业信用评价】 推动房地产行业信用评价体系建设，对全州1012家房地产开发企业、物业企业、房地产经纪企业、评估机构进行清理，确定530家资质有效、长期活跃的企业参与信用评价，企业参评率100%，企业信用评价等级全部向社会公开。

【房地产领域矛盾风险防范化解】 制定出台《关于进一步加强恩施州商品房预售资金监管工作的指导意见》，督促各县（市）加大预售资金清缴力度，提升预售资金监管工作信息化、透明化水平。建立风险联排、矛盾联调、问题联治机制，指导各县（市）按“属地管理、分级负责”要求，化解涉房领域突出矛盾风险47个，办结国家、省、州交办房地产领域信访事项134件。

【“保交楼”项目建设】 恩施州保交楼工作专班督导相关县（市）严格落实“一楼一策”方案，建立“保交楼”工作周报制度，推动“保交楼”项目建设交付。恩施州共有“保交楼”项目25个，涉及房屋6668套，获批专项借款资金6.67亿元。截至2023年12月底，交付项目24个，交付房屋6469套，交付率97%，排名湖北省第7。累计拨付使用专项借款资金5.65亿元，完成货币工程量9.68亿元。已交付项目中有10个项目完成竣工验收，4个项目完成部分验收，8个项目启动不动产权办证工作。

【恩施房地产交易展示会】 恩施州先后4次组织开展房地产交易展示会，分别是春节房地产交易展示会、清凉宜居文旅嘉年华房地产交易展示会、“迎周庆”房地产交易展示会、迎春安居嘉年华活动，促进住房消费，推动房地产市场企稳回升。

【物业管理服务】 组织召开全州物业服务企业大会，开展相关业务培训和消防培训，印发《关于开展恩施州住宅小区物业服务项目星级评定的通知》《“深化共同缔造加强物业管理共建美好家园”活动实施方案》，提升物业服务水平。开展“红色物业”创建，全州216家实际开展物业服务的物业企业组建成立独立党支部67个、联合党支部52个，行业党委或社区党组织向物业服务企业指派党建指导员150名。共689个小区符合业委会组建条件，实际组建业委会651个，其中党员比例超过60%的业委会544个。

（陈世海）

## 城市建设管理

【概况】 2023年，全州住建领域计划实施城乡建设项目240个，实际开复工项目201个，累计完成城建投资62.59亿元，完成全年计划任务（55亿元）的113.81%，完成率位居全省第1。4月，在州委党校组织召开全州住建领域争取国家重大政策和项目支持培训会，邀请永业行咨询集团专家作题为“新形势下住建领域项目谋划”专题辅导，提升参训人员有效谋划寻找项目、申报争取项目、高标准高质量实施项目的能力和水平。各县（市）住建局、城管执法局、恩施高新区、高新投、恩施市项目建设服务中心主要负责人、分管项目负责人和项目工作专班人员，州住建局机关相关科室负责人共120人参训。7月，州委副书记、州长夏锡璠组织州政府工作会议研究重大项目谋划工作，印发《恩施州市政公用设施补短板三年行动方案（2023—2025年）》，启动全州公用设施补短板项目谋划工作。10月，夏锡璠主持召开项目谋划工作专题会议，听取州住建局补短板项目工作汇报，形成《恩施州市政公用设施补短板项目清单（2023—2025年）》。全州共谋划市政公用设施补短板项目505个，计划总投资903.64亿元，其中谋划国债排水防涝项目12个，计划总投资13.97亿元，争取国债资金6.68亿元，资金额度排名全省第6。深化“大城管”机制，实施城市精细化管理，优化城市环境，提升城市形象，打造宜居韧性智慧城市。

【城市“双集中”高质量发展】 6月，全省启动11个地市的城市和产业集中高质量发展研究工作，州城恩施城区在列。7—8月，专家组到恩施市专题调研，并在省委专题会议上作汇报，提出“1+3”组团发展空间格局，受到省委主要领导肯定。9月，全省开展10个县市“双集中”试点工作，利川市列为扩面试点县（市）。恩施州政府召开会议专题研究，组建由州主要领导任组长的工作领导小组，成立工作专班，专班下设4个工作组，各工作组一周一碰头，分管州领导半月一调度，常务副州长一月一调度，推进各项工作。9月7日，恩施州召开州委八届七次全体会议，审议通过《中共恩施州委恩施州人民政府关于深入贯彻实施长江经济带发展战略推进流域综合治理和统筹发展加快城市和产业集中高质量发展的实施意见》，印发《恩施州城市和产业集中高质量发展实施方案（2023—2025年）》和项目建设清单。

【老旧小区改造】 统筹推进城镇老旧小区改造工作。11月，由州分管

2023年11月20日，恩施州城清江河一景　（谭　华　摄）

领导带队，组织州住建局主要领导及工作专班到浙江杭州市对接革命老区重点城市对口合作工作，考察学习杭州市老旧小区改造和完整社区建设工程实施经验。州住建局制定《恩施州城镇老旧小区改造工作流程》《关于落实〈无障碍环境建设法〉推进老旧小区加装电梯工作的实施细则》《关于进一步加强城镇老旧小区改造工作的通知》等文件，明确城镇老旧小区改造工作流程、改造重点、工程质量管控、施工安全管理等内容。12 月，在利川市召开全州城镇老旧小区改造工作现场会，各县（市）住建局主要领导、分管领导及社区负责人参会，现场观摩老旧小区改造成果，交流经验做法。州住建局争取省发改委、省住建厅政策支持，对接省农行、农发行、国开行等金融机构，全州签约 18 个城市更新项目，融资额度 107 亿元。2023 年度共完成城镇老旧小区改造 286 个，完成投资 11.19 亿元，惠及居民 4.4 万户。

【完整社区建设】 根据住房和城乡建设部办公厅、民政部办公厅《关于开展完整社区建设试点工作的通知》精神和湖北省住建厅、民政厅要求，全州申报 10 个社区（恩施市、利川市各 2 个，其余 6 县各 1 个）列为完整社区试点社区，按照体检先行的方法，找出社区基础设施短板，以居民需求为导向，围绕完善社区服务设施、打造宜居生活环境、推进智能化服务、健全社区治理机制 4 个方面工作，指导县（市）拟定完整社区建设试点工作方案，推进城市完整社区试点建设。截至 12 月底，10 个完整社区试点建设任务全面完成，占比全州城市社区总数 10%。

【州城重点项目建设】 按照州委办公室、州政府办公室《关于建立重点工作推进机制的通知》和《关于明确 2023 年州领导联系点（对象）的通知》要求，牵头负责州城 29 个重点项目调度，共印发《重点项目推进情况通报》12 期，其中州城创文创卫补短板、中山路（金龙大道-环城东路段）、园林绿化提档升级暨建州 40 周年绿化美化项目等 15 个项目开工建设，高旗大道（1 标道路工程）、高新大道等 14 个项目推进前期工作。

【“全州一个停车场”建设】 全州新增城市停车泊位 7136 个。开发运用“恩施城市停车”微信小程序，实现停车资源实时查询、大数据智能引导、无感支付等功能。截至年末，全州共接入 300 个停车场 3.1 万个停车泊位，后期将整合接入企业、居民小区、商场等各类共享停车资源，打造“全州一个停车场”。

【城市污水治理】 州住建局、生态环境局、州发改委联合印发《恩施州城镇污水处理提质增效行动方案》，全州 8 个县（市）污水处理厂完成一级 A 提标改造，12 座城区污水处理厂处理能力 38.2 万立方米/日、干污泥处置能力 176.8 吨/日。累计建设排水管道 2598.2 千米，其中污水管道 1224.1 千米、雨水管道 843.8 千米、雨污合流管道 530.4 千米，污水处理率达到 98.18%，消除恩施市方家坝至旗峰坝片区、高桥河片区、蔡家河片区、沙河片区、五峰山片区，利川市岩洞湾片区、王家湾片区、老龙洞片区，宣恩县黄河沟片区、芋头沟片区、三河沟片区等污水收集管网空白区。推进 3 条城市黑臭水体治理，其中利川市元堡河支渠党校河完成整治销号，恩施市玉龙河、高井河按照“一水一策”方案整治推进。落实污水源头管控，全州共发放排水许可证 259 个，完成入河排污口治理销号 118 处。

【城市垃圾治理】 恩施州推行“人工清扫+机械洗扫+洒水降尘+高压冲洗”垃圾清扫作业模式，实施“退桶进院”垃圾投放模式，全州城乡生活垃圾收集率和无害化处理率均达到 100%，其中恩施市垃圾焚烧发电厂累计焚烧处理生活垃圾 22.17 万吨。巴东县建成水泥窑协同处理厂，利川市生活垃圾焚烧发电项目开工建设，来凤县生活垃圾焚烧发电项目进入招标程序，建始县、宣恩县、咸丰县生活垃圾均转运至恩施市进行焚烧处理。推进垃圾分类，全州所有党政机关、公共机构实现垃圾分类设施全覆盖，共建成 2 个垃圾分类示范街道、25 个省级垃圾分类示范社区（示范村）。

2023 年 5 月 26 日，恩施市城管执法局工作人员为恩施市实验小学学生科普生活垃圾分类知识 （谭 华 摄）

【城市精细化管理】 州城恩施市以网格为基本管理单元，将城区细化为376个网格，实行州、市领导包社区，州、市党政机关和企事业单位包网格，“领导班子包街道、机关干部包社区、社区八员包网格”的包保责任体系。全州开展“扫干净、码整齐、清通透”环境治理百日攻坚行动，累计整治各类井盖4626个，其中更换“宽边盖·防塌陷”高标准窨井盖3362个，累计劝导流动摊贩2.82万人次、店外经营2.28万人次，处罚流动摊点29起，劝导、暂扣违停车辆3.44万车次，张贴机动车违停告知单1.66万台次，清理“五乱”场所6740处，拆除户外广告牌886处。

（陈世海）

## 村镇建设管理

【概况】 2023年，全州加强农村危房改造，保障农村低收入群体住房安全。建立健全管网巡查维护长效机制，规范乡镇生活污水处理厂运营监管，提升乡镇生活污水集中收集、处理能力。制定《恩施州推进农村生活垃圾分类工作实施方案》，明确全州农村垃圾分类的目标任务、分类方式、考核标准。强化农村建房风貌管控，改善农村人居环境，建设宜居宜业和美乡村。

【农村危房改造】 建立住建、乡村振兴、民政等部门协调联动和数据互通共享制度，加强动态监测，严格开展信息比对，对符合条件的农村低收入群体危房实施应改尽改。截至12月底，全州共排查改造农村危房1760户。

【乡镇生活污水治理】 全州77个乡镇生活污水治理项目稳定运行，主支管网总长728千米，总处理规模7.465万吨/日，出水达到一级A标准，所有项目均通过省级验收并接入湖北省乡镇污水治理信息系统。全州年度共征收乡镇生活污水处理费1625.84万元。

【农村生活垃圾治理】 全州77个乡镇均建有生活垃圾中转站，农村生活垃圾收运处置体系覆盖100%的行政村和100%的自然村组，无害化处理率达到95%以上。全年实施垃圾分类的自然村占比56%，全州累计创建省级垃圾分类示范村70个。开展恩施市带水河小流域综合治理，对龙凤镇12个村（社区）实地查勘，新建龙马、龙凤垃圾中转站2个，设置垃圾分类亭19个，新购置垃圾清运车辆5台，拆除垃圾桶20处，增设分类果皮箱20个，形成“污水不入河、垃圾不落地”典型经验。建始县花坪镇探索偏远乡镇垃圾处理新模式。

【农房建设图集推广应用】 全州持续普及应用农村建房图集，共印发农房图集推广应用资料6.12万份，入户宣传4.46万户，1449个行政村实现全覆盖。2023年度新（改）建房屋5298栋，采用图集设计建房4707户，图集采用率88.84%。

【乡村建设工匠培训】 全州推进“首席工匠”制度，组织开展农村建筑工匠培训，提升农村建筑质量安全管理水平。全年共开展农村建筑工匠培训21次，累计培训1896人。

【自建房安全隐患排查整治】 恩施州自建房安全专项整治工作领导小组办公室持续开展全州自建房安全隐患消危攻坚行动专项督导，推进全州自建房安全隐患整治销号。自2022年以来，全州累计排查自建房117.17万栋，初判存在安全隐患3.56万栋，全部完成安全鉴定并落实管控措施。其中排查经营性自建房6.38万栋，初判存在安全隐患1766栋，全部完成安全鉴定和安全整治。

（陈世海）

## 城镇燃气管理

【概况】 2023年，全州燃气行业聚焦“保安全、保供应、规范化”发展目标，强化燃气安全生产责任机制和能力建设，推进燃气市场整合、燃气安全“三件套”安装、管道天然气企业“四个系统”建设、“瓶改管”等任务，提升燃气本质安全水平，全州燃气安全形势总体平稳。州燃气管理办公室报送的《恩施州反映迎峰度冬能源保供工作面临的一些困难和问题》被省委办公厅《综合信息》采用。截至年末，全州有燃气经营企业62家，其中管道天然气企业22家、瓶装液化气企业31家、汽车加气企业8家；州域

2023年10月23日，恩施市龙马污水处理厂全景 （向 阳 摄）

内共有压力燃气管道8050千米，其中中高压管道2567千米、低压管道4356千米、立管1127千米；气瓶信息化系统累计上传气瓶信息114万条，其中活跃充装气瓶80余万只。

【特许经营中期评估】　恩施州在全省率先出台特许经营中期评估指导文件，全州22家天然气企业完成中期评估。评估涵盖财务分析、经营管理、投资建设、燃气工程竣工验收、产品质量和气源保障、服务质量、生产运行管理、智慧燃气建设、用户端管理、应急机制等方面。

【燃气隐患排查整治】　全州完成燃气压力管道检验2248.15千米，总检验率97.89%（余下管道未到检验有效期）；改造老化市政主管道3条，停用老化区域主管道2条，降压使用经过四级地区主管道2条，挂牌督办整改区域管线安全隐患2条，累计改造老化燃气管道903千米，整改压占管线安全隐患397处，关停加气站1个，改（迁）建不规范燃气场站37座。全州8437户天然气、4142户瓶装气餐饮用户实现燃气安全“三件套”安装全覆盖，70万居民用户加装“三件套”，22家管道天然气企业基本完成“四个系统”建设，196户餐饮用户完成“瓶改管”任务。

【燃气市场整合】　恩施州拟定全州燃气市场整合工作方案，推进燃气经营企业整合。利川市政府于9月20日收回利川民生天然气公司的特许经营权，全州42家瓶装液化气企业整合为31家。

【检查督办】　组织应急、公安、市场监管、商务、交通、消防等14个部门，成立州、县两级燃气安全专项整治工作专班，住建、市监等7个主要成员单位分领域出台专项方案并安排专人集中办公，开展县（市）燃气安全专项整治督导3轮次。截至12月底，在全国燃气安全专项整治系统录入经营、使用燃气相关企业或用户1.19万家，录入率100%；各部门共排查1147处安全隐患，整改1147处，整改率100%。

【燃气安全培训】　全州共组织3期燃气从业人员培训，900余人参训。其中全州燃气管理部门、燃气经营企业、充装企业负责人共82人集中在省委党校参加全国城镇燃气领域落实安全生产责任视频培训班，850名使用燃气餐饮经营企业负责人参加全州燃气安全培训，提高行业监管能力及餐饮行业安全用气水平。

【安全用气宣传】　全州开展安全用气、安全防护知识“六进”（进机关、进学校、进企业、进社区、进楼栋、进家庭）活动，增强全民安全用气意识。发放安全宣传单60万余份，发送燃气安全用气提示25万余条，悬挂燃气安全知识横幅1548条，张贴燃气安全宣传海报8756张，出动燃气安全宣传车1138次。

（陈世海）

## 建筑市场与建材管理

【概况】　2023年，全州完成建筑业产值119.82亿元，比2022年增长6.8%，增速位居全省第2。实现建筑业增加值74.44亿元，比2022年增长10.1%。全州房屋建筑和市政基础设施工程新开工662项，总投资268.58亿元，投资额比上年增长27.68%。其中州内建筑业企业承建项目数348个，占新开工项目个数52.6%；投资额88.37亿元，占新开工项目总投资32.9%，投资额比2022年增长6.05%；州外建筑业企业承建项目数314个，占新开工项目个数47.4%；投资额180.22亿元，占新开工项目总投资67.1%，投资额比2022年增长14.19%。截至年末，全州共有建筑业资质企业571家，其中施工总承包一级企业24家、勘察设计企业22家，工程监理企业18家。全州共有建材企业81家，其中新型建材企业23家，绿色建材企业20家（一星级5家，二星级10家，三星级5家），规模以上企业57家，2023年度完成建材行业产值38亿元。

【重点企业培育】　争取省住建厅“头雁计划”政策支持，经企业申请、县（市）主管部门推荐，州级主管部门指导申报，10家企业晋升为建筑施工一级总承包企业，其中恩施州翔宇建设工程有限公司、长鑫建设集团有限公司2家企业晋升为市政工程总承包一级资质，实现市政领域一级资质企业“零”的突破。

【“评定分离+资格预审”改革】　落实省政府办公厅《关于支持建筑业企业稳发展促转型的若干措施》，支持本地建筑企业参与基础设施建设，支持民营企业与央企、国企组建联合体共同发展。印发《关于落实〈关于支持民营建筑业企业措施的通知〉（试行）的函》，明确政府和国有投资设施工程在施工招投标活动中，招标人可对由国企和民企组建的联合体投标人给予专项加分。

【建材行业与建筑节能】　全州城镇新增绿色建筑面积497.78万平方米，占新建建筑比例90%，连续4年达到国家生态文明建设示范州指标要求。累计生产新型墙体材料2.94亿块标砖，按挖土3米深计算（黏土砖），节约土地14公顷，节约能源1.83万吨标煤，减少废气排放500吨，建材生产利用废渣2.21万吨，可再生能源应用面积100.95万平方米。

【“三包一挂”专项整治】　印发《深入开展全州建筑市场“三包一挂”等违法违规行为专项整治工作

方案》《全州住建系统常态化扫黑除恶斗争工作方案》《关于贯彻落实建设工程企业“宽进、严管、重罚”管理机制的通知》等文件，持续开展“三包一挂”（即建设工程违法发包、违法分包、违法转包，企业资质违法挂靠）专项整治，维护建筑市场秩序。全州检查项目412项，发现问题74个，立案查处案件17起，罚款72.35万元。

【建筑工人实名制管理】 印发《关于改进和完善实名制管理工作的通知》，持续推进建筑工人实名制管理，推进项目考勤数据直连省实名制系统，实现全省实名制统一管理、考勤设备统一接入、实名制数据全省通用目标。印发《关于建筑工人实名制和关键岗位人员到岗履职情况的通报》，将通报中涉及的施工、监理单位及从业人员作为全州建筑企业信用扣分的依据，纳入信用评价管理。

【农民工工资支付保障】 开展根治欠薪冬季专项行动，清欠工程款，保证工程项目人工费拨付到位。全年共处置化解100条欠薪线索，保障施工方及农民工合法权益。

【勘察设计审查】 贯彻落实《住房和城乡建设部等15部门关于加强县城绿色低碳建设的意见》《省住房和城乡建设厅省自然资源厅省应急管理厅省消防救援总队关于加强全省县城高层建筑规划建设管理工作的通知》、省住房和城乡建设厅《关于进一步加强县城新建高层住宅管理工作的通知》等文件精神，印发《关于切实做好县城新建高层住宅管理工作的通知》，严格落实县城在新建住宅审批中坚持“最高十八层、六层为主流，布局合理化、规划控源头，图审严把关、竣工严验收”的常态化监管要求，恩施市新建建筑最高控制在80米，其余7个县（市）控制最高不超过十八层（54米）。健全工程质量过程监管机制，完善质量监督机构现场检查内容，形成监管闭环。全年共办理消防审验636项，其中办理特殊建设工程消防设计审查事项239项，办理特殊建设工程消防验收事项241项，办理其他建设工程消防验收备案与抽查事项156项。

【工程造价管理】 履行建设工程造价管理职能，通过市场询价、现场调研、规范信息采集上报等方式，严把工程材料市场信息价格审核关，发布《恩施州工程材料市场信息价》月刊12期，共涉及建筑、市政等1300余种建筑材料。开展工程造价计价依据咨询服务，做好工程定额疑难问题回复。针对工程造价技术咨询争议问题，全年召开三方主体协调会6次，来站咨询回复30余次，电话咨询回复200余次，解决施工合同履约过程中计价争议问题，维护建筑市场稳定。

（陈世海）

## 工程质量安全执法监督

【概况】 2023年，全州累计在建工程717个，其中在建建筑工程586个，建筑面积1279万平方米，在建市政道路工程131个，工程总投资69.04亿元。年度竣工建筑工程249个，竣工面积550.24万平方米。全州未发生建筑质量安全亡人事故，工程质量稳定可控，建筑安全生产形势总体平稳。落实住建、城管领域执法监督责任，坚持依法行政，严格执法办案程序，规范行政执法行为，提升行业领域执法监督效能。

【工程质量监督】 全州贯彻落实“质量强州”战略，健全项目质量管理体系。推进工程质量信息公示制度、“一证两书”制度全覆盖，全年公示项目198个，公布质量信息1297条，交付住宅项目58个9475套，发放“一证两书”9475份。强化工程质量监管，全年开展工程质量暗访暗查5次，检查在建工地43个、检测机构13家、预拌混凝土生产企业9家，下发限期整改通知书133份，全部整改销号。强化质量检测机构管理，全州共检查检测机构38家，发现问题159项，下发整改通知38份，问题整改完成率100%。

【工程安全监督】 开展安全生产专项整治“三年行动”巩固提升行动，提高巡查频次，落实重要敏感时段安全生产提醒、调度、暗访机制。2023年，开展州级督办检查6次、县（市）交换检查1次，州本级累计督办在建工地112个，发布安全生产警示短信13次3200余条，各县（市）安全监督保持项目全覆盖。组织开展安全生产培训、安全文明施工标准化观摩和应急救援演练等活动，强化安全生产应急救援能力建设，提升安全文明施工管理水平。开展建筑起重机械设备专项排查，共抽查设备90台，下发问题交办单76份，消除各类设备隐患274条，摸排电气焊作业人员164人，清退不符合要求从业人员22人。

【质量安全消防隐患排查整治】 州委常委会专题研究建筑工程质量安全并作出安排部署，全州住建部门开展房屋建筑和市政基础设施工程质量安全拉网式大排查，累计下达限期整改通知书691份，下达停工整改通知书69份，整改问题隐患3200余项，立案查处案件17起，关停预拌混凝土生产企业3家；州住建局组建4个工作专班，同步开展5轮暗访暗查和4轮回头看，回访问题517个，整改完成率100%。开展消防历史遗留问题专项整治，化解消防历史遗留问题112个。

【违法案件办理】 全州住建、城管领域共办理违法案件1795起，共处罚金 1395.11 万元。其中州本级办理案件 4 起，共处罚金 14.00 万元；恩施市办理案件 151 起，共处罚金 577.19 万元；利川市办理案件 67 起，共处罚金 71.76 万元；建始县办理案件 146 起，共处罚金 107.91 万元；巴东县办理案件 31 起，共处罚金 363.92 万元；宣恩县办理案件 183 起，共处罚金 1.83 万元；咸丰县办理案件 18 起，共处罚金 35.67 万元；来凤县办理案件 745 起，共处罚金 197.58 万元；鹤峰县办理案件 450 起，共处罚金 25.58 万元。燃气领域累计停气整改餐饮用户 140 家，查处黑气点 2 处，暂扣钢瓶 86 只，查处违法运输车辆 1 台，查处销售不合规调压阀 7 起，移送公安侦办线索 2 起，公开曝光燃气领域违法违规典型案例 10 起。

（陈世海）

## 自然资源管理

【概况】　2023年，州自然资源规划工作坚持既保护资源又保障发展的理念，推进“两山”实践创新示范区建设。9个地热规划区块、14个矿泉水规划区块纳入省矿产资源规划。不动产登记异地受理、跨域通办融入“宜荆荆”及武汉“1+8”都市圈，与重庆、湖南周边省市实现跨省通办。在杭州举行重点土地项目推介，推出37宗地块，15宗地块达成签约，土地面积达136.33公顷，签约投资意向18亿元。批而未供土地消化处置716.33公顷，闲置土地消化处置154.47公顷，居全省第2。出让建筑用石料矿权9宗，生产规模达1185万吨/年。恩页二井钻获全省勘探含气量最高的页岩气层。咸丰县页岩气区块成功出让。鹤峰县“5·26”李桥村滑坡、巴东县“6·2”西流水村崩塌、建始县“7·4”长梁镇滑坡、利川“9·20”文斗镇大崖段崩塌4起避险案例入选全国地质灾害成功避险典型案例。恩施州林地分等定级国家试点成为全国唯一发布成果的试点。来凤县作为全省3个农村土地承包经营权不动产登记试点于2月16日颁发全省第一批、恩施州第一本农村土地承包经营权不动产权证。建设用地报批增速全省第2，报件一次通过率全省第4，获评全省用地报批质量突出单位。高新投融智产业园项目节约集约用地列为全省十大经典案例。

【耕地保护监督】　启动耕地和永久基本农田核实处置，完成流出耕地整改13333公顷（原址整改6167公顷，异地新增7167公顷），完成永久基本农田核实处置17187公顷。完成37个耕地占补项目验收备案，生成耕地指标77.61公顷，水田指标28.81公顷，粮食产能836.7吨。承接全域国土综合整治项目审批，开展利川东城、宣恩椒园、恩施白果、巴东野三关、宣恩沙道沟5个在建项目实施。选取建始县长梁镇为“林耕置换”试点乡镇，《恩施州林地耕地置换试点县工作实施方案》通过省厅批复。

【自然资源开发利用】　全州供应国有建设用地378宗，总面积1062.48公顷，总价款37.13亿元，其中普通商品住宅用地108宗，总面积130.92公顷，总价款24.10亿元。恩施高新区住宅和商业用地挂牌成交2宗，总面积约5.73公顷，总价款1.75亿元。恩施州储备工业用地“标准地”450.27公顷，出让工业用地“标准地”27宗，总面积达84.79公顷，总价款1.97亿元，其中15宗“标准地”采取“五证同发”模式出让，总面积69.11公顷。恩施州首宗“先租后让”方式供应的工业用地在宣恩县挂牌并签约，与挂牌出让供地相比，为企业降低前期土地投入成本达94%。来凤县入选全国自然资源节约集约示范县（市）名单，被纳入自然资源节约集约示范县（市）第一批创新典型案例。州级临时用地核发批复68批次，共计144.98公顷。编制《土地情况专报》月报11期。

【矿山生态修复】　完成第二轮中央生态环境保护督察反馈第57号问题整改销号，推进第二轮省级生态环境保护督察反馈问题整改。完成关闭矿山修复治理45家，完成历史遗留矿山图斑变更核查32个，修复治理面积 89.02 公顷。实施宣恩七姊妹山国家级自然保护区西侧历史遗留废弃矿山生态修复项目和鹤峰县走马镇铜坪垭采石场 2 个省级生态修复补助项目。

【矿产资源管理】 全州共投放采矿权 10 宗，其中方解石 1 宗，制灰用灰岩矿 2 宗，建筑石料矿业权 7 宗，总设计年生产规模达 1215 万吨，合计出让收益达 20825 万元。发放采矿许可证 43 宗，其中新立采矿权 12 宗，变更矿业权 11 宗，延续矿业权 20 宗。全州砂石料累计产量约 1227 万吨。评审备案矿产资源压覆报告 21 份，争取全州建筑石料矿业权指标 112 家，矿泉水勘查开采区块共 14 个，地热勘查开采区块共 9 个，页岩气勘查区块 1 个，锂矿勘查区块 1 个，铁矿开采区块 1 个。对全州 159 家采矿权和 1 家探矿权予以公示，公示率达 100%。在来凤城区实施地热勘查“来热一井”成功探获地热流体，水温 46.3℃，水量约 3000 立方米/天。争取省级资金共计 5979 万元用于州域内页岩气、锂矿、地热等资源的勘查。

【不动产登记】 恩施州推进二手房“带押过户”不动产登记，全州已办理二手房“带押过户”317 宗，涉及抵押贷款金额 15717.1 万元，办件量全省第 3；土地使用权预告登记、非公证继承告知承诺制等不动产改革事项纳入 2023 年全省优化营商环境改革先行区名单；不动产登记服务职能延伸至 60 余个乡镇，恩施州首家乡镇不动产登记分中心在巴东县野三关镇成立。

【农村不动产确权登记】 推进农村“房地一体”不动产登记发证。全州宅基地使用权“房地一体”不动产登记 538129 宗，“房地一体”发证率为 68.55%；集体建设用地使用权“房地一体”不动产登记 4168 宗，“房地一体”不动产发证率为 87.69%。完成集体土地所有权确权登记成果更新汇交。联合州农业农村局印发《关于做好土地承包经营权登记与土地承包合同管理工作有序衔接的通知》，来凤县、巴东县、宣恩县、利川市相继颁发农村土地承包经营权首证。与林业部门联合印发《关于加快推进林权类登记资料移交整合强化登记与管理业务协同的通知》，恩施市、巴东县、宣恩县、鹤峰县完成数据整合。

【自然资源确权登记】 完成全州 409 条县、乡级河流确权；开展州级来凤县古架山、老板沟野生动植物自然保护地确权工作。配合省厅完成清江（恩施州段）河流确权、来凤县百福司地质公园自然资源确权工作。

【自然资源调查监测】 完成恩施州 2022 年度国土变更调查，协同林业部门完成年度森林、草原、湿地专项监测，夯实“一张底板”数据基础。优化调查监测工作机制，统筹日常变更与永久基本农田核实处置、耕地流出整改有效衔接，完成日常变更新增耕地 3446 公顷；完成 10 万余个监测图斑核实举证；开展省级核查反馈问题整改，完成 2023 年度国土变更调查“一上”数据汇交。

【测绘地理信息】 印发《关于开展 2023 年测绘资质和测绘成果质量“双随机、一公开”监督检查工作的通知》，对州内测绘行业安全生产开展检查督导。完成州城 308 平方千米正射影像航飞制作，上传至“一张图”系统用于开展自然资源和规划管理。指导各县（市）在工程建设领域全面实施“多测合一”改革，全州测绘中介收费标准降低。开展“8·29”全国测绘法宣传日暨国家版图意识宣传周活动。完成全州不动产登记“一库一平台”信息化系统建设，在各县（市）上线运行，实现全州跨域通办，压减申请材料。指导鹤峰县开展的土地全生命周期“一码管地”先行试点被省厅发文推广工作经验。

【地灾防治】 做好地灾防治日常监测，全年共出动 4046 人次，巡排查隐患点 3062 处，排除危险 235 处。投资 1288 万元建成 159 处专业监测预警点。投入 5190 万元对 8 个地灾防治项目开展工程治理及排危除险，消除 10 个地质灾害隐患。投入 1260

2023 年 6 月 11 日，恩施州自然资源和规划综合业务专题培训班开班
（州自然资源和规划局 供稿）

万元对 2 个项目搬迁避让。因预警及时成功避免地灾 9 起，避免人员伤亡 128 人，避免直接经济损失 965.5 万元。组织全州“4·22”地球日、“5·12”防灾减灾日系列宣传活动，开展“屋场式”“院坝式”等地灾应急演练 200 场次，地灾培训 128 场次，发放地灾宣传资料 5 万余份。

【督察整改】　全州例行督察问题 124 个，整改到位 98 个，整改率 79%；日常督察问题 18 个，整改到位 8 个，整改率 44%。2022 年耕保、矿产督察问题 80 个，整改 65 个，整改率 81%。2021 年耕保督察问题 213 个，整改到位 207 个，整改率 97%。全州历年限期整改问题 188 个，整改认可 148 个，整改率 79%。历年持续整改问题 146 个，整改认可 122 个，整改率 84%。

【农村乱占耕地建房清查】　全州 211096 个非住宅类房屋图斑信息补充摸排完成。全州已整改到位存量问题图斑 32318 个，面积 955.57 公顷，完成比例 50.34%。全州累计非住宅类新增问题 43 个，面积 8.59 公顷，已整改到位 25 个，整改率 58%。

【行政复议与诉讼】　州自然资源和规划局新收行政复议案件 0 件，转结 2021 年度行政复议案件 1 件，申请人已申请撤回。全年新收行政应诉案件 5 件，民事应诉案件 1 件。结转自 2023 年度行政应诉案件 1 件，其中 1 件裁定驳回起诉，1 件责令履行，1 件撤销行政行为，4 件正在审理中。

【信访工作】　中央、省、州级交办件全部办结到位，化解率均达到 100%，经省、州信访工作领导小组核查认定化解并销号。共处理、办理各类信访件 150 件。

【荣誉】　州地质灾害监测防治中心获评全国自然资源系统先进集体。州城市规划展览馆被授予“二星级全国青年文明号”。州自然资源和规划局获湖北省首届“鄂惠登杯”不动产登记职业技能竞赛优秀组织奖，获建州 40 周年职工工间操大赛全州一等奖。

（董燕平）

## 国土空间规划管理

【概况】　2023 年，州自然资源和规划局持续推进国土空间规划体系建设，完善州、县（市）国土空间总体规划，落实专项规划及详细规划，优化用地布局。在全省率先编制避暑康养产业发展规划。召开恩施州国土空间规划委员会全体委员会议 6 次、专题会议 2 次，审议各类规划及项目规划设计方案 40 项次。新增建设用地、新增建设占用农用地、新增建设占用耕地执行数均控制在年度计划约束性指标内，新增建设涉及占用耕地均严格落实占补平衡。

【国土空间规划编制】　恩施州及 8 个县（市）规划成果通过技术审查。完善恩施州、恩施市国土空间规划，形成州级重大项目库。编制高铁新区（四方坪片区）控制性详细规划、恩施南站站区修建性详细规划、恩施市中心城区城市更新专项规划及上官田—红庙片区城市更新概念规划、恩施机场迁建片区（临空经济区）规划、州城人行绿道规划。指导县（市）编制 100 个“多规合一”实用性村庄规划。累计完成“多规合一”实用性村庄规划 626 个。

【国土空间用途管制】　恩施州上报用地总面积 1166.67 公顷，同比增长 0.20%，其中新增建设用地 1046.67 公顷，农用地转用 933.34 公顷，耕地转用 366.67 公顷。恩施州本级办理建设项目用选址意见书 26 件，核定规划条件 31 件，办理用地规划许可 37 件。持续规范增减挂钩政策，立项 8 个，立项共产生指标 172.92 公顷。全州州级重点项目共 496 个，落实用地 420 个，完成比达 84.7%。利川至咸丰高速公路项目（咸丰段）、G242 来凤三胡至桂花树工业园段改扩建工程建设项目、峡口塘水电站工程项目 3 个项目用地获国家批复；新建铁路沪渝蓉高速铁路宜昌至涪陵段（湖北段）、宁夏至湖南±800 千伏特高压直流输电工程（湖北段）、G242 恩施市分水岭至马鞍龙段改建工程 3 个项目获部预审。印发恩施州承接省人民政府建设用地审批权实施方案。

【建设工程规划管理】　恩施州本级核发红线图 83 份，核发建设工程规划许可证 65 项，总建筑面积 169.22 万平方米；征收城市基础设施配套费 7473.76 万元。7 月印发《恩施州城建筑风貌管控指导意见（试行）》，12 月印发《关于全面推行“五统一”规范全州建设工程规划管理的通知》。

（董燕平）

## 水　文

【概况】　2023 年，州水文局为各级防汛部门、服务单位及社会公众提供水文基础数据，发送水雨情信息 230 万余份，发布洪水预报 190 份。参与全省 2022 年度水资源简报和公报、水文年报、水资源质量年报编制；完成恩施州及各县（市）水资源公报编制；开展清江、忠建河 18 个水生态监测站生态调查。完成 2022 年度全州水文资料整编。

【水文情报预报】　州水文局向恩施州、恩施市防汛办及水电企业等服务单位报送水情日报332期、月报12份、旬报72份、发布水情简报1期、水情专报8期（含清明节，劳动节、端午节、中秋节、国庆等法定节假日发布水文信息专报）、水情快报7期，发布洪水预报190份（含水情趋势预测65份），发布日常化预报90份，发送水情E信3万余份、水文信息播报166期、水情短信2万余条，发布恩施重要水情提示9期、洪水蓝色预警3份。2023年汛期防洪减灾效益为22389万元。4月15日起，向州、市防汛办，恩施电视台、州人民广播电台、《恩施日报》《恩施晚报》、恩施市门户网站等提供水文信息播报。

【水雨情监测】 恩施州平均年降水量为1661.3毫米，较多年平均偏多1成，属于丰水年份。各县（市）年平均降水量在1532.4（巴东）~1832.7毫米（鹤峰）之间，与多年均值相比，各县（市）年平均降水量与历史同期相比均偏多1~3成。2023年，恩施州降水总量较多，时间、空间分布不均，较常年同期偏多近2成。特别是汛期全州共遭受12轮强降水袭击，尤其是入梅第2轮持续性强降水、出梅后强降水、入秋后强降水等过程，致使建始县长梁天生、茅田，咸丰县坪坝营等乡镇发生超百年一遇暴雨，建始县施家坝雨量站最大1小时、3小时、6小时降水量均刷新该站暴雨极值；咸丰县甲马池雨量站最大3小时、6小时降水量均刷新该站暴雨极值；其中施家坝最大1小时、最大3小时降水量极值刷新恩施州历史新高。广润河建始城区河段超警戒水位，中小河流建始县陇里水文站河段、宣恩县沙道沟水位站河段、咸丰县丁寨水文站河段、来凤县安抚司水文站河段、来凤县百福司集镇河段发生自建站以来最大洪水。汛期（4月15日至10月15日），全州累计平均降水量1285.1毫米，较常年同期偏多近17.1%，较去年同期偏多80.2%；各县（市）平均降水量为1194.5~1424.2毫米，较常年同期偏多1~3成。恩施州自6月16日入梅，至7月10日出梅，梅雨期24天，与常年梅雨期天数及入梅时间相当，全州累计平均降水量263.5毫米，与常年梅雨期平均基本持平。各县（市）累计平均降水量较常年同期相比，恩施、利川、宣恩均基本持平，建始、巴东、咸丰、鹤峰偏少1成，来凤偏少2成。降水特点：入梅时间较接近常年、梅雨期天数接近常年、梅雨总量偏小、局部降水强度大。2023年汛期受六轮强降水影响，清江、沅江、澧水、乌江、长江上游下段五大水系河流水情变化较频繁，全州各县（市）城区河段除建始城区河段超警戒水位0.19米外，其他城区河段均未超警戒水位，但均发生最大涨水过程，水位涨幅1.06~6.51米；中小河流建始县陇里水文站河段、宣恩县沙道沟水位站河段、咸丰县丁寨水文站河段、来凤县安抚司水文站河段、来凤县百福司集镇河段发生自建站以来最大洪水。全州主要河流年径流量均较常年同期普遍偏多。其中清江恩施水文站河段径流量为23.84亿立方米，与常年同期基本持平；清江利川水文站河段径流量为3.439亿立方米，较常年同期偏少3成；广润河建始水文站河段径流量为1.838亿立方米，较常年同期偏少1成；沿渡河石板坪水文站河段径流量为7.340亿立方米，较常年同期偏多6成；忠建河宣恩水文站河段径流量为6.984亿立方米，与常年同期基本持平；酉水来凤水文站河段径流量为16.19亿立方米，与常年同期基本持平；溇水鹤峰水文站河段径流量为6.925亿立方米，较常年同期偏多3成；唐岩河大河边水文站河段径流量为11.74亿立方米，较常年同期偏多1成。

【水资源监测评价】 完成州内9个国家基本水文站单站还原计算，州内县套四级区单元供水量、用水量、耗水量的分析计算。完成恩施州及各县（市）2022年度水资源公报。完成鹤峰县节约用水“十四五”规划、巴东县节约用水“十四五”规划、巴东县节水型社会达标建设实施方案的编制。完成恩施州7条州级河流的生态流量（水位）管控目标的确定和保障方案编制。完成宣恩县5条县级河流健康评估报告。完成利川市城西—凉雾—汪营城乡供水工程、九立方商贸有限公司、建始县工业园等水资源论证报告的编制。完成21家节水单位申报创建并全部通过，推进湖北民族大学节水高校创建工作。全年开展州内主要河流和水库31个水质监测站日常监测工作，每月向省水环境监测中心提供水质检测成果，质控合格率达100%。开展清江上游10个站点、忠建灌8个站点的常规水生态监测，全年完成3次水生态调查。通过湖北省水环境监测中心组织的质量管理体系内部审核。

【水文资料汇编】 完成2022年度全州水文资料汇编，包括水位资料9站年、流量资料9站年、泥沙资料1站年、水温资料1站年、降水资料88站年、蒸发量资料4站年。修订完善《恩施州超标洪水水文应急测报预案》，开展水文测验质量管理和水文资料即时整编，完成2022年度水文资料归档入库工作。

【水文应急监测】 开展水文应急监测5次，出动应急监测人员18人次，分别是“6·18”来凤紫金山水文站应急监测、“7·4”建始陇里水文站应急监测及洪水调查、“7·9”宣恩沙道沟水位站洪水调查。

【水文水政监察】 州水文局联合县市水行政主管部门开展“世界水日”“中国水周”宣传活动，依法保护水文监测环境和监测设施。开展汛前水文水政监察执法检查，按期上报水政监察月报和季报。全州各基层水文站点定期对管辖范围内的水文测报设施设备和水文监测环境开展巡检巡查活动。处理恩施市清江上游环境治理保护项目—清江带水河主河整治工程对恩施龙凤坝水文站、利川市忠孝大道连接绕城线段建设工程项目对利川市岩洞寺水文站及利咸高速5标段对青狮河水文站测验设备及水文监测环境的影响。

【水文信息化建设】 升级水利业务网OTN电路，完成楚天云各信息系统迁移至水利专区，开展网络安全演练。完成咸丰县忠堡灌区、来凤县旧司镇纺车溪水量监测站查勘、选址、搬迁工作。完成当阳坝、西流水、椿木营3个雨量站卫星站系统升级。加强全州山洪灾害防治项目水雨情自动监测站运维管理，完成2022年度恩施州山洪建设项目229个自动监测站信息共享测试，并编制测试报告。完成恩施、巴东、鹤峰3个县（市）山洪灾害水雨情监测站运维管理，信息畅通率达95%以上。完成14处三峡水雨情遥测站4G信道升级改造，信息保障连续多年位居33个维修分中心前列。

【河湖长制工作】 州水文局协助和服务忠建河州级河长履职尽责，全年巡查忠建河4次；完成8个县（市）2023年度河湖长制相关工作第三方评估；编制完成州内重要河流马水河、溇水、忠建河、酉水、郁江的岸线保护利用规划；审核、指导全州各县（市）河流名录梳理复核、山区河道填报与管理等工作，完成州级27条跨县（市）河流、建始县78条河流、鹤峰县34条河流基础数据复核更新；完成全州2800余处河流遥感图斑核查审核；调查填报恩施州7条州级河流、建始县3条县级河流“一河一档”；拟定编制《清江流域片区水系调查及河流名录编注实施方案》；帮助8个县（市）修订完善水普外河流管理范围划界成果；协助水利、自规部门开展全州河流确权工作；为州内重点建设项目提供河流划界数据服务；参与编制《湖北省河湖及主要水利工程划界成果图集》。

（汤晓吉）

2023年7月4日，建始县长梁镇遭受暴雨洪水灾害，恩施州水文局应急监测队奔赴现场开展施测洪痕、洪水断面及实测流量　　（州水文局　供稿）

## 气　象

【概况】 2023年，州气象局提升气象服务能力，服务全州经济社会发展。全面落实《气象高质量发展纲要（2022—2035年）》《省人民政府关于加快推进湖北气象高质量发展的实施意见》。恩施州获评“天然氧吧州”，成为全省首个、全国第6个全域建成“中国天然氧吧”的地市（州）；宣恩县成功创建“中国气候宜居城市”；咸丰县坪坝营成功创建全国首批“避暑旅游目的地”称号；咸丰县坪坝营“日出云海”景观获“全国天气气候景观观赏地”之一；利川市入选“避暑旅游优选地”。

【气候特点】 全州温度偏高，降水偏多，日照充足。冬季前冷后暖，降水偏少，有阶段性低温雨雪冰冻天气及气象干旱；春季回暖迅速，出现大范围强对流天气，有阶段性连阴雨；夏季日照偏少，多面弱点强暴雨发生；秋季暖湿发展，日照充足，降水多发强发引发秋汛。气象灾害主要为阶段性低温雨雪、连阴雨、强降水、气象的干旱、强对流等。

【主要灾害气候事件】 恩施州有2次影响较大的寒潮。1月14—16日出现寒潮天气过程，降温幅度7～9℃，低山大部低温降至0～2℃，二高山-5～-1℃，高山-10～-6℃，伴随雨雪天气。12月15—18日受强冷空气影响，高海拔地区转雪并出现积雪冰冻。15日白天平均气温和高温在14日基础上大部降幅8～10℃，达寒潮标准。16—18日气温持续走低，高海拔地区积雪和道路结冰持续且部分路段道路结冰严重，18日晨州内大部气温降至冰点附近及以下，全州209个气温监测站中最低气温低于0℃的有190站，其中低于-5℃的有62站，极端最低气温-10.7℃，出现在海拔1733.1米的鹤峰县燕子镇丘台站。全年出现两段较为明显的大雾天气过程，分别为1月中旬后期、11月下旬，出现阶段性的大雾低能见度天气，大雾日变化明显，主要出现在夜间到上午。同时受地形影响，山区出现局地团雾天气。连阴雨天气过程持续最长的两次为3月16—27日和5月25日至6月7日，影响程度最大的为9月20—25日，形成重度连阴雨危害。12月14—15日，出现罕见强对流天气，冬季降水过程出现明显的对流不稳定特征，伴随大范围雷电、冰雹和大风。雨量监测显示恩施州有19站暴雨、210站大雨、107站中雨。最大降水量出现在利川市南坪乡朝阳70毫米，最大小时雨强28毫米（恩施市沐抚，14日20时）。雷电、大风和冰雹主要出现在14日傍晚到15日凌晨，州内全境自北向南出现雷电，多个乡镇出现直径达2厘米以上的冰雹，在193个有风监测的站点中，有63站极大风速达6级以上，其中8站达到灾害性大风标准（≥17.1米/秒），最强为9级（23.2米/秒，出现在建始县高坪站14日20时）。监测实况突破恩施州12月份无暴雨记录，大范围冰雹和雷电较为罕见。2023年州内出现多轮强降水天气，7月4日出现主汛期局地最极端暴雨，州北部大到暴雨，局部大暴雨，建始长梁特大暴雨。此轮降水空间分布极度不均，具有面弱点强，局地小时雨强很大，致灾风险很高的特点。9月19—24日，恩施州出现覆盖范围广、累积雨量大、持续时间长、致灾性强的秋汛。强降水主要位于州北部和中西部，统计19日20时至24日20时累积雨量：≥250毫米站点46个，100~249.9毫米站点248个，50~99.9毫米站点71个，25~49.9毫米站点8个。最多为建始店子坪362.2毫米，其次是建始野三河景区343.8毫米、建始天生342.6毫米。

**【重点项目建设】** 实施鹤峰X波段雷达、宣恩P波段风廓线雷达和北斗探空系统建设项目。升级改造区域气象观测站6个。实施恩施国家基准气候站（恩施天气雷达站）、利川和来凤基层气象台站基础设施建设项目。建设恩施州人影（人工影响天气的简称）弹药储存库和人影实训基地，新迁改建7个人影工作站，建成1个县级人影作业指挥平台。

**【人工影响天气】** 全州共开展人影作业290次，增雨作业8次，防雹作业282次，共使用高炮4808发、火箭弹274枚。持续提升人影作业能力，组织汛前人影作业培训200余人次。咸丰县清坪人影作业点获评“全省人影作业示范点”。多个县（市）获增核人影编制，以及人影作业车辆和装备支持。《问题导向、系统谋划，助推恩施人影发展迈上新台阶》获评2023年度全省气象部门优秀管理创新工作。

**【气象灾害防御】** 州气象局针对灾害性天气、重大转折性天气，做好监测预报预警及“叫应”服务。建立“13101”递进式气象服务机制，从早期关注（1月内）、灾前预报（3天以上）、临灾预警（1天以内）、灾中通报（0延迟）、灾后评估（1天以内）五个阶段优化完善灾害性天气监测预报预警服务流程。发布重大气象信息专报20期，汛期全州共发布气象预警信息1240期，开展“叫应”900余次，14轮强降水天气过程无漏报错报，其中建始“7·4”特大暴雨气象服务获中国气象局表扬。健全“11311”气象防灾减灾体系（气象灾害应急成员单位建立1套预案、制定1套响应规则、明确3个责任人、建立1套会商机制、发布1个工作提示），汛期州防汛办开展调度52次。建始县长梁镇在“7·4”特大暴雨灾害中转移群众3000余人，利川市在“9·20”高源隧道出口滑坡事故中转移施工人员90人，咸丰县在“9·20”利咸高速五标段四工区滑坡事故中转移施工人员101人。5次防灾减灾气象服务获应急管理部、自然资源部典型案例通报表扬，州气象局汛期气象服务获州防汛抗旱指挥部通报表扬。

**【气象宣传与科普】** 在人民日报客户端等国家级媒体发稿58篇次，省级媒体等发稿（图）160篇（幅），地市级媒体发稿53篇次。国省气象新媒体采稿140篇。省气象局《要情通报》刊载信息12篇。印发《恩施州全域气象科普建设实施方案

2023年11月8日，中国气象服务协会与恩施州签订共建“气象旅游示范区”战略合作协议
（张洪刚　摄）

（2023—2025 年）》，完成 2023—2027 年度省级科普教育基地申报。州气象局成为全省全域气象科普试点。气象科普工作列入恩施州全国科普日重点科普活动，建始县建成全省第 1 个“气象公园”，宣恩县新增彭家寨研学基地，巴东县、建始县获州科协认定为州级科普教育基地。组织气象科普讲座 15 次，发放宣传资料 2000 余份，各类气象科普基地接待参观人员 1000 余人次。

**【气象行政许可与行业监管】** 规范高效办理防雷行政许可 41 件，升放气球活动审批 7 件，开展政务服务事项体验 10 次。宣恩县纳入全省优化营商环境“探索全流程公共气象服务”试点县（市）。组织全州公益性防雷检测。开展防雷、升放气球、涉氢业务、观测铁塔、气象数据、在建工程、人影等气象行业安全隐患排查整治。对民爆、烟花爆竹等易燃易爆领域 32 家重点单位开展防雷安全联合检查。开展升放气球定期巡查。联合国安部门查处 1 起涉外非法气象探测案件。1 人被表彰为州“双随机、一公开”监管工作先进个人。

**【荣誉】** 州气象局获“湖北工匠杯”技能大赛——全省气象行业职业技能大赛天气预报比赛团体第 4 名，州气象服务中心被表彰为全省重大气象服务先进单位；李智鑫被表彰为全省重大气象服务先进个人，花红霞被表彰为全省气象部门优秀共产党员。

（杨　霁）

## 地质资源勘测和保护利用

**【概况】** 2023 年，湖北省地质局第二地质大队向恩施州委、州政府报送《关于地质工作支撑服务恩施州流域综合治理和统筹发展规划工作情况的报告》。履行富硒产业链、清洁能源产业链和抗震救灾指挥部成员单位职责，开展项目建设，为全州能源资源保障、生态环境保护、地质灾害防治等提供地质技术支撑。

**【清洁能源勘查】** 部署实施“鹤地 4 井”钻遇二叠系大隆组含气层，现场解析含气量最高达 4.4 立方米/吨，进一步证明鹤峰地区大隆组具有良好的页岩气物质条件和保存条件；承担实施“来热一井”成功探获水量约 3000 立方米/天、水温 46.3℃的地热流体，是目前恩施地区水量最大、水温最高的自流型地热井，其水溶解性总固体达到 915 毫克/升，锶含量 15 毫克/升，偏硅酸含量约 25 毫克/升，达到有关理疗用水要求，为地方开发利用地热资源提供保障。

**【环境地质】** 补充建立地质灾害监测点 80 处，安装监测设备 212 台。全年累计向 8 个县（市）发布预警产品 181 期，黄色以上预警 133 期，发出预警短信 17096 条；发布位移红色预警 2 次、橙色预警 3 次、黄色预警 49 次、蓝色预警 543 次。成功预警崩塌、滑坡等地质灾害 9 起，其中鹤峰李桥村滑坡等 5 起入选全国地质灾害成功避险典型案例。2023 年，先后为鹤峰县太平镇雷家岭安置小区坍滑边坡应急排险工程、恩施大峡谷风景旅游区地质灾害监测预警等项目提供地灾应急、勘查、设计、施工、监测预警技术服务。协助地方政府申报中央及省级地质灾害防治项目（含国债项目）72 个，申报资金约 12.75 亿元，已成功获批 21 个项目，资金 1.79 亿元。实施恩施地区 5 个地下水国控考核点环境调查，15 座矿山资源修复整合项目，查明 360 座废弃矿山土壤污染状况，编制 169 个废弃矿山生态修复方案，核查 2306 个矿山图斑。实施利川市清江源头煤矿区地下水环境状况调查与评估、清江源生态环境地质综合调查评价项目。以鹤峰县走马镇为试点，开展生态系统生产总值（GEP）核算，探索构建适用于鄂西复杂山区的生态价值核算体系。承办恩施州第三次全国土壤普查“第一锹”启动仪式，承担利川、建始、巴东、宣恩、鹤峰 5 个县（市）第三次全国土壤普查表层土壤采样、成果汇总、外业质控、样品检测工作。完成 2142 件样品采集任务。

**【地质灾害应急技术】** 湖北省地质局第二地质大队汛前配合各县（市）对地质灾害隐患点进行全面排查更新，联合省地质环境总站等技术单位召开全州地质灾害风险研判会商，向州人民政府报送《关于 2023 年度恩施州汛期地质灾害风险研判及防治建议的报告》。全年开展地质灾害隐患巡排查 1531 点次，对排查发现存在较大隐患的 600 余处地质灾害点，及时纳入项目申报计划，将 323 处灾害变形点纳入治理搬迁项目申报。专项承办湖北省 2023 年度地质灾害技术应急演练、“张富清退役军人服务队”辖区防汛演练、恩施地区 2023 年汛期地质灾害技术会商。开展群众性地质灾害宣传教育培训及应急演练工作，全年组织 34 次专题培训，累计培训人次 1680 人；开展地质灾害宣传 13 次，发放宣传手册约 1.4 万份，短信 163524 条；开展群众性地质灾害演练 15 次，参练人员 1513 人次。2023 年共参与 234 起地质灾害灾险情应急调查处置工作，出具应急调查报告、简报 202 份，对 183 户 652 人受地质灾害严重威胁的群众实施紧急避让，对 256 户 1008 人采取监测居住建议，对急需处置的 20 余处重大隐患点及时提供应急专业监测、抢险设计及排险施工技术服务。

**【健康地质】** 实施鄂西南高硒地质背景区健康地质调查示范项目，全面分析硒镉等元素从土壤—稻米—人体（血液、尿液）迁移转化规律，科学评价硒与重金属高背景区对人体的影响程度，为恩施州硒与人体健康研究、富硒产业发展提供科学依据。

【旅游地质】 承办恩施州文化和旅游资源普查推进会，组织开展全州文旅资源普查业务培训，承担实施恩施、建始、巴东、宣恩、咸丰、来凤、鹤峰7个县（市）文化和旅游资源普查项目，分县（市）编制技术方案，配合各县（市）文化和旅游局开展技术培训，编制6000多条资源单体预目录。

【地质科研】 湖北省地质局第二地质大队参与资源与生态环境省重点实验室建设，建立“沉积岩及其表生地球化学过程研究中心”科技平台，获批国家自然科学青年基金、中国地调局地球表层碳—汞地球化学循环重点实验室开放基金各1项。1人获恩施州建州40周年“最美科技工作者”称号；2名博士分别在中科院一区期刊上发表SCI论文3篇，最高单篇影响因子达10.75。

（郝智敏）

2023年5月12日，湖北省2023年度地质灾害应急技术演练在恩施举行

（湖北省地质局第二地质大队　供稿）

## 水利和湖泊

【概况】 2023年，全州水利系统争取上级下达水利投资12.56亿元，排名全省第3，水利项目落实地方政府专项债券9.28亿元，创历年新高，争取特别国债水利项目77个，落实资金32.92亿元，位列全省第3。1月31日，湖北姚家平水利枢纽工程建设启动。建始黑沟、小河沟、岩板河、巴东十二岭等新建水库工程相继开工建设，建始县蛇皮洞、金滩坪、巴东县田家坪、咸丰县龙洞湾等水库如期蓄水发挥效益，提升水资源配置能力。全年办结州人大代表建议13件，州政协委员提案9件，见面率、答复率、满意率均为100%。

【饮水安全】 推进新建小型水源水库工程建设，推动恩施市杨柳溪，利川市云雾山，巴东县十二岭，建始县黑沟、小河沟、岩板河，宣恩县石马，咸丰县黑山，鹤峰县洞长湾等一批新建小型水源水库工程建设，建始县蛇皮洞、金滩坪，巴东县田家坪，咸丰县龙洞湾等水库蓄水发挥效益，提升水资源配置能力。巩固农村饮水安全脱贫攻坚成果，推进农村供水高质量发展，开工建设恩施市大峡谷水厂，利川市汪营水厂，建始县小黑沟供水工程、舒家湾水厂，宣恩县供水城乡一体化项目、咸丰县唐崖水厂、来凤县供水水源补短板项目、鹤峰县红鱼溪水厂等一批农村供水提标升级项目，提高农村自来水普及率和规模化供水工程覆盖率。全州到位农村供水工程维修养护资金2687万元。

【灌区建设】 中央下达恩施州中央水利发展资金4312万元，用于利川市西干渠灌区、建始县三里灌区等5个中型灌区改造项目建设。截至年底，5个项目主体工程已完工，共完成水源工程改造7处、干支渠整治衬砌68.62千米、渠系建筑物改造102座、量测水设施新建改造25处。编制完成《恩施州农田灌溉发展规划》，通过水利部第二轮复核。

【“河湖长制”工作】 全州各级河长巡河46472次，督导解决问题5000余个，州级河长和联系部门巡河履职情况4次获省河长办通报表扬；完成58条河流健康评估工作；开展“幸福河湖共同缔造行动”，恩施市带水河纳入全国幸福河湖建设储备项目。全州河流水质持续好转，25个国控、省控地表水考核断面水质优良率达100%，长江、清江出境断面稳定保持Ⅱ类水质及以上。推进“河湖长+检察长”工作，将公益诉讼检察制度优势转化为治理效能，全州办理涉河湖案件64件，建立“恢复性司法实践+社会化综合治理”机制，补绿植树造林18.53公顷，增殖放流鱼苗14万尾。深化“河湖长+警长”工作，州公安局、州河湖长制办公室联合印发《恩施州全面推行河湖警长制实施方案》，建立河湖生态环境领域行政执法与刑事司法的衔接机制。壮大“河湖长+志愿者”队伍，选聘民间河长711名，100多个志愿团队、近2万名志愿者参与河流监督管理。12月，召开恩施州2023年河湖长制新闻发布会，介绍全州河湖长制工作的主要成效和主要举措。参与湖北省第一届“守护幸福河湖共享水美荆楚”短视频大赛，全州共6部作品、4个单位获奖。州级以上主流媒体刊用新闻报道300余篇，省河湖长制工作简报刊发恩施州河湖长制先进经验做法10余篇，河湖长制宣传工作位列全省第5。

2023年4月28日，恩施州车坝河水库引水工程全线通水
（州水利湖泊局　供稿）

【河流管护】　全州排查上报河流“四乱”问题32个，均已完成整改销号。清江省级河长联系部门省文旅厅对清江开展2次全线暗访巡查，反馈恩施州8个问题，已全部整改到位。开展河湖清漂专项行动，全州累计共出动各级河长、保洁员42万余人次，巡查里程超11万千米，出动清漂船只近8000艘次、垃圾清运车5万余车次，清理打捞水面漂浮物及坡岸垃圾共计2万余吨。开展河湖安全保护专项执法行动，全州水行政主管部门累计巡查15000千米，出动人员2500余人次、车辆600余台次、船（艇）110余艘次。开展妨碍河道行洪突出问题排查整治，完成复核水利部下发恩施州疑似妨碍河道行洪问题图斑2594处。落实水域岸线空间管控，编制完成忠建河、马水河岸线保护与利用规划，推进西水、郁江、唐崖河、溇水、野三河岸线保护与利用规划编制工作。开展全州河流名录复核工作，复核完成水普内108条河流基础信息，推进剩余229条水普外河流复核工作，建立山区河道名录，明晰全州339条山区河道“四个责任人”名单并向社会公布。

【防溺水工作】　印发《防溺水专项行动工作方案》，按照“12345”（紧盯“未成年人零溺亡”目标，写好“致全州高考学子和8县市党政‘一把手’”2封书信，开展“小手印儿大爱心”防溺水承诺、“我最美我最帅”防溺水短视频大赛、“直尕思得”防溺水作文大赛3项活动，抓好“州包县、县包乡镇、乡镇包村组、村组包学生”4级联动机制，推行“有票子、树牌子、立杆子、发单子、派车子”5子举措）思路，全州累计落实防溺水专项工作经费500余万元，设置防溺水警示标识标牌4600余块，设置防溺水救生杆及救生圈、救生绳1.4万余套，发放防溺水宣传单200余万份，组织出动防溺水宣传车4100余台次。

【水旱灾害防御】　全州共修编完成汛期调度方案、防汛抢险应急预案、山洪灾害防御预案等各类预案、方案1159个。制定《恩施州水利和湖泊局水旱灾害防御应急响应工作规程（试行）》。督促落实水库“四大责任人”、水电站“三大责任人”、在建水利工程防汛责任人并公示。全年开展4轮水旱灾害防御暨安全生产综合检查，对发现的285个问题隐患建立清单，实行分级负责、挂牌督办、闭环管理。全州组织防汛会商会58次。落实山洪灾害防御五级包保责任人、山洪灾害重点村1006名防御责任人和监测预警员。加强山洪灾害防治非工程设施维修养护，全州410个山洪自动监测站点平均到报率98%。完成建始县小流域山洪灾害防御能力提升试点项目（全省共2个），建成全州水利部门第1个X波段双偏振测雨雷达。2023年，强降雨造成全州32.85万人次受灾，因灾紧急避险转移7487人，紧急转移安置1675人，直接经济损失6.19亿元。成功应对12轮强降雨、11次洪涝灾害、12次地质灾害，2次启动防汛Ⅳ级应急响应，3个成功避险案例入选全国地质灾害成功避险典型案例（鹤峰县走马镇李桥村，巴东县大支坪镇西流水村，建始县长梁镇罗家嘴村和天生桥社区），没有发生因汛亡人事件。投入中央水利救灾资金1246万元、州级防汛救灾资金500万元、县级防汛救灾资金880.8万元，减少受灾人口23.2万人，减淹耕地1.88万公顷，防洪减灾经济效益2.24亿元。申报山洪沟防洪治理国债项目，全州26个山洪沟项目纳入投资计划，已下达国债资金2.6亿元（仅次于宜昌）。在州直部门推广使用“恩施防汛”App应用软件，编制《恩施州历史极端强降雨防范应对复盘推演工作报告》。全州组织应急演练485次，16407人次参加。开展防汛抗旱培训153次，12249人次参加。

【水库移民】　配合完成姚家平水利枢纽工程初设报告编制和审查，牵头征求姚家平水利枢纽工程建设淹没企业意见。完成建始县黑沟、小河沟、岩板河水库，咸丰县石家沟水库，巴东县十二岭水库，鹤峰县上湾水库移民规划编制和审批工作。完成建始县蛇皮洞水库下闸蓄水阶段移民验收，完成恩施市罗坡坝工程竣工移民初（自）验和省级终验，完成利川市峡口塘电站下闸蓄水阶段利川市、咸丰县移民自验和州级初验及省级终验。组织实施移民后扶项目68个资金7681.2万元，完工68个，通过验收34个，拨付资金2210.51万元。完成2022年度大中型水库移民后期扶持人口核定，兑现46840人共计2907.25万元的直补资金。完成4个2023年省级移民美丽家园示范村创建工作，获得省级奖励资金1200万元。完成大数据交办问题线索552条核查工作，核查属实问题276条，违反政策问题77条，问题整改全面完成，追缴资金9.24万元。

**【三峡后续项目工作】** 争取三峡后续项目10个、到位资金19097万元，2个项目已完工，8个在建，完成投资1.72亿元。优化完善2024—2025年项目库，申报直接费项目9个，申请三峡后续专项资金12219万元。争取三峡后续其他费纳入2024—2025年项目库项目2个，项目总投资4.59亿元，其中申请三峡后续专项资金3亿元。完成2022年水利部审计交办22个问题整改。对2011—2022年开展的163个三峡后续工作规划进行情况评估，安排三峡后续专项资金34.51亿元，完成自评报告和评估表格的填报。完成2022年度13个项目三峡后续专项资金绩效评价和水利部现场抽查复核工作。启动实施三峡库区高质量发展长效扶持需求分析工作，对2026—2035年相关需求摸底。

**【对口支援】** 北京市、房山区援建项目15个，援助资金5113万元。完工9个项目，6个项目在建。常态化开展京援项目审计，完成2022年项目审计并整改。北京市安排资金200万元对巴东县党政干部、妇女干部、教师骨干、项目管理人员等8批430人次组织培训。2023年省内三峡库区对口支援项目14个，援助资金895万元，完工项目11个。

**【水库管理】** 完成巴东县钟坝河水库中国烟叶公司专项审查和徐家咀水库初设审查；完成利川纳水溪水库移民实物指标调查和公示；完成鹤峰县上湾和梅山水库初设报告审查；完成咸丰县麻溪沟和龙洞口水库初设审查。推进新建水库建设进度，恩施市杨柳溪水库主体工程已完工，正在进行灌浆；建始县蛇皮洞水库完成下闸蓄水，建始县境内已成功供水，黑沟水库坝体砌筑完成5636立方米，供水管道安装已完成；岩板河水库上坝公路修建已完成，左坝肩、导流洞开挖完成；巴东田家坪水库已全部完工，十二岭水库已开工并完成坝肩开挖；宣恩县石马水库已浇筑至894.0米高程，并完成固结灌浆与接触灌浆；咸丰县黑山水库主体工程基本完工，龙洞湾水库已正式下闸蓄水；鹤峰县洞长湾水库完成左坝肩开挖及支护和拌合站基础砼浇筑。持续加强病险水库除险加固实施，开展2021年、2022年小型水库除险加固项目中期评估工作。推进2023年除险加固项目，鹤峰县九岭水库及来凤县高洞子等6座水库主体工程已完工，利川水源水库已开工。完成2021—2022年度实施的36座除险加固项目竣工验收工作。加强水库安全运行管理，及时更新264座水库安全管理四个责任人，在省水利厅和全国水库运行管理信息系统备案，并在《恩施日报》上公示。加强责任人履职能力培训，督促各地及时开展防汛责任人教育培训和应急演练，全州小型水库三大责任人网上培训完成率100%。完成全州262座水库复查换证工作。开展安全隐患排查整改，共发现问题20个，省厅上报水利部15个，已全部整改完成。制定《恩施州水利工程白蚁等害堤动物隐患应急整治专项工作方案》，组织各县市水利部门及州直水库管理单位对全州水利工程开展白蚁危害普查，对10座水库存在白蚁等害堤动物隐患进行应急整治。完成雨水情测报和大坝安全监测设施建设任务。200座雨水情测报和大坝安全监测设施全部完工，数据接入省厅平台进入试运行。提升水库运行管护水平，落实水库大坝定期体检机制，督促恩施市大龙潭水库等4座安全鉴定到期水库完成安全鉴定工作。按期开展水源水库水质检测，每季度收集8个县（市）88座水源水库水质检测结果并在州局网站上予以公示。开展水库标准化建设，督促指导建始四十二坝、利川福宝山水库创建省级大中型水库标准化管理水库工程，恩施市、利川市、鹤峰县创建小型水库管理体制改革省级样板县工作。其中建始县四十二坝水库已认定为省级标准化管理水库工程。配合申报国债项目，督促指导各县（市）申报新建水库及水库除险加固国债项目，目前已纳入特别国债项目新建水库7个，在建水库2个，小型水库除险加固项目28个，安排国债资金25.29亿元。

**【农村水电站】** 全州共有电站280座，装机397.878万千瓦。截至12月底，全州共有14座水电站创建成为全国绿色电站示范电站，241座水电站通过安全生产标准化达标创建评审；所有已（在）建水电站落实安全生产双责任主体并公示。全年共开展4轮水电站安全隐患排查，排查整改安全隐患88个。

**【水利安全】** 全州264座水库落实水库安全管理责任人1056名，280座电站落实安全生产“双主体”责任人840名，55个在建工程均成立涵盖所有参建单位负责人的安全生产领导小组。组织7轮专项整治行动，排查整治风险隐患 426 个；组织 4 轮州级综合大检查，派出 20 个检查组 60 人次，排查整治问题隐患 285 个。对长江委监督检查发现的咸丰县新城片区丁寨防洪排涝工程存在的 2 个严重问题提级挂牌督办。

【荣誉】 恩施州被省河湖长制办公室列为 2023 年河湖长履职担当、成绩突出地区，恩施州水利和湖泊局、恩施州生态环境局被省河湖长制办公室列为巡查履职成绩突出的河湖长联系单位。湖北省河湖长制办公室通报 2023 年度全省河湖长制重点工作成绩突出地区，恩施州被评为“河湖长制积极创新、落实有力地区”。湖北省河湖长制办公室通报全省 2023 年度河湖长制工作考核结果，恩施州位列第 6 位，被省河湖长制办公室通报表扬。8 月 5 日，恩施州委、州政府关于对 2022 年“比招商、抓项目、强产业、争资金、促进位”工作成绩突出的集体和个人给予及时奖励的决定中，州水利和湖泊局集体记二等功。

（邓正江）

## 硒资源保护与开发

【概况】 2023 年，州硒资源保护与开发中心围绕州委、州政府关于加快推进“两山”实践创新示范区建设的工作部署，聚焦标准建设、科研创新、招商引资等方面，重点加快硒蛋白产业化进程，不断提升富硒产业层次。恩施州被评为“全国优质硒产品供应基地”，富硒茶产业、富硒绿色食品产业集群入选湖北省重点成长型产业集群，全年硒产业综合总产值突破 935 亿元。

【产业集群建设】 印发《2023 年恩施州硒食品精深加工产业工作要点》《2023 年度主要业务工作考核指标》，成立湖北省恩施硒茶产业技术研究院，系全州第 2 家省级产业技术研究院。“硒产业・恩施高新技术产业园区”成功入选省级新型工业化示范基地，是全省第 1 家以硒产业为主导的示范基地，咸丰县被评为“中国生态富硒稻米之乡”。新签约 1 个 15 亿元涉硒产业项目、4 个亿元以上涉硒产业项目。制定 3 家重点企业“一企一策”问题清单，恩施硒圣植物科技有限公司、恩施德源硒材料工程科技有限公司入选 2022 年度恩施州十强高新技术企业名单，湖北利川红产业集团有限公司红茶全产业链标准化示范基地入选首批国家现代农业全产业链标准化示范基地，恩施州硒源科技创业服务中心获评第六批省级服务型制造示范平台。

【硒产品精深加工】 重点围绕堇叶碎米荠，打造德源科技供应链、加工链、科研链、服务链、营销链为一体的“五链融合”示范样板。已建成堇叶碎米荠种质资源保护中心，建设堇叶碎米荠综合性示范基地 66.67 公顷，在全国近 300 个城市建设 2000 余家渠道网点，在全国 150 余个大中城市开展近 10 万场大中型公益科普活动。

【硒标准认证】 完成硒蛋白食品安全国家标准文稿，发布 13 项州级涉硒地方标准、参与 5 项团体标准。新增 2 项国家发明专利，州内首张食品营养强化剂硒蛋白食品生产许可证获得审批。新增富有机硒产品认证证书 17 份，咸丰小村乡（绿色富硒土地 899.03 公顷、无公害富硒土地 0.39 公顷）成功入选全国第三批天然富硒土地地块。与州市场监督管理局、州农业农村局联合出台《恩施州茶叶产业综合治理工作方案》，举办恩施州硒产业发展重点人才培训班，召开全州富硒产品合规合法性专题培训，全年累计培训 1000 人次。

【科研支撑】 武汉大学泰康医学院与湖北硒与人体健康研究院合作研究共建平台揭牌，与武汉轻工大学签订《共建硒科学与工程现代产业学院框架协议》《恩施州硒产业高层次人才特聘计划校地合作协议》。成功召开以“聚力硒科研奋进新征程”为主题的硒科研成果发布会，举办恩施州硒科学技术研究工作座谈会、硒——免疫平衡与健康高峰论坛暨民大医院建院 50 周年院庆系列学术活动。恩施州中心医院实验动物中心正式揭牌，建成武陵山区首家 SPF 级实验动物中心。与国药集团联合开发生产植物硒复合益生菌片、牛磺酸多维植物硒咀嚼片、富硒蓝莓叶黄素酯咀嚼片等运动营养富硒产品，延伸富硒产品产业链，提高产品附加值。

【硒博会】 举办第八届世界硒都（恩施）硒产品博览交易会暨硒科技创新发展大会。本届硒博会首次将活动举办场地设在“世界硒都・硒博汇”，展区总面积 12000 平方米（其中室内 3000 平方米，室外 9000 平方米），打造“世界硒都展示中心”综合馆、8 个县（市）“一县一品”专题馆、恩施硒茶“一红一绿”特色馆、硒精深加工馆等；整合全州重点涉硒企业，打造线上硒产品官方旗舰店“硒博汇”。同步举办第五届中国绿色农业与食物营养高峰论坛暨硒区圆桌会议、硒科技成果交易拍卖会、院士说硒论坛、硒产业高质量发展研讨会、硒科学与功能食品国际学术会议等 11 项活动，开展“十大富硒土特产”“十大最美富硒有机茶园”“十大富硒养生旅游线路”评选、“硒博会进谋道・苏马荡”前期预热活动。全国优质硒产品供应基地、湖北省恩施硒茶产业技术研究院、湖北省新型工业化产业示范基地在恩施挂牌，颁授“湖北省咸丰县小村乡天然富硒地块”证书。共有州内外 400 余家企业，4000 余款产品参展，5 名国内外院士、60余名知名专家、全国29个硒区、13家省级以上行业协会、100余家投资商、200余家采购商、近800名各界嘉宾现场参会。现场销售额达1206万元，现场签约重点招商项目22个，计划总投资260亿元，共达成采购协议52项，协议金额11亿元。硒科技成果交易拍卖会现场拍出科技成果9项，总成交额达550万元，签约科技成果16项，金额1618万元。编制《中国硒产业发展指数（SEI）研究报告2022》《会刊》《电子画册》，发布、转载各类宣传报道600余篇（条）。

【硒科普和宣传】 建成世界硒都硒科普城市馆（利川）、武汉东湖高新区·世界硒都（恩施）体验馆，新建成8家州级硒科普教育基地。开展“5·17”电商硒博会暨科学补硒宣传活动，线上线下累计科普人数50余万人。编印《硒宝说硒》“硒科普宣传进百城”活动，在全国100个城市发放《硒宝说硒》硒科普宣传手册近5万册。《聆听恩施》硒科普微视频被评为年度优秀科普短视频。聘请“土家稀奇哥”为恩施硒物推广大使。开展硒科普进机关、进乡村、进社区、进学校、进企业、进景区“六进”活动。在恩施机场投放“世界硒都·大美恩施”硒文化氛围营造宣传广告。

【对外交流】 全年共组织州内100余家涉硒企业参加第六届富硒农业发展大会暨2023年中国富硒农产品博览会、2023年世界大健康博览会、第二届北京国际功能食品暨富硒农产品博览会等展会；参加第五届“中国天然氧吧”产业发展大会、国硒中心学术高峰会议暨全国硒产业联盟发展论坛等活动。州硒资源中心当选为中国农业技术推广协会富硒专业委员会副主任委员单位。国家富硒产业加工技术研发专业中心授予恩施“世界硒都硒产业经济总部先行区”。

【人才合作】 2023年与武汉轻工大学签订《恩施州硒产业高层次人才特聘计划校地合作协议》，17名全国硒领域知名专家学者在战略咨询、人才培养、标准制修订、富硒认证等方面为恩施州提供指导服务和合作。推动州人民政府与武汉轻工大学签署《共建硒科学与工程现代产业学院框架协议》，建立校地双向人才交流长效机制。组织举办“2023年国硒中心·专家工作站恩施咸丰企业行—富硒产业助力乡村振兴发展论坛暨食品科学与工程一流学科建设研讨会”活动。

【硒资源保护】 推动土壤硒资源普查成果转化利用，协调硒普查项目承担单位湖北省地质局第二地质大队、湖北省地质调查院、湖北省地质科学研究院、湖北省地球物理勘探大队向各县（市）自然资源和规划局提交普查成果资料。7月25日，组织召开全州硒资源保护与利用联席工作会议安排部署硒资源保护和利用相关工作。9月19日，中国地质学会第三批天然富硒土地评定结果公布，咸丰县人民政府申报的小村乡899.42公顷土地通过中国地质学会的评审认定。12月，启动《全州硒资源保护与利用专项规划》及《恩施市双河鱼塘坝独立硒矿床资源保护与开发单项规划》编制工作。

【硒蛋白标准修订】 根据《硒蛋白国家标准修订技术研究项目》计划，1月11日，州硒资源中心向全国硒区开展《食品营养强化剂、硒蛋白》修订征集工作。2月25日，参与省、州疾控中心和州公共检验检测中心就硒蛋白检验检测方法学及国家食品安全和营养综合试验区工作召开研讨会。已完成50余篇文献调研，征集政府及硒行业协会、研究硒蛋白专家以及硒蛋白相关生产企业共67个单位及个人对硒蛋白国家标准修订反馈意见500余条，收集比较国内外3个相关标准，完成堇叶碎米荠硒蛋白样本工艺研究工作，开展40余批1000余项次硒蛋白检验检测工作，完成硒蛋白检验检测方法文本初稿等工作。2023年12月18日，标准修订文本已提交至食品安全国家标准评审委员会，待评审。

【品牌建设】 实施“1+8+N”品牌建设三年行动方案，谋划“恩施硒物”“恩施硒品”硒产品公用品牌。协助州硒产业协会制定《恩施州区域公用品牌“恩施硒物”管理办法》，严格规范授权企业使用推广。在第八届世界硒都（恩施）硒产品博览交易会开设“恩施硒物”专区，在武汉首批建成70家“恩施土特产专卖店”“恩施餐饮示范店”。参加贵州铜仁举行的第四届梵净山国际天然饮用水博览会·2023梵净山抹茶大会并推介恩施富硒水资源。组织硒多宝、德源科技、硕品农业等州内涉硒企业数百款“恩施硒物”参加2023年中国富硒农产品博览会、2023年世界大健康博览会等多场展会。特聘2022年度央视《星光大道》总冠军“土家稀奇哥”为“恩施硒物推广大使”。在“5·17”电商硒博会暨科学补硒宣传活动中签约颁发“恩施硒物推荐官”“恩施硒物电商直播间”，近50名网红主播开展“恩施硒物”直播推介。以硒旅为主题在“东方甄选看世界”直播活动推介恩施硒产品，在恩施机场投放“世界硒都·大美恩施”形象宣传广告，《铺就“硒”望之路 奋力打造全国硒产业高地》被省委政研室《调查与研究》采用，在新华社、《半月谈》、央视CCTV-17多次宣传恩施硒产业发展。

【招商引资】 全州共招引涉硒项目63个，计划总投资133亿元。4月14日，州硒资源中心招引的《上海麦金地央厨产业链项目》由恩施高新区和上海麦金地签订投资协议，在恩施州硒科技产业园按三期开发规划，总投资规模约15亿元，总占地面积 33.33 公顷，计划在硒科技产业园建设中央厨房工厂、生鲜加工中心、预制菜加工中心、冷冻冷藏库、物流周转场所、延链企业中心和配套办公用房等，形成具备冷链盒饭、半成品加工、组配菜加工、冷冻料理包生产、预制菜生产、毛净菜和生鲜加工等生产线的综合硒科技产业园区。

（罗　琼）

## 林　业

【概况】　2023 年，全州林业系统以系统思维推深做实林长制，持续夯基础、强管理、促提升、守底线，以高水平保护服务高质量发展。截至年底，全州森林面积 163.1 万公顷，森林覆盖率 67.79%，森林蓄积量 1.5 亿立方米。

【森林城市、城镇、乡村】　恩施市为国家级森林城市，利川、建始、巴东、宣恩、咸丰、来凤、鹤峰 7 个县（市）为省级森林城市；全州现有省级森林城镇 24 个；全州现有国家级森林乡村 62 个，省级森林乡村 73 个。

【全面推行林长制】　全州各级各部门坚持高位推动、高标落实林长制，州总林长适时召开林长会议、发布林长令，安排部署和调度督办林长制重点工作。全州 3058 名林长围绕林业重点工作开展巡林 3.8 万余次，州委书记胡超文、州长夏锡璠到基层林区巡林，推动解决铜盆水林场资产移交等一批历史遗留问题。探索制度创新，出台“景区林长”制度，深化“林长+检察长”“林长+护林员”协作机制，“差异化巡林”“林长+采伐”等协作机制初见成效。《湖北恩施：林长履职点绿成金》《湖北利川：以林长制促“林长治”》《湖北巴东：“鄂西屋脊”上演壮美落日》等专题片在央视频道、新华社等主流媒体播放。召开林长制新闻发布会，向社会公众报告林长制工作开展情况，《持续擦亮“鄂西林海”招牌全力打造恩施版“林长+”》等稿件在省主流媒体刊播，国家林草局简报、省林长制简报多次刊发恩施州林长制创新做法。

【造林绿化】　编制《恩施州流域综合治理和统筹发展规划林业实施方案》，完成营造林 8266.6 公顷，义务植树 112 万株。持续开展彩色森林建设“六大行动”，新建彩色森林 1046.67 公顷、823.3 千米、171 处，打造恩施竹园坡至建始马栏溪、利川城区至朝东岩等 4 条 10 千米以上彩色森林示范线（带）。推进城乡一体绿化美化，创建省级森林城镇 4 个、省级森林乡村 25 个。参与带水河小流域综合治理试点建设，顺利实施森林防火、林业试点示范村居、退化林修复、生态补偿等项目。

【森林资源管护】　常态化开展森林督查工作，强化州级统筹调度，查处案件 126 起。全州森林督查审核通过率、案件查处率均位居全省前列，案件数、违法占用林地和违法采伐林木均同比下降 40%以上。开展“2023 清风行动”，查办野生动植物案件 125 起，打掉犯罪团伙 12 个、处理 135 人。星斗山古水杉群被全国绿化委员会评为“中国最美古树群”。

【自然保护地管理】　推进恩施大峡谷-腾龙洞地质公园通过联合国教科文组织现场评估和闭门会议投票，“申世”工作取得决定性成效。与生态环境、自然资源等部门联合执法，推进“绿盾”、长江警示片披露问题整改。湖北七姊妹山国家级自然保护区获得“世界最佳自然保护地”称号。

【林业要素保障】　为州内重点项目做好林地要素服务，全年保障使用林地 668 宗 1073.08 公顷。全年争取中央、省下达资金达 8.62 亿元；出台林权抵押质押贷款指导意见，投放林权类抵押贷款 9302 万元，有效解决林农、林企融资难题。恩施市、鹤峰县从林木采伐改革小切口入手，做好为民服务“大文章”，实现“零跑路、零材料、零费用、掌中办”目标，被纳入全省优化营商环境改革先行区通报表扬。严格落实生态补偿政策，兑现天然林和公益林保护、退耕还林等资金约 4.8 亿元。

【林业产业发展】　壮大木本油料、林下经济、花卉苗木、森林康养等林业特色产业，州内箬叶、盆景、山茶油等林特产品亮相森博会、硒博汇、苗交会，知名度不断提高。加快良种选育，引进市场主体，推进“中国箬叶之乡”建设。新增国家级森林康养试点建设单位 3 家、省级林业龙头企业 9 家，实现林业总产值 364 亿元。有序推动油茶产业扩面提质增效行动，全年实施油茶营造林 5266.67 公顷。谋划建设国家储备林 47093.33 公顷，其中建始、恩施、鹤峰、利川 4 地可研报告已通过省林业局评审。

【森林防火】　全州林业部门以“时时放心不下”责任感抓实林业“两防”工作。严格落实森林防火“四级”包保责任制，广泛开展宣教，紧盯重点人群，扎实开展隐患排查整治，严格野外火源管控，建立违法违规野外用火举报奖励机制。推进森林防灭火“县县建队”，建立森林消防半专业队伍 28 支、义务扑火队 453 支，全州未发生较大及以上森林火灾。选派 4 名森林消防员代表省队在全国森林消防员竞赛获二等奖；组队参加全省森林消防员职业技能竞赛获团体一等奖（奖励森林防火特种车辆 1 台）。成功争取森林防火国债资金 3.13 亿元。全州森林防火高风险区综合治理项目获省发改委批复，预计投资 4115 万元。

做好松材线虫疫情防控措施，疫情发生面积下降93.33公顷，病死树木下降约600株，清理枯死松树19万余株，实现“双下降”目标。

（游家栋）

# 自然资源保护区

## 湖北星斗山国家级自然保护区

【概况】　湖北星斗山国家级自然保护区位于恩施市、利川市和咸丰县境内，面积涉及9个乡镇、38个自然村，分为东部星斗山片和西部小河片，总面积68339公顷（其中核心区面积21165公顷、缓冲区面积14932公顷、实验区面积32242公顷），属“森林生态系统和野生植物类型”自然保护区，是华中天然植物园和种质基因库，世界上水杉原生种群的唯一分布区，主要保护对象为典型的中亚热带森林生态系统、种类繁多的珍稀濒危野生植物及其生境、世界唯一现存的水杉原生种群及其模式产地、全国罕见的台湾杉原生群落、全国稀有的莼菜野生湖沼植物和种群数量丰富的珍稀野生动物。区内有维管束植物200科、843属、2033种，其中有国家Ⅰ级重点保护植物水杉、银杏、红豆杉、南方红豆杉、珙桐5种，有国家Ⅱ级重点保护植物台湾杉、黄杉、峨眉含笑、莼菜等48种。有陆生脊椎动物378种，其中有国家Ⅰ级重点保护动物豹、云豹、金雕、林麝等12种，有国家Ⅱ级重点保护动物猕猴、红腹锦鸡等47种。

【资源管护】　2023年，开展林草资源保护专项行动，组建工作专班对保护区存在问题进行全面排查整改，配合林业、公安、生态环保等部门查处资源保护类案件20起（其中涉长江警示片披露毁林种连案件15起）。开展水杉原生母树保护救护工作，完成色卷蛾虫害除治46.67公顷、小蠹虫截干及药物除治11株、蚂蚁防治600株，建避雷设施6处，在茶台水杉沟建水杉母树保坎125米，完成水杉母树种子园保护治理2处共18.5公顷。完成水杉母树资源普查工作，完成2117块水杉母树保护标识牌制作及悬挂工作，完成1200株水杉母树扦插育苗工作，完成0001号水杉母树第三期引根复壮工作，2023年水杉被收录入《湖北省极小种群野生植物名录》。探索水杉在建设“两山”实践创新示范区的实现路径，开展总体框架规划，以保护区小河片为主阵地，以世界唯一水杉原生种群品牌为载体，通过栽植水杉无性系繁育苗及其他珍稀植物、开展生态旅游和森林康养、厚植民族特色和红色文化，构建一个集“科普植园、生态旅游、休闲观光、森林养生”于一体的综合性水杉植物园正在征求利川市意见进行修改完善。2023年底，在小河村赵家坝租赁土地7.87公顷，移栽水杉原生母树无性繁育苗近万株，保存4661株水杉原生母树基因。收集154个珍稀植物品种，同步建设小规模的珍稀植物园。

【森林防火】　星斗山管理局落实森林防火值班制度，保障信息畅通。强化专职护林员日常巡护和入户宣传教育工作，做到巡护宣传全覆盖，加强对重点特殊人群监管。开展森林防火隐患排查整改，排查各类隐患4处，与相关部门、村委会沟通协调，督促整改。落实星斗山管理局与3个县（市）政府联合印发的《关于加强湖北星斗山国家级自然保护区建设管理的意见》相关要求，加强与地方政府、林业部门及村委会联系沟通，落实森林防火属地责任。12月8日，星斗山管理局联合恩施市、利川市、咸丰县3个县（市）相关部门召开资源管理联席会，专题安排部署今冬明春的森林防火工作。对已联合建立的灭火储备库落实专人管理，对170余名村级护林员（村级义务扑火队员）进行森林灭火演练培训。到村组、农户检查指导森林防火工作，督导专职护林员履行巡护宣传职责，针对检查过程中发现的薄弱环节和短板，提出处理意见和建议，督促整改落实。

【项目建设】　星斗山管理局推进项目规划与实施。包括中央财政林业草原生态保护恢复资金（第一、二

2023年12月8日，星斗山管理局开展森林防火联席会暨森林火灾应急演练

（星斗山管理局　供稿）

批）项目建设，投资300万元；完成2023年度重点野生动植物（水杉）保护项目，投资176万元。做好2024年保护区能力项目方案编制及入库工作。

【社区宣教】 以“世界博物馆日”“省级森林城镇创建宣教活动”为契机，与《湖北日报》合作举办“世界博物馆日”直播宣传活动，通过湖北日报抖音号、湖北日报客户端等平台进行收看，累计互动参与5万余人次。向社会免费开放水杉博物馆，全年累计接待参观人数2000余人次。制作《水杉》科普片、古水杉群落小视频、抢救性保护0001号水杉短视频、《水杉》宣教系列短片，在利用宣传车、宣传标识（标语、标牌、告知书）、巡护入户宣传方面做到全覆盖。9月，在全国绿化委员会办公室指导、新华网主办的“双百”古树推选活动中，星斗山保护区水杉古树群入选为100个“最美古树群”。星斗山保护区“水杉保护与宣教项目”被深圳市一个地球基金会评审为优秀项目。

【服务乡村振兴】 2023年，星斗山管理局安排帮扶资金15万元，对10公顷老茶园进行改造种植，协调村内茶叶企业，发挥联农带农作用，鼓励当地茶农就地就业。完成楠木村文化广场、三县场饮水工程前期踏查设计建设、三湾至茶塘村委会和向阳拱桥的公路硬化建设、“国宾茶”基地建设、3株古树名木保护、三湾至楠木园防火通道绿化、三湾至楠木园防火通道苗木后期维护建设等工作。

（王丽娜）

## 湖北七姊妹山国家级自然保护区

【概况】 湖北七姊妹山自然保护区位于宣恩县境内，地处北纬29°39′30″~30°05′15″，东经109°38′30″~109°47′00″，北与恩施市河溪村交界，东北属宣恩县椿木营乡管辖，东与鹤峰县太平镇接壤，南与湖南八大公山国家级自然保护区核心区毗连，西与宣恩县长潭乡和沙道沟镇相连。属森林生态系统类型自然保护区，主要保护对象为：以珙桐、钟萼木、红豆杉、黄杉等为主的珍稀植物和以林麝、黑熊、鬣羚等为主的珍稀动物及其栖息环境所组成的森林生态系统，以及呈斑块状分布的970公顷山地泥炭藓沼泽湿地生态系统。总面积34550公顷，其中核心区11560公顷，缓冲区11700公顷，实验区11290公顷，森林覆盖率88.89%。保护区分布有5个植被型组，9个植被型，30个植物群系。有维管束植物175科762属2086种，其中蕨类植物35科78属281种；裸子植物8科17属23种；被子植物132科667属1782种。列入2021年公布的《国家重点保护野生植物名录》有54种，国家Ⅰ级保护植物有珙桐、红豆杉、南方红豆杉、银杏、水杉、苏铁共6种，国家Ⅱ级保护植物有钟萼木、黄杉、台湾水青冈和香果树等48种；宣恩牛奶菜和宣恩盆距兰是保护区内特有植物。苔藓植物34科58属80种。保护区有脊椎动物30目114科494种，其中兽类8目25科73种，鸟类16目65科326种，两栖类2目10科32种，爬行类2目10科39种，鱼类2目4科24种。国家Ⅰ级保护野生动物有林麝、金雕等14种；国家Ⅱ级保护野生动物有黑熊、猕猴、鬣羚、红腹锦鸡等65种；中国濒危动物25种；中国特有种14种。2023年，湖北七姊妹山自然保护区被世界自然保护联盟授予“世界最佳自然保护地”称号，加入“中国生物圈保护区网络”（CBRN）。国家第一批生态质量综合监测站“湖北恩施站（森林）”落户七姊妹山，被命名为湖北省科普教育基地（2024—2028年），获“湖北省‘爱鸟周’活动先进集体”。

2023年4月6日，七姊妹山保护区管理局联合宣恩县人民政府举办以“保护候鸟迁徙通道　推进生态文明建设”为主题的“爱鸟周”活动启动仪式

（七姊妹山保护区管理局　供稿）

【资源管护】 2023年，湖北七姊妹山保护区推进林长制，实现保护区林长全域覆盖，州级林长、县级林长到保护区常态巡林。聘用34名兼职护林员，92名生态护林员，落实“两防三护一报告”制度，推进生态治安巡护规范化。开展环保督

察整改和监管，在全省率先完成长江经济带生态环境暗访3起问题整改销号，完成24个遥感监测疑点图斑核查工作；配合宣恩县做好鱼泉、双溪2座水电站的退出后续工作。加强林业有害生物防治，完成1213个小斑松材线虫病秋季普查任务，清除疫木148株。持续开展外来入侵物种普查，制作影像资料2000余份，标本30件，发现并除治加拿大一枝黄花等入侵植物6种。依法打击涉林违法行为，办结涉林行政案件5起，配合公安部门办理刑事案件3起。

【森林防火】　湖北七姊妹山保护区采取远程视频监控、无人机空中巡逻广播、地面人员巡护，加强进山人员和辖区特殊人群监管，排查清理火灾风险隐患。签订承诺书、张贴禁火令、发放宣传画册各3000余份，出动宣传车500余台次，推送提醒短信7万余条，保护区实现全年无火灾。建设森林防火通道2条，标准化防火物资储备库和配套设施3座，防火瞭望塔和监控设施2座，更新应急保障车3台。

【科研监测】　湖北七姊妹山保护区开展森林资源监测调查。完成昆虫资源、珍稀濒危兽类动物资源、蜘蛛多样性、珙桐及水青冈属植物等资源专项调查项目，记录昆虫13目120科1024种，发现国家二级保护昆虫金裳凤蝶和黑紫蛱蝶。新布设8台自组网红外监测相机，120台红外监测相机正常运行，监测拍摄到白颈长尾雉、林麝、鬣羚、红腹锦鸡等国家重点保护野生动物。加强生态监测，已建4个气象监测点稳定运行；武陵山区首个国家生态质量综合监测站“湖北恩施站（森林）”落户保护区。与湖北省林业科学研究院签署科技合作协议，与华中师范大学、华中农业大学、湖北大学、中南民族大学、湖北民族大学等大学形成稳定的科研合作关系，开展各类专题研究项目。

【自然教育】　湖北七姊妹山保护区举办2023年“爱鸟周”系列活动，承办第六届湖北省林业系统职工观鸟比赛，34支参赛队伍近200人参加，记录鸟类186种；举行“关爱蓝天精灵，共建美丽湖北”主题论坛，发布鸟类保护《七姊妹山共识》。围绕青少年进森林研学教育活动，编制自然教育专项规划和开发自然教育课程。完成长潭河科研宣教中心自然教育教室、手工体验室、森防实验室装修。建设科普宣教慢直播平台，启动椿木营自然教育小径建设，购置动物标本39件。

【社区管理】　湖北七姊妹山保护区建立局、站、村三联机制，开展社区共建共管共享，引导辖区群众发展箬竹、黄连、猕猴桃等林药果生态产业386.86公顷。完成新一轮“七姊妹山”商标使用注册。购买野生动物致害责任保险，解决野生动物“肇事”救助和补偿。兑现生态公益林补偿资金640.78万元，兑现率100%。指导长潭河乡兴隆村创建“湖北省森林乡村”。

【项目建设】　湖北七姊妹山保护区对接国家、省林草局，谋划申报保护区基础设施建设项目3900余万元，生态保护修复、林业有害生物防治项目640万元。围绕“两山”实践创新、生态保护和修复、自然教育等内容，完成2023年度国家级自然保护区补助资金429万元，森林防火综合能力提升项目资金200万元项目建设。

（甘玉萍）

## 湖北木林子国家级自然保护区

【概况】　湖北木林子国家级自然保护区位于湖北省恩施土家族苗族自治州鹤峰县北部，地处北纬29°55′59″~30°10′47″，东经109°59′30″~110°17′58″。辖5个乡镇25个自然村，总面积为20838公顷，其中，核心区面积7642公顷（占37%）、缓冲区面积5619公顷（占27%）、实验区面积7577公顷（占36%）。木林子自然保护区全境地势由西北和东南向中间逐渐倾斜，牛池为保护区最高峰，也是武陵山在湖北恩施州的最高峰，海拔2098.1米。境内喀斯特地貌十分发育，地貌类型丰富多彩。木林子自然保护区处于中国地势第二阶梯向第三级阶梯的过渡地带，中亚热带气候，受冰川的影响较小，成陆时间早，由于没有受到第四纪冰川运动袭击，是第三纪植物区系重要的保存地，是第四纪冰川运动孑遗植物的避难所，是温带向亚热带过渡地域植物区系的摇篮，蕴藏着丰富的动植物资源，属森林生态系统类型自然保护区。主要保护对象为中亚热带常绿落叶阔叶混交林生态系统，红豆杉、珙桐、伯乐树等40种国家重点保护野生植物及其群落，山顶山脊阔叶矮曲林，林麝、黑熊、毛冠鹿等60种国家重点保护野生动物及其栖息地，独花兰、天麻等62种野生兰科植物及其生境。木林子自然保护区共有维管植物2797种，隶属于206科943属，其中列入国际公约或国家保护的珍稀濒危植物共153种；其中国家重点保护野生植物有40种。木林子自然保护区有陆生野生脊椎动物302种，隶属26目75科190属，其中国家重点保护种类共有60种。

【资源保护】　湖北木林子国家级自然保护区完成“智慧木林子”综合管理系统维护升级，建立区域数字正射影像图，开展“森林资源违法违规行为大排查大整改”“安全隐患排查整改”等专项行动，以“以奖代补”形式引导社区群众开展生态修复，开展人类活动遥感监测实地核查工作，与木林子森林警察大队联合开展保护鸟类等野生动物排查整治专项行动，森林资源得到有效保护。

【森林防火】　湖北木林子国家级自然保护区完善森林防火应急预案，组织开展森林防火培训演练，对辖区27个行政村的应急物资储备库开展指导检查，与当地人民政府、相关责任单位共同加强巡查巡护和隐患排查，通过出动宣传车、配备宣传小喇叭、发放宣传挂历、召开群众会议等方式开展森林防火宣传，建立以6个高山防火监控、28个卡口监控、7台无人机空中巡护和地面人员日常巡护为主的“天空地人”立体监测体系，落实重点防火期24小时值班及领导带班制度，全年未发生重特大森林火灾。

【科研监测】　湖北木林子国家级自然保护区完成红豆杉属植物资源、珙桐资源、连香树资源、兰科植物资源、外来入侵物种普查等专项调查，调查发现无距虾脊兰和西南齿唇兰2种湖北省新分布记录物种；编辑出版《苔藓植物图鉴》《大型菌类植物图鉴》2部专著；完成无线监测网络项目建设工作；启动测流堰建设、水文水情监测；开展生物多样性监测数据规范化处理，确保监测数据的可靠性和持续性。

【公众宣教】　湖北木林子国家级自然保护区举办“5·22”国际生物多样性日宣传活动，新建龚家垭、咸盈等4处户外自然教育点。制作普法宣传短视频10余部，保护区珍稀动植物宣传素材被《湖北日报》、“学习强国”学习平台等采用，《嬉戏打闹的黑熊》《遥瞰木林子》等短视频在长江云平台播放。启动珍稀植物标本馆建设。

【项目建设】　湖北木林子国家级自然保护区完成中央林业草原生态保护恢复资金项目建设，总投资400万元，主要包括生态保护补偿与修复、保护设施设备购置维护、专项调查和监测、宣传教育等。完成湖北省2024年度湖北木林子国家级自然保护区项目实施方案编写、评审和修改上报工作，申报资金540万元。完成2024年度湖北省科普教育基地提能项目申报工作，申报资金10万元。湖北木林子国家级自然保护区总体规划（2023—2032年）通过国家林业局审批。

（陈绍林　郭　琼）

## 湖北巴东金丝猴国家级自然保护区

【概况】　湖北巴东金丝猴国家级自然保护区位于湖北省巴东县北部，大巴山东缘，正处于中国西部高山向东部低山的过渡区域，北连神农架林区，东与兴山县接壤，南抵平阳坝河谷。保护区西距重庆巫山10千米，南距长江15千米，区内最高海拔3005米，最低海拔240米，森林覆盖率82.73%。保护区地理位置位于北纬31°11′50″~31°24′40″，东经110°15′51″~110°29′59″。保护区占地总面积共20909.99公顷，其中核心区面积9580.38公顷（占比45.8%），缓冲区3009.17公顷（占比14.4%），实验区面积8320.44公顷（占比39.8%）。其中林地面积18925.86公顷，占90.51%；非林地面积1984.13公顷，占9.49%。保护区属于野生生物类中的野生动物类型自然保护区。主要保护对象是以川金丝猴、金钱豹、金雕等为代表的野生动物及其栖息环境以及以珙桐、光叶珙桐、红豆杉等为代表的珍稀野生植物资源和保存完好的亚热带森林生态系统。保护区范围共涉及2个乡镇7个行政村，区内共计农户517户1558人，其中核心区缓冲区共有农户39户89人，实验区478户1469人。保护区内有汉族和土家族2个民族，其中，汉族715人，占总人口的45.9%；土家族843人，占总人口的54.1%。保护区内人口密度为7.45人/平方千米。初步查明保护区内有陆生野生脊椎动物348种，其中国家重点保护野生动物66种，有国家Ⅰ级重点保护野生动物川金丝猴、林麝、金钱豹、金雕等10余种，有国家Ⅱ级重点野生保护动物猕猴、黑熊、鬣羚、大鲵、红腹锦鸡等56种。保护区是我国川金丝猴种群的重要栖息地之一，长期在保护区内活动的金丝猴种群有3~5个。保护区内有维管束植物183科827属2308种，其中国家重点保护野生植物34种，有国家Ⅰ级重点保护野生植物红豆杉、珙桐、光叶珙桐3种，国家Ⅱ级重点保护野生植物篦子三尖杉、连香树、鹅掌楸、水青树、香果树、巴山榧树等31种。

【森林防火】　2023年，保护区在重点防火期内，对4个主要路口、3个高山重点路段及19个管护点哨卡设卡值守，严禁火源进入保护区，严禁外人进入保护区从事穿越保护区等户外活动，实行本地人员扫码进山制度。通过护林员入户宣传，发放禁火令、祭祀鲜花等防火宣传用品，动用宣传车100台次在辖区范围开展防火知识宣讲。开展输电线路、墓地清理、木质电杆等隐患排查，联合县、乡有关部门整改。开展防火物资储备库日常检查。实行职工联系社区（村）制度，职工在重点防火期内到联系村开展森林防火工作每月不低于3天。全年保护区范围内森林火灾零发生。

【资源管护】　保护区购置安装红外相机400余部，监测到川金丝猴、林麝、黑熊等野生动物300余种。完成全国自然保护地等监管平台及自然保护地生态环境监管平台反馈的10个疑似点位实地核查，所有点位均提供佐证资料完成整改销号。开展外来入侵物种调查，踏查总里程数281.19千米，踏查面积5623.8

平方千米，外来入侵物种呈零星分布，调查成果通过验收。杜绝外人进入保护区从事穿越、探险等户外活动，共拦截计划穿越保护区人员5批次35人。联合巴东县林业执法大队查处1起林业行政案件，移交巴东县公安局刑事案件线索1条。

【科普宣传】　保护区联合州生态环境局巴东县分局、县林业局开展2023年“世界环境日”宣教活动；邀请中国地质大学葛继稳教授就生物多样性保护作专题讲座；联合野三关镇开展常见应急处理科普培训。开展2次保护区野生动植物照片展，组织2次红外相机作品视频评比活动，发放宣传折页等1万余份。

【项目建设】　保护区保护及监测设施项目竣工，利用项目总投资2792万元修建基层管理站、管护点及哨卡、科研监测中心等基础设施。争取“十四五”时期国家公园文化保护传承利用工程项目，该项目投资分为神农架国家公园沿渡河分局管理设施建设项目和配套基础设施建设项目，其中配套基础设施建设项目中央投资800万元项目已动工，管理设施建设项目已纳入国家重点建设项目库，立项、可行性研究报告、初步设计均已获得恩施州发改委批复。实施2023年中央财政林业草原生态保护恢复资金项目，项目资金450万元，用于生态保护补偿与修复、特种救护及保护设施设备购置维护、专项调查和监测、宣传教育方面。

（向子军）

## 咸丰忠建河大鲵国家级自然保护区

【概况】　咸丰忠建河大鲵国家级自然保护区位于北纬29°19′28″~30°02′54″，东经108°37′08″~109°20′08″，在咸丰县高乐山镇、忠堡镇境内，保护区范围以忠建河干流源头至草坪（咸丰县与宣恩县交界处）39千米河段和沿河两岸所有支流58.74千米河段的历史最高水位线向外扩展50米为界。所属流域水系为长江流域清江支流的忠建河流域，忠建河发源于县内赵家山，在高乐山镇龙坪村黄草坪段流入宣恩县，后注入清江。保护区总面积1043.3公顷，其中核心区面积359.5公顷、缓冲区531.8公顷、实验区152.0公顷，保护区主要保护对象为大鲵（国家二级保护动物）及其生境。2023年，保护区管理局依据《咸丰忠建河大鲵国家级自然保护区实行全面禁捕的通告》和长流流域十年禁捕政策等规定加强监管，保护区范围内无违规建筑和渔业活动。保护区鄂西南山区为云贵高原延伸部的武陵山余脉，海拔高程在617~875米之间。流域内气候温和，冬无严寒、夏无酷暑，雨量充沛。河床多处于山间峡谷地带，河谷为“U”形或“V”形，河床多石灰岩和卵石块，岩穴、暗河和溶洞较多，水质清新、无污染，每年4—11月水温变化范围是9~23℃，水体的酸碱度值8左右。地质地貌特征为石灰岩区峰丛槽谷发育，碎屑岩区山坡较缓，构造剥蚀现象明显。境内植被资源大多属于北、中亚热带落叶阔叶、常绿阔叶、落叶阔叶混交林和温性针叶林植被，具有明显的垂直梯度格局，主要分布的用材林树种有松、杉、柏、枫、杨、椿、栎、刺槐、桐、楠树等。保护区内已发现记录高低植物423种，森林覆盖率80%，反映出溪流河谷生态系统的物种特征。保护区内有鱼类5目9科40种、浮游植物8门60属，浮游动物有3门4纲，两栖动物2目8科26种，甲壳类主要有青虾、溪蟹等，爬行动物37种、常见鸟类20余种、兽类67种、昆虫1317种。

【基础设施】　2023年，保护区投入21.9万元完成智慧保护区综合管理平台建设，投入30.6万元完成保护区视频监控升级。现有办公楼1栋约1000平方米，大鲵救治救护基地9000平方米，安装标志、警示牌200个、界碑200个、金属围栏3600余米、建设巡护步道近3000米等。核心区展马河近3千米长河道旁安装24小时视频在线监控监测系统，配备高清摄像头、高音喇叭、自动报警并播放语音设备，在忠建河干流青山坡至宣恩交界草坪段安装有摄像头。

【勘界立标】　会同湖北省林业勘察设计院完成保护区勘界立标工作，共设边界点558个，定标点46个。完成安装42个界桩（实验区8个界桩、缓冲区26个界桩、核心区8个界桩）和4块界碑（县城规划区交界处1块、马河1块、忠堡庙梁子1块、与宣恩交界处1块），已通过县、州、省验收。

【规划编制】　9月，启动《咸丰忠建河大鲵国家级自然保护区总体规划》编制。10月20日，与中标单位国家林业和草原局林草调查规划院签订合同，中标金额118.5万元。目前总规编制工作已完成收集基础资料和第一阶段现场踏勘。

【宣传教育】　开展日常巡查75次，张贴禁火令6张，印制宣传册3000份，制作宣传展板4块，安装固定宣传牌20余处，拍摄宣传片1部。

（陈李溶）

# 环境保护

## 环境质量和保护

【概况】　2023年，全州生态环境保护工作聚焦“两山”实践创新示范区建设，打好污染防治攻坚战，推进长江高水平保护，抓好突出环境问题整改，服务高质量发展。主要环境指标保持全省领先，州城恩施环境空气质量连续5年位列全省国考城市首位，25个国控、省控地表水考核断面水质优良率达100%；污染防治攻坚战连续4年获省考核优秀等次，生态省建设获省级考核优秀等次，首次举办跨省突发环境事件应急演练，历史关闭矿山环境风险初查提前两年完成，农村生活污水治理超出省定任务61%，解决一批突出生态环境问题；小流域综合治理迈出坚实步伐，带水河省级试点43项规划指标全部达到序时进度，“1+7”试点工作格局基本形成；重大项目谋划取得历史性突破，清江流域重点段生态环境综合整治与产业开发项目通过生态环境部评审，总投资47.01亿元；环境监管能力建设取得显著成效，获全省执法大练兵技能大比武、法律法规知识竞赛三等奖；恩施市被评选为“人与自然和谐共生现代化”城市实践基地。

【大气环境质量】　全州8个县(市)城区空气质量平均优良率为96.8%,较2022年同期(98%)下降1.2个百分点;可吸入颗粒物($PM_{10}$)浓度均值为37微克/立方米,较2022年同期(34微克/立方米)上升8.8%;细颗粒物($PM_{2.5}$)浓度均值为24微克/立方米,较2022年同期(22.7微克/立方米)上升4.3%;臭氧($O_3$)日最大8小时第90百分位平均浓度为111微克/立方米,较2022年同期(115微克/立方米)下降3.5%。其中,恩施市、利川市、建始县、巴东县、宣恩县、咸丰县、来凤县、鹤峰县优良天数分别为345天、364天、347天、350天、345天、356天、348天、358天;优良天数比率分别为94.5%、99.7%、96.4%、96.7%、94.5%、98.9%、95.6%、98.1%;细颗粒物($PM_{2.5}$)浓度均值分别为28.1微克/立方米、19.5微克/立方米、18.3微克/立方米、25.5微克/立方米、27.5微克/立方米、23.3微克/立方米、26微克/立方米、21.6微克/立方米。按照城市环境空气质量综合指数评价,2023年全州空气质量相对较好—相对较差的县(市)依次是:利川、鹤峰、咸丰、建始、宣恩、来凤、恩施、巴东(与恩施并列)。

【水环境质量】　全州13个县级及以上城市集中式饮用水水源地水质达标率均为100%。18个国控、7个省控地表水断面水质优良率均为100%。国控断面中，江口村、周家坝为Ⅰ类，黄蜡石等15个断面为Ⅱ类，恩施大沙坝为Ⅲ类；省控断面中，景阳河为Ⅰ类，长沙河等6个断面均为Ⅱ类。17个跨境断面水质达标率为100%。

【声环境质量】　全州8个县（市）区域环境噪声昼间平均等效声级范围为50.8～56.6分贝，平均值为53.5分贝，昼间区域环境噪声质量“较好”，与2022年相比升高1.2分贝，区域环境噪声质量保持稳定。州城居住区（1类区）昼间达标率为100%，夜间达标率为100%；混合区（2类区）昼间达标率为100%，夜间达标率为100%；工业区（3类区）昼间达标率为100%，夜间达标率为100%；交通干线两侧区域（4a类区）昼间达标率为100%，夜间达标率为87.5%。全州8个县（市）道路交通噪声昼间平均等效声级范围为63.8～76.2分贝，平均值为66.5分贝，道路交通噪声评价等级“好”的有7个县（市），基本保持稳定。

【总量减排】　严格落实减排任务目标责任制，推进工程减排、管理减排和结构减排，“十四五”期间累计减排氮氧化物1961.65吨、挥发性有机物496.72吨、化学需氧量2725.92吨、氨氮439.54吨，完成省定目标任务。

【蓝天保卫战】　开展县（市）城区大气污染源排查和空气质量改善执法帮扶，整改问题456个。围绕秸秆露天焚烧、扬尘污染整治、餐饮油烟管控、禁止燃放烟花爆竹等行业和领域，推进三大攻坚和九大专项行动，检查点源1800余个，实施防治项目159个，抽测柴油货车和非道路移动机械2000余台，汽车排放检验与维护线上闭环率达98%以上。应对重污染天气，启动2次州级应急预警响应，组织州市94名环境监督员下沉州城41个村（社区）参与污染天气防控1000余人次。全州环境空气质量在全省继续保持领先，州城空气质量位列全省国考城市第1位，6个县（市）环境空气质量综合指数位列全省县域前10。

【碧水保卫战】　全面开展三峡水库、阿蓬江、酉水、溇水等重点流域入河排污口排查整治，共排查岸线1188千米、排口1113个、溯源完成率达100%，判定排污口146个，应整治138个，已整治67个、整治率48.6%，完成省定目标。推进长江高水平保护十大攻坚提升行动，全年新整治长江入河排污口144个，整体完成率达95.4%，较上年提升20%。强化汛期污染强度控制，做好重点河库水华防控、断面水质管控，下发预警通报19期，及时处置断面水质异常情况9次。保障群众“水缸子”安全，开展饮用水源地整治专项行动，分级分类抽查饮用水源地158个、整改问题79个，车坝河饮用水源地启用，喻家河水源地规范化建设工程开工，州城居民饮水安全保障能力明显提升。

【净土保卫战】　开展农用地土壤镉等重金属污染源头防治，完成4个地块污染管控，出台恩施州建设用地土壤污染状况调查报告评审工作规程、评审专家库管理办法，重点建设用地安全利用率100%。安全处置山寨皮革涉重污染风险，完成306座历史关闭矿山环境风险初查，提前两年完成省下达任务。推进地下水环境管理，全州地下水型饮用水水源水质均达到目标要求，地下水国控点位水质保持稳定。

【固体废物管理】 开展危险废物专项排查整治行动，累计排查产废单位1709家，督促企业完成问题整改761个。开展小微企业危险废物收集试点工作，健全全州危险废物收集体系，补齐全州危险废物收集处置能力短板。发布恩施州危险废物收集处理设施建设投资引导性公告，为社会资本精准投资提供引导性建议。印发《恩施州新污染物治理实施工作方案》。

【农村环境污染防治】 推进农村生活污水治理，编制《恩施州农村生活污水治理三年行动方案（2023—2025年）》，完成153个村农村环境整治和200个村生活污水治理，分别完成省定任务的123%和161%。

【生态文明建设示范创建】 生态省考核获省级优秀等次；持续巩固创建成果，组织完成恩施州、恩施市、咸丰县、鹤峰县国家生态文明建设示范区复核准备工作，完成“两山”实践创新基地、国家级和省级生态文明建设示范区年度报告，完成全州2017年及以前命名的41个省级生态乡镇、469个生态村复核工作；恩施市获授“人与自然和谐共生现代化”城市实践基地，新增省级生态乡镇3个，省级生态村25个。截至2023年底，全州已建成国家生态文明建设示范区7个，省级生态文明建设示范区8个，累计建成省级及以上生态乡镇89个，省级及以上生态村782个，创建数量居全省前列。

【“绿盾”行动】 完成67个国家级和省级自然保护区人类活动遥感监测线索核实工作，有关问题做到立行立改；涉自然保护区问题整改销号，绿盾移交的138个问题已销号136个，长江经济带生态环境警示片涉七姊妹山保护区问题已整改销号，涉星斗山保护区问题完成序时整改任务并通过州级验收；开展自然保护区保护成效评估，二仙岩保护区已通过省级评估。

【突出环境问题整改】 抓好中央、省生态环境保护督察反馈问题整改。第一轮中央生态环境保护督察及“回头看”反馈问题54项、228件交办信访件，已全部整改销号。第二轮中央生态环境保护督察反馈问题18项，已完成整改10项，剩余8项序时推进，应于2025年底前完成整改销号；102件交办信访件全部办结。第一轮省级生态环境保护督察及“回头看”反馈问题87项、366件交办信访件，已全部整改销号。第二轮省级生态环境保护督察反馈问题38项，已制定《恩施州贯彻落实第二轮省级生态环境保护督察报告整改方案》，正在整改中；督察期间交办信访件68件，已办结35件，剩余33件（去重后16件）正在办理中。

【环境监管执法】 修订《恩施州生态环境保护综合执法工作规程》。推进差异化执法监管，公布执法正面清单，将31家企业纳入清单管理，引导企业自主守法。共对清单内企业非现场检查90家次，利用电话、网络等指导帮扶50家次；加强非现场监管，运用污染源在线监控管理平台核实处理重点排污单位数据异常情况136次。依法打击环境违法行为，聚焦环境问题较为突出的领域，部署开展打击危险废物违法犯罪、工业企业涉水涉气等10大执法专项行动，累计出动执法人员7333人次、检查企业3270家次，立案79件，执行配套办法12件（查封扣押6件、限制生产2件、移送拘留3件、涉嫌环境污染犯罪1件），罚款252万元、同比增长11%。先后选派执法业务骨干31人次参加全国入河排污口、大气、排污许可监督帮扶，被生态环境部通报表扬为空气质量改善监督帮扶工作表现突出集体；参加全省生态环境执法大练兵技能比武活动，州生态环境局获得团体三等奖。

【环境安全管理】 常态化开展生态环境领域矛盾风险隐患排查化解，全州未发生突发环境事件。着力解决群众身边的环境问题，全年受理办理信访投诉522件，信访总量实现“四年降”。修订《恩施州辐射事故应急预案》，更新完善《恩施州突发环境事件应急预案》，健全重污染天气、断面水质监测预警和联合会商机制，与湖南龙山建立酉水河联防联控机制，与宜昌市、荆州市签订长江（恩施至荆州段）水生态环境保护联防联治协议，与宜昌市签订清江流域水生态环境保护联防联治协议。联合重庆市万州、石柱举办磨刀溪流域突发水污染事件跨省应急演练，加强区域联保共治。

【环境监测】 开展全州环境质量监测，按时完成县级城镇集中式饮用水水源地及乡镇集中式饮用水水源地水质监测、重点监控村庄和一般监控村庄农村环境质量监测、“千吨万人”“百吨千人”集中式农村饮用水水源地水质监测、日处理能力20吨及以上的农村生活污水处理设施出水水质监测等监测任务。定期在恩施州生态环境局政务网站、“两微一端”平台、《恩施日报》等媒介上发布环境质量月报。划定19个州控水质监测断面，完成2个国控空气自动监测站设备更新，建成恩施州非甲烷总烃自动监测站、交通污染专项监测站点。

【核与辐射管理】 开展核与辐射安全监督检查和隐患排查治理，对191家核技术利用单位监督检查，组织核技术利用单位自查。持续开展核技术利用单位从业人员资格培训，组织全州核技术利用单位99人参加省辐射安全与防护考核，督导392人参加单位自行培训与考核。依法依规办理辐射行政许可，审核批复辐射类建设项目18个，办理辐射安全许可67项。联合通信部门及相关核技术利用单位开展“4·15”全民国家安全教育日核安全宣传活动。

【优化营商环境】　落实政务服务“清、减、降、放”工作要求，全面公示办事流程、办事指南等内容，切实推动“高效办成一件事”，提升“一事联办、一网通办、一窗通办”办理水平，通过政务服务简易化实现营商环境再优化。做好重点项目环评服务保障，制定印发《关于做好2023年建设项目环评服务保障工作的通知》，主动服务和全力保障重大建设项目落地建设，坚持领导联系服务重大项目制度，对重大项目进行跟踪服务指导。协调开展恩施机场迁建项目环评工作，对沪渝蓉高铁恩施段、巴张高速沪渝沪蓉连接段、恩高宣快速通道等重点基础设施建设项目进行跟踪服务。优化环评审批方式，推动环评打捆式审批，探索涉水建设项目环评和入河排污口设置论证联合审批。落实省、州以降低成本为核心的政策措施，服务保障重点项目主要污染物总量指标，减轻企业排污权交易成本，对转让方为州生态环境局的交易，由州级财政全额承担服务费用，减轻企业负担；持续规范中介机构服务，向社会公开环境监测、环境影响评价等生态环保第三方服务机构名单和信息，实行动态更新管理，提升中介机构服务质量。动态更新调整生态环境监督执法正面清单，将信用较好、风险较低、日常守法记录良好的企业纳入“正面清单”进行管理，减少现场检查频次，做到“无事不扰”“有呼必应”。

【生态环境宣传】　举办国际生物多样性日、“4·15”全民国家安全教育日、“6·5”世界环境日、节能周和低碳日等系列宣教活动。在《湖北日报》头版刊发《“含绿量”等于“含金量”——“绿水青山就是金山银山”恩施实践》，组织14家环保设施单位面向公众开放，引导公众践行绿色低碳生活方式，州生态环境局制作的《秸秆禁烧公益广告》被科技部评为全国生态环境优秀科普作品。开展送法入企、法律知识进校园等宣传活动。建立以案释法长效机制，通过州生态环境局两微平台发布执法典型案例，2023年共发布典型案例5批共29起。制定《恩施州生态环境违法行为有奖举报奖励办法》，强化社会监督，鼓励公众参与。

【生态文明体制改革】　印发《恩施州推动职能部门做好生态环境保护工作若干措施》，细化州生态环境局、州法院、州检察院、州发改委等18个部门生态环境保护工作职责，完善生态环境保护“党政同责、一岗双责”领导责任体系、职能部门生态环境保护“三管三必须”工作责任体系。落实生态环境损害赔偿制度，发起生态环境损害赔偿案件21起，签订修复协议11起，涉及金额2200余万元。

【重要会议】　3月2日，全州生态环境保护工作会议召开，传达全省生态环境保护工作会议精神，通报2022年全州生态环境保护工作完成情况，部署2023年工作。5月5日，全州生态环境突出问题整改推进会召开。9月6日，全州深入打好污染防治攻坚战工作推进会暨州环委会全体（扩大）会召开。9月7日，湖北省第五生态环境保护督察组进驻恩施州开展第二轮生态环境保护例行督察进驻动员会召开。10月12日，全州生态环境突出问题“起底清仓”专项行动工作推进会召开。

（梁疏影）

## 生态环境监测

【概况】　2023年，州生态环境监测中心（简称“监测中心”）履行生态环境质量监测、调查评价和考核职能，为全州环境质量改善、打好污染防治攻坚战提供数据支撑和技术支持。全年分析上报大气、水、土壤、噪声等有效手工监测数据2万余个，审核上报自动监测数据160万余个，编制《2022年恩施州生态环境质量报告书》，生态质量样地监测报告，地表水、饮用水水源地、环境空气质量报告等60余份。通过

2023年6月5日，州生态环境局在利川市开展“6·5”世界环境日宣传活动
（州生态环境局　供稿）

资质评审换证复查，中心资质范围现为5类107个项目179个方法。

【能力建设】　监测中心投入108万元资金购置仪器设备，建设实验室LIMS系统，优化实验室及办公室布局，推进智慧监测。组织中心人员共参与各类培训110余人次。

【水环境质量监测】　完成国家地表水环境质量采测分离工作，共接收3024个样品，分析上报5174个数据。完成恩施市大龙潭水库、车坝河水库饮用水水源地监测任务，上报监测数据1560个。完成全州省控、水功能区、水华预警等19个断面的地表水监测任务，上报监测数据5188个。首次开展全州19个水生态监测点位水生态监测任务，采集及分析100余个样品。组织开展带水河小流域5个监测断面的水生生物的样品采集备及分析工作，首次开展鱼类环境DNA（EDNA）采样工作。完成全州8个国控省界断面流量监测工作。

【空气环境质量监测】　监测中心每日专人负责对8个县（市）10个省控气站的监测原始数据及日报情况进行审核上报。对恩施市酸雨开展监测，完成编制降水监测报告11份，获取有效监测数据400余个。

【声环境质量监测】　监测中心对恩施市7个城市功能区每季度开展监测，对20个交通道路监测点位、115个区域噪声监测点位进行昼夜监测，共完成1176个功能区噪声监测数据、396个道路交通噪声监测数据，编制监测结果统计表8份。编制《恩施州声功能区监测点位优化调整技术报告》。

【土壤环境质量监测】　完成土壤类别的新方法验证报告编制，协助州生态环境局开展恩施市新塘乡土壤重金属污染调查工作和第二轮省级生态环保督察土壤污染信访件委托监测工作。

【环境质量预报预警】　巡查神农溪、罗坪2个水华预警监测点位并完成巡查记录36份。对巴东三峡库区、恩施南里渡河流域开展现场巡查及应急监测10余次，编制水华预警快报3份。开展空气质量预警预报并及时参与会商研判，联合州气象台发布环境气象公报20期。

【生态环境监测网运行管理】　对13个环境空气、10个地表水自动站开展巡查，对州内6个环境空气、5个地表水自动监测站和非甲烷自动监测站、金龙大道交通空气自动监测站开展运维质量检查工作。组织完成宣恩沿河路、利川腾龙大道环境空气自动监测站颗粒物7日比对工作和龙凤新区国控站点的颗粒物比对工作。对全州省控空环境空气自动站、非甲烷总控空气自动站、水质自动站的数据进行审核，共审核数据160万余个，发现异常数据发出预警2次。

【应急监测】　5月31日，监测中心联合州生态环境局、利川市政府和重庆万州区等相关单位，主办筹划首次跨省跨区域突发水环境污染事件应急演练，取得预期效果。

【环境监测科研】　4—6月，监测中心组成调研组4次赴来凤县、龙山县现场调查及采样分析，形成《关于酉水来凤城区段水环境质量风险情况的调研报告》，推动酉水支流蓝河纳入小流域综合治理。在《中华环境》等杂志公开发表《关于加强市县生态环境监测能力建设的对策研究》等调研论文成果10篇。

【监测质量管理】　监测中心完成《质量手册》《程序文件》等体系文件第6版改版工作，并发布实施。完成2022年度质量管理评审、2023年专项内审和年度内审工作，及时检验质量体系适应性。组织中心15人参加上岗证考核，均通过考核，基本实现双人持证。

【生态环境保护督察】　监测中心配合湖北省第二轮生态环境保护督察，先后出动20余人次，完成对全州排污企业、污水处理厂、入河排污口等73个点位的采样监测工作，出具监测数据300余个。配合湖北省环境执法监督局，对清江恩施市、利川市入河排污口开展采样监测工作。选派4名技术骨干参加省级环境保护督察工作和全国空气质量改善监督帮扶工作。

【环境监测信息宣传】　监测中心通过微信公众号每3日发布空气质量及天气预报，发布全州生态环境监测工作动态等300余篇。监测中心官网空气质量发布系统点击率突破120万。开展“行走的生态环境课”“实验室开放日”等环保科普活动，联合官坡社区建成生态环境科普宣传长廊。配合省厅联合《湖北日报》举办“长江大保护沿江采访”直播采访，向大众科普水质监测流程。《恩施日报》刊发长篇通讯文章《守望绿水青山 护航生态发展——回眸恩施州生态环境监测中心新时代发展之路》《让生态环境科普触角延伸更深更广——州生态环境监测中心深化生态环境科普基地建设》。联合州电视台推出专题宣传片《绘就“人与自然和谐共生”新图景——恩施州生态环境监测中心让恩施更美丽》，反映中心发展变化和监测工作内容。

（黄　衔）

## 流域综合治理

【概况】　2023年，《恩施州流域综合治理和统筹发展规划》（以下简称

《规划》）由省委、省政府印发实施。《规划》划定清江片区、沅江澧水片区、乌江片区、三峡库区4个省二级流域片区；细化10个三级流域片区、35个四级流域片区，分区分类建立管控清单。

【守住水安全底线】 姚家平水利枢纽工程、清江干流（利川）重点河段二期防洪治理工程开工建设，小型病险水库除险加固工程、咸丰县新城片区丁寨防洪排涝工程主体工程完工。开工建设恩施市水库引调水及配套水厂、建始县舒家湾水厂和岩板河水库、鹤峰县洞长湾水库工程等项目。完成水利普查名录内的河流和201座水库划界工作，基本完成水利普查名录外规模以下232条河流、148段堤防划界工作。

【守住水环境安全底线】 启动恩施市带水河流域省级小流域综合治理试点，建立1个州级试点+7个县（市）小流域综合治理试点体系。清江一级支流马前河段实施生态护坡工程，三峡库区神农溪支流平阳坝消落区生态环境综合整治工程顺利推进。全州25个国、省控地表水监测断面优良率为100%。全州13个县级及以上集中式饮用水水源地水质达标率保持100%。长江黄蜡石出境断面水质持续保持Ⅱ类水质，清江桅杆坪出境断面水质达到Ⅱ类。

【守住粮食安全底线】 粮食种植面积稳定在37.57万公顷，全年产量146.59万吨。选育审定新品种18个，“鄂马铃薯16”入选首批《国家农作物优良品种推广目录》，3个品种长期入选2023—2024年湖北省主导品种。建立马铃薯、水稻、玉米等良种繁育基地2753.33公顷。

【守住生态安全底线】 利川市东城、宣恩县椒园全域国土综合整治项目、鹤峰县走马铜坪垭生态修复项目加快推进。建始县磺厂坪硫铁矿综合治理项目消除地质灾害隐患。全州完成造林绿化733.33公顷、森林抚育2466.67公顷。建成专业监测预警点159处，建设工程治理项目8个、搬迁避让项目2个。

（唐　义）

## “两山”实践创新示范区建设

【概况】 2023年，恩施州印发实施《推进“两山”实践创新示范区建设2023年度工作清单》，“两山”实践创新示范区建设加快推进，“两山”转化路径进一步拓宽。

【生态指数】 全州主要环境指标保持全省领先。全州8个县（市）城区空气质量平均优良率为96.8%，州城恩施环境空气质量连续5年位列全省国考城市首位；全州13个县级及以上城市集中式饮用水水源地水质达标率均为100%，25个国控、省控地表水考核断面水质优良率达100%，17个跨境断面水质达标率为100%；污染防治攻坚战连续4年获省考核优秀等次，生态省建设获省级考核优秀等次。

【生态经济】 全州绿色产业实现综合产值2407亿元，完成年初制定大产业发展目标的103.9%。其中生态旅游康养产业综合收入625亿元；清洁能源产业综合产值90亿元；富硒产业综合产值935亿元；生物医药产业综合产值245亿元；绿色新兴产业综合产值512亿元。

【生态价值转化】 推进自然资源确权登记，公布实施恩施州林地基准地价制定成果。以鹤峰县走马镇为试点开展GEP核算，开展全州GEP核算并形成初步结果。完善横向生态保护补偿机制，跨市州补偿机制落实宜昌市向恩施州支付长江（恩施–宜昌段）和清江流域2022年生态保护补偿资金80万元；州内8个县（市）均已建立流域横向生态保护补偿机制。印发《恩施州推进林业碳汇行动方案（试行）》，探索开发林业碳汇。在全省率先实施公益林补偿收益权质押贷款，全州绿色贷款余额超过200亿元，绿色贷款占各项贷款比重由2017年末的4.3%上升到2023年底的12%。恩施州“两山”实践创新智库成立并举办首场高峰论坛。

（唐　义）

# 科学技术

## Science and Technology

### 综　述

【概况】　2023 年，全州科技创新态势持续向好。认定高新技术企业 228 家，高新技术企业总量达 535 家，总量较 2022 年增长 59.23%，增幅居全省第 2；评价入库科技型中小企业 802 家，总量较 2022 年增长 38.75%；实现高新技术产业增加值 66.53 亿元，占 GDP 比重 4.5%；登记技术合同 1860 项，完成技术合同成交额 50.46 亿元，同比增长 33.32%；2022 年，全州完成 R&D（研究与试验发展）经费投入 2.92 亿元，同比增长 23.7%，增速居全省第 3，占 GDP 比重 0.21%。

【“科技活动周”活动】　2023 年“科技活动周”于 5 月 20 日正式启动，全州共投入经费 100 多万元，举办各类科技科普宣传活动 162 项（其中州级重点活动 15 项），开展科技咨询服务 30 次，举办科普讲座 58 场，科普展览 24 场，放映科普微视频 17 个，制作挂图、展板、海报等宣传资料 10 万份（块），展品 300 件，参与科技人员 2 万余人次，参与科技企业 80 余家，受益群众达 14 万多人次。“科技活动周”期间，恩施州首届十佳科技特派员名单、恩施州高新技术企业十强名单发布，开展科学普及“五进”（走进机关、农村、企业、社区、校园）、科技创新全民共享等系列活动。

【“院士说硒”论坛】　10 月 28 日，第八届硒产品博览交易会暨硒科技创新发展大会“院士说硒”论坛举行，5 位硒研究领域知名院士、专家聚焦硒与健康展开学术交流。澳大利亚健康及医学科学院院士、昆士兰大学免疫学教授余迪作《解码硒蛋白，穿透“硒与免疫”的迷雾》报告，开展硒蛋白与人体健康的相关性研究与干预性研究、利用硒蛋白了解硒的功能与意义，通过补硒调节硒蛋白增强疫苗效应。俄罗斯工程院院士、中国农业大学领军教授潘灿平作《硒元素提质增效赋能动植物健康种养殖》报告，从硒对于动植物健康成长方面的机理进行研究。纳米硒可以提高茶叶品质并减少农药的使用，纳米硒对小麦、瓜、西红柿、鲜花等植物都有提质增效的作用。中国科学院上海营养与健康研究所研究员蔡澎作，施瓦茨奖获得者、西安交通大学教授王治伦，硒资源研究与生物应用湖北省重点实验室主任张驰分别进行现场分享。全国硒产业发展地区代表，与恩施州开展革命老区对口合作的杭州市、对口帮扶恩施州的武汉市的有关领导，各县（市）主要负责人，恩施州、恩施市科创领导小组成员单位负责人，恩施州高校院所的科技工作者及部分学生代表，恩施州内高新技术企业代表、硒谷英才代表和媒体记者参加论坛。

【茶产业高质量发展科技论坛】　8 月 25 日，由州人民政府主办，州科学技术局、州农业农村局、州农业科学院共同承办的恩施州首届茶产业高质量发展科技论坛成功举办。中国工程院院士、国家茶产业技术体系岗位科学家刘仲华，中国农科院茶叶研究所二级研究员、首席科学家鲁成银等 4 位专家应邀出席并分别作主旨报告。论坛以“立足茶优势、聚焦茶科技、打造大产业”为主题。专家们围绕茶文化、茶产业、茶科技“三茶”统筹发展战略，立足恩施茶产业发展实际，结合行业发展新模式、新思路、新趋势，探讨恩施州茶产业高质量发展的路径，展示茶产业科研领域的新技术、新产品。恩施州人民政府与中国农业科学院茶叶研究所、湖北省农科院、华中农业大学、湖南农业大学共同发布《推动恩施州茶产业高质量发展的倡议书》，呼吁各方共建恩施硒茶产业技术研究院，推动人才、资金、技术等创新资源集聚，助力恩施加快建设中国优质茶原材料基地、名优茶基地、出口茶基地、茶产业科技创新基地和茶产业人才培养基地，把恩施建设成为独具特色“中国茶谷”，共同谱写恩施茶产业高质量发展新篇章。省农科院、州农科院分别发布最新茶科研成果。

（樊　玮）

## 科技创新主体培育

【概况】　2023 年，恩施州高新技术企业总量达 535 家，总量较 2022 年增长 59.23%，增幅居全省第 2。评价入库科技型中小企业 802 家，总量较 2022 年增长 38.75%。2023 年度，恩施州评价入库科技型中小企业达 802 家，总量较 2022 年增长 38.58%。

【高新技术企业培育】　2023 年，认定高新技术企业 228 家，其中恩施高新区 22 家、恩施市 54 家、利川市 30 家、建始县 26 家、巴东县 20 家、宣恩县 21 家、咸丰县 21 家、来凤县 19 家、鹤峰县 15 家。全州高新技术企业主营业务收入亿元以上企业达到 22 个。全州实现高新技术产业增加值 66.53 亿元，较 2022 年增长 8.9%，占 GDP 比重 4.5%。主营业务收入低于 2000 万的高新技术企业有 229 家，较 2022 年增长 57.93%。R&D 经费投入 2.92 亿元，较 2022 年增长 23.7%，增幅居全省第 3。举办服务高新技术企业“春晓行动”启动会暨银企创新融资对接活动，会上宣布启动 2022 年度高新技术企业十强评选活动，印发科技创新惠企政策清单，并就企业研究开发费用归集填报、企业融资等进行专题培训。华芯科技（恩施）有限公司等 20 家高新技术企业与 10 家银行现场签约，签约金额超过 2 亿元。

2023 年恩施州认定高新技术企业一览表

表 12

| 序号 | 企业名称 | 技术领域 |
|---|---|---|
| 1 | 恩施州联信科技发展有限公司 | 电子信息 |
| 2 | 恩施德源硒材料工程科技有限公司 | 生物与新医药 |
| 3 | 湖北同广和新材料有限公司 | 新材料 |
| 4 | 湖北钜鑫工贸有限公司 | 新材料 |
| 5 | 恩施果然乖食业有限公司 | 生物与新医药 |
| 6 | 恩施州源惠科技开发有限公司 | 生物与新医药 |
| 7 | 湖北和诺生物工程股份有限公司 | 生物与新医药 |
| 8 | 湖北希之源生物工程有限公司 | 生物与新医药 |
| 9 | 湖北恩创智能科技有限公司 | 先进制造与自动化 |
| 10 | 恩施市预发实业有限公司 | 新材料 |
| 11 | 湖北粮田拾趣生物科技股份有限公司 | 生物与新医药 |
| 12 | 恩施市天匠农产品股份有限公司 | 生物与新医药 |
| 13 | 湖北苗佳创研科技有限公司 | 生物与新医药 |
| 14 | 恩施市露源茶业有限公司 | 生物与新医药 |
| 15 | 湖北希之源食品有限公司 | 生物与新医药 |
| 16 | 恩施硒圣植物科技有限公司 | 生物与新医药 |
| 17 | 湖北雅傢达门窗有限公司 | 先进制造与自动化 |
| 18 | 恩施市楚蕊生物科技有限公司 | 生物与新医药 |
| 19 | 湖北欧美祺机械设备制造有限公司 | 先进制造与自动化 |
| 20 | 恩施市锦农农业机械有限公司 | 先进制造与自动化 |
| 21 | 恩施市农益农机有限公司 | 先进制造与自动化 |
| 22 | 湖北省优迪斯科技有限公司 | 新材料 |

续表12

| 序号 | 企业名称 | 技术领域 |
|---|---|---|
| 23 | 湖北华尔升智能装备有限公司 | 先进制造与自动化 |
| 24 | 恩施市长源轴承制造有限公司 | 先进制造与自动化 |
| 25 | 恩施道之道生物科技有限公司 | 生物与新医药 |
| 26 | 恩施市白杨春生态农业发展有限公司 | 生物与新医药 |
| 27 | 湖北雅轩智能科技有限公司 | 先进制造与自动化 |
| 28 | 湖北珀恩实业有限公司 | 新材料 |
| 29 | 恩施州军泰建材有限公司 | 新材料 |
| 30 | 恩施鸿盛印刷有限责任公司 | 先进制造与自动化 |
| 31 | 湖北维冠智显科技有限公司 | 电子信息 |
| 32 | 恩施市振源机械设备有限公司 | 先进制造与自动化 |
| 33 | 恩施合厚通信网络科技有限公司 | 电子信息 |
| 34 | 恩施市聚硒园农业有限公司 | 生物与新医药 |
| 35 | 恩施市鑫昇网络科技有限公司 | 电子信息 |
| 36 | 恩施市星辰包装有限公司 | 新材料 |
| 37 | 恩施州合力路桥有限公司 | 资源与环境 |
| 38 | 恩施州金江机电设备有限公司 | 高技术服务 |
| 39 | 恩施州师达电子信息科技有限公司 | 电子信息 |
| 40 | 持正堂药业恩施有限公司 | 生物与新医药 |
| 41 | 恩施创斯特生态农业有限公司 | 生物与新医药 |
| 42 | 恩施丰全电力安装有限公司 | 高技术服务 |
| 43 | 恩施金科科技发展有限公司 | 高技术服务 |
| 44 | 恩施玖跃卫浴有限公司 | 新材料 |
| 45 | 恩施陌铭信息技术有限公司 | 电子信息 |
| 46 | 恩施市峰顶农产品有限责任公司 | 生物与新医药 |
| 47 | 恩施市厚意建材有限公司 | 新材料 |
| 48 | 恩施市金晖环保科技有限公司 | 先进制造与自动化 |
| 49 | 恩施市绅牧卫浴有限公司 | 先进制造与自动化 |
| 50 | 恩施市双河岭农业开发有限公司 | 生物与新医药 |
| 51 | 恩施市汤地银食品有限公司 | 生物与新医药 |
| 52 | 恩施天盾电子科技有限责任公司 | 电子信息 |
| 53 | 恩施悦信食品有限责任公司 | 先进制造与自动化 |
| 54 | 恩施州鸿湲科技有限公司 | 新材料 |
| 55 | 恩施州粒粒金种业有限公司 | 生物与新医药 |
| 56 | 恩施州麦子熟了互联科技有限公司 | 高技术服务 |
| 57 | 恩施州梅小菜食品有限公司 | 生物与新医药 |
| 58 | 恩施州天禹国土规划技术咨询有限公司 | 高技术服务 |
| 59 | 恩施自治州聪慧科技发展有限责任公司 | 高技术服务 |
| 60 | 湖北大耀农业发展有限公司 | 生物与新医药 |
| 61 | 湖北恩施恒远建设有限责任公司 | 先进制造与自动化 |
| 62 | 湖北名昂建设有限公司 | 新能源与节能 |
| 63 | 湖北秋茂源生态农业有限公司 | 生物与新医药 |
| 64 | 湖北仁源检测有限公司 | 高技术服务 |
| 65 | 湖北瑞思凯尔环境科技有限公司 | 资源与环境 |
| 66 | 湖北施州农业科技集团有限公司 | 生物与新医药 |

续表12

| 序号 | 企业名称 | 技术领域 |
|---|---|---|
| 67 | 湖北硒施生态农业开发有限公司 | 生物与新医药 |
| 68 | 湖北序航测绘地理信息有限公司 | 高技术服务 |
| 69 | 湖北艺路工程技术有限公司 | 高技术服务 |
| 70 | 湖北宇讯通信科技有限公司 | 电子信息 |
| 71 | 湖北正彪电子科技有限公司 | 电子信息 |
| 72 | 湖北中源阀门科技有限公司 | 新材料 |
| 73 | 可道（恩施）健康科技有限公司 | 生物与新医药 |
| 74 | 施恩（恩施）生物医药开发有限公司 | 生物与新医药 |
| 75 | 云惠哆（湖北）网络科技有限公司 | 电子信息 |
| 76 | 中科融和智能科技（湖北）有限责任公司 | 电子信息 |
| 77 | 湖北香连药业有限责任公司 | 生物与新医药 |
| 78 | 湖北省北斗星农业发展有限公司 | 生物与新医药 |
| 79 | 恩施诚实通中药材产业发展有限公司 | 生物与新医药 |
| 80 | 利川市东升钢化玻璃有限公司 | 新材料 |
| 81 | 利川市金珠农业开发有限责任公司 | 生物与新医药 |
| 82 | 地标农业科技（恩施州）有限公司 | 生物与新医药 |
| 83 | 利川市春源农业开发有限责任公司 | 生物与新医药 |
| 84 | 利川市聚衡源泉饮品有限公司 | 资源与环境 |
| 85 | 利川市勤德电子科技有限公司 | 电子信息 |
| 86 | 湖北鄂达生物科技有限公司 | 生物与新医药 |
| 87 | 湖北农二嫂生态农业发展有限公司 | 生物与新医药 |
| 88 | 利川市建南天然气供应中心 | 高技术服务 |
| 89 | 湖北省佳洪新材料科技有限责任公司 | 新材料 |
| 90 | 利川市沙溪缘农业开发有限责任公司 | 生物与新医药 |
| 91 | 利川锂动时代科技有限公司 | 新材料 |
| 92 | 浮强（湖北）涂料有限公司 | 新材料 |
| 93 | 湖北川正检验检测有限公司 | 资源与环境 |
| 94 | 湖北好农道农业科技发展有限公司 | 生物与新医药 |
| 95 | 湖北旭舟林农科技有限公司 | 生物与新医药 |
| 96 | 湖北源来源中药科技有限公司 | 生物与新医药 |
| 97 | 利川海耀智能科技有限责任公司 | 电子信息 |
| 98 | 利川市百诺农业发展有限公司 | 生物与新医药 |
| 99 | 利川市尝一口饮业有限责任公司 | 资源与环境 |
| 100 | 利川市国宇网络有限公司 | 高技术服务 |
| 101 | 利川市靓利建材有限公司 | 资源与环境 |
| 102 | 利川市山峰电子科技有限公司 | 电子信息 |
| 103 | 利川市旭昌农业开发有限公司 | 生物与新医药 |
| 104 | 利川市长鑫药业有限责任公司 | 生物与新医药 |
| 105 | 利川夏都建材有限公司 | 资源与环境 |
| 106 | 利川云尚农业科技有限公司 | 生物与新医药 |
| 107 | 恩施州黄四姐农产品有限公司 | 生物与新医药 |
| 108 | 恩施泰康生态农业有限公司 | 生物与新医药 |
| 109 | 智泰科技（湖北）有限公司 | 电子信息 |
| 110 | 恩施硒盈生态养殖有限公司 | 生物与新医药 |

续表12

| 序号 | 企业名称 | 技术领域 |
|---|---|---|
| 111 | 湖北省景莱农业科技有限责任公司 | 生物与新医药 |
| 112 | 湖北佳鹏塑业制品有限公司 | 先进制造与自动化 |
| 113 | 建始县通龙天然气有限责任公司 | 高技术服务 |
| 114 | 湖北德林沃药业有限公司 | 生物与新医药 |
| 115 | 建始县容华食品有限公司 | 生物与新医药 |
| 116 | 湖北华健硒园农牧科技有限公司 | 生物与新医药 |
| 117 | 建始县威龙工贸有限公司 | 先进制造与自动化 |
| 118 | 恩施州齐兴农业开发有限责任公司 | 生物与新医药 |
| 119 | 建始六朝农业科技有限责任公司 | 生物与新医药 |
| 120 | 恩施天天佳生物科技有限公司 | 生物与新医药 |
| 121 | 恩施州襄耘农业发展有限公司 | 新能源与节能 |
| 122 | 恩施州晓姚思乡农业发展有限公司 | 生物与新医药 |
| 123 | 湖北顾瑞半导体科技有限公司 | 新材料 |
| 124 | 湖北建始清江旅游发展有限责任公司 | 高技术服务 |
| 125 | 湖北天夏生物工程有限公司 | 生物与新医药 |
| 126 | 湖北意享农业发展有限责任公司 | 生物与新医药 |
| 127 | 湖北圆通生物工程有限公司 | 生物与新医药 |
| 128 | 建始县隆晟新能源有限公司 | 新能源与节能 |
| 129 | 建始县兴源工贸有限责任公司 | 资源与环境 |
| 130 | 建始县众发工贸有限责任公司 | 新能源与节能 |
| 131 | 建始协力食品有限公司 | 生物与新医药 |
| 132 | 建始中溢达建材有限公司 | 新材料 |
| 133 | 恩施州兴蜂尚蜂业科技开发股份有限公司 | 生物与新医药 |
| 134 | 巴东农二代农业发展有限公司 | 生物与新医药 |
| 135 | 巴东县海峰粮油有限公司 | 生物与新医药 |
| 136 | 巴东县恺睿食品有限公司 | 生物与新医药 |
| 137 | 巴东东望生态农业有限公司 | 生物与新医药 |
| 138 | 巴东乐叶儿生态农业发展有限公司 | 生物与新医药 |
| 139 | 巴东县非雨服装有限公司 | 先进制造与自动化 |
| 140 | 巴东县金億塑料包装有限公司 | 新材料 |
| 141 | 巴东县烨州鞋业有限公司 | 先进制造与自动化 |
| 142 | 巴东县俞记粮油股份有限公司 | 生物与新医药 |
| 143 | 湖北晟美康药业有限公司 | 生物与新医药 |
| 144 | 湖北恒毅农业开发有限公司 | 生物与新医药 |
| 145 | 湖北矩阵实业发展股份有限公司 | 生物与新医药 |
| 146 | 湖北军梦生态农业发展股份有限公司 | 生物与新医药 |
| 147 | 湖北慕泽农业开发有限公司 | 生物与新医药 |
| 148 | 湖北农之友农业开发有限公司 | 先进制造与自动化 |
| 149 | 湖北省硒乡记农业科技有限公司 | 生物与新医药 |
| 150 | 湖北腾发建筑有限公司 | 新能源与节能 |
| 151 | 湖北威帝龙建设工程有限公司 | 新能源与节能 |
| 152 | 时珍堂巴东药业有限公司 | 生物与新医药 |
| 153 | 恩施世硒农业科技有限公司 | 生物与新医药 |
| 154 | 宣恩县狮子关水电有限责任公司 | 先进制造与自动化 |

续表12

| 序号 | 企业名称 | 技术领域 |
|---|---|---|
| 155 | 湖北博今电气有限公司 | 先进制造与自动化 |
| 156 | 宣恩卧龙水电有限公司 | 先进制造与自动化 |
| 157 | 恩施州金佳食品股份有限公司 | 生物与新医药 |
| 158 | 宣恩县德和新型能源有限公司 | 新能源与节能 |
| 159 | 恩施优赞食品有限公司 | 生物与新医药 |
| 160 | 湖北博诚商贸有限公司 | 新材料 |
| 161 | 湖北卓腾机电有限公司 | 先进制造与自动化 |
| 162 | 恩施州恩润生态农业开发有限公司 | 生物与新医药 |
| 163 | 宣恩华麟农业发展有限公司 | 生物与新医药 |
| 164 | 湖北瑞祥建设工程股份有限公司 | 新材料 |
| 165 | 湖北西美塑业有限公司 | 新材料 |
| 166 | 湖北晓明食品有限责任公司 | 生物与新医药 |
| 167 | 湖北鑫品汇农业科技有限公司 | 生物与新医药 |
| 168 | 湖北宣益科技有限公司 | 先进制造与自动化 |
| 169 | 宣恩县德诚节能建材有限公司 | 新能源与节能 |
| 170 | 宣恩县佛恩佳建材有限公司 | 新能源与节能 |
| 171 | 宣恩县吉星建材有限责任公司 | 新能源与节能 |
| 172 | 宣恩县钧尧建材有限公司 | 新能源与节能 |
| 173 | 宣恩县农特新农业开发有限公司 | 生物与新医药 |
| 174 | 湖北瑞祥塑业有限公司 | 新材料 |
| 175 | 湖北新农佳科技有限公司 | 新能源与节能 |
| 176 | 咸丰县鑫佳新材料有限公司 | 新能源与节能 |
| 177 | 湖北硒粮科技集团有限公司 | 生物与新医药 |
| 178 | 恩施州大拙农业科技有限公司 | 生物与新医药 |
| 179 | 恩施州硒润环保工程有限公司 | 资源与环境 |
| 180 | 恩施州盈信环保科技有限公司 | 资源与环境 |
| 181 | 湖北格特美民族服饰有限公司 | 先进制造与自动化 |
| 182 | 湖北广竣建设工程有限公司 | 新能源与节能 |
| 183 | 湖北恒信建设工程质量检测有限公司 | 高技术服务 |
| 184 | 湖北朴恒包装有限公司 | 资源与环境 |
| 185 | 湖北省韦柯门窗投资有限公司 | 新能源与节能 |
| 186 | 湖北苏佰嘉服饰有限公司 | 先进制造与自动化 |
| 187 | 湖北万顺达建筑安装有限公司 | 新能源与节能 |
| 188 | 湖北兴枫新能源科技有限公司 | 新能源与节能 |
| 189 | 湖北玉莹环保新材料有限公司 | 资源与环境 |
| 190 | 湖北昀和生态观光农业开发有限公司 | 生物与新医药 |
| 191 | 湖北泽隆农业科技有限公司 | 生物与新医药 |
| 192 | 咸丰县恒德建筑工程有限公司 | 新能源与节能 |
| 193 | 咸丰县堰塘食品有限责任公司 | 生物与新医药 |
| 194 | 咸丰媛媛消防工程有限责任公司 | 电子信息 |
| 195 | 湖北藤魁健康科技有限公司 | 生物与新医药 |
| 196 | 来凤县凤心科技有限公司 | 生物与新医药 |
| 197 | 来凤安瑞能源有限公司 | 高技术服务 |
| 198 | 恩施凤瀚科技有限公司 | 电子信息 |

续表12

| 序号 | 企业名称 | 技术领域 |
|---|---|---|
| 199 | 来凤县联和至成包装有限公司 | 新材料 |
| 200 | 来凤施特礼品有限责任公司 | 新材料 |
| 201 | 湖北爱心密码科技有限公司 | 高技术服务 |
| 202 | 来凤佳悦工艺品有限公司 | 新材料 |
| 203 | 来凤鑫亿工艺品有限公司 | 新材料 |
| 204 | 湖北创恒铜业有限公司 | 先进制造与自动化 |
| 205 | 来凤天宇环保建材有限公司 | 新能源与节能 |
| 206 | 来凤县百年好合生态农业有限公司 | 生物与新医药 |
| 207 | 来凤县凤翔食品有限公司 | 生物与新医药 |
| 208 | 来凤县华驰矿业有限公司 | 资源与环境 |
| 209 | 来凤县金凤建材工业有限责任公司 | 资源与环境 |
| 210 | 来凤县天一科教办公设备有限公司 | 新材料 |
| 211 | 来凤县欣龙矿产品加工有限公司 | 资源与环境 |
| 212 | 来凤兴佳生态农业科技有限公司 | 生物与新医药 |
| 213 | 农园（恩施）农业发展有限公司 | 生物与新医药 |
| 214 | 湖北向往的土家农业发展有限公司 | 生物与新医药 |
| 215 | 恩施华顺饮业有限公司 | 资源与环境 |
| 216 | 湖北融硒农业科技有限公司 | 生物与新医药 |
| 217 | 恩施齐天农业开发有限公司 | 生物与新医药 |
| 218 | 鹤峰开源农业开发有限责任公司 | 生物与新医药 |
| 219 | 鹤峰县凯荣实业发展有限公司 | 生物与新医药 |
| 220 | 湖北绿林源生态农业发展有限公司 | 先进制造与自动化 |
| 221 | 湖北新容正科贸有限公司 | 高技术服务 |
| 222 | 鹤峰鸿泽木业有限公司 | 新材料 |
| 223 | 恩施硒语网络科技有限公司 | 生物与新医药 |
| 224 | 恩施州恒茂农业发展有限公司 | 生物与新医药 |
| 225 | 鹤峰县谦逊印务传媒有限公司 | 新材料 |
| 226 | 湖北建翎建材有限公司 | 资源与环境 |
| 227 | 湖北铭元建设工程有限公司 | 新能源与节能 |
| 228 | 湖北省四季青农业科技有限公司 | 先进制造与自动化 |

2022年度恩施州高新技术企业十强一览表

表13

| 序号 | 企业名称 | 所在县市 |
|---|---|---|
| 1 | 华芯科技（恩施）有限公司 | 高新区 |
| 2 | 立讯精密工业（恩施）有限公司 | 高新区 |
| 3 | 恩施硒圣植物科技有限公司 | 高新区 |
| 4 | 恩施德源硒材料工程科技有限公司 | 恩施市 |
| 5 | 湖北省和诺生物工程股份有限公司 | 恩施市 |
| 6 | 利川星斗山红茶有限责任公司 | 利川市 |
| 7 | 湖北一正药业股份有限公司 | 宣恩县 |
| 8 | 湖北新农佳科技有限公司 | 咸丰县 |

续表13

| 序号 | 企业名称 | 所在县市 |
| --- | --- | --- |
| 9 | 湖北来凤腾升香料化工有限公司 | 来凤县 |
| 10 | 湖北省八峰药化股份有限公司 | 鹤峰县 |

2023年恩施州科创新物种企业——“瞪羚”企业一览表

表14

| 序号 | 企业名称 | 所在县市 | 认定时间 |
| --- | --- | --- | --- |
| 1 | 达翔技术（恩施）有限公司 | 高新区 | 2022 |
| 2 | 恩施硒圣植物科技有限公司 | 高新区 | 2022 |
| 3 | 恩施和诺生物工程有限责任公司 | 恩施市 | 2021 |
| 4 | 湖北华涛显示科技有限公司 | 恩施市 | 2023 |
| 5 | 恩施诚实通中药材产业发展有限公司 | 利川市 | 2022 |
| 6 | 湖北林锂新能源有限公司 | 利川市 | 2023 |
| 7 | 利川云尚农业科技有限公司 | 利川市 | 2023 |
| 8 | 湖北全仲电子科技有限公司 | 利川市 | 2023 |
| 9 | 湖北亿得来生物科技有限公司 | 宣恩县 | 2023 |
| 10 | 湖北西美塑业有限公司 | 宣恩县 | 2023 |
| 11 | 湖北淦速新材料科技有限公司 | 咸丰县 | 2023 |
| 12 | 咸丰中侨精密铸造科技有限公司 | 咸丰县 | 2023 |
| 13 | 湖北来凤腾升香料化工有限公司 | 来凤县 | 2023 |

2023年恩施州科技创新平台一览表

表15

| 序号 | 平台类型 | 名　称 | 数量 | | |
| --- | --- | --- | --- | --- | --- |
| | | | 国家级 | 省级 | 州级 |
| 1 | 新型研发机构 | 产业技术研究院 | | 2 | |
| 2 | | 企校联合创新中心 | | 7 | 115 |
| 3 | 技术创新平台 | 重点实验室 | | 3 | |
| 4 | | 临床医学研究中心 | | 2 | |
| 5 | | 工程技术研究中心 | | 11 | |
| 6 | 创新服务平台 | 科技企业孵化器 | 2 | 3 | 2 |
| 7 | | 众创空间 | 3 | 5 | 5 |
| 8 | | 星创天地 | 6 | 13 | 54 |
| 9 | | 技术转移示范机构 | | 5 | 1 |
| 10 | | 科技成果转化中试研究基地 | | 4 | 8 |
| 11 | | 科技特派员工作站 | | 46 | |
| 12 | 区域创新平台（基地） | 高新区 | | 1 | |
| 13 | | 创新型县（市） | | 2 | |
| 14 | | 大学科技园 | | 1 | |
| 15 | | 农业科技园区 | | 1 | |
| 16 | | 湖北省创新型产业集群 | | 1 | |
| 17 | | 国际科技合作基地 | | 1 | |

续表15

| 序号 | 平台类型 | 名　称 | 数量 | | |
|---|---|---|---|---|---|
| | | | 国家级 | 省级 | 州级 |
| 18 | 区域创新平台（基地） | 乡村振兴科技创新示范基地 | | 14 | 13 |
| 19 | 其他科技创新平台 | | 17 | 45 | 8 |
| 21 | 合计 | 401 | 28 | 167 | 206 |

【科技型中小企业培育】　2023年，恩施州评价入库科技型中小企业802家，其中恩施高新区73家、恩施市139家、利川市118家、建始县89家、巴东县69家、宣恩县79家、咸丰县83家、来凤县79家、鹤峰县73家。

（樊　玮）

## 科技创新平台建设

【概况】　2023年，全州共有各级各类科技创新平台401家，主要包括新型研发机构、技术创新平台、科技创新服务平台、科技区域创新平台（基地）和其他类科技创新平台。其中国家级科技创新平台28家，省级科技创新平台167家，州级科技创新平台206家。

【湖北省恩施硒茶产业技术研究院成立】　10月28日，在第八届世界硒都（恩施）硒产品博览交易会暨硒科技创新发展大会开幕式上，省科技厅党组成员、副厅长吴骏向州委常委、副州长马秀勇授牌，湖北省恩施硒茶产业技术研究院正式成立。该产业技术研究院由恩施硒茶茶业集团有限责任公司、恩施州农科院、湖北正山堂巴东红茶业有限责任公司、湖北省鹤峰鑫农茶业有限责任公司、湖北一红一绿茶业科技集团有限公司5家单位联合组建，由湖北恩施硒茶科技产业发展有限公司承担运营，是恩施州成立的第2家产业技术研究院。研究院内设硒茶研发中心、硒茶检测中心、硒茶科技信息中心、硒茶战略研究与文化发展中心、推广服务中心、产业基金部等机构，实行董事会领导下的院长负责制，“政府引导、市场驱动、企业化运作”模式进行管理，属于新型研发机构。研究院成立后，将通过5年时间，建设成为服务全省硒茶产业发展的科技攻关与创新平台、硒茶产品检测服务平台、人才集聚与培训平台、科技成果转化平台、资本与技术结合平台，加快突破共性关键核心技术，加快全省硒茶产业的发展，并以发展恩施硒茶特色产业集群为出发点，支撑、引领全省乃至全国硒茶行业技术创新，提升产业核心竞争力。

（樊　玮）

## 科技人才

【概况】　2023年，全州共有各级科技特派员1010人，其中省级科技特派员169名，州级科技特派员201名，县级科技特派员640名。全州科技工作者达11.2万人。

【入选“楚天英才计划”科技创新团队项目】　“硒蛋白肽关键技术研究”团队项目成功入选2023年湖北省“楚天英才”科技创新团队计划，实现恩施州在本领域科创团队“零”的突破。

（樊　玮）

2023年恩施州首届“十佳科技特派员”一览表

表16

| 序号 | 姓名 | 类别 | 派出单位 | 派驻单位 | 服务地区 |
|---|---|---|---|---|---|
| 1 | 罗金华 | 省级 | 恩施州农科院 | 恩施市盛元食品有限责任公司 | 恩施市 |
| 2 | 高士伟 | 省级 | 湖北省农业科学院果树茶叶研究所 | 湖北金果茶业股份有限公司 | 巴东县 |
| 3 | 伍华明 | 省级 | 来凤县农业综合执法大队 | 来凤富民种业产销专业合作社 | 来凤县 |
| 4 | 于斌武 | 州级 | 恩施州农业农村局 | 恩施市青树子蔬菜种植专业合作社 | 恩施市 |
| 5 | 邹　艳 | 州级 | 恩施职业技术学院 | 湖北布衣织绣有限公司 | 恩施市 |
| 6 | 谭林立 | 州级 | 湖北民族大学 | 建始中溢达建材有限公司 | 建始县 |
| 7 | 严　顺 | 县级 | 咸丰县农业农村局 | 奇泉茶业（咸丰）有限责任公司 | 咸丰县 |
| 8 | 邱建红 | 县级 | 利川市硒红茶业有限责任公司 | 利川星斗山红茶有限责任公司 | 利川市 |

续表16

| 序号 | 姓名 | 类别 | 派出单位 | 派驻单位 | 服务地区 |
|---|---|---|---|---|---|
| 9 | 李登朝 | 县级 | 建始县林业局 | 建始绮丽果业有限责任公司 | 建始县 |
| 10 | 龙祥云 | 县级 | 利川市勤隆中药材专业合作社 | 团堡镇阳和村 | 利川市 |

## 科技成果

【概况】 2023年，全州登记技术合同1860项，技术合同登记成交额50.46亿元，完成科技成果登记36项，落实州政府《关于支持实体经济发展有关奖励政策》中关于购买先进技术成果在州内转化奖励措施，共兑现2022年奖补资金38.58万元。

【科技奖励】 恩施州提名的2个项目获湖北省科学技术奖，其中湖北民族大学“鄂西南天然林生物多样性动态监测体系构建及濒危植物保育技术示范”项目获省科技进步奖三等奖，恩施硒圣植物科技有限公司获科技型中小企业创新奖。

【科技成果对接服务】 组织开展“科惠行动月”“成果转化轻骑兵”“科技成果拍卖会”等科技成果转化对接活动，畅通成果供需渠道。全州共组织县（市）开展轻骑兵活动10场，签约成果转化项目58余项，成交金额1.67亿余元。其中，州科技局、利川市人民政府联合承办科技成果转化“轻骑兵”活动，签订科技成果转化协议8个，签约金额达6480万元；举办第八届世界硒都（恩施）硒产品博览交易会暨硒科技创新发展大会科技成果交易拍卖会，共9项科技成果成功拍出，总成交总额550万元；共16项科技成果进行成果转化现场签约，签约金额2168万元。

（樊 玮）

2023年恩施州科技成果登记一览表

表17

| 序号 | 成果名称 | 第一完成单位名称 | 成果类型 |
|---|---|---|---|
| 1 | 马铃薯田杂草综合治理技术研究 | 恩施州农科院 | 应用技术 |
| 2 | 富硒核桃标准化种植及精深加工关键技术 | 恩施州农科院 | 应用技术 |
| 3 | 电动茶树粉碎修剪一体机的研制 | 恩施州农科院 | 应用技术 |
| 4 | 恩施州硒产业科技发展战略研究 | 恩施州农科院 | 软科学 |
| 5 | 鸡粪和玉米秸秆资源化利用生产富有机硒生物肥的应用研究 | 恩施州农科院 | 应用技术 |
| 6 | 恩青试1918 | 恩施州农科院 | 应用技术 |
| 7 | 恩施地区茶树种质资源的异地保存与创新利用 | 恩施州农科院 | 应用技术 |
| 8 | 马铃薯新品种南中105选育 | 恩施州农科院 | 应用技术 |
| 9 | 贡水白柚皮可溶性膳食纤维提取及产品开发 | 湖北苗仙聚生物科技有限公司 | 应用技术 |
| 10 | 一种水杉种子萌发壮苗的种植托盘和方法 | 湖北民族大学 | 应用技术 |
| 11 | 魔芋葡甘聚糖海藻酸钠复合载药微球及其制备方法 | 湖北民族大学 | 应用技术 |
| 12 | 一种布洛芬插层镁铝水滑石缓释材料及其制备方法 | 湖北民族大学 | 应用技术 |
| 13 | 道地中药材恩施黄精品种选育与富硒栽培及产品加工关键技术研发 | 湖北民族大学 | 应用技术 |
| 14 | 魔芋远缘杂交制种全程机械化关键技术的研发与示范 | 恩施州克肥克魔芋科技有限公司 | 应用技术 |
| 15 | 马铃薯新品种南中109选育 | 恩施州农科院 | 应用技术 |
| 16 | 马铃薯新品种南中110选育 | 恩施州农科院 | 应用技术 |
| 17 | 马铃薯新品种南中101选育 | 恩施州农科院 | 应用技术 |
| 18 | 恩施中蜂蜜品质评价及恩施蜂产品规范化生产技术研究 | 恩施州农科院 | 应用技术 |
| 19 | 藤茶采摘期活性成分及加工工艺研究 | 恩施州农科院 | 应用技术 |

续表17

| 序号 | 成果名称 | 第一完成单位名称 | 成果类型 |
|---|---|---|---|
| 20 | 中小企业信息发布咨询平台 V1.0 | 智慧（建始）科技有限公司 | 应用技术 |
| 21 | 高磷鲕状赤铁矿的多级磁化焙烧工业化系统 V1.0 | 湖北省腾胜实业有限公司 | 应用技术 |
| 22 | 金汇 101 | 湖北金玉汇种业科技有限公司 | 应用技术 |
| 23 | 尚玉 18 | 湖北尚玉农业科技有限公司 | 应用技术 |
| 24 | 一种真空断路器主轴测速模块化传动装置 | 湖北民族大学 | 应用技术 |
| 25 | 一种医卫防护用微纳米纤维及其制备方法 | 湖北民族大学 | 应用技术 |
| 26 | 一种聚丙烯腈抗菌超细纤维及其制备方法 | 湖北民族大学 | 应用技术 |
| 27 | 恩施少数民族地区校企协同创新信息服务平台建设研究 | 湖北民族大学 | 应用技术 |
| 28 | 川金丝猴种群遗传图谱资源数据综合管理平台 | 湖北巴东金丝猴国家级自然保护区管理局 | 应用技术 |
| 29 | 基于图案实例的土家织锦设计与外观模拟方法 | 湖北民族大学 | 应用技术 |
| 30 | 香连片等固体制剂制粒关键技术及应用 | 湖北香连药业有限责任公司 | 应用技术 |
| 31 | 恩单 1683 | 恩施州农科院 | 应用技术 |
| 32 | 粒玉 129 | 恩施州农科院 | 应用技术 |
| 33 | 香连片等固体制剂制粒关键技术及应用 | 湖北香连药业有限责任公司 | 应用技术 |
| 34 | 无动铁芯弹簧脉冲电磁阀关键技术及生产工艺研究 | 湖北创偲诺电气科技股份有限公司 | 应用技术 |
| 35 | 基于复杂因素的配电网负荷预测软件 | 湖北民族大学 | 应用技术 |
| 36 | 基于改进的 BBA 算法的电离层高维数据特征选择方法 | 湖北民族大学 | 应用技术 |

## 重点科研院所

### 恩施州农业科学研究院

**【概况】** 2023 年，恩施州农业科学研究院（简称“州农科院”）实施各级项目课题 145 项，同比增长 39%；到账科研经费 1167 万元；签订科技成果转化合同 103 项，合同总成交额同比增长 30%。在国家现代农业产业技术体系“一岗六站”（马铃薯岗位科学家，玉米、茶叶、水稻、马铃薯、甘薯、蜂体系综合试验站）考核中排位靠前，其中马铃薯草害防控岗位科学家排名第 2，茶叶恩施综合试验站排名第 2，马铃薯恩施综合试验站排名第 7。

**【科研工作】** 实施科研项目课题 145 项，其中新上项目 38 项、中央财政项目 19 项、省级财政项目 46 项；引进和收集马铃薯、茶树、中药材等种质资源 396 份，收集农业种质资源 1.3 万余份，审定农作物新品种 14 项（含国审品种 1 个）；27 项专利获授权，发表论文 41 篇，主（参）编专著 5 部，制定省、州地方标准 18 项（其中省地标 5 项）。与中国农科院茶叶研究所以《优质高效绿茶新品种选育与应用》项目联合申报神农中华农业科技进步一等奖已获公示。申请将堇叶碎米荠列入第 12 批农业植物品种保护名录。科研成果“硒形态分析检测方法标准研制与应用”“茶网蝽的‘秋防春控’防控技术”达到国际先进水平；“茶树害虫茶网蝽高效绿色防控技术创建与应用”达到国内领先水平。鄂马铃薯 16 入选首批国家农作物优良品种推广目录，鄂马铃薯 16 和恩禾单 1 号入选湖北省农业主导品种；马铃薯—玉米—大豆复合种植模式入选全国农技推广典型案例，马铃薯晚疫病监测预警及防控技术等 13 项技术被列为全州主推技术。制定《藤茶感官审评方法》填补藤茶感官审评相关标准空白。

**【科技服务】** 科技支撑“强县工程”，支持 8 个县（市）培育壮大硒、茶叶、马铃薯、藤茶、白柚、砂梨、魔芋、蜜蜂、硒等特色产业；发挥智库作用，撰写马铃薯、茶叶、沙梨等产业调研报告 4 篇，支撑各级政府决策；实施省“五五工程”[力争突破 50 项农业产业发展关键核心技术，集成示范 500 项农业先进实用科技成果，推广 50 项农业可持续发展模式，建设 50 个农业科技引领示范村（镇），发展壮大 50 家农业产业化龙头企业]，推进农业科技“五个十”行动（组织全员科研人员在全州范围内，开展 10 项产业技术难题的科技攻关，集成应用 10 项先进实用科技成果，服务支撑 10 家农业产业化企业，科技引领 10 个乡村振兴示范村，开展农业科技培训 10 批次以上，培训农民 1000 余人次），开展“科技闹春耕”等活动；组建州、县、乡三级农业科技服务队，选派 70 名科研人员下沉到村、直接到田，科技服务范围覆盖全州 8 个县（市）的 83 个乡镇；选派 25 名“三区”（边远贫困地区、边疆民族地区和革命老区）人才、16 名科技特派员开展技术培训。全年组织科技人员864人次，对接市场经营主体160余家，开展现场指导近400次，发放技术资料6000余份，科技服务对象1.1万余人次，培训1000余名“田秀才”“土专家”，科技支撑马铃薯、玉米、水稻、油菜、甘薯、茶叶、中药材等作物转化基地9666.67公顷。作为科技特派员组织实施单位，获省科技厅通报表扬，6名省“三区”人才获省科技厅表彰，1人获评“恩施州最美科技特派员”。对乡村振兴帮扶村利川市汪营镇苏家桥村开展产业帮扶和共同缔造活动。

【成果转化】 州农科院多渠道推介自主科研成果，推动科研成果“走出”实验室、“转出”新动能。全年签订科技成果转化合同103项，其中技术转让及许可类11项，技术服务类92项。《青钱柳资源的开发利用与产业化》获得科创中国·湖北科技经济融合优秀项目三等奖；“远杂11”等魔芋新品种转让获益99万元；向正大种业、湖北惠民科技等企业转让玉米、水稻新品种生产经营权5项；为多家企业开发富硒荠桑片等4个多元化富硒产品；支撑源头种薯生产企业2家，全州脱毒种薯应用面积达26666.67公顷，辐射推广鄂马铃薯系列品种53333.33公顷以上；“恩施土豆”入选全国农业绿色发展典型案例，品牌价值达18.06亿元，“来凤藤茶”入选国家农业品牌精品培育计划。

【人才培育】 制定《关于加强年轻干部队伍建设的六条措施》等3个制度，完善职称竞争申报和岗位竞聘人才评价办法，激发科研人员创新创业活力。3人参加“西部之光”访问，2人成为省级以上学会理事会理事，1人获得省政府特殊津贴。1人获省人社厅、省农业农村厅表彰为“全省农业农村工作先进个人”，2人获评恩施州首届“最美科技工作者”，1人获评恩施州有突出贡献“候鸟人才”、1人获评恩施州乡村振兴农技推广人才、1人获评恩施州“最美妇联人”，1人获得“恩施州民族团结进步先进个人”称号。

【科研平台建设】 与华中农业大学原副校长、中国工程院院士陈焕春签订共建院士工作站协议；博士后科研工作站有3名在站博士后，工作取得较好成效；农博园项目（一期）科技创新中心基本建成；与利川市政府签订共建“恩施州现代农业科技园”协议；承办茶叶、水稻、玉米、蜂、园艺、绿色农业和食物营养等省级以上会议7次。

【对外交流】 融入“宜荆荆恩”农业科技联盟，立足恩施区位和资源优势，打造内外联动的开放发展格局。院主要领导带队到农业农村部、中国农科院、省农业农村厅、省农科院、华中农业大学等科研院校考察25次，邀请国外知名专家学者到院交流2次；与国际马铃薯中心亚太中心签订共建联合实验室框架协议；与韩国堤川市忠北高科园韩方天然物中心签订特色产业发展合作协议。

（杨真杭）

## 湖北省农业科学院中药材研究所

【概况】 2023年，湖北省农业科学院中药材研究所（简称“省中药材研究所”）在研项目32项，新上16项，到账科研经费630.3万元；申请专利11项，授权专利共20项，其中授权发明专利12项、实用新型专利8项；制定省级地方标准4项，发布省级地方标准3项；评价科技成果2项；发表科技论文30篇，其中SCI 8篇，中文核心12篇，获批省部级科研平台1个。选任副所长1名、选拔任用所长助理1名；引进3名博士和1名博士后。继续保持省级文明单位称号，中药材所科技志愿服务队获省科协“湖北省优秀科技志愿服务队”称号。

【平台建设】 8月19日，湖北省中药材良种繁育中心在华中药用植物园揭牌，该中心的建立将有效解决中药材种业“卡脖子”问题，推进“三位一体”的中药材良种繁育体系构建，夯实湖北省中药材良种繁育科研平台支撑。完成华中药用植物园武汉分园7公顷华中地区低山丘陵、平原地带特色药用植物种质资源种植27种。指导完成大冶分园、英山分园和金银花专类园建设，巴东分园正在筹建中。

【科技服务】 省中药材研究所制定《中药材所2023年农业科技“五五”工程实施方案》，选派1名科研骨干脱产驻恩施市新塘乡下坝村开展乡村振兴工作。“道地药材品种选育与良种繁育关键技术”“道地药材黄连、黄精等主要病害防控技术研究与应用”2项技术取得突破性进展。开展18项农业先进实用科技成果集成示范。推广农业可持续发展模式“优质高效型林药生态种植模式”1项。重点支持恩施市新塘乡下坝村和通城县马港镇金山村乡村振兴示范村建设。与持正堂药业恩施有限公司、时珍堂巴东药业有限公司和湖北葛百岁葛业有限公司等企业开展合作。成果转化实际到账金额169.88万元。在全省推广新品种、新技术、新模式31项，推广面积3.52万公顷。派出湖北省科技特派员4名、省“三区”（边远贫困地区、边疆民族地区和革命老区）人才12名、恩施州科技特派员5名，建科技助力乡村振兴服务队1支，开展技术服务110余场次，培训人数2200余人次，发放资料3500余册。

【富硒黄酮营养素（硒黄酮）生产关键技术及应用】 省中药材研究所、恩施硒司令生态农业科技发展有限公司共同完成的“富硒黄酮营养素（硒黄酮）生产关键技术及应用”通过科技成果评价。该成果整体达到国际先进水平，其中，新活性化合物 angelioue 的发现达到国际领先水平。该成果在国家中药材产业技术体系、湖北省现代农业产业技术体系、恩施州科技计划等项目资助下完成，获发明专利 1 项，申请发明专利 13 项，发表学术论文 6 篇，其中 SCI 论文 2 篇，获得软件著作权 4 项，开发富硒黄酮营养素粉深功效产品 5 款。该成果已在恩施硒司令生态农业科技发展有限公司、恩施硒禾生物科技有限公司等企业推广运用。

**【厚朴林下湖北贝母生态种植关键技术研究与应用推广】** 省中药材研究所、恩施州农业技术推广中心、国药集团中联药业有限公司共同完成的“厚朴林下湖北贝母生态种植关键技术研究与应用”通过科技成果评价。该项成果整体达到国际先进水平，部分达到国际领先水平。该项成果在中央财政林业科技推广示范项目、湖北省重点研发计划项目等项目资助下完成，先后发布湖北省地方标准 1 项，发表核心以上论文 5 篇，其中高水平 SCI 论文 2 篇，授权实用新型专利 2 项，登记软件著作权 1 项。该项成果已在恩施州及宜昌市等地累计示范推广 3266.67 公顷。

**【黄连病害防控研究】** 省中药材研究所利用 Illumina 高通量测序技术，分析黄连根腐病感染对黄连根际土壤、根茎、叶片微生物群落结构的影响，结果表明根腐病感染严重破坏黄连根际土壤、根茎、叶片的微生态平衡，感染根腐病显著抑制黄连内生真菌和细菌的相互作用，这可能是黄连根腐病不断加重的诱因之一。该研究结果为黄连根部病害防治提供新的思路。相关研究成果“Coptis chinensisFranch root rot infection disrupts microecological balance of rhizosphere soil and endophytic microbiomes”，在 *Frontiers in Microbiology* 上发表（IF＝6.06）。

**【药用植物白绢病防控研究】** 省中药材研究所基于齐整小核菌的转录组测序数据，筛选出适用于该菌的 EST-SSR 标记引物，为药用植物白绢病的快速诊断、精准防治和选育抗病品种奠定基础。相关研究成果“Development of EST-SSR primers and genetic diversity analysis of the southern blight pathogen Sclerotium rolfsii using transcriptome data”在 *Frontiers in Microbiology* 在线发表（IF＝6.06）。

**【乐昌含笑种子萌发的潜在分子机制】** 省中药材研究所通过对不同萌发阶段乐昌含笑种子的形态特征进行观察，了解其组织结构变化；同时利用转录组测序和靶向代谢组（植物激素类）探索种子萌发过程中激素和基因表达水平的变化。相关研究成果“Transcriptome and metabolome analyses reveal novel insights into the seed germination of Michelia chapensis, an endangered species in China”在 *Plant Science* 在线发表（IF＝5.363）。

**【林药生态作用机理研究】** 省中药材研究所通过分析林药模式下湖北贝母鳞茎在不同发育阶段的表型及生物碱变化规律，采用代谢组学和转录组学技术分析不同成熟阶段湖北贝母鳞茎的生物碱积累及基因表达差异，为林下湖北贝母的科学采收提供数据支撑和理论依据，有益于加速林药生态种植模式的创新应用，保证中药材品质，提高药（林）农收益，助力乡村振兴。相关研究成果“Transcriptomic and metabolomic analyses provide new insights into the appropriate harvest period in regenerated bulbs of Fritillaria hupehensis”在 *Frontiers in Plant Science* 在线发表（IF＝6.627）。

（罗孝荣）

## 恩施州林业科学研究院

**【概况】** 州林业科学研究院（州林业科技推广站）是州林业局直属公益一类事业单位，湖北省林业科技创新示范基地，恩施州木本油料工程技术研究中心。2023 年，有实验基地 80 公顷，产学研合作基地 5 个；有占地近 4 公顷的珍稀木本植物园；藏有木本植物标本 1.2 万余份；建有组织培养实验室、分析实验室，有各种实验仪器设备 100 余套。累计科技成果 42 项，其中获国家级科技成果奖一等奖和二等奖各 1 项、省科技成果奖 15 项、州科技进步奖 11 项。

**【林业科学研究】** 申报州本级科研项目立项 3 项，州科协科技创新和产学研合作项目各 1 项。结题并通过验收项目 2 项，分别是中央财政科技推广项目和恩施州科技计划支撑项目。在建项目 6 项完成年度各项技术指标任务，包括中央财政科技推广项目 2 项，恩施州科技计划支撑项目 1 项，恩施州青年人才项目 2 项，恩施州指导性项目 1 项。全年获省科技进步二等奖 1 项；出版专著 1 部（《湖北恩施蕈物图鉴》）；发表论文 8 篇；编制《恩施市常见毒蘑菇手册》《林药复合经营实用技术培训手册》等技术手册 5 册。

**【科技推广】** 组建完善林业科研科普志愿服务队伍，有成员 20 余名，推送 10 余名专业技术人员加入恩施州专家人才服务团。开放鄂西树木园，开办义务植树节科普服务活动；参加科技活动周系列活动；组织开展全州油茶助力乡村振兴专题培训班，制作“你问我答，话说油茶”科普短视频 50 期，点击量逾 5 万人次，应邀在 2023 年武陵山油茶产业发展大会上作学术报告。在利川市、恩施市、宣恩县、来凤县等地开展“勿误食毒蘑菇”宣传活动，发放辨识有毒蘑菇扑克牌2000余副，宣传单2000余份。完成恩施州州级试验林场签约挂牌工作；完成2023年度科技特派员技术服务任务；在恩施市、利川市、鹤峰县和湖南石首市等县（市）参与省林业局组织的“科技素质提升行动”培训；在宜昌市五峰土家族自治县参与中国五倍子产业发展高峰论坛年会。李双龙被省林业局聘为湖北省林业项目综合评审专家库森林资源管理专家，顿春垚被州委聘为恩施州“两山”实践创新智库专家。

【荣誉】 吴代坤被国家林草局表彰为第三批“最美林草科技推广员”；顿春垚获首届恩施州“最美科技工作者”称号。

（李双龙）

# 教　育

# Education

## 教育管理

【概况】　2023 年，全州有幼儿园 582 所，小学 437 所，普通中学 173 所，中等职业学校 12 所，普通高校 3 所。在编教职工 49779 人，在校学生 867678 人（其中高校 61111 人，幼儿园 86824 人）。开展“喜迎建州 40 周年·‘三名’风采展示活动”，推出示范学校 38 所、知名教师 26 位、杰出校友 24 位，点击量超过 10 万次。州教育局微信公众号被省委网信办评为 2023 年走好网上群众路线“百佳新媒体账号”。

【教育党建】　贯彻落实高校党委领导下的校长负责制和中小学校党组织领导的校长负责制。推进高校党建系统集成创新，推动高校党建工作“赋能强基”三级联创。完善中小学校党的领导体制和工作机制，指导中小学校建立健全党组织会议和校长办公会议（校务会议）议事规则。加强民办学校党建引领规范办学机制建设，建立州民办学校行业党委直接联系点制度，开展民办学校“党建入章”工作“回头看”。落实教育系统党员培训年度任务。

【议教兴教】　推动“冬暖夏凉·温情教室”、教师保障房建设和高考备考、食堂安全、职业教育发展等工作。与各级人大代表、政协委员加强沟通，办理并落实建议提案 32 件。积极回应全国人大代表张琼丽关于中小学生午休“趴睡”变“躺睡”倡议，协调资金 51 万元，推动恩施市在金桂小学建成午休“趴睡”变“躺睡”试点，并预算 600 万元另选 3 所学校进行推广。

【校园安全】　州教育局加强校园危化品及危险废物安全管理工作，落实校园实验室危险废物处置规范。推进校园周边环境综合整治“百日行动”。开展校园防灾减灾安全教育和校园消防安全“五个一”专项工作。完善学校防欺凌、防不法侵害管理制度，常态化实施防溺水“一日三问”机制。以学校保安为班底建好常态化护校队伍，推动学校与社区建立安全联防机制。落实“乙类乙管”疫情防控各项措施。

【心理健康教育】　推进恩施州中小学生心理健康护航工程，加大专职心理健康教师配备力度，建立全州学生心理健康发展状况大数据库。落实“班校联动、家校联动”工作机制，督促各级各类学校全面开齐开足开好心理健康教育课程，强化疫后心理健康服务，加强师生思想引导、心理疏导、行为指导。开展“全州中小学心理健康教育活动月”活动和心理健康教育优秀教师、州级示范心理辅导室评选工作。开展班主任心理健康教育 B 级培训，建设心理健康教育示范校 20 所。

【五育并举】　创建劳动教育省级实验区 2 个，规范开展中小学生研学旅行工作，遴选州级研学旅行基地（营地）和推荐旅行社。组队参加湖北省第十六届中学生运动会。开展全州中小学生才艺展示比赛暨清江美育节、恩施州初中生足球联赛、高中生篮球联赛、全州少儿诗词大会等系列文体活动。推进书香校园建设，加强课外读物推荐选用的监督管理，遴选一批书香校园优秀案例、优秀读书报告。

【“双减”政策】　加大校外培训监管力度，推动相应主管部门履行审批和监管执法职责，推进数字化监管平台应用，加强防范学科类隐形变异培训，规范非学科类校外培训。联合相关职能部门开展校外培训监管工作培训，加强监管队伍和能力建设。推动“一校一策”创新课后服务内容和模式，聘请校外专业人员参与课后服务。

【义务教育】　开展6个省级教联体试点、18个州级教联体试点工作，创建示范性教联体20个，推进“三个课堂”按需常态应用，总结推广一批典型经验和建设模式。坚持义务教育适龄儿童少年失学辍学动态清零，保障家庭困难学生应助尽助，落实乡村教师生活补助政策，持续实施农村义务教育学生营养改善计划。推动特殊教育拓展融合发展，落实残疾儿童少年招生入学联动、随班就读、送教上门等工作机制。

【教育数字化转型】　编制《全州教育数字化战略行动计划（2023—2025年）》，构建“互联网+教育”大平台数字底座。申报州智慧教育平台二期项目。加强“精品”数字资源建设，开展校长和教师数字素养提升实践。试点探索数字教育应用场景，形成典型经验和范式。建立教育信息化工作目标考核评价机制。

【依法治校】　做好教育系统“八五”普法和青少年法治宣传教育。开展“一月一主题”“学宪法·讲宪法”“宪法宣传周”系列宣传活动。加强法治副校长聘任管理，建立完善中小学法治副校长人员库，推动法治副校长“应聘尽聘”，制定法治副校长履职标准。

【改善办学条件】　优化整合一批教学点，推进教育项目建设。谋划实施1000万元以上的重大教育项目34个，新建改扩建中小学（幼儿园）30所、学校图书馆（室）42个，建设中小学校园足球场地500个。

【教师队伍建设】　推进教师教育共同体建设，推进教师教育综合改革试验区建设，推动“百千万”教师成长梯队工程，州本级首批创建名师工作室10个，培养名校长30名、名班主任80名、名学科教师200名。建立教师减负工作固定监测点，常态化加强督查、检查、评比、考核和社会事务进校园情况监测。推进“县管校聘”改革，持续推动城乡师资均衡配置。改革完善职称评定体系，落实义务教育教师平均工资收入水平不低于当地公务员平均工资收入水平和乡村教师生活补助政策，协调推进教师周转房建设。

【后勤管理】　巩固中小学校食堂服务保障学生不到位问题专项整治和中小学食堂综合治理成果，严格落实校园食品安全“二十条底线”要求。完善学校食堂管理制度体系，落实食品安全副校长制度，建立完善学生食堂满意度测评机制以及年度专项审计或专项检查制度。开展学校食堂量化等级考评，推进学校食堂“互联网+明厨亮灶”建设，创建营养健康学校。提升薄弱、偏远学校的食堂、宿舍、厕所等后勤基础设施水平。

（易继兵）

## 重点院校

### 湖北民族大学

【概况】　湖北民族大学是经教育部批准，以本科教育为主的省属普通本科院校，是湖北省重点建设高校，是国家民委和湖北省人民政府共建高校。学校面积106.67公顷，教学科研仪器设备价值3.57亿元，馆藏纸质文献248万册，电子图书总量330万册。学校设有医学部、文学与传媒学院等16个院（部），一所直属附属三级甲等综合医院（附属民大医院），一所非直属附属三级甲等综合医院（恩施州中心医院）和一所非直属附属三级甲等中医院（恩施州民族医院）。学校现有专任教师1209人，具有博士学位441人，其中教授134人。有国家级、省级专家人才50余人。2023年，本科招生专业50个，涵盖经济学、法学、教育学、文学、理学、工学、农学、医学、管理学、艺术学十大学科门类。有民族学、数学、化学工程与技术、林学、中医学、食品科学与工程、中国语言文学、马克思主义理论8个一级学科硕士点；有应用统计、法律、体育、翻译、新闻与传播、能源动力、电子信息、临床医学、中医、会计、艺术11个专业学位硕士点。学校面向全国24个省（自治区、直辖市）招生，现有全日制在校学生20000余人。

【学校党建】　先后召开中共湖北民族大学一届三次、四次全体（扩大）会议。创建湖北省党建工作“标杆院系”1个、“样板支部”1个。开设读书班6个，组织研学研修368人次、开展理论宣讲52场次，调查研究461人次、解决师生实际困难106个。打造红色音乐党课《老兵》，被中央统战部、国家民委、教育部、团中央、省委党校等纳入主题教育特色内容。完成2022年省纪委反馈问题整改11个，建立健全长效常态机制，经验做法在《湖北巡视巡察》刊发。铸牢中华民族共同体意识，学校被确定为“国家民委中华民族共同体研究培育基地”，获评湖北省统战理论政策研究创新成果组织奖。

【人才培养】　湖北民族大学撤销4个专业，初步形成以师范教育和医学教育为基础，人文社科、理工、农林等学科专业相互支撑、相互促进的本科专业体系。新增省级一流本科课程13门，校级优质课程20门、本科教育课程思政示范课程5门。学校获批“国家语委第三批国家语言文字推广基地”，新增省级教学平台6个。组织申报大学生创新创业训练计划项目立项301项，其中国家级26项、省级75项，国家级大创项目“基于物联网的智能老年人守护系统”入选2023年全国大学生创新创业年会。开展国际交流合作，学校参加“2023湖北高校非洲教育展”，与俄罗斯体育大学等高校就互派互访、合作办学等达成合作意向。2023年毕业生协议和合同就业率较上年增长7.4%，毕业生初次去向落实率、协议和合同就业率均高于湖北省属同类高校平均水平。

【学科建设】 推进学科（群）特区建设，确定民族学、数学、食品科学与工程3个一级学科为博士学位授权点培育学科。探索智能科学与工程类应用型学科专业交叉融合发展新机制。围绕湖北省优势产业、新型特色产业开展硕士点申报、本科专业群建设和人才培养方案修订等工作，成功申报“湖北省卓越工程师校企联合培养项目（首批）”1个。抓好学科评估、学位点专硕合格评估和2020—2025年学位点周期性合格评估工作，组织民族学等7个学位点做好核验准备。筹备新增硕士点申报，完成教育学、生物与医药、材料与化工、林业、金融5个专业学位多轮论证。

【科研工作】 组建科学发展研究院，成立成果转化中心和分析测试中心。全年获批国家级项目22项（自科基金项目15项，社科基金项目7项）、省部级项目34项，其中数学与统计学院魏代俊教授牵头申报的国家社科基金重大项目获批立项，实现学校国家社科基金重大项目零的突破。全年获省部级科研成果奖3项，获授权专利和软件著作权18项，转化专利成果11项，奖励技术标准2项，出版高水平著作12部。各类科研到账经费突破1亿元大关，单个横向科研项目经费突破1000万元，成果转化经费102.2万元，科技捐赠经费438.6万元。全校省部级科研平台达到24家，其中省级重点实验室3家、省级大学科技园1家。《湖北民族大学学报（哲学社会科学版）》正式进入CSSCI来源期刊行列。

【队伍建设】 新增博士60人，新增柔性引进专家教授7人。现有专任教师1209人，生师比17.19：1，其中具有博士学位教师441人，占比36.48%。年度获批省有突出贡献中青年专家1人、楚天学者2人、“湖北省教育工作先进个人”1人。组织开展学科骨干评选，遴选学科骨干86人，其中一层次人才9人、二层次人才40人、三层次人次37人。修订完善《湖北民族大学专业技术职务任职资格评审管理办法》《湖北民族大学教师系列专业技术职务任职资格评审条件》等制度，完成教师、实验系列等分级聘用和其他专技职称评审工作，对114人岗位进行分级聘用。

【学生思政】 推进恩施州大中小学思政课一体化研究基地建设，被授予“湖北省大中小学思政课一体化共同体建设示范学校”称号。开展“行走的思政课堂—读书明星走进红色文化基地活动”，举办“中华民族一家亲，同心共筑中国梦—思想道德与法治课程实践教学演讲比赛”。优化“学生思政体系”，构建“五育五化”发展型资助育人体系，聚焦学生德、智、体、美、劳全面发展，贯穿“融合化”德育、“多元化”智育、“参与化”体育、“浸润化”美育、“体验化”劳育全过程，相关做法被湖北高校思政网、《恩施日报》等媒体报道。发挥“环境思政”育人功能，不断践行“浇花浇根、育人育心”理念，组建22支校级团队、175支院级团队、7698名学生参与暑期“三下乡”和“返家乡”社会实践，16支团队入选团中央志愿服务团队，24支团队入选湖北省“七彩假期”团队，创历史新高。

【办学条件】 完成金工实训教学楼、美术与设计学院展览馆等项目建设；推进大学生创新创业中心项目报批工作，获得教育强国推进工程中央预算内投资支持；推进图文

2023年5月23日，教育部师范专业认证现场考察专家见面会在湖北民族大学召开

（湖北民族大学　供稿）

信息中心、新建学生宿舍项目前期工作。优化实验室布局，仪器设备投入1300万元，全年计算中心实验开出率100%。拓展图书馆馆藏资源，新增纸质图书29万余册，加工电子图书3.2万册，馆藏总量达248万余册，图书资源实现三连增。拓展校友资源，筹备湖南校友会，协助粤港澳大湾区校友会换届，指导成立重庆校友会。推进档案信息化、数字化建设，实现存量档案数字化，完成湖北省科技事业单位档案工作目标管理考评标准省特级复查工作和档案馆搬迁。利用原州委党校置换资产，建立民大临床医学院，完善医教协同体系，支持附属医院以“三甲”复审为抓手加快发展。

【治理效能】　启动《湖北民族大学章程》修订。增设巡察办、采招中心2个机构，调整党办、人事、科研、招生就业4个机构职能。推进依法治校，成立学校法治工作领导小组，设置法治建设办公室，清理党内规范性文件117份，理顺实验室建设和管理机制，完善财务、国资、审计、采招等内控制度体系。学校预算绩效管理首获省财政厅优秀表彰，专项奖励55万元。用好盘活存量资源，2023年取得各类资产收益1428万元，比2022年增长554万元，同比增长63%，其中资产出租与处置、周转房使用收益1113万元，首次突破千万元大关。

【平安建设】　湖北民族大学成立由党委书记和校长任组长、其他校领导任副组长的平安校园建设工作领导小组，下设12个工作组。建立校园安全风险研判机制，召开安全工作联席会议4次，组织安全隐患排查整治10余次，补齐消防短板，促进平安校园建设。开展防范电信网络诈骗行动，推进“互联网+安全教育”前置教育，夯实校园安防基础。学校被省公安厅表彰为“平安校园建设”工作成绩突出集体，获恩施州平安校园建设考评“优秀”等次。

（谭婷婷）

## 湖北恩施学院

【概况】　湖北恩施学院是教育部批准设立的全日制普通本科高校。2023年，面向全国24个省、自治区、直辖市招生，有全日制在校生16893人。学校有8个二级学院、8个产业学院、3所附属医院、6所临床学院，开设本专科专业46个，形成以医学为重点，突出艺术、教育特色，工、经、管、文、艺、教育等多学科专业协调发展的学科专业布局。完成2栋学生公寓楼建设及周边绿化工程，完成体育馆、综合实验楼室内装修、图书馆东广场景观工程等，正式上线“24小时公寓云服务”，学校4G/5G信号覆盖率达到100%。

【招生与就业】　2023年，获取招生计划6130人，报到5700人，报到率93%，其中本科报到2132人、专升本报到1212人、专科报到2356人。高质量就业率31.27%，其中考研114人、考公考编542人（含三甲医院规培、进修）、专升本432人、较大企业就业78人。举办线上线下招聘会11场，线上线下专场招聘宣讲会77场，累计为毕业生提供就业岗位6.2万个以上。学校连续两年入选湖北省普通高校院（系）毕业生就业创业工作典型案例。学校征兵工作站获州军分区“优秀征兵工作站建设”推荐学校。

【学科专业建设】　学校出台一流本科专业建设管理办法，完成校级及以上一流专业24门课程反向矩阵教案修订；完成11个新增专业人培方案制定和其他专业人才培养方案的碎片化修订；成立临床医学卓越班、艺术护理卓越班、汉语言文学英才班、护理学英才班；成功申报人工智能、医学影像技术、风景园林、大数据管理与应用4个专业。壁画、土木工程测量A、系统解剖学、中药学、外科护理学1（含外总）、中国近代史纲要、统计学7门课程获批湖北省2023年度省级一流本科课程。召开湖北恩施学院发展战略咨询委员会第二次会议，论证《湖北恩施学院“十四五”学科专业建设与发展规划》。

【教育教学】　学校出台OBE题库建设标准和OBE精彩课堂建设标准，完成精彩课堂决赛、“我最喜爱的老师”决赛及表彰、校级第三届课程思政说课大赛；修订基于OBE理念的临床医学专业人才培养方案，组建临床医学专业建设委员会，完成临床医学专业15项CBL教学改革立项；完成校院两级督导队伍遴选工作，确定校院两级督导33人，出台校院两级督导队伍建设及管理实施细则；单独设置一门完整的80学时的执业医师资格证考试课程，出台银成医考督学管理制度，实行1对5包保、家校联动督学，参加银成医考培训的同学执医考试通过率51%，总通过率38%。张高胜被湖北省高等学校经济管理实验教学示范中心联席会表彰为“湖北省高校经济管理实验教学十佳优秀教师”，财务管理课程组获评省级优秀基层教学组织，中级财务管理课程团队获得第三届湖北省高校教师教学创新大赛副高组二等奖，学校生命科学馆入选湖北省“百校百馆”，学校入选首批“国家地理标志跨境电商语言服务教育与实践基地”、第二批“全国学校急救教育试点学校”。

【人才培养】　学校与长江大学成立研究生培养协同创新基地。学科竞赛获省级奖项247项、国家级奖项86项。其中获第十届“学创杯”全国大学生创业综合模拟大赛全国总决赛一等奖1项、二等奖1项，获第十一届未来设计师·全国高校数字艺术设计大赛（NCDA）国家级一等奖 1 项、二等奖 1 项、三等奖 2 项，获 BIM 大赛国家级一等奖 2 项、二等奖 3 项、三等奖 3 项，获第七届米兰设计周高校设计展国家级二等奖 1 项、三等奖 2 项，获第八届“互联网+”国家级铜奖 1 项、第九届“互联网+”省级金奖 1 项，获国家级大学生创新创业训练计划项目 1 项、湖北省大学生创新创业训练计划项目 12 项。《中国教育报》刊发《人工智能时代推进高质量育人——湖北恩施学院新型应用型人才培养模式改革创新之路》。

2023 年 3 月 31 日，湖北恩施学院举办庆祝建校 20 周年暨合作发展大会
（湖北恩施学院　供稿）

【科研工作】　学校完成科研项目立项共 61 项，其中地厅级项目 12 项、省部级项目 16 项；发表论文 6 篇，申报并受理实用新型专利 3 项；成立“两院七所”（“两山”实践创新与乡村振兴学院及研究院，抗风湿土家药研究所、建筑与城乡规划设计研究所、未来数字技术研究所、民族地区绿色低碳产业经济研究中心、民族文化传播与教育研究所、非物质文化遗产研培中心、恩施红色文化研究中心），助力恩施州“两山”实践创新示范区建设与经济社会发展。12 月，智能工程学院院长谭建军团队与咸丰县硒源山茶叶（湖北）有限公司获得省科协批复，成为湖北省首批院士专家工作站。

【产教融合】　学校与恩施市中心医院合作共建直属附属医院，与宜昌市第二人民医院、协和江北医院、重庆市黔江中心医院、重庆市奉节县人民医院、江汉油田总医院合作共建 5 所临床学院，与苗疆（武汉）机器人科技有限公司共建智能制造产业学院，与恩施市、宣恩县、俄罗斯人民友谊大学、东北师范联合大学、韩国湖西大学、庆云大学、华为、腾讯等签订校地、校校、校企合作协议。省政府《政府调研》采用学校《恩施州乡村振兴产业融合发展研究》文章，《光明日报》刊发《做好“三字”文章 服务恩施绿色发展》。

【师资建设】　学校引进 22 名医学类专业教师，调配干部 89 人。出台荣誉表彰管理办法、福利管理办法、干部转正管理办法（试行）、干部选拔管理办法（试行），修订教师及辅导员职称评审条件、职称评审管理办法，修订教职工进修学习管理办法，20 名教职工进入学历提升攻读博士学位培养计划，完成第二期校聘教授、副教授评聘。辅导员签订《岗位说明书》《聘期目标任务书》，完成辅导员序列职称评审工作，开展辅导员队伍心理育人能力提升、辅导员职业能力与专业素养提升等系列培训 10 场。

【学生资助】　学校发放国家奖助学金、“双至”（至精至善）奖学金、勤工助学金等 2307 万元，覆盖学生 8729 人次；办理生源地贷款 3277 人，贷款总额 373 万元。

【党团建设】　开展学习贯彻习近平新时代中国特色社会主义思想主题教育，落实党风廉政建设工作，与领导班子成员和二级部门签订党风廉政建设责任书，实现 100% 全覆盖。开展解民忧、暖民心、办实事活动，发放慰问金近 10 万元。成立 6 个学生党支部，发展学生党员和高学历教职工党员 138 名，召开第一届党员代表大会，增选 3 名委员。财经政法学院教工党支部书记工作室入选省委教育工委公布的全省高校“双带头人”教师党支部书记工作室创建名单。校团委连续 2 年获评全州共青团工作先进单位，学生处被授予恩施州“青年文明号”荣誉称号。在团省委、省学生联合会组织的 2023 年湖北省大中专学生志愿者暑期文化科技卫生“三下乡”社会实践活动中，2 名学生获评先进个人，学校青阳志愿服务队获评优秀团队，学院获评优秀组织单位。

【平安校园建设】　加强与公安、消防部门联动，开展安全知识培训 6 场次，与全体学生签订防电信诈骗承诺书；持续推进平安校园“七防工程”建设，夯实校园安防基础，投入专项经费用于技防设施设备维修维护。学校成为首个挂牌的湖北省反洗钱宣传教育基地。学校春季学期开学活动被央视 CCTV-13《新闻周刊》报道。全年学校未发生安全责任事故。

【湖北恩施学院建校 20 周年暨合作发展大会】　3 月 31 日，学校举办建校 20 周年系列活动之“湖北恩施学院建校 20 周年暨合作发展大会”，恩施州有关领导，相关教育专家、行业专家、相关院校领导等出席活动，合作高中校长及老师代表、企业领导及代表、校友代表、学生代表、教职工代表参加活动，为湖北恩施学院“两山”实践创新与乡村振兴学院、“两山”实践创新与乡村振兴研究院揭牌。

【荣誉】　湖北恩施学院被国家卫生健康委、中国红十字总会、中央军委后勤保障部卫生局表彰为“无偿献血促进奖特别奖”；获评“湖北省2023年度节水型高校”；被全国大学生志愿服务西部计划项目管理办公室评为“大学生志愿服务西部计划优秀项目办”。

（陈加雄）

## 恩施职业技术学院

【概况】　恩施职业技术学院（简称“恩施职院”）是经湖北省人民政府批准、教育部备案的全日制公办高职院校。2023年11月，州广播电视大学55名事业编制人员整体划入恩施职院。学院占地面积71.46万平方米，校舍总建筑面积为39.60万平方米。现有主校区、南校区、五峰山校区、后山湾校区、三孔桥校区、松树坪校区共6个校区。学院建有国家职业教育实训基地4个（数控技术、计算机及应用、生物技术、建筑工程技术）；国家级生产型实训基地1个；国家级应用技术协同创新中心1个（富硒产品研发协同创新中心）；26个国家“1+X”（“1”为学历证书、“X”为若干职业技能等级证书）证书试点项目；省级示范性实训基地3个（旅游管理、畜牧兽医、生物制药），教学、科研仪器设备资产总值1.43亿元。现有教职工1491人，其中在岗教职工831人，教师中具有博士、硕士以上学位316人，教授、副教授206人，享受国务院政府特殊津贴专家2人、湖北名师1人、全国农业职教名师1人，湖北省师德先进个人1人、楚天园丁奖1人、荆楚好老师1人，黄炎培杰出教师奖1人；双师素质教师347人，2个省级教学团队。聘请中国工程院院士陈焕春，国家级非物质文化遗产代表性项目代表性传承人杨胜伟等近300多位知名专家、学者、企业家、能工巧匠担任客座教授和兼职教师。学院下设经济管理、机电工程、信息工程、生物工程、建筑工程、人文教育、旅游管理、体育、医学9个二级学院和马克思主义学院、继续教育学院、开放教育学院、公共课部、中等职业教育部。学院现有国家级专业示范点1个（旅游管理）、国家骨干专业2个（园林技术、畜牧兽医）、省级品牌专业2个（旅游管理、畜牧兽医）、省级特色专业4个（大数据与会计、园林技术、建筑工程技术、机电一体化技术）。学院共开设经济管理类、机电工程类、生物工程类、信息工程类、建筑工程类、旅游管理类、人文教育类、医护类专业39个，面向湖北、浙江、海南、四川、湖南、安徽、重庆、西藏等21个省、自治区、直辖市招生。在校学生2万余人。

【党建工作】　2023年，恩施职院召开党委会会议34次，研究党建及学校高质量发展工作。开展中心组集体学习、专题研讨16次。机电工程学院教工党支部成功创建全省样板党支部，经济管理学院党总支入选州级基层党建示范创建点，其案例《讲好党史故事汲取奋进力量》入选“恩施州十大党建案例”。院党委领导班子及副县级以上领导干部，领办调研课题38个，梳理问题31个，制定整改落实措施66条，全部整改完成。全校党员干部下基层6600余人次，为师生办实事累计超过390件次。全年调整干部职务133人次，举办2期干部培训班。发展预备党员48名，预备党员转正37名。召开3次意识形态工作联席会议，研究部署意识形态、网络意识形态工作。召开3次专题会议研究全面从严治党工作。全年处理处分党员教师职工26人次。

【专业建设】　“双高”建设（实施中国特色高水平高等职业学校和专业建设计划，简称“双高计划”）通过中期验收。专业对接产业，重点打造服务生态文化旅游产业链的旅游管理专业群、服务硒食品精深加工产业链的畜牧兽医专业群。对接恩施州主导产业和乡村振兴战略，重点建设机电一体化、药学等6个高水平专业群；加强课程建设，建成《西兰卡普文化与编织技艺》等精品在线开放课程14门。中外合作办学取得突破，恩施职院与韩国世明大学结为国际友好学校，建立正式合作关系。

【产教融合】　恩施职院推进校企合作，1965人在恩施高新区企业实习实训，较2022年增加515人。经中国绿色食品发展中心中绿华夏有机认证中心同意，恩施职院与恩施州农业农村局联合组建有机农业恩施工作站。成立恩施州文创行业产教融合共同体。与航天宏图信息技术公司、中国地质大学作为共同牵头单位发起成立空天地一体化遥感行业产教融合共同体。恩施职院获全国乡村振兴产教融合联盟第二批乡村振兴电商人才培养示范基地暨村村播工程示范校立项单位。

【团学管理】　恩施职院团委被评为2022年度全州共青团工作先进单位；经济管理学院程雨珊评为湖北省大学生自强之星；詹琦获2023年恩施州青年五四奖章；旅游管理学院申玉、信息工程学院余致鑫被评为恩施州优秀共青团员；校团委夏路、经济管理学院团总支兼职副书记谭雪芹被评为恩施州优秀共青团干部；生物工程学院团总支被评为恩施州五四红旗总支；恩施职院美育教研室被评为2021—2022年度全州青年文明号；经济管理学院张云霁被评为2021—2022年度全州青年岗位能手。2022级和2023级高职学生完成美育教育课程。以建州40周年为契机开展“铸牢中华民族共同体意识”教育并拍摄《美丽中国》快闪MV，视频先后被“学习强国”学习平台、《恩施日报》、青春恩施州等推介。

【工会工作】 组织慰问困难教职工、离退休老干部等192人次，支出12万余元。青年教师邹艳获恩施州“五一劳动奖章”，被恩施州总工会挂牌“邹艳创新工作室”。恩施职院获庆祝建州40周年“工间操”比赛州直组一等奖、全州展演二等奖。参加湖北省首届水上运动会，获气排球州直组男子组冠军、女子组第5名。游泳项目获男子400米第4名。在全州体育馆杯气排球比赛中，获男子组第5名、女子组第6名。在湖北省首届“硒都杯”气排球联赛中，获夫妻组第3名、女子老年组第4名、男子老年组第6名。

【招生工作】 2023年，恩施职院高职招生录取6056人，注册在籍5510人，中职招生录取2024人，缴费注册2011人。

【就业创业】 通过开展职业规划课程、组织校园招聘会等形式，帮助学生明确职业规划，提高就业竞争力。6月6日，恩施职院与来凤县人民政府、来凤县人力资源和社会保障局联合举办2023年“才聚荆楚·百县进百校”就业促进专项行动系列活动，现场达成初步就业意向649人次；6月17日，举办“湖北百校联动”恩施职业技术学院供需见面会暨“恩施州百日千万招聘专项行动”联合招聘会，现场达成初步就业意向741人次。学校初次就业率达到76.66%，最终就业率89.91%。以赛促学，提升创业实践能力。在第九届中国国际互联网+大学生创新创业大赛省赛上获得金奖1项、银奖1项，同时获省教育厅主办的湖北省“我梦见—楚天创客”大赛铜奖2项。学院获第五届湖北省中华职教社创新创业大赛三等奖1项。3月23日，启动大学生创新创业“一堂课”进校园活动。宣传促进创业政策落实。申报各类创新创业扶持资金，10月9日，“才聚荆楚·创业湖北”2023年度湖北省大学生创业扶持项目拟扶持项目名单公示，2020级学生邹越创办的恩施迪智尼玩具店、左强同学创办的恩施州伊甸园农业发展有限公司成功入围2023年度湖北省大学生创业拟扶持项目，每个项目可获得创业扶持资金5万元。

【师资队伍建设】 引进硕士研究生30人，调入2人。聘请国家级、省级等10名“非遗”大师，建成大师工作室11个。1名教师获黄炎培杰出教师奖，1名教师被授予“荆楚好老师”称号。共认定“双师型”教师347人，在教师总数中占比达57.7%。按照1∶350的标准配齐配强思政课教师。组织全校教师参加各类培训1104人次。全年教职工实现教科研项目立项22项（省级12项，州级10项），结题形成成果31项，以教职工教科研论文成果为主出刊2期学术内刊《武陵职教》。组织138名教师开展教学能力比赛，组建5个团队参加2023年度省赛，3个团队参加湖北省2024年国赛遴选，教师参加各类比赛获省级以上奖励26项、国家级案例1个。评选树立10名“师德标兵”，20名教师“光荣从教满30年”。举办首届辅导员（班主任）育人故事大赛。组织2期师德师风教育专题培训，组织1次师德师风及法纪知识考试。

【校园安全管理】 恩施职院落实各项措施确保校园安全稳定，先后组织开展反诈防骗教育、防灾减灾、防溺水宣传、禁毒防毒教育；网络安全教育、消防知识宣传等。

【服务区域经济发展】 组织社会培训项目48个，培训2万余人次，较2022年增加1.7万余人次，社会服务收入过1000万元，较2022年增加700余万元。组织学校师生员工为咸丰县爱心捐款近1万元。协调恩施慧宜医疗集团到村为400余人开展健康义诊，直接费用20余万元。开展慰问送温暖，慰问金额2万元。协调恩施州慈善总会出资6万元购买太阳能照明路灯30盏。出资3万元为对马河坝小学购买图书，将其设立为“恩施职院乡村振兴定点帮扶学校”。在咸丰县消费帮扶资金40.3万元，实现集体经济收入增收6.05万元。帮助村民销售农产品20万元以上。

【社区教育】 开展社区教育培训数量达1500人次以上，申报《土苗非遗文化传承融入社区（乡村）治理》项目获批。学校入选全国“职业院校服务全民终身学习项目”第二批优秀学校培育名单，申报的《职业院校服务全民终身学习实践研究》子课题《民族地区职业院校与社区教育融通发展的实践研究——以恩施职业技术学院为例》获批立项。

【学院整体搬迁】 州委常委会3次研究支持学校发展相关事宜，出台《中共恩施州委 恩施州人民政府关于支持恩施职业技术学院高质量发展的十条措施》，州政府成立恩施职业教育集团。州委八届八次全会提出“支持恩施职院整体搬迁”。

【上级调研检查】 2月23日，省人大常委会副主任、省总工会主席刘雪荣到校调研。2月28日，中国服务贸易协会副秘书长李俊就数字商务人才培养、医养产业发展等座谈交流。3月23日，省纪委监委第八监督检查室副主任涂铁强调研党风廉政建设和反腐败工作。6月6日，省科技厅副厅长杜耘调研指导学校科技创新工作。6月28日，省人社厅副厅长张国庆到校调研指导学校创新创业及职教培训相关工作。8月21日，中国农业科学院原党组书记薛亮到校调研指导学校非物质文化遗产恩施玉露制作技艺传承与发展相关工作。10月16日，省委宣传部文明创建三处处长万春梅带领调研组到校就省级文明校园创建工作进行调研指导。12月20日，州委书记胡超文到校调研职业教育工作并召开座谈会。

（周光兵）

## 恩施州高级中学

【概况】　恩施土家族苗族自治州高级中学（简称“恩施高中”）位于恩施市龙凤镇三河村。校园占地面积45.33公顷，建筑面积10万平方米。2023年，有在编教职工354人，其中专任教师341人，研究生学历66人，正高级教师13人，高级教师148人，特级教师6人，湖北名师2人，享受省政府专项津贴专家3人，全国模范教师3人，湖北省名师工作室主持人1人，州教指委主任委员7人，州教指委成员25人。7月，被州委、州政府授予“恩施州民族团结进步先进集体”称号。8月，被省人社厅、省教育厅授予“湖北省教育工作先进集体”称号。

【党建工作】　恩施高中完成4个支部换届选举工作，选举产生支部委员20名。新发展党员3名。制定党员轮训制度，195名党员完成轮训任务。设立“党员示范岗”43个，建立党员突击队4支，划分党员责任区20个。校党委理论学习中心组组织学习14次，召开校党委会23次。3月，全国人大代表、恩施高中政治老师张琼丽向全校师生宣讲全国两会精神。

【教学质量】　2023年，恩施高中考取清华大学、北京大学27人，“985”高校487人，“双一流”高校830人，本科特殊招生控制线（原一本线）上线率93.5%，谭小月特征分获得2023年高考历史类全省并列第1名。学校获“武汉大学基础学科拔尖创新人才培养生源基地”牌匾，首次成为武汉大学最大的生源高中；12月，再次入选北大“博雅人才共育基地（2024—2026）”。

【教研工作】　恩施高中累计130余人参与各类课题，主持1个国家级课题结题，8个省级课题结题，8个校本课题结题，主持4个省规划办课题立项，主持1个课题申报为“2023年度恩施州教育重点工作调研课题”。谭斌入选湖北省教材委员会专家委员。春季学期，1课例入选2022年度部级“基础教育精品课”，1课例入选“全国中小学实验教学精品课”。11月9—10日，承办2023年“湖北好课堂”高中语文现场展评暨教学观摩研讨会，齐征琳获得现场展评一等奖第1名。11月19—21日，承办2023年“湖北好课堂”高中数学典型课例展评与培训活动，刘秀军获得一等奖第1名。11月，21节课入选2023年度省级“基础教育精品课”，其中16节获得一等奖。12月，在湖北省教科院组织的2023年“湖北好课堂”现场和网上展评活动中，4人获一等奖，2人获二等奖，1人获三等奖。

【学生活动】　组织学生开展“走进美丽城乡，感悟恩施巨变，喜庆建州40周年”社会实践活动，形成报告430篇，评选出优秀报告89篇；举办2023年“体育科技艺术节”，创新开展水火箭、筷子搭桥设计比赛和“最佳图书推介员”评选活动。制定《恩施高中校内劳动教育基地与生物种植园建设方案》，每个班规范配置一小块土地用于种植，开展劳动教育。

【托管帮扶】　根据《省教育厅办公室关于组织实施湖北省县域普通高中托管帮扶工程的通知》要求，恩施高中与利川五中确立托管帮扶关系。两校联合举办“同课异构”语文教学研讨活动；实施“三级四方议教兴教”会议制度，州、县、乡三级党委政府共同参与，学校、家长、社会办学力量、“两代表一委员”四方建言献策，恩施高中与利川市教育局、利川五中签订托管帮扶协议书。截至12月，200余名利川五中教师到校交流学习。

【阳光助学】　恩施高中继续开办2023级甘霖班、厚德班，新建恩施州慈善阳光班、希望班、劲牌阳光学子培养计划。组织完成2023年滋蕙计划资助、恒远建设资助、势然勤工俭学、中国血浆站爱心奖学金、张富清公益金等大学新生资助，共资助学生近200人次，资助金额达30万元。2023年秋季完成6类贫困学生的比对，建档立卡家庭学生免学费学生身份识别，学费减免及系统填报工作。

（龙显英　黄　路）

## 恩施州清江外国语学校

【概况】　恩施州清江外国语学校属恩施州教育局直管全日制非全寄宿民办学校，有一校两区（许家坪校区、龙凤校区），涵盖普通高中和初中、小学3个学段的学历教育。学校推行ISO9001国际质量管理体系，实行集团化管理，总部设在恩施州清江外国语学校许家坪校区。2023年，招录新生3214人，毕业学生3001人。共有在校学生10929人，其中普通高中73个班级、3761人，初中92个班级、4411人，小学69个班级、2757人。有教职员工771人，其中专任教师751人、行政教辅人员20人。

【高考成绩】　2023年，高考应届生上本科特殊招生控制线（原一本线）471人，其中“985”“211”高校录取311人。被清华大学录取3人，被空军航空大学录取2人（其中1人为空军航空大学和北京大学联合培养“双学籍”飞行学员），本科录取率在99%以上。

【教学】　学校以国家课程标准为导向，突出新课程、新教材、新方法、新技术培训，树立以学生为中心的教育理念，明确发展学生核心素养，以学生自主、合作、探究学习为路径，培养学生全面发展。实施“青蓝工程”（采用“一带一”的形式，由教学经验丰富的骨干教师在备课、上课、作业、命题、课题研究等方面给予青年教师指导），构建课题研究体系，创建名师工作室，搭建“同课异构”教学比武等平台，提高教师育德、课堂教学、作业与考试命题设计、实验操作和家庭教育指导等能力。基础教育基础课获省一等奖15课、二等奖9课、三等奖8课，获得州一等奖24课。朱明欣、王彤2名教师的精品课入选教育部2022年“基础教育精品课”。教师张秀云主持完成的湖北省教育科学规划专项资助重点课题、教师葛浩主持完成的湖北省教育信息技术研究2020年度专项课题顺利结题。在州教育局举办的“献礼建州40周年·致敬平凡人心中的好老师”主题征集活动中，2名学生分获征文类、视频类一等奖，4名学生获征文类二等奖，5名学生获征文类三等奖，7名学生获征文类优秀作品，3名学生获视频类优秀作品。

【“追溯红色记忆、学习二十大精神”主题教育】　6月30日，学校党委组织162名党员教师到中共鄂西特委旧址举办‘追溯红色记忆、学习二十大精神’主题教育暨庆祝建党102周年表彰大会，接受红色革命教育，表彰28名优秀党员，4名优秀党务工作者。

2023年6月，恩施州清江外国语学校开展“追溯红色记忆、学习二十大精神”主题教育　（吴张正达　摄）

【荣誉】　2023年，被恩施市文旅局、恩施市教育局评为恩施市体教融合青少年体育工作突出单位，被州教育局授予2022年恩施州心理健康教育特色示范校，刘婷被评为“全州中小学心理健康教育活动月”优秀教师。在中国新文化促进会、教育部师德师风建设基地（西南大学）、课堂内外杂志社联合主办的第三届“寻找中国好老师”公益行动中，许莉被授予“好老师”称号。向宏兵被湖北省民办中小学幼儿园协会评为“感动荆楚民办教育先进工作者”，被州教育局表彰为恩施州第五届教育科研先进个人。

（吴张正达）

## 恩施州恩高芳华高级中学

【概况】　恩施州恩高芳华高级中学（简称“恩高芳华中学”）位于恩施市松树坪村。学校是经恩施州委教育专题会议和州政府常务会议决定，由州教育局、恩施市人民政府、恩施州高级中学与湖北交投鄂西生态新镇投资有限公司联合举办的初、高中一体化管理的中学，湖北交投鄂西生态新镇投资有限公司全额投资3.7亿元修建。学校占地8.47公顷，建筑面积8.2万平方米，2019年6月动工，2020年9月开学纳新。2023年在编教职工221人，其中专任教师205人，研究生学历50人，正高级教师3人，副高级教师24人，特级教师2人，湖北名师1人，享受湖北省政府专项津贴1人。

【党建引领】　学校党总支组织开展“党旗引领、特色育人”党建品牌创建。学校行后支部创设德育讲堂，举办“为教育赋能，做有心点灯的人”“挑战不可能”2场专题培训。4个教师支部开展为期一个月的教学技能大赛，打磨近100节青年教师课堂。学校党总支班子成员到教育教学一线，开展“我为师生办实事”，推进学校基础设施、制度、文化建设等6个重点事项。

【教学质量】　2023年，恩高芳华中学高考最高分663分，“985”高校上线12人，一本上线138人，上线率为22.4%；本科上线488人，上线率为79.3%；4项数据超过部分县（市）一中。体育考生最高615分，全省排位18名，美术生本科双上线达97.2%。初中295人参加中考，9人进入全州前100名，800分以上112人，人均788分，中考综合上线率在恩施市及州城初中学校排名第1。

【教研水平】　1名教师在全州“四好教师”评选中被评为“好教师”；推荐第二届州教指委成员2人；组织8名教师参加全州普通高中骨干教师教学能力提升培训。注重对青年教师的培养和关怀，推进“青蓝工程”，2023年秋季学期共有38对青蓝师徒结对。7月下旬完成新高一、新高二9个高考科目学科新教材的培训，8月组织178人参加暑假教师研修项目。与恩施高中开展联合教研交流活动18次。开展“教学质量活动月”“青年教师悦动课堂赛课”活动，公开课达200余节。

【德育活动】　恩高芳华中学坚持德育教研，将红色教育融入实践活动，坚持正面管教，抓学生习惯养成，实现学生全面发展。每周一举行主题升旗仪式，融入主题演讲、“每周之星”表彰，树立正面典型；3月，举行学雷锋系列活动及校园篮排球联赛；4月，开展“缅怀先烈，致敬英雄”清明远足活动，并开展主题征文活动，将优秀征文制作成校园特刊《一路芳华》；4月，组织学生前往宣恩彭家寨开展“追忆红色历史，强化奋斗精神”主题研学活动；5月，举行“庆祝建州40年，诵唱经典感党恩”主题朗诵比赛及红歌比赛，开展“致母校的一封信”感恩活动；6月，举行毕业典礼暨高考动员大会；9月，开展秋季学期军训；11月，举行“青春无畏，梦想飞扬”2023年体育科技艺术节。在第十八届恩施州青少年科技创新大赛中，3名同学获一等奖，6名同学获二等奖，4名同学获三等奖。

【后勤管理】　恩高芳华中学后勤保障团队24小时在线回应师生所需，维修坚持“即报即修”，全年开展安全隐患排查22次。学校食堂在高考前为学生准备1元暖心餐，食堂好评率达97.16%，被恩施州市场监督管理局评为“湖北省样板食堂”，被恩施州食品安全和营养健康综合实验区建设工作领导小组评为“恩施州第一批营养健康食堂”。

【荣誉】　恩高芳华中学党总支被湖北交投集团评为“先进基层党组织”。2名青年教师夺得基础教育精品课遴选省一等奖；7名语文教师指导学生在“20届叶圣陶杯作文大赛”获1个全国一等奖、7个省级一等奖、3个省级二等奖、2个省级二等奖；2名物理教师指导5名学生在第40届全国中学生物理竞赛中获全国三等奖；2名英语教师指导学生在第19届“外研社杯”全国中学生外语素养大赛获全国二等奖、省级一等奖。

【社会责任】　恩高芳华中学向州人民政府捐款300万元，支持全州教育事业发展。按照“应助尽助，不让一个学生因贫困而失学”的原则，完成困难学生资助488人次，资助金额89.79万元。

（潘导宇）

# 文化 体育 旅游

# Culture, Sports and Tourism

## 综　述

【概况】　2023年，恩施州聚力发展大旅游，加快建设世界级旅游目的地，推动文化体育广电事业协同发展。宣恩彭家寨、恩施鹿院坪、巴东野三关森林花海成功创建国家AAAA级旅游景区，全州有国家A级旅游景区41个，全年接待游客8590.57万人次，同比增长25.6%，实现旅游综合收入626.03亿元，同比增长42.7%。全州有公共图书馆10个，文化馆9个，博物馆9个。举办第九届全国大众冰雪季、中国民族民间龙舟公开赛等大型赛事活动。宣恩兴隆老街成功创建国家级旅游休闲街区。

【行政许可事项】　全州共办理新设立旅行社114家、信息变更备案96项、补证9项，导游证审批864项，新设立演出经纪机构4家、到期延续1项，新设立经营性互联网文化单位1家，涉外及涉港澳台营业性演出许可5项。

【安全生产】　州文旅系统传达学习习近平总书记关于安全生产重要论述，解读学习《中华人民共和国安全生产法》《湖北省安全生产条例》，落实安全生产责任。汲取“5·16”狮子关较大淹溺事故教训，代拟《关于进一步加强全州旅游安全管理工作的通知》，州人民政府办公室于11月1日印发实施。印发《全州文化旅游重大事故隐患专项排查整治2023行动实施方案》，明确重大事故隐患排查整治工作重点、重点区域和重点内容。在全州推广学习重大事故隐患判定标准，开展隐患排查。5月18—25日，州相关领导带队组成29个专项检查组，对全州38家国家AAA级以上旅游景区安全生产工作专项督查，查找景区安全隐患和薄弱环节。梳理汇总问题383个，完成整改382个。组织1809家文旅企事业单位自查自改，文旅企业自查重大事故隐患13条，完成整改10条，部门帮扶指导企业182家次，帮扶发现重大事故隐患57条，完成整改52条。州人民政府办公室挂牌督办重点消防隐患场所1处（建始县茨泉宾馆有限责任公司），通过消防部门验收销号。

【州旅安委专项检查】　州旅游安全委员会委牵头组织开展重点时段旅游安全督导检查，全年共组织开展安全督导检查11次，召开调度会议4次，由州政府分管领导召集组织调度，通报全州文旅安全生产形势，安排部署安全生产重点工作。州旅旅安全委员会办坚持日常检查、专项行动和常态监管相结合，组织专班到各县（市）文旅市场一线明察暗访，保障重点时段全州文旅市场平安稳定有序。

（魏　娜）

## 文化艺术

【概况】　2023年，全州完善公共文化服务体系，8个文化广场、8个文艺团队入选湖北省美好环境与幸福生活共同缔造项目，获专项资金104万元。来凤县创建第一批荆楚文旅名县，宣恩县创建第四批省级公共文化服务体系示范区。全州公共图书馆总流通人次207万余人次，文化馆（站）累计服务677.54万人次。“我在恩施过大年”“每周文化一小时”“大地欢歌·荆楚四季村晚”“悦读恩施”等线上线下群众文化活动有序开展，全州累计开展群众文化活动5414场，服务1370.4万余人次，其中组织开展村晚134场。

【公共文化服务体系建设】 建成开放城市书房42座，恩施市图书馆完成提档升级，巴东县文化馆、图书馆、非遗馆新馆建成开馆。完成第七次县级以上公共图书馆评估定级工作。推进公共文化数字化，申报全省公共数字文化建设项目，全州各级文化馆共获专项资金163万元。

【示范创建】 来凤县创建第一批荆楚文旅名县。宣恩县创建第四批省级公共文化服务体系示范区。宣恩县图书馆、鹤峰县读书协会亲子阅读基地被评为第四批湖北省家庭亲子阅读基地。恩施土家族摆手舞提名中国民间文化传承发展品牌案例。

【文化活动】 持续开展文化惠民活动。举办迎州庆广场舞大赛，大赛在国家公共文化云、湖北文旅公服云、长江云、云上恩施等媒体进行同步直播，观看量达28.8万人次。组织承办“群星荟萃”第四届湖北省群文系统业务技能比赛，恩施州获动态类二等奖5个、三等奖3个；获静态类二等奖1个、三等奖3个。开展“大地欢歌荆楚·四季村晚”活动，通过乡土文化、乡村旅游等元素，把村晚打造成反映农民精神风貌和乡村振兴新气象的载体，累计开展村晚活动134场，其中“启航新征程 幸福中国年”——恩施州来凤县“村晚”作为2023年全国“村晚”分会场在绿水镇老寨村举办，并在央视频、国家公共文化云、长江云、湖北文旅之声、湖北文旅公服云、湖北省群众艺术馆新媒体等平台同步直播，约500万人次通过各种平台观看直播。打造文旅活动品牌。先后举办建州40周年恩施土家女儿会、建始黄四姐文化旅游周、2023湖北夏凉文旅消费季暨第十一届长江三峡（巴东）纤夫文化旅游节等品牌活动。其中2023湖北夏凉文旅消费季暨第十一届长江三峡（巴东）纤夫文化旅游节在巫峡口景区盛大开幕，活动涵盖文艺展演、非遗展示、农产品展销、灯光秀等多种内容，并通过国家、省、州等多个媒体进行网络直播，网络直播观看量达513万人次。开展全民阅读推广。以世界读书日为契机，开展图书馆服务宣传周阅读推广活动，全州各级公共图书馆通过文化讲座、专题展览、读物推介、经典诵读等多种形式进行阅读推广，累计开展活动84场，惠及88474人次。持续打造“悦读恩施”“土家娃”“巴哥东妹”亲子阅读等品牌，推动书香恩施建设。举办特色展览。各级公共文化馆先后组织庆祝建州40周年美术作品展、庆祝建州书法篆刻作品展、“家和万事兴”家教家风主题展等特色展览活动，累计举办展览103个。

【群众创作】 全州91件作品在全省第二十四届中小学生美术书法比赛获奖，其中书法类一等奖4件、二等奖5件、三等奖8件、优秀奖16件；美术类一等奖7件、二等奖9件、三等奖13件、优秀奖29件。广场舞作品《铜铃舞响起来》《利川红》分获“文化力量·民间精彩”2023年湖北省群众广场舞展演一等奖和二等奖。打安庆《移风易俗谱新篇》参加由农业农村部、文化和旅游部联合举办的第四届全国“县乡长说唱移风易俗”优秀节目展演。隶书中堂《节选党的二十大报告》参加“荆楚书家心向党——党的二十大报告全文主题书法创作展览”。隶书中堂《驻村日记一则》参加湘鄂赣三省中青年书法作品展。油画《北夷城老街》《清水塘农家》参加“春到武陵”首届武陵山美术家联盟作品邀请展。利川市创编文旅宣传推广歌曲《归》；巴东县创作文旅推介歌曲《来巴我做东》，创编广播剧《没有翅膀的飞翔》、三句半节目《殡葬改革就是好》、快板《无事酒不要搞》、相声《话说非遗》、现代堂戏《一个乡村的前世今生》；宣恩县编排舞蹈类节目《共创文明城》《力量之光》《大爱永恒》、小品《分老汉儿》、歌伴舞《好运全都来》；咸丰县创排大型南剧《唐崖土司夫人》精简版，完成曲艺节目《忠堡大捷》剧本创作和音乐曲谱；来凤县创编打安庆《国安令》；鹤峰县创作歌曲《在那片红色的沃土上》、音乐剧《鹤峰四道茶》。

【文化志愿服务】 按照州级引领、县级带动、乡村参与的“1+8+N”模式，在全州组建文化和旅游志愿服务队开展文旅志愿服务，为机关、企事业单位、社区、学校、乡村等提供文化艺术培训，累计服务时长达3026课时，线上线下受益群众达123.61万人次。组织开展“每周文化一小时”文明实践志愿服务系列活动获2023年湖北新时代文明实践志愿服务项目大赛文明风尚类金奖、2023年湖北省文旅志愿服务项目大赛金奖。巴东县“巴哥东妹”阅读推广志愿服务项目获2023年湖北省文旅志愿服务项目大赛银奖。

（魏　娜）

## 文艺演出和文化展馆

### 省民族歌舞团

【概况】 2023年，省民族歌舞团以“我们的中国梦”文化进万家、乡村振兴、戏曲进校园、廉政宣教等为主题，组建荆楚“红色文艺轻骑兵”小分队，开展送戏下乡惠民演出200场次，惠及群众10万余人次。持续加强州文化中心广场管理及运营，为广大市民营造干净、美丽的广场环境，为入驻单位提供安全、舒适的办公环境，为全州各类重大会议的举办提供高标准的后勤服务与保障。

【文艺创作】 省民族歌舞团与州文旅投联合打造恩施民族歌舞大秀《西兰卡普》。《西兰卡普》是州委、州政府将恩施打造成世界级旅游目的地的重要举措。该剧以“西兰卡普”为主线，演绎以土家族为代表的各民族兄弟，用真心和真情化作金丝银线，共同编织美好幸福生活的精彩故事。该剧自9月29日旅游驻场演出，截至12月底，观演观众近10万人次，已成为恩施城市文化新名片。全年创作歌舞类节目56个，新创作情景剧6个，旅游节目2台《追爱花硒谷》《地心之恋》，拍摄体彩六口茶、地心谷《门前一口堰》“好家风·润恩施”《赞歌唱我家》等MV。

【文艺产业发展】 省民族歌舞团完成土司城驻场演出561场，打造建始花硒谷景区旅游驻场演出《追爱花硒谷》，建始地心谷景区旅游驻场演出《地心之恋》，在恩施大剧院开展恩施民族歌舞大秀《西兰卡普》旅游驻场演出、研学演出等。组织策划各类大型文艺活动。2月1日，参加第九届全国大众冰雪季启动仪式湖北分会场暨湖北省第三届冰雪大会演出；5月10日，完成“趣恩施 嗨一夏”恩施州第二届“凉交会”走进武汉活动；5月30日，由湖北省民族歌舞团与武汉悉磨文化有限责任公司联合制作的首部土家族歌舞电影《为谁而舞》在恩施试映；6月15日，由湖北省民族歌舞团承办的恩施州“最强追梦人”发布暨故事报告会在恩施大剧院举行；6月20日晚，湖北省民族歌舞团全案策划、执行“钟情湖北‘荷’你有约”2023湖北夏凉文旅消费季暨第十一届长江三峡（巴东）纤夫文化旅游节开幕式文艺演出。持续抓好团内艺术培训中心、录音工作室、抖音工作室等文化产业。8—12月，组建《西兰卡普》剧目运营团队，搭建售票系统并负责售票、日常系统维护及售后工作，完成《西兰卡普》线上平台猫眼、携程、抖音、美团、大麦、同程、微信商城及微信小程序等对接工作，开拓直播新业务。艺术培训中心完成180万产业任务，全团全年实现事业收入1131.03万元，较2022年翻一番。

【文化交流】 3月，参加“极目楚天 钟情湖北”2023湖北文化旅游（广州、香港、澳门）推介会，宣传推介湖北、恩施；3月13日，参加首届“长江音乐周”开幕式暨“长江主题”优秀原创歌曲展演音乐会系列活动；4月10日，助力武汉2023年世界大健康博览会演出；4月28日，参加宜昌伍家岗区庆祝“五一”国际劳动节暨劳动模范和先进工作者表彰大会演出；6月25日，参加2023中国避暑旅游发展报告发布会开幕式暨第三届龙船调文化艺术主题日活动演出；6月30日，湖北省民族歌舞团青年歌手、“土家稀奇哥”成员易汉章参加由中共中央宣传部、文化和旅游部、中央广播电视总台主办的庆祝中国共产党成立102周年交响音乐会演出；7月20日，参加第二届中国长江“三峡凉都”（奉节）土家风情旅游文化节。“土家稀奇哥”组合5—6月相继在恩施、武汉、北京举办《唱响恩施》《稀奇的声音》巡回演唱音乐会。7—10月，“土家稀奇哥”相继参加张家界音乐节、奉节土家风情文化节、荆门市第六届运动会等文艺演出，特色演出促进各民族交往交流交融。

【宣传工作】 省民族歌舞团累计发出新闻稿件439条，其中微信公众号160条、官网279条。制作发布湖北省民族歌舞团视频号视频50条，抖音视频50条，完成各类直播66场。通过旅游驻场演出、文化惠民演出、大型活动策划、文艺活动直播、巡回演唱音乐会、短视频等形式，推介宣传恩施优秀民族文化，助力文旅融合发展。

【荣誉】 1月15日，“土家稀奇哥”获中央电视台《星光大道》2022年度总冠军；3月，湖北省民族歌舞团女子舞蹈队获“恩施州巾帼文明岗”称号，蔡垦、易汉章在第一届“湖北乡村音乐潮”系列活动之“音乐潮人大赛”中获“十大潮人”金奖；5月，湖北省民族歌舞团青年演艺团队获“恩施州青年五四奖章集体”称号；10月，组歌《“土家稀奇哥”组歌〈四季〉》入围2023年签约制文学艺术创作扶持项目，易汉章获第十四届湖北戏剧

2023年1月10日，湖北省民族歌舞团荆楚“红色文艺轻骑兵”小分队走进建始花硒谷开展文化惠民进景区活动 （罗时伟 摄）

牡丹花奖，梁垂苏获湖北省中青年艺术表演人才大赛暨新人新作展演舞蹈类三等奖。湖北省民族歌舞团被州委、州政府表彰为恩施州成立40周年庆祝活动中表现突出集体，孙鑫被表彰为恩施州成立40周年庆祝活动中表现突出个人。

（罗耀文）

## 州文化馆

【概况】 2023年，州文化馆立足免费开放职能，开展丰富的群众文化活动，加强群众文艺创作，推进武陵山区（鄂西南）土家族苗族文化生态保护实验区创建工作，全年线上线下累计服务群众1455.27万人次。

【免费开放】 州文化馆免费提供美术展览大厅、舞蹈培训室、器乐培训室、多功能厅等公共文化空间，为机关企事业单位、社会组织、文艺团体及群众提供公共文化场所开展文艺活动，共计预约使用1182场次，服务34131人次。开展“每周文化一小时”文明实践志愿服务活动，以“铸牢中华民族共同体意识·恩施各族人民同心共筑中国梦”为主题，通过“点单、拼单、派单”配送式的文化服务，为州委统战部、州中心医院、窑湾社区、恩施市实验小学、三鑫物业公司等49个单位，开展广场舞、合唱、朗诵、书法、摄影等培训共计858场，服务40260人次。举办免费开放成人艺术培训班、暑期少儿公益艺术培训班，累计培训1080场次、33600人次；开展荆楚“红色文艺轻骑兵”文化进万家活动，赴来凤县大河镇、宣恩县高罗镇中心小学、鹤峰县太平镇开展广场舞、声乐辅导，并组织文艺演出，累计服务达1万余人次；举办恩施州群众文艺骨干培训班，为全州50名群文工作者、文旅志愿者、社区工作者开展5天的舞蹈培训；举办“清江讲坛”——著名二胡演奏家蒋才如先生公益讲座。推出恩施州传统文化特色慕课，含剪纸、隶书（书法）、鹤峰《柳子戏》、利川小曲、广场舞《云里土家》、《新摆手舞》、恩施民歌，总浏览量160312人次，20816人结业。

【展览艺术活动】 州文化馆承办“土家墨韵”——秦岭教授恩施风光写生作品展、“铸牢中华民族共同体意识·恩施各族人民同心共筑中国梦”书法篆刻作品展和美术作品展，共展出各类作品355件。组织开展“家和万事兴”家教家风主题展、“书画传家”曹本福家藏当代书画名家作品展、青春白杨·时代礼赞——白杨坪镇书法美术摄影作品提名展、东西湖·咸丰两地美术书法摄影交流展、中国消防这五年成果图片展、恩施州文化馆免费开放书法美术培训成果展等展览活动，线上、线下累计参观达42456人。组织开展“白云边杯”征春联送春联活动，为州城群众、社区、军营、企事业单位义务书写、赠送春联和福字1000余件。举办《国展方向十二个选择》《书法国展创作》公益讲座。

【表演艺术活动】 协办“群星荟萃”第四届湖北省群文系统业务技能比赛，馆内7名业务干部在比赛中分别获二、三等奖；组织开展恩施州“金蕾杯”少儿国风艺术评选，评选11个优秀节目在湖北省“金蕾杯”少儿国风艺术展演中获一等奖1个，二等奖4个，三等奖5个；组织举办建州40周年“舞耀清江·幸福恩施”——2023年迎州庆广场舞大赛，全州19支队伍610人参赛，线上直播浏览量达48.8万人次，《铜铃舞起来》《利川红》两支优秀广场舞作品在“文化力量·民间精彩”2023年湖北省群众舞蹈展演中分别获得一等奖、二等奖。策划举办“民谣返乡·从恩施出发”活动，开展民间音乐采风，中秋、国庆系列活动，咸丰县大路坝区专场活动和来凤摆手节专场活动，线上线下观看量达162万人次；举办“灵秀湖北·四季村晚”利川龙船水乡专场、建始县黄四姐文化旅游节专场、宣恩彭家寨端午文化旅游周专场和咸丰县大路坝区专场活动，线上线下累计观看量达155万人次；拍摄“我在恩施过大年2.0”新春贺岁片，全网累计传播量达810万人次；开展“大家唱、大家跳”“巾帼心向党 经典家家唱”线上群文活动，线上参加人次达198.8万。

（邓仕龙）

## 州博物馆

【概况】 2023年，恩施州各博物馆、纪念馆服务全州公共文化服务体系建设，加强文旅融合，免费开放、文化惠民等工作。恩施州备案博物馆11家，其中国有博物馆8家、非国有博物馆3家。国家二级博物馆1家（恩施州博物馆）、国家三级博物馆2家（恩施市博物馆、鹤峰县博物馆）。恩施州博物馆通过国家二级博物馆（2019—2021年度）运行评估复核。恩施州文博单位共有在职在编工作人员133人，其中正高职称1人，副高职称7人，中级职称50人，初级职称60人，管理七级1人、八级3人、九级5人、十级6人。《新时代新融合新发展——“解锁”恩施州博物馆党建与业务工作深度融合密码》在州直机关基层党建“大比武”中获评党建业务融合优秀创新项目。

【藏品管理】 恩施州所辖收藏单位共收藏可移动文物总数131113件/套，其中，一级文物63件/套；二级文物249件/套；三级文物1557件/套；未定级文物3843件/套。其中，恩施州博物馆81464件（套），恩施市博物馆730件（套），利川市文物局7167件（套），建始县博物馆

1201件（套），巴东县博物馆11349件，宣恩县民族博物馆1246件，咸丰县民族博物馆2050件（套），来凤县民族博物馆1235件（套），鹤峰县博物馆15613件（套），非国有博物馆9058件（套）。通过接受捐赠等方式征集藏品25件（套），其中恩施州博物馆16件（套），宣恩县博物馆2件（套），咸丰县博物馆5件（套），来凤县民族博物馆2件（套）。

【免费开放】　恩施州各博物馆全部对外免费开放，平均开放天数300天。恩施州博物馆免费开放311天，恩施市博物馆免费开放311天，建始县博物馆免费开放202天，巴东县博物馆免费开放317天，宣恩县民族博物馆免费开放319天，咸丰县民族博物馆免费开放315天，来凤县民族博物馆免费开放311天，鹤峰县博物馆免费开放311天。全年共接待观众1347340人次，接待未成年人467104人次，接待境外观众2914人次。其中，恩施州博物馆线下接待观众421818人次，恩施市博物馆接待观众208932人次，建始县博物馆接待观众58405人次，巴东县博物馆接待观众228480人次，宣恩县民族博物馆接待观众68215人次，咸丰县博物馆接待观众68946人次，来凤县民族博物馆接待观众103623人次，鹤峰县博物馆接待观众138471人次。

【社会教育】　恩施州各国有博物馆共举办社会教育活动490次，参与活动共有405782人次，其中未成年人229239人次。恩施州博物馆共举办23个主题、152场次线上线下活动，其中开展“博学雅识”社教品牌活动15次，包括学术讲座、特色实践课、志愿者培训等。与中南民族大学、湖北民族大学、英才小学等学校签订馆校合作协议，举办学术讲座等特色活动；组织开展3期志愿者培训活动，包括“小小讲解员”“大学生志愿者”等；与湖北民族大学联合开展“铸牢中华民族共同体概论”特色实践课，接待湖北民族大学师生2499名，为73个班级提供71场次特色实践课程，为73个研学团队提供特色研学课程服务，与15个学校开展“西兰卡普”专题研学活动143场。恩施市博物馆继续打造“老城寻宝”活动品牌，依托恩施老城文物景点，以沉浸式剧本杀为故事主线，结合古城传统街巷和特色美食、网红集市，融入“国风漫展活动”“网红创意集市”等沉浸式游览体验和互动游戏项目，打造“有滋有味施州古城”沉浸式文旅体验活动。咸丰县博物馆推出“博物课堂”——历史文化宣传“五进”活动，宣恩县博物馆联合县中小学校开展“红领巾讲解员招募培训暨文博知识进校园”活动。

【展览交流】　州博物馆推出主题展览《花铺盖——西兰卡普展》在云南省迪庆州博物馆、辽宁省营口市博物馆、吉林省延边自治州博物馆展出，与山东滨州博物馆合作主题联展《衣披天下——蓝印花布和西兰卡普联展》，与河南省南阳唐王府博物馆合作《玉兔呈祥——中国兔文化百馆联展》，引进吉林省延边朝鲜族自治州博物馆《礼衣雅韵——朝鲜族传统服饰展》，新疆博尔塔拉蒙古自治州博物馆《青色草原·多彩家园——博州博物馆民族展》，厦门市博物馆“天风海涛——世界文化遗产地鼓浪屿文物特展”。

【学术活动】　州博物馆出版发行《恩施州博物馆精品文物之近代篇》，完成《恩施州博物馆精品文物之民俗篇》文图编撰和4期《文博之友》编辑出版工作，举办3次学术讲座。联合恩施州文博学会，组织召开“恩施州文博学会年会暨第四届学术研讨会”，共收到学术论文50余篇，并与来凤县文旅局联合组织研讨会，开展优秀论文评选，提高全州学术研究水平。恩施州博物馆全年共发表学术论文20余篇，在2023年全省博物馆协会征文中，董祖斌获二等奖，秦卫、冉晶晶获三等奖。

【举办国际博物馆日活动】　5月18日，恩施州举办“5·18国际博物馆日”系列活动，活动主会场设在恩施州博物馆，开展“趣恩施　嗨一夏　幺妹说文物”各县（市）视频展播、湖北民大民社学院为州博物馆基地授牌、“小小讲解员”示范讲解、“馆长说文物”“施州有宝”公益文物鉴定、“文博老城研学行”等系列活动。

【举办文化和自然遗产日活动】　6月10日，州博物馆参加“宜荆荆恩”联盟举办的“馆长带你游”活动；联合恩施职院等单位，与山东滨州博物馆联合举办展览，配套开展T台秀、图书捐赠和织机体验等活动。咸丰县民族博物馆举办“喜迎建州40周年暨‘6·10’文化和自然遗产日·咸丰县青少年历史文化讲解比赛”活动。

【荣誉】　州博物馆被湖北省社科联命名为“湖北省社会科学普及基地”。州博物馆被州委、州政府表彰为恩施州成立40周年庆祝活动中表现突出集体，王中飞被表彰为表现突出个人。谭斯特、张莉获首届宜荆荆都市圈导游大赛三等奖；李玲获“讲好荆楚故事”讲解大赛优胜奖。谭薇、谭玮一分别获得恩施州导游职业技能大赛最佳讲解奖、优胜奖。

（杨　欣　李　媛）

## 州图书馆

【概况】　2023年，恩施州图书馆投入购书经费120万元，新增图书4.5万册，接收捐赠图书610册，文献总藏量达93.79万册，数字资源

30TB；全年到馆读者22.2万人次，服务读者63万人次，图书流通21.02万册次，新证办理0.45万人，现有效读者共2.35万人。其中4个城市书房和5个直属分馆共到馆13.17万人次，图书流通1万册次，服务读者近10万人次。

【公共图书馆评估定级】 根据《文化和旅游部办公厅关于开展第七次全国县级以上公共图书馆评估定级工作的通知》，对比第六次评估定级结果，州图书馆由三级图书馆升为二级图书馆，利川市图书馆由二级图书馆升为一级图书馆，宣恩县图书馆由三级图书馆升为一级图书馆，来凤县图书馆评定为一级图书馆，恩施市图书馆、建始县图书馆、鹤峰县图书馆评定为三级图书馆。

【古籍审校】 州图书馆立足馆藏典籍资源，开展古籍本体保护和利用。核查古籍书名、卷数、著者、版本等相关信息，完成恩施州公共图书馆古籍审校共4565部24267册，其中恩施州图书馆共1614部12338册。根据“中华古籍保护计划”要求，指导协助恩施市图书馆在全国古籍普查平台古籍编目90部543册。

【国家图书馆智慧图书馆体系项目结项】 恩施州图书馆推进国家图书馆智慧图书馆体系项目工作，与巴东县图书馆、咸丰县图书馆、恩施州档案馆合作，选取69本共25000页地方志及文史资料，进行数字化加工，形成包含PDF文档、TXT文档与TIFF无损高清图片共40.6G数字化资源，通过第三方机构与湖北省图书馆的项目验收。5月，湖北省文旅厅同意该项目验收结项。

【承办何功伟烈士文献专题展】 9月30日至12月30日，恩施州图书馆联合咸宁市图书馆承办何功伟烈士文献专题展。通过线上线下的方式在咸宁市图书馆展览一大批原始文献和新发表的文章，突出“红岩精神”“何功伟烈士传略”“英烈事迹”“延安的悼念”“烈士遗作”“党史中的何功伟烈士”“文学艺术作品”“研究文献”等内容，其中大部分内容源自恩施。展览面积1100平方米，展线200米，共展出展板400多块，实物资料50多件，60多个单位到馆参观，服务读者1万余人次。

【推动宜荆荆恩公共图书馆联盟一体化发展】 5月，州公共图书馆参加宜荆荆图书馆联盟论坛，接受宜昌市委党校图书馆捐赠图书《宜昌抗战史料汇编》。9月，州图书馆在宜都市参加湖北省长江读书节相约乡读系列乡村阅读展演活动，通过乡村阅读文化市集、乡村阅读品牌经验交流等，加强馆际交流合作，形成文教+文旅互联融合阅读推广新模式。10月，州图书馆参加“沿着长江读宜昌”文化交流活动，在“相阅宜昌 书香峡江”长江读书节优秀讲书人风采展示环节，州图书馆馆员杨小贤推荐书目《优雅的土地》。

【参与“中国古农书的搜集、整理与研究”科研课题】 州图书馆参加国家社科基金重大项目“中国古农书的搜集、整理与研究”课题组子课题研究。该课题的责任单位为武汉大学，首席专家为吴平教授，该课题共有5个子课题。恩施州图书馆谭华梅、滕珊、邵萍参加该课题。7月，完成与吴平教授团队合作的古农书整理出版书目项目，撰写书目128条，撰写内容简介2.6万余字，并配封面与版权页图片。

【开展世界读书日全民阅读系列活动】 4月23日，极目新闻独家邀约湖北省19位图书馆馆长荐书，州图书馆馆长谭华梅推荐书目《那条叫清江的河》，推介恩施文化，助推文旅融合。联合州委宣传部等单位开展“阅享新时代 再创新辉煌”全民阅读活动26场次，服务读者1万余人次。

【持续打造“悦读恩施”阅读推广品牌】 开展线上线下活动280场次，服务读者63万人次。其中开展“悦读恩施”等主题阅读活动42场次，服务亲子家庭319组；开展“相约乡读”阅读推广活动35场次，服务读者52325人次；开展“小小讲书人”等线上读者服务栏目共206期，服务读者10万人次。

2023年4月22日，以“争做书香家庭 共建大美恩施”为主题的“悦读万家”读书会首场分享会在恩施书房中心馆举行 （州图书馆 供稿）

【文化科普活动】 全年开展文化普及型讲座145场，内容涉及传统文化、科学普及、健康讲座及业务知识等，服务读者16.9万人次；举办展览55次，参观人数17.3万人次；开展培训50次，培训人数16.3万人次。

（曾宪汝 谢黎黎）

## 文物保护

【概况】 2023年，全州共登记不可移动文物1683处，其中全国重点文物保护单位9处，省级文物保护单位89处，州级文物保护单位53处，县级文物保护单位354处。全年争取上级文物保护专项资金1746万元，博物馆免费开放补助资金520万元。万里茶道申遗、唐崖土司城址保护利用、荆楚大遗址传承保护、文物博物馆单位公共服务等重点工作取得实效。建始文物事业发展中心刘绪斌、宣恩文化遗产管理保护中心荀杰、鹤峰县文化遗产管理中心陈拥军被省文旅厅表彰为荆楚大遗址传承发展工程先进个人。

【第四次全国文物普查准备工作】 对全州第三次全国文物普查文物点1652处进行梳理，掌握省、州、县级文物保护单位公布后升级、合并、信息变化等情况，建立州、县级文物保护单位实有名录。通过革命文物、石窟寺石刻以及长江文物资源调查，建立全州新发现文物线索清单。据初步统计，共有新发现110个，其中古建筑22处，古墓葬26处，古遗址12处，近现代重要史迹及代表性建筑45处，石窟寺石刻3处，其他2处。

【万里茶道申遗】 加强整体保护，完成《鹤峰县万里茶道遗产保护管理规划》讨论稿，召开《鹤峰县万里茶道遗产保护管理规划》讨论会。编制《鹤峰南村村古茶园、古茶树清理保护方案》，完成连三坡、长岭古茶园的清理及连三坡古茶园至笔架湾桥的古道修复工作。提高展陈水平，完成万里茶道鹤峰段茶文化陈列厅建设，征集茶道相关文物200余件（套）。开展燕喜洞洞口驿站环境整治，修建驿站至陈列厅的参观便道，完成周边1000平方米的绿化工作，形成茶文化景观廊道。深化价值研究，鹤峰县文化遗产管理中心联合湖北省文物考古研究院在南村开展调查勘探工作，除对古茶道、驿站、茶号、古茶园进行调查外，还对分布于南村村周边区域内的古墓葬进行调查，完成30多座古墓葬的航拍、测绘和拓片工作，形成《万里茶道鹤峰段南村村遗址考古调查报告》；9月，完成《万里茶道鹤峰段遗址遗存》出版工作，联合三峡大学完成《鹤峰县南村茶文化系统调查报告》。

【荆楚大遗址传承发展】 对照《国家考古遗址公园评定细则标准》，结合地方发展需求，建始县完成《建始直立人遗址文化遗址公园规划》编制。5月，建始直立人遗址文化公园保护利用设施项目，即建始直立人遗址博物馆及配套附属设施开工建设，目前正在施工过程中。9月，省文旅厅第三批湖北省文化遗址公园现场考察工作组对彭家寨古建筑群和容美土司遗址开展现场考察工作，彭家寨古建筑群和容美土司遗址达到标准，拟被评定为湖北省文化遗址公园，并通过省厅公示，目前正在等待省政府正式下文公布并授牌。

【唐崖土司城址保护利用】 继续做好遗址本体保护，实施遗址区部分房屋维修、监测监控中心业务用房扩建、白蚁防治二期、石质文物保护前期勘察4个项目；启动实施总投资440万元的唐崖土司城址安防升级改造工程；完成遗产区、缓冲区边界界桩界碑设置，加强文物本体保护管理；落实唐崖土司城址缓冲区建房联席审批制度，加强缓冲区风貌管控。推进唐崖土司城址综合利用，以咸丰县旅投公司为平台，完成恩旅集团持有的70%股权收购，收回城址公园经营权，为后续推进保护利用提升打下基础。申报国家发展改革委专精特新项目，为唐崖土司城址博物馆以及附属设施建设带来机遇。对外合作交流取得突破，咸丰县人民政府与秘鲁世界文化遗产“马丘比丘古城”属地马丘比丘市政府签订《战略合作框架协议书》，双方将在遗产管理、保护、展示、利用等方面加强交流合作。

【第五批恩施州文物保护单位】 3月，启动第五批恩施州文物保护单位申报，推荐范围为已经公布的县（市）级文物保护单位，以及尚未核定公布为文物保护单位、但具有较高价值的不可移动文物。全州共申报文物保护单位22个，其中19处通过专家评审，经恩施州人民政府审定后正式公布。第五批恩施州文物保护单位中，古遗址3处，古墓葬3处，古建筑1处，近现代重要史迹及代表性建筑12处。

【不可移动文物保护工程】 2023年，获得项目立项批复13个，其中不可移动文物保护类项目2个、防护类项目9个，可移动文物保护项目2个；全年共获得项目方案批复16个，其中不可移动文物保护类项目8个、防护类项目6个，可移动文物保护项目2个。推进文物项目建设，全年共实施文物项目7个，分别是金果坪红三军旧址修缮工程、消防工程，仙佛寺石窟消防工程，茅坝会议旧址消防工程，唐崖土司城址安防工程，容美土司遗址安防工程，巴建鹤边防司令部旧址修缮工程。目前所有项目处在实施过程中。全年共验收文物项目7个，其中省级文物保护单位项目2个，国家重点文物保护单位项目5个。

【三峡工程湖北库区文物保护成果展】 6月21日，守望大三峡——三峡工程湖北库区文物保护成果展在巴东县博物馆开展。展览以三峡库区湖北境内发掘文物为主、文献、照片、资料及辅助展品雕塑、多媒体等，集中全面展示三峡工程湖北库区文物保护成果，共展出展品625件，其中珍贵文物456件，借用文物42件。自开展以来，针对该展讲解60余次，展览观众12万余人次。

【文物调查勘探】 州博物馆完成七里坪产业园的区域性文物保护统一评价前期对接工作；州博物馆、恩施市博物馆配合武汉大学参与柳州城址考古发掘工作；州博物馆、鹤峰县博物馆配合省考古研究院完成鹤峰县淋溪河水库考古调查、勘探工作。州博物馆、利川市文物事业发展中心配合省考古研究院完成利川市纳水溪水库考古调查、勘探工作，发现清中晚期文物点多处。州博物馆、唐崖土司城遗址管理处配合省考古研究院完成咸丰县鸡鸣坝泗渡河墓地M1的发掘工作。

（魏　娜）

## 非物质文化遗产

【概况】 2023年，持续开展各类非遗保护传承宣传展示工作，推进武陵山区（鄂西南）土家族苗族文化生态保护实验区建设。全州共举办武陵山区（鄂西南）土家族苗族文化生态保护实验区建设工作业务培训30余期，培训人次2000余人。建设非遗+旅游示范基地近20处。完成3个代表性非遗项目、28位代表性传承人的抢救性记录。恩施州12个非遗项目亮相第二届湖北非遗产品优惠展销季暨非遗嘉年华主场活动。摆手舞国家级传承人彭承金入围“中国非遗年度人物”100人候选名单。宣恩县施楠木艺工作室黄俊入围2023年度乡村文化和旅游带头人支持项目人选。宣恩县非物质文化遗产传习所志愿服务队获评2022年“文艺点亮生活”——湖北省文化志愿帮扶新时代文明实践活动最美文化志愿服务团队。

【文化生态保护实验区建设】 推进武陵山区（鄂西南）土家族苗族文化生态保护实验区建设。州级非遗馆明确由州文旅投公司代建，正进行初步设计。全州共建成非遗馆7个，非遗传承基地、传习所等传承场所340个，民族文化示范学校169所；建成非物质文化遗产数字化网络平台，公众可通过州文化馆官方网站查询州级以上非遗项目相关信息；11月，组织召开武陵山区（鄂西南）土家族苗族文化生态保护实验区建设专题研讨培训会，聘请国内知名专家指导实验区建设工作并授课；12月，组成考察组到长沙、杭州、赣州考察非遗馆建设及文化生态保护区创建情况，推动实验区建设工作。

【非遗宣传展示】 全州共开展非遗“六进”、非遗在社区活动755场，其中非遗进景区206场；利用“文化和自然遗产日”、春节、元宵节等重要时间节点，开展宣传展示活动200余场。4—6月，举办建州40周年非遗展演周暨2023年“文化和自然遗产日”系列活动。活动包括非遗线上有奖答题，全州优秀非遗传承场所、非遗进校园优秀实践案例、州级非遗体验基地申报评选，“四十年砥砺奋进 谱写民族发展华彩乐章”——2023年“文化和自然遗产日”暨恩施州建州40周年非遗展演周主场活动开幕式，“舞耀清江 幸福恩施”2023年迎州庆广场舞大赛，“山河交响”恩施州传统民族吹打乐比赛等内容，非遗线上答题参与人次约3000人，答题次数8960次，活动评出恩施州优秀非遗传承场所、非遗进校园优秀实践案例、州级非遗体验基地各10个。活动期间63个传统技艺、传统美术和非遗文创产品在非遗集市共展示、展览、展销，销售总额约15.22万元，竞技体验环节设置竹马、恩施地鸽子、跷旱船、板凳拳、滚铁环5项传统体育、游艺与竞技类项目，累积体验人次3500人次，各类表演吸引观众约6000名，线上直播浏览量达50万人次。

【第八批州级非物质文化遗产代表性项目名录】 12月6日，州人民政府印发《州人民政府关于公布第八批州级非物质文化遗产代表性项目名录和扩展项目名录的通知》，公布第八批州级非遗项目36项，涉及8个类别。其中新增项目17项，扩展项目19项。恩施州州级非遗项目达159项。

【非物质文化遗产代表性传承人管理】 2月23日，印发《关于开展2022年度州级非物质文化遗产代表性传承人传承活动评估工作的通知》，开展2022年度州级非遗代表性传承人传承活动评估，完成207名州级传承人传承活动的考核评估，结果均为合格及以上，这是首次对州级代表性传承人进行量化评分考核。3—5月，配合省文旅厅完成2022年度国家级、省级传承人传承活动评估工作。开展各类传承人培训70余期，培训2000余人次。

【恩施西兰卡普】 土家织锦“西兰卡普”研学体验基地在宣恩县高罗镇麻阳寨建成。参与2023年“文化和自然遗产日”、中国旅游日等线上线下宣传展示活动。开发并生产桌旗、胸针、围巾、挂画等功能性、装饰性产品。

（魏　娜）

## 出版工作

【概况】 2023 年，开展“扫黄打非”六大专项行动，对出版物市场、印刷企业和网络环境巡查检查。利川市忠路镇主坝村获评湖北省“扫黄打非”基层示范标兵。完成全州1609 家农家书屋书目更新。

【出版印刷管理】 审批办理印刷业务 21 件。核发《一次性内部资料性出版物准印证》11 本。完成 3 家报刊出版单位年度核验及社会效益评价工作。完成 119 家印刷企业、340 家发行企业和 27 类连续性内部资料性出版物年度核验及相关数据、表格及核验报告上报。对全州网络书店开展专项清理，每月对网上书店备案、注销、变更等信息统计更新。

【文化市场整治】 在春节、两会、学生春秋开学季、中高考等重要时间节点开展专项行动，组织执法人员开展文化市场执法检查和网络巡查。全年全州共出动执法人员 4200 余人次，检查各类生产经营单位 1900 余家次。查办上报各类“扫黄打非”案件 93 起，其中刑事案件 29 起，行政案件 64 起，全国重点备案案件 1 起。

【版权管理与服务】 制定并印发软件正版化工作方案，统筹做好全州软件正版化工作。指导协助州教育局、州文旅局、州民政局、州应急管理局、州交通运输局 5 家政府机关和州国投集团、州平安押运公司、州农发担保公司、州粮油储备公司、州征信担保公司 5 家国有企业接受省版权局组织的软件正版化核查。组织开展“电影市场版权保护”“青少年版权保护季”“剑网 2023”等一系列版权保护专项行动，全年共查处上报版权案件 10 起。参加在州工人文化宫广场举行的 2023 年恩施州知识产权宣传周启动仪式，开展版权相关知识宣传及咨询活动，在网络、电视、报纸上开设专栏专版、介绍版权知识、发放宣传海报。

（周　凯）

## 广播电视

【概况】 2023 年，全州共有广播电视台 1 座，融媒体中心 8 个，开办公共广播节目 7 套，公共电视节目 9 套。中短波发射台站 2 座，调频、电视转播发射台 52 座，调频发射机 28 部，发射功率 62.7 千瓦，电视发射机 153 部，发射功率 23.45 千瓦；全州广播播出 38455.68 小时，电视播出 55990.42 小时，广播电视和网络视听总收入 29940.25 万元；广播、电视综合人口覆盖率 99.94%和 99.96%。《信息网络传播视听节目许可证》持有机构 9 家。

【宣传管理】 全州广播电视系统加强理论宣传阐释，不断增强落实主题宣传的针对性和时效性，扩大主题宣传覆盖面和影响力。抓精品生产，提高精品创作水平，《以凡人之躯 战病魔来袭》（电视新闻）、《宣恩：快递进村“双向奔赴”成就致富路》（电视新闻）、《我是恩施》（电视）入选第一、第三季度全省广播电视创新创优节目。全州有《逐梦山河》（广播电视节目栏目类）、《辉煌四十年　奋进鄂西南》（电视公益广告类）等 8 个项目入选 2023 年度湖北省广播电视和网络视听精品创作重点项目库。全州有《以凡人之躯 战病魔来袭》（新闻）、《我是恩施》2 栏网络视听节目，《秸秆禁燃 共建清洁美丽世界》等 4 件公益广告，《致力打造贫困地区媒体融合新标杆》等 3 个媒体融合创新案例共 9 件节目及案例通过 2023 年度全省广播电视和网络视听精品创作扶持评审。

【安全播出】 先后下发《关于开展全州广播电视安全隐患排查治理工作的通知》《关于进一步加强当前广播电视领域安全生产工作的通知》《关于进一步做好当前强降雨防范应对工作的紧急通知》，严格按照要求组织行业安全检查。组成专班对县（市）安全生产和安全播出情况进行检查，下发《关于近期多起安全播出事故的通报》《关于对全州广播电视安全播出专项督导检查情况的通报》，督促指导各广播电视机构整改安全隐患。围绕重要平台促监管，清理辖区各广播电视播出机构信息，确保辖区无擅自增设频率频道、擅自改变频率频道定位（名称）行为；无变更台名、台称、呼号、台址、节目覆盖范围行为；辖区内播出机构无出租、转让播出时段行为。在重要保障期，落实领导带班，工作人员值班值守制度，实行安全保障日报告制度，按时上报各项报告，完成元旦春节和全国两会、建州 40 周年庆祝活动、第 31 届世界大学生夏季运动会、杭州亚运会和亚残运会期间安全播出及网络视听保障工作。全州共有 8 个单位和 15 名个人被省广电局通报表扬为全省广播电视传输覆盖网秩序维护先进集体和个人。

【机构管理】 按照有关工作要求规范广播电视频率、频道和新媒体账号管理。全州所有播出机构、频道、频率实现持证运行。全州 9 个电视频道、7 个广播频率和 8 家网络视听持证机构均实现按要求完成审批及备案管理。全州 32 部调频发射机、153 部电视发射机实现“三满”（满功率、满时间、满调制度）运转。

【专项整治行动】 组织开展广播电视无线传输覆盖网秩序专项整治，联合恩施无线电监测站开展两会期间全州广播电视信号发射工作检查督导，下发《2023 年全国两会期间广播电视安全播出检查及无线电频率核查工作情况的通报》。对利川市融媒体中心违规增设放大器、超过核定发射功率干扰影响民航通信的行为进行批评并下发整改通知书限期整改，利川市已完成整改。组织开展非法卫星地面接收设施专项整治。推进“无小耳朵”社区创建，查处非法销售商家1家，没收地面卫星电视接收设施2套，强制拆除2套，群众自行拆除上缴5套。接受省广电局非法卫星接收设施专项整治工作督查，受到省广电局肯定；到武汉市开展境外电视传播秩序交叉暗访，将暗访情况上报省广电局。接受襄阳市到恩施州交叉暗访，暗访中未发现恩施州存在相关违规情况。组织开展网络视听平台医药广告播出清理、广播电视行业整治、广播电视广告净化、网络视听节目监审等各类专项整治行动。完成IPTV专项整治，对恩施市华美达酒店下达整改通知书。咸丰县广播电视局获评打击“黑广播”工作表现突出单位，州新闻出版广电监审中心工作人员杨雪、来凤乡镇综合文化服务中心工作人员吴胜品获全省打击“黑广播”工作突出个人。

【行业公共服务】　推进“村村响”州平台建设工作。利川市2022年度县级应急广播体系验收完成，鹤峰县、宣恩县2023年度县级应急广播体系建设完成。恩施市、巴东县、宣恩县150个应急广播主动发布终端完成建设。

（魏　娜）

## 文化传媒

### 恩施日报社

【概况】　2023年，恩施日报社围绕“举旗帜、聚民心、育新人、兴文化、展形象”，守正创新，真抓实干，在新闻宣传和事业发展上实现新突破，各项工作取得新成效。在鹤峰、建始、利川、巴东、咸丰、来凤6个县（市）设有记者站，持续推进《恩施日报》《恩施晚报》、恩施州人民政府网、恩施新闻网、恩施发布及《恩施日报》微信公众号、恩施新闻网微博、知恩新闻微视频、恩施日报·知恩客户端构成的“两报两网四微一端”全媒体矩阵建设。

【重大主题报道】　恩施日报社把握新闻宣传主责主业、党报姓党的政治属性，落实意识形态工作责任制，守牢主阵地、唱响主旋律，全方位、多角度、深层次讲好恩施故事，提升恩施形象，展现恩施作为。全媒体开设《学思想　强党性　重实践　建新功》等专栏，重头刊发习近平总书记重要活动、会议、讲话的时政报道和评论文章。持续推出《深入学习贯彻党的二十大精神》《新时代　新征程　新伟业——新春走基层》等专栏，全面报道全州上下学习宣传贯彻中共二十大精神的新思路、新举措、新成效，让中共二十大精神深入人心。常规开设《锚定新发展　建设先行区》专栏，集中宣传乡村振兴、生态建设、高质量发展、数字经济、小流域综合治理等主题，及时组织刊发全州各级各部门学习州委八届六次、七次、八次全会精神的动态消息和典型报道。

【中心工作报道】　围绕州委、州政府重点工作，加强新闻报道的组织策划，营造良好舆论氛围。开设《建功先行区　奋斗在一线》专栏，刊发《匠心制作传承非遗技艺》《特色资源赋能乡村振兴》《特色凸显　产业兴旺》《“点石成金”活经济》《秘境巴东的绿色蝶变》《让企业放心大胆干》《125家新增规上工业企业的成长“密码”》《村规民约“约”出和美乡村新画卷》《深山药企敲开“集采”大门》《用心用情办实事 答好营商环境“最优卷”》《和美石窑入画来》等稿件，宣传在“两山”实践创新示范区建设中涌现出的先进典型和经验做法，全年发稿300余篇。围绕创文创卫阶段性重点任务，开设《创文创卫　共建共享》专栏，策划推出系列评论文章、“爱在斑马线”曝光台等，发稿160余篇。开设《共同缔造试点行》等栏目，刊发《“数字大坝”筑成幸福大坝》《山歌唱出新气象　“共同缔造”入民心》《共同缔造“幸福红椿”》《深化党建引领　坚持共同缔造》《守护“健康细胞”　缔造幸福生活》《土店子不再“土”》《绝壁凿开一条路》《有事来找我　事事有回音》《共绘和美乡村“同心圆”》《“两山”转化　破茧成蝶》《共同缔造“幸福湾组”》等稿件，展现基层共建共治共享的新局面，在全社会营造全民关注、支持和参与的良好氛围，累计发稿200余篇。阶段性开展中央生态环保督察、小流域综合治理、乡村治理创新等专题和系列报道，发挥宣传造势、舆论引导作用。

【州庆宣传报道】　围绕喜迎建州40周年重点宣传任务，策划推出《奋进新时代　建功示范区——喜迎建州40周年》《铸牢中华民族共同体意识·恩施篇》《“铸牢中华民族共同体意识　恩施各族人民同心共筑中国梦——恩施土家族苗族自治州建州40周年特别报道”》等10个专题专栏，推出《绿色恩施　四十芳华》特刊，全面展示建州40年来全州经济社会发展取得的辉煌成就。特刊以《今天是你的生日》开局，下设沐浴党恩、辉煌历程、感恩奋进、锦绣前程四大板块。深度策划的《绿色恩施　四十芳华》网络专题，涵盖文章、图片、视频、H5等百余件作品，其中短视频《恩施，我们骄傲！》用数据展现恩施州40年的变化，H5《庆州庆　换新颜》《40年，恩施人的幸福在这里》，吸引7万人参与。祝福短视频《恩施籍杰出人士、州内群体代表、港澳同胞和国际友好人士为家乡、为恩施送上最真挚的祝福，祝愿恩施的明天更美好》点击达到16.5万次，《容易给家乡发来祝贺》点击达到25.5万次，《恩施州生日快乐　明天更美好》邀请州内有影响力人士给恩施送祝福，播放量超3万次，短视频《说恩施，道恩施》转发过万，点击达23.3万次。

【基层民生报道】　恩施日报社继续与州营商办协作开办《优化营商环境曝光台》专栏，坚持问题导向，以小切口破题，推出《318沿线部分加油站如厕难》《这些小区"生命通道"堵塞该谁监管》《市民缴纳商品房维修基金遭遇拒收现金》《修复一个雨水沟盖板有这么难吗?》《州城一人行横道让市民"无路可走"》等41期舆论监督报道，及时回应群众关切，有效推动营商环境改善。创新宣传报道形式，与州中心医院联合推出《二十四节气·中医养生》等专题报道，落实落地"健康恩施"建设。组织记者到基层一线，推出《一座碑，漂洋过海来看你》《书写"鄂西屋脊"的"塞罕坝"史诗》《一棵树的力量 一片林的信仰》《他是一棵"树"》《山越来越青 他越来越老》《青山育人"金山"养人》《板党归来》《湖北"小浏阳"如何破局》《一粒种子的"旅行"》《绝壁凿开一条路》《决战鸡公岭》《土店子不再"土"》《一叶·千金》等一批走基层报道，宣传推介30年坚守"鄂西屋脊"构筑"绿色长城"的李能阳、巴东县土店子村基层治理创新、利川市见天村绝壁修路等一批先进典型，弘扬社会正能量，凝聚干事创业精气神。围绕"平安恩施"建设、安全生产等工作大局，策划开设《致敬最美基层民警》《安全生产，常抓不懈》等专栏，通过动态消息、专题报道、综合报道、公益广告等形式，全媒体报道防汛抗旱、应急救灾、平安恩施建设等重点工作，共计刊发相关宣传稿件1500余条。

【"硒茶"融合报道】　围绕"恩施玉露""利川红"东湖国事活动茶叙用茶五周年主题，全媒体矩阵共同发力，综合运用慢直播、短视频、插画、专版、深度报道等传播手段，推出短视频《硒茶澎湃》《品恩施茶》《致敬东湖茶叙五周年》、纸质4连版《"恩施玉露""利川红"东湖国事活动茶叙用茶五周年》、慢直播"恩施最美茶园"、H5作品《硒茶千里江山图》。

【对外宣传报道】　恩施日报社坚持网上网下、内宣外宣共同发力，加强与上级及同级其他媒体联动，持续讲好恩施故事，宣传推介美丽恩施。7月7日，《人民日报》推出恩施日报社记者参与采写的报道《一片绿叶成就一个产业 带富一方百姓》，全方位呈现恩施州近年来聚焦品种、品质、品牌，统筹发展茶文化、茶产业、茶科技，做实"茶"文章的实践成果，引发社会关注。围绕建州40周年主题，《人民日报》、新华社、《湖北日报》等中央、省级媒体纷纷采用恩施日报全媒体稿件，进行系统宣传。12月，"恩施发布"走基层融媒作品《了不起！6位农民捐款272万元修路 百余村民绝壁接龙运物资》，经湖北日报新媒体平台转发后，阅读量过亿人次。

【媒体融合】　优化平台资源。结合报社媒体融合改革实际，加大对知恩客户端的资金、技术投入，解决各种技术难题30余个，推动客户端更加智能化、便民化、集约化。优化人力资源配置，组建新媒体中心，在全社范围统筹调配人员，充实新媒体关键岗位，强化对新媒体平时的全时段运营管理。整合微信公众号平台，合并《恩施日报》《恩施晚报》微信公众号为新的《恩施日报》微信公众号，提高平台影响力，新媒体平台总粉丝量突破100万人，"恩施发布"、《恩施日报》微信公众号稿件平均阅读量5000余人次。恩施日报社运营维护的恩施州政府门户网站在全国政府网站绩效评估中连续两年入列50强，在全省政府网站评估考核中被评定为表现突出单位。理顺体制、机制，制定或修订《恩施日报社2023年新闻采编量化考核办法》《恩施日报社非采编量化人员考核办法》《恩施日报社策采编审流程规则》《恩施日报社采编业务差错管理办法》等9项内部管理制度。

【事业发展】　推动主营业务由传统平面宣传向全媒体宣传、活动承办、短视频创作全面转型，先后承办或参与承办"恩施玉露""利川红"东湖国事活动茶叙用茶五周年暨全球推广启动仪式、建州40周年万人长跑、恩施市"土豆花儿开"活动、恩施州"最强追梦人"发布暨故事报告会、"最美盛家人"评选等活动。恩施日报传媒集团全资子公司恩施日报知恩传媒有限公司坚持市场导向，拓展经营渠道、深挖增收潜力，探索开展公考教育培训、青少年研学、赛事展会活动承办等非报经营业务。截至12月底，实现广告经营到账收入1635万元。资产管理实现新突破。传媒中心报业大楼通过规划条件核实、竣工备案、房屋实测权籍调查，顺利办理不动产权证，并完成与国能长源恩施水电开发公司的资产切割。强化物业租赁管理，实现应租尽租，全年租赁收入639万元。筹措资金，偿还传媒中心报业大楼建设欠款422万元。恩施日报社印刷厂顺应印刷业绿色化发展趋势，相继通过职业病风险控制效果评估、生态环境评估，获得党报绿色印刷认证，全年实现产值1480万元。2023年，为租赁企业减免租金59万元，筹措资金2.5万元为恩施市金子坝街道办事处耿家坪社区板桥小区解决停车难问题，持续帮扶咸丰县曲江镇桐子园村乡村振兴工作。

【荣誉】 《恩施日报》微信公众号被省委网信办表彰为“走好网上群众路线‘百佳新媒体账号’”。“恩施发布”连续6年获得“湖北十佳政务新媒体（市州微信）”称号。恩施日报社负责运维的恩施州人民政府网在全国政府网站绩效评估中排名36位，入列全国地市政府网站50强，连续8年入围全国地市政府网站百强。恩施日报社及记者陈航在恩施州成立40周年庆祝活动中表现突出，被中共恩施自治州委、恩施州人民政府通报表扬。恩施日报社及记者胡成冞在2023年恩施州国家网络安全宣传周活动中被中共恩施州委网信委分别表扬为先进单位和先进个人。

（张 慧）

### 州广播电视台

【概况】 2023年，州广播电视台履行主流媒体责任，为“两山”实践创新示范区建设营造良好舆论环境。恩施电视台微信公众号获评全省百佳新媒体账号。州广播电视台获评全省广播电视公益广告扶持项目优秀传播机构。意识形态工作获评2023年度全州网络意识形态和网络安全工作突出单位。

【主题宣传】 州广播电视台开设《深入学习贯彻党的二十大精神》《学思想 强党性 重实践 建新功》《绿水青山就是金山银山》《大生态大交通大旅游大产业》《创清廉恩施树新风正气》《创文创卫 共建共享》《有呼必应无事不扰甘当服务企业的“店小二”》等专栏，播出稿件近200条，报道全州学习宣传贯彻党的二十大精神的典型事例和生动实践。

【机构改革】 州广播电视台组建恩文公司，建立融媒新闻中心（恩视公司）、市场服务中心（恩广公司）、数据运维中心（恩信公司）、电商直播中心（恩文公司）“四中心四公司”的组织架构。2023年4月中旬，“硒希优选”电商直播视频号正式开播，截至2023年底，开启直播带货105场。

【舆论监督】 发挥广电媒体舆论监督作用，开办《一问到底》《创文创卫曝光台》等舆论监督类节目。《一问到底》栏目聚焦“流域综合治理”“生态安全”“不担当不作为”等领域完成问政节目4期，曝光问题62个。在《恩施新闻联播》《硒都新闻》栏目同步开设专栏《创文创卫曝光台》，全年共播出节目142期，对交通出行、乱搭乱建、占道经营、环境卫生等方面存在的不文明行为进行曝光。

【对外宣传】 州广播电视台与国家、省级主流媒体合作拍摄《恩施：加快建设“两山”实践创新示范区》《恩施：从“苦”到“甜”的山乡巨变》《 恩施：搬转带来的绿色蜕变》等系列主题报道。联系全国40个地区（以民族地区为主）的广电媒体，通过官方抖音账号发起直播连线。截至12月底，在上级电视媒体发稿998条，其中央视发稿96条（央视《新闻联播》播出9条）、湖北卫视发稿223条、湖北电视台其他频道发稿679条。在上级广播发稿257条(其中央广发稿6条)，在央视新闻客户端,新华社客户端、“学习强国”学习平台、《人民日报》等新媒体平台发稿400余条。

【媒体融合】 云上恩施“微直播”成为特色网络直播节目，全年共进行微直播138场，其中恩施州“颂党恩 迎州庆”歌咏大赛全州总决赛活动全网关注度突破200万，全省云上系列破100万，云上恩施点击量达20.3万，恩施电视台视频号直播转发量过6万，湖北恩施电视台抖音号直播观看量过10万。

【直播活动】 实施融媒体精品创优工程，承办“颂党恩・迎州庆”歌咏大赛、“最美产业工人”发布仪式等50余场直播活动；打造教育资讯公益直播平台《高考圆梦计划》，发布视频149个，直播单场最高观看人数超5万，视频单条最高观看量达66万；恩施文旅频道打造独特个性IP、助推文旅产业的做法被《中国广播影视》期刊推介，入选2023年全省媒体融合内容创新案例。

（谷 斌）

## 社会科学

【概况】 2023年，恩施州社会科学联合会（简称“州社科联”）组织完成恩施州社科课题评奖、专项课题调研、社科普及等工作，联合州委党校开展推进“两山”实践创新示范区建设暨恩施州党校系统第33届理论研讨活动。全州新增省级社科普及基地3个，州级社科普及基地12个。

【社科课题评奖】 州社科联发布《关于征集和申报2023年度恩施州社科课题有关事项的通知》，收到课题207项，评审出94项重大、重点和优秀课题，州政府印发文件予以通报。

【理论研讨】 州委党校和州社科联联合举办“推进‘两山’实践创新示范区建设暨恩施州党校系统第33届理论研讨活动”。收到全州党校系统和社科系统教研人员撰写的文章100篇，评出一等奖5篇、二等奖7篇、三等奖9篇、优秀奖11篇。

【专项课题调研】 州社科联组织州巴文化研究会社科专家参与探索文旅融合发展新路径调研，撰写调研报告《文旅融合新路径探索调查报告》；组织州清江经济研究所社科专家参与州文艺人才建设调研，撰写调研报告《我州文艺人才队伍建设的调研报告》。

【创建省、州社科基地】 恩施大峡谷、恩施女儿城、州博物馆被评为省级社科普及基地。在年度综合考评中，来凤县民族博物馆获评示范基地。制定《恩施州社会科学普及基地创建与管理办法》，启动州社科普及基地评选，州委党校、唐崖土司城址等12家单位被评为州社科普及基地。

【社科普及】 组织举办省第十二届社会科学普及宣传周恩施分会场启动式。组织参加省社科普及讲解员大赛，州委党校向恒《走进非遗，探寻坝漆的魅力》获三等奖，湖北民族大学谭博源《聚焦非遗茶！探究恩施玉露制作技艺的秘密》获最具人气奖及优秀奖，湖北恩施学院王杨《硒茶葳蕤自生香》、姜红梅《承千年土家织锦文化 创时代西兰卡普新篇》获优秀奖。

（党国营）

2023年度恩施州社会科学重大、重点、优秀课题一览表

表18

| 类别 | 课题名称 | 申报者 | 申报者所在单位 | 合作者 |
|---|---|---|---|---|
| 重大课题（共19项） | 深入推进流域综合治理　加快建设“两山”实践创新示范区<br>——关于以流域综合治理为基础推进四化同步发展的探索研究 | 谭建威 | 恩施州委政研室 | |
| | 打造高品质城市环境　支撑州城高质量发展 | 袁　坤 | 恩施州政协 | 方尔忠　袁　雄 |
| | 武陵山区（鄂西南）土家族苗族文化生态保护实验区建设的调研报告 | 向　炯 | 恩施州政协 | 董祖斌　谭　骁<br>张丽丽　赵生会 |
| | 在恩施楠上镌刻绚烂土苗民族文化之花<br>——关于推进以木雕产业为突破口土苗民族文化发展的调研报告 | 向文东 | 恩施州委办公室 | 严　斌　张应坤<br>雷元凯 |
| | 从税收大数据看恩施州县域经济发展 | 董　维 | 恩施州税务局 | 李孟军 |
| | 聚焦特色品质品牌　做好“土特产”文章 | 郑　蔚 | 恩施州政府研究室 | 丁志富　黄世德<br>杨长勇　于斌武 |
| | 乡村振兴背景下武陵山区农村电子商务发展调研报告 | 邓海森 | 恩施州委办公室 | |
| | 恩施州与全国20个革命老区重点城市经济发展对比分析及启示 | 罗　黎 | 恩施州统计局 | 卢　根 |
| | 关于建设“两山”实践创新示范区的路径思考与探索 | 李赵勇 | 恩施州委政研室 | |
| | 湖北民族地区创建全国“两山”实践创新示范区路径研究 | 王兰英 | 恩施州民宗委 | 胡茂成　马凤余<br>张新平　谭明珍 |
| | 着力打造县乡村三级综治中心升级版<br>——基于社会矛盾综合治理机制研究与探索的恩施实践 | 刘卫华 | 恩施州委政法委 | 曾召辉　梁　婧<br>曹　灏 |
| | 乡村医疗服务能力提升助力乡村振兴的调研报告 | 杨祖旺 | 恩施州卫健委 | 尹　宁　陈　杨<br>朱妮亚　秦　慧 |
| | 数字产业化赋能恩施州“两山”实践创新示范区建设研究 | 周　劲 | 湖北民族大学 | 赵美玲　祝方林<br>罗世家 |
| | 民族地区基础教育家庭、学校、社会协同育人机制研究报告<br>——基于恩施州家校社协同育人调研情况分析 | 袁玉荣 | 恩施州教科院 | 王　丽　蔡　伟<br>余厚军　刘入潮 |
| | 恩施州农旅融合推动乡村产业振兴的策略研究 | 方　兴 | 湖北民族大学 | 乔　勇 |

续表18

| 类别 | 课题名称 | 申报者 | 申报者所在单位 | 合作者 |
|---|---|---|---|---|
| 重大课题（共19项） | 恩施州建设铸牢中华民族共同体意识示范州的实践探索 | 彭　惠 | 恩施州委统战部 | 贺　兵　陈　珩 |
| | 恩施州市场主体发展的调查与探究 | 张竣益 | 恩施州市场监管局 | 陈久奎　肖　尧　余　江 |
| | 数字赋能乡村　打造乡村振兴“恩施样板”——恩施州数字乡村试点建设工作的调查与思考 | 胡　静 | 恩施州委网信办 | 周　清　于　锋　向　念 |
| | 做好“六链”文章 巩固提升“一红一绿”茶品牌——恩施州建设“两山”实践创新示范区路径思考 | 何　蓉 | 恩施州委党校 | 曾维权　陈　胜 |
| 重点课题（共28项） | 关于工业园区企业招工稳岗情况的调研报告 | 易善翔 | 恩施州人社局 | |
| | 推进金融创新　助力恩施绿色发展 | 唐明义 | 恩施州地方金融工作局 | 王　牟　向敬轩　朱　峰　于　浩 |
| | 武陵山四地区工业经济发展情况分析研究 | 谭秀椿 | 恩施州税务局 | 彭　丽　冯　功　何有志 |
| | 他山之石可攻玉　扬长补短开新局——关于黄冈、宜昌草食牧业发展情况的学习考察报告 | 胡伦祥 | 恩施州畜牧兽医服务中心 | 陈芬芬　刘　逸 |
| | 看冰雪经济之火　悟绿色崛起之道——绿葱坡冰雪经济发展调研报告 | 周　鹏 | 恩施州委办公室 | 张　华　卢　芳　乐　杨　徐　焘 |
| | 擦亮“世界硒都”金字招牌　走好恩施“硒”望之路——关于突破性发展富硒产业、打造全国硒产业高地的探索研究 | 陈斯琪 | 恩施州委政研室 | |
| | 中华民族共同体意识的民族旅游体验建构——以恩施州为例 | 沈　炜 | 恩施职业技术学院 | 朱立珩　曾晓芳　李昌隆　段万明 |
| | 恩施州河湖长制法治化困境及出路 | 穆华桂 | 恩施州委党校 | 谭晓华　谭　倩 |
| | 关于恩施工业经济发展的思考 | 孙　涛 | 宣恩县人民政府 | 王　英　胡光南 |
| | 以园区产业集聚之势　谋恩施经济跨越之局 | 赵　磊 | 恩施州政府办公室 | |
| | 基层统战助力基层社会治理情况的调研报告 | 钟　韵 | 恩施州委统战部 | 杨　静　廖瑞晨飞 |
| | 把黄连打造成华中药库第一招牌产品——恩施州黄连产业高质量发展研究报告 | 柳文录 | 恩施州农业发展服务中心 | 汪凤勇　杨　蓉　陈　浩　张雅娟 |
| | 推进党建引领院落治理　打造乡村振兴山区样板——咸丰县“五强五有”党建引领院落治理经验 | 余　杰 | 咸丰县委政研室 | 饶有佐　熊　耀　杨安童　冉　多 |
| | 党建引领乡村治理创新的实践探索与思考——以利川市汪营镇齐跃村为例 | 陈普亮 | 恩施州政府办公室 | 朱云芬　陈永博 |
| | 聚焦“四局”全面推进地方法人银行高质量发展 | 刘　琼 | 国家金融监管总局恩施监管分局 | 王亚玲　廖婉琴　向吉琴　谭支玉 |
| | 促进恩施州健康老龄化与积极老龄观融合的建议 | 谭　宇 | 湖北民族大学 | 乔　勇　黄贻芳　刘凤立　冉　炜 |

续表18

| 类别 | 课题名称 | 申报者 | 申报者所在单位 | 合作者 |
|---|---|---|---|---|
| 重点课题（共28项） | 健全工作机制　以党内监督为主导推动各类监督贯通协同调研报告 | 郑建本 | 恩施州纪委监委 | 梅振明 |
| | 恩施老区对中国革命的历史贡献 | 覃章梁 | 恩施州委党校 | |
| | 关于恩施州普通高中学校心理健康教育工作的调研报告 | 邹　松 | 民进恩施州总支 | 陈晓燕　牟　艳<br>岳　勇　谭莉华 |
| | 基于“四同战略”的恩施州国有企业可持续发展路径探索 | 孙江艳 | 湖北恩施学院 | 张新平　曹　骞<br>王晓庆 |
| | 以“两山”理念推进少数民族乡村特色产业发展助力乡村振兴<br>——恩施州民族乡村特色产业发展情况调研报告 | 赖红丹 | 国家统计局<br>恩施州调查队 | |
| | 关于全州基层供销合作社恢复重建的调查与思考 | 龙小芹 | 恩施州供销合作社<br>联合社 | 唐　迪 |
| | “互联网+护理服务”构建护理服务新生态<br>——在恩施州老年人健康管理中的应用研究报告 | 谭　荣 | 湖北民族大学<br>附属民大医院 | 杨　华　万金城<br>张晓华　杨　妮 |
| | 关于恩施州数字乡村建设的思考和建议 | 沈　济 | 恩施州委政研室 | |
| | 恩施州马铃薯育种产业化调研报告 | 瞿　勇 | 恩施州政协 | 高剑华　张　珍<br>郭开英 |
| | 坚持集约共享　推动高效惠民　构建双向畅通的农村寄递物流新格局 | 宋　赟 | 宣恩县乡村振兴局 | 黄　腾　李宏美 |
| | 加快构建全产业链条 推动柑橘产业高质量发展<br>——关于推动巴东县柑橘产业高质量发展的几点思考 | 田从云 | 巴东县委党校 | 郑建丽 |
| | 恩施州小学阶段课后服务现状调查及改进提升研究的调研报告<br>——基于全州八个县（市）的调查 | 严奉华 | 恩施州教科院 | 罗坤胜　谭缤纷 |
| 优秀课题（共47项） | 恩施州县域普通高中发展现状及质量提升研究报告 | 向贤琼 | 恩施州教科院 | 佘宇晖　谭元富<br>童海波 |
| | 关于打造规范管理 促进区域内中小学校实验教学良性发展的调研报告 | 汪寒丹 | 恩施州电化教育<br>教育技术装备站 | 向德位　石　磊<br>刘新康　张　芬 |
| | 基层社区群众文化活动价值及其管理创新<br>——以湖北省恩施市金子坝街道办事处金子坝社区为例 | 梁凤莲 | 恩施市金子坝<br>街道办事处 | |
| | 关于全州推进党内法规执行工作实践的调查与思考 | 彭永敖 | 恩施州委办公室 | 于德鹏　剧成义<br>唐周舟 |
| | 数字赋能激活力　山区建设迎蝶变<br>——宣恩县数字乡村建设试点调研报告 | 汪鼎昱 | 宣恩县农业农村局 | 郭玉锋　曹允涛<br>胡晓洪　李凯文 |
| | “景城一体·主客共享”绘就城旅融合发展美丽画卷 | 彭　松 | 恩施州委政研室 | |
| | “穷则思变”破茧成蝶<br>——巴东县金果坪乡“村社联建、合股经营”壮大集体经济 | 刘成林 | 恩施州委政研室 | |
| | 推动县域工业经济高质量发展的实践与探索 | 张　伟 | 恩施市委党校 | 黄　超 |

续表18

| 类别 | 课题名称 | 申报者 | 申报者所在单位 | 合作者 |
|---|---|---|---|---|
| 优秀课题（共47项） | 党建引领基层治理的探索与实践<br>——建始县龙坪乡“书记听我说”微信小程序运行观察 | 赵成才 | 恩施州委政研室 | 徐春霞　向世贵 |
| | 坚持“勤俭办一切事业”　实现“两个更好服务”路径研究 | 周相如 | 恩施州机关事务服务中心 | |
| | 关于加快推进全州社区养老事业发展的调研报告 | 刘　栩 | 恩施州政协 | 唐　琛　王　晖　曾　进 |
| | 全领域建　全方位用　全过程管“张富清红色驿站”赋能城市基层治理 | 李向明 | 来凤县委组织部 | 何小岚　葛　剑　刘宜鑫 |
| | 深化共同缔造　推进党建引领基层治理的恩施实践 | 田鸿燕 | 恩施市委党校 | |
| | 重振农村集体经济助力乡村振兴的策略研究<br>——以建始县为例 | 沙石磊 | 恩施州委党校 | 欧阳祎兰 |
| | 关于恩施州小流域综合治理的探索与研究 | 朱永华 | 恩施州委政研室 | |
| | 年轻干部教育监督管理研究 | 裴达顺 | 恩施州纪委监委 | 陈明红 |
| | 以全域旅游促进各民族交往交流交融路径研究<br>——以恩施州为例 | 廖建洲 | 恩施州武陵山经济研究会 | 张卫国　张　伦 |
| | 从利川凉城的“苏马荡现象”看“候鸟经济”与“康养产业”发展 | 王再宏 | 利川市谋道镇人民政府 | |
| | 恩施州各民族交往交流交融历史对创建全国铸牢中华民族共同体意识示范州的经验启示 | 王　平 | 恩施州民族研究所 | 向信任　孙云逸 |
| | 恩施州空巢老人养老问题现状及对策研究 | 黄莉芹 | 恩施州统计局 | 姜　辉　陈佳佳 |
| | 恩施州老区发展红色旅游的现实意义、前景预期及对策建议 | 上官承斌 | 湖北省湘鄂西老区文化发展中心 | 徐毓吾 |
| | 基层治理典型的新“IP”<br>——以五峰山脚下党建引领基层治理为例 | 黄艳珊 | 恩施市委党校 | 万　勇 |
| | 协同治理视角下恩施州法治化营商环境建设困境检视与路径优化<br>——以2022年营商环境评价为例 | 黄泽涛 | 恩施州司法局 | 苏啸天 |
| | 恩施州加强新时代人大工作的探索和思考 | 张　莉 | 恩施州人大常委会办公室 | 高云涛　刘春丽　王　琴　李佳玲 |
| | “恩施土豆”品牌效益分析与品牌蝶变的思考 | 陈火云 | 恩施州农科院 | 宋威武　欧阳什春　骆俊婷　马先觉 |
| | 聚力生态振兴 提质绿色发展<br>——鹤峰县乡村振兴中存在的问题及对策建议 | 肖碧兰 | 鹤峰县委党校 | |
| | 中国共产党中华民族共同体建设的历史特点与基本经验 | 向　驰 | 湖北民族大学 | 李资源　杨　宁　雷　鹏 |
| | 恩施州“双减”政策落实的调查与思考 | 陈昌艳 | 恩施州教育考试院 | 周　英　吴　丰　周蜀利 |

续表18

| 类别 | 课题名称 | 申报者 | 申报者所在单位 | 合作者 |
|---|---|---|---|---|
| 优秀课题（共47项） | 利用公开信息开展大数据监督的思考 | 尹　峰 | 恩施州纪委监委 | 蔡　宇 |
| | 坚持“四抓四提升”推进大旅游发展——关于全市旅游业发展情况的报告 | 冯　双 | 恩施市文旅局 | 覃　涛 |
| | 恩施地区职业教育以“五同”育人模式推动现代职业教育体系建设改革路径研究 | 陈海燕 | 恩施职业技术学院 | 梁　飞　牛全峰　刘洪岚　向云鹭 |
| | 以“两山”转化助推乡村振兴的路径思考——以巴东县水布垭镇为例 | 田　帅 | 巴东县委党校 | |
| | 创新发展理念 做强中蜂产业——关于恩施州中蜂产业发展的调研报告 | 温佳豪 | 恩施州畜牧兽医服务中心 | 王　瑜　曾　苗 |
| | 民族地区普惠金融高质量发展与营商环境共同缔造对接路径研究 | 田远佑 | 恩施州金融学会 | |
| | 高校高质量数字素养人才培养的价值与政策导向 | 陈　双 | 湖北恩施学院 | 刘　敏　吴　菡　陈佳贵　王　醇 |
| | 恩施州大学生铸牢中华民族共同体意识的路径研究 | 黄　炼 | 湖北民族大学 | 鲁　帅　刘轩男　解丽娟 |
| | 恩施州人大常委会规范性文件备案审查制度研究 | 李　勇 | 湖北民族大学 | 吕世安　谭刚平　谭耀伟　张娅琴 |
| | 恩施州“景区+城区”双核驱动旅游模式推动共同富裕研究 | 朱　腾 | 湖北民族大学 | 覃　杰 |
| | 书香恩施建设的探索与思考 | 田　莉 | 湖北民族大学附属民大医院 | 滕春红　姚辰潞 |
| | 恩施州中小学劳动课程实施路径研究与探索 | 龚道敏 | 民盟恩施州委 | 谌　鹏　徐　菲　田祥珍 |
| | 恩施宅改再启程——恩施市农村宅基地制度改革的探索与思考 | 刘　伦 | 恩施市龙凤镇人民政府 | 张金涛 |
| | 恩施州红色文化旅游的思考与探索 | 杨兴凤 | 恩施市委党校 | 杨　琳 |
| | 恩施州农村老年人社交孤立与心理健康的影响因素及干预策略研究 | 赵　巍 | 恩施州优抚医院 | 杨　玲　牟　洋　付艳梅　李　印 |
| | 恩施州“一体两翼四轮驱动”社会保障体系研究 | 毛　丹 | 咸丰县社会保险服务中心 | |
| | 信息技术促进义务教育均衡发展的现状、问题及对策探讨 | 吴安静 | 恩施职业技术学院 | 甘方进　黄　姣　李先雄　王耀棱 |
| | 激发教育活力 践行思政育人——新课标背景下高中阶段文本精读的多元途径研究调研报告 | 吴京华 | 恩施高中 | 黄云会　金雯雯　杨　漫　齐征琳 |
| | 以高水平检察工作优化法治化营商环境——基于来凤县检察院的实践探索 | 左　静 | 来凤县人民检察院 | |

# 档　　案

## 档案管理

【概况】　2023年，全州档案主管部门推进档案治理、资源、利用、安全体系建设，不断提高档案工作法治化、规范化、科学化水平。在全省组织的“6·9”国际档案日主题征文、经济科技创新案例评选、“红领巾读档人”微视频评选等活动中，均取得优异成绩：12篇文章获奖（一等奖2篇）、2个经济科技创新案例获奖（“一类案例”1个）、4部“红领巾读档人”微视频作品获通报表扬（“一类作品”1部）。

【档案治理体系建设】　全州各级档案局、馆均制定局馆协作工作任务清单，健全局馆责任制，局馆协同更加顺畅。《中华人民共和国档案法》纳入2023年度普法重点内容，全州各级档案部门共开展《中华人民共和国档案法》宣讲40余次。全州共开展档案行政执法223次，检查单位282家。深化档案领域“放管服”改革，运用“互联网+”手段，探索档案数字治理新模式。加强档案监督和指导，全州各级档案部门审核282家立档单位档案“三合一”制度，指导江坪河电站、宜来高速公路等重点项目建档，完成14个建设项目档案验收。建立重大活动和突发事件档案工作体制机制，指导庆祝建州40周年、来凤第三届摆手节、咸丰首届森林马拉松暨白茶节等重大活动档案收集归档。州本级举办档案业务培训1次，参训人数784人。

【档案资源体系建设】　全州各级档案馆馆藏档案超350万卷（件），比2022年同期增长10%。建立红色档案数据库，“两类档案”实体进馆量稳步提升。持续开展到期档案接收进馆工作，开展楚菜建档工作，征集华中药库等档案资料。全州各级档案馆共接收178589卷（件）档案，征集1670件档案。以“存量数字化、增量电子化”为目标，加快档案信息化建设，全州馆藏档案平均数字化率达77.47%，其中州馆、利川馆、咸丰馆数字化率超过90%；各立档单位档案数字化率稳步提升。7个国家综合档案馆纳入全省数字档案馆建设试点，其中咸丰县、利川市、恩施市档案馆通过全省示范数字档案馆测评，实现全州数字档案馆“零”的突破。

【档案利用体系建设】　全州各级档案系统利用“6·9”国际档案日等时间节点，开展“奋进新征程·兰台谱新篇”主题活动，举办各类档案主题展览，开展主题征文，举办“红领巾读档人”活动，发挥档案育人功能。加大馆藏档案开放审核力度，全州各级档案馆共审核到期档案48906卷，开放档案20052卷。各级档案馆出版编研成果6种，编研字数406.9万字。推进“异地查档、跨馆出证”，全州各级档案馆向湖北省档案资源共享利用平台上传开放民生档案目录100余万条，办理异地查档1000余人次。

【档案安全体系建设】　州档案局联合州委机要和保密局印发关于加强档案数字化监管的通知，剖析档案数字化外包过程中容易出现的失泄密安全隐患，规范数字化外包工作。州档案局共检查单位243家，排查安全隐患64个。各级档案馆加大馆库安全保障力度，开展馆藏档案数据异地备份，确保档案实体安全和信息安全。

【档案事业改革】　州委常委会会议听取全州档案工作汇报，研究解决全州档案事业发展遇到的问题。档案工作纳入州对县（市）和州直单位高质量发展政绩考核体系，各县（市）将档案工作纳入对乡镇（街道）和县（市）直机关的综合目标考核体系。州、县（市）党委办公室统筹协调，明确机构改革后局、馆工作责任，形成合力，推动档案工作高质量发展。

（杨亚玲）

## 州档案馆

【概况】　2023年，州档案馆推进新馆项目建设，通过五方责任主体竣工验收，观感质量好，验收合格。全年举办馆务会16次、馆长办公会10次，促进机关管理服务提质增效。对州直单位现场业务指导50次，县（市）业务指导12次。完成8个州直单位修订档案“三合一”制度的审核，参加37个州直立档单位档案工作目标管理考评工作。州档案馆获全省《档案记忆》杂志学用工作先进单位二等奖，全州档案系统推介作品在全省“红领巾读档人”微视频评选活动中获通报表扬。

【档案接收和利用】　开展档案资料管理工作，完善档案工作全业务环节14项，制定工作流程9个，完成6家州直单位档案接收进馆。落实档案开放工作，向社会开放684卷、1898件馆藏档案。全年共接待档案查阅利用1334人次，调阅档案13万余卷次、5.4万余件次，其中办理异地跨馆查档308件次。

【档案信息化】　完成“两类档案”专题数据库建设，持续开展馆藏档案数字化工作，馆藏档案数字化率达94.16%。指导恩施、利川、咸丰3个县（市）档案馆通过全省示范数字档案馆测评，其中利川市档案馆以全省县级馆最高分通过测评。推进州档案馆数字档案馆建设，全部软硬件部署到位，数字档案馆建设进入实施阶段。

【档案宣传】 建立州县宣教联动机制，自下而上形成信息报送网络，全年共报送信息60余条。优化门户网站设置，开展主题宣传，发布信息125条，公示公告18条。开通“恩施档案史志”微信公众号，更新信息67期150余条。

【新馆建设】 严格按照项目建设程序和资金支付审批流程，用制度管人、用流程管事。严控投资概算，已累计支付各类项目建设资金7483万余元，整体工程概算使用在可控范围内。持续保持安全零事故。完成室内外地砖铺贴等9个项目施工，完成自主招标的数字化档案设施非XC产品项目等3个项目施工，档案抢救设施等3个项目正在推进。

（周科均）

## 史　志

【概况】 2023年，州档案馆（史志研究中心）依托资源优势，加大志、鉴、史的编纂力度，将丰富多元的恩施民族文化、红色文化记录好、传承好。完成《恩施土家族苗族自治州年鉴（2023）》出版发行工作，深化党史研究宣传，加快《施南府志笺注》《恩施州茶叶志》等旧志整理和专业志、部门志编纂。

【党史编研】 召开湘鄂川黔革命根据地历史价值与新时代乡村振兴研讨会·恩施年会，对深化湘鄂川黔革命根据地历史研究、构建大党史工作格局、服务党史学习教育常态化长效化、推动恩施革命老区振兴发展具有重要意义。启动《中国共产党恩施土家族苗族自治州历史（2002—2012）》编撰。三地联动成功申报中央党史和文献研究院课题1个。《从恩施州党史发展视域，探究恩施“两山”实践创新示范区的历史脉络与演变规律》等10余篇论文获誉。公开出版《湘鄂川黔革命根据地历史研究述略》等3本党史专著。内部出版《湘鄂川黔革命根据地历史价值与新时代乡村振兴研讨会恩施年会论文集》。

【地方志工作】 持续推进全州地方综合年鉴“一年一鉴、公开出版”工作，《恩施土家族苗族自治州年鉴（2023）》由方志出版社公开出版，8个县市共8本地方综合年鉴（2023卷）分别由长江出版社等出版社公开出版。完成《湖北年鉴（2023）》恩施州及8个县（市）稿件编纂报送工作。《恩施土家族苗族自治州年鉴（2022）》《利川年鉴（2021）》《宣恩年鉴（2021）》获评湖北省年鉴编纂出版质量评审优秀等次。《恩施土家族苗族自治州年鉴（2022）》《利川年鉴（2021）》分别获评中志办、全国地方志学会组织开展的第九届全国地方志优秀成果（年鉴类）市级综合年鉴一等年鉴、县级综合年鉴二等年鉴。启动编撰《恩施州地情概览》，内部出版《恩施州建州40周年大事记》。推进旧志整理出版，推进专业志、部门志编纂，服务全州经济社会发展。

【史志宣传教育】 发挥党史宣讲团作用，推动宣教工作提档升级。联合省、州各级部门，开展党史宣讲“七进”活动。中央、省、州各层次媒体相继刊载和报道恩施州档案史志工作信息110余条，4条信息被州委《工作动态》采用。

（周科均）

## 体　育

【概况】 2023年，《恩施州全民健身实施计划（2022—2025）》《恩施州构建更高水平全民健身公共服务体系实施方案》印发。完成新全民健身示范工程项目11个（其中乡镇A类3个，村级A类7个，社区室外健身广场1个）。开展全州人均体育场地面积普查，截至12月，恩施州人均体育场地面积达到2.94平方米。全州公共体育场馆坚持全年免低开放时间300天以上。开展“体育过大年”系列活动，举办第十届全国大众冰雪季湖北分会场暨湖北长江经济带高山滑雪赛、迎春跑、足球冬令营等赛事活动。举办全国航海模型公开赛（湖北站）、中国桨板公开赛（建始站）、2023年第二届湖北来凤·西水龙舟赛等国家、省、州级户外赛事活动20余场。以“普及全民健身 缔造幸福生活”为主题，组织开展全州性群众体育赛事100余场。

【全民健身组织网络建设】 全州有各级各类社会体育指导员1.2万余人，州级体育协会22个、县（市）体育协会124个。壮大社会体育指导员队伍，分别以乡村振兴工作者、老年体育从事者、社区工作者为对象举办3期恩施州社会体育指导员、裁判员培训，参训学员300余人，满足不同层级人民群众健身需求。

【全民健身活动】 举办全国大众冰雪季暨湖北省第三届冰雪大会、2022年气排球诞生38周年暨“超级杯”全国气排球联赛南部赛区（湖北恩施）竞赛、第九届北京世界华人篮球赛、全国U15青少年篮球联赛男子组大区赛、第十三届中国中学生击剑锦标赛、中国桨板公开赛（建始站）、中国民族民间龙舟公开赛、2023年湖北省户外运动大会等国家级、省级重点赛事10余场。以“普及全民健身 缔造幸福生活”为主题，组织开展全州性群众体育赛事100余场，其中州级赛事有2023年恩施州社区运动会、巾帼风采杯女子篮球赛、恩施州第29届老年人运动会、庆祝建州40周年万人健康跑、俱乐部羽毛球篮球联赛、恩施州和美乡村篮球赛（村BA）等赛事

20余场；各县（市）开展的有湖北恩施首届森林汽车挑战赛、秘境巴东森林半程马拉松、宣恩县第十五届内陆河水上运动会、来凤双城马拉松等精品赛事80余场，涉及项目包括球类、户外、水上、棋牌，涵盖人群包括老人、青壮年和少年儿童，带动30万人次参与体育健身。

**【国民体质监测】** 开展国民体质监测工作，历时21天，在恩施市、利川市、建始县共设立21个监测点，先后为2100余人提供体质测试和科学健身指导服务。根据《国民体质测定标准》，2023年，恩施州国民体质总体合格率为81.83%；儿童整体合格率为95.46%，成年人整体合格率为78.73%，老年人整体合格率为79.84%。

**【体育后备人才培养】** 恩施市体校入选湖北省全面深化体校建设“61530”行动计划，获得首期30万元资助。恩施市向省足球精英梯队输送1名运动员，选送4名后备运动员参加水上运动训练营，熊介凡正式入选湖北省体育局武术和冬季运动管理中心短道速滑专业队。恩施市实验小学被国家体育总局命名“国家竞技体育后备人才培养基地”。落户宣恩的湖北水上运动夏季训练基地，助力国家龙舟集训队在亚运会上获得5金1银。全州累计投入建设资金300余万元，在来凤县建成湖北省举重训练基地。恩施市开展体育支教活动，覆盖城乡40所中小学、2.3万余人。2023年恩施州青少年运动会共有参赛运动员1894人，教练领队261人，比赛产生753枚奖牌，其中金牌271枚、银牌250枚、铜牌232枚。

**【体育赛事成绩】** 恩施州代表队组织1250名运动员参加湖北省第十六届运动会，获得12枚金牌、26枚银牌、30枚铜牌。周毓雷获青少年田径比赛男子200米、60米两项冠军，破省运会历史纪录。利川市“肉连响”代表队参加2023年全国社会体育指导员交流展示大会，获一等奖。恩施州参加2023年湖北省和美乡村全民健身展示大会，获健身操一等奖、三人篮球二等奖。恩施州获湖北省“村BA”总决赛二等奖。

（魏　娜）

## 旅　游

**【概况】** 2023年，恩施州国家A级旅游景区达到41个，全年接待游客8590.57万人次，同比增长25.6%，实现旅游综合收入626.03亿元，同比增长42.7%。全州共有国家AAAAA级旅游景区3个、国家AAAA级旅游景区23个。新增国家AAAA旅游级景区3个、国家级旅游休闲街区1个、省级旅游休闲街区1个、省级旅游度假区1个、湖北旅游名镇1个、湖北旅游名村2个，湖北旅游名街1个；1条线路入选文化和旅游部发布的全国乡村旅游精品线路。

**【文化和旅游项目】** 全州生态旅游康养产业重点项目共26个，其中续建18个，新开工8个，计划总投资283.26亿元，累计完成投资89.49亿元；年度计划投资26.66亿元，已完成20.35亿元。恩施土家女儿城品质提升、州文化中心文旅综合体项目取得突破。

**【旅游资源开发项目】** 对2019年旅游资源开发项目清理整改情况进行调度，24个项目完成整改任务，实现销号，剩余72个旅游开发项目继续整改，其中全面清理、退出转型一批8个，景区提升、限期达标一批31个，强化投资、建设完善一批21个，资源整合、优化重组一批12个。联合州发改委、州自然资源和规划局、州生态环境局、州林业局等部门，对巴东县野三关绿葱坡旅游度假区、恩施望尘坡露营度假区、恩施清江生态文化旅游区、来凤旧司农园总体规划进行专家评审。

**【景区建设】** 12月26日，恩施鹿院坪、宣恩彭家寨、巴东野三关森林花海景区创建为国家AAAA级旅游景区，全州国家AAAA级旅游景区达到23家。咸丰忠堡大捷纪念园创建成为国家AAA级旅游景区。宣恩曜天眼、来凤卯洞已通过国家AAAA级旅游景区景观价值评审。来凤旧司农园、建始照京坪红色旅游区、龙马风情小镇创建国家AAA级旅游景区工作取得实质性进展。

**【红色旅游】** 选派4名红色讲解员参加比赛，杨小慧入选全省红色旅游“五好讲解员”第二批培养项目库名录，谭斯特、邓娜、王璐璐获优秀奖。在微信公众号等自媒体平台推出红色旅游精品线路8条。

**【乡村旅游】** 利川柏杨坝镇创建湖北旅游名镇，巴东牛洞坪村、咸丰马倌屯村创建湖北旅游名村，宣恩兴隆老街创建湖北旅游名街。“赏花踏青之旅”线路入选“大美春光在路上”全国乡村旅游精品线路。湖北凉雾山生态农业开发有限公司徐睿、来凤县正南生态农庄专业合作社杨英、恩施晓姚农夫食品开发有限公司姚万贵、鹤峰县幽兰民宿有限公司张鑫获评湖北省乡村文化和旅游带头人。

**【智慧旅游】** 谋划州旅游产业监测平台、视频指挥调度系统、非遗数字平台3个新建、提升信息化项目，相关项目纳入“数化恩施”建设内容。在全省率先出台《喀斯特地貌智慧景区建设规范》地方推荐性标准，为智慧景区行业建设提供规范性指导。地心谷智慧景区项目在全州首届5G创新大赛上获三等奖。梭布垭景区《山海经》沉浸式体验场景、屏山景区游客智能打卡项目丰富景区业态，取得较好经济效益。

**【文旅招商引资】** 州文旅局作为州直第五战队牵头单位，先后组织召开招商工作启动会、督办会，印发《2023年恩施州生态旅游康养产业招商工作方案》，成立由州委宣传部、州文旅局、州教育局、州民政局、州机关事务服务中心、州广播电视台、恩施日报社、省民族歌舞团、巴东金丝猴保护区管理局、汉口银行恩施分行10个单位主要领导、分管领导，以及联络员组成的州直招商战队第五战队招商工作专班。结合文化旅游产业发展布局和产业链招商，通过策划包装新项目、筛选历年有效项目、围绕重点项目拓展子项目等方式，谋划招商引资重点项目12个。2023年战队签约亿元以上项目6个，签约项目共投资额7.44亿元。组织参加湖北文旅重点项目招商签约大会，鹤峰县木耳山及杨柳池康养项目、来凤县西水河户外欢乐世界建设项目、巴东县神农溪景区收购及提档升级项目3个项目现场集中签约，总投资14.4亿元。

**【推进文旅消费】** 开展2023“极目楚天 钟情恩施”文旅消费券投放工作，结合恩施州夏避暑、冬滑雪的旅游资源特性，投放周期从2023年7月持续至2024年2月，总投放资金888万元，征选游湖北、携程、美团3家平台参与线上消费券发放工作，惠及商户93家。各平台申报核销资金876.78万元，核销率超95%，带动交易金额3570万元。5—10月以“趣恩施 嗨一夏”为主题，恩施州及各县（市）先后在武汉、重庆等地举办10多场“凉交会”，实现客源互送以及良好的文旅互动交流。6月25—27日，中国避暑旅游发展报告发布会在利川市举行，公布“2023避暑旅游优选地”名单，并为神农架等20个地级市、利川等20个县级市授牌。

**【旅游商品开发】** 组织参加2023中国特色旅游商品大赛，利川市“夷水之恋”布艺餐桌六件套、建始县刘芳玲高山萝卜系列获得大赛银奖，恩施市“一红一绿”香氛获得大赛铜奖。联合团州委印发《举办恩施州第五届青年创新创业大赛的通知》，动员县（市）宣传发动符合条件的文创企业参加，湖北凤鼎文化传媒公司——摆手舞非遗文创徽章获文创组一等奖，湖北朗飞教育科技有限公司——扎染、利川市融媒体中心——《曲水流觞》品茶宴获文创组二等奖，湖北东浩科技实业有限公司——宣恩贡茶文化系列茶具、宣恩县礼宜国丰服装馆——中华优秀传统民俗婚礼展演、湖北一红一绿茶叶科技集团——恩施非遗融入市场，焕发新活力获文创组三等奖。

**【夜间文旅消费】** 开展第三批国家级夜间文化和旅游消费集聚区和省级夜间文化和旅游消费集聚区申报工作。截至年底，恩施土家女儿城景区入选第一批国家级夜间文化和旅游消费集聚区，利川市龙船天街入选2022年湖北省级夜间消费集聚区，宣恩县仙山贡水集聚区入选2023年湖北省级夜间消费集聚区。

**【服务区域旅游发展】** 州文旅局联合审议印发《宜荆荆都市圈特色消费目的地建设三年行动方案（2023—2025年）》《宜荆荆都市圈2023年重点工作情况清单》，启动“宜荆荆恩神”百万游客圈内互送活动，签订《“宜荆荆恩神”区域文旅产业发展合作框架协议》。联合州发改委召开宜荆荆都市圈发展联合办公室第三次工作会议暨文旅融合联席会议，宜昌、荆州、荆门、恩施4个市州交流2024年工作思路和重点工作谋划情况，签订《“宜荆荆恩”区域文旅产业发展2024年行动计划》。

**【柑橘产业链】** 牵头部门州文化和旅游局联合州农业农村局修改完善《2023年省柑橘产业链建设资金项目申报指南》，推荐宣恩县富源农业发展有限公司、湖北苗仙聚生物科技有限公司申报2023年湖北省柑橘产业链建设项目，宣恩县富源农业发展有限公司获300万元资金支持。

**【旅行社】** 全州创建1家AAA级旅行社，指导2家旅行社创建AAAA级旅行社。截至年底，全州AAA级以上旅行社共21家，其中AAAA级旅行社4家，AAA级旅行社17家。落实《关于激发市场主体活力推动经济稳健发展的若干政策措施》精神，制定《恩施州2023年旅行社组织游客奖励实施细则》，动员企业组织游客到恩施旅游，对符合奖励标准排名前20的旅行社分别给予奖励。经县（市）初审和州文旅局复核，10家旅行社通过审核，进入公示阶段。根据文旅部办公厅《关于进一步调整暂退旅游服务质量保证金相关政策的通知》，为新成立旅行社落实暂缓缴纳质保金，暂缓缴纳金额2260万元。恩施州青年旅行社、湖北颐行旅养国际旅行社获评湖北省文旅行业“优质服务品牌”企业；4条旅游线路获评湖北省“高品质旅游线路产品”，分别是湖北想游国际旅行社有限公司“土司往事”、湖北颐行旅养国际旅行社有限责任公司“发现长江 船说恩施7日游”、恩施市风情之旅国际旅行社有限公司“抖爱恩施私享小团5日游”、恩施州青年旅行社有限责任公司“醉美湖北，鄂西之恋——湖北环线全景游”。

**【星级饭店】** 鹤峰源龙大酒店创建四星级旅游饭店，全州高星级旅游饭店总量达到13家，恩施朗宁大酒店、建始小西湖大酒店通过四星级旅游饭店复核。根据《湖北省旅游住宿业塑料污染治理专项行动方案》，推动旅游住宿企业塑料污染治理工作，星级饭店不主动提供一次性塑料用品。

【旅游民宿】 全州有等级旅游民宿2家。星野2021年被评为甲级旅游民宿，猫窝2023年被评为乙级旅游民宿。

【导游】 全州共有持证导游1621名。3月，组织开展全州导游人才培训及导游职业技能大赛，120余人参训参赛，大赛产生一等奖1名，二等奖2名，三等奖3名，最佳讲解奖、最佳形象奖、最佳才艺奖各1名，优秀导游奖6名。7月，参加湖北省第十四届导游大赛，恩施选手向红新以综合成绩第一名获大赛金奖，并获最佳讲解奖和最佳才华奖2个单项奖，唐青获大赛铜奖，州文旅局获优秀组织奖。11月，组织实施2023年导游考试工作，参考人数1420人，位居全省第2，较2022年增长334%，超历史纪录。

（魏 娜）

## 恩施州文化旅游投资开发有限公司

【概况】 恩施州文化旅游投资开发有限公司（简称“州文旅投公司”）于2022年7月成立，是州委、州政府围绕“立足大生态、构建大交通、发展大旅游、打造大产业”工作部署，为做强做优文化旅游产业，开创恩施全域旅游发展新局面而打造的州级文化旅游产业投融资平台。2023年，州文旅投公司发挥平台功能，以文化旅游为载体，重点围绕管理运作国有文化旅游资产、经营发展文化旅游产业、投资重大文旅项目和景区建设、全州大型旅游宣传策划等工作，推进恩施州优质旅游资源深度开发、提档升级。公司资产总额10.1亿元，净资产2.03亿元，完成固定资产投资7.86亿元，上缴税费2655.58万元；全年新增银行融资规模6.2亿元，放款6.02亿元，其中恩施州文化中心资产盘活项目贷款6亿元，已全部提款。

【项目建设】 州文旅投公司投资实施旅游建设项目3个和资产购置项目1个，总投资26亿元，完成投资9.29亿元。包括：投资8亿元实施恩施州文化中心资产盘活项目，完成恩施州文化中心资产购置，完成投资8亿元；投资15亿元打造恩施忘尘峰露营度假区，完成项目总体规划设计以及草坪、房车营地建设，完成投资600万元；投资2.75亿元对州文化中心进行改造升级，打造恩施州文化中心文旅综合体，完成项目一期夜经济环境提升工程、《西兰卡普》剧目、地质博物馆建设，完成投资1.03亿元；投资2500万元对原亚洲大酒店进行装饰装修，组建施州大酒店，完成房屋主体结构加固工程建设，装修工程完成90%的工程量，完成投资2000万元。

（周荆丰）

# 市场营销

【概况】 2023年，围绕文旅宣传和旅游营销重点开展工作，参加国家、省、州级层面文旅推介活动，面向全国及重点客源地推介恩施州文旅资源，依托重点话题，线上线下开展宣传推介活动，扩大恩施旅游“朋友圈”，提升恩施州文旅知名度和影响力。

【“凉”交会】 州及各县（市）在武汉市、重庆市、杭州市举办凉交会21场，累计参与人数超过3万人。发挥新华社、新华网、《人民日报》《光明日报》、“学习强国”学习平台等国家级主流媒体宣传引领效果，利用省、州、县（市）各级媒体宣传途径，通过直播、短视频及活动推文宣传等形式，推广恩施避暑旅游资源，吸引避暑游客。

【世界旅游目的地建设】 在全省率先编制《恩施州创建世界级旅游目的地策划和实施计划》，创新编制《恩施州文化旅游品牌三年营销推广战略策划书》，明确恩施州创建世界级旅游目的地的总体定位、空间格局等。

【国内市场营销】 立足客源地营销宣传需求，参与省文旅厅组织的“极目楚天 钟情湖北”系列营销推广活动，在韩国、日本、大湾区开展旅游推介，深港及侨界学生夏令营、泰国旅行团等落地恩施，香港旅游企业美丽华集团已推出恩施5天深度游线路产品。到北京、杭州、重庆、海南等客源地市场开展旅游宣传推广。参加第二届中国（武汉）文化旅游博览会，恩施州展馆获“最佳展台奖”等3项大奖；举办中国（恩施）大学生旅拍大赛；参加长江主题旅游海外推广季；组织全州文旅企业参加北京国际旅游博览会；参加2023中国·武陵文旅峰会；首次在恩施举办中国避暑旅游发展报告发布会，继续举办恩施州第二届“凉交会”。

【媒体营销】 借助央视、新华社、《湖北日报》《楚天都市报》《恩施日报》等官方媒体平台，对恩施州特色文旅资源、文旅活动宣传报道。恩施文旅15秒宣传片在央视CCTV-1《新闻联播》提示收看等4个栏目重磅推出，“直尕思得 恩施要得”全新旅游宣传口号亮相央视，央视CCTV-2《欢乐大猜想》聚焦恩施大峡谷取景摄制，《半月谈》跟着节气打卡聚焦恩施避暑游。邀请央广网为恩施州量身打造文旅宣传节目《共赴山河之旅》，主持人敬一丹、李立宏来到恩施现场取景，全网浏览量近千万人次。中秋国庆假期期间，央视CCTV-13《朝闻天下》

《新闻直播间》先后报道恩施大峡谷景区土家特色文化活动和建始红岩寺镇中秋传统民俗“摸秋”。利用“12306” App“高铁之眼”展播恩施州文旅资源，展示恩施文旅形象。恩施州成为端午和国庆假日全国热门旅游目的地，恩施市成为十大魅力打卡之城。发挥微信公众号、视频号、新浪微博、百度百家号等平台流量带动作用，全面铺开线上营销。2023 年，“我在恩施过大年”“恩施的春天约起”“趣恩施 嗨一夏”“共赴恩施山河之旅”等热门话题多次登上热搜，“恩施州第二届凉交会湖北武汉盛大启幕”推送百度热搜，实现宣推达 479.6 万次；多个话题登上微博热搜，“恩施的春天约起”话题阅读量 434 万人次、“玩转恩施快乐出发”话题阅读量 811 万人次，话题阅读量总计 1245 万人次；恩施文旅号视频号策划“我在恩施过大年”“恩施新年好”“冰雪恩施”“节气恩施”“恩施的春天”“春日打卡”“景区推介”“五一来恩施”“恩施 · 致青春”等系列短视频，特别策划《恩施的春天是怎样的呢》《茶海中的恩施》《前方到站恩施站》《恩施欢迎你》《航拍恩施》等视频成为爆款；“恩施文旅号”抖音号累计播放量 500 万人次以上，点赞量超 6 万人次，单条最高浏览量过百万人次。在 2023“湖北文旅十佳政务新媒体”评比中，恩施文旅号新媒体矩阵获 2023“湖北文旅十佳政务新媒体”称号。

（魏　娜）

# 卫生

Hygiene

## 卫生与健康

【概况】 截至2023年底，全州各级拥有医疗卫生机构2704个。有医院70个，其中综合医院33家（三级综合医院6家）、中医（中西医结合）医院12家（三级中医院3家、三级中西医结合医院1家）、专科医院25家；专业公共卫生服务机构29个；基层医疗卫生机构2598个，含社区服务中心7家、乡镇卫生院85家、村卫生室1869个。全州卫生机构有人员35578人，其中卫生专业技术人员29608人；执业（含助理）医师11216人，每千常住人口拥有3.31人（常住人口339.0万）；注册护士14117人，每千常住人口拥有4.16人；全州开设病床30162张，每千常住人口拥有病床8.9张。省级重点专科达到109个，有国家级重点中医建设专科2个，省级中医重点专科29个，94个州级中医重点专科和14个州级基层中医重点专科，国医堂90个，名医堂9个、养生堂9个，全国基层名老中医工作室2个，省级知名中医工作室57个，州级名医工作室10个。

【医疗卫生体制改革】 促进医保、医疗、医药协同发展和治理，委州共建8个专业省级区域医疗中心有序推进，州中心医院新区医疗中心纳入全省4个省级区域医疗中心建设项目之一，规划实施恩施州中医医院等一批中医类重大项目。协同医保动态调整口腔种植、中医类医疗服务项目价格，全年兑现拨付集采药械结余留用资金4675万元。稳妥推进薪酬制度改革，出台《州直公立医院薪酬制度改革试点指导意见》等，巴东县纳入全省县级公立医院改革和高质量发展项目示范县。全州医疗服务收入占比达到36.4%，基层医疗机构诊疗量占比达到59.4%，县域就诊率90.8%，保持在90%以上；平均住院日下降至7.9天，住院次均费用7999.2元，较2022年度下降5%。

【医疗基础设施建设】 恩施州积极争取公共卫生体系补短板建设项目172个，总投资102亿元，其中医院建设项目48个、疾控中心等专业公卫机构建设项目31个、乡镇卫生院建设项目93个，累计争取抗疫国债16亿元、中省预算内投资7亿元、地方政府债券18亿元。

【医政药政管理】 恩施市中心医院、利川市人民医院通过三乙评审。评审通过64个州级临床重点专科、9个临床建设专科，获评22个省级临床重点专科、13个建设专科，州中心医院眼科成功申报为国家临床重点专科建设项目。加强医疗质量控制，修订完善《恩施州医疗质量控制中心管理办法（2023年修订版）》，新成立4个州级医疗质量控制中心（暴发性心肌炎、神经血管介入、甲乳外科、全科医学）。截至年底，建立52个州级医疗质量控制中心。院前急救能力持续加强，全州已建成急救站120个，配备院前急救救护车135辆，州级及利川市、来凤县独立型指挥型急救中心已实现独立运行。远程医疗协作深入推广，2023年远程诊疗7.75万人次，较2022年增长20%。药事管理能力不断增强，建成省临床药师培训管理中心恩施分中心，获得全省药师职业技能竞赛优秀组织奖。无偿献血事业持续发展，全州4.2万人参加无偿献血，献血总量 14 吨，同比增长 1.1% 和 0.4%，连续五届荣获全国无偿献血先进市州荣誉。疾病应急救助保障有力，全年共救助 39 人次无力支付医疗费用患者，救助金额 145.19 万元。持续纠治行业不正之风，开展医药领域腐败问题集中整治和不合理医疗检查及用药突出问题专项治理工作，截至 2023 年 12 月 31 日，主动上缴不当得利 1426 笔，涉案金额 548 万元，查办问题线索 81 件。推进清廉医院建设，2023 年度考核排名全省第 5。

【中医药事业】 6 月 26 日，州委、州政府印发《恩施州促进中医药传承创新发展实施方案》。恩施州中医医院建设方案已经州委常委会、州政府常务会议审议通过，项目总投资 8.96 亿元、设置床位 750 张，正在开展设计招标工作。恩施市中医医院迁建项目总投资 8.6 亿元、设置床位 700 张，项目已经开工建设。4 个国家级中医重点专科，30 个省级中医重点专科，94 个州级中医重点专科和 14 个州级基层中医重点专科。国医堂 90 个，名医堂 9 个、养生堂 9 个，全州各级名医工作室达到 69 个，其中 2 个全国基层名老中医工作室、57 个省级知名中医工作室和 10 个州级知名中医工作室。有恩施中医大师 32 人，恩施中医名师 39 人。完成“杏林耕耘 50 年”老中医认定工作并颁发纪念证书和纪念章。在州委党校对通过全省中医确有专长考核合格人员举办首届中医确有专长医师培训班。首批“西学中”培训班结业，组织参加全省专项考试。咸丰县全国基层中医药示范县创建已通过省工作组评审组织。持续开展中医院腐败问题专项整治，完成恩施市、巴东县、鹤峰县公立医院巡查。推出《二十四节气·中医养生》栏目，由恩施州中医大师、名师在每一个节气到来之际讲中医、说养生，在《恩施日报》《恩施晚报》、恩施发布等多个平台播出。“苗医苗药”被列为州级非物质文化遗产。

【基层卫生和公共卫生服务】 全州 8 个县（市）已全部实施在岗和离岗乡村医生养老保险政策。继续落实基本公卫项目，开展家庭医生签约服务，建立居民健康档案，城乡居民规范化电子档案建档率为 90.35%；辖区内 65 岁及以上老年人城乡社区规范健康管理服务率 69.89%；高血压患者规范管理率为 88.70%；糖尿病患者规范管理率为 88.46%；严重精神障碍患者规范管理率 96.18%；老年人中医药健康管理率为 78.75%，0～36 月儿童中医药健康管理率为 91.28%；全州卫生监督协管信息报告率为 100%，传染病及突发公共卫生事件报告和处理率均为 100%。持续做好基层心脑血管防治工作，州卫健委印发《关于做好恩施州 2023 年基层心脑血管疾病一体化防治工作的通知》，开展全州基层心脑血管防治工作培训，共计完成心脑血管疾病筛查 162 万人次，完成任务数的 138.5%，2023 年全州基层医疗卫生机构胸痛救治单元达标 32 家，卒中防治站达标 45 家，心律失常防治单元达标 38 家；其中 29 家基层医疗卫生机构通过基层卒中防治站、胸痛救治单元、心律失常防治单元“三站合一”省级认证，恩施市盛家坝镇卫生院、利川市谋道镇卫生院、宣恩县沙道沟镇中心卫生院获 2023 年湖北省“基层急性心梗溶栓杰出单位”。继续推进“万名大学生乡村医生配备”项目，2023 年委托湖北恩施学院定向培养大学生乡村医生 100 名，专项招聘大学生乡村医生 72 名，共 200 名乡镇卫生院医师到村卫生室开展派驻巡诊。强化县域医疗，推动乡镇卫生院提标扩能，全州 3 家乡镇卫生院核定为二级综合医院，28 家乡镇卫生院纳入二级综合医院管理。远程医疗得到深入推广，2023 年已开展远程医疗协作 5.4 万余例，较 2022 年同期增长超 30%。向基层卫生院选派业务院长，联合州委人才办印发《关于开展恩施州“乡镇卫生院业务院长”选派工作的通知》，第一批次从二级及以上医疗机构选派 30 名优秀人才下沉基层，担任基层医疗卫生机构业务院长，助力提升乡村医疗卫生服务水平。开展优质服务创建活动，恩施州优质服务基层行乡镇卫生院和社区卫生服务中心达到推荐标准 5 家，基本标准 6 家。推进特色科室建设，2023 年共 14 家基层医疗卫生机构申报开展中医康复、妇儿保健、针灸推拿等特色专科建设。开展岗位练兵，9 月开展全州基层卫生人才岗位练兵竞赛，参加全省基层卫生人才岗位练兵，获全省团队二等奖。

【健康恩施】 推进实施健康中国 15 项专项行动，《乡村医疗服务能力提升助力乡村振兴》入围健康中国建设揭榜攻关课题。举办第三届健康科普大赛，观看人数超过 30 万人次。2022 年度健康城市评价，恩施州全国排名 59 名，全省排名第 3。推进“323+”健康问题攻坚行动，完成中期评估。规范开展疾病筛查，完成心脑血管疾病一体化筛查 162.5 万人、慢阻肺高危人群筛查 3.5 万人、城乡妇女宫颈癌免费筛查 33.8 万人、儿童青少年视力筛查 2.2 万人。心血管疾病防治能力不断提升，基层医疗机构开展心肌梗死静脉溶栓 176 例，居全省前列。

【爱国卫生】 推进爱国卫生工作法治化，出台《恩施土家族苗族自治州爱国卫生工作条例》《恩施州公共场所控制吸烟规定（试行）》。听取民情民意，群众对卫生状况满意度不断提升，2023 年群众对卫生状况满意率 99%。推进全域卫生城镇创建，恩施州创建国家卫生城市，同步开展利川市、宣恩县、咸丰县 3 个国家卫生县和 10 个国家卫生乡镇创建工作，巴东县通过国家卫生县省级复审。全州现有 1 个国家卫生县，11 个国家卫生乡镇，12 个待命名国家卫生乡镇，省级卫生县和省级卫生乡镇创建全覆盖。

**【疾病预防控制】** 全州无甲类传染病报告；报告甲乙类传染病发病率为 474.40/10 万，死亡率 2.03/10 万，病死率 0.43%；报告丙类传染病发病率为 1589.98/10 万。规范设置州、县传染病监测预警中心，组建监测专班，明确工作职责及流程，通过公共卫生应急决策指挥系统持续开展监测，着力提升预警处置能力。自系统运行以来，共产生红、橙、黄三色预警信号 7000 余条，均按要求及时进行处置，无重大突发公共卫生事件发生。全州始终保持三级指挥体系高效运转联动，及时调整优化指挥调度体系，坚持定期分析研判、会商调度运行机制，医疗机构发热门诊、哨点医院、病毒变异检测等多渠道监测机制有效运行，在 2023 年湖北省多病原监测工作质量评估中，恩施州排名跃升至全省第一梯队，全年完成流感病例监测 4260 份，流感病毒细胞培养 94 株，流感病毒鸡胚分离 9 株；临床发热或肺炎病例的 30 种呼吸道多病原检测 3034 份。2023 年新生儿建档 19766 人，共接种免疫规划疫苗 53.51 万剂次；全州 0~6 岁儿童所有免疫规划疫苗剂次的总体接种率达 97.55%，全州以乡镇为单位均超过 90%。继续实施《公共卫生任务书》制度；继续落实二级及以上医疗机构内科类医师在晋升副高职称前，完成规定学时的公共卫生能力训练的制度。组织 296 人参训医疗机构与疾控机构急救机构双向交流线上培训（临床学公卫 186 人、公卫学临床 110 人）；制定《恩施州医疗机构与疾控机构急救机构专业技术人员双向交流培训实施方案（试行）》并印发实施。继续在各县（市）地标建筑开展“为终结结核病点亮城市的红”亮灯行动，营造宣传氛围，扩大宣传效果，广泛动员社会力量积极参与结核病防治；落实学校结核病防控各项措施，将结核病筛查工作纳入教职工常规体检必检项目，把好入学结核病筛查关，强化学校肺结核预警及响应。艾滋病防治工作稳中求进，2023 年符合治疗条件的艾滋病病人接受抗病毒治疗比例 95.37%，存活且在治的艾滋病病人开展病毒载量检测比例 98.16%，抗病毒治疗成功率逐年提升，连续 3 年超 95%；会同民政部门建立艾滋病病人和感染者申办城乡低保“绿色通道”。健全管理体系，持续提升精神卫生工作水平，截至 12 月底，全州严重精神障碍患者在册人数 18688 人，报告患病率为 5.44‰，管理率 97.61%，规范管理率 95.71%，服药率 92.05%，规律服药率 74.58%；精神分裂症服药率 93.17%，精神分裂症规律服药率 76.99%；面访率 96.48%；体检率 74.69%，各项指标较 2022 年同期有所提升。5 月底前，州、县疾控局完成挂牌；12 月底前，州、县疾控中心完成挂牌；12 月底前，州、县疾控局、疾控中心主要领导人员明确。

**【食品安全与营养健康】** 7 月 19—20 日，国家卫生健康委副主任、党组副书记雷海潮，食品司司长刘金峰，医疗应急司司长郭燕红，湖北省卫健委党组书记、主任陈红辉到恩施调研食品安全和营养健康综合试验区工作。12 月，恩施州在 2023 年全国食品安全宣传周国家卫生健康委主场活动中进行交流发言。5 月 12 日，举办 2023 年全民营养周宣传活动并与国家卫生健康委主会场连线直播。10 月 18 日，印发《恩施州食品安全和营养健康综合试验区建设“六大先行先试项目”实施方案》和《恩施州营养健康场所创建工作指南》。完成硒蛋白营养强化剂食品安全国家标准修订文本并提交食品安全国家标准审评委员会。率先在全省推进医疗机构 HIS 系统与国家、省食源性疾病监测系统对接试点工作，国家卫生健康委食品司 2023 年 8 月下发文件推介恩施经验。不断扩大食源性疾病监测覆盖面，所有乡镇卫生院在内的 114 家医疗机构和 1659 个村卫生室常规开展食源性疾病监测。绘制《恩施州野生蘑菇中毒风险分级地图》，对 2015 年以来的蘑菇中毒事件从时间、地域进行全面分析，掌握恩施州蘑菇中毒事件的发生规律，有针对性地发布风险提示，提高公众的防范意识。与西安交通大学全球健康研究院联合开展健康体重干预项目。加大“蘑菇中毒重点实验室”建设力度。建立 100 余种蘑菇样本库、6 种毒素数据库，鉴定毒蘑菇 40 余种。目前已为湖南省湘西自治州，湖北省宜昌、襄阳、咸宁、黄冈 5 地市提供蘑菇毒素检测与鉴定服务，成为武陵山区蘑菇中毒防治技术应用和推广的新基地。在社区、机关单位、学校、景区、医疗机构等推动创建营养健康场所，成功创建 101 家营养健康食堂。承办 3 期省级营养指导员培训班，累计培训学员 666 人，其中恩施州学员 348 人，目前恩施州已累计培训营养指导员 450 人，完成“每万人配备 1 名营养指导员”的目标。

**【卫生应急】** 组织修订《恩施州突发事件紧急医学救援应急预案》《恩施州突发公共卫生事件应急预案》，恩施州中心医院被国家紧急医学救援基地（湖北）纳入联盟单位，同时成立恩施州紧急医学救援联盟，并将全州县（市）22 家医疗机构纳入联盟单位。组织开展全州紧急医学救援技能竞赛、现场流行病学调查技能竞赛，检验预案，完善准备，锻炼队伍，提升能力。

**【职业健康】** 巴东县人民医院、咸丰县人民医院承担哨点医院尘肺病筛查工作，呼吸科门诊就诊人数共 12335 人，其中拍片 7327 人，接尘工人拍片 146 人，尘肺样改变总人数41人，接尘工人尘肺样改变人数38人。2023年共出具166份职业病诊断证明，完成网报166人，目标疾病均为职业性尘肺病。接尘工龄不足5年诊断为尘肺病的患者有4名。恩施州职业病随访任务1248人，实际随访人数1582人，8个县（市）均已完成职业病随访工作。恩施州共有尘肺康复站13家，现均已完成建设投入运行。恩施州工作场所监测企业任务数200家，8个县（市）全覆盖。2023年11月抽样10%参加省级复核，复核的问题均已整改，网报数据审核完成。恩施州职业健康素养监测企业5家，监测人数216人，全部完成问卷调查。调查放射诊疗机构165家，放射工作人员1480人，个人剂量监测率99.32%。对128家医疗卫生机构进行个人剂量监测，共监测1395人；33家放射诊疗机构在省疾控中心进行个人剂量监测，共监测75人。恩施州职业健康体检机构为州中心医院，放射工作人员每两年进行一次健康体检，2023年职业健康体检人数1175人。全州205家工业企业确定为职业病危害专项治理单位，均纳入监督服务管理，完成职业病危害项目申报205家。全州用人单位“双随机”任务数共260家，2023年度实际监督270家，现场下达监督意见书315份，监督完成率达116.67%。全年对用人单位共立案处罚5起，均给予警告的行政处罚，并责令限期改正违法行为。对全州12家职业健康检查机构及1家职业病诊断机构、1家职业卫生技术服务机构，进行全覆盖检查，对发现的问题均现场下达监督意见书，责令限期整改。立案处罚1起，给予警告行政处罚。开展健康企业、健康达人申报评审工作，经评审上报省级健康企业5家、健康达人5人。

【人口监测与家庭发展】 全州全面落实三孩生育政策，全面清理涉计划生育规范性文件；取消社会抚养费，清理和废止相关处罚规定；将入户、入学、入职等与个人生育情况全面脱钩；取消再生育审批，全面落实生育登记制度。强化动态监测，年度全州出生19532人，出生率4.77‰。持续增加托育服务供给，婴幼儿照护能力不断提升，全面完成健康湖北考核，3岁以下婴幼儿托位数达到目标8815个。截至年底，全州有提供托育服务机构257家，普惠性托位占50.64%，3岁以下婴幼儿入托率6.47%。计划生育家庭奖扶政策全面落实，全州确认农村部分计划生育奖励扶助对象89244人、计划生育家庭特别扶助对象4598人，确认州直企业退休职工计划生育奖励对象175人，全部按要求落实奖励扶助资金。完善计划生育家庭特别扶助对象“双岗”（每户确定1名镇干部和1名村干部）联系人制度，做到应扶尽扶，将计划生育家庭特别扶助对象纳入家庭医生签约服务重点对象，优先签约、优先服务、应签尽签。

【妇幼健康服务】 全州辖区活产数20508人，孕产妇0死亡，婴儿死亡率2.29‰，5岁以下儿童死亡率3.51‰，0~6岁儿童健康管理率93.51%。持续开展出生缺陷防治攻坚行动，2023年全州产前筛查率96.32%，新生儿先天性心脏病筛查率99%，孕前优生健康目标人群覆盖率116.32%，新生儿疾病筛查率99.85%，新生儿听力筛查率达99.47%，均达到“323+”攻坚行动重要指标要求。开展城乡适龄妇女“两癌”（乳腺癌和宫颈癌）免费筛查项目，2023年，宫颈癌筛查总数261287人，乳腺癌筛查131442人。组织开展孕产妇和新生儿死亡评审，三级计划生育手术并发症复核和州级鉴定，指导各县（市）开展病残儿医学鉴定工作。创建儿童“健康服务”疾病筛查新模式，建立和完善恩施州0~6岁儿童孤独症初筛、复筛、诊断、康复、救助的规范服务体系，举办全州0~6岁儿童孤独症筛查培训班，不断提高基层0~6岁儿童孤独症干预服务能力，逐年提高筛查率，到2025年达到应筛尽筛，并联合州残联，对0~6岁孤独症儿童进行救助。加强妇幼健康人才队伍建设，选派15名基层产科医师、5名儿保人员到省级三甲医院进行为期三个月的学习培训，开展全州正常分娩接产技能竞赛和妇幼健康职业技能竞赛，以赛促进，推动恩施州妇幼健康系统职业技能水平提升。

【卫生执法监督】 2023年，共有国抽双随机任务125单，任务完成107家，任务关闭18家，监督任务完成率100%，双随机检查中发现违法行为2起，均立案查处。完成部门联合双随机工作。开展医疗卫生监督，对全州各级各类医疗机构进行全覆盖监督检查，共出动监督员3000余人次，检查各级各类医疗机构1000余次，下达《卫生监督意见书》1000余份并责令相关机构整改。日常监督检查中发现违法违规问题坚决予以查处，共计立案查处37起，罚款29.77万元。完成不合理检查、医疗美容、诊所突出问题专项整治、民营医院专项治理、抗抑菌剂专项整治等专项行动监督检查。开展医疗美容专项治理工作，排查全州范围内有证的医疗美容机构37家，排查其他生活美容机构100余家。对其中7家医疗美容机构进行整顿，对其中3家有违法行为的医疗美容机构给予行政处罚，共计罚款2.5万元。开展公共卫生监督。生活饮用水监督检查，巡查农村供水单位406家；开展餐饮具集中消毒机构卫生监督，对23家餐饮具集中消毒机构进行督查。开展学校卫生监督，对全州135所中小学（托幼机构）开展双随机检查，开展“323+”攻坚行动青少年近视防控专项检测工作，抽取托幼机构43所、校外培训机构28所进行抽检。开展非法应用人类辅助生殖技术专项监督检查，重点检查106家医疗机构，未发现开展非法应用人类生殖辅助技术行为。

【人才科教】　科研创新能力不断增强，2023年度获批2项国家级科研课题、19项省级科研课题、36项州级科研课题。州民族医院《参芪益肺糖浆防治小儿反复呼吸道感染的临床试验研究》《恩施土家族苗族自治州民族民间草药彩色图谱》2项成果分别获得中国民族医药协会科学技术进步奖一等奖和民族医药著作三等奖。医学人才培养和教育高质量开展，全年住院医师规范化培训招录153人，全科医生转岗培训合格98人，助理全科医生培训招录9人，选派3名医师参加儿科转岗培训。农村订单定向免费医学生招录29名，每万人拥有全科医生数达到4.59人、每千人拥有执业医师和护士数分别达到3.3人、4.15（年报核实）人。开展继续医学教育项目127项，其中国家级11项、省级57项、州级59项。

【宣传】　在各级各类媒体发布信息4266条、小视频562条，委官网政府信息公开851条，“12320”共接听热线592条。健康科普宣教深入人心，来凤县人民医院、州中心医院选送的3项作品被评为国家级健康科普作品征集大赛优秀作品，4项作品入围国家级作品。争取省卫健委宣教中心支持，将湖北省卫生健康文化宣传阵地建设项目落户到鹤峰县白族乡细杉村。做好典型人物推荐工作。4月6日，乡村医生杨芳作为基层乡村医生代表，到北京参加现场宣讲活动。

【荣誉】　州民族医院妇产科主任医师朱明莉获评“中国好医生中国好护士”5月月度人物；8月，州中心医院西医部急诊中心主任李德忠获2023年度“荆楚楷模·最美健康守护者”称号。

【行政审批】　对县（市）85项业务办理项依照法律法规，从办事环节、材料清单、承诺时限、特殊环节等进行纠正、优化，县级事项申请材料由167项减少到120项。2023年受理各类审批事项1398件，其中医疗机构相关业务办理事项324件（医疗广告审批110件，麻醉印鉴卡相关业务办理76件，放射诊疗相关业务及放射工作人员证发放共计69件，医疗机构设置、执业登记及信息变更相关业务共计69件）、医师执业注册相关事项398件、护士执业注册相关事项676件。

【数字化建设】　推进全民健康信息平台项目建设，组织全民健康信息平台设计单位湖北邮电规划设计院与州数字政府项目设计单位华信咨询设计研究院对接沟通，方案已成型。智慧医院建设持续推进，州中心医院、湖北民族大学附属民大医院实现院内全部医疗信息互联互通，各二级医疗机构通过医院微信公众号实现预约挂号、缴费等功能。远程医疗服务系统使用率稳中有升，远程心电诊断较同期增加15.7%，远程影像诊断较同期增加34.9%，远程病理诊断较同期增加41%。开展2023年度全州卫健系统网络安全检查启动暨网络安全培训班。

【巩固健康扶贫成果衔接乡村振兴】
坚持“保证质量、方便患者、管理规范、精准施救”的原则，实施分级管理推进大病救治工作。在全州推进县域内医疗机构执行农村低收入人口县域内住院“先诊疗、后付费”制度，做好大病和慢病门诊报销工作，减轻群众看病就医负担。全州医疗机构与医保结算系统高度整合，“先诊疗、后付费”“一站式、一票制”结算政策执行率为100%。三类重点监测对象入户核实率、分类救治率及家庭医生签约服务率均在99.99%以上，无因病返贫致贫现象发生。

（袁　园）

## 药业产业化

【概况】　2023年，恩施州中医药（生物医药）全产业综合产值245亿元，中医药产业涉及一、二、三全产业链，涵盖中药材种子种苗、中药材种植、中药材加工、中药材商贸流通、医疗服务、中医药康养等细分领域。

【中药农业】　全州中药材在田面积9.58万公顷，全年采收面积3.07万公顷，产量18.1万吨，恩施市、利川市、巴东县、咸丰县、鹤峰县5个县（市）中药材种植面积均超过1.33万公顷。千亩以上中药材品种40个，木本药材厚朴、黄柏、杜仲、银杏和草本药材黄连、湖北贝母等品种，种植面积超过6700公顷。建成中药材万亩以上乡镇28个、千亩中药材村200个，是恩施州中药材特色优势品种主要种植区。现有自繁自育中药材种子种苗企业25家（含销售额200万元以上种子种苗企业7家），以州内销售为主，州外销售占16.1%；全州从事中药材种养和加工企业94家（其中省级农业产业化龙头企业8家、规模以上企业16家），中药材专业合作社640家，家庭农场约150家。其中年产值500万元以上的生产经营主体65家（过亿元企业3家、过5000万元企业7家），产品涵盖原料药初加工产品（洗涤、挑选分级、修整切制、去皮壳、蒸煮烫、烘干工艺后的产品），及中药饮片、配方颗粒、提取物等精深加工产品。8家中药材企业入选省级专精特新“小巨人”企业。获得省2023年度中药材产业链资金支持项目3个、资金950万元。

【医药工业】 涉及中药材加工的规模以上企业34家（按统计分类医药企业19家），其中中药饮片加工企业14家，中成药生产企业2家，化学原料药企业1家，中间体提取企业2家。时珍堂、中耀药业（原一正药业）等5家企业产值过亿元，香连药业、中耀药业等8家企业获评省级专精特新中小企业，中耀药业获评省级制造业单项冠军。有《药品生产许可证》的中药企业8家，其中年产值过亿元加工企业5家，时珍堂（巴东）药业年产值近5亿元。全州医药行业共开（复）工工业（技改）项目39个，占全州开（复）工工业（技改）项目6.5%，医药行业工业（技改）总投资34.8亿元，占全州工业（技改）总投资5.9%。

【商贸流通及大健康服务业】 中医药商贸流通能力提高。中药材产区集散系统逐步完善，咸丰县神光道地药材经营小区和恩施高山片区（椿木营）中药材集散中心年交易量突破2亿元，巴东野三关中药材市场即将投入使用，武陵山中药材集散中心、利川市黄连批发市场正加快筹建。中医药推广成效明显。全州二级以上医院中，提供中医医疗服务28家。有国家级中医重点专科4个、省级中医重点专科30个、州级中医重点专科94个。中医医院门诊诊疗服务量110.2万人次，占全州医院门诊服务量的19.45%；出院8.55万人次，占全州医院总出院人次的20.12%。中医药文旅康养服务逐步发展。中医药文化为特色的养老、养生和旅游产业起步，打造利川箭竹溪黄连小镇，建成全国最大的高山药用植物园——华中药用植物园，以利川苏马荡、建始花坪、巴东野三关为代表的“中医药康养+避暑养老”新模式逐步形成，全州药旅康养产业总产值超过20亿元。

（李向阳）

# 重点医院

## 恩施州中心医院

【概况】 2023年，州中心医院综合实力位居全省医疗机构第一方阵，由西医部、中医部、金龙院区3个院区组成，是集医疗、科研、教学、预防保健于一体的武陵山区域医疗中心（省级）。医院获得全国先进基层党组织、全国卫生计生系统先进集体、全国少数民族医药工作表现突出的先进单位等荣誉。医院编制床位2475张，实际开放病床3100张。拥有达芬奇手术机器人、PET/CT等大型尖端设备600余台（件）。2023年，门（急）诊病人13581220人次，同比增长19.5%；入院病人123872人次，同比增长21.3%；全年开展手术30702人次，同比增长14.2%。

【武陵山区域医疗中心建设】 持续推进武陵山区域医疗中心建设。省委副书记、省长王忠林调研新区（二期）武陵山区域医疗中心建设项目，省人大常委会委员、财经委主任委员刘芳震，州委书记胡超文等省、州领导关心、支持新区项目建设。12月12日，工程主体结构封顶，2亿元中央预算内投资按期使用完毕。完善金龙院区服务功能，新增编制床位220张。公共卫生临床中心启用，14个专科门诊、辅检科室开诊；肿瘤放疗中心正式投入使用，肿瘤诊疗中心向金龙院区扩展，血液内科整体搬入；公共卫生临床中心辅检大楼扩建工程、武陵山区首个SPF级实验动物中心、提档升级的儿童保健中心、内镜中心、视光中心投入使用。武陵山区首台PET/CT、首个核素治疗病房等发挥作用，核医学科患者人次大幅增加。“体外受精—胚胎移植（IVF-ET）、卵胞浆内单精子显微注射（ICSI）技术”通过国家现场评审。成立武陵山区首个儿童心理健康中心，成为全国首批“婴幼儿养育照护示范指导中心”、湖北省妇幼健康联盟成员单位。

【落实疫情防控政策】 加强重点科室、重点部门、重点环节感染防控管理。按照“体系不变、班子不散、力量精干、平急转换”的工作要求，围绕“防重症、防死亡”，认真落实“应设尽设、应开尽开”“应收尽收、应治尽治”和“1+5”包保县（市）急危重症转诊工作。11月，应对儿童呼吸道疾病感染与多种病原体叠加感染的复杂局面，保障儿童呼吸道疾病救治工作。落实四级感控督查，开展第二届全州“爱院感·致青春”演讲比赛、“世界手卫生日”系列活动。开展院感知识培训28期、8229人次。创建“恩医感控”微信公众号，推出科普宣传7期。申报成为全国医疗机构感染监测网、全国消毒供应质量管理与控制平台、“提高住院患者抗菌药物治疗前病原学送检率”哨点医院。获评2023年度湖北省优秀地级市院感质控中心。发挥公共卫生临床中心“平战结合”功能，推进医防融合发展，提升公共卫生应急管理能力。举办2023年恩施州紧急医学救援实战演练暨技能竞赛活动，国家紧急医学救援基地（湖北）分基地挂靠恩施州中心医院。成为欧洲复苏委员会生命支持课程科普基地。完成120急救中心撤点建站、院前急救科整体搬迁工作。申报获得疫情救治能力提升项目中央预算内投资144万元。

【落实医改政策】 发挥“四合理”（合理检查、合理治疗、合理用药、合理收费）管控机制作用，严格控制医疗费用不合理增长。2023年，平均住院日、平均住院费用，药占比、料占比同比均下降。医疗服务费占比≥30%，创历史新高。基本药物使用金额占比33.58%，同比增长1个百分点。抗菌药物使用强度为35.14DDDs，低于国家管控标准（≥40DDDs）。加强临床合理用药指导和监管，开展个体化用药指导服务和远程药学服务，药学门诊服务患者123人次。强化高值耗材二级库和耗材追溯管理。建立询价机制，控制耗材成本，共174个耗材品规降价，节约资金250万元。开展医保普法暨基金监管集中宣传月、不合理检查及用药突出问题自查自纠、医保领域打击欺诈骗保专项整治等活动。加强医保基金监管，严格执行医保法规政策，持续加强“人防”“技防”，守护人民“救命钱”。做好DIP付费相关工作。推广“医保电子凭证”，医保电子凭证结算22万余人次，结算率53.5%。做好异地就医联网结算工作，异地就医结算27818人次。

【医疗业务发展】 心血管、呼吸、儿科、骨科、肿瘤、传染病6个省级区域医疗中心区域引领作用不断彰显。暴发性心肌炎、乳腺甲状腺外科、全科医学3个恩施州专业质控中心挂靠恩施州中心医院，牵头成立的州级质控中心增至43个。州中医管理学会、全科医学会、疼痛学分会、输血分会挂靠恩施州中心医院成立。通过湖北省“癌痛规范化治疗示范病房”复评。建成国家级“脑出血外科诊疗基地”、国家高级认知障碍诊疗中心。成为国家人体捐献器官获取质量控制中心源头培训项目协作单位、国家卫生健康委能力建设和继续教育神经介入建设中心、中国出血中心联盟理事单位、湖北省病理专科联盟恩施区域中心。推进全国疼痛综合管理试点和安宁疗护试点工作。加强胸痛中心、卒中中心、创伤中心等中心规范化建设。提档升级的心胸外科ICU投入使用。眼科中心成为全州首个国家级临床重点专科建设项目单位，获建设经费500万元。急诊专业申报国家级临床重点专科建设项目。11个专业通过2023年省级重点专科评审，省级重点专科数量增至48个，覆盖率96%。打造专科护理品牌，推进优质护理服务。推进“磁性病区”建设，推广VTE专科护理小组，早期识别高风险患者并有效干预。成为湖北省“儿科专科护士培训基地”。举办首届护理员实训班，培训学员73名。加强护理人员人文关怀，推行“护士睡眠日”，开通“天使之声”。全面拓展“互联网+护理服务”、引入“纳里医生”手机App，开展“手机预约、护士上门”，在线护理咨询、居家护理指导等延续性护理服务，开通28个护理服务项目（含9项中医护理服务）。完成全州护理重点专科评审及指导工作。获评“2022年度湖北省优秀区域护理质量控制中心”。牵头成立恩施州14支南丁格尔志愿护理服务队。全年完成医疗设备招标采购项目120项，引进全球领先瓦里安医用直线加速器系统、全飞秒激光角膜屈光治疗机等医疗设备，成立省内首个地市级医疗器械质控中心。开展传染病防治、放射防护安全管理、健康促进和双创工作，耐多药肺结核防治工作经验在全国推广，推进国家级食品安全和营养健康综合试验区建设工作，食源性疾病监测“321”工作机制获国家食品安全风险评估中心高度评价。国家卫生健康委雷海潮到院调研工作并给予高度肯定。恩施市龙凤镇卫生院、咸丰县妇幼保健院等8家医疗机构挂牌成为武陵山医疗集团成员单位，集团成员增至72家。

【人才队伍建设】 州中心医院坚持名医、名科、名院战略，继续实施“胡萝卜”“南丁格尔”等系列人才工程，推进专业人才博硕化。全年开展9次人员招聘工作（2次专项招聘、7次院内招聘），引进博士3名、硕士40名。完成2021年度卫生高级职称自主评审。陈洪波、雷玉华被评为“湖北省楚天英才”，刘杲、向田被评为“湖北省医学青年拔尖人才”。

【教学科研】 州中心医院获国家自然科学基金项目2项、省自然科学基金项目7项。与湖北省第二地质大队在健康地质方面展开合作。完成GCP合同签署930万余元。急诊ICU、肿瘤专业通过国家药物临床试验现场核查。开展新业务新技术195项。登记实用新型专利10项、外观设计专利5项。发表论文230篇，其中SCI论文96篇。推进医学生教学培训管理工作。入选博士后创新实践基地备案建设单位。新增湖北民族大学硕士研究生导师4人。湖北医药学院2020级临床医学专硕研究生7人毕业。招收2023级临床医学专硕研究生22人。助力湖北民族大学通过中医学专业认证初审。完成73名教师教学职称转聘工作。迎接国家西医住培基地考评、省中医住培评估考评。参加湖北省住培结业理论考试，首考通过率86%；参加全国中医规培业务水平能力测试，平均成绩96.72分，在全国170家地市级中医规培医院中排名25位；召开2023年住培人才见面会，为基层医疗机构培养、输送人才；2023年招录住培学员83人；接收全州53名全科医学转岗学员培训。在恩施市金子坝社区卫生服务中心挂牌成立住培全科基层实践基地、中医全科社区实践基地、中医临床社区实习基地。新建技能培训中心暨OSCE考站即将投入使用。

【中医发展】 州中心医院坚持中西医并重协调发展。推广中医适宜技术，中医适宜技术产值达6800万元，同比上升36%。中医护理门诊开展中医适宜技术21项，服务10300人次。开展中医适宜技术进社区活动9次，惠及群众5980人次。启动“悠小护”线上质控检查，确保护理质量。省、州知名中医工作室、名医工作室增至12个。3名中医专家获恩施州“杏林耕耘50年”殊荣。中医儿童保健门诊开诊。推进膏方制剂临床应用，制定15个协定膏方，服务患者3000余人次。加强中医药人才队伍建设，承办湖北省“西学中”暨恩施州“西学中”第二期培训班；开展中医护理知识与技能培训125次；开展中医护理技术操作项目，累计服务94.97万人次。中医药特色指标管控成效显著，门诊中药处方比例、门诊中药饮片使用率等7项指标同比均明显提升。开展中医诊疗项目77项，收入同比增长17%。中医临床路径病种增至45个。开展中医药民族医药科研工作，获8项省级中医药科研项目立项。“头痛宁胶囊”第二阶段研发工作进展顺利。13款中药自制制剂亮相2023年世界大健康博览会。自制制剂产值达3075万余元。加大中医药科普知识传播，多平台多形式助力中医药文化宣传。开展“3·17”国医节义诊活动、李时珍诞辰505周年暨第4个“湖北省中医药日”进社区等活动。在《恩施日报》推出《中医养生·二十四节气》系列专题宣传，举办首届“膏方节”“易筋经”中医功法大赛，开展中医医疗技术进社区、进小区“周周行”活动。参加恩施州“中医经典”中医药文化知识系列大赛，获个人一等奖、团体二等奖。参加湖北省中医药科普讲演大赛，获“三等奖”。开展“不忘初心”医疗质量安全大讨论系列活动，强化医务人员的质量意识、安全意识，持续规范诊疗行为。挂牌“湖北民族大学恩施中医临床学院”。

**【硒与人体健康研究】** 发挥硒资源研究和生物应用湖北省重点实验室等科研平台作用，发表SCI论文11篇。硒科研转化1项，与硒研究相关的科研立项12项，其中省级项目3项、州级计划项目5项、州级指导项目4项。实验室PI团队增至6个。发明专利“硒蛹虫草水提物的应用”实现科研专利成果转化“零”的突破，是恩施州硒与人体健康研究领域首例。

**【医疗质量管理】** 发挥三级公立医院绩效考核指挥棒作用，疑难危重疾病治疗水平不断提升，出院患者手术、四级手术、微创手术台次同比均大幅度增长，CMI值同步提升。加强归档病历三级质控管理，病案首页主要诊断编码正确率93.23%、主要手术编码正确率96.61%，同比明显提升。临床路径入径率85.9%、完成率89.95%，出院患者临床路径管理比例48.2%，同比上升。开展“医疗安全专项整治月”、质量与安全“比抓强促”考评等专项行动。开展“三基”知识等业务培训11场次6145人次。围绕2023年国家质量安全改进十大目标开展专项质量检查，坚持院领导带队医疗质量大检查机制。聚焦住院超30天、非计划再次手术、VTE防治等重点，运用PDCA管理持续改进。全面落实250余个临床路径管理，推进日间手术，实施VTE预防与管理，坚守医疗品质，确保医疗质量发展内涵。动态监管医疗安全不良事件，定期开展医疗纠纷专家论证会、医疗安全专项整治月、医技科室提高诊断质量，提升服务品质活动，助力实现患者安全目标，保障医疗安全。举办第七届PDCA案例展示大赛。完成年度三甲内审督导检查，收集意见建议200余条。

**【医疗服务】** 上线“疾病诊断组系统”，使用率达100%；启用住院患者病案一号制管理；“一院三区”病案实行无纸化管理；优化病案查阅和复印服务，病历复印12620份、在线邮寄1200余份。完成上级部门各项医疗保障指令性任务，组织开展720余次疾病诊断、医学鉴定、残疾人残疾鉴定。开展互联网+医疗服务、午间门诊、母婴养护、康复理疗、定制营养、免费邮寄漏取药品、医保“一站式”窗口服务等优质服务。健康热线随访出院患者，满意率达98.1%。门诊志愿服务117人次，服务时长6546小时。多种形式开展门诊健康教育和健康知识普及。开设门诊微信公众号，搭建医患沟通平台，原创推文170余篇。全年医务人员累计收到锦旗1192面、感谢信898封、牌匾7块。

**【公益服务】** 州中心医院筹集“医

2023年6月14日，州中心医院与恩施极硒生物科技有限公司举行成果转化及战略合作签约仪式
（州中心医院　供稿）

疗助困慈善基金”资金980余万元，开展针对老年人、儿童、肿瘤早期筛查及部分易致贫返贫的重大疾病医疗慈善救助活动，共计救助5400人次，救助金额470余万元。开展“喜迎建州40周年·医疗专家走基层”公益活动，干部医疗保健、义诊送医送药活动，免费发放价值约10万元的药品。“医疗专家走基层助力乡村振兴”入选“2022年湖北卫生健康十件大事”。开展“关爱农民工新春献爱心”“助力乡村振兴共建健康恩施”“耳聪工程”等大型公益慈善活动。在全州开展医务社工知识巡讲，推进医务社工事业向基层延伸；帮助39名患者申报并获得向阳花基金62.4万元，公益心理咨询52次，门诊心理咨询28人次；开展红十字应急救护知识巡讲活动，进社区、学校开展急救知识培训6次。抓好对口帮扶、省直单位定点帮扶等工作，推动优质医疗资源下沉，向宣恩县人民医院等9家医疗机构（建始县人民医院、鹤峰县中医医院、恩施市中医医院、巴东县人民医院、来凤县人民医院、利川市凉雾乡卫生院、建始县高坪镇中心卫生院、恩施大峡谷风景区管理处卫生院）派出挂职副院长和业务院长9名、医疗专家14人。援助建始县官店镇中心卫生院资金10万元，建始县长梁镇双塘村等9个村卫生室规范化建设资金66.4万元。推进乡村振兴驻村帮扶工作，援助资金21.8万元，完成帮扶村提水工程，解决村民饮水、用水问题；支持长槽村民宿发展，新建特色民宿12家。开展医疗帮扶，为长槽村群众减免医疗费用77人次，减免总金额7.5万元。2600余人次参与“创文创卫”文明实践志愿服务；投入资金7万元，援助栖凤社区文明创建示范路和皇御园精神文明建设示范路建设。

【宣传工作】 州中心医院在主流媒体刊登、播出新闻稿件350余篇，其中国家级20篇、省级80篇。在2023年湖北省医院传播力月度指数排行榜中，最好成绩第10名，获评健康报社地方宣传先进集体。医院宣传进入融媒体时代，建立以“1142”自媒体矩阵平台为横向宣传矩阵和以68个专科官方微信公众号为纵向宣传矩阵的医院立体传播体系新格局。开展全院宣传通讯员培训和官网管理系统操作技术培训；举办首届“健康恩医”优秀宣传作品征集大赛；完成门户网站系统升级改造，成为全州卫生系统首个步入IPv6时代的官方网站。短视频作品《医托》被州委宣传部表彰为恩施州“强国复兴有我”社会主义核心价值观公益广告征集活动优秀作品。

【荣誉】 州中心医院苔光志愿服务队被共青团湖北省委办公室表彰为2022年度湖北省“本禹志愿服务队”；州中心医院被“学习强国”湖北学习平台表彰为推广运用先进单位；州中心医院〔利用失效模式和效应分析（FMEA）模式降低血标本采集不合理率〕被湖北省卫生健康委员会表彰为全省卫生健康系统庆祝“5·12”国际护士节优秀护理质量改善项目优秀奖；八段锦被湖北省卫生和计划生育委员会表彰为中医养生功法大赛二等奖；恩施州医院感染管理质量控制中心（州中心医院）被湖北省医院感染管理质量控制中心表彰为2023年度省优秀地市级医院感染管理质控中心；州中心医院被武汉大学人民医院表彰为2022年度继续医学教育优秀进修单位；刘勇被中国红十字会总会表彰为全国红十字志愿服务先进典型；雷玉华被省委办公厅表彰为湖北省先进工作者；张晶获评2022年全省药品不良反应监测评价工作表现突出个人；李顺振获评“学习强国”学习平台湖北省“学习达人”称号；郑克纯、谭艳华获评2022年度湖北省肿瘤随访登记项目先进个人；唐珍珠、郑行行获湖北省护理学会优秀护理工作者称号；李德忠获评“荆楚楷模·最美健康守护者”；邹明生获评2022年度全省平安医院创建活动表现突出个人；李霖被省委宣传部、省红十字会评为2023年第一届湖北“最美红十字人”。

（代文婷 何芳菲 龚 璐 金 玲 李宽桥）

## 湖北民族大学附属民大医院

【概况】 湖北民族大学附属民大医院（简称“民大医院”）是武陵山地区一所集医疗、教学、科研、急救、防保、康复、培训为一体的高校直属附属医院、国家三级甲等综合医院、湖北省卫生健康委直管医院。医院占地面积12.33公顷，总建筑面积14.26万平方米，业务用房面积12.8万平方米，开放床位1383张。现有职工1437人，其中高级职称140人，博士33人（含在读），硕士330人。医院拥有直线加速器、3.0T磁共振、256排超高端CT、128层螺旋CT、大孔径定位CT、血管造影机、1250MA大型数字减影X光机等总值近5亿元的一流诊疗设备。医院现设50个临床医技科室，其中临床科室42个，医技科室8个，24个省级临床重点专科，3个州级医疗中心（恩施州儿童医疗中心、恩施州风湿免疫性疾病诊疗中心、恩施州脑瘫儿童康复治疗中心），3个州级专病防治中心（恩施州风湿病防治中心、恩施州糖尿病防治中心、恩施州慢性呼吸系统疾病防治中心）、1个省级专科培训中心（血液净化）、1个省级重点实验室（风湿性疾病发生与干预湖北省重点实验室）和1个省级临床医学研究中心（湖北省肾脏病临床医学研究中心），建有4个省级医学临床研究中心恩施基地（微创外科、肠病科、新生儿急救科、肝脏外科），挂牌10个湖北民族大学校级研究所。医院作为湖北民族大学唯一的直属附属医院，现有 19 个临床教研室，开设临床医学、护理学、医学影像技术、康复治疗学、中药学、中医学 6 个专业，拥有临床医学和中医学 2 个一级学科硕士学位点，是“国家级综合住院医师规范化培训基地”及“恩施州乡村医生培训基地”。2023 年，开展“医心向党，护佑健康”基层党建活动 20 余次，内科第六党支部完成“首批全省党建工作样板支部”验收，入选“全国高校党建工作样板支部”。

【学科建设】　民大医院成立手足外科、甲乳外科、小儿外科；临床心理科、康复科独立病区运行；内分泌科、血液内科、胸外科、结直肠肛门外科、小儿外科、信息科 6 个专业新进入省级临床重点专科；风湿免疫科初评入围国家临床重点专科能力建设项目；心血管内科成为全国心血管病护理及技术培训基地。呼吸与危重症医学科牵头的恩施州慢性呼吸系统疾病防治中心，创建 PCCM 项目，考核名列全省第 1。建成肠癌诊治、心律失常诊治和儿童发育障碍诊治 3 个专病中心并实质运转。获批国家高级认知障碍诊疗中心，通过国家标准版房颤中心认证。组建肺部肿瘤和结节诊治等 4 个 MDT 团队。

【医疗服务】　民大医院门诊及住院一区完成升级改造。累计开展新技术新业务 50 余项，其中机器人辅助下的髋膝关节置换、脑深部电刺激术治疗帕金森病等 5 项技术处于州内领先地位。智慧药房、静配中心全面运行，推行互联网医院、“互联网+护理服务”，患者出入院更加便捷，患者满意度平均值达 95.43%。

【三甲复审】　民大医院通过高频次培训和多层级督导检查，共完成 6 轮、近 2.5 万条数据的提取、清洗、比对、治理、填报，于 11 月通过“三甲”数据评审。

【管理效能】　民大医院推进“全成本核算”项目，SPD 库房全线运行，耗材管理走向智慧化；推进银医合作项目，实现病案无纸化，系统自动获取率超 90%；全年上线 30 余项电子流程，行政办公效率得到提升。

【人才队伍建设】　民大医院博士学位人员达 26 人，具有博士学位的学科带头人占比 25.64%，高级职称学科带头人硕士学位全覆盖。完善职称管理、职工考核奖励等各项制度建设，健全人才考评机制，为各类人才提供政策支持与保障。启动医院干部联系高层次人才机制，为医院发展提供人才保障。全年选拔科级干部 6 人、轮岗调整科级干部 7 人，选拔调整临床管理人员 20 人。选派援疆、援外医生各 1 名，选派和考核基层挂职副院长 7 人。

【对外交流】　医联体单位成员发展到 14 家、技术协作单位发展到 9 家，并挂牌成为武汉同济医院医联体单位。全年累计完成远程静态心电诊断 2382 例、远程影像诊断 3256 例、远程病理诊断 7924 例；开展远程培训 25 场次，完成基层医护人员培训 500 余人，骨干全科医师培训 12 人。

【社会服务】　开展“巾帼健康大讲堂”154 场，受益 14829 人次；博士团下基层活动 19 场，受益 2378 人次。启动“光明工程-白内障复明”帮扶项目，为 200 余名患者实施白内障复明手术，开展大病救助计划（癌症手术专项）公益活动，累计救助 256 人次、补助 75 万余元。

【教学工作】　临床学院实质性运行，415 名学生的日常教学和管理有序开展。通过国家住培基地督导检查，学员招录率达 118%，学员结业理论考试通过率 91.67%，超全省平均通过率 2.86 个百分点，执医首次考试通过率达 57.5%，同比上升 7.5 个百分点。

【科研工作】　投入科研经费 250 余万元，举办继续教育项目 200 余项，全年发表科研论文 63 篇，其中 SCI 收录 14 篇，CSCD 收录 16 篇，中文核心期刊论文 19 篇，取得专利 10 项；获批国家民委教改科研项目 1 项；GCP 建设获得国家药监局资质

2023 年 3 月 16 日，华中科技大学同济医院、湖北民族大学民大医院医联体签约仪式举行
（民大医院　供稿）

备案；举办“硒-免疫平衡与健康”高峰论坛并组建新的国际合作科研团队；2个省级科研平台建设投入增至300万元，并设立实验平台开放基金；增加5名专职科研人才。

【荣誉】 3月14日，民大医院被省卫生健康委员会表彰为2022年度全省平安医院创建活动表现突出集体；3月27日，民大医院获2022年度全国药品不良反应监测评价表扬单位；6月27日，民大医院行政第四党支部被省卫生健康委员会表彰为先进基层党支部。2月13日，龙炼获全国平安医院建设表现突出个人称号；6月27日，杨华、向先才被省卫生健康委员会表彰为优秀共产党员，何磊被表彰为优秀党务工作者；11月30日，饶春燕、李丹、黄星星获湖北省第五届健康科普大赛表演类优胜奖。

（尹劲松）

## 恩施州优抚医院

【概况】 恩施州优抚医院由“三院四中心”构成，即恩施州优抚医院、恩施州优抚医院附属民康医院（恩施州心理医院）、恩施州精神病人福利院和恩施州精神卫生中心、恩施州优抚疗养中心、恩施州失能老人养护中心、恩施州精神病残疾康复技术指导中心。2023年，收治精神障碍患者3987人，出院3816人；门诊就诊人次43641人；新收托养人员36人，出院32人；开展优抚疗养7期，疗养257名退役老兵；法医精神病鉴定126例、医学鉴定8例、劳动能力鉴定6例、智力测定740例（其中智力残疾评定700例），精神残疾评定377例。

【优抚疗养职能】 举办7期退役军人短期疗养，开展健康讲座7次，外出参观21次，获赠锦旗8面、牌匾3块。落实门诊挂号、体检、床位费等项目优待政策，组建由退役军人参与的医疗救助队。开展抗美援朝老兵巡回医疗及慰问活动，组建专班30余人到全州126个乡村，为173名抗美援朝老兵上门服务，提供健康咨询、心理健康关怀等服务。建立健康档案，发放《中国退役军人》杂志、药品、医疗用品及慰问品近6万元。

【公共精神卫生职能】 全州在册重性精神障碍患者18688人，报告患病率5.44‰、规范管理率95.71%；面访率96.48%、服药率92.05 %、规律服药率74.58%。紧扣“323+”攻坚行动，共排查疑似精神障碍患者961余人，确诊严重精神障碍患者343人，均纳入规范管理，免费发放药品8万余元。到县（市）开展精神、智力残疾评定200余人。形成关于恩施州严重精神障碍患者基层管理服务现状调研报告1篇。组织辩论队参加湖北省精神科医师临床思维辩论赛，1人获评“优秀辩手”，全队获得“最佳风采奖”；参加恩施州老年健康科普大赛，获得一等奖。

【医养结合服务】 建立健康档案86份，进行老人能力等级评估92人次。为长期卧床老人进行预防压疮护理4380人次，签订安宁疗护协议18人次，院内会诊6人次，健康宣教8656人次，基础护理合格率达到96%，托养老人满意率98%以上。在全省医养结合能力培训会上交流分享医养结合经验。

【特困精神病人供养服务】 建立健全内部管理制度及转科转院、生活能力评定标准和流程，完善配套设施设备，收住特困精神障碍集中供养对象207人。

【戒毒医疗服务】 规范服务流程，完成戒员资料网络数据上传、药物滥用上报、艾滋病等传染病学筛查等，药物滥用调查上报率100%。派驻护理组长获评为全州药物滥用调查工作先进个人。

【医疗改革】 落实重性精神障碍患者床日付费管理；落实带量采购、省平台挂网采购政策，所有带量采购药品合同签订率100%，任务完成率100%，部分品种超额完成任务量。2023年共使用带量采购品种93个，占全院药品采购金额的26.57%，结余资金近200万元。开展处方点评、药师服务、医护质量改进等服务改进措施，有效控制医疗费用不合理增长。

【基础建设】 向省退役军人事务厅争取优抚医院补助资金300万元，对医疗设备等进行补充、更新及阵地建设维修改造。完成电子票据系统、餐饮管理系统、银医联、排队叫号系统建设，提供便捷服务。完成病案首页上传信息系统接口改造，规范上传相关医疗信息。推进医疗保障信息平台接口信息更新改造、医院HIS系统与医疗质量检测系统、湖北省医疗服务智能监管系统、湖北省卫生综合信息统计平台接口信息改造，HIS系统、电子病历、LIS系统、PACS系统进一步优化，信息化管理得到加强。

【平安建设】 深化平安医院创建，完善应急预案，健全管理机制，购买医疗责任保险和医疗场所公众责任险，构建和谐医患关系。落实消防安全责任制及内保工作责任制，完成特种设备检修、消防设备维修和监控维保，定期开展消防演练。落实食堂卫生、餐食留样及食材渠道管理，保障饮食安全。开展安全生产隐患排查整治，不留死角盲区，消除安全隐患。畅通投诉渠道，化解纠纷可能6起，处理网上信访4件。

【培训学习】 先后选派9人分别到武汉市精神卫生中心、武汉大学人民医院、中国人民解放军中部战区总医院进修，选派1人到武汉同济医院进修老年科，选派5人到杭州市第七人民医院进修学习心理治疗，5人参加湖北省养老护理员业务学习、2人参加老年评估师培训学习，5人参加全国老年医学人才培训网络培训班学习，1人参加营养健康师培训学习，1人参加老年安宁疗护专科护士进修培训学习。

（牟　洋）

## 湖北慧宜医疗集团

【概况】　湖北慧宜医疗集团（简称“慧宜集团”）成立于2014年，下设4个法人主体：恩施慧宜眼科医院（三级眼科专科医院）、恩施慧宜中西医结合风湿医院（三级中西医结合医院）、恩施慧宜康复医院（二级康复医院）、恩施慧宜医学检验中心（第三方医学检验实验室）。截至2023年底，累计投资4亿元，开放床位550张，临床业务涵盖大内科、大外科、眼科、辅助检查等专业。慧宜集团二期项目占地2.53万平方米，拟开放床位800张，将以医养中心为主体，打造心脑血管、骨科、血液透析、神经心理、急诊ICU等特色专科集群。全年举办线上线下各类学术会议60余场。协同九三学社举办“下基层、察民情、解民忧、暖民心”大型义诊活动10余次。开展白内障、类风湿关节炎、静脉曲张、疝病、输尿管结石、前列腺增生等疾病公益救助活动，惠及困难患者1万余人。承办九三学社湖北省委庆祝恩施州建州40周年大型文艺晚会及系列活动。

【清廉医院建设】　慧宜集团成立清廉医院建设工作领导小组，由董事会成员及党支部主要负责人担任建设领导小组负责人。制定创建工作实施方案，召开清廉医院创建动员部署会。慧宜集团成立医院院务委员会、医疗质量与安全管理委员会、医院学术与医学伦理委员会等13个管理委员会。完善监督机制，围绕基建、采购、财务、医保、药事等重点环节，定期自查自纠。签订《医疗机构廉洁从业承诺书》381份，建立干部职工医德医风档案。

【学科品牌建设】　慧宜集团各医院参评州级临床重点专科。眼科、风湿免疫科、心血管内科、呼吸内科、肾内科、放射影像科、超声影像科、检验科分别获评州级临床重点专科和州级中医重点专科。慧宜医学检验中心参加国家和省临检中心室间质评52次，覆盖6个专业组，139个检验项目参评，均取得优秀等次。慧宜眼科医院、慧宜中西医结合风湿医院与华中科技大学武汉同济医院、武汉大学人民医院、武汉亚洲心脏病医院共同建立10间名医工作室。7月28—29日，中国民族卫生协会重症代谢疾病分会首届学术年会暨第六届扬泰高峰论坛在恩施慧宜中西医结合医院举行，发布《中国高尿酸血症相关疾病诊疗多学科专家共识》。

【对外交流】　慧宜集团各医院与武汉大学健康学院、武汉大学人民医院、武汉大学中南医院、武汉亚洲心脏病医院和武汉亚心总医院组建专科联盟，成为湖北民族大学实习医院、湖北民族大学附属民大医院技术协作医院，跻身全国异地医保定点医院、泰康人寿等商业保险定点医院。5月，北京、武汉三甲医院12名医疗专家到恩施开展学术讲座和义诊，在慧宜医疗集团成立“九三学社湖北省名医工作站”。开办《慧宜大讲堂》，邀请高校教师、知名学者、医疗专家、模范人物授课。

【社会服务】　恩施慧宜眼科医院作为九三学社中央“亮康行动”湖北推广基地，到乡村义诊980场，覆盖全州8个县（市）39个乡镇、326个村，筛查98992人次，救助困难白内障患者3512例，投入救助资金500余万元。恩施慧宜眼科医院开展的“光明工程　白内障复明”项目受到中国乡村发展志愿服务促进会项目组肯定，慧宜眼科医院承接的该项目手术量排名全省第1，占全省近20%。4月，武汉大学公共卫生学院与恩施市教育局联合开展“守护‘瞳’真”青少年儿童近视防控工作，慧宜眼科医院院长杨方列为恩施市儿童青少年近视防控设立150万元爱眼基金。9月，慧宜眼科医院专家团队自带医疗设备，到尼泊尔加德满都开展“‘一带一路’尼泊尔慈善光明行”活动，完成33台免费白内障复明手术。全年为慧宜康复医院残疾儿童发放爱心蜜儿餐1200份，防疫安全包300份，捐赠轮椅67辆。

【荣誉】　慧宜集团获恩施州职工工间操比赛企业组二等奖。慧宜集团总顾问、首席风湿病专家向阳入选“铸牢中华民族共同体意识·恩施各族人民同心共筑中国梦”——40年·40人特辑。

（黄雪茸）

## 恩施爱尔眼科医院

【概况】　恩施爱尔眼科医院依托爱尔眼科医院集团优势，配置先进的眼科检查、手术诊疗设备，集眼科临床、防盲、教学、科研于一体。2023年，有职工110余人，有主任医师1人、副主任医师3人，有正高职称1人、副高职称3人，硕士在读8人。医院建筑面积5000多平方米，有临床科室5个，开放床位80张，年门急诊量3万多人次，年出院病人2000余人次，年手术6000余台。

【临床科室建设】　屈光科配备有德国蔡司VI-SUMAX3.0全飞秒激光手

术系统、蔡司 MEL90 准分子激光系统、Corvis－ST 角膜生物力学分析仪、Pantcam 眼前节分析系统、美国 iTrace 视功能分析仪、IOL master 700、欧堡免散瞳超广角激光扫描检眼镜、UBM、OCT、角膜内皮计数仪、视野计等眼科检查设备；眼底病科拥有血流－OCT、眼底荧光造影和眼底激光等诊疗设备，以及美国爱尔康 Constilation 高速微创玻璃体切割系统和德国 Carl Zeiss Lumera 手术显微镜，开展相关诊疗及手术；视光及小儿眼病科以“爱尔眼科医院集团 5P 近视管理体系”为依托，开展斜视手术、医学验光配镜、角膜塑形镜及低浓度阿托品滴眼液等青少年近视眼防控体系、双眼视功能检查与训练、4D 数字化视觉训练室等医疗项目；综合眼科开展睛致胬肉手术治疗，运用干眼除热脉动外全系治疗及家庭护理解决患者干眼问题，常规开展角结膜炎、上睑下垂、睑内翻倒睫、肉毒素、微创泪道手术等；青白科开展飞秒白内障及超声乳化白内障及功能性晶体的运用、青光眼引流阀等常见及疑难白内障及青光眼的诊疗。

**【贫困眼疾患者救助项目】** 医院在恩施州相继实施“爱尔慈善复明”“光明工程白内障复明”等贫困眼疾患者救助项目，全额救助贫困白内障等眼疾患者手术费用，组织开展眼科专家义诊、健康科普、手术诊疗等帮扶活动，到基层帮助贫困眼病群众恢复光明，医院自开办以来累计救助上万例贫困眼疾患者，累计救助金额 600 万元。

**【近视防控】** 医院继续推出“5P 近视防控模式”，为 3～18 岁儿童青少年制定“预防建档+科学预测+控制干预+科普教育”一站式个性化诊疗方案，守护更多孩子的“光明”未来。全年入校筛查 10 万余名学生，为学生免费建立屈光发育档案，做到近视的可防可控，提升近视的预防和管理质量，并在每年的近视防控宣传月与相关部门共同开展近视防控讲座，将健康科普教育落到实处。

（魏莉莉）

# 应急管理

# Emergency Management

## 应急能力建设

【概况】 2023 年，全州应急管理工作有效防控重大安全风险，积极应对各类灾害事故，全州安全形势总体平稳，为建州 40 周年营造安全稳定的环境。综合行政执法、防汛抗旱、科技和信息化、地震和地质灾害防范、应急科普宣传等工作取得较好成效，在全省科技信息化、应急指挥中心工作会上作 2 次典型发言，通信保障工作做法被省应急管理厅专报推介，应急值守和紧急信息报送工作被省应急管理厅和州委办、州政府办通报表扬。上级媒体 4 次报道应急管理工作典型经验做法。

【应急值守管理】 健全应急值守制度，完善《应急值守与响应处置工作手册》《值班工作规则》，严格执行领导干部带班、值班人员 24 小时在岗值班、矿山救援队备勤制度，确保湖北省指挥调度系统与国家应急指挥综合业务系统 24 小时在线。加强应急值守督导，利用电话、视频抽查值班情况，重点时段、重要节假日期间落实值班值守“四个一”（每期一值班须知、节前一值守培训、每天一值守调度、每日一值守抽查）。针对性下发工作提示和值班通报，跟踪督导县（市）值班在岗在位状态。加强应急值守信息报送。坚持每日收集全州安全生产、防灾减灾救灾等重要信息，不间断做好信息编辑工作，累计编辑直报信息 1103 期，全年编报 108 期，报送信息 649 条。

【应急管理信息化建设】 健全应急指挥体系建设，制定《2023 年信息化建设任务责任清单》，梳理信息化建设任务 6 项，对 2019—2021 年县（市）信息化建设任务完成情况调度，推进全州应急管理信息化建设。督促有关单位开展应急体系“十四五”规划重点指标、重点任务、重点工程项目中期建设情况评估，推进应急指挥体系建设。加强指挥平台的延伸与维护，定期与 32 个州直单位开展联通联调，加强横向到边、纵向到底的指挥调度网络建设。在 8 个县（市）370M 应急指挥窄带无线通信骨干网络全覆盖的基础上，推进乡镇布设，已布设 5 个乡镇。加强应急信息化应用，组织 8 个县（市）开展 2023 年信息化建设任务书培训，邀请省应急管理厅专家授课，推进建设任务落实。接入 7 个横向单位信息平台和 54 家企业视频监控，实现信息共享、远程监控。完善《恩施州应急管理局视频调度会商工作机制》，汇聚和运用气象、水文、水利等数据，为领导指挥决策提供信息支撑。全天候通信保障调度会商，全年保障 220 余次。

【应急联动机制建设】 推进信息系统联动，印发《关于事故灾害应急信息报送的通知》，优化事故报送流程，强化部门联动共享。与州委信息室、政府总值班室、公安、气象、消防等部门建立紧急信息和敏感信息互通机制，确保信息快速获取、及时处置。深化军地应急联动，参加军分区开展的道路供水抢通、山地搜救应急演练拉练，加强应急救援联训联演，组织机关干部参与民兵应急营训练，提升军地协调作战能力。深化区域应急联动，组织恩施市、利川市、建始县应急管理局与巫山县、巫溪县、云阳县、奉节县应急管理局建立“恩利建巫巫云奉”区域应急联动，签订区域应急管理合作协议，推动鄂渝应急救援合作，提升跨区域应急救援能力。

【应急救援能力建设】 加强矿山专业救援队伍建设，制定《州矿山综合应急救援队管理规定》，印发《关于进一步规范矿山救护队救援服务工作的通知》，严格矿山救援队伍管理。组织开展森林防灭火、水域、山岳、矿山救援和通信保障等训练，每周不少于30课时。组织全州矿山综合应急救援（救护）队在利川市开展职业技能及标准化建设集训，提升专业技能水平。参加省第四届森林消防职业技能竞赛，获得2项三等奖。支援宜昌五峰山体滑坡事故、咸丰唐崖森林火灾、建始水上救援。联合消防特勤站出警37次，挽救财产损失约1.2亿元。加强社会应急救援队伍建设，摸清全州应急救援力量情况，全州共有队伍91支、5706人。先后到恩施市、利川市等6个县（市）及12个乡镇开展基层应急救援能力建设调研，指导基层应急救援队伍建设。组织参加2023年湖北省应急救援力量职业技能比武竞赛，获得3项第一名、3项第三名、2项第四名。参加“生命至上·2023年长江三峡库区危岩地灾应急救援实战演习”，负责开展危岩崩塌损毁电力设施引发森林火灾演习。加强救援队伍装备建设，以争取1万亿元国债项目为契机，多次到省应急管理厅争取资金，组织县（市）向上申报一批高精尖应急救援装备，加强应急救援装备项目建设，提升救援装备水平。

【应急预案体系建设】 推进应急预案体系建设，加强预案编修，组织修订《恩施州突发事件总体应急预案》，发布《重大灾害抢险救灾工作流程》。组织召开全州应急预案编制和管理培训会，参训人员670余人。督导县（市）及州直有关部门开展预案修编，全年完成12个州级专项应急预案修订。加强预案督查，按照执法计划对中石油恩施销售公司、恩施州固源建材有限责任公司、恩施卷烟厂、水布垭水电站进行检查，将应急预案纳入重点检查内容，督促企业加强应急预案修编、队伍建设、装备物资储备、应急值守。加强演练督导，下发《关于组织开展2023年度应急演练的通知》，督导各级各有关部门针对重点灾害事故风险，制订应急演练计划，开展应急演练。组织局机关通信保障队联合建始县应急管理局开展通信保障野外拉练。全年演练52场次，4500余人参加，参演装备3000余台。

【应急管理法治建设】 州应急管理局党委会专题听取法治建设工作汇报2次，专题研究法治建设内容3次。印发《州应急管理局2023年法治建设工作要点》《2023年度州应急局普法与依法治理责任清单》。加强执法监督，执行行政执法“三项制度”，邀请法律顾问参与法制审核，全年出具法制审核意见书7份。主动开展行政处罚案卷“回头看”，迎接省应急管理厅、依法治州办公室案卷评查，组织开展2023年全州应急系统行政执法案卷评查活动，到县（市）开展实地评查并通报评查结果，以查促改。学习《恩施州行政规范性文件备案审查办法》，组建工作专班及时开展规范性文件清理，对1件规范性文件进行合法性审查。强化监管执法，组织全州应急系统19名新进人员参加省应急管理厅2期执法资格培训，立案查处生产经营单位违法违规行为7起，实施罚款21.8万元。全年无行政复议、行政诉讼案件。印发《州安委会关于学习宣传贯彻新修订〈湖北省安全生产条例〉的通知》，举办全州宣传贯彻视频培训会，邀请中南财经政法大学教授为近1200名党政领导干部、企业代表进行专题授课。落实“谁执法谁普法”工作要求，到企业向一线员工宣传安全知识，督促企业依法依规开展生产经营活动。牵头组织开展安全生产法治宣传一月一主题活动，举办安全生产法规知识培训、发布安全生产违法典型案例等活动，联合有关部门组织全州范围内1.4万余名职业院校（含技工院校）学生参加第四届全国应急管理普法知识竞赛，提升全民生产安全意识，促进全州安全生产形势持续稳定向好。

【应急管理综合行政执法改革】 州应急管理局多次听取全州执法改革工作汇报，主要领导带队到宣恩县应急局及椒园镇等地调研工作。2月3日，全州应急管理综合行政执法改革工作调度会召开，分析研判各县执法改革工作情况，对应急管理综合行政执法改革工作进行再强调、安排和部署。每月对改革工作进行分析汇总，开展试点引路、工作交流、情况通报。州本级和各县（市）编委印发成立执法支（大）队的通知，成立1个执法支队、8个执法大队，改革工作基本完成。

【荣誉】 4月，州应急管理局安全监察专员刘俊被省委宣传部、省应急管理厅、省总工会授予湖北省第三届“荆楚楷模·最美应急人”称号。7月，州应急管理局应急指挥专员朱波被省防汛抗旱指挥部办公室表彰为2023年“防汛抢险救援综合演练先进个人”。

（陈发志）

## 安全生产监督管理

【概况】 2023年，抓紧抓实安全防范工作，安全形势总体平稳。全州发生生产安全事故8起，死亡13人，同比分别下降42.9%、27.8%，全年事故起数首次控制在个位数。州应急管理局到基层开展调研活动

40次、发现并解决问题7个、形成高质量调研报告7篇。配合州人大拟定《关于开展全州安全生产工作情况调研的通知》，向省应急管理厅报送重点课题调研报告1篇。

【安全生产责任落实】　提请州委常委会会议4次、州政府常务会3次听取安全生产工作汇报，研究解决重点问题。州委、州政府主要领导多次主持召开安全生产工作会议，带队开展调研督导。多次印发工作提示，提醒相关领导主动履行专委会第一主任职责，推动各行业领域安全生产工作。督促各级各部门认真贯彻落实国务院安委会15条、省安委会20条措施，逐层逐级夯实责任链条。出台《恩施州安全生产排查整改闭环管理制度》，明确推行全域闭环、如实记录交办、压实整改责任等7个方面的具体举措。印发《关于进一步压实安全隐患排查整改责任的通知》，明确“谁检查、谁负责，谁整改、谁负责，谁督办、谁负责，谁验收、谁负责”，促进真查实改。出台《关于加强电竞酒店安全监管的通知》，明确相关部门及属地政府的具体职责，有效消除监管盲区。制发《安全生产信用分级分类监管工作方案》《安全生产“红黑名单”管理制度》《关于印发〈企业安全生产主体责任清单〉的通知》等制度文件，压实企业主体责任。

【隐患排查整改】　组织开展全州重大事故隐患专项排查整治行动，检查企业3.4万家次，排查整改重大隐患791条，重点帮扶企业9040家次，处罚金额752.53万元，责令停产停业45家，曝光约谈460家，责任倒查追责问责21人。在全省率先开展安全生产领域“不担当、不作为”专项整治，累计排查上报突出问题41条，移交线索6条，先进工作经验被《湖北应急管理》推介。通过书面调研、撰写方案、按月调度等方式，推动州隐患管理中心批复设立。

【安全生产宣传教育】　将重大事故隐患专项排查整治行动纳入安全生产月的重要内容，聚焦11个重点行业领域开展“敬畏安全珍爱生命”大宣传活动，主题警示教育片累计观看量超300万人次。组织编辑政策法规汇编等，作为党校干部教育培训规范读本。在州级主流媒体开设“安全生产，常抓不懈”专栏，刊播全州安全生产动态和经验做法40余次。开展企业主要负责人“安全承诺践诺”活动247场，参与1.49万人次，开展宣讲活动700余场，组织事故应急演练483场。全州共2.5万余人参与“人人讲安全，个个会应急”网络知识竞赛，答题220.1万人次。在全州选取32个“五进”（进企业、进农村、进社区、进学校、进家庭）试点，推进安全宣传“五进”工作。

【审批服务】　开展企业换证预警提醒，通过陪同办、亲身办等形式开展“领导进窗口”办事体验活动11次。全年办理依申请政务服务事项431件。有序开展全州近250家企业柴油增项许可业务，统一编制“危化品销售一件事”办事指南、流程图和申请表，实行同标准办理。全年有11家企业开展三级安全生产标准化创建。严格中介机构监管，组织企业对中介机构进行“一事一评”考核70余次，督促在恩施执业的设计公司和评价公司在州应急管理局报备，督促其规范服务。

【恩施宣恩狮子关旅游投资开发有限公司“5·16”较大淹溺事故调查】
5月16日11时19分，恩施州宣恩县珠山镇狮子关旅游区内，一辆商务车通过水上浮桥时坠入水中，导致5人溺水死亡。州应急管理局牵头事故调查，形成《恩施宣恩狮子关旅游投资开发有限公司“5·16”较大淹溺事故调查报告》，经相关审议审核通过，由州安委会印发并在州应急管理局官网发布，调查认定恩施宣恩狮子关旅游投资开发有限公司“5·16”较大淹溺事故为一起生产安全责任事故。

（陈发志）

## 防灾减灾救灾

【概况】　2023年，全州遭受12轮强降雨过程，平均降水量1220.88毫米，与历史同期（1048.07毫米）相比偏多16.49%，较2022年同期（663.38毫米）偏多84.04%。暴雨造成全州32万余人次受灾，紧急避险转移7487人，紧急转移安置1675人，倒塌住房34户、205间，农作物受灾18542公顷，因灾直接经济损失6亿多元，未发生因汛亡人事件。全州森林防灭火形势总体平稳，实现无森林火灾发生、无人员伤亡的“两无”目标。成功创建7个省级综合减灾示范社区（村）。

【风险排查】　排查整改涉汛隐患304个，排查森林火灾隐患268处，制止野外违规用火行为1276起。

【灾害防范调度】　组织54次防汛、12次森林防灭火调度会、12次自然灾害形势分析会，强降雨防范应对工作提示短信直达州、县、乡、村7587名防汛责任人，精准调度指导基层做好灾害防范工作。健全完善低温雨雪冰冻防范应对工作联络员机制。分批次、全覆盖培训州、县、乡、村3646名灾害信息员，督导落实AB角，确保灾情、隐患报送不脱节、无延误。严格落实预警叫应机制，确保责任人及时到岗履职、预警信息到户到人。

【因灾紧急避险和救助】　上报《灾情快报》178期，高效开展救助。因灾紧急避险转移7474人，紧急转移安置1675人，省防汛抗旱简报专题推介恩施州抗御建始“7·4”暴雨洪涝灾害经验做法，鹤峰“5·26”滑坡、咸丰“9·20”洪涝灾害等成功避险案例被应急管理部通报表扬。严格冬春生活救助事前大数据比对，及时发放棉被、棉衣等冬春救助物资14300件。全州恢复重建116户、393间及修缮1079户、2271间全部竣工。

【防灾减灾宣传教育】　全年全州各级应急部门通过各类媒介发布宣传标语和公益信息超800万条，编印科普读物、宣传视频等系列教育产品110种，举办讲座34个，开展紧急避险演练37场，开放宣教场馆17个，接待群众5700余人。5月12日，全州防灾减灾日宣传教育活动在咸丰县启动，省减灾办、省应急管理厅相关领导现场指导，开展网络答题、文艺会演、应急演练等“十个一”活动，受益群众超过10万人。

【自然灾害风险普查】　按照第一次全国自然灾害综合风险普查工作计划，加强省、州、县（市）三级普查办协同联动，主动与第三方技术支撑单位沟通对接，推进普查成果运用工作，形成自然灾害风险普查成果应用案例3个，为全省风险普查成果应用工作贡献恩施经验。主动承接应急管理部国家自然灾害综合监测预警系统试用工作试点任务，指导利川市应急管理局稳步推进试用工作。承办应急管理部监测减灾司系统试用工作培训会并组织人员全程参加培训，试点工作初见成效。

【综合减灾示范社区创建】　通过县（市）申报，省减灾办验收，咸丰县坪坝营镇青岗坝村、来凤县三胡乡六正村、鹤峰县五里乡红苏社区、利川市忠路镇龙塘铺村、建始县景阳镇凤凰观村、巴东县溪丘湾乡溪丘湾社区、宣恩县高罗镇甘溪村7个村（社区）被省减灾委、省应急管理厅命名为“湖北省综合减灾示范社区（村）”。

（陈发志）

## 消防救援

【概况】　2023年，全州共发生火灾830起，同比下降23.5%，火灾总数及十万人火灾发生率均为全省最低。全州消防救援队伍成功处置灾害事故1800余起，出动车辆3265台次、指战员18354人次，营救遇险群众253人。

【落实消防安全责任】　州相关领导11次调研检查消防安全工作，州委常委会、州政府常务会5次研究消防工作，压实消防安全责任。州消委办联合州委办、州政府办、州委政法委、州安办加强工作统筹，将消防安全融入基层治理、安全生产等整体推进。州消防救援支队每月研判警情，联合政法、公安等部门加强工作调度，会同住建、电力等部门健全住宅小区、电气火灾等重点领域消防治理长效机制，开展3轮实地督导、14次督办调度，指导县市和行业部门采取针对性防控措施。2月28日，省消防救援总队党委副书记、总队长张道才到恩施督导检查消防安全重点工作。

【火灾隐患整治】　州消防救援支队统筹推进重大风险隐患专项排查整治行动，开展高新区和学校、医疗机构、文物建筑等消防安全大排查，检查单位4150家，督促整改隐患7835处，持续推动消防治理向事前转型。继续开展“九小场所”（小学校或幼儿园、小医院、小商店、小餐饮场所、小旅馆、小歌舞娱乐场所、小网吧、小美容洗浴场所、小生产加工企业）专项治理，强化电、气焊违规作业和燃气消防安全整治，累计排查场所3.4万余处，督改隐患4.9万余处。抓实冬季火灾集中治理“百日会战”行动，加强督导检查、问题交办，突出烤火、熏腊肉、用火用电等消防安全排查，保障群众平安过冬。

【消防治理】　州消防救援支队推动全州59个老旧小区消防改造，实施打通“生命通道”、打开“逃生窗”行动，加大老弱病残特殊群体消防安全关爱力度，防范重点领域消防

2023年5月24日，州消防救援支队在恩施清江开展水域救援演练

（王光辉　摄）

风险。制定优化消防营商环境措施，依法打击冒牌消防培训和制售假冒伪劣消防产品行为，净化消防市场环境。分8期培训1236名消防安全“明白人”，拓展手机视频彩铃、电视开机画面等宣传平台，上门入户培训演练1200余次，提升群众消防安全素质。

**【救援能力建设】** 省消防救援总队在恩施组建战区机动队，各县（市）科学布点推进6个消防站建成投入执勤，州消防救援支队与社会救援力量、乡镇专职消防队建立共训共练、联调联战机制，形成救援合力。坚持实战化练兵导向，4月17日，举行第一届“硒都蓝焰”消防职业技能竞赛，全州184名队员参加，举行执勤岗位练兵比武，开展灭火救援能力等级达标考评和指挥能力评估，提升实战攻坚能力。深化作战训练改革，加强整建制实战操法训练，开展恩施州典型救援课题攻关，培养水域、建筑坍塌、森林救援等专业人才200余名，提升专业救援能力。

**【重要会议】** 2月22日，州政府组织召开安委会2023年第一次全体（扩大）会议暨全州消防工作会议，总结工作，部署任务。3月17日，州政府常务会专题研究州消防救援训练与战勤保障大队专职消防员招聘和经费保障事宜，批准分批招聘40名政府专职消防员投入执勤战备。7月12日，州政府组织召开全州消防安全重大风险隐患专项排查整治行动推进会。

（陈鑫鑫）

# 社会生活

# Social Life

## 民政工作

【概况】　2023年，全州民政系统把握新时代民政工作的根本遵循，扎实履行“三基”职责，巴东县、来凤县在全省民政事业高质量发展综合评估中被评定为优秀等次。精准基本民生保障。量化调整全州社会救助标准，城乡低保标准较2022年增长6.1%、28.8%。保障19.8万困难群众的基本生活，全年发放社会救助资金109050.9万元。残疾人两项补贴“1212”发放模式在全省推介。创新基层社会治理，《“小院说事”听民声，群策群力聚民心》入选全国城乡社区高质量发展典型案例。来凤县“张富清红色驿站”案例入选全国先进典型社区案例。建始县、咸丰县被确定为全省基层治理创新实验区。推动10个完整社区建设，申报试点社区以奖代补项目16个。州社会组织综合服务中心投入运营，1人获评荆楚最美社工。巴东慈善总会获评湖北慈善奖优秀慈善组织。恩施市被确定为全省志愿服务试点。优化基本社会服务，制定《关于推进基本养老服务体系建设的若干措施》和基本养老服务清单。建成18个街道（乡镇）社区养老服务综合体、改造提升20个农村互助照料中心、完成适老化改造2935户。恩施市、巴东县城区公益性殡葬服务设施建成并投入使用，建成32个农村公益性公墓，社事科负责人获评全国殡葬管理工作先进个人。恩施州被民政部确定为全国殡葬领域跨部门综合监管试点。

【儿童福利】　执行孤儿养育标准自然增长机制，集中、散居孤儿平均养育水平达到2240元/人/月和1400元/人/月，为全州358名孤儿、1116名事实无人抚养儿童累计发放养育费、基本生活补贴2613.1万元。从2023年起，将恩施儿童福利院运转保障经费足额纳入州财政预算，加强孤弃儿童的集中养育水平。6月，承办全国儿童福利院长示范培训班，恩施州事实无人抚养儿童保障工作先进经验在全省推介。1名儿童主任获荆楚最美儿童主任。恩施市儿童福利院、宣恩县未成年人救助中心保护站、来凤县翔凤镇未成年人保护站、鹤峰县容米社会服务工作中心获2021—2022年度恩施州“维护青少年权益岗”称号。

【“三留守”人员服务】　全州留守老人3.1万人，留守儿童2.2万人，留守妇女1.3万人，困境儿童2.3万人。完善“关爱到家、探访到家、保护到家”工作机制，包保人员每季度至少走访一次，探访覆盖率达100%。巴东县获评2022—2023年度童伴妈妈项目标杆示范县（全国10个），罗溪坝社区童伴之家获评2022—2023年度童伴妈妈项目标杆示范童伴之家（全国10个）。

【养老服务】　出台《关于推进基本养老服务体系建设的若干措施》，建立基本养老服务清单。争取中央预算内投资2400万元、州级福彩公益金投入600万元建设县级失能半失能养护楼，县级失能特困供养机构全覆盖。投入820万元福彩公益金支持城乡养老服务设施建设，新建乡镇（街道）养老服务综合体16个、农村老年人互助照料中心20个，完成2935户特殊困难老年人家庭居家适老化。州优抚医院入选全国医养结合示范机构。全省2022年度养老机构等级评定中，共评选出20家机构，恩施州6家，目前全州共有星级养老机构9家，其中四星级4家、三星级5家，且全省唯二的四星级农村福利院均在恩施州，相关经验做法《湖北省恩施州加快农村福利院标准化建设》被《中国社会报》推介。宣恩县珠山镇兴隆街社区、咸丰县曲江镇湾田村、建始县业州镇船儿岛社区被评为全国示范性老年友好型社区。在恩施市和来凤县开展家庭养老床位省级试点，均已完成100张家庭床位建设。

【残疾人两项补贴】 全州4.9万人享受困难残疾人生活补贴，发放补贴4209.7万元；6.1万人享受重度残疾人护理补贴，发放补贴7294.1万元。全面推行残疾人两项补贴“1212”（推行“一证”网办，把好入口和比对两道关口，形成一套动态管理机制，提供上门和代办两项服务）发放模式，确保对象精准，应补尽补、应退尽退，省民政厅简报推介恩施州经验。探索开展精神障碍社区康复服务试点工作，印发《恩施州精神障碍社区康复服务工作实施方案（2023—2025年）》，依托州精神病人福利院成立恩施州精神障碍社区康复服务指导中心，争取省级补助资金120万元，接受规范服务的登记康复对象达30%以上。

【流浪乞讨救助管理】 全州共救助流浪乞讨对象2257人次，寻亲服务8人次，安置滞留超过3个月的对象4人。开展“寒冬送温暖”专项救助行动，累计救助1176人次，护送返乡45人，购买乘车票617人次，发放各类御寒物资980件次。

【殡葬改革】 持续深化殡葬改革，召开全州殡葬改革现场推进会，将公益性殡葬服务设施建设纳入“州十件民生实事”，恩施、巴东城区的公益性殡葬服务设施建成并投入使用，建成32个农村公益性公墓。3—4月，开展“六个一”活动推进清明文明祭扫（推送一条文明祭扫短信提示、制定下发一封文明祭扫倡议书、列入一次主题党日活动、召开一次专题会议、开展一轮专项督导检查、组织一次坟头垃圾集中清理），累计推送文明祭扫短信8012.9万条，发放和张贴倡议书12万余份，转发倡议书20余万次，“村村响”广播持续播报40余天，没收不易降解材质祭扫用品1.2万余件，兑换鲜花8万余束，清理坟头清明吊2万余个。经省人民政府审批同意，完成巴东、宣恩、来凤、鹤峰火葬区划定工作。社事科负责人获评全国殡葬管理工作先进个人。恩施州被民政部确定为全国殡葬领域跨部门综合监管试点。

【慈善活动】 巴东县慈善总会被省人民政府表彰为湖北慈善奖优秀慈善组织；建始县袁辉被省人民政府表彰为荆楚慈善楷模。举办“慈善阳光班”18个，助学救助300人60万元；救治白内障患者4041例651万元；救治先天性心脏病患者34例155万元；救治救助癫痫病患者127例246万元；实施大病救助和生活困难救助2400例1482万元；为861名大病患者实施“医路同行”医疗众筹3987万元；救助慢性粒细胞白血病和拜科奇血友病两类特殊患者247例133万元；“慈善一日捐”募集1359万元；应急救助特殊困难青少年158名8万元；康复训练残疾儿童50名5万元；救助困境儿童263名78万元；“幸福家园”项目募集资金1695万元，实施基础设施、安全饮水、亮化工程、环境保护等项目271个。

【福彩事业】 全州销售福利彩票52430万元，排名全省第5位，筹集福彩公益金1600万元。夜市地摊经济销售即开票销量近1000万元。下达中央彩票公益金支持社会福利事业专项资金17万元用于恩施市开展志愿服务创新试点。

【基层社会治理】 调整村（社区）规模优化治理单元，全州行政村（社区）调整为1347个村、243个社区。推进村（居）民议事协商规范化建设，《恩施市扎实开展全国村级议事协商创新实验试点》被湖北政务信息推介，利川“小院说事”、建始“评理说事”等群众议事协商形式全面推广，建始、咸丰被确定为全省基层治理创新实验区，2个案例入选全省农村“一约四会”典型案例。巩固提升恩施“1+4+X”村务公开品牌，完善党务、村务、财务“三公开”制度，实现公开经常化、制度化和规范化。全州115个村（社区）持续开展以村规民约（居民公约）和志愿服务为主要内容的积分制管理试点，助力乡风文明建设和基层社会治理水平提升。恩施市白杨坪镇麂子渡村、利川市汪营镇齐跃桥村、建始县高坪镇青里坝村、咸丰县唐崖镇彭家沟村入选第九批“全国民主法治示范村”。

【社区建设】 推进10个完整社区建设，争取小区党群服务中心建设试点“以奖代补”项目16个。联合州委政法委印发《关于进一步完善网格化管理的指导意见》，强化社区网格化管理，社区治理尖刀班、全州小区业委会和自管组织组建率达96.7%。推进城乡社区综合服务设施提档升级，综合服务设施面积达到1000平方米以上的城市社区占比87%。利川市《“小院说事”听民声，群策群力聚民心》入选全国城乡社区高质量发展典型案例。来凤县“张富清红色驿站”案例入选全国先进典型社区案例。恩施市核桃坝社区全国村级议事协商试点通过民政部中期评估。

【城市社区工作者职业体系建设】 城市社区基本实现“一网格一专职工作者”，专职社区工作者实行“全岗通”。加强社区工作者队伍建设，面向2023年高校毕业生扩招，咸丰、建始、来凤、鹤峰县集中招聘35名社区专职工作者，其中高校应届毕业生30名。做好常态化社区工作者招聘工作，按照员额管理和“三统一原则”（市县统一招聘、街镇统一管理、社区统一使用），新招录社区工作者193人。分级分批开展社区工作者培训，提高社区工作者履职能力和服务水平，与武汉市联合举办2期村（社区）“两委”成员服务基层治理能力提升专题培训班，600余名社区工作者参训。

【州级社会组织管理】 共有州级社会组织230个，其中新登记成立5个（社会团体4个、民非1个），注销登记4个，变更登记28个，登记合格率100%。198个州级社会组织完成年检，合格率100%。举办2023年度社会组织党组织书记暨党建指导员培训班，培训社会组织党组织书记、党建指导员、社区社会组织骨干60余人。对24家州直社会组织进行抽查开展“双随机、一公开”检查和财务专项审计。州社会组织综合服务（孵化）中心投入运营，入驻社会组织9家。印发《恩施州社会组织建功先行区三年行动方案》，实施社会组织助力科技创新、产业发展、乡村振兴、共同缔造、共同富裕五大行动。举办恩施州首届公益创投活动，实施乡村振兴、为老服务、儿童服务、社区治理等项目20个。建立州直社会组织人才库，吸纳社会组织领军人物39人。年度社会工作者职业资格考试报名2932人，通过助理社会工作师考试563人，通过高级社会工作师评审1人。

【婚姻登记】 全州共办理婚姻登记25618对，其中结婚19229对，离婚6389对。印发《关于深化婚俗改革助力乡村振兴及全域生态旅游的通知》，州本级安排福彩公益金46万元支持县（市）婚姻登记窗口购买婚姻登记一体机。自6月30日起将婚姻登记业务下放乡镇，减轻群众出行负担。

（徐　蛟）

## 社会救助

【概况】 2023年，及时量化调整社会救助标准，城市低保、城市特困人员供养等标准较2022年增长6.1%，农村低保、农村特困人员供养标准较2022年增长28.8%。保障19.8万困难群众的基本生活，全年发放社会救助资金109050.9万元。低保扩围增效，将符合条件的3471名成年无业重度残疾人纳入低保范围，临时救助次均救助水平较2022年增长11.9%。争取资金支持，省民政厅在已分配各类民政资金基础上额外给予1000万元支持。推进社会救助领域创新实践，恩施市开展服务类社会救助工作试点，咸丰县开展社会救助审核确认权下放监管试点，来凤县深化政府救助与慈善帮扶衔接试点。

【城乡低保】 恩施州城市低保标准为700元/人/月，农村低保标准为515元/人/月。2023年末在册城市低保对象4605户6576人、农村低保对象89762户153759人。2023年发放城市低保金4435.4万元，月人均补助水平568.2元，达到城市低保标准的81.2%；共发放农村低保金77940.0万元，月人均补助水平达397.6元，达到农村低保标准的77.2%。

【特困供养】 全州城市特困人员供养标准为1400元/人/月，其中基本生活费910元，照料护理费490元；农村特困人员供养标准为1030元/人/月，其中基本生活费670元，照料护理费360元。2023年末在册城市特困人员1011人，其中集中供养804人、分散供养207人；农村特困人员18153人，其中集中供养2735人、分散供养15418人。全年发放城市特困人员救助供养金1751.8万元，发放农村特困人员救助供养金21629.8万元。

【临时救助】 累计实施临时救助13117人次，支出临时救助资金3293.9万元，人均救助2511.2元。

【居民家庭经济状况核对】 对全州城乡低保、城乡特困供养对象进行个人所得税、工商登记、机动车登记、人社参保、人社退保、死亡情况、房产登记7项信息在线核对，比对城市低保对象11405户次、24024人次，农村低保对象261817户次、736864人次，城乡特困供养对象47463人次。经核实退出城市低保对象423户、569人，农村低保对象7004户、10009人。

（徐　蛟）

## 社会保障

### 就业创业

【概况】 2023年，全州城镇新增就业3.66万人，城镇登记失业率1.74%，城镇失业人员再就业2.3万人，就业困难人员再就业1.26万人；发放创业担保贷款18亿元，扶持创业9746人，带动就业2.2万人；举办线上、线下招聘会773场，服务企业2910家，提供就业岗位12万个。为恩施高新区重点企业招工输送2392人。提请州政府出台《恩施州支持人力资源服务产业园建设九条措施》，推进人力资源服务业发展。全年争取资金规模达3.18亿元，较两年前增加8422万元，增幅36.05%，资金规模居全省第6。开展补贴性职业技能培训5.8万余人次。申报湖北省返乡创业3个示范项目（示范县1个、示范园3个、示范项目8个），获奖补资金360万元；获评省级高技能人才培训基地1个，获奖补资金200万元；申报湖北省大学生创业扶持项目21个，获奖补资金108万元；申报湖北省大学生创业孵化基地1个，获奖补资金80万元；申报省级劳务品牌1个，获奖补资金54万元；获评省级技能大师工作室2个，获奖补资金20万元。

**【劳务品牌创建】** “恩施茶艺师”“利川红茶工”“鹤峰蜂匠”“建始糕点师”“恩施玉露制茶师”5个劳务品牌亮相全国劳务品牌发展大会。恩施茶艺师何洁获评全国最具特色劳务品牌形象代言人，利川星斗山红茶有限责任公司被评为湖北省劳务品牌领军企业。

**【零工驿站建设】** 推广零工驿站、共享用工等灵活用工新模式，全州建成覆盖州、县、乡、村4级零工驿站385家，服务灵活就业人员4万余人次；开发共享用工小程序，引导652家企业签订共享用工协议，共享用工3897人次。

**【第二届“恩施工匠”职业技能大赛】** 举办第二届“恩施工匠”职业技能大赛，设置茶叶加工、电工、无人机驾驶员（植保）、动物疫病防治员、农作物种植技术员、中式烹调师、手工木工、广告设计师8个竞赛项目，全州8个县（市）的251名工匠参赛，24名选手获金银铜奖并被授予“恩施州技术能手”称号。举办2023年恩施州第二届“恩施工匠”职业技能大赛颁奖暨恩施州十大技能大师工作室授牌仪式。

**【《恩施州第二批重点产业职业培训需求指导目录》发布】** 7月25日，州人社局发布《恩施州第二批重点产业职业培训需求指导目录》（以下简称《目录》），对全州产业发展急需的近60个职业（工种）提高培训补贴标准。《目录》新增家具制作工、轴承制造工等23个工业制造类职业（工种）；关注新就业形态，新增互联网营销师（带货主播）、网约配送员（外卖骑手）、快递员等培训职业（工种）；服务乡村振兴，新增民宿管家、旅游咨询员等培训职业（工种）。《目录》鼓励和引导定点培训机构与用工企业开展合作，通过“订单式、定向式”培训模式，提高培训就业率。

**【新业态（快递员）灵活就业一件事率先推行】** 8月，印发《“新业态（快递员）灵活就业一件事”业务流程再造优化方案》，对新业态灵活就业人员业务办理流程进行再造，与平台公司对接，采取数据比对、及时对接、签订协议、全程跟踪等方式，做好就业服务和权益保障工作。推出“新业态（快递员）灵活就业一件事”主题套餐服务，对高频重点事项，如就业登记、新增或续保、欠薪纠纷化解等8个相关业务主题进行重点推介。

**【技能评价优化】** 出台《恩施州人力资源和社会保障局关于加强全州职业技能等级认定机构跨县（市）增设考点管理工作的通知》《关于2023年第一批全州职业技能等级认定机构跨县（市）增设考点备案的通知》，增设跨县（市）考点50个，推行“技能培训+人才评价”育才模式；经培训考核合格，新增333名考评员持证上岗。首次开展全州职业技能评价“线上+线下”培训，70余名人社部门外督及评价机构内督经考核合格颁发质量督导员证卡，有效提高评价能力。

**【隶属管理学校】** 隶属管理4所民办技工学校，分别为恩施州民族技工学校、利川民族技工学校、咸丰县民族技工学校和宣恩县勤修技工学校。恩施州民族技工学校：截至2023年底，在校专职教师68人，在校学生1602人，其中2023年招生720人；现招生专业共19个；占地面积3.74公顷，建筑面积5.8万平方米。利川民族技工学校：截至2023年底，在校专职教师57人，在校学生共1633人，其中2023年招生人数376人；现招生专业9个；学校现占地面积1.4公顷，建筑面积9000平方米。咸丰县民族技工学校：截至2023年底，在校专兼职教师44人，在校学生878人，其中2023年招生328人；现招生专业7个，学校现占地面积1.46公顷，建筑面积14770平方米。宣恩县勤修技工学校：截至2023年底，在校专职教师24人，在校学生189人，其中2023年招生189人；现招生专业9个；学校占地面积5.3公顷，建筑面积2.3万平方米。

（陈黎魁）

## 社会保险

**【概况】** 2023年，全州基本养老、工伤保险合计参保302.83万人，同比扩面新增4.37万人。参加城镇职工基本养老保险67.54万人，其中，企业职工养老保险参保人数53.98万人，机关事业单位养老保险参保人数13.56万人；参加城乡居保参保人数206.93万人；参加工伤保险参保人数28.36万人，1872个新开工工程建设项目工伤保险参保率达100%，推进公务员及参公管理人员参加工伤保险并纳入统筹管理，628家单位1.77万人参保；失业保险参保人数24万人。2023年，全州按时足额发放各项养老保险待遇97.48亿元。企业退休人员养老金人均同比增加6.04%，机关事业单位退休人员养老金人均同比增加3.49%。城乡居民养老保险基础养老金标准提高至每人每月130元。工伤保险定期待遇标准提高10%，全州发放各项工伤保险待遇1.67亿元。

【推进“老机保”退费】 根据《省人民政府办公厅关于印发机关事业单位养老保险原有试点与机关事业单位养老保险制度改革衔接办法的通知》要求，为妥善处理2014年9月以前开展的机关事业单位养老保险原有试点与2014年10月启动的机关事业单位养老保险制度改革个人缴纳的养老保险费本息衔接工作，经与州财政局会商并报州政府同意，印发《关于做好州本级机关事业单位养老保险原有试点个人缴费本息清退工作的通知》，启动州本级“老机保”退费工作。截至年底，完成20余家单位“老机保”退费工作，累计退费128.7万元。

【职业年金利息记实和补记职业年金】 经与州财政局会商并报州政府同意，决定州本级一次性做实2022年12月底前财政全额供款单位“五类人员”职业年金利息存量和因调动、辞职辞退离开机关事业单位人员补记职业年金的存量。从1月起，做实州本级财政全额供款单位“五类人员”职业年金本息、补记职业年金的增量和在职人员单位缴费增量。并从2024年起分10年逐步做实在职人员单位缴费历史记账本息。截至年底，落实财政全额供款单位“五类人员”职业年金利息存量和增量以及在职人员单位缴费增量资金7999万元。

【筑牢社保基金安全】 开展社会保险基金管理巩固提升行动，在全省率先探索以非诉执行的方式追讨社保基金，全面核查社保基金监管系统预警信息69条，追回资金18.93万元，核查稽核系统疑点数据1155条并全部整改到位。连续两年基金监督考核获得满分。

【社保基金交叉检查】 开展全省社保基金管理巩固提升行动深化整改阶段市州交叉检查相关工作。州本级、建始县接受以孝感市人社系统干部为主的省厅检查组为期一周的现场检查，检查组共指出18类、28个具体问题。州本级5人、县（市）4人代表省厅到鄂州市对其市本级和华容区进行为期一周的检查。

【社银合作】 与人民银行、金融监管部门出台《关于印发〈恩施州全面推进社银合作实施方案（试行）〉的通知》，设置首批社银合作服务网点“24小时社保自助服务专区”“社银合作银行社保业务窗口”40个，变“银行柜台”为“社保前台”。

【公务员及参公人员工伤保险】 印发《关于转发湖北省公务员工伤保险统筹实施办法的通知》，推进公务员及参公人员工伤保险登记参保及缴费工作。截至年底，全州628家单位、17741名公务员及参公人员纳入工伤统筹管理。

【工伤预防】 加强工伤预防宣传培训，开发App线上学习小程序，组织全州参保职工学习工伤保险知识，提升工伤预防意识，累计注册学习人数达到41930人。开展20家重点治理企业关键岗位人员培训20场，培训人数1282人；组织职业病、电气焊、交通运输3场线下综合培训，参加培训422人；开展道路运输、建筑业、制造业3场线上培训，参加培训21511人。对20家重点治理企业开展现场调研，发现工伤事故隐患468条，督促企业整改445条，整改率达到95%。

（陈黎魁）

## 劳动保障

【概况】 2023年，全州办理欠薪案件568件，其中立案办理115件、协调处理453件，共为8390名劳动者追回工资1.14亿元，办结各级交办信访欠薪线索95起，为320名劳动者追回工资831万元，劳动保障监察投诉举报案件和拖欠农民工工资投诉举报案件办结率均达100%。

【根治欠薪经验成为国家典型】 全州农民工欠薪数字化治理试点上榜国务院办公厅政务服务效能提升典型案例。欠薪线索数量从2022年全省第5位下降至第9位，在建项目录入监管平台数据全省第3位。

【农民工工资保证金差异化存储制度】 4月17日，印发《恩施州工程建设领域农民工工资保证金差异化存储办法》，率先在全省建立起农民工工资保证金差异化存储制度，着力“减免缓替”，降低企业经营成本，截至年底，共为520个项目减负近1.8亿元。

【标准化安薪项目创建】 出台《恩施州“标准化安薪项目”创建标准》，在全州范围内培育选树标准化安薪项目。截至年底，全州共认定授牌“标准化安薪项目”197个。在300余个工地项目部设立集法律宣传、纠纷调解、技能培训等功能于一体的安薪驿站，推动农民工工资保障制度落实。

【根治欠薪冬季专项行动】 开展根治欠薪冬季专项行动期间，运用信息化手段，结合实地排查走访，梳理摸排、督促化解劳动用工领域欠薪线索，共向县（市）交办问题清单5批次，组织开展专项督查检查4次，形成周报告9期。

【和谐劳动关系培育选树】 对144组个人和企业通报表扬，并向省争取金牌劳动关系协调员名额15人，金牌劳动关系社会组织2家，评选名额居全省第2。向省提名推荐全国和谐劳动关系创建先进个人评选表彰对象1人。

【行政执法】 全年共计作出行政处罚决定15件，行政许可318件、行政强制33件，行政检查356件，行政确认2020件。共受理来电来访等投诉2677批次、举报98批次，立案113件，办结113件，办结率100%，涉及人数2805人，涉及金额3583万元。

（陈黎魁）

## 医疗保障

**【概况】** 截至2023年底，恩施州基本医保参保352.39万人，其中，职工34.61万人，居民317.78万人，按全州340万常住人口计算，参保率达到103.64%。医保基金总收入50.54亿元，总支出50.98亿元，当期结余赤字0.44亿元，累计结余62.56亿元。支付门诊医疗待遇1241.1万人次、慢特病待遇125.9万人次、住院医疗待遇92.3万人次、生育保险待遇2.3万人次。职工医保和居民医保政策范围内住院费用报销比例分别达到91.09%、65.03%。医疗救助基金资助参保支出0.78亿元，落实医疗救助待遇2.38亿元。

**【落实医疗保障待遇清单制度】** 11月13日，州医疗保障局印发《关于优化调整恩施州基本医疗保险门诊慢特病保障政策的通知》，统一基本医疗保险门诊慢特病的适用对象、基本原则、纳入条件和决策权限，明确待遇标准、经办流程和监管要求。门诊特殊疾病病种达到11个，门诊慢性病病种达到26个。12月22日，州医疗保障局、州财政局印发《关于积极生育医疗保障十项支持措施的通知》，提出拓展保障覆盖范围、优化新生儿参保缴费政策、扩大产前检查费用支付渠道、提高住院分娩医疗待遇、保障灵活就业人员生育医疗待遇、保障男职工未就业配偶生育医疗待遇、做好生育全程服务保障、取消享受生育待遇前置条件、保障领取失业保险金人员生育医疗待遇、实施生育津贴“免申即享”服务的积极生育医疗保障十项支持措施。12月26日，州人民政府印发《恩施土家族苗族自治州职工基本医疗保险和职工大额医疗费用补助实施办法》，修订全州职工医保和职工大额医疗补助制度，巩固三重保障制度体系。

**【新一轮（2023—2025年）大病保险承办服务招标】** 贯彻落实新修订的《恩施州城乡居民大病保险实施办法》，规范和完善大病保险待遇保障机制。7月24日，新一轮（2023—2025年）大病保险承办服务招标项目开标，中国人民财产保险股份有限公司恩施分公司和中国人寿保险股份有限公司恩施分公司中标。

**【提升医保参保质量】** 贯彻国家医保局、财政部、国家税务总局《关于加强和改进基本医疗保险参保工作的指导意见》，推进基本医疗保险全民覆盖，做好医保参保扩面宣传，提高群众参保积极性。在全国“医保好声音”参保扩面宣传大赛中，巴东县获一等奖、恩施市、建始县、鹤峰县获三等奖；在全国医保基金监管“安全规范年”短视频大赛中，利川市“土家幺妹说医保——守好人民看病钱”获全国三等奖；巴东县参保“三字诀”经验被省医保局专题片《微光的力量》采用。推进参保扩面，压实各级政府，医保、税务、财政、民政、乡村振兴、教育等部门和村两委、驻村工作队责任，落实应保尽保。

**【化解改制企业职工医保遗留问题】** 截至2023年底，全州累计改制企业职工医保累计补缴13880人。主动排查化解国有集体改制企业职工医保历史遗留问题做法被中央依法治国办作为信访工作法治化典型案例采纳。

**【惠民型商业医疗保险共保体遴选】** 12月14日，州医疗保障局、州财政局、国家金融监督管理总局恩施监管分局印发《恩施州惠民型商业医疗保险实施方案》，完成惠民型商业医疗保险共保体遴选。

**【职工医保门诊共济改革】** 1月，全州职工医保门诊共济保障政策正式上线运行。通过分层分类推进改革政策宣传，加强经办机构和定点医药机构业务培训，优化改革配套服务措施，全州职工医保门诊共济改革全面平稳有序实施。截至年底，全州开通4548家定点医药机构职工医保门诊统筹结算服务，享受门诊统筹待遇的参保职工达347.73万人次，统筹基金支付2.23亿元。

**【推进基本医保州级统筹】** 完善基金分配、基金管理等州级统筹相关管理制度，研究分配难题，提升统筹实效，全州实现政策制度、待遇标准、基金管理、经办服务、定点管理、信息系统“六统一”。医保州级统筹工作获国家组织的第三方评估高度评价。6月，省医保局党组书记、局长李向东专题调研恩施州全面做实基本医保州级统筹工作，对恩施州医保工作作出“工作落实好、创新劲头好、精神面貌好”的评价。

**【推进医保支付方式改革】** 组织各级定点医疗机构完成历史数据采集、数据治理、定点医疗机构DIP业务培训指导，召开本地DIP核心病种专家论证会，形成州级DIP病种目录库7340个病种组合，全州164家各级定点医疗机构于年底进入DIP实际付费阶段。

**【巩固拓展医保帮扶成果】** 持续推进巩固拓展医保脱贫攻坚成果同乡村振兴战略有效衔接，坚决守牢不发生因病规模性返贫致贫底线。全州22.21万低收入人口、106.18万脱贫人口实现应保尽保；全州农村低收入人口三重制度保障累计支付11.44亿元，住院政策范围内报销比例91.38%，实现医保待遇应享尽享；防止因病返贫致贫动态监测预警信息应推尽推，落实依申请救助医保帮扶措施2950人、救助资金2660.3万元，实现应救尽救。全州医保助力乡村振兴工作在全省医保重点工作推进会议上作经验交流；巴东县代表湖北省顺利通过国家巩固后评估现场核查，并在全省医保系统工作会上作经验交流；全州8个县（市）均顺利通过全省巩固脱贫攻坚后评估交叉考核；恩施市健全因病返贫致贫风险化解机制经验被国家局《医保工作动态》刊发。

【基金安全常态监管】 全州统一开展医保普法暨基金监管集中宣传月活动，多形式普及医保政策法规知识，公开曝光全州违规使用医保基金典型案例，组织选送作品到省局、国家局参加基金监管“安全规范年”短视频大赛。开展全州不合理医疗检查及用药突出问题、医保领域打击欺诈骗保、医药领域腐败问题集中整治和定点药店违规使用医保基金4个专项整治。全州全年追回医保基金4411.35万元，处理定点医药机构1790家，处理个人601人，移送司法机关案件或线索13件，移送纪检监察机关案件或线索68件，移送其他行政部门案件1件。公开曝光案例515例，受理办结举报线索28件，兑现举报奖励2210.94元。恩施市办理的“恩施博仁肾病医院违规使用医保基金案”获评全省年度十佳优秀案卷。组织开展首届医保基金监管大数据筛查技能培训，组建专班集中对全州医保结算数据开展大数据筛查，起底重点问题线索，组织完成国家和省交办的多批次问题线索核查处理，运用智能审核和监控挽回基金损失287万余元。

【医保便民惠民服务】 推进医保政务服务事项向乡镇、村（社区）前移，实现州、县、乡、村医保一体化经办服务90个乡（镇）、1590个村（社区）全覆盖，压缩29项医保政务服务事项办理时限，率先于省内落实转移接续个人账户“秒到账”。在全省医保经办管理服务评价中获评优秀等次；经办服务一体化建设工作在全省医保重点工作推进和业务培训会议上作经验交流；咸丰县经办服务延伸到村工作在全省进行经验交流；利川市优化服务让医保办理更便捷经验做法被州委主题办简报采用。完成全省经办练兵大比武县（市）选拔赛。参与全省经办练兵大比武网上答题活动，巴东县位居全州总分榜第1位，利川市位于全州均分榜第1位，咸丰县位于活跃榜第1位，全州4名医保干部个人成绩长期稳居全省前10。优化调整异地就医报销政策，简化异地就医备案流程，扩大异地就医定点医药机构覆盖面，提高异地就医便捷性。全州已开通异地定点医疗机构1407家，异地定点零售药店1734家，居全省前列。来凤县推动异地就医结算“变道提速”经验做法被州委《工作动态》采用。持续做好医保编码动态维护并深化在定点医药机构端的全流程应用。清理治理参保数据，提高数据质量。扩大二级以上定点医疗机构医保移动支付覆盖面。启动电子票据和区块链应用，初步实现电子处方落地应用。提升医保码激活应用率，全州医保码激活率80.59%，排名全省第2；结算占比60.87%，排名全省第1；推进医保码全流程应用的医疗机构达16家，排名全省第1。建始县以智慧医保赋能“数字政府”建设经验做法被州委《工作动态》采用。

【医保、医疗、医药协同发展和治理】 落实医药服务管理事项，全面执行国家最新版目录（2022版），新版“双通道”和“单独支付”药品目录政策调整落实到位，纳入“单独支付”药品过渡期管理18个。推进药械集采，26批次452个品种的集采中选药械在全州落地执行，全年减轻群众就医负担2亿元、节约医保基金2.45亿元，住院患者例均费用降低3.2%；通过州医保基金直接向企业预付、结算集采药械价款2.76亿元，解决企业回款难问题；拨付集采药械结余留用奖励5725万元，助力公立医院高质量发展和薪酬制度改革。10月，州医保局在全省医保系统医药价格和招标采购政策培训班上就推进药械集采工作的经验做法进行授课交流。咸丰县探索集采药品进村经验被省委办公厅《综合信息》刊发。推进医药价格改革，开展口腔种植价格专项治理，单颗种植牙价格控制在4500～5500元，同比降价约40%。开展常用药比价工作，为患者实惠购药提供有效参考。

（向　辉）

## 住房公积金

【概况】 截至2023年末，全州缴存住房公积金总额332.27亿元，比2022年末增加14.50%，缴存余额138.99亿元，同比增长7.29%，实有缴存单位3843家，实有缴存职工16.06万人，分别同比增长8.10%、1.19%；提取总额193.27亿元，比2022年末增加20.31%；累计发放个人住房贷款9.66万笔209.89亿元，贷款余额105.28亿元，分别比2022年末增加3.87%、7.74%、0.43%；累计提取城市廉租住房（公共租赁住房）建设补充资金9.36亿元。

【住房公积金归集】 全州新开户单位451家，净增单位288家；新开户职工1.14万人，净增职工0.19万人，缴存额42.08亿元，同比增长13.18%。受委托办理住房公积金缴存业务的银行4家。

【住房公积金提取】　全州6.93万名缴存职工提取住房公积金，提取额32.63亿元，同比增长21.57%，其中住房消费类提取21.29亿元。提取额占当年缴存额的77.55%，比上年增加5.35个百分点。

【住房公积金贷款】　全州发放个人住房贷款3600笔15.08亿元，同比分别增长11.15%、19.96%，其中共受理807笔组合贷款，通过住房公积金贷款资金撬动商业银行贷款资金1.74亿元；支持职工购建房49.61万平方米；通过申请住房公积金个人住房贷款，可节约职工购房利息支出1.76亿元；共回收个人住房贷款14.63亿元；个人住房贷款发放额在全州的市场占有率为22.10%。受委托办理住房公积金个人住房贷款业务的银行8家。

【住房公积金增值收益】　实现增值收益2.04亿元，同比增长1.68%，增值收益率1.51%，增值收益创历史新高；提取城市廉租住房（公共租赁住房）建设补充资金共计1.78亿元。

【区域一体化发展】　州住房公积金中心与宜昌、荆州、荆门公积金中心落实“六互”工作合作机制，支持宜荆荆都市圈住房公积金缴存异地互认、异地购房互提互贷、互为业务办理窗口、加强风控互助，41名宜昌、荆州、荆门缴存职工在恩施购房，州住房公积金中心发放贷款0.17亿元；实施恩施武汉住房公积金同城化发展，制定同城化“互认互贷”实施细则，恩施与武汉都市圈公积金中心实现相互认、自由转、就地办，72名武汉都市圈缴存职工在恩施购房，州住房公积金中心发放贷款0.26亿元。

【试点灵活就业人员住房公积金政策】　在来凤县试点灵活就业人员住房公积金政策。年满16周岁，且男性未满60周岁、女性未满55周岁，未享受退休待遇的城镇个体工商户、自由职业者、进城农村居民等灵活就业人员，均可缴纳住房公积金，享受住房公积金政策。全年共有12名灵活就业人员缴存住房公积金，缴存金额34092元。

【持续优化营商环境】　推进信息数据共享，完成征信信息查询、贷款信息对接征信系统工作，落实全国住房公积金数据共享平台的对接，实现共享数据与系统模块的深度融合。推进公积金业务“亮码可办”，代替原有的职工缴存证明、异地贷款缴存使用证明、贷款结清证明等纸质证明，实现住房公积金个人证明事项“跨省通办”。推进“异地委扣”业务，接入湖北省住房公积金数据互联共享平台，实现恩施州与省内其他城市住房公积金“系统联”“打通用”。推进“惠民公积金、服务暖人心”三年行动，开展“营业窗口建设提升年”活动，组织窗口大调研和“大比武”活动，创建窗口服务品牌。

【基数调整】　职工住房公积金月缴存基数不得高于24005元，恩施市月缴存基数不得不低于1650元，利川市、建始县、巴东县、宣恩县、咸丰县、来凤县、鹤峰县月缴存基数不得低于1520元，单位和个人缴存比例为5%～12%；中央、省（含外省）在恩施州的单位及企业住房公积金月缴存基数和缴存额度上限标准可参照恩施州缴存职工住房公积金月缴存基数和缴存额度上限标准，也可参照武汉住房公积金管理中心公布的月缴存基数和缴存额度上限标准。

【业务政策调整】　出台《恩施州住房公积金支持职工合理住房需求促进房地产市场平稳健康发展二十条措施》，主要包括：提高多子女家庭租房提取和购房贷款额度；支持老旧小区居家适老化改造提取住房公积金；扩大互认互贷合作范围至全省；调整贷款偿还委托扣划方式；支持贷款延期；优化提前部分还款方式；取消提前还款时间限制和贷款间隔期；优化二手房贷款申请流程；支持住房公积金“带押过户”；扩大组合贷款范围至期房、一手现房、二手房；提高购现房抵押贷款担保比例至80%；允许申请住房公积金贷款购买法拍房；优化期房按揭项目管理；扩大异地贷款购房类型至期房、一手现房；全面放开异地贷款支持区域；对留恩大学生和专业技术人才实施住房公积金扶持政策；开展代际互助购房提取和贷款业务；支持职工购买政策性共有产权住房；在来凤县试点灵活就业人员住房公积金政策。

【荣誉】　1月11日，州住房公积金中心贷款管理科科长李仁杰被人力资源和社会保障部、住房和城乡建设部表彰为全国住房和城乡建设系统先进工作者。

（向建军）

## 退役军人事务

【概况】　2023年，州退役军人事务局认真贯彻落实习近平总书记关于退役军人工作的重要论述，各项工作扎实推进，志愿服务创新开展、党建引领固本强基、拥军惠军持续发力，恩施州退役军人工作在全省市州综合绩效考核中居第一方阵。

【服务体系建设】　更新全州退役军人服务中心（站）管理服务系统基础信息，确保县、乡、村三级基本数据一网采尽、准确无误。州退役军人服务中心坚持开展“一月一学”活动，学习退役军人相关政策法规、服务体系建设、关心关爱等内容；举办全州基层退役军人服务中心

（站）业务能力暨退役军人党员培训班，举行交流培训49次。优化线上办事服务事项，推行“军人退役一件事”联办服务，在各级政务服务中心设置服务专窗，配齐配强服务人员，提供申报指导、材料预审等服务，提高在线申报和窗口综合收件效率，发放服务手册1231份。

【思想引领】 在抗美援朝战争胜利70周年之际，抢救性编纂成书《铭刻——致敬恩施州抗美援朝老兵》，记录58名恩施籍抗美援朝老兵的革命故事，全书共13万余字。组织国防教育志愿服务活动32场，4000余人次“沉浸式”体验经典诵读、红色观影、老兵宣讲等活动，厚植退役军人爱国主义情怀。开展以“退役军人权益保障”为主题的《中华人民共和国退役军人保障法》宣传月活动。树先进典型，评选“恩施楷模·最美退役军人”5人，分别是建始县退役军人高文清、巴东县退役军人赵光明、利川市退役军人廖文星、咸丰县退役军人何立、鹤峰县退役军人黄大霖。宣恩县退役军人黄俊作为央视CCTV-7《老兵你好》栏目特邀嘉宾讲述非遗传承故事。咸丰县清坪镇龙潭司村“兵支书”赵寄凯获第二届全国“乡村振兴青年先锋”称号。

【优待抚恤】 州政府办公室印发《关于落实退役军人和其他优抚对象公共交通优待政策的通知》，2024年1月1日起，全国范围内的退役军人和其他优抚对象持优待证免费乘坐县（市）城区内运营的公共交通。完成优抚对象年度确认，确认率达到99.26%，发放抚恤补助金、义务兵家庭优待金。选送优抚对象到州优抚医院、省荣军医院、九宫山疗养所进行短期疗养。推进文旅优待，全州22家A级以上收费旅游景区全部落实对退役军人和其他优抚对象减免门票政策，“春游湖北”活动期间接待优待对象5000余人次，优惠金额超过100万元；与拥军企业签订惠军拥军协议214份，明确措施110条，为退役军人提供涵盖日常生活各方面的专属优待服务。州优抚医院开展“巡回医疗”活动，为173名抗美援朝老兵送药上门发放慰问物资。组织伤残评审会议9次，完成伤残人员等级认定11人，评定带病回乡退伍军人33人，完成退出现役残疾军人抚恤关系转接23人。

【拥军优属】 创新实践双拥工作“三个五”恩施模式，2023年第3期《新时代中国双拥》杂志刊发州委书记胡超文署名文章《以“三个五”模式推动创新发展》。春节、“八一”全覆盖走访慰问驻恩施部队；慰问边海防部队官兵，发放慰问金；慰问困难退役军人和优抚对象，发放慰问金。开展“关爱功臣”“双拥在基层”活动，为立功受奖官兵家庭送达喜报，发放奖金。为新兵家庭悬挂光荣牌。

【退役军人就业创业】 组织适应性培训、职业技能培训、创业培训指导、学历教育等各类就业创业培训906人次，帮助退役军人落实学历教育优惠政策。依托“荆楚老兵人才网”平台，举办直播带岗活动2场，参与企业15家，提供就业岗位190余个。举办“八一”退役军人、“春风行动”暨返乡人员等专场招聘活动28场。利用微信公众号、短信平台等定向推送退役军人就业信息600余条，推送就业岗位1000余个。组建创业指导团队，帮助10余家军创企业解决发展难题。来凤县作为全省试点县，推进“兵教师”招聘。吸纳退役军人进入消防员、辅警队伍。引导退役军人积极参与基层治理，进入村支“两委”。依托退役军人关爱协会，吸纳拥军企业60余家，打造退役军人创新创业示范点。组织2家军创企业参加首届全国退役军人创业创新成果展交会。

【退役军人安置】 与组织、编办、人社等部门协调，规范安置流程，安排优质岗位接收退役军人，按时完成本年度转业军官、政府安排工作退役士兵安置任务，其中行政事业编制安置84%，企业安置16%。

【褒扬纪念】 开展以“2023·崇尚铭记历史缅怀先烈，崇尚英雄争当先锋”为主题的祭扫活动。4月4日，州委书记胡超文带领州及恩施市“四大家”领导在恩施烈士陵园开展清明祭扫活动。清明节期间，

2023年4月13日，州退役军人事务局在建始县官店镇民族小学开展“老兵宣讲国防 传承红色基因”宣讲活动 （州退役军人事务局 供稿）

全州参加现场祭扫人共 12946 人，群体性祭扫活动 1764 场。9 月 30 日，恩施州及各县（市）举行烈士公祭活动。将祭扫英烈与学习红色历史、党员文明实践活动相结合，咸丰县建成“红色领航暨党建引领爱国主义校园校外教学”平台，设置再走红军路、体验红军餐、老兵讲故事等课题，打造红色课堂；鹤峰县组织师生到烈士陵园聆听爱国主义教育公开课，缅怀革命先烈；巴东县组织开展“2023 年‘我们的节日·清明’祭英烈经典诵读展示活动”，在纪念缅怀活动中传承革命精神。加强烈士纪念设施管护，湘鄂边苏区鹤峰革命烈士陵园投入资金 1100 万元完成维修改造，巴东县争取资金 550 万元新建烈士墓区。宣恩县烈士陵园、建始县包家垭烈士陵园、利川市都亭烈士陵园、鹤峰县中营烈士陵园、鹤峰县邬阳烈士陵园、鹤峰县太平烈士陵园 6 处烈士纪念设施评定为州级烈士纪念设施，恩施烈士陵园改扩建项目、鹤峰中营烈士陵园改扩建项目纳入退役军人事务部确认项目。常态化开展烈士寻亲服务工作，为恩施籍先烈田啟林找到直系亲属，并陪同烈属前往安葬地河北正定县常山陵园祭扫。

【落实军休“两个待遇”】 丰富军休人员文化生活，每月组织军休干部开展支部主题党日活动；1 名军休人员参加省厅举办的疗养活动、3 名军休人员参加省厅举办的军休棋牌赛活动。完成军休干部定期增资，按月、足额发放离退休费和各项生活待遇（包括无经济收入遗属的定期生活补助）。

【领导考察调研】 2 月 13—15 日，省退役军人事务厅党组成员、副厅长周绪铎到恩施调研。先后到张富清先进事迹陈列馆、咸丰县忠堡大捷纪念园、龙家界村等地调研服务体系建设、烈士褒扬、乡村振兴等工作。5 月 23 日，湖北省康复辅具技术中心到恩施市开展残疾退役军人调研工作。9 月 18—19 日，省退役军人事务厅二级巡视员马汉江到恩施州调研退役军人和其他优抚对象省级优待目录落实情况。

【重要会议】 2 月 28 日，全州县（市）退役军人事务局局长会议召开。8 月 24 日，州委书记、州双拥工作领导小组第一组长胡超文主持召开州委退役军人事务工作领导小组暨州双拥工作领导小组会议。审定印发《恩施州 2023 年双拥工作要点》《恩施州 2023 年军地互办实事清单》。

【荣誉】 建始县退役军人谭大凡获评 2023 年度“荆楚楷模·最美退役军人”。建始县退役军人服务中心主任刘仕阶被退役军人事务部办公厅评为“全国退役军人服务中心（站）百名优秀主任（站长）”。

（李俊伟）

## 老龄工作

【概况】 2023 年，发挥老龄办职能作用，推动落实州委、州政府关于老龄工作的各项决策部署。构建多层次社会保障服务体系，高质量养老服务体系，健全老龄健康服务体系，构建友好的社会环境，积极应对人口老龄化。

【老龄健康服务体系】 全州二级以上综合医院设立老年医学科 16 家，二级及以上中医院全部设置康复科，建成老年友善医疗机构 119 家。实施老年健康素养促进项目，提高老年人健康核心信息知晓率和老年人健康素养水平。做实做细家庭医生签约履约服务，提升家庭医生团队服务能力。做好老年人健康管理、中医药健康管理、老年健康与医养结合基本公共卫生服务。恩施州被纳入第三批国家安宁疗护试点地区，制定《恩施州安宁疗护国家试点工作实施方案》，全州开展安宁疗护服务机构 10 家、床位 96 张。

【医养养老】 恩施州共有养老服务机构 124 所，实际运营 105 家，其中公办养老机构 80 个，供养各类服务对象 3467 人，配备工作人员 865 人；民办养老机构 25 个，收住各类服务对象 1070 人，配备工作人员 278 人。机构养老床位 16170 张，其中护理型床位 9558 张，占比 59.1%。全州有城乡养老服务设施 1549 个（城市社区居家养老服务中心 245 个、农村老年人互助照料中心 1304 个），12989 张日间照料床位。恩施州现有医养结合服务机构 12 家（医办养 6 家，养办医 2 家，医疗机构为养老机构提供嵌入式服务 4 家），养老床位 1280 张，日在院养老人员 831 人（失能 358 人、部分失能 284 人、自理 189 人），医疗机构与养老机构签约全覆盖，恩施州优抚医院被评为全国医养结合示范机构。

【百岁老人】 全州共有百岁老人 183 人，其中恩施市 35 人、利川市 41 人、建始县 22 人、巴东县 21 人、宣恩县 15 人、咸丰县 14 人、来凤县 18 人、鹤峰县 17 人。

（朱妮亚）

## 精神文明建设

【概况】 2023 年，恩施州推进文明城市、文明村镇、文明单位、文明校园、文明家庭创建活动。拓展新时代文明实践活动，全州建立县级新时代文明实践中心 8 个、乡镇（街道）实践所 93 个、村（社区）实践站 2031 个，文明实践三级阵地实现全覆盖。全州线上注册志愿者超 44 万人次。推进文明礼仪、文明交通、文明旅游、文明餐桌、爱国卫生等宣传教育。落实《新时代公民道德建设实施纲要》《爱国主义教育实施纲要》，1 集体 1 个人当选全国“三下乡”先进，2 人当选“最美新时代革命军人”，1 人当选“中国好人”，5 人当选“湖北好人”，1 人当选“荆楚楷模”年度人物，4 人当选“荆楚楷模”季度人物，4 人当选“荆楚楷模”最美人物，1 单位 1 个人当选全省学雷锋先进，24 人（组）当选“恩施楷模”。

【文明城市创建】 宣恩县被确定为 2021—2023 年创建周期全国文明城市提名城市，成为全州首个全国文明城市提名城市。11 月，在利川市举办全州精神文明建设研讨会，邀请十堰市城市文明创建中心专家现场培训。12 月，州委常委、州委宣传部部长向红林带队到浙江省杭州市考察文明城市创建工作。

【文明村镇创建】 3 月，对 2019—2021 年州级乡风文明建设示范村奖补资金拨付及使用情况自查。中国文明网“文明村镇创建巡礼”刊载《湖北省恩施市三岔镇莲花池村：“三张榜单”定规矩 文明乡风扑面来》《湖北省恩施州建始县：村规民约“约”出和美乡村新画卷》。来凤县《“四个三”工作法整治“无事酒”》入选第四批全国“文明乡风建设”典型案例，恩施市二官寨村、宣恩县兴隆村入选第二批湖北省农村“一约四会”典型案例。

【文明单位创建】 创建全国文明单位 11 家、省级文明单位 189 家、州级文明单位 694 家。用好湖北省文明单位实时管理系统，加大对辖区文明单位创建指导力度，印发通报督促各单位及时完成创建任务。9 月，召开州直省级文明单位创建培训会。各级文明单位参与辖区内精神文明建设活动，创文办对各单位落实创文包保责任情况考核评分。全国文明单位恩施州审计局获全国“节约型机关”称号。州委宣传部副部长、州社科联主席李娟撰写全州省级文明单位创建情况调研报告。

【文明校园创建】 落实《全国文明校园创建管理办法》《湖北省中小学文明校园测评细则》。组织开展“扣好人生第一粒扣子”主题教育实践活动。开展心理健康教育宣传月活动，协调实施“暑期集中行动”，净化未成年人健康成长的社会文化环境。组织各级新时代文明实践阵地开展“向国旗敬礼”系列活动。对全国文明校园——恩施市实验小学专项督查，抽查各级文明校园创建情况。完成 2023 年未成年人思想道德建设工作测评。宣恩县张依寒获评 2023 年湖北省“新时代好少年”，评选 2023 年恩施州“新时代好少年”10 人。在“童心永向党 筑梦新时代”乡村学校少年宫项目建设成果展示活动中，获一等奖 1 项，二等奖 1 项，三等奖 1 项，优秀奖 2 项，最佳组织奖 1 项。

【文明家庭创建】 联合州妇联开展 2022—2023 年寻找恩施州“最美家庭”活动，评选出“最美家庭”20 户。新入选湖北省家风家教实践基地 3 个。开展“巾帼心向党 经典家家唱”及“家和万事兴”家教家风主题展活动，全州 80 个单位及家庭获奖。下发《关于组织领导干部及家属参观家教家风展的工作方案》《“树清廉家风·创最美家庭”主题宣传教育活动方案》，参加 2023 年全州清廉家庭建设工作会商会。开展“争做书香家庭 共建大美恩施”悦读万家活动，评选 30 户 2023 年“恩施州书香家庭”。组织报送 2023 年“家书传家风”万户家庭讲家风故事音视频 28 个。组织全国文明家庭和部分省级文明家庭在省文明网开展晒全家福、家规家训活动。

【新时代文明实践中心建设】 全州文明实践三级阵地实现全覆盖。对新时代文明实践中心评估验收，推荐上报省级示范中心 1 个、示范所 7 个、示范站 77 个。4 月，省委宣传部文明创建一处到建始、鹤峰、咸丰、宣恩检查指导新时代文明实践中心建设。7 月，开展全州精神文明建设大调研活动，形成全州农村精神文明建设调研报告。

【志愿服务】 全州各县（市）建立 1+8+N 新时代文明实践志愿服务体系，累计注册志愿者 44 万人，成立志愿服务组织 5900 余个，开展志愿服务活动 3.77 万场次。3 月，举办恩施州第三届新时代文明实践志愿服务暨青年志愿服务项目大赛，评选获奖项目 10 个，全州志愿服务项目达到 1167 个。9 月，在 2023 年湖北省新时代文明实践志愿服务项目大赛中，恩施州获 1 金 1 银 2 铜，州文化馆“每周文化一小时”获文明风尚类金奖，宣恩县高罗镇歌乐城社区志愿服务队“易迁儿童 162 次成长列车”获乡村振兴类银奖，建始县长梁镇非遗文化传习志愿服务队“丝弦锣鼓 土家交响”获理论政策宣讲类铜奖，恩施市小棉袄社会工作服务中心“点亮微光”获民生服务类铜奖。10 月，举办州级青年志愿服务“社区计划”工作竞赛。

【一集体一个人获评全国“三下乡”先进】 8 月，咸丰县南剧艺术传承保护中心、来凤县科技馆馆长田英获评中宣部全国文化科技卫生“三下乡”活动优秀团队、服务标兵称号。

【5 人获评“湖北好人”】 潘李华被省文明办评为第一季度诚实守信类“湖北好人”，焦易被省文明办评为第二季度敬业奉献类“湖北好人”，陈丹丹被省文明办评为第三季度孝老爱亲类“湖北好人”，刘学家、黄大霖被省文明办评为第四季

度见义勇为类“湖北好人”。

【1集体获评“荆楚楷模”年度人物】 5月，鹤峰县贺英女子民兵连被省委宣传部评为2022“荆楚楷模”年度人物，全省共8人（集体）。

【4人获评“荆楚楷模”季度人物】 咸丰县唐崖镇彭家沟村党支部书记、村委会主任焦宪被省委宣传部评为“荆楚楷模”第一季度上榜人物，来凤县百福司镇舍米湖村生态护林员陈代全被评为“荆楚楷模”第二季度上榜人物，恩施市白果乡人民政府退休干部、老年党支部书记张必斗被评为“荆楚楷模”第三季度上榜人物，武汉协和医院援鹤医疗队被评为“荆楚楷模”第四季度上榜人物。

【4人获评“荆楚楷模”最美人物】 建始县水库管养所副所长谭大凡被省委宣传部、省退役军人事务厅评为2023年“荆楚楷模·最美退役军人”，州中心医院主任医师李德忠被省委宣传部、省卫健委评为2023“荆楚楷模·最美健康守护者”，州应急管理局救灾和物资保障科副科长刘俊被省委宣传部、省应急管理厅评为2023年“荆楚楷模·最美应急人”，利川市建南镇中驰村党支部书记王芳被省委宣传部、省民政厅等评为2023年“荆楚楷模·最美儿童主任”。

【1单位1个人获评全省学雷锋先进】 3月，来凤县鑫龙工作室学雷锋志愿服务岗被评为第八批湖北省学雷锋活动示范点，利川市柏杨坝镇司法所所长雷红兵被省委宣传部评为第八批湖北省岗位学雷锋标兵。

【24人（组）获评“恩施楷模”】 黄菊方、谢文英、黄克杰、张连平、严明君、唐瑛、何义勇、刘雨睛获评第一期“恩施楷模”，张必斗、吴俊、建始县长梁镇罗家嘴村“7·4”抗洪救灾集体、周宗杰、吴俊贤、黄俊、陈代全、陈义明获评第二期“恩施楷模”，杨佐忠、牟利忠、蒋耀俊、杨国林、胡仁英、彭付香、焦易、汪次凤获评第三期“恩施楷模”。

（王莉 唐敏）

# 居民生活

## 城镇居民生活

【城镇居民收入】 2023年，恩施州城镇常住居民人均可支配收入为38248元，比2022年增加2321元，名义增长6.5%，实际增长6.9%。与全国、全省及省内其他市比较，恩施州城镇常住居民人均可支配收入比全国平均水平51821元低26.2%，比全省平均水平44990元低15.0%，在全省17个市州中（含直管市和林区，下同），绝对额排第15位，增幅排第1位。与武陵山部分市（州、区）比较，在武陵山区6个市（州、区）中，绝对额排第3位，增幅排第1位。

【城镇居民消费】 2023年，恩施州城镇居民人均生活消费支出为29160元，比2022年增加2309元，增长8.6%。城镇居民恩格尔系数为31.9%，比2022年减少0.4个百分点。

2023年恩施州城镇常住居民人均可支配收入情况表

表19

| 指标 | 2023年 | | 2022年 | | 2023年比2022年 | | |
|---|---|---|---|---|---|---|---|
| | 绝对额（元） | 占比（%） | 绝对额（元） | 占比（%） | 增加额（元） | 增幅（%） | 贡献率（%） |
| 全年可支配收入 | 38248 | 100 | 35927 | 100 | 2321 | 6.5 | 100 |
| 1. 工资性收入 | 22673 | 59.3 | 21301 | 59.3 | 1372 | 6.4 | 59.1 |
| 2. 经营净收入 | 5171 | 13.3 | 4777 | 13.5 | 394 | 8.2 | 17.0 |
| 3. 财产净收入 | 2907 | 8.0 | 2863 | 7.6 | 44 | 1.5 | 1.9 |
| 4. 转移净收入 | 7497 | 19.4 | 6986 | 19.6 | 511 | 7.3 | 22.0 |

2023年全国、全省及省内各市州城镇常住居民人均可支配收入情况表

表20

| 地区 | 2023年 | | 2022年 | | 2023年 | |
|---|---|---|---|---|---|---|
| | 绝对额（元） | 市州位次 | 绝对额（元） | 市州位次 | 增幅（%） | 市州位次 |
| 全国 | 51821 | — | 49283 | — | 5.1 | — |
| 全省 | 44990 | — | 42626 | — | 5.5 | — |

续表20

| 地　区 | 2023年 | | 2022年 | | 2023年 | |
|---|---|---|---|---|---|---|
| | 绝对额（元） | 市州位次 | 绝对额（元） | 市州位次 | 增幅（%） | 市州位次 |
| 武汉市 | 61693 | 1 | 58449 | 1 | 5.6 | 9 |
| 黄石市 | 46794 | 2 | 44417 | 2 | 5.4 | 12 |
| 十堰市 | 39851 | 12 | 37827 | 12 | 5.4 | 13 |
| 宜昌市 | 46448 | 3 | 43943 | 3 | 5.7 | 7 |
| 襄阳市 | 46110 | 4 | 43893 | 4 | 5.1 | 15 |
| 鄂州市 | 42996 | 9 | 40654 | 9 | 5.8 | 5 |
| 荆门市 | 43543 | 6 | 41273 | 6 | 5.5 | 10 |
| 孝感市 | 44117 | 5 | 41596 | 5 | 6.1 | 2 |
| 荆州市 | 43018 | 8 | 40678 | 8 | 5.8 | 6 |
| 黄冈市 | 38473 | 13 | 36312 | 14 | 6.0 | 3 |
| 咸宁市 | 40361 | 11 | 38366 | 11 | 5.2 | 14 |
| 随州市 | 37684 | 17 | 35923 | 16 | 4.9 | 17 |
| 恩施州 | 38248 | 15 | 35927 | 15 | 6.5 | 1 |
| 仙桃市 | 43114 | 7 | 41080 | 7 | 5.0 | 16 |
| 潜江市 | 41462 | 10 | 39167 | 10 | 5.9 | 4 |
| 天门市 | 38425 | 14 | 36404 | 13 | 5.6 | 8 |
| 神农架林区 | 37865 | 16 | 35907 | 17 | 5.5 | 11 |

说明：表中增幅只保留1位小数，使部分市州数值相同，但其位次是按计算增幅数值排列

## 2023年武陵山市（州、区）城镇常住居民人均可支配收入情况表

表21

| 地　区 | 绝对额（元） | 绝对额位次 | 增幅（%） | 增幅位次 |
|---|---|---|---|---|
| 湖南省湘西州 | 32953 | 5 | 4.9 | 4 |
| 湖南省张家界市 | 32863 | 6 | 5.5 | 2 |
| 湖南省怀化市 | 35945 | 4 | 5.2 | 3 |
| 重庆市黔江区 | 44436 | 1 | 3.8 | 6 |
| 贵州省铜仁市 | 40043 | 2 | 4.1 | 5 |
| 湖北省恩施州 | 38248 | 3 | 6.5 | 1 |

## 2023年恩施州城镇常住居民人均生活消费支出情况表

表22

| 指　标 | 2023年 | | 2022年 | | 2023年比2022年增减（±） | |
|---|---|---|---|---|---|---|
| | 绝对额（元） | 占比（%） | 绝对额（元） | 占比（%） | 绝对额（元） | 幅度（%） |
| 生活消费支出 | 29160 | 100 | 26851 | 100 | 2309 | 8.6 |
| 1、食品烟酒 | 9316 | 31.9 | 8663 | 32.3 | 653 | 7.5 |
| 2、衣着 | 2237 | 7.7 | 2124 | 7.9 | 113 | 5.3 |
| 3、居住 | 5197 | 17.8 | 5019 | 18.7 | 178 | 3.5 |
| 4、生活用品及服务 | 1878 | 6.4 | 1729 | 6.4 | 149 | 8.6 |
| 5、交通通信 | 3599 | 12.3 | 3283 | 12.2 | 316 | 9.6 |

续表22

| 指　标 | 2023年 | | 2022年 | | 2023年比2022年增减（±） | |
|---|---|---|---|---|---|---|
| | 绝对额（元） | 占比（%） | 绝对额（元） | 占比（%） | 绝对额（元） | 幅度（%） |
| 6、教育文化娱乐 | 3817 | 13.1 | 3247 | 12.1 | 570 | 17.6 |
| 7、医疗保健 | 2514 | 8.6 | 2236 | 8.3 | 278 | 12.4 |
| 8、其他用品和服务 | 602 | 2.1 | 550 | 2.0 | 52 | 9.5 |

## 农村居民生活

【农村居民收入】　2023年，恩施州农村常住居民人均可支配收入为15571元，比2022年增加1187元，名义增长8.3%，实际增长8.7%。与全国、全省及其他市比较，恩施州农村常住居民人均可支配收入比全国平均水平21691元低28.2%，比全省平均水平21293元低26.9%，在全省17个市州中，绝对额排第15位，增幅排第5位。与武陵山部分市（州、区）比较，在武陵山地区6个市（州、区）中，绝对额排第2位，增幅排第2位。

【农村居民消费】　2023年，恩施州农村居民人均生活消费支出为14115元，比2022年增加1287元，增长10.0%。农村居民恩格尔系数为38.9%，比2022年减少0.1个百分点。

2023年恩施州农村常住居民人均可支配收入情况表

表23

| 指　标 | 2023年 | | 2022年 | | 2023年比2022年 | | |
|---|---|---|---|---|---|---|---|
| | 绝对额（元） | 构成（%） | 绝对额（元） | 构成（%） | 增加额（元） | 增幅（%） | 贡献率（%） |
| 全年可支配收入 | 15571 | 100 | 14384 | 100 | 1187 | 8.3 | 100 |
| 1. 工资性收入 | 4378 | 28.1 | 4045 | 28.1 | 333 | 8.2 | 28.1 |
| 2. 经营净收入 | 7614 | 48.8 | 7021 | 48.9 | 593 | 8.4 | 50.0 |
| 3. 财产净收入 | 200 | 1.4 | 195 | 1.3 | 5 | 2.6 | 0.4 |
| 4. 转移净收入 | 3379 | 21.7 | 3123 | 21.7 | 256 | 8.2 | 21.6 |

2023年全国、全省及省内各市州农村常住居民人均可支配收入情况表

表24

| 地　区 | 2023年 | | 2022年 | | 2023年 | |
|---|---|---|---|---|---|---|
| | 绝对额（元） | 市州位次 | 绝对额（元） | 市州位次 | 增幅（%） | 市州位次 |
| 全　国 | 21691 | — | 20133 | — | 7.7 | — |
| 全　省 | 21293 | — | 19709 | — | 8.0 | — |
| 武汉市 | 31560 | 1 | 29304 | 1 | 7.7 | 15 |
| 黄石市 | 21757 | 12 | 20127 | 12 | 8.1 | 8 |
| 十堰市 | 15354 | 16 | 14190 | 16 | 8.2 | 6 |
| 宜昌市 | 24479 | 7 | 22571 | 7 | 8.5 | 3 |
| 襄阳市 | 24174 | 8 | 22497 | 8 | 7.5 | 17 |
| 鄂州市 | 24926 | 4 | 23111 | 4 | 7.9 | 12 |
| 荆门市 | 25772 | 3 | 23952 | 3 | 7.6 | 16 |
| 孝感市 | 22681 | 11 | 20913 | 11 | 8.5 | 2 |
| 荆州市 | 24680 | 6 | 22904 | 6 | 7.8 | 13 |
| 黄冈市 | 19346 | 14 | 17855 | 14 | 8.4 | 4 |
| 咸宁市 | 21609 | 13 | 20017 | 13 | 8.0 | 10 |
| 随州市 | 23012 | 10 | 21297 | 10 | 8.1 | 9 |

续表24

| 地　区 | 2023 年 | | 2022 年 | | 2023 年 | |
|---|---|---|---|---|---|---|
| | 绝对额（元） | 市州位次 | 绝对额（元） | 市州位次 | 增幅（%） | 市州位次 |
| 恩施州 | 15571 | 15 | 14384 | 15 | 8.3 | 5 |
| 仙桃市 | 26578 | 2 | 24620 | 2 | 8.0 | 11 |
| 潜江市 | 24791 | 5 | 22922 | 5 | 8.2 | 7 |
| 天门市 | 23812 | 9 | 22099 | 9 | 7.8 | 14 |
| 神农架林区 | 14661 | 17 | 13488 | 17 | 8.7 | 1 |

说明：表中增幅只保留1位小数使部分市州数值相同，但其位次是按计算增幅数值排列

2023 年武陵山市（州、区）农村常住居民人均可支配收入情况表

表 25

| 地　区 | 绝对额（元） | 绝对额位次 | 增幅（%） | 增幅位次 |
|---|---|---|---|---|
| 湖南省湘西州 | 14052 | 6 | 7.3 | 6 |
| 湖南省张家界市 | 14463 | 4 | 7.7 | 4 |
| 湖南省怀化市 | 15352 | 3 | 7.6 | 5 |
| 重庆市黔江区 | 18092 | 1 | 7.9 | 3 |
| 贵州省铜仁市 | 14225 | 5 | 8.5 | 1 |
| 湖北省恩施州 | 15571 | 2 | 8.3 | 2 |

2023 年恩施州农村常住居民人均生活消费支出情况表

表 26

| 指　标 | 2023 年 | | 2022 年 | | 2023 年比 2022 年增减（±） | |
|---|---|---|---|---|---|---|
| | 绝对额（元） | 构成（%） | 绝对额（元） | 构成（%） | 绝对额（元） | 幅度（%） |
| 生活消费支出 | 14115 | 100 | 12831 | 100 | 1284 | 10.0 |
| 1. 食品烟酒 | 5497 | 38.9 | 5005 | 39.0 | 492 | 9.8 |
| 2. 衣着 | 880 | 6.2 | 866 | 6.7 | 14 | 1.6 |
| 3. 居住 | 2482 | 17.6 | 2430 | 18.9 | 52 | 2.1 |
| 4. 生活用品及服务 | 1035 | 7.3 | 895 | 7.0 | 140 | 15.6 |
| 5. 交通通信 | 998 | 7.1 | 990 | 7.7 | 8 | 0.8 |
| 6. 教育文化娱乐 | 1522 | 10.8 | 1270 | 9.9 | 252 | 19.8 |
| 7. 医疗保健 | 1456 | 10.3 | 1170 | 9.1 | 286 | 24.4 |
| 8. 其他用品和服务 | 245 | 1.7 | 205 | 1.6 | 40 | 19.5 |

（黄　杰）

## 市场价格运行

**【概况】** 2023 年，恩施州全年 CPI（居民消费价格指数）比 2022 年下降 0.4%，其中，食品价格上涨 0.3%，非食品价格下降 0.5%；消费品价格下降 0.6%，服务价格下降 0.1%。从同比来看，总体呈前高后低走势，逐步回落至负区间。1 月因春节因素上涨 1.7%，之后涨幅迅速回落；7—12 月，受猪肉、交通通信价格及翘尾因素影响，CPI 同比由正转负，连续 6 个月在负区间波动，分别下降 1%、1.3%、1.7%、1.4%、1.1%、0.9%。从环比来看，全年价格呈波浪式起伏，但整体变化幅度不大，全年指数波动不超过±0.5%。2023 年全年，全国 CPI 总指数较上年同期上涨 0.2%，全省 CPI 总指数上

涨0.1%,恩施州CPI总指数下降0.4%。与省内其他地市相比,全省有4个市CPI总指数上涨,分别是武汉、襄阳、咸宁、宜昌,有7个市CPI总指数下降,恩施州的降幅高于荆门、黄冈、随州,与黄石、鄂州持平,低于孝感、荆州。

【八大类消费品价格】 恩施州八大类消费品累计平均价格指数五涨三降。其他用品及服务价格主要受在外住宿、黄金价格上涨影响,上涨2.9%,涨幅居前,医疗保健、衣着、食品烟酒、教育文化娱乐价格分别上涨1.0%、1.0%、0.4%、0.2%;受能源价格下降、小汽车促销影响,交通通信价格下降3.8%,降幅居首,生活用品及服务、居住价格分别下降0.9%、0.7%。

【主要食品价格】 恩施州食品价格前高后低,涨幅整体回落。恩施州食品价格累计平均上涨0.2%,推动CPI总指数上涨0.05个百分点,对指数整体变化的影响较小。1—6月,食品价格波动上涨;7—12月,主要食品供应充足,同时受上年同期猪肉价格基数较高影响,食品价格由涨转跌,连续6个月呈降势。从食品各类别看,14个食品小类“10涨4跌”。其中干鲜瓜果类、蛋类和其他食品类价格分别上涨4.6%、3.6%和3.2%,其他7小类涨幅在0.5%~2.9%之间,合计影响CPI上涨约0.3个百分点;畜肉类、薯类、奶类、菜及食用菌类价格分别下降6.6%、2.3%、1.2%、0.7%,合计影响CPI下降约0.25个百分点。

【服务类价格】 恩施州服务性消费回暖,服务项目价格涨多跌少。随着经济社会恢复常态化运行,居民出游意愿和信心持续增强,旅游市场需求大幅增长,拉动恩施州飞机票、宾馆住宿和旅行社收费价格分别较2022年上涨18.7%、17.1%和3.1%;教育需求持续升温,教育服务价格上涨,高中中职教育、小学初中教育价格分别上涨2.6%、1.9%;受用工成本上升等影响,各类生活服务价格稳步上涨,其中衣着洗涤保养、其他家庭服务、家政服务价格分别上涨5.8%、2.8%、1.2%。

【工业品价格】 受上游大宗商品价格传导,恩施州消费环节工业品价格累计平均指数由2022年的上涨3.2%转为下降1.3%,影响CPI下降约0.45个百分点,成为拉动CPI下行的主要因素。受国际能源价格下行影响,恩施州能源价格由2022年上涨13.1%转为下降2.7%,其中,汽油、柴油价格分别下降5.6%和6.0%,是工业消费品价格回落的主因;受市场竞争和政策补贴影响,燃油小汽车价格下降8.1%。受国际金价波动影响,金饰品价格上涨16.0%;受人工、原材料等成本上涨影响,中药材价格上涨13%、滋补保健品价格上涨8.7%、中成药价格上涨6.3%。

(陈　婷)

# 县 市

# Cities and Counties

## 恩施市

【概况】 恩施市是恩施州首府，被誉为“世界硒都”。位于湖北省西南部，武陵山北部，清江中上游，北纬29°50′33″～30°39′30″、东经109°4′48″～109°58′42″。东邻建始，西接利川，南毗鹤峰、宣恩、咸丰，北连重庆奉节。市域东西横距86.5千米，南北纵距90.2千米，总面积3967.33平方千米。全市基础设施逐渐完善，已经建成水陆空立体交通网。干线铁路、高速公路横穿东西，纵贯南北。交通村村通公路，省道有S232、S233、S365、S366、S462，国道有G209、G318、G242、G351，高速公路有沪渝高速、恩来高速、恩黔高速、安来高速，铁路有宜万铁路及规划的沿江高铁。许家坪机场已开通北京、上海、广州、深圳、厦门、杭州、西安、太原、西宁、海口、南京、武汉、贵阳、珠海、温州、郑州、天津、昆明、兰州、福州、南昌、银川、成都、济南等19条航线，飞抵全国24个城市。2023年5月，国务院批复同意湖北恩施许家坪机场对外开放，开通直飞中国澳门地区，柬埔寨暹粒，越南岘港、胡志明市，泰国芭提雅等国际及地区旅游包机航线。恩施境内碳酸盐岩发育，地貌以喀斯特地形为主。境内主要由巫山、武陵山等山脉构成。恩施市属亚热带季风性湿润气候，冬少严寒，夏无酷暑，终年温暖湿润，降水充沛，雨热同期，年平均气温16.3℃。一月份为全年最冷，气温2℃～5℃；七月份气温最高，平均气温28℃。全年无霜期230～260天，年平均降雨量1500毫米，其中70%以上降水集中在5—9月。恩施市是华中植物荟萃地之一，有“天然植物园”之称。植物种类繁多，全市现有高低等植物194科、955属、2519种，红豆杉、珙桐等国家重点保护植物59种。全市林地面积283787.58公顷，草地698.8公顷、湿地5595.88公顷。2023年森林覆盖率64.29%，森林蓄积量2416.32万立方米。恩施市位于多种构造体系联合复合部位，矿产资源丰富。已发现矿产43种，占全省已发现矿产109种的39.8%，占全州已发现矿产60种的70.16%。其中硒资源蕴藏量位居全国首位，具有分布广、储量大、埋藏浅等特点。以硒矿床为中心的乡、镇均为高硒区，占全市总面积的73%。恩施市雨量充沛，河谷纵横，水位落差大，水能资源丰富，是全省水能资源富集县（市）之一。恩施市5千米以上河流78条，其中全部位于市域内64条。地表水资源量39.3458亿立方米，天然落差38～68.5米，经济可开发量为57.27万千瓦。全市投产运行的水电站37座，总装机容量34.78万千瓦，占技术可开发量的50%。2023年全市地区生产总值达到478.27亿元，扣除价格因素（下同），同比增长6.1%。其中，第一产业实现增加值48.39亿元，同比增长4.7%；第二产业实现增加值177.75亿元，同比增长6%；第三产业实现增加值252.13亿元，同比增长6.4%。三次产业结构比为10.1∶37.2∶52.7。全市人均地区生产总值53699元。

【区划、人口】 2023年，恩施市辖7个乡、6个镇、5个街道和1个管理中心。全市共有村（社区）215个，其中村165个，社区50个。境内多民族聚居，少数民族44个，主要少数民族 28 个，少数民族人口占总人口的 40.66%。以土家族居多，苗族、侗族居次。年末全市常住人口 89 万人，其中，城镇人口 54.73 万人，乡村人口 34.27 万人，城镇化率达到 61.49%，比上年提高 0.77 个百分点。全年出生人口 3752 人，全年死亡人口 5834 人，人口出生率 4.24‰，人口死亡率 6.6‰，人口自然增长率-2.36‰。年末全市户籍总人口 82.39 万人，其中，男性人口 42.03 万人，女性人口 40.36 万人，男女性别比为 104.1。其中 60 岁以上老年人口 18.02 万人，占总人口的 21.9%，较 2022 年增加 1.7 个百分点。

2023 年恩施市乡（镇、街道、管理中心）基本情况表

表 27

| 乡(镇、街道、管理中心) | 区域面积（平方千米） | 年末耕地面积(公顷) | 年末总户数(户) | 年末总人口(人) | 村、社区(个) | | | 村(居)民小组(个) | 粮食产量（万吨） | 党委书记、乡(镇)长、主任(12 月底在职) |
|---|---|---|---|---|---|---|---|---|---|---|
| | | | | | 小计 | 村 | 社区 | | | |
| 新塘乡 | 408.45 | 7722.88 | 15910 | 48787 | 13 | 10 | 3 | 124 | 1.67 | 袁铭方 刘　荆 |
| 红土乡 | 228.72 | 5685.46 | 14595 | 44402 | 13 | 11 | 2 | 97 | 2.62 | 王　祎 舒世杰 |
| 沙地乡 | 190.29 | 4328.68 | 12348 | 33444 | 10 | 9 | 1 | 97 | 1.63 | 袁　勇 杨　俊 |
| 太阳河乡 | 247.77 | 2484.94 | 7273 | 20536 | 13 | 12 | 1 | 77 | 1.18 | 钟　辉 卓川军 |
| 屯堡乡 | 260.38 | 5739.36 | 23531 | 75590 | 14 | 13 | 1 | 133 | 0.71 | 雷世军 屈　鹏 |
| 白果乡 | 324.51 | 2231.01 | 9711 | 29121 | 12 | 11 | 1 | 64 | 1.43 | 彭钦钊 谭秋曦 |
| 芭蕉侗族乡 | 284.78 | 2581.05 | 19706 | 62961 | 18 | 17 | 1 | 150 | 1.20 | 朱永恒 金　阳 |
| 三岔镇 | 249.02 | 5232.98 | 14727 | 40487 | 13 | 12 | 1 | 65 | 1.63 | 谭海鹰 邢　祚 |
| 崔家坝镇 | 222.77 | 4387.14 | 13665 | 39559 | 12 | 11 | 1 | 108 | 1.57 | 马承恩 王开发 |
| 白杨坪镇 | 249.21 | 4733.15 | 19864 | 59912 | 13 | 12 | 1 | 120 | 1.46 | 陈　坦 张文刚 |
| 板桥镇 | 278.71 | 4423.21 | 7448 | 21654 | 5 | 4 | 1 | 34 | 0.96 | 赵　林 吴　荣 |
| 龙凤镇 | 277.05 | 3485.73 | 23630 | 69047 | 19 | 18 | 1 | 156 | 0.82 | 章云锋 彭　滔 |
| 盛家坝镇 | 369.19 | 6592.74 | 13139 | 37410 | 11 | 10 | 1 | 51 | 2.11 | 徐　瑞 王安胜 |
| 六角亭街道 | 81.94 | 896.62 | 19577 | 50484 | 9 | 3 | 6 | 54 | 0.34 | 李文静 陈　竹 |
| 小渡船街道 | 28.25 | 184.36 | 21941 | 53187 | 10 | 3 | 7 | 15 | 0.06 | 熊　竹 邓永劲 |
| 舞阳坝街道 | 11.14 | 2004.93 | 53574 | 137375 | 8 | 0 | 8 | 34 | 0.01 | 聂忠荣 刘　伟 |
| 金子坝街道 | 29.59 | — | — | — | 10 | 0 | 10 | — | 0.03 | 程　凯 田　博 |
| 七里坪街道 | 75.41 | — | — | — | 6 | 4 | 2 | — | 0.47 | 陈轶丹 谭　辉 |
| 大峡谷风景区管理中心 | 150.15 | — | — | — | 6 | 5 | 1 | 49 | 1.10 | 李剑锋 曹永彬 |
| 合　计 | 3967.33 | 62714.24 | 290639 | 823956 | 215 | 165 | 50 | 1428 | 21.00 | — |

说明：六角亭街道办事处所辖全境托管给恩施高新区，此表含六角亭街道相关数据；2021 年舞阳坝街道调整变更为舞阳坝、金子坝、七里坪 3 个街道，金子坝、七里坪街道有关数据仍包含在舞阳坝街道暂未单列；大峡谷风景区管理中心有关数据包含在屯堡乡内

【市场主体】 全市实有各类市场主体 118747 户，同比增长 17.02%；资金总额 1817.9 亿元，同比增长 48.9%。其中企业（包含内资非私营、外资、私营，下同）期末实有 35140 户，同比增长 18.3%；注册资本（金）1635.5 亿元，同比增长 53.3%。其中个体工商户期末实有 81409 户，同比增长 16.96%；资金总额 147.8 亿元，同比增长 24.2%。其中农民专业合作社期末实有 2198 户，同比增长 1.15%；出资总额达 34.5 亿元，同比增长 0.29%。2023 年，全市共有新登记各类市场主体 24412 户，同比增长 19.07%；新登记资金总额 1716.6 亿元，同比增长 726.48%。其中企业新登记 7897 户，同比增长 39.87%；新增注册资本（金）1679.1 亿元，同比增长 857.29%。其中个体工商户新登记 16439 户，同比增长 11.37%；新增

资金总额36.7亿元，同比增长19.54%。其中农民专业合作社新登记76户，同比下降20.83%；新增出资总额0.6亿元，同比下降62.5%。

【农业】 全市实现农林牧渔业总产值87.52亿元，扣除价格因素，同比增长4.7%，农林牧渔业增加值完成51亿元，同比增长4.6%，其中农林牧渔服务业增加值完成2.61亿元，同比增长2.5%。全年粮食作物种植面积60660公顷，同比增长0.2%，其中夏收粮食面积20773.3公顷，增长0.2%；秋收粮食面积39886.7公顷，增长0.2%。粮食总产量21万吨，同比增长1.8%。其中，夏粮产量5.92万吨，增产1.7%，秋粮产量15.08万吨，增产1.9%。蔬菜（含魔芋）产量70.76万吨，增产3.3%；油菜籽产量1.86万吨，增产9.4%；烟叶产量0.69万吨，减产11.3%；茶叶产量2.68万吨，增产5.8%；水果产量3.68万吨，减产0.5%。2023年猪牛羊禽肉产量8.64万吨，同比增长4.7%；其中猪肉产量7.92万吨，增长5.2%。禽蛋产量0.49万吨，同比下降2%。全年生猪出栏101.06万头，增长2.2%。水产品产量700吨，增长3.6%。

【工业、建筑业】 全市规模以上工业企业149家(不含恩施烟厂和州、市供电公司),实现工业总产值89.56亿元,同比增长3.5%。规模以上工业增加值同比增长11.8%。全市工业增加值161.45亿元(含恩施烟厂和州、市供电公司),同比增长5.8%。规模以上工业实现营业收入90.56亿元,同比增长1.4%。实现利润总额1.99亿元,实现利税总额3.45亿元。从业人员年平均人数9618人，同比下降8.9%。全年资质内建筑业企业完成建筑业总产值49.31亿元，同比增长1.8%。建筑业增加值完成16.49亿元,同比增长7.5%。

【服务业】 全市新增31家规模以上服务业企业，总量达到104家，同比增长72.2%。新增限额以上商贸企业141家，总量达216家，同比增长61.2%，社会消费品零售总额9%。

【交通、邮政、通信】 全市境内拥有四级及以上公路里程达5136千米，按管理级别分：国道288千米、省道358千米、县道421千米、乡道2550千米、村道1519千米。按技术等级分：一级公路32千米；二级公路444千米；三级公路107千米；四级公路4553千米。年末拥有公共汽车营运车辆数232辆（291.4标台），营运线路32条，营运线路总长度1258.53千米，全年客运量达2343.4万人次，共实现营运收入3782.66万元。市内客运出租汽车840辆。年末光纤宽带用户49.41万户，移动互联网用户125.23万户。

【固定资产投资、房地产】 全年固定资产投资比上年增长0.9%。分产业看，第一产业投资增长8%；第二产业投资下降4.9%；第三产业投资增长1.8%。民间投资下降4.9%。全年商品房施工面积577.96万平方米，比上年下降16.3%；竣工面积8.67万平方米，下降82.8%；销售面积84.28万平方米，增长3%，其中住宅销售78.26万平方米，增长5.4%。待售面积23.62万平方米，增长41.6%。商品房销售额48.4亿元，同比增长1.4%。

【贸易】 全年实现社会消费品零售总额220.58亿元，同比增长9%。限额以上单位商品零售额同比增长13.7%，其中，粮油、食品类零售额比上年增长4.9%，饮料类增长0.3%，烟酒类下降6%，服装、鞋帽、针纺织品类增长16%，日用品类增长12.4%，文化办公用品类增长41.6%，家具类增长275.7%，通信器材类下降11.8%，建筑及装潢材料类增长1528%，石油及制品类增长9.1%，汽车类增长23.5%。全年亿元以上签约项目72个，其中工业项目52个，占比72%；省外项目64个，占比89%。亿元以上产业项目开工开业42个，入统24个。全年实际使用外资438万美元。进出口总额7035万美元，增长30.8%。其中，出口额6885万美元，增长29.9%。市场物价平稳运行。居民消费价格总指数比上年下降0.4个百分点。

【财政】 全年实现财政总收入36.94亿元，同比增长33.0%。其中，一般公共预算收入27.21亿元，同比增长30.7%。一般公共预算收入中，税收收入16.64亿元，同比增长6%。全年一般公共财政预算支出95.71亿元，同比增长40%。不含高新区完成财政总收入32.9亿元，同比增长34.3%。其中，一般公共预算收入24.52亿元，同比增长33.5%。一般公共预算收入中，税收收入14.31亿元，同比增长3.4%。全市一般公共财政预算支出92.29亿元，同比增长46.3%。其中，教育支出15.17亿元，同比增长0.8%；卫生健康支出5.995亿元，同比增长21.1%；社会保障和就业支出13.23亿元，同比增长3.5%；灾害防治及应急管理支出0.52亿元，同比下降26.1%；农林水支出15.44亿元，同比增长82.0%。

【金融】 2023年末，全市金融机构人民币存款余额774.57亿元，比2022年末增长14.3%，其中城乡居民储蓄存款余额486.34亿元，比2022年末增长14.4%。金融机构人民币贷款余额754.51亿元，比2022年末增长10%。

【科技】 全年高新产业实现增加值30.78亿元，同比增长1%，占全市地区生产总值的比重为6.4%。全年组织完成高新技术企业申报113家，完成科技型中小企业入库212家。新增州级企校联合创新中心9个（累计达到25个）、新增州级星创天地3个、新增省级乡村振兴科技创新示范基地1个（累计达到3个），新增州众创空间、中试基地各1个；征集并推荐州级项目技术需求15项，组织3项成果参加州科技成果转化“轻骑兵”活动，组织硒科技成果拍卖会签约成果2项，完成技术合同成交额登记9.63亿元；成功对接省级“三区”科技人才15名、“科技副总”2名，促成产学研合作项目10个，征集州科技特派员需求并完成对接52个，新建湖北科技特派员工作站5个（总数达到6个），吸纳科技特派员近60人。全年获得专利授权944件。其中，发明专利49件。全年商标申请总量2766件，注册总量1410件，年末有效注册商标总量14996件。

【教育】 全市拥有幼儿园137所，小学107所，初级中学29所（含九年一贯制学校5所），高级中学10所（含十二年一贯制学校3所），中等职业学校5所，特殊教育学校1所。学前教育幼儿园在园人数22859人，小学在校学生54107人，普通初中在校学生31164人，普通高中在校学生26762人，中等职业学校在校学生11022人，特殊教育学校在校学生453人。学前教育拥有教职工3093人，其中专任教师1344人。小学教育拥有教职工3623人，其中专任教师3337人。初级中学拥有教职工2846人，其中专任教师2457人；高级中学拥有教职工2521人，其中专任教师1879人；中等职业学校拥有教职工380人，其中专任教师305人；特殊教育学校拥有教职工31人，其中专任教师30人。

【卫生健康】 全市辖区拥有卫生机构396个（含州直），其中医院24个、乡镇卫生院14个、社区卫生服务中心5个、村卫生室179个、门诊部11个，诊所155个、其他机构（医务室、社区服务站）8个。市域内开放床位数9937张、注册执业（含助理）医师3428人、注册护士5024人。

【文化】 全市共分配公共文化服务体系资金893万元，用于19个乡（镇、街道、中心）村组文化广场建设、乡镇综合文化服务中心建设、文化活动设施设备购置、公共数字文化建设、文化人才培养、文化惠民活动、农家书屋及电影放映、“群众文化月月演”活动等，同时，支持市文化馆群众文化活动开展、市图书馆全民阅读工作推进、非遗文化展示、广播电视服务等工作；完成市图书馆改建工程一期施工，新建20家城市书房。市图书馆新增图书2500余册，新增读者563人，全年流通图书4万余册次，全年接待读者5万余人次，开展“土家娃”亲子阅读系列活动共计106期；开展“群众文化月月演”活动30余场次，百姓大舞台开展线上、线下文化活动182场，服务人次65.5万人次；百姓大课堂完成培训50期314课时，培训3.35万人次；百姓大展厅开展展览、采风创作活动及展览艺术研讨活动22场，服务5.8万人。荆楚“红色文艺轻骑兵”全年完成文化惠民演出共计153场，其中戏曲进乡村、进景区107场，工间操“幺妹儿带你慢慢儿耍”及“主持”辅导共计12场，开展戏曲进校园共计34场；先后走进武汉、杭州、上海等多个省会城市对外文化交流17场；全市有文物保单位45处，其中全国重点文物保护单位1处，省级12处，州级9处，县（市）级23处，未公布为文物保护单位的一般不可移动文物181处。现有藏品1825件，其中馆藏珍贵文物44件（套），一级8件，二级12件，三级24件。

【体育】 恩施市承办第十九届北京世界华人篮球赛、湖北省户外运动大会暨板桥首届森林汽车越野赛、州城全民健身跑、全州统战系统职工运动会、金融杯篮球赛、足协杯鄂西南赛区选拔赛等大型活动；举办庆“五一”职工运动会、双拥杯篮球赛、“场馆杯”足球联赛等市级各类全民健身赛事；举办龙马风情小镇龙舟邀请赛、乡镇农民趣味活动等传统赛事共50余场，直接参与人群达5万余人；联合市教育局举办“奔跑吧·少年”青少年系列校园联赛，覆盖城区所有中小学，比赛项目8个，比赛场次达1200场，参赛学生达7000名；在2023年州青运会，恩施市代表队获金牌133枚，银牌105枚，铜牌44枚，金牌及奖牌总数名列全州第1位。2022—2023年赛季滑启100速度轮滑系列赛全国总决赛，获2枚银牌。省青少年游泳锦标赛获银牌2枚，铜牌1枚。全年举办三级社会体育指导员和裁判员培训，共培训三级社会体育指导员45人、三级裁判员247人。社会体育指导员定期开展志愿服务活动100余次，服务健身群众5万余人；开展篮球协会等社会组织到学校、村、社区进行公益指导活动50余次，开展国民体质监测，在市体育中心设立国民体质监测点，采集国民体质监测样本1800余人次，为个人提供健身科学建议；建设完成盛家坝全民健身中心、大峡谷沐抚社区、大庙村等7处全民健身场地。新建改造城乡文化体育场所项目，建成健身房（中心）2个、球场6个。购置全民健身器材16套；开展体育场地普查，2022—2023年新增体育场地面积58万平方米，新增场地设施265处，人均体育场地面积增至2.81平方米。

【旅游】 开展恩施市文化和旅游资源普查工作，以龙凤坝镇为试点开展野外调查工作，共计调查文化和旅游资源单体点104处，其中新增带水河流域观光带、山顶尚多肉基地、茶盐古道、研学基地、古道驿站、毕兹卡客栈、土司客栈等23处资源，成功创建鹿院坪景区为国家AAAA级旅游景区、沐抚旅游度假区为湖北省级旅游度假区、想游国旅AAAA级旅行社、夷水之旅AAA级旅行社、猫窝民宿全国乙级民宿、大峡谷风景区管理中心营上村入围第五批全国乡村旅游重点村。全年旅游接待总人数2057.94万人次，同比增长37.1%。全年实现旅游综合收入191.55亿元，同比增长47.2%。

【居民生活】　全体常住居民人均可支配收入31522元，增长6.6%；年人均生活消费支出24913元，增长8.4%。城镇常住居民人均可支配收入41665元，增长6.1%；年人均生活消费支出31665元，增长7.9%。农村常住居民年人均可支配收入16311元，增长8.3%；年人均生活消费支出14786元，增长10.1%。

【社会保障】　城镇新增就业人数8458人，城镇登记失业人数3802人，城镇登记失业率为3.6%。年末全市参加城镇职工基本养老保险人数16.6万人。其中，企业职工基本养老保险参保人数14.39万人；机关事业单位基本养老保险参保人数2.21万人。参加城乡居民养老保险人数36.83万人。参加基本医疗保险人数72.21万人。其中，城镇职工基本医疗保险参保人数9.61万人；城乡居民基本医疗保险参保人数62.6万人。参加失业保险人数8.1万人。全市纳入最低生活保障14961户30180人。其中，城市低保1389户2114人，农村低保13572户28066人；纳入城乡特困供养（分散供养）3023人，其中城市特困74人，农村特困2949人；实施城乡临时救助1987人次。

【城市建设】　城区面积120平方千米，其中建成区面积45.31平方千米。本年新增城市道路3.39千米，年末城市道路长度达232.42千米，年末城市道路面积达371.19万平方米，年末道路照明灯18558盏，年末公共停车场停车位数1989个，配建停车场停车位数6923个。年末城区绿化覆盖面积2682.63公顷，其中建成区1820.58公顷。年末城区绿地面积2294.13公顷，其中建成区1628.63公顷。城区公园6个，面积198公顷。年末供水管道长度905.8千米，综合生产能力32万立方米/日，全年供水总量5434.14万立方米。用水户数226763户。城市饮用水水质综合合格率100%。年末天然气供气管道长度1826.69千米，储气能力48.16万立方米，全年供气总量8978.34万立方米，销售气量8761.92万立方米，用气户数181127户。液化石油气储气能力969吨，全年供气总量5212吨，销售气量5170吨，用气户数18130户。年末拥有市容环卫专用车辆171辆，道路清扫保洁面积953万平方米，年清运生活垃圾16.34万吨，清运建筑垃圾285.65万吨。全年污水排放总量4923万立方米，污水处理量4923万立方米，污水处理率100%。各类公共厕所121个。

【资源环境】　全年空气质量优良天数达345天，优良天数比率94.5%，$PM_{2.5}$ 28微克/立方米。地表水清江大沙坝国控断面、落坡坝、长沙河省控断面水质均值全面达标，清江大龙潭、车坝河、喻家河集中式饮用水水源地水质达标率100%。森林覆盖率64.29%，森林蓄积量达到2416.32万立方米。

【应急管理】　全年发生交通事故31238起，伤亡人数分别为5601人、43人，财产损失458.86万元。发生火灾事故261起，直接财产损失276.49万元。全年无工矿商贸企业安全事故发生。

【乡村振兴】　全市整合各级衔接资金6.35亿元，实施项目196个，项目库储备项目407个。统筹中央衔接资金1.35亿元，用于产业发展，梳理“四个一批”产业项目262个。发放脱贫人口小额信贷4115笔1.76亿元，发放兜底保障资金1.78亿元惠及35190人。全市脱贫人口人均纯收入达14875元，较2022年增长11.1%。11家中央、省直帮扶单位直接投入帮扶资金703.5万元，引进资金2978.7万元，培训各类人才

2023年12月25日，恩施市金马公园景观，展现湿地与城市、人与自然的和谐之美　（谭　华　摄）

3535 人次，通过消费帮扶采购恩施市农副产品 2730.1 万元。武汉东湖高新区 8 个街道结对帮扶恩施市 7 个乡镇，安排帮扶资金 3550 万元，实施项目 30 个，建设产业园区 3 个、特色农业产业园 5 个。全市 93 座光伏电站 2023 年发电量 425.64 万千瓦时，收益 373.86 万元。投入中央衔接资金 700 万元，培育壮大 14 个新型农村集体经济。

【城乡基层治理】 恩施市健全乡镇“大党委”运行机制，推动协调资金 6.35 亿元、实施重点项目 79 个。58 名州、市领导，122 家州、市直单位，278 家驻区单位，1.4 万名州、市机关在职党员，通过街道“大工委”、社区“大党委”与 33 个城市社区共驻共建，协调解决群众急难愁盼问题 2600 余个。优化调整村党组织书记 27 名、“两委”干部 45 名，优选 421 名村后备干部跟班学习。41 名村（社区）党组织书记通过“头雁双培”计划实现学历、技能双提升，52 名村（社区）党组织书记到武汉跟班学习、培训提能。3 名城市社区党组织书记实行事业岗位管理，打造 2 个社区“全岗通”服务模式试点，社区工作者持证社工比例由 3.53%提高到 46%。探索“院落党建”治理模式，相关经验文章在《党员生活》刊发。整合资金 3200 余万元新改扩建城市社区党群服务中心 13 个、“张富清红色驿站” 10 个。出台《恩施市党建引领农村集体经济“倍增提质”行动实施方案》，工作经验文章在《湖北日报》纸媒刊发。

【硒都产业园区】 恩施市硒都产业园区管委会推进园区建设，获批工业用地 23.26 公顷（其中七里坪产业园 4.2 公顷，白杨坪产业园 19.06 公顷），建设标准厂房 14.2 万平方米（其中七里坪产业园完成 5 栋 2.4 万平方米厂房及附属设施建设，七里坪物流园完成 8 栋 10.3 万平方米厂房及附属设施建设，白杨坪产业园 2 栋 1.5 万平方米厂房及附属设施建设），完成标准地储备 71.05 公顷。持续开展标准厂房使用情况动态摸底工作，按照“一企一策”方式推进清退工作，清理园区标准厂房 7.2 万平方米，腾退厂房 6.03 万平方米。推进七里坪产业园三期、白果龙潭坝产业园、数字经济产业园等项目前期工作，初步确定现化工园区北边区域约 21.33 公顷为拟扩园区域，完成拟扩园内的矿产资源调查、市场价值评估和选址论证。对园区管理职责、项目入驻、企业退出、收费标准等进行优化调整，牵头负责完善并出台《市人民政府办公室关于印发恩施市产业园区管理实施细则（试行）的通知》。办结七里坪产业园开通公交专线，兑现园区企业厂房租金减免 898 万元，搭建银企对接平台为企业融资 1850 万元等实事，全年共走访园区企业 150 余次，解决企业诉求 32 项。园区企业达到 77 家，其中规模以上企业 41 家，累计实现工业总产值 25 亿元，同比增长 30%。

【定点帮扶与区域协作】 11 家中央、省直帮扶单位直接投入帮扶资金 703.5 万元，引进资金 2978.7 万元，培训各类人才 3535 人次，通过消费帮扶采购恩施市农副产品 2730.1 万元。武汉东湖高新区 8 个街道结对帮扶恩施市 7 个乡镇，安排资金 3550 万元，实施项目 30 个，持续打造“光谷漫道”“美丽乡村”“农旅融合”等项目品牌。建设产业园区 3 个（堇叶碎米荠、富硒魔芋、恩施玉露茶）、特色农业产业园 5 个（三岔镇现代蔬菜农业园、白果乡农旅融合示范园、崔家坝镇三产融合特色产业园、板桥镇高山药材产业园、新塘乡高山药材产业园）。

【“两山”实践创新示范区建设】 完成《小龙潭“两山”实践生态新城概念规划及城市设计》编制，通过州规划委员会审定。完成带水河拦水坝建设初步方案，编制片区水系开发利用建议书，制定核心区高、低压线路迁改建议方案，确定龙凤大道二标段建设临时迁改方案。按照“一带三区”的总体布局初步谋划基础设施、公共服务、商业开发三大类项目 11 个，并分期组织实施。清江带水河上下游综合整治工程已完工并通过验收；龙凤大道二标段完成地面清表、施工便道硬化；小龙潭农民集中安置房项目完成原始地貌、土石方量测绘工作及设计，并启动“三通一平”工作；科技馆、青少年宫完成项目用地选址和概念设计方案。完成国土绿化营造林 3333.33 公顷，其中，重点工程森林抚育 333.33 公顷，统筹整合实施油茶低产林改造 133.33 公顷，人工造林抚育 566.67 公顷，封山育林续封 1860 公顷，退化林修复抚育 400 公顷。全面落实全市 27.47 万公顷森林资源管护责任，严格执行林地定额管理、用途管制和林木限额采伐管理，全市森林覆盖率达到 64.24%。7 月 19—23 日，联合国教科文组织评估专家到恩施大峡谷及屯堡马者社区考察点现场考察评估。9 月 10 日，摩洛哥第十届联合国教科文组织世界地质公园理事会共通过 16 份世界地质公园申请，恩施大峡谷—腾龙洞世界地质公园入选在列。利用村务公开栏和村民小组微信群，开展森林乡村建设宣传和村庄绿化工作，推动湖北省森林乡村创建活动，沙地乡黄广田村、盛家坝镇安乐屯村通过省级验收并获命名。开展蓝天保卫战，全年出动巡查人员 2 万余人次，依法处理露天秸秆焚烧行为，处理火点黑斑 1300 余个，批评教育 500 余人次、行政处罚 14 人共计 3900 元；修订《恩施市重污染天气应急预案》，启动重污染天气预警 2 次；完成年度大气治理项目 50 个，排查各类污染源头企业 1300 余家，整改问题 200 余个。全市环境空气质量优良天数 345

天，优良天数比率94.5%，$PM_{2.5}$28微克/立方米，代表恩施州迎接全省空气质量考核连续5年位列全省第1。截至年底，累计创建国家级生态乡镇1个、省级生态乡镇16个、省级生态村126个。恩施玉露进入中国地理标志农产品（茶叶）品牌声誉百强榜；河湖管护入选全省河湖长制十大典型案例；恩施市成为全国首批10个被授予“人与自然和谐共生现代化城市实践基地”之一，系全省唯一。完成31条河流河道岸线确权工作任务。户用光伏备案1300余户，总备案容量5.7万千瓦，已完成并网发电6300余千瓦时。

【小流域治理】　坚持“州级主导、市县主抓、镇村参与、群众主体”，推动生态保护、绿色发展、民生改善相统一，实现“生态美、产业强、百姓富”。围绕保护水生态、治理水环境，实施污水管网延伸工程，确保生活污水“应收尽收”，推进系统治污。已建成14.6千米，完成工程量的51%；在相对集中居民点，建设人工湿地治理污水，已建成19座；对分散农户，采取“三格化粪池+庭院湿地+还田利用”模式，新建三格化粪池181口，累计建成263口。引导养殖户建设沼气池、储粪池、发酵床，发展“猪—沼—果”循环农业，实现粪污干湿分离、就地发酵、变废为宝。已完成16户规模养殖场、108家养殖专业户、960户散养户的硬件设施改造升级，畜禽粪污资源化利用率达90%。建成垃圾中转站2个、垃圾分类亭19座，通过定人、定车、定时、定线、定点，基本实现生活垃圾约时清运、及时处理。紧扣富硒、有机两个关键推进产业发展。打造堇叶碎米荠种植基地，新发展20公顷，总面积达74.67公顷；建设抹茶基地，已发展186.67公顷；实施高标准农田改造466.67公顷，已完成200公顷。龙头企业金果茶业“小橘红”红茶生产线正式投产，当月实现产值300万元。建立“市场主体+合作社+基地+农民”的利益链接机制，引进市场主体7家，通过入股分红、销售分成、土地流转等方式，带动农户3000余户，户均增收5000余元。推进硒旅、文旅、农旅深度融合发展，生态文化旅游产业，改造升级精品民宿127家、农家乐53家，聘请10名世界冠军为宣传大使，龙马村青少年研学基地接待游客1万余人次。实施带水河上下游综合整治工程推进生态治理，建设生态护坡16千米，河道清淤疏浚7.6千米，成功申报水利部幸福河湖建设项目计划。加快推进喻家河水库生态保护修复工程，建成水质自动监测站2座，安装隔离网5千米。累计关闭矿山22家，在区域内8个地灾点安装智能监测仪器，开展自动化、专业化监测。以桃梅、乌桕为主，建成20千米彩色森林示范带，实施退化林修复工程100公顷，同步建设森林防火视频监控系统，实现智能化保护全覆盖。按照面源污染“减存量、零新增”要求，种植绿肥213.34公顷。发放施肥指导卡5000份，推广全生物可降解地膜206.67公顷。以原村民小组为治理单元推进共同缔造，建立234个党小组，搭建“有话直说”议事协商平台，开展600余场“屋场会”，形成“让群众主事、听群众说事、帮群众办事、邀群众评事”工作闭环，完善农村建房、文明殡葬、互助养老、积分管理、农村公益设施管护等长效机制。建立“以奖代补”机制，以220万元财政资金带动群众出资580万元、义务出工1200余人次、无偿让出土地1.6万平方米、新建文化广场2个，硬化亮化公路10.2千米，改造庭院448户，组织电商直播培训1500余人次，让老百姓在小流域治理中主动参与、得到实惠。

【荣誉】　国务院办公厅授予恩施市为2022年落实有关重大政策措施真抓实干成效明显地方；省委、省政府授予恩施市为2023年度全省市县党政领导班子和领导干部推进乡村振兴战略实绩考核进位明显县（市）及2022年度全省巩固脱贫成果后评估评价好的县（市）。

（姚懿予）

## 利川市

【概况】　利川市位于鄂西南隅，地处巫山流脉和武陵山北上余支交会部，为清江、郁江发源地。地跨北纬29°42′～30°39′，东经108°21′～109°18′。东与恩施市接壤，南与咸丰县毗连，西南与重庆黔江区、彭水县相邻，由西至北依次与重庆石柱县、万州区、云阳县、奉节县毗连。东西宽92千米，南北长105千米，总面积4606平方千米，是恩施土家族苗族自治州面积最大的县级市。2023年，全市完成地区生产总值263.72亿元，同比增长6.1%。其中，第一产业增加值56.02亿元，增长4.3%；第二产业增加值46.97亿元，增长7.8%；第三产业增加值160.73亿元，增长6.2%。三次产业结构比为21.24∶17.81∶60.95。按年均常住人口计算，全市人均生产总值36850元，增长5.8%。

【区划、人口】　利川市下辖2个街道、8个镇、4个乡，2个开发区，有262个村、43个社区。年末全市户籍总人口为91.19万人，比2022年末减少3900人。全市常住人口71.56万人，比2022年末减少100人。其中，城镇常住人口34.21万人，城镇化率47.80%，比2022年提高1.03个百分点。全年人口出生率为6.15‰，人口死亡率为7.93‰，人口自然增长率为-1.78‰。男女出生人口性别比113。

【市场主体】　全市有市场主体97524户，比2022年增长15.5%。

实有企业类市场主体 18736 户，增长 32.2%。实有个体工商户 74960 户，增长 12.7%。农民专业合作社 3828 个，增长 2.4%。全年新登记市场主体 19565 户，其中新登记企业类市场主体 5481 户。

**【农业】** 全市农林牧渔业总产值 1015922 万元，扣除价格因素，比 2022 年增长 5.0%。其中，农业总产值 636623 万元；林业总产值 52291 万元；牧业总产值 252973 万元；渔业总产值 4918 万元；农林牧渔业及辅助性活动总产值 69117 万元。农林牧渔业增加值 593872 万元，比 2022 年增长 4.9%。其中，农业增加值 380826 万元；林业增加值 27191 万元；牧业增加值 149254 万元；渔业增加值 2902 万元；农林牧渔业及辅助性活动增加值 33699 万元。全年粮食种植面积 7.8 万公顷，比 2022 年增加 107 公顷。粮食总产量 31.87 万吨，比 2022 年增加 0.50 万吨，增长 1.6%。油料产量 1.64 万吨，增长 18.2%。烟叶产量 0.72 万吨，增长 0.3%。蔬菜及食用菌产量 88.28 万吨，增长 4.2%。茶叶产量 2.34 万吨，增长 8.4%。园林水果产量 6.01 万吨，增长 16.1%。全年猪牛羊禽肉产量 6.87 万吨，比 2022 年增长 5.2%。其中，猪肉产量 6.19 万吨，比 2022 年增长 5.5%。禽蛋产量 1.07 万吨，比 2022 年增长 0.9%。年末生猪存栏 46.55 万头，比 2022 年增长 16.4%，生猪出栏 79.18 万头，比 2022 年增长 2.7%。

**2023 年利川市乡（镇、街道、开发区）基本情况表**

表 28

| 乡(镇、街道、开发区) | 区域面积（平方千米） | 耕地面积（公顷） | 总户数（户） | 总人口（人） | 村(居)民委员会(个) | 粮食产量（吨） | 党委书记、乡(镇)长（街道、开发区主任）（12 月底在职） |
|---|---|---|---|---|---|---|---|
| 都亭街道 | 30 | 346 | 33124 | 73054 | 14 | 1297.50 | 周　霆　曾祥胜 |
| 东城街道 | 91 | 1302 | 16987 | 38966 | 18 | 10694.45 | 向红文　向　杰 |
| 柏杨坝镇 | 580 | 10552 | 26127 | 87018 | 29 | 29826.59 | 闫鹏飞　陈　祥 |
| 谋道镇 | 338 | 7270 | 24490 | 70153 | 22 | 29163.01 | 黄佑东　聂广慧 |
| 忠路镇 | 514 | 8187 | 29209 | 82920 | 24 | 25857.22 | 王厚军　许智亮 |
| 团堡镇 | 448 | 7375 | 22672 | 68840 | 31 | 35055.38 | 谢　意　杨虎熊 |
| 汪营镇 | 355 | 9704 | 36453 | 100995 | 30 | 33951.26 | 熊　伟　王　章 |
| 建南镇 | 326 | 6369 | 23582 | 71154 | 30 | 30439.18 | 梁凤翔　刘　倩 |
| 文斗镇 | 432 | 9020 | 24149 | 72431 | 26 | 33128.02 | 李同生　杨克荣 |
| 元堡乡 | 266 | 3743 | 12267 | 35661 | 14 | 12127.50 | 向　阳　吴　酬 |
| 凉雾乡 | 419 | 6297 | 24450 | 72177 | 25 | 16909.66 | 覃征操　谭光云 |
| 毛坝镇 | 325 | 1181 | 14581 | 41984 | 15 | 7463.18 | 张志权　郑文皓 |
| 南坪乡 | 148 | 5369 | 19666 | 60456 | 13 | 29691.31 | 何启波　靳　涛 |
| 沙溪乡 | 293 | 4280 | 12664 | 36140 | 12 | 23106.15 | 陈伦锋　周　蕾 |
| 佛宝山生态综合开发区 | 40 | 61 | — | — | 2 | 15.47 | 杨仕晟 |
| 湖北利川经济开发区 | — | - | — | — | — | — | 陈建平 |
| 合　计 | 4606 | 81055 | 320421 | 911949 | 305 | 318725.87 | — |

说明：区域面积、耕地面积、粮食产量因四舍五入，各乡镇分项之和不一定等于合计数

**【工业、建筑业】** 全部工业增加值 26.91 亿元，同比增长 4.3%。规模以上工业企业 84 家，规模以上工业增加值增长 10.0%，2023 年规模以上工业产销率 95.57%，每百元营业收入中的成本 82.36 元，比 2022 年增加 0.69 元，营业收入利润率 7.27%，增加 0.22 个百分点；每百元营业收入中的费用 10.4 元，减少 1.52 元；每百元资产实现的年营业收入 86.23 元，增加 6.37 元；资产负债率 60.5%，增加 1.1 个百分点。全年全市实现建筑业增加值 20.41 亿元，比上年增长 12.7%。全市具有资质等级建筑业企业 40 家，完成建筑业总产值 20.46 亿元。

**【服务业】** 批发和零售业增加值 18.84 亿元，比 2022 年增长 11.7%；交通运输、仓储和邮政业增加值 9.68 亿元，增长 14.3%；住宿和餐饮业增加值 10.87 亿元，增长 3.7%；金融业增加值 13.34 亿元，增长 7.0%；房地产业增加值 26.94 亿元，增长 1.4%；其他服务业增加

值 77.33 亿元，增长 5.8%。

【交通、邮政、通信】 全市公路通车里程达 6234.5 千米。有等级公路 5913.27 千米，比 2022 年增加 70.58 千米。全年邮政业务总量 1.73 亿元，比 2022 年增长 13.7%。快递业务收入 697 万元，增长 28.4%。电信业务总量 5.55 亿元。年末全市固定电话用户 2.37 万户。移动电话用户 69.97 万户。固定宽带接入用户 31.36 万户。

【固定资产投资、房地产】 固定资产投资比 2022 年增长 21.1%。其中，民间投资下降 12.5%；工业项目投资增长 41.5%；工业技改项目投资增长 5.6%。全年商品房施工面积 307.64 万平方米，下降 5.9%；竣工面积 60.36 万平方米，增长 758.6%；销售面积 61.39 万平方米，下降 9.8%；待售面积 27.03 万平方米，增长 148.3%。全年商品房销售额 33.55 亿元，下降 9.0%，其中，住宅销售额 32.68 亿元，下降 6.3%。

【贸易】 社会消费品零售总额 123.34 亿元，比 2022 年增长 8.9%。批发业销售额 100.43 亿元，同比增长 18.7%，零售业销售额 79.67 亿元，同比增长 7.7%；住宿业营业额 7.82 亿元，同比增长 7.0%，餐饮业营业额 13.06 亿元，同比增长 12.7%。全年引进省外资金 41.30 亿元，同比增长 24.5%。全年外贸进出口总额 11087.50 万美元，同比增长 142.4%。

【财政】 地方财政总收入 250632 万元，比 2022 年增长 21.0%。其中，地方一般公共财政预算收入 150126 万元，增长 28.1%。在地方一般公共预算收入中，税收收入 100121 万元，增长 22.7%。全年一般公共预算支出 722331 万元，增长 13.1%。

【金融】 2023 年末，金融机构存款余额 402.66 亿元，比 2022 年末增加 37.71 亿元，增长 10.3%。其中，住户存款达 351.20 亿元，增长 14.3%。金融机构贷款余额 299.98 亿元，比 2022 年末增加 25.68 亿元，增长 9.4%。

【科技】 全市 48 家高新技术产业企业实现增加值 7.49 亿元，占全市地区生产总值比重为 2.8%。全年获得专利授权 360 件，其中，发明专利授权 12 件。年末有效注册商标 7979 件。全年新注册商标 1462 件。全市地理标志商标 6 件，地理标志保护产品 4 件。

【教育】 全市有幼儿园 140 所，在园幼儿 19515 人。小学 102 所，毕业 11460 人，招生 8580 人，在校学生 59968 人。初中 23 所，毕业 11617 人，招生 11448 人，在校学生 36092 人。高中 5 所，毕业 5798 人，招生 6507 人，在校学生 18557 人。

【卫生健康】 全市有卫生机构 449 个。其中，医院 11 个，卫生院 14 个，妇幼保健院 1 个，疾病预防控制中心（防疫站）1 个。卫生技术人员 5044 人，其中，执业（助理）医师 1992 人，注册护士 2394 人，药师 174 人，技师 311 人。实有床位数 5481 张。

【文化、体育】 全市有公共图书馆 1 个，藏书 23.71 万册。文化馆 1 个，乡镇综合文化服务中心 12 个，村（社区）综合文化服务中心 304 个，村级文化活动广场 584 个，百姓舞台 584 个。全市建成体育场馆 2 个，全民健身中心 1 个。利川市图书馆被评定为国家一级图书馆。

【旅游】 全年接待游客 2029.28 万人次，同比增长 11.9%。旅游综合收入 146.37 亿元，同比增长 47.6%。全市国家 A 级旅游景区 7 个。全市 3 星级及以上饭店 2 家。柏杨坝镇成功创建湖北省旅游名镇。

【居民生活】 居民消费价格比 2022 年下降 0.4%。分类别看，食品烟酒价格上涨 0.4%，衣着价格上涨 1.0%，居住价格下降 0.7%，生活用品及服务价格下降 0.9%，交通和通信价格下降 3.8%，教育文化和娱乐价格上涨 0.2%，医疗保健价格上涨 1.0%，其他用品和服务价格上涨 2.9%。城镇常住居民人均可支配收入 38461 元，增长 6.7%，扣除价格因素，实际增长 7.1%。农村常住居民人均可支配收入为 15591 元，增长 8.5%，扣除价格因素，实际增长 9.0%。城镇常住居民人均消费支出 29322 元，增长 8.8%，扣除价格因素，实际增长 9.2%。农村常住居民人均消费支出 14133 元，增长 10.3%，扣除价格因素，实际增长 10.7%。

【社会保障】 城镇新增就业人员 10558 人，城镇登记失业率控制在 5.5%以内。年末全市参加基本养老保险 57.30 万人，其中，城镇职工基本养老保险参保人数 8.34 万人；城乡居民基本养老保险参保人数 46.70 万人。医疗保险参保人数 78.66 万人，其中，城镇职工基本医疗保险参保人数 5.01 万人；城乡居民基本医疗保险参保人数 73.65 万人。失业保险参保人数 3.41 万人。工伤保险参保人数 4.15 万人。生育保险参保人数 3.46 万人。年末收养性社会福利单位 18 个，床位 2143 张。年末有 1088 人享受城市最低生活保障，34333 人享受农村最低生活保障，全市特困供养 4089 人，全年临时救助 744 人。

【资源环境】 全社会用电量 12.16 亿千瓦时，同比增长 9.1%。其中，工业用电量 3.33 亿千瓦时，同比增长 7.6%。年末耕地面积 81.06 千公顷。森林覆盖率 64.22%。全市自然保护地 1 个，总面积 57097 公顷。

全市城区空气质量优良天数364天，优良率为99.7%。

【应急管理】 全年发生各类安全生产事故0起。发生火灾事故127起，直接经济损失125万元，无人死亡。

【乡村振兴】 落实五年过渡期“四个不摘”要求，结合利川市实际，先后制定印发《利川市推进驻村帮扶工作信息化管理实施方案》《利川市推进乡村振兴新农人培育工程实施方案》《利川市乡村振兴村“尖刀班”管理办法（修订）》《利川市加强财政衔接推进乡村振兴补助资金项目全过程绩效管理实施方案》《利川市2023年巩固拓展脱贫攻坚成果同乡村振兴有效衔接工作要点》等一系列指导性方案。健全完善控辍保学工作机制，确保全市义务教育阶段适龄儿童少年零辍学。全市脱贫人口、监测人口、低保对象、特困对象参加城乡医疗保险率100%，做到“应保尽保”，符合医疗救助条件的100%享受医疗救助，县域内政策范围内费用综合报销率91.34%。开展农村低收入群体住房安全动态监测管理，改造完成农村危房改造任务数78户，拨付危房改造补助资金162万元。全年兜底保障对象92252人，累计发放救助金30547.32万元。全市自来水普及率96.27%，集中供水率94.18%。全年脱贫人口小额信贷新发放3154笔14082万元，小额信贷贷款余额为4042笔18311万元，在做好“应贷尽贷”基础上，建立逾期风险预警机制。

【基层社会治理】 用好城市社区邻里中心等阵地资源，搭建小区、楼栋议事平台，完善议事规则，引导小区居民主动参与“邻里夜话”，营造“邻里一家亲”的良好风尚。建成邻里中心8个，举办“邻里夜话”300余场次，参与党员群众5800余人次，解决群众急难愁盼事项300余件。在农村举办“小院说事”1800余场次，开展“红蓝榜”评比、“候鸟人才”共建、“小手点赞”评分、“最美系列”评选，评定“五星级”家庭559户、先进模范1819名，群众满意率99.8%。“小院说事”工作做法入选全国城乡社区高质量发展100例，“候鸟人才”做法被中央政策研究室《学习与研究》刊发。推进美好环境与幸福生活共同缔造，试点村（社区）扩大至42个。申报省级“以奖代补”项目65个。筹集社会资金2000余万元。发动多方筹资，实施小流域综合治理，完善“乡镇党委—联村党委—村党支部—党小组—党员中心户”乡村组织体系，小溪河流域7个村（社区）发动群众自筹资金8万元、争取帮扶资金24万余元，修复河道250米、清淤800米，引导村民改善农房风貌，完成特色民居改造80户、厕改39户。

【工业（产业）园区建设】 11月，经利川市人民政府批准，利川经济开发区设立“利川城东综合产业园、利川新型建材产业园、利川页岩气综合利用产业园”，形成“一区三园”新空间格局，规划总面积29.71平方千米。园区共有企业163家，其中，工业企业107家，规模以上工业企业29家，基本形成“3+3+1”产业规划体系，即3个主导产业：生物医药、硒产品加工、清洁能源；3个潜导产业：数字经济、轻工纺织、新型建材；1个现代服务业。2023年园区实现工业总产值31.64亿元，完成税收8.77亿元（含烟厂划转税6.54亿元），完成固定资产投资17.85亿元。培育省级专精特新中小企业6家、高新技术企业7家、“科小”企业10家、瞪羚企业2家、信息化和工业化融合示范企业2家，培育恩施州企校联合创新中心3家。

【对口帮扶（协作）】 武汉经开区投入帮扶资金3550万元，实施项目15个，重点推进利川市产业升级、基础设施建设、人居环境整治、人才培养等。选派3名党政干部到武汉经开区挂职锻炼，选派1名老师和1名医生到武汉经开区跟班学习。举办“共同缔造”专题培训班、乡村振兴干部能力综合提升培训班等，培训973人次。利川市优质市场主体在武汉经开馆、汉南馆、乡村振兴服务站进行点对点对接，上架利川农产品近300款，累计销售超1000万元，武汉经开区累计采购

2023年11月28日，利川市沙溪乡繁荣村举办“小院说事” （李 处 摄）

利川市农副产品近1500万元。制定印发《利川市2023年省直单位定点帮扶工作方案》，商定62个省直驻村帮扶项目，帮扶总资金1723.33万元。

【中国避暑旅游发展报告发布会】 6月26日，中国避暑旅游发展报告发布会在利川市举行。此次发布会由中国旅游研究院（文化和旅游部数据中心）、中国气象局公共气象服务中心、湖北省文化和旅游厅、恩施州人民政府共同主办，恩施州文化和旅游局、利川市人民政府承办。全国政协委员、中国旅游研究院院长、文化和旅游部数据中心主任戴斌，中国气象局公共气象服务中心主任朱小祥，文化和旅游部产业司产业融合处处长齐斌等出席，全国120余个市（州）、县（区）分管领导及文旅部门、气象部门负责人，国内旅游、气象、康养领域知名学者等参会。现场发布《全国避暑旅游发展报告》《2023年全国避暑旅游城市研究报告》等6个研究报告，公布全国城市避暑旅游气候适宜度综合指数情况，利川被评为“2023避暑旅游优选地”。活动以“文艺演出+非遗展示+景区参观+夜逛利川”形式，全方位展示利川独具魅力的非遗文化、极具特色的自然景观、抚慰人心的土家烟火气。

（郭娜娜）

## 建始县

【概况】 建始县位于鄂西南山区北部，跨北纬30°06′～30°54′，东经109°32′～110°12′，东连巴东县，以野三河为界；西接恩施市，以太阳河为界；南邻鹤峰县，以长河、茶辽河为界；北与重庆市奉节、巫山两县接壤。县城业州镇距省政府所在地615千米，距州政府所在地59千米。县域整体状似蘑菇，南北长89千米，东西最宽64.5千米，最窄处12.5千米。建始县是“中国生态气候康养金地”“中国天然氧吧”“国家生态文明建设示范区”，2023年获全国首批“乡村振兴传播基地”称号、湖北省金融信用县、河湖长制宣传与社会共治成绩突出地区。全县完成地区生产总值151.99亿元，同比增长5.9%；第一产业增加值33.18亿元，增长4.5%；第二产业增加值26.43亿元，增长6.4%；第三产业增加值92.39亿元，增长6.2%。

【区划、人口】 建始县辖7个镇、3个乡，179个村（社区），1839个村（居）民小组，区域总面积2664.93平方千米。年末户籍人口49.81万人，其中城镇人口12.82万人，占总人口的25.7%；男性25.79万人，占总人口的51.8%。全年出生人口2394人，其中男性1250人，女性1144人，出生率4.58‰。全年死亡人口4541人，死亡率8.68‰。

【市场主体】 全县实有市场主体56628户，同比增长10.9%。其中，实有私营企业类市场主体9676户，个体工商户44530户，农民专业合作社1613户。全年新登记市场主体10090户，其中私营企业3257户，个体工商户6740户。年末城镇新增就业9328人，“才聚荆楚”高校毕业生就业创业3175人，返乡创业748人。城镇登记失业率1.91%。享受就业创业政策补贴人数11471人，其中享受社会保险补贴2575人，公益性岗位补贴1746人，就业见习补贴62人，一次性创业补贴90人，一次性吸纳就业补贴411人，一次性扩岗补助13人，一次性求职补贴37人，创业担保贷款1334笔，就业创业培训补贴5525人。

2023年建始县乡（镇）基本情况表

表29

| 乡(镇) | 区域面积(平方千米) | 年末耕地面积(公顷) | 总户数(户) | 总人口数(人) | 村(社区)数(个) | 村(居)民小组数(个) | 党委书记、乡(镇)长(12月底在职) |
|---|---|---|---|---|---|---|---|
| 业州镇 | 372.84 | 5391.04 | 41450 | 112670 | 26 | 235 | 吕宗鲁　向华锋 |
| 长梁镇 | 398.15 | 5914.23 | 26383 | 77522 | 34 | 312 | 胡北平　余致锋 |
| 茅田乡 | 210.71 | 2518.51 | 7596 | 22246 | 17 | 145 | 范　妮　郑　勇 |
| 龙坪乡 | 228.28 | 3606.5 | 8888 | 26373 | 12 | 113 | 熊　健　奉　波 |
| 高坪镇 | 259.81 | 5519.41 | 17178 | 52327 | 18 | 212 | 朱翠萍　田　杰 |
| 三里乡 | 172.19 | 4285.35 | 14101 | 41595 | 14 | 145 | 冉云峰　汤雅成 |
| 红岩寺镇 | 85.13 | 1952.84 | 6363 | 19744 | 10 | 116 | 陈　伟　谭　迪 |
| 花坪镇 | 405.67 | 6768.31 | 17904 | 53648 | 18 | 204 | 崔显龙　董绍志 |

续表29

| 乡(镇) | 区域面积(平方千米) | 年末耕地面积(公顷) | 总户数(户) | 总人口数(人) | 村(社区)数(个) | 村(居)民小组数(个) | 党委书记、乡(镇)长(12月底在职) |
|---|---|---|---|---|---|---|---|
| 景阳镇 | 160.39 | 3603.89 | 13090 | 38898 | 14 | 150 | 姚代武　姜锦虎 |
| 官店镇 | 371.76 | 7052.78 | 16301 | 53106 | 16 | 207 | 谢小虎　刘家隆 |
| 合　计 | 2664.93 | 46612.86 | 169254 | 498129 | 179 | 1839 | — |

【农业】　农林牧渔业及其辅助性活动实现现价总产值60.69亿元，同比增长3.7%。其中，农业实现总产值33.77亿元，剔除价格因素，增长9.4%。粮食全年播种面积5.02万公顷，增长0.16%，粮食总产量20.85万吨，增长2.1%。其中，夏粮播种面积达1.76万公顷，增长0.45%，产量5.26万吨，增长1.69%；秋粮播种面积3.26万公顷，增长0.01%，秋粮总产量15.58万吨，增长2.46%。2023年生猪出栏68.70万头，增长1.6%，年末生猪存栏42.87万头，增长5.7%，能繁母猪存栏3.66万头，与2022年同期持平。牛肉产量735吨，羊肉产量2036吨，禽蛋产量1.08万吨，水产品产量395吨。

【工业、建筑业】　全县累计完成工业投资18.45亿元，同比增长23%。年末在库规模以上工业企业56家，实现规模以上工业总产值增长7.4%，规模以上工业增加值8.58亿元，增长12.1%。分门类看，受煤炭 价格行情走势持续下行影响，采矿业拉动增长作用式微，拉动增长4.7 %；制造业拉动增长贡献突出，拉动增长5.3 %；电力、热力、燃气及水生产和供应业拉动增长2.1%。分行业看，在库规模以上工业所涉及的17个行业大类中，10个行业实现正增长，行业增长面58.8%，其中食品制造业、酒、饮料和精制茶制造业、电力、热力生产和供应业增长较快，分别增长80.7%、59.4%、92.3%。全县有资质的建筑企业26家，资质内建筑业企业总产值13.12亿元，增长10.6%。建筑业实现增加值8.68亿元（全口径，现价），增长10.8%。

【交通、邮政、通信】　全县公路里程4056.7千米，公交车线路9条（不含实行公交化运营的农村客运班车路数），公共汽（电）车运营车93辆，出租车118辆。行政村客运班车通达率100%。年末全县机动车保有量133303辆，其中汽车保有量71058辆；本年新增小型汽车1522辆。全县三级物流体系逐步完善，电商冷链物流扶贫产业园建设完成，引导全县8家寄递企业9个快递品牌、8家农贸市场批发企业、2家民族特色食品加工企业、1家集采配企业、4家电商企业、2家冷链储藏批发企业入驻。全县乡镇寄递物流综合服务站全部建设完成，其中围绕G209、G318、S339、S460以及高坪花硒谷和龙坪楂树坪景区建设精品站点10个，村级寄递物流综合服务网点建点覆盖率100%，快递进村综合服务覆盖率100%。年末邮电业务总量2.62亿元，同比增长1.0%。年末固定电话用户1.03万户，较2022年下降10.0%；年末移动电话用户39.25万户，同比增长2.5%。互联网宽带年末接入用户21.09万户，同比增长9.5%。

【固定资产投资、房地产】　全县固定资产投资（不含农户，下同）增长6.2%（剔除高速公路固定资产投资部分）。从投资类型看，工业投资、工业技改投资增长较快，分别增长23.0%、20.3%；民间投资增长8.2%；制造业投资下降6.0%。从占比看，民间投资占固定资产投资比重57.33%；工业投资占固定资产投资比重21.48%；工业技改投资占工业投资比重29.07%。全年房地产开发投资下降1.9%；商品房销售面积增长2.0%；实现商品房销售额10.39亿元。商品房销售额增长1.4%。

【贸易】　全年实现社会消费品零售总额88.89亿元，同比增长9.3%。按经营单位所在地分，限额以上城镇、乡村市场增长较快，限额以上城镇市场实现消费品零售总额9.69亿元，增长34.9%；限额以上乡村市场实现消费品零售总额2.07亿元，增长39.5%。从消费类型看，限额以上餐饮收入、商品零售增势强劲，分别实现零售总额1.29亿元、10.47亿元，增长40.2%、35.2%。分行业看，限额以上批零住餐四大行业保持正增长，限额以上批发和零售业销售额分别增长10.1%、35.7%，限额以上住宿和餐饮业营业额分别增长44.2%、36.0%。全县全年招商引资实际到位资金11.47亿元，下降42.6%。实际利用外资585万美元。外贸出口总额6346万美元，增长85.2%。

【财政】　全年地方财政总收入达12.92亿元，增长10.6%；一般公共预算收入为7.59亿元，增长19.2%，占地方财政总收入58.7%；地方税收收入5.19亿元，增长11.3%，占一般公共预算收入68.4%。一般公共预算支出为48.73

亿元，增长 1.0%，其中民生支出达 40.85 亿元，民生支出占比 83.8%。

【金融】　全县共有 11 家银行业金融机构，金融机构网点 43 个。金融机构存款余额为 208.79 亿元，增长 10.7%，较年初增加 20.25 亿元。全县金融机构贷款余额 137.67 亿元，增长 12.8%，较年初增加 15.63 亿元。存贷比 66.0%。

【科技】　发明专利拥有量 12 件，较 2022 年减少 3 件；全年专利授权 216 件，其中发明专利 2 件；新增商标注册 486 件，有效注册商标总量 4152 件。创新平台建设有序推进，培育国家级星创天地 1 家，省级星创天地 3 家，州级星创天地 6 家，省级乡村振兴示范基地 2 家，州级乡村振兴示范基地 2 家，州级企校联合创新中心 13 家，省级众创空间 1 家，州级科技企业孵化器 1 家。第八届硒都（恩施）硒产品博览交易会暨硒科技创新发展大会中，食达好现场签约采购协议 1 个，总金额 500 万元，现场累计销售 3.71 万元，意向订单总金额 180 万元，获“最具创新力名优硒产品”奖项。

【教育】　全县有幼儿园 67 所，在园幼儿 8874 人；各类中小学 165 所，其中小学 145 所、在校小学生 23772 人，普通中学 19 所、在校中学生 21927 人，中等职业学校 1 所、在校学生 4063 人。年末全县有专职教师 3694 人，其中中职教师 201 人，中学教师 1778 人，小学教师 1715 人。学龄儿童入学率、九年义务教育完成率均达 100%，初中毕业生升学率 98.0%，较 2022 年增加 0.2%。

【卫生健康】　全县有医疗卫生机构 431 家，医疗卫生机构床位 3249 张，有卫生工作人员 3513 人，其中执业（助理）医师 1271 人，注册护士 1218 人。全年无重大公共卫生事件发生，孕产妇、新生儿零死亡，5 岁以下儿童死亡率 0.51‰，婴儿死亡率为 0.51‰，完成新生儿疾病筛查 1978 人，筛查率 99.90%；全面开展适龄妇女免费两癌筛查项目，完成两癌筛查 43124 人；全年免费筛查高血压、糖尿病、高脂血症等慢病和心脑血管疾病一体化 14.39 万人次；全年免费办理从业人员预防性健康体检 12931 人次。基层卫生服务能力持续增强，业州镇、高坪镇、红岩寺镇、长梁镇三站合一心脑血管防治站（胸痛/卒中/心律失常）通过省级认证，三里乡、花坪镇、茅田乡建成胸痛救治单元和卒中防治站，官店镇、龙坪镇建成卒中防治站，横向到边、纵向到底的急救网络形成。

【文化】　全县 30 个村（社区）的文体广场进行提档升级，县、乡、村三级公共文化服务能力得到加强。持续开展以大地欢歌·荆楚四季村晚、乐享元宵·筑梦春天等各级各类群众文化活动 400 多场次，受益群众 70 多万人次。精品创作推陈出新，创作合唱版表演唱《黄四姐》、舞蹈《摆摆摆》等具有本地特色民族节目开展旅游推介和文化进景区活动，创作编排曲艺节目建始丝弦《奋进建功新时代》进行线上线下文艺宣讲，被中宣部“学习强国”学习平台采用播出。

【旅游】　全年旅游接待人次 895.11 万，增长 34.3%，实现旅游综合收入 55.93 亿元，增长 58.9%。品牌创建持续加强，照京坪、花硒谷通过国家 AAA 级旅游景区验收；百年信义生态旅游区一期项目“汪家寨峡谷漂流”正式营业；小西湖酒店通过四星级饭店复核验收；雨瑭沐云、南野际获“2023 年恩施州最美民宿”称号；硒游生活“品悟山水之旅”旅游线路获“恩施十大富硒养生旅游线路”称号。

【居民生活】　全县城镇常住居民人均可支配收入为 36451 元，增长 6.5%；农村常住居民人均可支配收入 15526 元，增长 8.6%。

【社会保障】　全县城乡居民养老保险参保累计 27.1 万人，特殊群体的养老保险费代缴工作持续推进，落实低保、特困、易返贫致贫、重残 4 类人员代缴 13496 人，代缴金额 134.96 万元。全县工伤保险参保 29950 人，工伤保险费收入 1200 万元，支出 2717 万元。失业保险参保 21746 人，失业保险费收入 1403 万元，支出 749 万元。年末纳入城市低保 515 户 668 人，农村低保 10466 户 17509 人，特困供养 2626 人，对 2764 户 4373 人进行临时救助，累计发放高龄津（补）贴 16.87 万人次 929.84 万元，经济困难老年人服务补贴发放 2.57 万人次 163.71 万元。纳入城乡低保儿童 1728 人、城乡特困供养儿童 16 人、事实无人抚养儿童 133 人、孤儿 29 人，累计发放孤儿和事实无人抚养儿童救助金 291.68 万元，发放助学金 13 万元。年末全县社会福利收养性单位床位数 1765 张，较 2022 年持平。全年销售社会福利彩票 6207 万元，筹集社会福利彩票公益金 838 万元，直接接受社会捐赠 1080 万元。

【住房保障】　完成业州城中村棚户区瓦窑坪棚户区改造项目 500 套；政府投资公租房房源数 3238 套，分配入住 3109 套，分配率 96%；完成保交楼 1089 套交付，累计拨付专项借款资金 1.17 亿元。全面提升农房现代化水平，率先实施“村镇建筑首席工匠”制，在全县 766 名建筑工匠中择优选定“村镇建筑首席工匠”389 名。全年实施符合危改条件的 6 类农村低收入群体危房改造 200 户，兑现补助资金 451.84 万元。安全生产管理落实落细，对全县在建工程、燃气场站用户等检查覆盖率、整改率 100%，启动建始县保障性安居工程燃气管网及给排水管网改造项目建设，对城区内天然气2.49万户加装燃气安全装置“三件套”，对县城内22个居民片区实施燃气管网提档升级改造建设。

【城市建设】 投入150余万元完成业州大道绿化改造提档升级、打造业州广场、七里小游园（江屿华庭斜对面）2处“席地而坐”城市客厅试点，设计塑造亲水走廊景观荷塘，完成供电所老旧小区周边月季观赏带，建成岸线滩涂绿化景观小游园。投入20余万元，将建始大道市民之家路段纳入“花漾街区”试点打造，塑造长700米，宽1.5米的品字形树桩月季花带，点缀城市街道，提升“花园城市”总体成效。完成“乐享元宵”群众主题文化灯会、桨板公开赛等10余场次场景氛围营造和灯光保障；完成29座城市桥梁和1条隧道病害问题安全检测维修；处置路灯故障600余起，更换故障路灯2000余盏、线缆3000余米，修复破损地面砖370余平方米，整治维修护栏200余米；投入200余万元，实施红土坪片区路灯亮化提升工程，14条城市道路12000余米成为城区风景线。

【资源环境】 全县省级生态乡镇全覆盖，省级生态村89个，较2022年新增6个，生态村创建率达83.7%。全县城区空气质量优良以上天数347天，较2022年减少4天，$PM_{2.5}$达标天数比例95.06%，较2022年下降1.1%。全年平均气温16.32℃，极端高温天气37.3℃、极端低温天气-2.6℃；年日照1260.9小时；年总降雨量1509.9毫米。全县主要河流水质总体良好，国控断面与非国控断面达标率100%；全县1个县级和18个乡镇集中式水源地水质达标率100%。2023年末森林面积达180.71千公顷，增长0.5%；森林蓄积量1695.3万立方米，增长3.9%；森林覆盖率67.8%，较2022年增加0.3%。

【应急管理】 全县组建县级综合队伍3支164人、县直专业队伍5支93人、乡镇应急队伍10支245人，城市社区应急先锋队11支110人。采用自有储备、社会代储备和社会租赁调用相结合的方式，充实应急物资储备。组织参加应急通信保障拉练、水上救援能力提升训练、重庆市长江三峡库区危岩地区实战演习等各类实战化演练10次。全年发生生产安全事故1起（交通事故），死亡1人，死亡人数同比下降80%，工矿商贸等领域未发生生产安全事故。全年推送暴雨红色预警10次，启动防汛Ⅳ级应急响应2次，主要遭遇“6·18”“7·4”两次暴雨洪涝灾害，造成全县30725人受灾，直接经济损失19307万元，未造成人员伤亡。发布禁火令2次，推送橙色以上高火险天气预警信息1次，制止违规用火45次，行政处罚违法用火3人次，按照属地为主、分级负责原则处置突发火情45起。开展全国防灾减灾日等宣教活动，累计设置宣传专栏18个，发放宣传资料3万余份，累计参与人员4000人次，受益群众3万余人。

【基层社会治理】 将全县405个村（社区）优化为179个村（社区），3583个村（居）民小组优化为1839个，完成选举工作。规范基层群众性组织建设。印发《建始县民政局关于进一步加强基层群众性自治组织规范化建设的指导意见》，推动村（居）民委员会“五个规范化”建设（组织体系、职能事务、阵地建设、自治机制、内部管理规范化）。按照“五有”的标准建立健全议事协商委员会，统一印发《村（居）民议事协商委员会会议登记簿》，明确专人记录、专人保管。开展基层组织减负专项行动。出台《建始县村级组织履职事项清单指导目录》《建始县村级综合服务设施挂牌规范及示意图》《村级事项、挂牌准入及动态调整制度》，设立乡镇减负观测点，向社会公开减负投诉电话。县社会组织孵化中心培育公益慈善类、志愿服务类等社会组织100余支，开展志愿服务活动20余次。招聘社区专职工作者7人（其中5人面向2023年应届毕业生），组织178人参加专业社工考试，对150名社区专职工作者进行能力提升培训。2023年，全县有持证社工82人（其中1人通过高级社工考试）。争取全省基层治理创新实验区创建资金150万元、省级社会工作与志愿服务以奖代补项目90万元，调动群众参与基层治理的积极性，总结推广基层治理工作经验，运用评理说事、“书记听我说”等平台，通过整合力量和资源，化解基层矛盾纠纷。

【建始工业园区建设】 建始工业园区立足产业发展需求和“三区三线”成果调整，将“一园三区”总体发展布局调整为“一区四园”（一区：原建始工业园区，包含下坝和广润两个片区；四园：黄土坎产业园、大样榜产业园、金银店新型建材产业园和金建始化工产业园）总体发展布局。园区牵头第三招商战队到广东、广西、湖北、福建、江苏、浙江等地开展招商活动20次，对接湖北水总新型管材、日产30万片手机屏白板、覆膜砂加工制造等意向项目20余个，完成签约招商项目12个，分别为富鑫加工制造产业园项目、贝瑞克碳纤维体育用品生产项目、奕嘉电子配件生产项目、华言光电智能电子屏生产项目、LED陶瓷材料煅烧滑石项目、建怡纺织品生产制造项目、中交建筑用砂岩矿产业基地项目、众鑫智能手机显示屏生产项目、大唐桂冠屋顶分布式光伏项目、天启恒大数控机床机械设备制造项目、华鑫箱包生产制造项目、智泰新能源充电桩智能制造及示范园项目（未备案），总计划投资35.12亿元，其中落地开工建设项目8个，完成省外到资3亿元。协调快递公司设立园区快递驿站，在不增加企业快递费用的前提下，统一收发并快递上门，解决园区快递服务“最后一公里”收寄难题；组织召开园区重点企业专项现场招聘会，提供岗位1000余个，进场人数800余人次，现场达成求职意向登记300余人；按照新入驻企业生产需求实施配电、给排水工程，全年投入286万元完成奕嘉电子、华言光电、天启恒大等8家企业配电配水工程；盘活现有厂房资源，提高厂房利用率，完成嘉泉实业集团有限公司17000平方米、华安玻璃7700平方米厂房腾退；设立企业服务站，为园区企业注册登记、水电开户报装提供全程代办服务；组织银企对接，协调农商行、邮政银行、聚信担保公司等金融机构为园区企业融资贷款，百鼎机械2023年获贷款400万元。配齐配强园区综合执法大队，开展“安全生产月”“百日会战”等活动，对园区企业进行消防、燃气、环保、安全生产、农民工工资等专项检查，发现隐患及时整改；对园区窨井盖开展全面排查和整治提升，排查和治理破碎、下沉、松动窨井盖50余个；对生产企业加强“三废”管理，杜绝发生环境污染事件。

2023年3月17日，2023建始县首届乡村振兴电商（培训）直播大赛启动仪式在建始县业州镇罗家坝村举行 （建始县委统战部 供稿）

**【乡村振兴】** 累计向170个村（社区）选派驻村工作队159支，驻村干部497人，其中驻村第一书记170人。教育帮扶水平和服务能力提升，全年发放各学段家庭经济困难学生资助资金2478.41万元，受助学生33998人次，发放“雨露计划”资金1318.2万元，惠及学生8788人次；医疗保障水平和服务能力提升，为农村低收入人口、脱贫人口及其他对象13.76万人代缴城乡居民基本医疗保险1955.05万元，全县脱贫人口、监测对象基本医疗参保率、补贴率均达100%；住房安全保障水平和服务能力提升，全年实施危房改造266户，拨付资金612.72万元，实现危房动态清零。

**【对口帮扶（协作）】** 华中农业大学连续11年对口帮扶建始，探索“产业富农”“智力兴农”“基地强农”的帮扶模式。省生态环境厅牵头省直8家单位开展定点帮扶，倾斜支持中央农村环境综合整治资金1440万元支持建始县开展清江河段整治等相关项目建设。武汉市洪山区、东湖生态旅游风景区对口帮扶建始，提供支持资金3120万元，谋划实施项目10个，帮助引进社会资金1.2亿元；落实“帮县带村”要求，洪山区9个街道和东湖风景管理区的3个管理处结对帮扶全县12个村，洪山区聘请9名企业负责人担任9个帮扶村“名誉村长”，构建村企联建、互利共赢的格局。与东湖生态旅游风景区联合打造“江湖游·游江湖”旅游协作品牌，举办中国桨板公开赛。

**【建始直立人遗址获“湖北省文化遗址公园”牌匾】** 2月25日，在湖北省文化和旅游厅组织召开的第二批湖北省文化遗址公园授牌仪式会议暨2022年度湖北考古业务成果交流会上，建始直立人遗址获省人民政府颁发的第二批“湖北省文化遗址公园”牌匾。6月18日，建始直立人遗址文化公园保护利用设施项目开始施工，工期1年。项目建设用地面积6666.67平方米，新建直立人遗址博物馆及配套附属设施。

**【建始县官店红色档案馆开馆】** 6月7日，建始县官店红色档案馆在革命老区照京坪村开馆。官店红色档案馆收藏和展示从1928—1933年贺龙带领中国工农红军在官店奋斗的党史资料和红色藏品，其中珍藏红色文物43件。照京坪红色教育基地获全国百条红色旅游精品线路目的地，是湖北省美丽乡村示范村和恩施州延安精神进农村示范基地。

**【第四届湖北省群文系统业务技能大赛在恩施州建始县举办】** 6月30日至7月4日，由湖北省文化和旅游厅主办，湖北省群众艺术馆、恩施州文化和旅游局承办，恩施州文化馆、建始县文化和旅游局协办的“群星荟萃”第四届湖北省群文系统业务技能大赛在恩施州建始县花硒谷旅游度假区举办。全省群众文艺系统120名舞台艺术类业务骨干参加，经过现场综合评比，比赛项目涉及动态（音乐、舞蹈、戏剧、曲艺）和静态（美术、书法、摄影）两大类活动，经各地市州选拔报送，120名舞台艺术类业务骨干入围动态类复赛、126件静态类作品入围静态类省级赛事。经复赛角逐，产生47名优秀代表。其中，恩施州12名参赛选手参加动态类复赛，8名选手入围动态类决赛。14名选手参加静态类省级赛事。活动期间，30余名文艺骨干17个节目参赛选手代表到附近的地心谷景区惠民演出，依托景区平台，展示群众文艺风采，丰富景区文化内涵。

**【中国桨板公开赛暨东湖清江“江湖游·游江湖”皮划艇、桨板赛在建始县景阳镇开赛】** 8月12日，中国桨板公开赛暨东湖清江“江湖游·游江湖”皮划艇、桨板赛在建始县景阳镇开赛，全国各地800多名运动员参赛。赛事由国家体育总局水上运动管理中心主办，武汉东湖生态旅游风景区管理委员会、恩施州文化和旅游局及建始县人民政府承办，竞赛项目分个人赛、团体赛和皮划艇16000米马拉松决赛，赛程历时2天。

**【建始“关口葡萄”成功注册地理标志证明商标】** 9月21日，国家知识产权局商标局发布证明商标注册公告，“关口葡萄”地理标志证明商标成功注册。关口葡萄是建始县特产，主要分布在花坪镇村坊村等地，毗邻恩施州巴盐古道第一雄关景阳关，景阳关俗称“关口”。这里独特的小气候形成独有的葡萄种植品种——关口葡萄。经过10年培育，关口葡萄种植面积超过1333.3公顷，年产量3万余吨，葡萄产业链年综合产值5.6亿元，系列产品远销全国10多个省市。2021年9月，“关口”普通商标持有人同建始县花坪镇农业技术服务中心达成商标专用权转让协议，并于2022年1月26日经国家知识产权局商标局核准转让。2022年7月25日，建始县花坪农技服务中心作为申请主体，向国家知识产权局商标局提交“关口葡萄”地理标志证明商标申请。

（朱　玲）

## 巴东县

**【概况】** 巴东县位于恩施土家族苗族自治州的东北部，北纬30°13′~31°28′，东经110°04′~110°32′。东连湖北省兴山县、秭归县、长阳县，南接湖北省五峰县、鹤峰县，西临湖北省建始县、重庆市巫山县，北靠神农架林区。边界线全长529千米，其中省界80千米，县界449千米。全县总面积3352平方千米。2023年，全县实现地区生产总值160.06亿元，同比增长5.6%。其中，第一产业增加值33.4亿元，同比增长4.3%；第二产业增加值39.24亿元，同比增长5.4%；第三产业增加值87.42亿元，同比增长6.1%。三次产业比20.9：24.5：54.6。全县完成批发和零售业增加值11.69亿元，同比增长8.0%；交通运输、仓储和邮政业增加值6.53亿元，同比增长14.1%；住宿和餐饮业增加值3.98亿元，同比增长11.4%；金融业增加值8.54亿元，同比增长8.1%；房地产业增加值9.86亿元，同比增长2.9%；其他服务业增加值44.78亿元，同比增长4.6%。城镇常住居民人均可支配收入37404元，同比增长7.0%，农村常住居民人均可支配收入15303元，同比增长8.0%。城镇登记失业人员为734人，其中，女性446人。城镇新增就业人数5781人，下岗再就业人数1919人。年末离休、退休、退职人员数25469人。巴东县入选“国家级全域森林康养试点建设县”，获“2023中国最美县域”称号。

**【区划、人口】** 巴东县下辖2个乡10个镇，1个经济开发区，122个村37个社区。2023年末全县户籍总户数188402户，户籍总人数47.52万人。其中，男性人口24.68万人，占比51.9%；女性人口22.84万人，占比48.1%。全县出生人口2444人，出生率3.99‰，死亡人口4434人，死亡率8.60‰，人口自然增长率-4.61‰。

**【市场主体】** 全县在业经营主体49534户，同比增长11.8%，其中企业10785户，同比增长33.9%，个体工商户36209户，同比增长7.3%，农民专业合作社2485户，同比增长1.7%。2023年新增经营主体8078户，同比增长14.1%，其中企业3271户，同比增长153.6%，有个体工商户4715户，同比下降17.5%，农民专业合作社92户，同比增长21.1%。2023年，全县居民消费价格同比下降0.9个百分点，八大类消费品价格同比呈现“五涨三跌”。食品烟酒类上涨0.1%、衣着类上涨0.1%、教育文化和娱乐类上涨0.3%、医疗保健类上涨0.1%，其他用品和服务类上涨2.8%；居住类下降1.0%、生活用品和服务类下降1.4%、交通和通信类下降5.7%。

**【农业】** 常用耕地面积45540公顷，农用化肥用量（折纯）3.7万吨。全年农林牧渔业总产值62亿元，同比增长4.6%；实现农林牧渔业增加值35.19亿元，同比增长4.5%。规模以上农产品加工业产值同比下降8.8%，规模以上农产品加工业产值占农业总产值比为12.6%。全年粮食播种面积61593公顷，粮食产量20.29万吨，单产219.6千克；油菜种植面积8673公顷、产量15.1万吨，面积、产量分别同比下降33.4%、31.8%；蔬菜面积16700公顷、产量33.44万吨，面积、产量分别同比增长1.1%、1.2%；烟叶面积3853公顷、烟叶产量0.77万吨，面积、产量分别同比下降3.7%、3.8%；中草药材播种面积12367公顷（人工种植）、产量1.63

万吨，面积、产量分别同比下降1.7%、增长11.6%；茶园面积10253公顷（不含补植面积）、产量0.36万吨，面积、产量分别同比下降1.8%、增长3.3%。全年生猪存栏41.1万头，同比增长1.5%，其中能繁母猪存栏3.34万头，同比下降7.7%；牛、羊、活家禽存栏分别为1.74万头、15.78万只、152.89万羽，分别同比下降32.8%、3.5%和增长2.8%。全年生猪出栏73.69万头，同比增长4.9%；牛、羊、活家禽出栏分别为0.44万头、15.56万只、104.01万羽，分别同比增长16.3%、下降1.9%和增长0.1%。全县农村劳动力资源26.76万人，农村从业人员24.39万人，农村外出从业人员10.71万人。

2023年巴东县乡（镇）基本情况表

表30

| 乡(镇) | 区域面积（平方千米） | 年末耕地总资源（公顷） | 总户数（户） | 年末总人口（人） | 社区、村(个) | | | 地方一般公共预算收入（万元） | 党委书记、乡(镇)长（12月底在职） |
|---|---|---|---|---|---|---|---|---|---|
| | | | | | 小计 | 社区 | 村 | | |
| 东瀼口镇 | 109.06 | 1829.2 | 10097 | 25796 | 8 | 2 | 6 | 508 | 黄家舜　向黎明 |
| 溪丘湾乡 | 264.53 | 3603.29 | 17291 | 44557 | 14 | 3 | 11 | 1506 | 曾凡刚　周　平 |
| 沿渡河镇 | 484.63 | 4847.15 | 18784 | 48351 | 17 | 4 | 13 | 1393 | 沈浩然　刘　珊 |
| 官渡口镇 | 327.62 | 4790.95 | 20808 | 56863 | 21 | 6 | 15 | 1272 | 许良才　徐　静 |
| 茶店子镇 | 266.26 | 4142.09 | 12964 | 32533 | 14 | 2 | 12 | 1405 | 郑爱华　乐　琴 |
| 绿葱坡镇 | 280.64 | 3884.33 | 8498 | 22994 | 8 | 1 | 7 | 1081 | 彭　峰　牟　哲 |
| 大支坪镇 | 211.78 | 2383.84 | 7854 | 20874 | 7 | 1 | 6 | 407 | 谭　红　田向东 |
| 野三关镇 | 529.15 | 7831.74 | 28908 | 69344 | 30 | 7 | 23 | 7204 | 钟迎松　田恒勇 |
| 清太坪镇 | 279.23 | 3932.97 | 15333 | 38937 | 9 | 1 | 8 | 496 | 肖　辉　马德铭 |
| 水布垭镇 | 328.78 | 5009.41 | 18072 | 44614 | 12 | 2 | 10 | 908 | 贺齐政　税典俊 |
| 金果坪乡 | 182.28 | 2347.2 | 8446 | 23758 | 8 | 1 | 7 | 497 | 卢宗旺　付亚东 |
| 信陵镇 | 87.69 | 937.4 | 21347 | 46555 | 11 | 7 | 4 | 7394 | 万运泰　张祖军 |
| 合　计 | 3351.65 | 45539.57 | 188402 | 475176 | 159 | 37 | 122 | 24071 | — |

**【工业、建筑业】** 全县规模以上工业企业49家，较2022年新增9家。全年累计实现总产值同比增长6.3%；两年平均增长2.8%。其中，县属企业完成产值同比增长0.2%；两年平均增长11.1%。全年实现增加值同比增长10.0%；两年平均下降3.4%。实现工业产品销售率97.8%。全县规模工业产值完成情况分行业涉及15个种类，其中，黑色金属矿采选业完成0.17亿元，同比下降45.8%；非金属矿采选业完成0.62亿元，同比下降42.3%；农副食品加工业完成0.86亿元，同比下降46.3%；食品制造业完成0.22亿元，同比下降69.6%；酒、饮料和精制茶制造业完成1.40亿元，同比下降31%；纺织业完成0.50亿元，同比增长71.4%；纺织服装、服饰业完成0.14亿元，同比下降57.5%；医药制造业完成4.68亿元，同比增长30.7%；非金属矿物制品业完成2.26亿元，同比下降14.0%；计算机、通信和其他电子设备制造业共完成1.83亿元，同比增长1084.4%；电力生产完成13.88亿元，同比增长18.6%；水的生产和供应业完成0.43亿元，同比下降52.4%。全年规模以上工业企业主营业务收入26.09亿元，同比增长2.4%。全县资质以上建筑业企业30家，较2022年增加2家。资质以上建筑业企业累计实现产值同比增长14.7%；全口径建筑业增加值11.98亿元，同比增长6.4%。

**【交通、邮电、通信】** 全县公路里程6682千米，其中等级公路里程4417.89千米，包含高速公路里程71千米。公路货运量和客运量分别为160万吨和110万人，水路货运量和客运量分别为111.51万吨和63.26万人次，物流企业22个。全年实现移动业务营业收入13301万元，同比增长4.7%；联通业务营业收入6793.97万元，同比下降8.5%；邮政业务营业收入2026万元，同比增长20.5%；电信业务营业收入8776.15万元，同比增长6.0%。年末固定电话用户11938户，同比下降1.5%，移动电话用户413865户，同比下降1.8%，互联网宽带接入用户593118户，同比增长0.8%。固定宽带家庭普及率95.14%，较2022年增加0.95个百分点，移动宽带用户普及率108.85%，增加2.26个百分点，互联网普及率指数为131.99%，增加2.01个百分点。

【固定资产投资、房地产】　全县在库固定资产投资项目194个，累计完成投资同比增长3.9%。分产业看，占比持续优化，三次产业投资占比分别为5.5∶17.0∶77.5。分类型看，工业投资同比下降4.9%，占固定资产投资17.0%；工业技改投资下降52.0%，占工业投资8.1%。新开工亿元以上产业项目18个；新增亿元以上产业项目资金到位率41.0%。全县房地产开发企业25家。完成房地产开发投资同比增长43.3%。实现商品房销售面积同比增长0.6%。

【贸易】　全县累计实现社会消费品零售总额88.56亿元，同比增长9.1%。按经营地统计，城镇实现消费品市场零售额72.35亿元，同比增长8.9%；乡村实现消费品市场零售额16.20亿元，同比增长10.2%。分行业看，批零业实现零售总额79.14亿元，同比增长8.8%；住宿餐饮业实现零售总额9.43亿元，同比增长12.0%。2023年，全县利用外资300万美元。对外贸易进出口额6006万美元，同比增长79.2%，其中，出口额6006万美元，同比增长79.2%。

【财政、金融】　全县累计完成地方财政总收入10.08亿元，同比增长7.9%，其中，公共财政预算收入6.92亿元，同比增长12.8%。全年公共财政预算支出51.99亿元，同比下降3.1%，其中，卫生健康支出3.80亿元，同比增长0.4%；教育支出8.81亿元，同比增长0.6%；文化旅游体育与传媒支出0.91亿元，同比下降1.0%。2023年末全县金融机构人民币存款余额225.75亿元，同比增长10.2%。金融机构人民币贷款余额140.94亿元，同比增长15.1%。其中，农业及支农贷款余额107.42亿元，同比增长19.2%。金融机构网点数54个。

【教育、科技、卫生】　全县拥有各类学校76所，其中，中等职业学校1所，普通中学25所，小学49所，特殊教育学校1所。在校学生总数51789人，专任教师总数3971人。九年义务教育在校学生数为39274人（普通小学在校学生数24801人、普通初中在校学生数14473人），高中阶段在校学生数为12515人。幼儿园62所，在园幼儿数8223人。农村义务教育专任教师本科及以上学历比例为76.56%，学前三年毛入园率为90%，小学学龄儿童净入学率、小学五年巩固率、初中阶段毛入学率、初中三年巩固率、九年义务教育巩固率均为100%，高中阶段毛入学率为94%。平均受教育年限为6年，劳动人口平均受教育年限（16~65岁）10.7年，6岁及以上人口人均受教育年限8年。成人识字率为91%，青壮年文盲率（15~50岁）为零。全县有各类专业技术人员数5490人，其中，中级专业技术人员数3944人，农业技术人员319人。全县有医疗卫生机构数446个，其中，医院6个，乡镇卫生院11个，疾病预防控制中心1个，妇幼保健院1个，村卫生室337个。医疗卫生机构床位数3131张，卫生工作人员3543人。医疗卫生机构技术人员2943人，其中，执业（助理）医师1232人，注册护士1234人，卫生防疫人员69人。农村卫生厕所普及率100%，医院病床使用率72.9%，新生儿死亡率1.3‰，甲乙类法定报告传染病发病率604.03/10万。每千人口卫生技术人员7.74人，每千人口医疗卫生机构床位数8.24张，平均预算寿命78.49岁。

【文化、旅游、体育】　全县累计接待游客1114.50万人次，同比增长26.2%。旅游综合收入80.39亿元，同比增长46.3%。国家AAA级以上旅游景区景点7个，星级饭店数2个，星级客房数599间。全县拥有公共图书馆13个，体育场馆2个，公共图书馆总藏书量达313.8千册。广播覆盖率99.87%，电视覆盖率99.92%。县档案馆建成的“巴东记忆”展厅被定为全县支部主题党日活动基地、党史学习教育基地和少先队红色教育基地，建成档案消毒室，数字档案馆建设完成系统及必要设备安装和第一阶段数字化。

【社会保障】　全县城镇职工基本养老保险参保人数48802人，较上年增加2811人；城乡居民基本养老保险参保人数313924人，减少3822人；失业保险参保人数20690人，增加2871人；工伤保险参保人数22870人，增加1785人。养老、失业、工伤保险基金当年支出额为141251万元，较2022年增加22753万元。全县提供住宿的社会工作机构16个，床位数1346个，社区服务机构总数177个，城市居民最低生活保障人数628人，农村居民最低生活保障人数19727人。

【城市建设】　全县绿化覆盖面积362.7公顷，绿地面积321.48公顷，城市公园绿地面积146.04公顷，建成区绿化覆盖率40.72%。垃圾处理站14个，城市生活垃圾无害化处理率100%，处理能力215吨/日。用水人口7.3万人，城市供水总量642.98万立方米，其中居民家庭用水336.7万吨，污水处理厂2座，城市污水处理率97.3%。城市道路长度93.59千米，城市道路面积105.04千平方米，排水管道长度84.85千米。

【环境保护】　全县环境空气质量有效监测天数362天，细颗粒物（$PM_{2.5}$）平均浓度为26微克/立方米，优良天数350天，优良率96.7%，轻度污染天数 8 天(2.2%),中度污染天数 2 天(0.55%),重度污染天数 2 天(0.55%),无严重污染。全县国控、省控断面地表水水质全年均达到并维持水质考核目标,无劣五类水体,集中式饮用水水源地全年水质达标率为 100%,县城区声环境质量保持良好水平。全县年末森林面积 225586.66 公顷,森林覆盖率达到 67.3%。截至年底,全县有自然保护区 1 个,保护区面积 20909.99 公顷。

**【应急管理】** 全年发生各类安全生产事故数 2 起,各类安全生产事故死亡人数 2 人。发生刑事案件 821 件,同比下降 1.6%,破案 432 件。全年交通事故发生数 9755 起,上升 36.1%。

**【乡村振兴】** 印发《巴东县 2023 年巩固拓展脱贫攻坚成果同乡村振兴有效衔接工作要点》《2023 年巴东县防止返贫监测帮扶及衔接资金和对口帮扶项目不正之风和腐败问题专项整治实施方案》《巴东县乡村振兴一线走访工作机制》《关于做好农村劳动力资源及脱贫人口、监测对象外出务工人员就业信息统计工作的通知》等文件,持续落实《巴东县 2022—2025 年巩固拓展脱贫攻坚成果同乡村振兴有效衔接实施方案》安排部署。全年新增监测对象 216 户 653 人,县卫健局、县人社局等 13 个行业部门推送核查预警数据 12 批次 12772 条,执行《关于针对监测对象开展精准帮扶的实施方案》,落实监测对象“十条帮扶措施”,累计消除返贫风险 2821 户 8063 人。截至年底,县级项目库入库项目 405 个总投资 11.59 亿元,纳入实施项目 268 个 7.79 亿元。全年安排衔接资金 57376 万元,其中中央级 29055 万元、省级 7912 万元、州级 2587 万元、县级 17822 万元。投入中央衔接资金 1.76 亿元用于产业发展,中央衔接资金投入产业比例 60.66%。全年拨付资金 51931.02 万元,资金拨付率 90.51%,其中中央衔接资金拨付率 92.7%。强化扶贫项目资产后续管理,对 2012 年以来扶贫项目资产全面清理、登记确权,强化管护运营及收益分配。截至年底,累计形成扶贫项目资产 18770 个 61.05 亿元,其中经营性资产 7.7 亿元、公益性资产 32.2 亿元、到户类资产 21.1 万元,出台《巴东县帮扶产业项目“四个一批”分类发展实施方案》,对全县 598 个产业项目摸底清查,分类建立处置台账,保证产业项目持续发挥效益。推进乡村建设,根据《巴东县乡村建设行动实施方案》,提升农村重点领域基础设施建设水平,与全国防止返贫监测和衔接乡村振兴系统、衔接资金项目库同谋划同安排同落实。强化农村寄递物流建设,全县建有 2 个县级共配中心,12 个乡镇仓储转运中心,174 个村级寄递物流综合服务网点,120 个集镇自提点,8 条邮路,所有行政村网点全覆盖,县、乡、村三级物流配送服务基础设施网络基本成型。开展“雨露计划”毕业生摸底排查以及“雨露计划”一卡通专项治理工作,兑现“雨露计划”补助 1381.95 万元、惠及 9213 人次。全县累计向脱贫户、边缘易致贫户发放贷款 2909 笔,贷款金额 1.34 亿元,贷款总额位居全州第 3,在全省位居前列。印发巴东县《2023—2024 年度“防贫保”工作实施方案》,压实保险公司主体责任,新增承保因学致贫返贫类,为 264 户提供 105.55 万元保险保障,提供防止返贫致贫兜底保障。开展驻村干部期满考核和有序轮换,全覆盖选派 453 名驻村干部,与 1064 名村“两委”干部组建“尖刀班”。对全县 159 个行政村(社区)实行全覆盖式帮扶,确保政策不走样、措施直到户。利用 28 个就业帮扶车间,全年发放奖补资金 59.78 万元,吸纳脱贫人口和监测对象就业 642 人。全县 121 个光伏电站年度累计收益 2760.1 万元,其中 1976.52 万元用于公益性岗位工资支付及小型公益事业建设。

**【基层社会治理】** 优化调整村级布局,全县行政村数量由 323 个优化为 159 个,同步选优配强村“两委”班子,建实 4 级组织架构,改造便民服务点 173 个。加强党员教育管理,依托乡镇党校常态化开展“万名农村党员进党校”活动,培训农村党员 1.1 万名。野三关、绿葱坡 2

2023 年 9 月 18 日,巴东县开展党建引领乡村治理促乡村振兴调研活动

(向 峰 摄)

所镇委党校被授予州级“五好”乡镇党校，绿葱坡镇野花坪村典型案例被收纳进中国干部网络学院平台学习课程，乡镇党校办学成果被《党员生活》调查研究栏目刊发。出台《党员干部下沉九项机制》《党员分类管理实施办法》，开发流动党员“码上归家”小程序，摸排流动党员3000余人，在武汉和宜昌建立“流动党员之家”。推动集体经济发展，连续2年开展集体经济发展专题拉练，全面评估2019年以来的84个绿色发展村扶持成效，指导12个乡镇建立集体经济扶持村项目库，采取竞争性申报方式择优扶持。聚焦“两企三新”党建工作，按照“双城一体、县乡共进”布局推进，持续向全县139家两新组织选派党建工作指导员126名，两新工委委员单位分别建立领导班子成员党建联系制度，指导两新党建工作。以“安业”“乐游”“暖蜂”“强链”“注能”5项行动为抓手，成立野三关镇商圈党支部，在野三关、绿葱坡省级旅游度假区打造红色暖心服务带，全县新建、改建“红色驿站”13个，各乡镇“驿站”建设全覆盖。持续开展软弱涣散党组织整顿，12个党组织整顿均通过验收，测评满意率超过95%。召开“214”民主管理大会，党务村务“线上线下”公开，落实民主理财、民主议事、民主决策、民主监督4项工作制度。开展村规民约积分制管理试点，县级配套基层治理创新引导资金12.5万元，在全县12个村（社区）推行村规民约积分制管理试点工作，组织对全县25个积分制管理试点村开展评估、验收工作。申报完整社区项目（10个），争取省级基层治理创新引导资金40万元。举办全县社区社会组织暨城市社区专职工作者培训，建立健全社区工作者日常管理、评议考核及考核结果运用等机制，完成城市社区专职工作者缺额招聘。巴东现有社区社会组织1175个，其中城市社区社会组织374个，农村社区社会组织801个。建立社会组织登记管理信用承诺制度，完成“双随机、一公开”，抽查比例6%。依法开展社会组织年检工作，清理整治“僵尸型社会组织”19个。举办2023年首届社区社会组织公益服务项目创投大赛，评审出10个获奖项目。启动社会组织孵化基地建设，完成挂牌，入驻社会组织正在筹备中。实施社会组织建功先行区三年行动，制定《巴东县社会组织建功先行区三年行动方案》。实施社会工作与志愿服务培育引导资金“以奖代补”项目。运用“五社联动”机制，依托村（社区）“两委”，培育发展社区社会组织服务群众，建立社区慈善公益基金、积分兑换，发动引导广大志愿者关爱特困对象、“一老一小”等群体。持续推动乡镇社工站建设，建立8个乡镇社工示范站（2023年新增沿渡河镇、绿葱坡镇）。全年组织161人报名参加2023年全国社会工作者职业资格水平考试。现有126人取得社会工作者职业资格证书，社工站建设及社会工作者数量均居全州首位。

**【对口帮扶】** 争取对口支援援助资金9420.2万元，援建项目79个。其中，北京市落实对口支援资金5113万元，实施项目15个；省内三峡库区落实对口支援资金895万元，实施项目14个；中央定点帮扶单位国家电网落实定点扶贫资金900万元，实施项目15个；省直定点帮扶援助资金2012.2万元，实施项目32个；武汉东湖高新区援助资金500万元，实施项目3个。武汉市硚口区、黄陂区支持帮扶资金3120万元、援建项目11个，协助销售优质农副产品1245万元，提供专项招聘岗位776个，捐赠85万元支持产业及医疗建设，接纳96名干部赴汉交流学习。建立巴东县领导与支援地领导互访交流机制，邀请对口支援地领导带队到巴东考察调研。县委、县政府主要领导赴北京、杭州、武汉（含黄陂区、硚口区）对接工作17次，支援合作地区和部门赴巴东检查调研工作30次（其中厅级以上领导来访14批次）。争取北京市专项资金200万元。组织巴东县党政干部、妇女干部、教师骨干、项目管理人员等8批430人次进行智力培训；争取国网定点帮扶资金10万元，实施基层干部、技术人员、乡村振兴带头人培训项目，培训人次250人。开展“国网兴农学堂”送教上门活动，培训基层干部、专技人员1万余人次；与北京师范大学共同实施“强师工程”，组织全县3268名教师参训；完成北京市挂职干部3人，国家电网定点帮扶和省直定点帮扶干部27人的轮换工作。对口支援地区和单位通过线上、线下采购巴东县农副产品5000余万元，其中，通过“832平台”采购农副产品900余万元，国网“惠农帮”平台销售3542万元，省直帮扶单位购买和帮助销售农产品800余万元。

**【野三关镇酿酒小镇入选“2023年度湖北特色小镇”】** 2月3日，“2023年度湖北特色小镇”创建名单公布，巴东县（野三关镇）酿酒小镇上榜，成为全州唯一入选乡镇。野三关镇有三峡酒业、水布垭酒业、茅源酒业3家白酒生产销售企业，153家传统固态法工艺传承酒坊，基酒设计年生产能力达3万吨，成品酒年设计生产能力达4.5万吨，产品涵盖五大主流香型中的酱香型、清香型、浓香型3种香型；拥有白酒系列商标60个，其中三峡白酒系列商标39个、水布垭系列酒业商标18个、茅源系列白酒商标3个，“三峡白酒”获中国驰名商标，“水布垭”获省著名商标。

**【牛洞坪油菜花海上榜“2023湖北特色油菜花海”】** 3月18日，湖北省第三届油菜花节暨荆门·沙洋第十五届油菜花旅游节开幕式举行，巴东县牛洞坪悬崖梯田油菜花海上榜“2023湖北特色油菜花海”。牛洞坪悬崖梯田油菜花海位于东瀼口镇，周边油菜种植面积超万亩，境内的10余千米峡谷溪流、72口灌溉堰塘、525栋土坯瓦房、玻璃栈道和高空索桥形成独特的“山水田园、乡愁风光”。

**【巴东县入选“国家级全域森林康养试点建设县”】** 3月28日，第六届中国森林康养产业发展大会举行，巴东县入选“国家级全域森林康养试点建设县”。巴东属“鄂西南武陵山森林生态屏障区”范围，是国家重要生态屏障、民族生态旅游区、清江源头水源涵养地，是国家珍稀濒危野生动植物物种分布集中区域和全省重要的生物多样性和森林生态保护区，森林资源丰富。巴东县42%的面积已纳入生态红线保护范围，66.21%的区域被广袤的森林覆盖。现形成以野三关源梦度假旅游区、绿葱坡滑雪度假旅游区、茶店驿站、大支坪镇武陵山中医养生为支撑，横贯巴东南北、连接长江清江、串联9个景区，覆盖11个乡镇、90个行政村的全域森林康养旅游发展新格局，配备有康养指导师、运动森林康养师、森林康养疗法师、自然解说员，打造出多个集康复治疗、康养保健、慢病疗养等多功能于一体的森林康养基地。

**【湖北巴东野三关绿葱坡旅游度假区获省级旅游度假区授牌】** 6月2日，省文化和旅游厅在襄阳举办“2022年度新晋AAAAA、AAAA级国家旅游景区和2022年新晋国家级、省级旅游度假区”授牌仪式。湖北巴东野三关绿葱坡旅游度假区作为2022年度新晋省级旅游度假区获正式授牌。湖北巴东野三关绿葱坡旅游度假区规划占地面积35.14平方千米，位于巴东县域中部、野三关镇与绿葱坡镇的接合部，包括野三关镇谭家坪社区、绿葱坡镇绿葱坡社区、铁厂荒国家森林公园及野花坪村，北临长江、南接清江，东联宜昌和武汉、西接重庆和成都，是恩施州的东大门。度假区规划区域内海拔1100～1800米，森林覆盖率达92%，空气中负氧离子每立方厘米5000个以上，夏季平均气温22℃。度假区由“绿野景观廊道”连接“森林康养”“冰雪体验”“民宿休闲”主体功能区，区内“巴野公路”、S245、G318绕山盘旋、穿洞越涧，将区内各景区一线串珠。

**【优化行政村（社区）设置】** 6月23日，巴东县人民政府印发《巴东县优化行政村（社区）方案》，将全县323个行政村（社区）优化设置为159个、优化调整涉及267个行政村（社区）、减少164个行政村（社区）、另有56个行政村（社区）保持不变。县档案馆下发《关于做好优化行政村（社区）设置中档案工作的提示》及村级档案“三合一”制度模板，规范村级档案管理。

**【G348巴东县城至高铁站快速通道正式通车】** 8月16日上午8时35分，G348巴东县城至高铁站快速通道正式通车，巴东县打造“两快速九干线”的区域交通路网再添一条重要交通要道，高铁站至巴东县城仅需11分钟可达。G348巴东县城至高铁站快速通道是恩施州“对外打通大通道、对内畅通微循环”的关键工程，是巴东献礼建州40周年的重点工程。项目起点位于G209巴东长江大桥北岸柚子树坪，终点在郑渝高铁巴东站站前广场，全长14.73千米，采用一级公路标准建设，双向四车道，路基宽度23米。项目于2020年6月3日正式开工，历时3年完成，这是巴东县单体投资最大、千米造价最高、桥隧占比最高、施工难度最大的公路，也是全县第一条一级公路。

**【第四届巴东国际地质灾害学术论坛】** 8月25—27日，第四届巴东国际地质灾害学术论坛（BIGS2023）在巴东县城举行，此次论坛由国家自然科学基金委员会地球科学学部、国际工程地质与环境协会（IAEG）、中国地质大学（武汉）、巴东县人民政府联合主办，由湖北巴东地质灾害国家野外科学观测研究站、中国地质大学（武汉）工程学院、中南地区地质安全风险监测预警与防控技术创新基地、巴东县科学技术协会、巴东县自然资源和规划局承办。论坛以全球变化与水库地质灾害为主题，内容包括地质灾害理论与防治技术培训、学术报告会、研究生Poster竞赛和野外考察。美国、奥地利、德国、意大利、澳大利亚等25个国家和地区的专家、学者和研究生400余人参加论坛。

**【赵学田专题展在巴东开展】** 11月6日，教育家赵学田专题展开展仪式在巴东县博物馆举办。巴东县人民政府举办本次专题展，旨在引导全县人民特别是广大青少年自觉树立和践行社会主义核心价值观，传承和发扬社会主义建设先行者们的艰苦奋斗、求真务实、无私奉献精神。专题展持续1个月，以赵学田求学、求索、求实为主线，展出赵学田的部分珍贵历史影像资料。赵学田出生于巴东县楠木园村，曾任武汉大学和华中工学院（现华中科技大学）教授，是中国工程图学专家、教育家和科普作家，中国工程图学学会主要创始人，中国工程图学学会第一届理事会理事长，中国科普创作协会第一届理事会常务理事。曾获“全国先进生产者”“全国先进工作者”等称号。

**【荣誉】** 巴东县被省委平安湖北建设领导小组表彰为“2021—2022年度平安湖北建设示范县”；巴东县农业农村局被省农业农村厅表彰为“2022年度全省农业农村工作突出单位”；巴东县中医医院被省公安厅、省卫生健康委员会表彰为“湖北省平安医院建设活动表现突出先进集体”；巴东一中被省人社厅、省教育厅授予2023年“湖北省教育工作先进集体”称号；信陵镇土店子村、神农中小学、野三关镇红军小学被省民宗委命名为“2022年度全省民族团结进步示范区示范单位”。王祖华、谭玉玲被省委、省政府表彰为“全省劳动模范”；马海林被表彰为“全省先进工作者”；巴东法院干警陈发开被表彰为“2023年全省法院司法技术工作专项评查先进个人”；陈娟获“湖北青年五四奖章”。

（沈丽萍）

## 宣恩县

【概况】　宣恩县位于恩施州南部，地处北纬29°32′46″～30°13′36″，东经109°10′50″～109°55′52″。南北长73.9千米，东西宽71.5千米。东接鹤峰县，西南邻咸丰县、来凤县，东北、西北及北部与恩施市交界，东南与湖南省龙山县、桑植县接壤。全县总面积2737.17平方千米，分别占全省、全州土地面积的1.47%、11.39%。县城距恩施许家坪机场53千米，距宜万铁路恩施站51千米，距沪蓉西高速公路恩施西入口40.5千米，距长江巴东港234千米。县境内国道有G209由北入至西南出，高速公路有恩来、恩黔高速。全县常用耕地24858公顷。2023年，全县实现地区生产总值107.22亿元，全县人均地区生产总值38790元。按可比价格计算，同比增长5.8%。第一产业增加值27.01亿元，增长4.8%；第二产业增加值16.28亿元，增长5.4%；第三产业增加值63.92亿元，增长6.4%。三次产业结构比25.2∶15.2∶59.6，第一、二产业占比减少，第三产业占比增加，产业结构趋向服务型经济。

【区划、人口】　宣恩县辖5个镇4个乡（其中民族乡有晓关侗族乡、长潭河侗族乡）和1个工业园区（副县级），22个社区、140个村。全县年末户籍人口35.24万人，其中，男性18.50万人，占总人口的52.5%；女性16.74万人，占比47.5%。全年出生人口1802人，人口出生率4.76‰。

【农业】　全县农林牧渔业总产值49.70亿元，按可比价计算增长4.8%。其中，农业总产值31.17亿元，增长3.8%；林业总产值2.94亿元，增长9.2%；牧业总产值12.77亿元，增长6.3%；渔业总产值0.05亿元，下降1.4%；农林牧渔服务业总产值2.77亿元，增长2.5%。实现农林牧渔业增加值28.34亿元，增长4.7%。全年粮食作物播种面积31346.67公顷，增长0.2%。粮食总产量12.01万吨，增长2.8%。其中，夏收粮食面积6873.33公顷、产量1.96万吨；秋收粮食面积24473.33公顷、产量10.05万吨。全年油料产量8952吨，增长28.8%。烟叶产量5868吨，减产1.0%，其中烤烟5793吨，减产0.1%。蔬菜产量158791吨，增产0.5%。茶叶产量19378吨，增产3.7%。园林水果产量117094吨，增产19.8%。生猪出栏39.56万头，增长6.6%，年末存栏38.82万头，增长0.1%；牛出栏1.07万头，增长3.2%，年末存栏3.23万头，下降9.1%；羊出栏4.10万只，增长4.4%，年末存栏2.86万头，下降5.4%；家禽出笼118.54万羽，增长0.9%，年末存笼83.96万羽，下降8.6%。

**2023年宣恩县乡（镇）基本情况表**

表31

| 乡(镇) | 区域面积(平方千米) | 年末常用耕地面积(公顷) | 年末总户数(户) | 年末总人口(人) | 粮食产量(吨) | 公共财政收入(万元) | 社区、村(个) | | | | 党委书记、乡(镇)长(12月底在职) |
|---|---|---|---|---|---|---|---|---|---|---|---|
| | | | | | | | 社区 | 居民小组 | 村 | 村民小组 | |
| 珠山镇 | 163.77 | 1601 | 16745 | 44805 | 9637 | 5783 | 11 | 140 | 2 | 24 | 戴　青(女)　瞿尚坤 |
| 椒园镇 | 175.97 | 1363 | 8254 | 25524 | 6472 | 3178 | 3 | 32 | 12 | 116 | 向莲花(女)　熊国庆 |
| 沙道沟镇 | 649.95 | 4281 | 21097 | 65644 | 21615 | 7341 | 2 | 17 | 28 | 399 | 孟友顺　方应鹏 |
| 万寨乡 | 183.58 | 2253 | 9558 | 29541 | 10702 | 3800 | 1 | 5 | 13 | 172 | 张继选　李建民 |
| 晓关乡 | 421.38 | 4273 | 14283 | 41734 | 18235 | 4330 | 1 | 9 | 21 | 347 | 谢选胜　何海军 |
| 李家河镇 | 216.79 | 3337 | 14637 | 51889 | 15770 | 5607 | 1 | 13 | 18 | 257 | 熊茂平　刘　川 |
| 长潭河乡 | 432.71 | 3720 | 13181 | 36455 | 16004 | 4693 | 1 | 15 | 17 | 226 | 张艳丽(女)　夏　涛 |
| 高罗镇 | 287.18 | 2707 | 14309 | 44844 | 17312 | 4528 | 1 | 4 | 19 | 241 | 陈　涛　徐兆海 |
| 椿木营乡 | 205.84 | 1323 | 4449 | 11966 | 4368 | 3035 | 1 | 4 | 10 | 83 | 吴利高　邓敢明 |
| 合　计 | 2737.17 | 24858 | 116513 | 352402 | 120115 | 42295 | 22 | 239 | 140 | 1865 | — |

【工业、建筑业】 全年共实现工业增加值10.87亿元，按可比价格计算同比增长1.8%，其中制造业增加值达6.99亿元，同比增长2.1%。全年规模以上工业总产值22.75亿元，同比增长0.8%，其中农产品加工业产值13.76亿元，同比下降1.8%。规模以上工业增加值增长3.3%，现有的18个行业类别中，10个行业增加值为正增长。全县共有6家企业产值过亿元，累计产值达9.1亿元，总量占全县比重39.9%；同比增长15.6%，高于全县增幅14.7个百分点。全年新增规模以上工业企业10家，新进规企业全年实现工业总产值1.9亿元，占全县规模以上比重8.3%。高新技术助力高质量发展，全县7家专精特新企业产值占全县54家规模以上工业总产值的23.1%，营业收入占比21.2%，利润总额占比21.8%，应交增值税占比20.1%。全年实现建筑业增加值5.41亿元，剔除价格因素，同比增长13.5%。全县资质以上建筑业企业15家，完成总产值6.85亿元，增长16.0%。

【服务业】 全年实现服务业增加值63.92亿元，剔除价格因素，同比增长6.4%。批发和零售业增加值10.62亿元，增长8.4%；住宿和餐饮业增加值为2.87亿元，增长11.7%；交通运输、仓储和邮政业增加值2.73亿元，增长14.1%；金融业增加值5.94亿元，增长9.3%；房地产业增加值8.81亿元，增长2.8%；农林牧渔服务业增加值1.32亿元，同比增长1.6%；其他营利性服务业增加值13.77亿元，增长9.2%；其他非营利性服务业增加值17.86亿元，增长2.8%。全县规模以上服务业企业17家，实现营业收入17.31亿元，同比增长26.7%。

【交通】 全县公路通车里程2828千米，其中国道通车里程196千米，省道通车里程105千米，县道通车里程286千米，乡道通车里程1179千米，村道通车里程1062千米。公路有铺装路面2385千米，绿化里程389千米。年末有公交车18路，公共汽（电）车营运车辆47辆，出租汽车60辆。2月，宣恩县获2021年度全省“四好农村路”示范县称号。

【邮政】 完成邮政行业业务总量0.5亿元，完成邮政函件业务4.5万件，物品邮递业务279.82万件，特快专递类业务64.71万件，报刊业务334.6万份。组建“县中心——汇接点——自提点”新型邮运网络，将原来23条县乡干线邮路和乡邮段道优化为11条汽车邮路，邮路里程由原来3027千米优化为1746千米，投递频次由2日班提升至逐日班。

【市场主体】 全县实有市场主体37806户，比2022年末增长21.5%。其中企业类市场主体6257户，比2022年末增长23.7%；个体工商户30495户，比2022年末增长21.8%；农民专业合作社1054户，比2022年末增长3.6%。新登记各类市场主体8609户，比2022年末增长66.3%，其中新登记企业类市场主体1520户，比2022年末增长94.4%。

【固定资产投资】 全年固定资产投资同比增长4.7%。其中500万元以上城镇和非农项目投资下降8.5%，5000万元以上项目投资下降7.6%，房地产开发投资增长47.9%。分产业看，第一产业投资同比增长4.8%；第二产业投资下降7.9%；第三产业投资增长12.9%。民间投资增长5.2%。

【房地产】 商品房施工面积达58万平方米，同比增长5.1%；销售面积12.9万平方米，同比增长5.7%；待售面积为6万平方米，同比下降31.7%。商品房销售额6.87亿元，同比增长29.9%。

【贸易】 实现社会消费品零售总额63.63亿元，同比增长8.8%。限额以上消费品零售总额8.75亿元，同比增长16.8%。分城乡看，城镇市场限额以上零售额增长14.1%；乡村市场限额以上零售额增长32.2%，乡村零售额占限额以上比重16.7%，占比较上年上升2个百分点。分消费形态看，限额以上餐饮收入累计同比增长34.8%；限额以上商品零售额累计同比增长15.5%。全县批发业累计完成销售额36.42亿元，同比增长10.1%；零售业累计销售额39.85亿元，增长8.4%；住宿业累计营业额0.79亿元，增长56%；餐饮业累计营业额8.37亿元，增长13.6%。全县通过公共网络实现的商品销售额达1.58亿元，同比增长39.3%。

【财政】 全县完成地方财政总收入6.33亿元，同比增长19.2%。完成地方公共财政预算收入完成4.23亿元，同比增长16.4%。分项目看，全县地方税收收入完成3.24亿元，较上年的2.62亿元增加0.62亿元，增长23.8%；非税收入0.99亿元，较上年的1.01亿元减少0.03亿元，下降2.7%。全县一般公共预算支出37.42亿元，比2022年增长2.5%。其中教育、科技、文化等民生支出31.07亿元，民生支出占一般公共预算支出的83%。

【金融】 2023年末，全县金融机构本外币贷款余额117.27亿元，比年初增加14.45亿元，同比增长14.1%。其中，住户贷款余额56.33亿元，非金融企业及机关团体贷款余额60.94亿元。住户贷款中，短期贷款余额25.61亿元；中长期贷款30.72亿元。金融机构本外币存款余额135.00亿元，比年初增加8.14亿元，增长6.4%。其中，住户存款余额112.87亿元，非金融企业存款余额11.52亿元，广义政府存款余额10.57亿元。

【居民收入】 2023年，全县居民实现人均可支配收入23518元，同比增长7.5%。按常住地分，城镇居民人均可支配收入35911元，同比增长6.6%；农村居民人均可支配收入15439元，同比增长8.7%。城乡居民收入比由2022年的2.37变为2.33。

【社会保障】 城镇新增就业5088人,就业困难人员就业793人;城镇登记失业人员2505人,城镇失业人员再就业2861人;城乡劳动者就业培训793人,参加职业技能培训3579人次。年末全县城镇职工基本养老保险参保4.88万人,其中女性2.58万人;城乡居民社会养老保险参保18.66万人。基本医疗保险参保30.41万人。其中,城镇职工基本医疗保险参保2.11万人,城乡居民基本医疗保险参保28.3万人。失业保险参保1.35万人,工伤保险参保1.93万人,生育保险参保1.49万人。城乡居民最低生活保障人数15389人,其中城市居民最低生活保障人数416人。有各类提供住宿的民政服务机构9个,其中县级政府创办的养老机构8个。提供住宿的民政服务机构床位1478张。收养性社会福利单位收养人数258人。新开工4个老旧小区改造项目,新建成3座城市口袋公园,公园总数达到11个。新投用公厕9座、改造升级14座,配建充电桩98处。筹措公租房2081套、保障性租赁住房71套。

【教育】 全县共有幼儿园37所，其中城市公办幼儿园4所，农村公办幼儿园6所。全县共有中小学校34所，其中十二年一贯制1所，九年一贯制2所，高中2所，职高1所，特校1所，初中7所，小学20所。共有中小学生38734人，其中高中7175人，职高2428人，特校51人，初中10818人，小学18262人。家长学校培训27183人次。学前三年毛入园率96.04%，小学适龄儿童净入学率100.0%，初中阶段毛入学率100.0%，高中阶段毛入学率96.5%。全县小学专任教师1012人，普通中学专任教师979人，中等职业教育学校专任教师102人。农村义务教育专任教师本科及以上学历比例达到69.4%。全年教育经费总投入8.21亿元，比上年增长0.4%。

【科技】 全县高新技术产业实现增加值12.47亿元，占全县地区生产总值的比重为11.6%。全年获得专利授权230件。其中，发明专利2件，实用新型专利206件，外观设计22件。个人专利授权数24件。年内成功申报高新技术企业21家，新认定20家，年末全县有高新技术企业52家。12月13日，宣恩县科技馆、湖北七姊妹山国家级自然保护区被命名为湖北省科普教育基地(2024—2028年)。

【旅游】 累计完成旅游接待832.04万人次，同比增长28.6%；实现旅游综合收入53.13亿元，同比增长43.0%。曜天眼完成国家AAAA旅游景区景观质量评审；彭家寨被评为国家AAAA级旅游景区，年末全县有国家AAAA级旅游景区3个。2月14日，中国土家泛博物馆(彭家寨)作为文旅创新项目入选由湖北省文化和旅游厅评选的《2022年度全省文旅创新优秀案例》。4月，国际旅游联合委员会授予宣恩县“中国最美生态康养旅游名县”称号。5月20日，仙山贡水·伍家台茶乡旅游线路入选40条“中国茶技·忆之非遗”为主题的茶乡旅游精品线路。9月26日，省政府授予兴隆老街“湖北旅游名街”称号；10月26日，仙山贡水集聚区列入2023年湖北省夜间消费集聚区；12月22日，仙山贡水兴隆老街被文化和旅游部确定为第三批国家级旅游休闲街区。

【文化】 全县非物质文化遗产代表性名录有国家级2项、省级12项、州级43项、县级91项，代表性传承人国家级1人、省级9人、州级24人、县级86人。10月7日，彭家寨古建筑群入选第三批湖北省文化遗址公园名单。共有公共图书馆5个(含分馆)，剧场1个，电影院1个，文化旅游部门所属艺术表演场馆1个，文化馆10个(含分馆)。公共图书馆图书总藏量17.32万册，增长14.4%，其中少儿文献3.08万

2023年6月8日，宣恩县彭家寨景区举办“荆楚四季村晚”活动

（州文旅局　供稿）

册。宣恩县图书馆参加第七次全国县级以上公共图书馆评估定级，12月18日，被文化和旅游部评为“一级图书馆”。全年规模以上文化产业企业23家，较同期增加2家，实现营业收入达到12.88亿元。

【体育】 创建全民健身运动示范县，全年共举办44场高水平体育赛事，其中6场国家级赛事、9场省级赛事。4月，到五峰参加湖北省第十届少数民族传统体育运动会，在传统单器械、民族式摔跤格、民族式摔跤北嘎、民族式摔跤希日木、押加、武术男子传统三类拳、单跋、双人陀螺等项目中获1个一等奖、5个二等奖、11个三等奖。在板鞋、高脚竞速、民族健身操、旱船、毽球、表演竞技等项目中，获2个一等奖、15个二等奖、14个三等奖。全县有体育场地1329个，人均体育场地面积3.2平方米。其中足球场地25个，篮球场地322个，排球场地41个。妇女经常参加锻炼人数比例达到42%。

【卫生】 全县共有医疗卫生健康服务机构229个，其中县直卫生健康二级单位10个，含县直医疗机构4个（县人民医院、县中医医院、县中西医结合医院、县妇计中心）、公共服务机构2个（县疾控中心、县卫生计生综合监督执法局）、综合服务部门4个（县计划生育流动人口服务站、县卫生财务管理中心、县计划生育协会、县急救中心）；社区卫生服务中心1所；乡镇卫生院8所；村卫生室160所，个体诊所41个，民营医院5所，医务室4个。年末公立机构有职工1875人，其中在编795人（行政编制12人、事业编制783人），非编聘用1080人。各级医疗卫生专业技术人员2314人（其中公立机构1603人）；全县医疗机构（含民营）实际开放床位数2162张，千人床位数7.85张；有执业（助理）医师856人，千人执业医师（助理）数为3.11人；注册护士1265人，千人护士数为4.6人。

【生态环境】 1月18日，中国气象局发布关于2022年气候生态品牌创建示范活动评审结果，授予湖北省宣恩县等65个地区（景区）“中国天然氧吧”称号。全年平均气温16.3℃，较常年同期偏高0.4℃。年累计降水量1579.8毫米，较常年同期偏多12.9%。平均日照时数为1180.2小时，较常年同期偏多110.2小时。宣恩县城区空气质量优良天数为345天，空气质量优良率为94.5%。县城区可吸入颗粒物（$PM_{10}$）浓度均值为36微克/立方米，比2022年上升16.1%。县城区细颗粒物（$PM_{2.5}$）浓度均值为28微克/立方米，比2022年上升12%。重点城市区域环境噪声小于55分贝的比例61.9%，县级及乡镇集中式饮用水源水质达标率均达到100%。全县年末森林面积18.78万公顷，较同期增加502公顷。森林覆盖率68.6%。县内国家级自然保护区1个（七姊妹山国家级自然保护区），保护区面积3.46万公顷；国家湿地公园1个（贡水河湿地公园），面积560.05公顷。城市生活垃圾无害化处理率100.0%，污水处理厂8个，城市污水处理率96.2%。城市建成区绿化覆盖率45.6%，城市人均公园绿地面积20平方米。农村生活污水治理管控率59.2%，畜禽粪污综合利用率87.5%。

【节能降耗】 全社会用电量4.77亿千瓦时，增长5.5%。其中，工业用电量1.16亿千瓦时，增长9.8%；城乡居民生活用电1.93亿千瓦时，增长0.45%。持续调整优化能源结构，全年能源消费总量26.13万吨标准煤，其中规模以上工业等价值能耗2.15万吨标准煤。单位GDP能耗0.26吨标准煤/万元，较2022年下降2.9%；单位GDP电耗480.17千瓦时/万元，同比下降0.3%。单位工业增加值能耗同比下降3.6%。

【文明创建】 创建全国文明城市，市民文明素质、城区文化品位、城市管理水平得到提高。年末全县有省级及以上文明村镇18个，14个省级文明单位，34个州级最佳文明单位，39个州级文明单位，58个县级最佳文明单位，34个县级文明单位。

【湖北省森林乡村】 1月29日，珠山镇东门关村、椒园镇黄坪村、长潭河侗族乡两溪河村获评“2022年度湖北省森林乡村”。10月30日，椒园镇庆阳坝村、高罗镇板寮村、晓关乡野椒园村、长潭河乡兴隆村获评“2023年度湖北省森林乡村”。年末，全县有湖北省森林城镇2个（高罗镇、椒园镇）、湖北省森林乡村9个。

【“四好农村路”建设】 2月9日，省交通运输厅、省财政厅、省农业农村厅、省乡村振兴局发布《关于命名2021年度全省“四好农村路”示范市、示范县的通知》，命名宣恩县为2021年度全省“四好农村路”示范县。7月3日，省交通运输厅公布2022年度湖北省“十大最美农村路”及“最具人气农村路”名单，确定黄傅公路为2022年度全省“十大最美农村路”之一。11月30日，由中国交通报社与交通运输部规划研究院联合主办的首届公路助力乡村振兴创新实践优秀案例推选展示活动完成终评，黄傅公路入选恩施州唯一的“公路+农业”融合发展“十佳案例”之一。黄傅公路全长11.3千米，起于椒园镇黄坪村村委会，止于椒园集镇，是连接黄金梨、贡茶园及椒园工业园区的产业循环路，串联阿尼阿兹、千户土家、庆阳百年古街等景区景点的旅游发展路，电商进村、特产出山、群众入厂的致富梦想路。12月29日，《省交通运输厅印发关于命名2022年度全省“四好农村路”示范乡镇的通知》命名宣恩县万寨乡为2022年度全省“四好农村路”示范乡镇。年末全县有“四好农村路”示范路306.8千米，创建省级“四好农村路”示范县及3个省级“四好农村路”示范乡镇（椒园、珠山、万寨），有州级“四好农村路”示范路3条（蒙板线、黄傅线、万松线）。

**【“浪漫宣恩·七夕诗会”全国诗歌大赛】** 4月6日至6月30日，举办第二届“浪漫宣恩·七夕诗会”全国诗歌大赛。共收到北京、广东、上海、浙江、江苏、四川、新疆、重庆、云南等全国各地近700位诗歌作者诗稿，评选出16件获奖作品，其中一等奖1名，二等奖2名，三等奖3名，优秀奖10名。8月14日，举行文艺“候鸟人才”论坛暨第二届“浪漫宣恩 七夕诗会”颁奖典礼，中国作家协会诗刊社主编助理、中国诗歌网总编辑金石开，湖北省原文联副主席、省作协副主席梁必文，湖北省原作协副主席、《长江文艺》原社长、总编刘益善等20余位作家、诗人、学者参加。

**【2023年斗茶大赛】** 4月18日，宣恩县举行2023年斗茶大赛，全县各茶企的25份参赛茶叶样品在硒茶大市场展出，州农科院副院长张强、国际硒茶大师杨胜伟等5位评审专家对样品进行评审，按照茶叶的外形、汤色、香气、滋味和叶底5项内容，进行综合评估打分。分绿茶、红茶2个茶类，从2组茶叶中分别产生茶王、金奖、银奖等奖项，共评选出“2王2金3银”（绿茶、红茶茶王各1个，绿茶、红茶金奖各1个，绿茶银奖2个、红茶银奖1个）以及6个优秀奖，湖北弘源生态农业发展有限公司获“绿茶茶王”，湖北朴野现代农业有限公司获“红茶茶王”。

（江安鸣）

## 咸丰县

**【概况】** 咸丰县位于鄂西南隅，地处武陵山余脉与大巴山之间，地跨北纬29°19′28″~30°2′54″，东经108°37′8″~109°20′8″。南北长80.38千米，东西宽68.95千米。东接宣恩县，东南邻来凤县，南与重庆市酉阳县接壤，西界重庆市黔江区，北抵利川市、恩施市，总面积2523.45平方千米，分别占湖北省、恩施州的1.3%、9.4%。县城高乐山镇至州府公路里程93千米、至省府655千米。2023年，全县地区生产总值121.32亿元，扣除价格因素，比上年增长5.8%。其中第一产业增加值25.87亿元，增长4.6%；第二产业增加值14.62亿元，增长7.4%；第三产业增加值80.83亿元，增长6.0%。三次产业结构比为21.3：12.1：66.6。按年均常住人口计算，人均生产总值39415元。咸丰县是全国首个有机农业（茶叶）示范基地县、国家级农产品（茶叶）质量安全出口示范区，连续4年入选中国茶业百强县。其中富硒白茶面积9666.67公顷，居全国第5位、湖北省第1位，入选全国“三品一标”（无公害农产品、绿色食品、有机农产品和农产品地理标志）典型案例，成为中国白茶产业发展示范县、中国富硒白茶县。4月，中共湖北省委、湖北省人民政府关于2022年度全省市县党政领导班子和领导干部推进乡村振兴战略实绩考核结果的通报中，咸丰县获优秀等次。11月，咸丰县被中国粮食行业协会命名为“中国生态富硒稻米之乡”；12月，被中国茶叶流通协会评为全国重点产茶县域。

**【区划、人口】** 咸丰县辖7个镇3个乡，183个行政村和20个社区。年末户籍人口382382人141644户；常住人口30.78万人，其中城镇13.99万人，镇化率45.44%。全年出生2021人，出生率5.01‰；死亡2835人，死亡率7.03‰；自然增长率-2.01‰。

**【市场主体】** 市场主体36371户，比2022年增长10.9%。其中企业类5647户，增长13.3%；个体工商户29607户，增长10.8%；农民专业合作社1117户，增长2%。全年新登记各类市场主体5932户，其中新登记企业类市场主体988户。

**【农业】** 全年实现农林牧渔业总产值48.62亿元，扣除价格因素，比2022年增长4.8%。其中农业产值28.46亿元，林业产值3.6亿元，畜牧业产值13.31亿元，渔业产值0.04亿元，农林牧渔及服务业产值3.21亿元。农林牧渔业增加值27.44亿元，扣除价格因素，同比增长4.7%；农林牧渔及服务业增加值1.56亿元，增长5.7%。全年粮食产量20万吨，比2022年增长1.8%；油料产量2.12万吨，增长11.6%；烟叶（未加工烟草）产量0.58万吨，下降18.3%；蔬菜产量27.67万吨，增长0.9%。年末茶园1.88万公顷，其中可采摘面积1.5万公顷，全年茶叶产量1.26万吨，比2022年增长7.9%。园林水果总产量2.15万吨，比2022年增长2.2%。全年出栏生猪41.97万头，比2022年增长6.5%，猪肉总产量3.25万吨。年末生猪存栏41.92万头，其中能繁母猪存栏3.78万头，比2022年增长3%。年末牛存栏2.09万头，羊存栏1.47万只。“三品一标”农产品基地20173公顷，农产品65个，高标准农田2666.67公顷。

**【工业、建筑业】** 全县实现工业增加值9.97亿元，扣除价格因素，比2022年增长5.3%，在全县地区生产总值中的比重为8.2%。规模以上工业企业49家，工业总产值14.72亿元，同比增长6.5%；规模以上工业增加值增长11.8%。规模以上工业企业全年主营业务收入13.15亿元，利润0.43亿元，工业品产销率92.29%。具有资质等级以上建筑企业20家，实现建筑业总产值5.77亿元，比2022年增长14.4%；建筑业增加值4.65亿元，增长12.3%。

2023年咸丰县乡（镇）基本情况表

表32

| 乡(镇) | 区域面积(平方千米) | 年末耕地面积(公顷) | 年末户籍户数(户) | 年末户籍总人口(人) | 村、社区(个) | | | 村(居)民小组(个) | 粮食产量(万吨) | 党委书记、乡(镇)长(12月底在职) |
|---|---|---|---|---|---|---|---|---|---|---|
| | | | | | 小计 | 村 | 社区 | | | |
| 高乐山镇 | 322.09 | 3867.24 | 33813 | 79811 | 26 | 19 | 7 | 391 | 2.1996 | 刘　进　田大平 |
| 忠堡镇 | 139.83 | 1357.21 | 6414 | 16610 | 11 | 10 | 1 | 77 | 1.6005 | 孙　晖　向雪莉 |
| 朝阳寺镇 | 153.39 | 2436.28 | 8421 | 23793 | 15 | 13 | 2 | 101 | 1.0405 | 张　影　王　锐 |
| 清坪镇 | 307.34 | 5741.15 | 16431 | 45086 | 27 | 26 | 1 | 237 | 2.1907 | 杨建平　朱章耀 |
| 坪坝营镇 | 353.61 | 5366.09 | 19633 | 57479 | 31 | 29 | 2 | 355 | 2.1082 | 罗朝远　胡道成 |
| 曲江镇 | 175.37 | 3043.47 | 11805 | 33209 | 17 | 14 | 3 | 122 | 1.8016 | 刘兴华　黄　涛 |
| 黄金洞乡 | 216.37 | 2596.77 | 9301 | 25435 | 17 | 16 | 1 | 155 | 1.3431 | 彭明舟　温一庠 |
| 小村乡 | 224.12 | 1957.37 | 7196 | 21606 | 12 | 11 | 1 | 114 | 1.6361 | 谈文才　黄顶昌 |
| 活龙坪乡 | 313.71 | 5876.75 | 13549 | 38365 | 24 | 23 | 1 | 363 | 2.6115 | 朱继勇　任　贵 |
| 唐崖镇 | 317.62 | 5111.81 | 15081 | 40988 | 23 | 22 | 1 | 234 | 2.4917 | 张　进　李顺治 |
| 合　计 | 2523.45 | 37354.14 | 141644 | 382382 | 203 | 183 | 20 | 2151 | 19.66 | — |

说明：区域耕地面积来自县自然资源和规划局2021年度土地变更调查成果；年末户籍户数及人口来自咸丰县公安局

**【交通、邮政、通信】** 全县通车公路里程8102千米，其中国道212千米、省道187千米、市道304千米、乡道1215千米、村道6170千米。按等级分，一级公路19千米、二级公路192千米、三级公路334千米、四级公路2987千米、等外级公路4556千米。全社会客运量115.9万人次，旅客周转量10110万人千米。铁路通车里程27.08千米，全年运输旅客27.29万人次。年末共有公交5路、36辆，出租车200辆。全年邮政业务总量7998万元，邮政业务营业收入1228万元，完成邮政行业寄递出口业务量110.2万件。电信业务总量2.91亿元，比2022年上升16.9%。年末全县固定电话用户2.49万户；移动电话用户35.1万户，其中4G移动电话用户33.17万户。固定宽带接入用户14.5万户，光缆线路长度2.07万千米。

**【固定资产投资、房地产】** 全年固定资产投资比2022年增长27.9%。其中，500万元以上项目投资下降5.8%；房地产开发投资下降18.8%，高速公路投资增长255%。全县具有资质等级以上房地产企业14家。商品房施工面积138.05万平方米，比2022年增长9.5%；商品房销售面积18.66万平方米，增长6.1%，其中住宅类销售面积16.18万平方米，下降6.1%；商品房销售额8.63亿元，增长0.8%，其中住宅商品房销售额7.8亿元，下降6.9%。房地产业增加值9.91亿元，增长2.9%。

**【商贸、旅游】** 全县社会消费品零售总额65.23亿元，比2022年增长9%。限额以上商贸企业实现消费品零售总额9.21亿元，增长36.1%。从限额以上企业经营所在地看，城镇市场实现零售额8.45亿元，同比增长31.3%；乡村零售额0.76亿元，同比增长131%。全县批发和零售业增加值9.48亿元，比2022年增长9.4%。年末入驻“832平台”农业企业214家，全年“832平台”实现销售额1.85亿元。全年对外贸易出口额5469万美元，比2022年增长132.4%。全年招商引资总额27.1亿元，实际外商直接投资258万美元。全县有A级旅游景区3个，其中国家AAAA级旅游景区2个。年内举办森林马拉松、森林音乐节、村BA等活动，推动文旅融合。咸丰县获评“中国文旅融合创新典范县”“2023美丽中国首选旅游目的地”，唐崖土司城址入选“长江世界遗产之旅”，坪坝营景区获评“省级旅游度假区”、全国“避暑旅游目的地”，忠堡大捷纪念园新晋国家AAA级旅游景区。全年旅游接待733.66万人次，同比增长15%；旅游综合收入49.22亿元，同比增长3.3%。

【财政、金融、保险】　全年实现地方财政总收入8.43亿元，比2022年增长10.7%。地方一般公共预算收入4.92亿元，比2022年增长13.8%，其中地方税收收入3.39亿元，比2022年增长14.1%，税收收入占地方一般公共预算收入的比重为68.9%。全年一般公共预算支出40.98亿元，比2022年增长5.7%。其中，教育支出7.27亿元，卫生健康支出3.43亿元，社会保障和就业支出8.04亿元，灾害防治及应急管理支出0.24亿元，农林水支出9.82亿元。全县有9家银行业金融机构，金融机构网点40个。年末全县金融机构本外币存款余额184.65亿元，比2022年末增长6.7%，其中住户存款160.76亿元，人均储蓄存款余额52229元。金融机构本外币贷款余额130.62亿元，增长15.9%。保险机构18家，其中财险公司12家、寿险公司6家。保险机构网点19个，保险中介机构2家。全年保费收入4.14亿元，比2022年下降5.7%；支付各类赔款及给付金额1.94亿元，增长67.2%。

【教科文卫】　全县有各类学校77所，其中中等职业技术学校1所，普通中学17所（含九年一贯制学校7所、高中2所），小学28所，特殊教育学校1所。普通高中专任教师456人，中等职业教育专任教师188人，普通初中专任教师1374人（含九年一贯制学校专任教师数），小学专任教师1081人，特殊教育学校专任教师7人；全县在校学生47626人（不含幼儿园），其中高中在校学生6542人，中等职业学校在校生3686人，普通初中在校生19890人（含九年一贯制学校在校学生），小学在校生17469人，特殊教育在校生39人。幼儿园30所，专任教师397人，在校学生8304人。年末高新技术企业实现增加值2.37亿元；获专利授权1301件，其中发明专利6件。全年登记科技成果4项，完成技术合同认定登记212项，成交金额4.74亿元。公共图书馆1个，文化馆1个，文化站11个，文物保护管理机构3个，博物馆1个，影剧院1个，体育场馆27个；艺术表演团队9个，其中专业院团1个。规模以上文化产业企业5家，营业收入1.17亿元，同比增长17.7%。年末医疗卫生机构367个（含村卫生室），执业医师（含助理医师）人员991人。

【社会保障】　最低生活保障人数17145人，保障支出12870万元。其中城镇居民最低生活保障人数516人，支出532万元；农村居民最低生活保障人数16629人，支出12338万元。城乡居民基本养老保险参保198449人；基本医疗保险参保340258人；工伤保险参保20529人；失业保险参保16629人；生育保险参保17110人。

【就业与人民生活】　城镇新增就业0.38万人。乡村从业人员17.61万人，其中外出从业9.2万人。按外出地点分，县内乡外1.41万人，省内县外1.6万人，省外6.19万人；按外出从业目的分，务工7.8万人，自营0.85万人，其他0.57万人。参加过职业技能培训2.37万人，持有职业技术资格证书的有0.68万人。全年城镇常住居民人均可支配收入36350元，比2022年增长7.1%；人均生活消费性支出27713元，增长9.3%。农村常住居民人均可支配收入15464元，增长8.0%；人均生活消费性支出14018元，增长9.8%。全年居民消费价格比2022年下降0.4%。其中食品烟酒价格上涨0.4%，衣着价格上涨1.0%，居住价格下降0.7%，生活用品及服务价格下降0.9%，交通和通信价格下降3.8%，教育文化和娱乐价格上涨0.2%，医疗保健价格上涨1.0%，其他用品和服务价格上涨2.9%。

【生态环境】　全县空气质量优良天数为356天，优良率98.9%。全年平均气温15.3℃。城市建成区绿化覆盖率43.82%，城市人均公园绿地面积19.6平方米。年末共有垃圾中转站10个，城市生活垃圾无害化处理率100%；污水处理厂13座，污水集中处理率95%。

【首届湖北恩施·咸丰森林马拉松比赛】　4月15日，首届湖北恩施·

2023年10月7日，咸丰市民之家全景

（咸丰县政务服务和大数据管理局　供稿）

咸丰森林马拉松在咸丰县开幕，来自全国1万余名马拉松运动员和跑步爱好者参与。省体育局、州政府、武陵山文旅峰会组委会、省文旅厅、州文旅局、咸丰县委、县政府等领导及互通全马体育董事长、中国马拉松大形象大使、新丝路时尚集团创始人等嘉宾为比赛鸣枪发令、领跑。马拉松赛事设马拉松全程、半程及6千米健康跑3个项目。赛事路线沿楚蜀大道，经咸丰大道、曲江镇湾田，最终在坪坝营国家森林公园停靠；半程马拉松以曲江茶谷广场为终点，健康跑以康宁路段为终点。42.195千米马拉松男子组项目，刘军以2小时42分38秒获第1名，赵国虎以2小时44分22秒获得第2名，胡健以2小时45分25秒获第3名；女子组项目，沈妮以3小时5分28秒获得第1名，周良菊以3小时30分50秒获第2名，朱红梅以3小时52分45秒获第3名。本次赛事由中共咸丰县委、咸丰县人民政府主办，湖北省田径协会为监管单位，恩施州文化和旅游局提供技术指导，咸丰县文化和旅游局承办，互通全马体育运营。央视CCTV-5、《人民日报》、新华社、人民网等媒体予以播报。

**【咸丰获评“中国文旅融合创新典范县”“2023美丽中国首选旅游目的地”】** 5月19日，2023中国（泰安）文旅融合创新峰会暨第三届“新时代·中国美丽城市、美丽乡村巡礼”在山东省泰安市举行。咸丰县获评“中国文旅融合创新典范县”“2023美丽中国首选旅游目的地”，唐崖土司遗址景区“梦回唐崖”系列宣传营销宣传活动营销案例获“2022提振文旅消费典型案例”。

**【中国恩施·咸丰森林音乐节】** 8月12—13日，“迎州庆·来咸丰·庆丰年”中国恩施·咸丰森林音乐节在坪坝营旅游度假区举行，王铮亮、PACT派克特等18组乐队登台献艺。其间，坪坝营旅游度假区轮番展演国家级非遗咸丰南剧、省级非遗土家唢呐、大路坝高腔山歌、本土民歌《粑田小调》等文艺节目；同步举办啤酒美食节，品尝烧烤、富硒小土豆、活龙泡粑、咸丰富硒白茶、唐崖油茶汤、土家油粑粑、蛮界麻糖等特色美食。12月15日，在杭州市举办的中国新音乐排行榜颁奖典礼上，中国恩施·咸丰森林音乐节与草莓音乐节、迷笛音乐节、西湖音乐节等7个国内外知名音乐节品牌获中国新音乐排行榜最佳音乐节品牌奖。

**【咸丰蜂蜜入选全国名特优新农产品名录】** 8月29日，农业农村部质量安全中心发布《全国名特优新农产品名录》，全国607个产品纳入其中，咸丰蜂蜜上榜。咸丰依托生态蜜源资源优势，开展蜂业质量提升行动，建成7个中蜂标准化示范蜂场和咸丰县中蜂蜂蜜产地初加工共享车间，中蜂标准化养殖技术普及率70%以上。全县中蜂养殖户近9000户，蜜蜂4万群，年产蜂蜜400余吨，年产值约3500万元。

**【咸丰入选全国重点产茶县域】** 11月17—19日，第十九届中国茶业经济年会品牌大会在湖北赤壁召开。中国茶叶流通协会公布咸丰县为“2023年度重点产茶县域”。咸丰县委、县政府将茶叶作为精准脱贫与乡村振兴的主导产业，自“十三五”以来累计投入产业发展资金2.5亿元，培优白茶品种，建强示范基地，提升内在品质，创建“唐崖茶”品牌，探索出一条茶园生态化、生产标准化、产品品牌化的富硒茶产业高质量发展之路。全县培育茶叶加工企业125家、茶叶专业合作社110家，7家茶业企业成为省级农业产业化龙头企业，5家茶叶专业合作社成为国家级示范社。“唐崖茶”区域公共品牌获评“湖北省20强农产品区域公共品牌”、国家农产品地理标志认证。在“唐崖茶”品牌带动下，全县茶叶面积接近2万公顷，茶产业综合产值超20亿元。

**【咸丰被命名为“中国生态富硒稻米之乡”】** 11月29日，咸丰县被中国粮食行业协会命名为“中国生态富硒稻米之乡”。咸丰县森林覆盖率73%，年均空气优良天数350天以上，富硒土壤2.53万公顷。全县常年种植富硒水稻10万余亩，优质稻谷亩产500千克以上，年总产量6万吨左右。近年来，咸丰县培育发展适合咸丰气候条件的水稻品种10个。全县富硒水稻种植生产加工销售企业23家。其中，硒粮集团富硒特色优质稻米产品研发、精深加工能力和水平达到国内领先水平，集团陇间柒月富硒大米成为国硒中心认证的首个富有机硒大米；12月，硒粮集团获“全国放心粮油示范工程示范加工企业”称号。堰塘食品有限责任公司获得国家发明专利3项、实用新型专利17项，被认定为专精特新“小巨人”企业。

**【红色美丽村庄建设】** 2021—2023年，中央组织部实施“红色美丽村庄”建设项目，咸丰县高笋塘、龙潭司、白果坝、金洞司、大村、活龙坪、噜沟、麻柳溪村8个村入选全国第一批及第二批红色美丽村庄。咸丰县确定建强一个红色阵地、统一红村地标、修缮红色遗迹、兴建政治生活馆、建设便民设施、缔造美丽庭院、壮大主导产业、发展集体经济项目、打造红色路线、讲好红色故事“十个一”的建设标准，2023年12月全面完成建设。8个村均结合红色史实建成政治生活馆，修复保护忠堡大捷纪念园、大村会议旧址等红色遗址遗迹22处，新建文体广场、公共厕所、公共停车场等便民服务场所28处，打造红色大坪寨院、韦家院子等美丽院落15个，提档升级村级公路17千米，实施白柚产业园、智慧茶园等村级集体经济项目5个。

（宋　健）

## 来凤县

【概况】　来凤县位于鄂西南最南端，地处北纬29°06′15″~29°41′05″，东经109°01′00″~109°25′45″。东南邻湖南省龙山县，西南毗重庆市酉阳县，东北与宣恩县接壤，西北与咸丰县相连，素有“一脚踏三省”之称。县城所在地翔凤镇，东距省会武汉市公路640千米（直距440千米），北距恩施土家族苗族自治州首府恩施市公路86千米（直距60千米）。县境东西距长42.5千米，南北距长61.3千米。全县总面积为1342.06平方千米。来凤县与湖南省龙山县以酉水为界，2个县城逐渐连成一体，2011年10月，国务院以国函〔2011〕125号文件批复《武陵山片区区域发展与扶贫攻坚规划（2011—2020年）》，并设立武陵山龙山来凤经济协作示范区。2023年，来凤县完成地区生产总值109.63亿元，可比增长6.3%。其中，第一产业增加值20.99亿元，增长4.6%；第二产业增加值18.39亿元，增长6.7%；第三产业增加值70.25亿元，增长6.7%。三次产业结构由2022年的18.6∶18.7∶62.7调整为19.1∶16.8∶64.1，第一产业占比较2022年上升0.5个百分点，第二产业占比下降1.9个百分点，第三产业上升1.4个百分点。3月，来凤县被授予“中国天然氧吧”称号；9月，来凤县被授予“中国藤茶之乡”称号。

【区划、人口】　来凤县辖2个乡、6个镇、1个省级经济开发区，19个社区居民委员会，184个行政村。全县年末户籍人口331632人，其中，城镇人口98117人，乡村人口233515；男性172584人，占总人口的52.0%；女性159048人，占总人口的48.0%。60岁及以上60772人，占总人口的18.3%，较2022年增长1.2个百分点。全年出生人口2120人，其中，男性1152人，女性968人，出生率为6.4‰。全年死亡人口2492人，其中，男性1424人，女性1068人，死亡率为7.5‰。自然增长率为-1.1‰。年末常住人口25.28万人，城镇化率47.72%，比2022年提高0.82个百分点。

2023年来凤县乡（镇）基本情况表

表33

| 乡(镇) | 区域面积(平方千米) | 年末耕地面积(公顷) | 总户数(户) | 年末总人口(人) | 社区、村民委员会个数(个) | | 粮食产量(吨) | 一般公共预算收入(万元) | 党委书记、乡(镇)长(12月底在职) |
|---|---|---|---|---|---|---|---|---|---|
| | | | | | 社区 | 村民委员会 | | | |
| 翔凤镇 | 137.78 | 3209.27 | 32548 | 103000 | 12 | 27 | 16695.28 | 11994.25 | 安生永　田　政 |
| 绿水镇 | 190.14 | 3470.73 | 7335 | 25356 | 1 | 17 | 11594.81 | 3020.28 | 徐　骏　黄　孜 |
| 漫水乡 | 324.85 | 3224.00 | 6274 | 23205 | 1 | 13 | 11693.07 | 2753.50 | 蒋　银　冯　婷 |
| 百福司镇 | 115.48 | 2008.73 | 9484 | 31115 | 1 | 23 | 20831.87 | 1270.50 | 刘继任　汤　超 |
| 旧司镇 | 198.54 | 3163.80 | 14726 | 48527 | 1 | 32 | 22339.77 | 5321.61 | 刘　阳　黄景能 |
| 大河镇 | 133.58 | 1894.53 | 15797 | 50564 | 1 | 40 | 21954.81 | 4957.11 | 赵　军　田　军 |
| 三胡乡 | 116.27 | 1827.40 | 9046 | 29988 | 1 | 15 | 15394.32 | 1557.93 | 向学红　杨耀武 |
| 革勒车镇 | 125.42 | 2103.80 | 6203 | 19877 | 1 | 17 | 13016.07 | 2774.94 | 宋　宇　陈泓宇 |
| 合　计 | 1342.06 | 20902.26 | 101431 | 331632 | 19 | 184 | 133520 | 33650.12 | — |

说明：区域面积及年末耕地面积来源于来凤县自规局，总户数及年末总人口来自来凤县公安局，社区、村民委员会个数来自来凤县民政局

【市场主体】　全县实有市场主体43317户，比2022年增长-1.8%。其中有企业类市场主体6757户，比2022年增长34.3%；实有个体工商户35791户，比2022年增长-6.5%；实有农民专业合作社769户，与2022年持平。2023年新登记各类市场主体6023户，比2022年同期增长19.0%，其中新登记企业类市场主体2246户，比2022年同期增长161.2%。

【农业】　全县农林牧渔业实现总产值39.10亿元，比2022年增长5.1%。农林牧渔业实现增加值22.47亿元，增长5.0%。2023年末耕地总资源22366.67公顷。全年粮食种植面积29200公顷，总产量13.35万吨，分别增长0.1%、2.5%；蔬菜面积6546.67公顷，蔬菜产量11.49万吨，分别增长0.5%、2.1%；油

菜面积 5573.33 公顷，产量 0.99 万吨，分别增长 10.6%、13.0%；茶叶面积3573.33 公顷，总产量0.4 万吨，分别增长 6.9%、7.5%，其中藤茶总产量 0.28 万吨，增长 6.6%；水果面积 3846.67 公顷，产量 3.11 万吨，分别增长 7.0%、7.2%。全县特色产业种植面积达到 27873.33 公顷。

【工业、建筑业】 工业实现增加值 14.56 亿元，增长 5.6%。其中，抽样规模以下工业企业 13 家，增加值可比增长 6.0%；规模以上工业企业 52 家。截至 12 月底，规模以上工业实现总产值 18.24 亿元，同比增长 7.0%，增加值可比增长 12.0%。其中，采矿业增加值可比增长 26.5%；制造业增加值可比增长 9.0%；水电气业增加值同比增长 12.5%。规模以上农产品加工企业 31 家，实现产值 8.3 亿元，同比增长 27.7%。来凤县规模以上工业企业实现营业收入 177580.4 万元，比 2022 年增长 6.4%；实现营业利润 6097.8 万元；资产总计 342771 万元，增长 8.6%；负债总额 220165.6 万元，增长 22.4%（规模以上工业所有数据为同企业口径）。全县资质等级以上建筑企业 15 家，新增 1 家。资质建筑业完成总产值 7.57 亿元，比 2022 年增长 18.9%；建筑业实现增加值 3.84 亿元，增长 11.5%。

【服务业】 全县批发和零售业增加值为 9.59 亿元，比 2022 年增长 9.3%；交通运输、仓储和邮政业增加值 3.37 亿元，增长 14.1%；住宿和餐饮业增加值 2.76 亿元，增长 3.0%；金融业增加值 5.03 亿元，增长 9.3%；房地产业增加值 7.40 亿元，增长 2.4%；其他服务业增加值 40.62 亿元，增长 6.3%。规模以上服务业实现营业收入 1.48 亿元，同比增长 28.3%。其中，其他营利性服务业实现营业收入 1.25 亿元，同比增长 36.2%。

【交通、邮政、通信】 年末境内公路里程 3155.42 千米，比 2022 年增长 1.0%，其中高等级公路 215.34 千米，与 2022 年持平。农村通公路行政村比重为 100%。全县公路密度为 2.36 千米/平方千米，居全州前列（全州为 1.7 千米/平方千米），已全部实现乡乡通二级公路、村村通水泥路。客车合计 681 辆，其中公交车 61 辆。全年客运量 364 万人次，旅客周转量 31933 万人千米。公路桥梁 238 座，其中大型 20 座，中型 69 座，小型 149 座。来凤火车站全年发送旅客 92106 人次，到达旅客 104097 人次。全县有邮政局（所）8 处，其中城镇 1 处，农村 7 处。全年邮政业务收入 6632.49 万元，比 2022 年增长 13.2%，邮政业务总量 5572.69 万元，增长 7.4%。完成国内邮政函件业务 2.4 万件，国内包裹业务 164.47 万件，国内特快专递业务 16.93 万件。

【固定资产投资、房地产】 2023 年，固定资产投资同比增长 5.7%。分产业看，第一产业投资比 2022 年增长－68.7%，第二产业投资增长 36.8%，第三产业投资增长 2.6%；分领域看，基础设施投资增长－22.4%，房地产开发投资增长－33.7%，工业技改投资增长 41.5%，民间投资增长－3.4%，工业及制造业投资分别增长 36.8%、35.7%。

【贸易】 全县限额以上商贸企业（含大个体）109 家，其中，批发企业 3 家、零售企业 84 家、住宿企业 8 家、餐饮企业 14 家。新增限额以上商贸企业 25 家、大个体 8 家。截至 12 月底，完成社会消费品零售总额 626486 万元，比 2022 年增长 9.2%。全县有各类网店 5200 家，其中企业网商 90 家，个人网店（微商代理）5110 家，网络销售额 18.64 亿元。建成县级电商公共服务中心 1 个，设立 8 个乡镇物流中心，69 个村级电商服务网点，快递配送功能覆盖全县所有行政村。

【财政】 全年实现财政总收入 10.01 亿元，比 2022 年增长 2.6%。其中，地方一般公共预算收入 4.55 亿元，增长 11.6%。在地方一般公共预算收入中，税收收入 3.57 亿元，增长 9.2%，税收收入占地方公共预算收入比重 78.5%，较 2022 年下降 1.6 个百分点。一般公共预算支出 36.13 亿元，比 2022 年增长 22.3%。

【金融】 2023 年末，全县金融机构各项存款余额 165.71 亿元，增长 11.2%；金融机构各项贷款余额 138.33 亿元，增加 15.2%。

【科技】 全年科学技术支出 5362 万元，占地方财政支出比重 1.5%；有高新技术产业企业 19 家，其中非金属矿采选业 3 家，农副食品加工业 3 家，酒、饮料和精制茶制造业 3 家，烟草制品业 1 家，木材加工和木、竹、藤、棕、草制品业 1 家，家具制造业 1 家，教、工美、体育和娱乐用品制造业 1 家，化学原料和化学制品制造业 1 家，非金属矿物物品业 2 家，电气机械和器材制造业 1 家，计算机、通信和其他电子设备制造业 1 家，电力 、热力生产和供应业 1 家，高新技术产业企业增加值占 GDP 比重 2.4%（GDP 暂为季度数）。

【教育】 教育支出 63750 万元，占地方财政支出比重 17.6%。全县学校有 50 所，其中，小学 38 所、普通中学 11 所、职业高中 1 所。全县专任教师总数 2498 人，比 2022 年增长 0.4%，其中，小学教师 1335 人、中学教师 1019 人、职业学校教师 144 人；在校学生总数 45733 人，其中，小学在校生 23654 人、普通中学在校生 19538 人、职业学校在校生 2541 人。全县幼儿园 48 所，在园幼儿数 8713 人。全县学前教育入学率90%，小学适龄儿童净入学率100%，初中学生入学率100%，初中三年巩固率100%，高中学生入学率94.5%，高中毕业生升学率95.8%。全县九年义务教育完成率98.3%，比2022年增长1.1%，平均受教育年限12年，与2022年持平。

【卫生健康】　医疗卫生支出25765万元，占地方财政支出比重7.1%。公共卫生补短板项目加快推进，全县各级卫生机构229个，其中医院9个、卫生院8个、疾病预防控制中心1个、妇幼保健院1个，其他卫生机构210个。卫生机构床位数2159张，比2022年增长6.0%，其中医院1315张，卫生院723张，其他机构121张。每千人口医院卫生院床位数8.06张（以常住人口为基准）。卫生技术人员2268人，比2022年增长11.1%，每千人口卫生技术人员8.97人（以常住人口为基准）。医疗服务更加便民，县、乡、村三级卫生服务体系不断完善，8个乡镇卫生院配备移动服务体检车，村卫生室标准化建设实现全覆盖。

【文化、体育】　全县有体育场馆2个（不含学校），剧场、影剧院2个，公共图书馆1个、图书室212个，公共图书馆图书总藏量210万册。县级公共文化场所持续免费开放，新时代文明实践站、村文体广场实现全覆盖。

【旅游】　全县旅游综合收入20.02亿元，比2022年增长40.8%；接待游客377.87万人次，增长45.3%。

【居民生活】　农村常住居民人均可支配收入15342元，比2022年增长8.8%，人均生活消费支出13907元，比2022年增长10.6%。城镇常住居民人均可支配收入36700元，比2022年增长6.1%，人均生活消费支出27680元，比2022年增长7.1%。全年城乡居民人均可支配收入25275元，比2022年增长7.0%，人均生活消费支出20313元，比2022年增长8.4%。

【社会保障】　社会保障和就业支出70480万元，占地方财政支出比重19.5%；全县机关事业单位养老保险参保人数11510人，比2022年增长3.6%；企业基本养老保险参保人数42739人，增长3.8%；城乡居民社会养老保险参保人数145547人，增长3.5%。城镇职工基本医疗保险参保人数21664人，比2022年增长1.3%；城乡居民基本医疗保险参保人数266939人，下降3.0%。工伤保险参保职工人数19082人，比2022年增长36%；生育保险参保人数13382人，下降5.1%；失业保险参保人数15302人，增长2.7%。全年征收各项社会保险费100748万元，比2022年增长8.3%；各项社会保险费支出103859万元，增长8.7%。全县社会福利收养性单位12个，收养性床位2343张；敬老院、福利院12个。全年有810人享受城镇低保，16113人享受农村低保，19124人享受农村社会救济。

【资源环境】　城市空气质量实际监测天数364天，优良天数348天，优良率95.6%，综合指数全省排名第8。水功能区达标率、水质监测断面和集中式饮用水水源地水质达标率均为100%。污水处理厂9个，实现乡镇污水处理全覆盖，全县污水集中处理率100%。乡镇垃圾中转站全面投入运行，农村垃圾收运处置体系行政村覆盖率、自然村组覆盖率100%，城市生活垃圾无害化处理率100%，工业固体废物综合利用率100%。

【应急管理】　全县有20支应急救援队伍680人，其中消防救援专业队伍1支35人，乡镇应急队伍8支252人，行业部门半专业应急救援队伍8支239人，民兵应急队1支120人，社会救援队伍2支34人。建成乡镇消防站4个。全县因灾造成6户农房倒损需重建、19户农房严重受损需修缮，已全部完成重建和修缮任务，发放恢复重建和过渡性救助资金21.48万元。全年受灾需救助人口18159人，全部录入国家自然灾害灾情管理系统，争取国家救灾资金238万元、省级救灾资金60万元、州级8万元、县级35万元，通过“一卡通”方式全部打卡发放到受灾农户。

2023年6月30日，来凤县2023年杨梅旅游文化节暨三胡乡“迎州庆看振兴”农旅文融合发展活动周在三胡乡开幕　（来凤县文旅局　供稿）

【乡村振兴】 完成188个村（社区）驻村工作队调整优化，驻村工作队员527名。做好防返贫监测，全年识别认定监测对象73户262人，风险消除35户109人。来凤县“832平台”入驻供应商累计141家，同比增长26%；上架商品3792款，高于2022年同期；政府采购总额3531.97万元；线上闭环交易金额1.64亿元。

【基层社会治理】 全县建立县、乡党政班子成员抓基层党建工作“三个一”制度，县委书记带头作出公开承诺，全县20名县级党政班子成员、69名乡镇党政班子成员建立基层党建联系点109个，领办基层党建重点项目89个。全年举办业务培训18期，参训765人次，组织现场观摩10次，专项督导指导103次，推进基层党建提质增效。高质量整顿转化9个软弱涣散村党组织，提档升级16个村（社区）党员群众服务中心。统筹各类资金900万元推动15个扶持村集体经济发展壮大。推进2个红色美丽村庄试点建设。实施“头雁领航”工程，组织全县196名村（社区）党组织书记擂台比武、互比互学；选派210名村干部赴北京、武汉等地区学习培训、跟岗锻炼、提升能力。结合新一轮驻村工作队调整，选优配强工作队员525人。完成城市社区布局优化调整工作。建成87个“张富清红色驿站”。推进两新组织“五项行动”，建设“凤城蜂巢”1个，协调3家餐饮企业挂牌成立“外卖小哥爱心服务站”，服务600余人次。推进农村党员分类管理，开展流动党员摸排管理“百日攻坚”行动，分类建立《流出党员动态管理台账》《流入党员动态管理台账》。开展“立足岗位作贡献”活动，设立党员示范岗604个，划分党员责任区450个，组建党员突击队491个，累计服务群众2.2万余人次。

【工业（产业）园区建设】 来凤县经济开发区坚持“一区三园”（桂花树工业园、四合化工产业园、智慧物流园）空间布局，以电子信息、硒食品加工、精细化工、新型建材四大主导产业布局，编制完成园区产业规划。全年谋划15个重点建设项目，完成投资7.26亿元，其中新开工项目10个，完成投资5.6亿元；谋划亿元以上产业项目15个，新签约亿元以上产业项目4个（其中省外项目3个，省内州外项目1个），新开工入统亿元以上产业项目4个。

【对口帮扶（协作）】 10家省直定点单位主要领导先后10次、分管领导35次到来凤县开展调研工作，投入资金845.88万元，实施项目40个，帮助引进资金2440万元，实施项目18个。采购农副产品1049.98万元，帮助销售农副产品514.42万元，培训干部、技术人才1242人次。9家省直单位抽调27人组建9支驻村工作队，驻村帮扶来凤县9个村。武汉市汉阳区、蔡甸区相关单位为来凤县8个乡镇捐赠资金128.3万元。交流党政干部4人次，交流专技人才44人次，培训乡村振兴干部人才、培育新型农业经营主体及创业致富带头人3类人员1285人次。分别与汉阳区、蔡甸区签订劳务对接框架协议，建立劳务工作站。全年组织72家武汉市企业到来凤县分别举办3场专场招聘会，提供就业岗位8693个，现场达成就业意向297个；帮助全县农村人口到武汉市就业185人，其中脱贫人口16人；帮助32名群众实现就近就业，其中脱贫人口7人。5月20日，武汉市蔡甸区教育局组织企业为来凤县教育事业开展“博爱一日捐”活动，现场捐赠40万元；汉阳市政集团向翔凤镇捐赠10万元用于翔凤镇旗鼓寨村人居环境整治共同缔造项目。

【来凤县获评全国自然资源节约集约示范县】 1月19日，自然资源部公布全国首批自然资源节约集约示范县（市）名单，湖北省有14个县（市、区）入选，来凤县获评全国自然资源节约集约示范县。

【来凤县被授予“中国天然氧吧”称号】 3月16日，第四届天然氧吧产业发展大会暨2022年度天然氧吧创建地媒体推介会在浙江省丽水市松阳县举行，来凤县被授予“中国天然氧吧”称号。

【首届国际藤茶大会（中国·来凤）在来凤县开幕】 9月1日，首届国际藤茶大会（中国·来凤）在湖北省来凤县开幕，来凤县被授予“中国藤茶之乡”称号。9月13日，农业农村部市场与信息化司对2023年农业品牌精品培育计划名单进行公示，“来凤藤茶”作为特色农业品牌入选2023年农业品牌精品培育计划名单。

【大型原创民族歌舞剧《老兵》在来凤展演】 10月12日，大型原创民族歌舞剧《老兵》在来凤县龙凤文化中心大剧院上演。该剧由中央民族歌舞团、湖北民族大学、湖北省民族宗教事务委员会联手打造，主要讲述老英雄张富清60多年来深藏功名、坚守初心、不改本色的感人事迹。

（谢奇伶）

## 鹤峰县

【概况】 鹤峰县位于湖北省西南边陲，恩施州东南部，东北邻湖北省五峰县，东南与湖南省石门县、桑植县接壤，西靠宣恩县、恩施市，北连建始县、巴东县。地处北纬29°38′~30°14′，东经109°45′~110°38′，县境东西最大跨度85千米，南北最大跨度67千米，面积2868平方千米。2023年，全县完成地区生产总值89.09亿元，按不变价计算，同比增长6.4%。其中：第一产业增加值21.38亿元，同比增长5.1%；第二产业增加值16.22亿元，同比增长6.3%；第三产业增加值51.49亿元，同比增长6.9%。三次产业结构由2022年的23.2∶20.4∶56.4调整为24.0∶18.2∶57.8，第一产业占比上升0.8个百分点，第二产业占比下降2.2个百分点，第三产业占比上升1.4个百分点。全县人均地区生产总值51084元。

【区划、人口】　鹤峰县辖5个镇4个乡1个经济开发区，152个行政村，12个社区。P鹤峰县年末户籍总人口210834人，其中，男性109287人，占总人口的51.8%；女性101547人，占总人口的48.2%，性别比为107.62（女性为100）。全年人口出生率为4.2‰，人口死亡率为7.7‰，人口自然增长率为-3.6‰。出生人口性别比为103.99（女性为100）。

【市场主体】　全县实有市场主体29644个，同比增长16.3%，其中实有企业类市场主体6926个，实有个体工商户21335个，农民专业合作社1383个。全年新登记各类市场主体6342个，同比增长19.4%，其中新登记企业类市场主体2471个，同比增长57.4%。全县就业人员9.63万人，城镇登记失业率7.4%。

2023年鹤峰县乡（镇）基本情况表

表34

| 乡(镇) | 区域面积（平方千米） | 常用耕地面积（公顷） | 总户数（万户） | 户籍总人口数（人） | 社区、村(个) | | | 村(居)民小组（个） | 粮食产量（吨） | 财政收入（万元） | 党委书记、乡(镇)长（12月底在职） |
|---|---|---|---|---|---|---|---|---|---|---|---|
| | | | | | 小计 | 社区 | 村 | | | | |
| 铁炉白族乡 | 227.8 | 866.67 | 0.49 | 14630 | 11 | 0 | 11 | 101 | 4061.03 | 2087.84 | 龚丽娜　于治勇 |
| 走马镇 | 502.8 | 3447 | 1.73 | 45998 | 30 | 1 | 29 | 244 | 17600 | 5075 | 陈　刚　龚道柏 |
| 五里乡 | 375.5 | 1984.2 | 0.72 | 20609 | 12 | 1 | 11 | 92 | 9334.77 | 861.07 | 覃　飞　文方杰 |
| 燕子镇 | 369.9 | 3468.78 | 0.83 | 21342 | 12 | 1 | 11 | 133 | 7563.27 | 3625 | 蔡斌权　柳远新 |
| 下坪乡 | 160.7 | 859 | 0.52 | 14491 | 12 | 1 | 11 | 87 | 450 | 433 | 李文广　向学辉 |
| 邬阳乡 | 186.1 | 2225.3 | 0.53 | 14692 | 15 | 1 | 14 | 134 | 4900.3 | 2217.8 | 王浩隽　游　钊 |
| 中营镇 | 415.5 | 3200 | 0.83 | 22566 | 32 | 2 | 30 | 177 | 9793.7 | 1978 | 陶昌银　李孝言 |
| 太平镇 | 320.1 | 1075.94 | 0.60 | 16165 | 14 | 1 | 13 | 88 | 4851.12 | 2549 | 李勉进　张　超 |
| 容美镇 | 309.8 | 1786.67 | 1.70 | 40341 | 26 | 4 | 22 | 161 | 9600.8 | 16553 | 赵锦华　杨长江 |
| 合　计 | 2868.2 | 18913.56 | 7.95 | 210834 | 164 | 12 | 152 | 1217 | 68154.99 | 35379.71 | — |

【农业】　全县粮食作物播种总面积18266.67公顷，粮食总产7.2万吨。蔬菜播种总面积9273.33公顷，总产量23.88万吨，比2022年增加4371吨，增幅2.02%；实现总产值4.1亿元，比2022年增加0.33亿元，增幅8.75%。农民实现现金收入1.52亿元，同比增加0.12亿元，增幅8.57%。完成油菜种植面积2733.33公顷。全县水果面积达2200公顷，产量达3.3万吨。全县中药材面积达1.6万公顷，产量达3200吨，产值1.035亿元。建立魔芋良种扩繁基地34.67公顷，推广抗病性强的品种鄂魔4号、远杂1号。全县玉米、水稻两杂播种面积9660公顷，良种普及率为96.05%。建立玉米、水稻新品种试验示范及展示基地9.33公顷，试验示范及展示品种400余个。全年油料产量6119吨，同比增长26.4%；烟叶产量5084吨，同比下降7.7%；蔬菜产量23.88万吨，增产2.0%；茶叶产量4.07万吨，同比增长8.6%；园林水果产量1.32万吨，增产2.8%。

【工业、建筑业】　全县工业增加值13.25亿元，较2022年增长5.3%，其中规模以上工业增加值增长12.0%。全县53家规模以上工业企业产销率为94.0%。每百元营业收入中的成本83.59元，较同期上升0.55元；营业收入利润率4.3%，较同期下降0.6个百分点；每百元资产实现的年营业收入27.58元，较同期增长0.64元；资产负债率64.0%，上升0.6个百分点。全年资质建筑企业完成总产值27598万元，同比增长14.6%。建筑业增加值

2.97 亿元，增长 10.8%，占第二产业增加值的 18.3%。

【服务业】 全县批发和零售业增加值 9.9 亿元，同比增长 12.6%；交通运输、仓储和邮政业增加值 1.97 亿元，比 2022 年增长 14.1%；住宿和餐饮业增加值 2.87 亿元，比 2022 年增长 5.4%；金融业增加值 4.33 亿元，同比增长 15.3%；房地产业增加值 5.99 亿元，同比增长 2.6%；其他服务业增加值 25.11 亿元，同比增长 4.3%。

【交通、邮政、通信】 全县公路里程 3477.38 千米，其中高等级公路 420.56 千米，农村通公路行政村比重达到 100%；公交车路数 12 路，实有公共汽（电）车运营车 33 辆，实有出租汽车 50 辆。邮政鹤峰县分公司累计完成收入 5298 万元，同比增长 18.22%，规模居全省第 63 位，与 2022 年比在全省保位。其中代理金融板块收入 3757 万元，完成进度 102.09%（同比增长 15.67%），收入贡献率 70.91%（同比增长-2.15%）；邮务板块收入 929 万元，完成进度 112.2%（同比增长 6.17%），收入贡献率 17.53%（同比增长-10.19%）；寄递板块收入 612 万元，完成进度 107.37%（同比增长 20.24%），收入贡献率 11.55%（同比增长 1.67%）。年末全县广播覆盖率 99.93%，电视覆盖率 99.93%。年末全县固定电话用户 0.66 万户，移动电话用户 21.14 万户，固定宽带接入用户 10.62 万户。全社会用电量 36128.2 万千瓦时，同比增长 0.4%，其中工业用电量 8909.5 万千瓦时，同比下降 2.2%。

【固定资产投资、房地产】 全县固定资产投资额同比增长 4.7%。其中工业投资同比下降 15.0%；工业技改投资同比下降 62.3%。全年房地产开发投资同比下降 3.4%。全年商品房施工面积 151342 平方米，同比下降 16.5%；销售面积 74011 平方米，同比增长 0.6%；待售面积 36735 平方米，同比下降 28.5%。全年商品房销售额 33521 万元，同比增长 35.0%，其中住宅销售额 26188 万元，同比增长 24.7%。

【贸易】 全县实现社会消费品零售总额 56.4 亿元，同比增长 9.4%。限额以上商贸企业实现消费品零售总额 5.03 亿元，同比增长 68.5%。从限额以上企业经营所在地看，城镇市场实现零售额 4.31 亿元，同比增长 62.7%；乡村零售额 0.72 亿元，同比增长 114.6%。按限额以上企业消费形态分，餐饮收入实现零售总额为 0.29 亿元，同比增长 34.6%；商品零售实现零售总额 4.74 亿元，同比增长 71.2%。全年实现出口总额 6008 万美元，同比增长 43.6%。

【财政】 全县完成财政总收入 4.68 亿元，同比增长 41.4%。其中地方一般公共预算收入 3.28 亿元，同比增长 19.0%。在地方一般公共预算收入中，税收收入 2.31 亿元，同比增长 9.8%。全县一般公共预算支出 29.56 亿元，同比增长 6.1%。

【金融】 2023 年年末，全县金融机构各项存款余额 119.73 亿元，比年初增加 13.1 亿元。其中住户存款余额 105.4 亿元，比年初增加 13.68 亿元；非金融企业存款余额 7.77 亿元，比年初减少 1.3 亿元。各项贷款余额 86.1 亿元，比年初增加 19.4 亿元。其中住户贷款 33.67 亿元，比年初增加 5.58 亿元；非金融企业及机关团体贷款 52.43 亿元，比年初增加 13.82 亿元。

【科技】 全县高新产业实现增加值 4.09 亿元，占全县地区生产总值的比重为 4.6%，同比下降 0.2 个百分点。全年获得专利授权 164 件，其中发明专利 1 件，实用新型专利 140 件，外观设计 23 件。全年认定高新技术企业 15 家，全县有效期内的高新技术企业达到 48 家，较 2022 年高新技术企业数量增长 45.45%。组织 73 家企业完成科技型中小企业评价入库，较 2022 年增长 65.91%。认定备案省级乡村振兴科技创新示范基地 1 个、州级众创空间 1 个、州级中试研究基地 1 个、州级企校联合中心 8 个、州级星创天地 7 个。新选派三区科技人才 15 人。全县企业累计投入 118 万余元转化发明专利成果 16 项；累计登记技术合同 129 项，实现技术合同交易额 3.25 亿，较 2022 年增长 33.19%。

【教育】 全县有各类学校 51 所，其中普通中学 15 所，中等职校 1 所，小学 34 所，特校 1 所。专任教师 1511 人，在校学生 16551 人，其中普通中学在校学生 6701 人，职业高中在校学生 1307 人，小学在校学生 8475 人。全县有幼儿园 32 所，在园幼儿 3635 人。小学适龄儿童净入学率 100%，小学学生辍学率 0%；初中学生入学率 100%，初中学生辍学率 0%。初中毕业生升学率达 98.7%；高中毕业生升学率 96.1%。九年义务教育完成率 100%。

【卫生健康】 全县有卫生机构 167 个，卫生机构床位 1295 张，医院病床使用率 78.01%；卫生技术人员 1425 人，其中执业医师 572 人，注册护士 645 人，卫生防疫人员 57 人。

【文化】 全县有剧场影剧院 1 个，公共图书馆 9 个，图书室 218 个，公共图书馆图书总藏量达 118040 册。

【体育】 获上级补助资金 530 万元，县城内新建 1 个容阳体育公园；新建 1 处连升体育广场，广场建有标准的围网灯光五人制足球场、健身步道及体育健身路径及儿童游乐健身园；为走马镇所坪村（周家裕村）实施 1 处 20 万元全民健身示范工程；自筹资金 50 余万元，为五里乡青山村建起灯光球场、容美镇杨柳湾社区室外羽毛球场、白鹤井社区武装部片区建起室内篮球场。采购全民健身器材16件（套）。为容美、五里、铁炉、走马、中营等乡镇村、社区配送安装健身器材，对毁损设施进行换修。全年新谋划体育项目4个并完成项目可研前期工作。申报的容阳体育公园项目已获得省发改项目资金500万元，体育公园内的体育设施基本完成投入使用、全民健身中心场馆建设已启动征迁。芹草坪滑雪场由国投公司正在启动建设。新谋划的走马茶谷体育公园，水上运动中心、木耳山健身步道、中营宿营地等项目正在进行可研。全县人均拥有体育场地面积3.58平方米，城乡体育设施基本实现全覆盖。

【旅游】　全县累计接待游客550.16万人次，同比增长28.73%，累计实现旅游综合收入29.4亿元，同比增长46.73%，接待人次及收入增幅跃升至全州第4位。全县有国家级旅游景区2个，均为AAAA级旅游景区。

【居民生活】　鹤峰县城镇居民人均可支配收入为36434元，同比增长6.8%，比全国平均水平（5.1%）高1.7个百分点，比全省平均水平（5.5%）高1.3个百分点，比全州平均水平（6.5%）高0.3个百分点，增长幅度、绝对值在全州8个县（市）分别居第3位、第6位。鹤峰县农村居民人均可支配收入为16545元，同比增长8.3%，比全国平均水平（7.7%）高0.6个百分点，比全省平均水平（8.0%）高0.3个百分点，与全州平均水平（8.3%）持平，增长幅度、绝对值分别在全州8个县（市）居第5位、第1位。鹤峰县城乡居民人均可支配收入比值为2.20，同比缩小0.03，在全州8个县（市）中居第1位。

【社会保障】　全县城镇职工基本养老保险人数4.45万人，参加城乡居民基本养老保险人数11.76万人；参加失业保险人数1.21万人；工伤保险人数1.04万人；参加城乡居民基本医疗保险16.48万人。全县共有各类提供住宿的民政服务机构12个，提供住宿的民政服务机构床位1104张，收养人数222人。全年共有5993人享受农村居民最低生活保障，336人享受城镇居民最低生活保障，1.11万人接受农村社会救助。

【城乡建设】　全县建筑业产值累计完成2.76亿元，增速14.6%。增速排名全州第4，综合排名全州第8。完成新建商品房销售面积7.4万平方米，同比增速0.6%，增速排名全州第6；房地产开发投资年度内完成2.77亿元，增速排名全州第5，综合排名全州第5。新开工城建项目9个，续建项目7个，共完成城建投资55261.4万元。争取中央补助资金10708.13万元，专项债券资金6800万元，国债资金4000万元，银行融资资金6亿元，资金争取额度高于历年。完成农村危房改造任务246户。投入农村垃圾治理暨人居环境整治项目资金近600万元，建设农村垃圾分类投放棚亭（垃圾收集站房）69个，配套户用垃圾桶12000余个。农村新建房屋393栋，使用图集317户，农村图集使用率达81%。开展9次农村建筑工匠培训，共培训工匠611人，并及时下发培训合格证书。完成九峰大道（二期）、一中路（一期）、车站路（二期）、连升路（二期）、容阳气象公园5个建设项目，增加户外活动场所面积118049平方米，新增停车位600个，新增公厕6个，新增加装电梯23部。推进满山红东路项目建设，改善居民生活环境。实现城市中等偏下收入住房困难家庭应保尽保，发放租赁补贴113户，16.31万元，达到上级考核任务目标；公租房入住分配率达到95%；规范管理公租房，鹤峰县2个公租房小区在2023年度公租房小区规范管理评价中分别排名第5、第7，均达到95分以上；保障性租赁住房工作有序开展，筹集房源80套，完成上级下达工作任务；全年收取公租房租金134.43万元。

【资源环境】　全县森林面积22.51万公顷，森林覆盖率80.11%。有国家级自然保护区1个，自然保护区面积20498公顷。城区空气质量优良天数358天，城区空气质量优良率98.1%。

【应急管理】　全县发生交通安全事故2875起，死亡11人，交通事故损失额134.34万元。

【乡村振兴】　开发“鹤峰县防返贫监测申报平台”并上线使用，实现群众自主申报及行业部门预警信息共享。完成13个行业部门预警信息核查3746条，新识别纳入监测对象200户616人，年末共有监测对象1295户3618人，落实“一户一专班”精准帮扶。全年累计向2263户发放脱贫人口小额信贷12127.52万元，户贷量6970元/户，拨付贴息资金578.21万元。全县13个光伏扶贫电站累计发电44.36万千瓦时，收益39.93万元，开发设置公益性岗位53个。鹤峰县外出务工脱贫人口达23066人，实现目标任务的100.22%。审核发放春季学期“雨露计划”补助资金1718人257.7万元，秋季学期“雨露计划”补助资金1654人248.1万元；联合人社和教育部门，针对雨露计划毕业生发布就业岗位信息3期。全年统筹整合资金33412万元，实施项目296个，其中中央衔接资金14574万元（用于产业发展9521.9万元，占比65.33%）、省级衔接资金595万元、州级衔接资金600万元、县级11338万元，其他各类统筹资金6305万元，主要用于茶产业链、主导产业、乡村振兴示范建设等。会同县财政局争取和美乡村资金 5000 万元。

【基层社会治理】 城区 120 个网格与 147 个机关企事业单位结对，形成由 1 名县领导牵头统筹 X 个网格，1 名网格长包保负责具体网格，8 类人员［公安片警、消防员、城管执法人员、交警、市场监管人员、交通执法人员、公共卫生服务人员、村（社区）干部］协同配合的“1+1+8+X”网格管理模式，40 名县领导、120 名网格长、12 名交警片警、20 名城管执法人员、2 名消防监督指导员、4 名市场监督管理工作人员、4 名交通执法人员、16 名公共卫生服务人员、3050 名党员干部下沉社区，成立小区党支部 19 个，划分楼栋党小组 166 个，选任党员中心户 163 户，推选“两长四员”1976 人。

【经济开发区】 投入资金 4.82 亿元用于园区基础设施建设和园区功能配套，水、电、路、网、气及污水处理等基础设施基本完善，新建给水管 2.6 千米（现有 6.1 千米）、污水管道 9.2 千米（现有 17 千米，即主管网 6.8 千米、支管网 10.2 千米）、雨水沟渠 3.18 千米（现有 10.68 千米），新增开闭所 1 处，改造升级园区道路 2.3 千米，新建景观路 2.5 千米，新增路灯 263 盏。标准化厂房、综合楼、冷链物流、仓储物流、职工宿舍等配套设施相继动工建设。

【对口帮扶（协作）】 全县累计召开区域协作专题会议 11 次、联席会议 1 次，并与江岸区、新洲区签订年度省内区域协作协议书。江岸区、新洲区为鹤峰县落实帮扶资金 3410 万元，实施帮扶项目 15 个，其中产业发展项目 12 个、人才培训项目 2 个、公共服务项目 1 个，项目辐射带动群众增收 3571 人，其中脱贫人口 3104 人。共建魔芋现代农业产业园、茶产业园及电商产业园，支持茶叶、中药材、魔芋、箬叶等 8 家企业实施技改，新建厂房，添置、改造设施设备等，推动鹤峰农业产业高质量发展，带动群众增收 3571 人，其中脱贫人口 3104 人。江岸区、新洲区分别组织 341 名、367 名劳模及一线职工到鹤峰县疗养、休养。在江岸区举办鹤峰旅游专场暨招商引资推介活动暨“硒品入汉”农特产品展销活动，鹤峰县翠泉茶叶等 18 家企业参加。鹤峰县农特产品线下体验店在江岸区开业。2 个区定向采购鹤峰县农副产品 733 万元，帮助销售农副产品 2797.25 万元。鹤峰选派 2 名干部到江岸区挂职，选派 7 名党政干部、19 名教师、2 名医技人员到江岸区相关部门跟岗学习；选派 2 名干部到新洲区挂职，选派 7 名党政干部、1 名教师、7 名医技人员到新洲区相关部门跟岗学习。江岸区选派 2 名干部、1 名教师到鹤峰县挂职，选派 35 名教师到鹤峰县开展送教活动；新洲区选派 3 名干部到鹤峰县挂职，选派 14 名教师到鹤峰县开展送教活动。江岸区、新洲区帮助鹤峰县培训初任公务员及中青年干部 91 人次、村（社区）干部 1592 人次、教师 78 人次。县文旅局组织全县部分民宿业主及有意向从事民宿建设的市场主体负责人共 90 人赴杭州开展 2 期培训。2 个区与鹤峰县签订劳务协作框架协议，将鹤峰作为异地用工储备基地，全年发布江岸、新洲就业信息 6 期，先后组织 5 场专场招聘会，提供就业岗位 1308 个，帮助组织鹤峰农村脱贫劳动力到结对区就业 52 人次、县内就近就业 465 次（其中脱贫人口 319 人次）。聘请 2 名教师在鹤峰县开展退役军人电商直播培训班；举办 10 期鹤峰县电商直播成长营，500 余人次参加。江岸区安排 11 所学校与鹤峰县 11 所学校建立结对帮扶关系；新洲区安排 2 所学校与鹤峰县 2 所学校建立结对帮扶关系；江岸区委统战部、工商联、民建江岸区委向鹤峰县一中捐赠现金 11 万元，并向鹤峰县教育系统捐赠价值 16 万元物品；新洲区一中、二中、三中及职高共捐赠 50 万元支持鹤峰县高中和职业教育提升办学能力。鹤峰县分别与江岸区、新洲区达成《医疗协作框架协议》，江岸区 11 所、新洲区 10 所医疗机构分别与鹤峰县 13 所医疗机构建立结对帮扶关系；江岸区为鹤峰县卫健局捐赠折叠床 66 张、电视机 58 台，价值 3.2

2023 年 10 月 31 日，杭州市临平区运河中学到结对学校鹤峰县太平镇民族中心学校开展送教活动 （州发改委 供稿）

万元。江岸区5个街道结对帮扶鹤峰县5个乡镇、5个村，新洲区5个街道结对帮扶鹤峰县4个乡镇、5个村；新洲区辛冲街道向五里乡捐赠帮扶资金10万元；新洲区阳逻街道向燕子镇捐赠帮扶资金50万元。鹤峰县“99公益日”期间，江岸、新洲区为大病医保、免费午餐、活水计划3个项目捐款近32.2万元。新洲区委组织部协调新洲区文旅局为鹤峰县容美镇杨柳湾社区捐赠价值10万元体育器材一套；湖北立旺食品有限公司向鹤峰县红十字会捐赠牛奶1596件，价值15.3万元；新洲区融媒体中心向鹤峰县融媒体中心捐赠价值10万元采编设备；江岸区为鹤峰县捐赠空调484台、折叠床166张、电视58台，总价值85万余元；武汉江岸产业投资集团有限公司为鹤峰县捐赠30万元。中国铁塔公司累计投入帮扶资金953.3万元、实施帮扶项目13个，引进资金10万元、引进项目1个，投入通信资金510万元；在麻旺村建设500平方米腊肉加工厂；建设大棚菌菜类观光农业综合体；对野茶综合产业楼周边1000平方米场地平整和绿化，打造野茶谷驿站；改善七泉卫生室基础设施、医疗设施设备，建设鹤峰县全域视联感知网等；开展各类培训1283人次、实现消费帮扶1232.63万元。省民宗委牵头，省林业局、省知识产权局、湖北经济学院、湖北省税务局财税职业学院、武汉交通职业学院、湖北交通投资集团有限公司、中国石化江汉石油管理局有限公司、中国邮政储蓄银行湖北省分行、华中科技大学同济医学院附属协和医院10个单位定点帮扶鹤峰。完成新一轮挂职驻村干部交接轮换，各帮扶单位和地区选派挂职干部6人、驻村工作队员31人、医疗专家5人。各帮扶单位投入帮扶资金1.2亿元、实施帮扶项目19个，帮助引进资金899.44万元、引进项目14个。各帮扶单位实现消费帮扶实际购买额1267万元，帮助销售农副产品778万元。参与“99公益日”捐赠活动，为鹤峰大病医保、学生免费午餐、活水计划3个项目筹集捐款40余万元。

（李　晋）

# 人　物

People

## 先进人物

【陈刚果】　2023年，被中央宣传部、中央军委政治工作部表彰为“最美新时代革命军人”。陈刚果，男，1977年4月出生，湖北安陆人，2001年7月入伍，2000年6月入党。湖北省恩施军分区某处处长。立足本职担当尽责，积极为国防动员和后备力量建设作贡献，推动地方政府出台大学生兵员征集激励措施，有效提升当地大学生参军热情，牵头研发信息系统，有力支撑森林灭火、防汛救灾、地质灾害救援等急难险重任务。被表彰为“优秀共产党员”，荣立三等功1次。

【向跃东】　2023年，被中央宣传部、中央军委政治工作部表彰为“最美新时代革命军人”。向跃东，男，土家族，湖北来凤人，1996年11月出生，2013年9月入伍，2019年12月入党，党的二十大代表，联勤保障部队某汽车团班长。苦练保障打赢本领，熟练掌握主战车型驾、修、防、教技能，先后参加庆祝中华人民共和国成立70周年阅兵、“国际军事比赛—2021”等重大任务。被表彰为“全军‘四有’优秀个人标兵”“全国青年岗位能手”，荣立二等功、三等功各1次。

（编辑部　供稿）

【向辉】　2023年2月25日，被全国妇联表彰为2022年度“全国三八红旗手”。向辉，女，土家族，湖北利川人，1977年12月出生，中共党员，党的二十大代表，大专学历，来凤县农园果蔬专业合作社理事长、来凤县农广校校长。2011年牵头成立来凤县农园果蔬专业合作社，经营果蔬、茶叶等优势特色农产品，核心基地已扩大到105.4公顷。合作社带动的农户从5户增加到215户，常年解决村里30多户困难家庭就业。农园合作社成为来凤县农村实用人才培训基地，相继开展科技指导员、科技示范户等培训，培训学员达5000人次，帮助182户建档立卡贫困户脱贫奔小康，辐射带动贫困户超1000户。2018年，与成都郫县豆瓣厂合作在来凤县建立辣椒基地333.33公顷。建立藤茶加工厂，实行四统一（统一培训、统一提供农资农药、统一技术管理与指导、统一回收产品），订单种植藤茶基地200公顷，带动贫困户585户2047人。

【赵冬妮】　2023年2月25日，被全国妇联表彰为2022年度“全国三八红旗手”。赵冬妮，女，湖北利川人，1983年8月出生，本科学历，中共党员，退役军人，利川市鄂渝风观光农业发展有限公司总经理。萧山·利川高科技农业示范园被命名为全国巾帼现代农业科技示范基地。2004年，赵冬妮军校毕业后被分配到黑龙江边防总队黑河边检站，驻守祖国边防线十年，获得多项荣誉，曾代表前所在的黑龙江总队参加公安部文艺汇报演出，参加全国边防文艺会演获第1名，被《边防警察报》整版专题报道。转业后，赵冬妮回到利川，按照农旅、农研融合发展思路将农户土地入股到公司，按“保底500元+分红”方式保证农户利益，使“农民变股民”。企业与多个科研团队签订合作协议，公司以“研究院+合作社+农户”的产业模式，利用农户手中的闲置土地，农户每亩地每年可增收8000

元。自 2018 年以来，公司共链接 2900 余名村民务工，其中妇女 2700 余人，脱贫前建档立卡贫困户 180 户，累计实现劳务收入 670 万元。公司吸纳多名残疾人、退役军人就业，人均月工资 4500 元。赵冬妮先后投入 500 多万元治理清江源头水资源，造福当地百姓；多年来向社会捐赠 1000 多万元，并出资为乡村架桥修路，改善人居环境。

（陈昱菡）

【陈炊宏】 2023 年 4 月 20 日，被共青团中央授予全国优秀共青团员称号。陈炊宏，女，汉族，1998 年 7 月出生，共青团员，2019 年 8 月参加大学生志愿服务西部计划，服务于鹤峰县志愿者协会，任协会理事、团支部书记，工作于鹤峰县市场监督管理局。策划参与暖冬行动等志愿活动 158 场，组织实施七彩社区、温暖之家多个公益项目，为 114 名困境学生送去青荷圆梦包，一对一结对困境学生 249 名，服务时长近 1000 小时。协会获评 2021 年度湖北省“本禹志愿服务队”，陈炊宏获评全国大学生西部计划优秀志愿者、恩施州优秀共青团员、最美鹤峰人。

【谭平】 2023 年 4 月 20 日，被共青团中央授予全国优秀共青团干部称号。谭平，女，土家族，1990 年 8 月出生，中共党员，大学本科学历，利川市柏杨坝镇团委书记。从事共青团工作 6 年以来，她牢记“青少年有什么需求，团组织就提供什么服务”，积极向上级各组织、向社会募捐，为 580 余名优秀困难学子募集助学金 84 万余元；参与打造乡镇青年之家 2 个、校外少先队实践基地 2 个，组织开展活 动 20 余场，参与青少年 4000 余人次。

【赵寄凯】 2023 年 11 月 24 日，被共青团中央、农业农村部授予全国乡村振兴青年先锋称号。赵寄凯，男，土家族，中共党员，1989 年 7 月出生，2007 年 12 月入伍，2015 年退伍，现任湖北省咸丰县清坪镇龙潭司村党支部书记。参加过 2009 年国庆阅兵和 2015 年纪念抗战胜利 70 周年大阅兵，曾在天安门广场护卫国旗。退伍后，从精准扶贫到乡村振兴，带领村民从脱贫到致富，用自己的行动践行着一名党员、一名退伍老兵一心为民的誓言。在赵寄凯带领下，咸丰县清坪镇龙潭司村始终坚持以党建为统领，创立“一站、两比、三亮、四员”，“两有三定”工作模式。打造花果庭院 200 户、干栏式建筑 100 栋，改造农房 35 栋，形成“一户一处景，一村一幅画”的美丽画卷，水果产业、民宿、农家乐等乡村旅游新业态蓬勃兴起。带动清坪镇龙潭司村接待游客 5 万余人次，农家乐年营业额约 120 万元，老百姓逐渐吃上“旅游饭”。2021 年，清坪镇龙潭司村成功申报湖北省第二批红色美丽乡村，评为“湖北省森林乡村”。个人先后获得“恩施州榜样人物”“湖北省乡村振兴青年先锋”“恩施州青年五四奖章”等荣誉。

【向光琼】 2023 年 12 月 5 日，被共青团中央授予中国青年志愿者优秀个人称号。向光琼，女，土家族，中共党员，1986 年 3 月出生，恩施州税务局党委纪检组副组长。2009 年 7 月以大学生西部计划志愿者身份赴四川省汉源县参与灾后重建，2010 年 8 月进入恩施州税务系统。2013 年 7 月，向光琼接触到麦田计划，自第一次在利川忠路参与贫困学生走访开始，9 年来，共组织或参与走访、资助款发放、课桌及棉被筹集、物资发放、公益图片展等活动 30 余次、物资及金额累计 50 余万元。2015 年，她以志愿者身份参与果糖组织的冬夏令营活动。2016 年 10 月，果糖在恩施市白杨坪镇创办大地艺术馆。此后的每个周末，她都会搭乘班车前往白杨坪，陪孩子们阅读、游戏、画画，与他们一起体验各种有趣有益的艺术活动。她自学并通过中级社会工作师、中小学教师资格、国家二级心理咨询师等考试。她参与设计并开展各类工作坊、夏令营、亲子活动 200 余场次，服务乡村儿童 4000 余人次。先后获得“全国五一巾帼标兵”“恩施楷模”“恩施市希望家园优秀志愿者”“金色麦客”等荣誉。

（梅世琼）

## 2023 年度湖北省有突出贡献中青年专家

【雷玉华】 2023 年 6 月 19 日，经省委、省政府同意，雷玉华被评为 2023 年度“省有突出贡献中青年专家”。雷玉华，男，1968 年 3 月出生，中共党员，硕士学位，州中心医院院务委员、内科心血管病中心主任、主任医师。创建恩施州心血管领域第一个省级重点临床专科，省卫健委和州政府共建心血管区域医疗中心，恩施州第一个标准版胸痛中心、房颤中心、心衰中心。主持国家自然科学基金项目“PV 阳性中间神经元在心衰后猝死中的作用及其机制研究”，公开发表论文 39 篇（其中 SCI 收录 7 篇，统计源核心期刊 32 篇），参编著作 3 部。

（陈黎魁）

## 2023 年度享受湖北省政府专项津贴专家

【高剑华】 2023 年 6 月 19 日，经省政府同意，高剑华被评为 2023 年度“享受省政府专项津贴专家”。高剑华，男，1981 年 5 月出生，中共党员，硕士学位，恩施州农科院马铃薯研究所所长、高级农艺师。主持有影响项目 3 项，参与其他项目

10余项，制定省、州地方标准11套，参与选育马铃薯新品种7个，获湖北省重大科技成果登记7项。公开发表论文20余篇，以第一作者发表论文2篇，以第二作者在国际权威期刊 *International Journal of Molecular Sciences* 发表论文1篇，影响因子4.183，参与编写专著3部，获得国家发明专利1项、实用专利14项。

【刘华英】 2023年6月19日，经省政府同意，刘华英被评为2023年度"享受省政府专项津贴专家"。刘华英，男，1973年8月出生，中共党员，本科学历，湖北来凤腾升香料化工有限公司董事长、高级工程师。主持湖北省重大专项"来凤凤菊综合利用生产关键技术"研究，主持恩施州科技项目"来凤凤菊综合利用技术研究"，主持恩施州重点创新团队"天然香精香料的研究与开发"项目工作；主持恩施州科技项目"利用微波辅助技术提取桂花浸膏"研究项目工作。申请国家专利27项，其中发明专利1项、实用新型专利26项，发表论文4篇。

【谭建华】 2023年6月19日，经省政府同意，谭建华被评为2023年度"享受省政府专项津贴专家"。谭建华，男，1970年3月出生，本科学历，恩施州巴东县神农中小学正高级教师。湖北省特级教师、湖北名师、湖北省谭建华物理名师工作室主持人、湖北省骨干教师、湖北省优秀物理教师、省级《学案导学实验研究》"课题研究工作先进个人"。公开发表论文19篇、专著2部，参编教材、教参9部，参加国家、省、州学术讲座和交流论文12篇。3次获省级"优课"奖，3次获州级优课奖。

（陈黎魁）

## 新闻人物

【李能阳】 2023年，被中央文明办评为第三季度敬业奉献类"中国好人"。李能阳，男，1963年6月出生，中共党员，恩施州巴东县绿葱坡镇三尖观林场场长。李能阳坚守"鄂西屋脊"30年，带领职工植树近200万株，为长江大保护筑起一道天然的安全屏障。他以林场为家，用脚步丈量林场，每年徒步巡林300天以上，累计行程超过10万千米，护佑林场30年未发生一起火灾。他自学繁育苗木知识，反复钻研5年，先后攻克红豆杉、珙桐等10余种苗木在高寒地区育苗难的技术难关。李能阳曾获得"全国绿化委先进个人""全国农业科技示范带头人"等荣誉。

【刘学家、黄大霖】 2023年，被中央政法委评为第三季度见义勇为勇士。刘学家，男，汉族，1983年8月出生，牺牲前系湖北省恩施土家族苗族自治州鹤峰县个体户。黄大霖，男，汉族，1988年5月出生，湖北省恩施土家族苗族自治州鹤峰县中等职业技术学校宿舍管理员。7月23日15时许，鹤峰县容美镇孙女士带着侄女到鹤峰县溇水河"渔泉眼"处戏水。孩子一时没有站稳，便被湍急的水流冲向下游。正在河边消暑纳凉的刘学家和妻子立即走近河岸线，寻找落水孩子的踪迹，救人心切的刘学家便立即跳入水中，拼命向孩子游去。同样在河边陪孩子游玩的黄大霖见刘学家和落水小女孩都被湍急的水流快速带向下游，黄大霖便与呼救女子一同骑摩托车沿河岸快速赶往下游，希望能在下游把落水的两人截住。在溇水河下游深水潭段，黄大霖看到落水小女孩正从上游漂来，便立即下水。经过黄大霖及时营救，孩子成功脱险。黄大霖在岸边等候约20分钟，仍没有见到刘学家身影，随即报警。经搜救确认，刘学家不幸牺牲。

（编辑部 供稿）

## 逝世人物

【岳启运（1922—2023）】 岳启运，男，汉族，山东平邑人，享受副厅级待遇和副省部长级医疗待遇，因病于2023年3月1日去世。他于1941年12月参加革命工作，1945年3月加入中国共产党。历任山东省平邑县卞桥区武委会青年干事、副主任，卞桥区武装部部长；华东局政治部俘虏管理处子弟兵团一营营长；湖北省恩施县土改工委书记、供销合作总社主任、政府县长；恩施地区专员公署工业科科长、机电局局长、办公室主任，计委会副主任等职，1985年12月离休。

【石荣春（1956—2023）】 石荣春，男，汉族，河北保定人，因病于2023年1月6日去世。1975年8月参加工作，1979年6月加入中国共产党。历任恩施地区检察分院工作人员、审查起诉科助理检察员，鄂西州人民检察院刑事检察科科长、检察委员会委员、检察员，办公室主任，副检察长，恩施州人民检察院副检察长、反贪局局长，检察长、党组书记，巡视员等职，2016年5月退休。

（侯婉芹）

# 附　录

## Appendices

## 主要组织机构及负责人

（2023年12月31日在职）

### 中共恩施州委员会

书　记　胡超文
副书记　夏锡璠（土家族）
　　　　尹　达
常　委　胡超文
　　　　夏锡璠（土家族）
　　　　尹　达
　　　　吕　星
　　　　张远梅（女）
　　　　张　淼（女）
　　　　田金培（土家族）
　　　　向红林（女，土家族）
　　　　单艳平（土家族）
　　　　刘智勇
　　　　任　哲
　　　　马秀勇（挂职）
秘书长　单艳平（土家族）
副秘书长　向定山（土家族）
　　　　张　华（土家族）
　　　　邓　勇（土家族）
　　　　郭亚妮（苗族）
　　　　邓　锐（土家族）
　　　　朱继红

### 恩施州人大常委会

主　任　尹　达
副主任　邢祖训
　　　　高敬佩（女，苗族）
　　　　黄　敏（侗族）
秘书长　（空缺）
副秘书长　曾志敏（土家族）
　　　　朱华松（土家族）
　　　　黄光英（女，土家族）

### 恩施州人民政府

州　长　夏锡璠（土家族）
副州长　张远梅（女）
　　　　马秀勇（挂职）
　　　　曾凡胜（土家族）
　　　　宋　涛
　　　　杨盛僚（苗族）
　　　　许　强（土家族）
　　　　马霄鹏（挂职）
　　　　祝革鹏
秘书长　程　飞（土家族）
副秘书长　董兴培
　　　　廖泽熙（土家族）
　　　　朱先忠（土家族）
　　　　周德斌（土家族）
　　　　朱传杰（土家族）
　　　　曾东兴（土家族）
　　　　董　垒（挂职）
　　　　段天明（挂职）

### 政协恩施州委员会

主　席　吴建清（土家族）
副主席　戴清堂（土家族）
　　　　王继刚
　　　　刘晓冰（女，土家族）
　　　　何义发
　　　　张紫阳（土家族）
　　　　万雪峰（土家族）
秘书长　杨　皓（苗族）
副秘书长　李国庆
　　　　段绪慧（女，土家族）
　　　　许　亚（女，土家族）

### 中共恩施州纪律检查委员会、州监察委员会

**纪律检查委员会**

书　记　吕　星

副书记　　张敬东
　　　　　蔡　倞
　　　　　李　君
常　委　　吕　星
　　　　　张敬东
　　　　　蔡　倞
　　　　　李　君
　　　　　周继荣
　　　　　牟泽忠
　　　　　颜琳华(女)
　　　　　彭云峰
　　　　　张应仑

州监察委员会
主　任　　吕　星
副主任　　张敬东
　　　　　蔡　倞
　　　　　李　君
委　员　　牟泽忠
　　　　　彭云峰
　　　　　颜琳华(女)
　　　　　陈启富
　　　　　向学军

## 法　院

州中级人民法院
党组书记、院长　雷　超

## 检察院

州人民检察院
党组书记、检察长　王　宏

## 州委工作机构

州委办公室(州委国安办、州档案局)
主　任　　向定山

州委组织部(州公务员局、州委两新工委)
部　长　　张　淼

州委宣传部[州文明办、州政府新闻办、州新闻出版局(州版权局)]
部　长　　向红林

州委统战部[州委台办(州政府台办)、州政府侨办]
部　长　　田金培

州委政法委
书　记　　尹　达

州委政策研究室(州委改革办、州委财经办)
主　任　　(空缺)

州委网络安全和信息化委员会办公室(州互联网信息办公室)
主　任　　周　清

州委外事工作委员会办公室(州政府外办)
主　任　　陈朝晖

州委机构编制委员会办公室
主　任　　任伦杰

州委直属机关工作委员会
书　记　　单艳平

州委巡察工作领导小组办公室
主　任　　周继荣

州信访局
局　长　　郭亚妮

州国家保密局
局　长　　单　雷

州委老干部局
局　长　　杨　华

## 州人大常委会工作(办事)机构

常委会办公室
机关党组书记、办公室主任
　　　　　(空缺)

法制工作委员会
主　任　　吴以忠

监察和司法工作委员会
主　任　　肖刚清

财政经济工作委员会
主　任　　田　首

教育科学文化卫生工作委员会
主　任　　熊坤赤

民族宗教侨务外事工作委员会
主　任　　(空缺)

农村工作委员会
主　任　　谭鉴锡

环境资源保护工作委员会
主　任　　余和平

社会建设工作委员会
主　任　　谭立文

法规研究室(规范性文件备案审查室)
主　任　　吴耀先

代表选举人事任免工作委员会
主　任　　卢群林

预算工作委员会
主　任　　朱　瑾

## 政府工作部门

州政府办公室
机关党组书记、办公室主任
　　　　　程　飞

州发展和改革委员会(州能源局、州粮食局、州国动办、州人防办)
党组书记、主任　　侯　斌

州教育局(州委教育工作领导小组秘书组、州委教育工委、州人民政府教育督导室)
党组书记、局长　　曾召辉

**州科学技术局**
局　长　　胡　铭

**州经济和信息化局(州委军民融合办)**
党组书记、局长　　范　涌

**州民宗委**
党组书记、主任　　王兰英

**州公安局**
党委书记、局长　　祝革鹏

**州民政局**
党组书记、局长　　杨　峻

**州司法局(州委依法治州办)**
党组书记、局长　　彭必武

**州财政局**
党组书记、局长　　杨局成

**州人力资源和社会保障局**
党组书记、局长　　易善翔

**州自然资源和规划局**
党组书记　　邓亚敏
局　长　　李少权

**州生态环境局**
党组书记、局长　　张远虚

**州住房和城乡建设局**
党组书记、局长　　谭若峰

**州交通运输局**
党组书记、局长　　冉茂和

**州水利和湖泊局(州河湖长制办公室)**
党组书记、局长　　田贵周

**州农业农村局(州委农办)**
党组书记、局长　　王　波

**州林业局**
党组书记、局长　　田爱民

**州商务局**
党组书记、局长　　杨　频

**州文化和旅游局(州体育局、州广播电视局)**
党组书记、局长　　邵爱华

**州卫生健康委员会(州中医药局、州疾病预防控制局)**
党组书记、主任　　杨祖旺

**州退役军人事务局(州委退役军人办)**
党组书记、局长　　饶章涛

**州应急管理局**
党委书记、局长　　周兴发

**州审计局**
党组书记、局长　　王国玮

**州人民政府国有资产监督管理委员会**
党委书记、主任　　费国华

**州市场监督管理局(州知识产权局)**
党组书记　　胡会清
局　长　　张紫阳

**州统计局**
党组书记、局长　　覃遵国

**州医疗保障局**
党组书记　　刘　琳
局　长　　张　伟

**州政务服务和大数据管理局(州公共资源交易局)**
党组书记、局长　　周后培

**州政府研究室**
党组书记、主任　　丁志富

**州乡村振兴局**
局　长　　向　超

**州地方金融工作局(州金融办)**
党组书记、局长　　王　牟

## 州政协工作(办事)机构

**州政协办公室**
机关党组书记、办公室主任
杨　皓

**提案委员会**
主　任　　向继华

**经济委员会**
主　任　　郜志中

**教科卫体委员会**
主　任　　黄同元

**人口资源环境委员会**
主　任　　陈泽刚

**民族宗教委员会**
主　任　　邓习猛

**文化文史和学习委员会**
主　任　　冉崇柳

**社会法制港澳台侨外事委员会**
主　任　　张祖清

**委员工作委员会**
主　任　　满延杰

**农业和农村委员会**
主　任　　陈明海

## 民主党派

**中国国民党革命委员会恩施州委员会**
主　委　　许　强

**中国民主同盟恩施州委员会**
主　委　　何义发

**中国民主建国会恩施州委员会**
主　委　　张　伟

**中国民主促进会恩施州总支部委员会**
主　委　　罗永健

**中国农工民主党恩施州委员会**
主　委　　向仕莲

**九三学社湖北省委直属恩施支社委员会**
主　委　　杨方列

## 群众团体

**州总工会**
主　席　　田金培
党组书记　　张　蓉

**共青团恩施州委**
书　记　　陈　潇

**州妇女联合会**
党组书记、主席　　刘俐萍

**州工商联**
主　席　　王继刚
党组书记　　刘红艳

**州科学技术协会**
主　席　　冯兴炼

**州残疾人联合会**
党组书记、理事长　　严　芳

**州红十字会**
会　长　　曾凡胜(兼任)
党组书记　　刘咸辉

## 州委、州政府派出机构

**州委恩施高新技术产业园区工作委员会(恩施高新技术产业园区管理委员会)**
工委书记、主任　　向应才

## 经济合作组织

**州供销合作社联合社**
党组书记　　滕晓东
主　任　　卓万俊

## 州委直属事业单位

**州委党校(州行政学院、州社会主义学院、州民族干部学校)**
第一校长　　胡超文
校　长　　张　淼
州行政学院院长　　张远梅
州社会主义学院院长　　田金培

**恩施日报社**
党委书记、社长　　陈登帆

**州档案馆(州史志研究中心)**
馆　长　　黄希俊

**州机关事务服务中心**
主　任　　胡友清

**州广播电视台**
台　长　　粟　勇

## 州政府直属事业单位

**州住房公积金中心**
党组书记、主任　　(空缺)

**州公共资源交易中心(州政府采购中心)**
党组书记、主任　　胡明义

**州公共检验检测中心(国家硒检中心)**
党组书记、主任　　(空缺)

**州畜牧兽医服务中心**
党组书记、主任　　田代华

**州硒资源保护与开发中心**
党组书记、主任　　田真明

**州招商促进中心**
党组书记　　杨　频
主　任　　谢　奎

**恩施职业技术学院**
党委书记　　严　斌
院　长　　(空缺)

## 部门所属行政单位

**州强制隔离戒毒所**
所　长　　冉思雄
政　委　　(空缺)

## 部门所属事业单位

**州纪委监委警示教育基地**
主　任　　向极怀

**州委组织部党员教育中心**
主　任　　(空缺)

**州委理论信息中心(州委讲师团)**
主　任　　向文锋

**州政府驻武汉办事处**
党委书记、主任　　符金操

**州政府驻北京联络处**
主　任　　谭祖沧

**州农业产业化投资项目管理办公室**
主　任　　杨学峰

**湖北鹤峰革命纪念地管理中心**
主　任　　汪　娟

**州优抚医院**
院　长　　王　勇

**州农业发展服务中心**
主　任　　李求文

**州农村事业发展服务中心**
主　任　　马金辉

**州农业科学院(湖北恩施中国南方马铃薯研究中心、州硒应用技术与产品开发研究院)**
党委书记　　牟来举

院长、中心主任　　沈艳芬

**州应急管理综合执法支队**
支队长　　（空缺）

**州城市管理综合执法支队**
支队长　　董兴来

**州不动产登记中心**
主　任　　李永富

**湖北星斗山国家级自然保护区管理局**
局　长　　向诗勇

**湖北七姊妹山国家级自然保护区管理局**
局　长　　罗永生

**湖北木林子国家级自然保护区管理局**
局　长　　伍晓锋

**湖北巴东金丝猴国家级自然保护区管理局**
局　长　　钱才东

**湖北恩施腾龙洞大峡谷国家地质公园管理局**
局　长　　谭志雄

**州生态环境保护综合执法支队**
支队长　　朱熙锋

**州公路管理局**
党委书记、局长　　张志奇

**州高速公路建设管理委员会办公室**
主　任　　冉茂和

**州道路运输管理处**
主　任　　（空缺）

**州港航管理局(地方海事局、船舶检验局)**
局　长　　刘　义

**州农村公路管理局(州交通物流发展局)**
局　长　　陈宇峰

**州交通运输综合执法支队**
支队长　　朱一进

**州铁路建设委员会办公室**
主　任　　刘天林

**州市场监督管理综合执法支队**
支队长　　黄家甫

**州发展和改革研究中心**
主　任　　李秀萍

**州会计事务管理局**
局　长　　陆贤忠

**州非收入管理局**
局　长　　向雪峰

**州财政监督局**
局　长　　张　洁

**州高级中学**
党委书记、校长　　谭　斌

**州中心医院**
党委书记　　李　拓
院　长　　琚兆清

**州妇幼保健计划生育服务中心**
主　任　　石思蓉

**州疾控中心**
主　任　　向东风

**州药业产业化领导小组办公室**
主　任　　张千宏

**州卫生计生综合监督执法局**
局　长　　蒋　庆

**州计划生育协会**
专职副会长　　（空缺）

**州文化和旅游市场综合执法支队**
支队长　　罗　诚

**湖北省民族歌舞团**
党委书记、团长　　燕　冰

**湖北恩施唐崖土司城遗址管理处**
党工委书记、主任　　申　艳

**州社会保险管理局**
局　长　　刘言成

**州公共就业和人才服务局**
局　长　　陶文胜

**州人事考试院**
院　长　　谭明亮

**州贸促会**
会　长　　李　波

## 州属国有企业

**州国有资本投资运营集团有限公司**
党委书记、董事长　（空缺）

**州高新投资开发有限责任公司**
党委书记、董事长　熊　庆

**州文化旅游投资开发有限公司**
董事长　　邓亚敏

**州数字产业发展有限公司**
董事长　　毛斌益

## 垂直(代管)单位和其他机构

**州税务局**
党委书记、局长　　马建军

**州气象局**
党组书记、局长　　陈　波

**恩施海关**
关　长　　李跃平

**省地质局第二地质大队**
党委书记、队长　丁代坡

**湖北省恩施监狱**
党委书记、监狱长　鲁　立

**州消防救援支队**
支队长　彭青松
政　委　胡　涛

**国家统计局恩施州调查队**
党组书记、队长　官　民

**省农科院中药材研究所**
党委书记　谭旭辉
所　长　王晴芳

**州水文水资源勘测局(省水环境监测中心恩施分中心)**
党委书记、局长　杨松元

**州生态环境监测中心**
主　任　张念胜

**国网恩施供电公司**
总经理　刘　嵩

**国能长源恩施水电开发有限公司**
党委书记、董事长、总经理
宫贵朝

**湖北能源集团齐岳山风电有限公司**
总经理　陈　平

**湖北广电网络恩施分公司**
党委书记、总经理　曹宏森

**州邮政管理局**
党组书记、局长　谭　平

**中国邮政集团有限公司恩施州分公司**
总经理　胡　胜

**中国电信恩施分公司**
党委书记、总经理　胡玉辉

**中国移动通信集团湖北有限公司恩施分公司**
党委书记、总经理　谢纪鹏

**中国联合网络通信有限公司恩施州分公司**
党委书记、总经理　刘学锋

**中国铁塔股份有限公司恩施州分公司**
总经理　胡　平

**州烟草专卖局(公司)**
党组书记、局长、经理
先开远

**湖北烟草金叶复烤有限责任公司**
党组书记、总经理　程瑞武

**湖北中烟工业有限责任公司恩施卷烟厂**
党委书记　刘华豫

**中国石化恩施石油分公司**
经　理　杨祖文
党委书记　刘　飞

**中国石油湖北恩施销售分公司**
党委书记、执行董事
李蒙蒙

**湖北机场集团恩施机场有限责任公司**
总经理　刘　颖
党委书记　聂成志

**湖北民族大学**
党委书记　向前进
校　长　顿祖义

**湖北民族大学附属民大医院**
党委书记　谭庆丰
院　长　刘伦志

**湖北恩施学院**
党委书记　覃红斌
校　长　马凤余

**湖北清外教育科技集团**
董事长　李瑞成
总校长　徐仕全
党委书记　吴民佑

**中国人民银行恩施州分行(国家外汇管理局恩施州分局)**
党委书记、行长　常　新

**国家金融监督管理总局恩施监管分局**
党委书记、局长　(空缺)

**中国工商银行股份有限公司恩施分行**
党委书记、行长　宋　炜

**中国建设银行股份有限公司恩施分行**
党委书记、行长　薛实高

**中国农业银行股份有限公司恩施分行**
党委书记、行长　何　辉

**中国银行股份有限公司恩施分行**
党委书记、行长　周建峰

**中国农业发展银行恩施州分行**
党委书记、行长　熊　华

**中国邮政储蓄银行股份有限公司恩施州分行**
党委书记、行长　付艳林

**湖北恩施农村商业银行股份有限公司**
党委书记、董事长　范　伟
行　长　张巍巍

**湖北银行股份有限公司恩施分行**
党委书记、行长　肖文忠

**中国人民财产保险股份有限公司恩施州分公司**
党委书记、总经理　幸保峰

**中国人民人寿保险股份有限公司恩施中心支公司**

总经理　金　俊

**中国太平洋财产保险股份有限公司恩施中心支公司**

党委书记、总经理　钟　宇

**中国太平洋人寿保险股份有限公司恩施中心支公司**

总经理　杨　妮

**州老区建设促进会**

会　长　于德海

**州企业联合会(企业家协会)**

会　长　谭隆泽

## 县　市

### 恩施市

**中共恩施市委员会**

书　记　苏　勇(土家族)
副书记　向子明(土家族)
　　　　舒　田(土家族)
常　委　苏　勇(土家族)
　　　　向子明(土家族)
　　　　舒　田(土家族)
　　　　刘　涛(土家族)
　　　　宋传富(土家族)
　　　　向旭东(土家族)
　　　　李华军(土家族)
　　　　柳诲龙(土家族)
　　　　徐贵尧(女)
　　　　董晓明（土家族)
　　　　万　品(女,苗族)

**恩施市人大常委会**

主　任　徐　卫
副主任　黎昔品(侗族)
　　　　余秋红(女)
　　　　王学渊(土家族)
　　　　万亨东(土家族)
　　　　杨　帆(土家族)
　　　　吕祖贵(土家族)

**恩施市人民政府**

市　长　向子明(土家族)
副市长　刘　涛(土家族)
　　　　董晓明(土家族)
　　　　张　娟(女,彝族)
　　　　黄建国(土家族)
　　　　卢　飞(土家族)
　　　　易发斌(土家族)
　　　　付定平(土家族)
　　　　谢献谋
　　　　汪　平

**政协恩施市委员会**

主　席　汪业民
副主席　吴秀忠(土家族)
　　　　李家忠
　　　　刘庆华(女,土家族)
　　　　丁　娟(女,土家族)
　　　　廖平玥(土家族)

### 利川市

**中共利川市委员会**

书　记　刘智勇
副书记　熊　翔(土家族)
　　　　谢世鸿(土家族)
常　委　刘智勇
　　　　熊　翔(土家族)
　　　　谢世鸿(土家族)
　　　　喻东来(土家族)
　　　　周　霆
　　　　王宇飞
　　　　周　毅(土家族)
　　　　向益猛(土家族)
　　　　刘玲芳(女,土家族)
　　　　刘　洋

**利川市人大常委会**

主　任　何文建
副主任　王　梅(女,土家族)
　　　　周峥嵘(女)
　　　　洪　超(土家族)
　　　　肖耀俊(土家族)
　　　　熊大昌(土家族)
　　　　曾维权

**利川市人民政府**

市　长　熊　翔(土家族)
副市长　周　霆
　　　　向益猛(土家族)
　　　　李学森(挂职)
　　　　周爱华(女,土家族)
　　　　赵学成
　　　　何显高(土家族)
　　　　佘　军(土家族)
　　　　朱定攀(土家族)
　　　　张　冉(挂职)
　　　　王晓东(挂职)

**政协利川市委员会**

主　席　刘　勇(女,土家族)
副主席　向红杰(土家族)
　　　　周德燕(女,土家族)
　　　　张怀志(土家族)
　　　　李中革(土家族)
　　　　喻正祥(土家族)

### 建始县

**中共建始县委员会**

书　记　张渊平
副书记　李永太
　　　　周和平(土家族)
常　委　张渊平
　　　　李永太
　　　　周和平(土家族)
　　　　张　媛(女,土家族)
　　　　刘友权(土家族)
　　　　李远禄(土家族)
　　　　蒋　涛(土家族)
　　　　龙　慧(女,侗族)
　　　　孙玉斌(土家族)
　　　　姚永红
　　　　金　鑫(土家族)

**建始县人大常委会**

主　任　曾凡忠(土家族)
副主任　张　华(女)
　　　　胡文江
　　　　刘书华
　　　　王家贵
　　　　曾　健

冯成碧(土家族)

**建始县人民政府**

县　长　李永太
副县长　孙玉斌(土家族)
张　媛(女,土家族)
刘仕军(土家族)
周　敏(土家族)
谭　明(土家族)
向　帆(土家族)
雷宏伍(土家族)
黄琬婷(女,挂职)
杨泽华(挂职)
向异之(挂职)
杨　晨(侗族,挂职)

**政协建始县委员会**

主　席　曾玉平
副主席　李　丽(女)
喻红平(女,土家族)
姚建军(土家族)
樊友明(土家族)
何　平(土家族)

## 巴东县

**中共巴东县委员会**

书　记　黄　波(土家族)
副书记　洪家进(土家族)
沈浩然
常　委　黄　波(土家族)
洪家进(土家族)
沈浩然
黄　政(土家族)
张　情
钟迎松(土家族)
贺申富(土家族)
黄祖贵(土家族)
肖　卓
官群昇(土家族)

**巴东县人大常委会**

主　任　贾继建
副主任　李　闯(土家族)
唐　耘(女)
易开美(土家族)
周　红
谭文胜(土家族)
邓秀朝(土家族)

**巴东县人民政府**

县　长　洪家进(土家族)
副县长　皮剑飞(土家族)
宋　良(土家族)
李前兵(土家族)
熊学红
郑爱民(挂职)
毕　波(挂职)
乐　煜(挂职)

**政协巴东县委员会**

主　席　雷玉龙(土家族)
副主席　刘传谊(土家族)
向秀忠(土家族)
谭联才(土家族)
田祚立(土家族)
宋子云

## 宣恩县

**中共宣恩县委员会**

书　记　王　闯
副书记　赵秀峰(土家族)
郭玉锋(土家族)
常　委　王　闯
赵秀峰(土家族)
郭玉锋(土家族)
姚元文(侗族)
贺　彪
张通军(土家族)
苏翼鹏
覃正彪(土家族)
向重臣(土家族)
朱朝春(土家族)
邓正军(苗族)

**宣恩县人大常委会**

主　任　覃国锋(土家族)
副主任　李　川(土家族)
乾维德(土家族)
陈　勇(侗族)
黄　敏(女,土家族)
奚泽辉(苗族)
龚家邦(土家族)

**宣恩县人民政府**

县　长　赵秀峰(土家族)
副县长　姚元文(侗族)
邓正军(苗族)
陶　华(女,土家族)
卢　军(土家族)
孙　涛(土家族)
唐　刚(苗族)
袁永灿(土家族)
巩继伟(挂职)
吕　辉(挂职)

**政协宣恩县委员会**

主　席　周志斌
副主席　胡晓洪(侗族)
李明然
刘　军
舒　蓉(女,苗族)
黄　伟(土家族)

## 咸丰县

**中共咸丰县委员会**

书　记　郭　玲(女,土家族)
副书记　覃正炜(土家族)
唐其锐
常　委　郭　玲(女,土家族)
覃正炜(土家族)
唐其锐
田应贵(土家族)
曾　军(苗族)
杨　俊(土家族)
赵红敏(土家族)
何　祥(土家族)
陈　俊
杨　辰(土家族)
张　昶
张　义

**咸丰县人大常委会**

主　任　欧阳开平(土家族)
副主任　杨志高(土家族)
曾永国(土家族)

邓　华(女,苗族)
谭　皓(土家族)
尹健康
曾令军(土家族)

**咸丰县人民政府**

县　长　覃正炜(土家族)
副县长　曾　军(苗族)
唐红珍(女,土家族)
申金桥(朝鲜族)
袁明江(土家族)
金　韬
高绪辉(土家族)
张青平
程俊毅
陈启洪(挂职)
张　昶(女,挂职)

**政协咸丰县委员会**

主　席　梁爱民(土家族)
副主席　李方胜
刘玉学(土家族)
张政祥(土家族)
严克远
蔡　玲(女,土家族)

## 来凤县

**中共来凤县委委员会**

书　记　李　伟(土家族)
副书记　张作明
安生永
常　委　李　伟(土家族)
张作明
安生永
刘支皇(土家族)
何小岚(女,土家族)
张冠华(苗族)
田　慧(女,土家族)
汪建敏
黄祥平(苗族)
孙　亮(挂职)
谭　剑(土家族)
付相永

**来凤县人大常委会**

主　任　田延初(土家族)
副主任　滕建刚(苗族)
蔡　勇(苗族)
张　钧(苗族)
覃玉斌(土家族)
段光明
文和海

**来凤县人民政府**

县　长　张作明
副县长　刘支皇(土家族)
孙　亮(挂职)
吴兴灿(苗族)
汪玉明(土家族)
朱泽华(土家族)
向　峰(女,土家族)
向雪峰(土家族)
夏杨巨添(挂职)
张　腾(回族,挂职)

**政协来凤县委员会**

主　席　赵昌青(土家族)
副主席　满　涛(苗族)
舒镜峰(土家族)
彭召元(土家族)
龙显著(土家族)
胡新江

## 鹤峰县

**中共鹤峰县委员会**

书　记　彭元洪(土家族)
副书记　王　兵(土家族)
赖于明
常　委　彭元洪(土家族)
王　兵(土家族)
赖于明
姚玉华(苗族)
伍晓锋(土家族)
皇甫鸿(女,土家族)
阳如海(苗族)
陈卫锋(土家族)
陈　澍
冉俊杰
危　俊(苗族)

**鹤峰县人大常委会**

主　任　黄凤协(土家族)
副主任　向宏安(土家族)
夏德术(苗族)
夏依忠(苗族)
王红艳(女,白族)
熊　敏(土家族)
王卫华(土家族)

**鹤峰县人民政府**

县　长　王　兵(土家族)
副县长　伍晓锋(土家族)
冉俊杰
郑　平(土家族)
章银华(土家族)
龚联坤(土家族)
李大江(苗族)
刘万红(土家族)
邓继强(土家族,挂职)
陈世娟(挂职)
林　曙(挂职)
李鸿雯(挂职)

**政协鹤峰县委员会**

主　席　覃长玉(女,土家族)
副主席　张甄秀(女,土家族)
黄宏启(土家族)
覃黎明(土家族)
丁仕德(土家族)
李施甫(土家族)

## 重要文件

# 中共恩施州委　恩施州人民政府关于深入贯彻实施长江经济带发展战略推进流域综合治理和统筹发展加快城市和产业集中高质量发展的实施意见

（2023 年 9 月 9 日）

为深入实施长江经济带战略，贯彻落实省委十二届四次全会精神，全面落实省委关于城市和产业集中高质量发展等工作部署，推动《恩施州流域综合治理和统筹发展规划》（以下简称《规划》）落实落地，加快“两山”实践创新示范区建设成势见效，制定本实施意见。

**一、总体要求**

（一）指导思想。以习近平新时代中国特色社会主义思想为指导，全面贯彻党的二十大精神和习近平总书记关于长江经济带发展的重要讲话和指示批示精神，以实施《规划》为重要载体和抓手，推进以流域综合治理为基础的四化同步发展，突出城市和产业集中高质量发展，彰显“土、硒、茶、凉、绿”五大优势，抓实“立足大生态、构建大交通、发展大旅游、打造大产业”四大举措，加快建设“两山”实践创新示范区，为湖北建设全国构建新发展格局先行区作出更大贡献。

（二）总体目标。着力建设世界级旅游目的地、全国硒产业高地、华中地区清洁能源基地、华中地区现代中医药产业基地、华中地区现代烟草产业基地和特色型区域中心城市。到 2025 年，全州以流域综合治理为基础的四化同步发展取得明显成效，“两山”实践创新示范区建设取得实质性进展，地区生产总值突破 1800 亿元，走在全国 30 个少数民族自治州前列。

**二、重点工作**

（一）实施流域综合治理

1. 强化底图单元管控。推进清江二级流域片区治理，优化清江上游等 10 个三级流域片区，细化 35 个四级流域片区底图单元，明确分区管控指标和分步治理目标。完善流域治理与区域管理相结合的管理体制，充分发挥各区域单元河长、林长等管理制度对流域综合治理的统筹协调作用。（牵头单位：州自然资源规划局、州水利湖泊局、州生态环境局，州直责任单位由牵头单位统筹确定，各县市均为责任单位，下同）

2. 守住流域安全底线。守住水安全底线，加快构建现代水网，加快建设姚家平水利枢纽工程，持续开展中小河流综合治理。守住水环境安全底线，严格落实“三线一单”准入要求和流域岸线管控措施，深入开展农业面源污染治理，提高城乡生活垃圾资源化利用水平。守住生态安全底线，深入推进长江高水平保护十大攻坚提升行动，打好长江保护修复攻坚战，推进环境污染防治，到 2025 年长江干流、清江出境断面水质保持Ⅱ类。守住粮食和能源资源安全底线，强化耕地和基本农田红线管控，加快新能源开发利用。守住地质灾害防治安全底线，加强隐患监测预警，完成群专结合监测点建设，完善地质灾害综合防治体系。（牵头单位：州水利湖泊局、州生态环境局、州农业农村局、州发改委、州自然资源规划局）

3. 开展小流域综合治理试点。科学编制恩施市带水河试点流域统筹发展规划，统筹污染治理、生态修复、产业发展和共同缔造，促进生态、生产、生活融合发展，探索分区分类管控新标准、全流域治理新路径、产业转型发展新业态、共同缔造新机制、绿色低碳生产生活新方式，将带水河打造成小流域治理样板、绿色低碳生产生活样板、统筹城乡融合发展样板。稳步推进利川市团堡小溪河、建始县东洛河、巴东县平阳河、宣恩县黄河沟、咸丰县曲江河、来凤县老虎洞河、鹤峰县淡水源白泉河等 7 个县市试点工作。（牵头单位：州生态环境局、恩施市）

（二）推动四化同步发展

4. 推进新型工业化。推动食品、建材等传统产业改造升级，支持企业数字化改造、智能化升级和绿色化转型，力争规模以上工业企业新一轮技术改造全覆盖，年均实施工业技改项目 100 个以上。推进清洁能源、富硒产业、生物医药等产业加快发展，深入落实链长制，加快补链、延链、强链。推动产业向园区集聚，以恩施高新区为龙头，加快"1+8"产业园区建设发展。加快绿色低碳转型，贯彻落实中央关于碳达峰碳中和"1+N"政策体系，鼓励新能源开发、清洁能源应用，加快绿色低碳技术研发和推广应用。（牵头单位：州经信局、州发改委、恩施高新区）

5. 推进信息化建设。加快推进5G、工业互联网等新型基础设施建设，谋划建设一批行业数据中心，完善信息基础设施。加快数字化转型试点示范建设，推动数字技术与实体经济深度融合。重点培育大数据、云计算等数字经济核心产业。到2025年，数字经济核心产业增加值达到110亿元以上。（牵头单位：州经信局）

6. 推进新型城镇化。坚持以强县工程为抓手，推动城乡融合发展。推进以县城为重要载体的就地城镇化，到2025年全州常住人口城镇化率达到51.66%。实施城市更新，加快推进老旧小区改造，建设完整居住社区。按照州城、利川城区国家AAAAA级景区标准，其他县城国家AAAA级景区标准提升城市品质，加快完善住房保障体系，持续改善办学和医疗条件，提升县城养老服务能力，推动人口和产业向县城集聚。推进以县域为单元的城乡统筹发展，构建一、二、三产业融合发展体系和统筹县乡村的三级公共服务体系。（牵头单位：州住建局）

7. 推进农业现代化。持续推进标准化基地建设，扩大标准化种植养殖规模。加大农产品精深加工力度，培育规模以上农产品加工企业300家以上，国家、省、州重点龙头企业分别达到5家、80家、300家。构建"1+8+N"品牌体系，加强品牌营销，高质量举办硒博会，在大中城市开设品牌形象店。推进农业机械化生产，发展设施农业、数字农业。创建国家农业绿色发展先行区和国家农产品质量安全州，认证绿色、有机、地理标志农产品800个以上，认证面积350万亩以上。借鉴浙江"千万工程"经验，建设万千美丽乡村。（牵头单位：州农业农村局）

8. 做大做强生态旅游康养产业。按照世界级旅游景区标准，提升恩施大峡谷等国家AAAAA级旅游景区品质，创建恩施大峡谷-腾龙洞世界地质公园。支持利川苏马荡、巴东绿葱坡、宣恩双龙湖等建设国家级旅游度假区。建设全省户外运动示范区。推进长征（长江）国家文化公园（恩施段）建设，推进万里茶道鹤峰段申遗，建成武陵山区（鄂西南）土家族苗族文化生态保护区。到2025年，生态旅游康养产业综合收入达到800亿元。（牵头单位：州文旅局）

（三）加快城市和产业集中高质量发展

9. 优化城市布局。推进"强州城"战略，优化布局，提升能级，增强集聚辐射能力。按照紧凑型城市规划建设要求，优化形成东城、西城、舞阳坝、月亮湾组团结构。重点建设东城组团，围绕州行政中心以及片区公共服务设施建设，有序承接老城区人口及功能疏解。（牵头单位：州自然资源规划局、恩施市）

10. 完善城市功能。按照"宜居、韧性、智慧"的要求，加快州城金凤大道、恩施大道等主干路和停车场、公园、绿地建设，实施燃气、供水等基础设施补短板工程。统筹推进学校、医院、运动场所等功能布局，加快建设科技馆、青少年宫等公共场馆。健全州、县、街道、社区四级公共服务体系，逐步把33个社区全部建成完整社区。扩大保障性租赁住房供给，支持刚性和改善性住房需求。推进城市数字公共基础设施和城市信息模型平台建设，建设城市运行管理服务平台和"全城一个停车场"管理系统。按照"临山控高、滨水退距、谷地留白"思路，有效管控城市天际线、山脊线、滨水线和建筑风貌，多维度拓展城市公共绿地和开放空间。建立城市历史文化保护与传承体系，推进施州古城等历史文化遗产活化利用。持续推进州城创文创卫。（牵头单位：州住建局、州文旅局、恩施市）

11. 推动产业集聚。集中发展富硒产业，全面推进规模化、标准化、市场化、品牌化建设，努力建设全国硒产业高地。立足茶产业优势和品牌影响力，打造富硒产业的引领产业。以恩施土豆、恩施黑猪、硒饮用水为重点，打造硒产品精深加工产业链。加快推进现代烟草产业园建设，推动恩施卷烟厂扩规升级改造，加快发展烟草废弃物烟碱提取产业。集中发展生态旅游康养产业，推进特色休闲主题街区、大型文旅综合体、智慧旅游综合平台、中高端酒店、美食街区等向州城集聚，做响"恩施女儿会"等地标性节会品牌，建设旅游集散中心，打造功能完备、要素集聚、特色鲜明的旅游目的地。（牵头单位：州经信局、州硒资源中心、州文旅局、恩施高新区）

（四）强化高质量发展支撑

12. 完善交通物流体系。构建对外畅通的主通道。开工建设沪渝蓉高铁恩施段，推进安恩张、遵黔恩铁路等前期工作。建成宣咸、鹤峰东、建恩北高速等项目，加快利咸、巴张高速沪蓉沪渝连接段、新机场高速等项目建设，谋划推进巴张高速野三关至湖南省界段、利云高速等项目前期工作。实施恩施机场迁建工程。打造高效内联的循环网。加快恩高宣快速通道建设。推进省际出口路、乡镇二级路、城镇过境路等项目建设。深化"四好农村路"建设。加快长江巴东港提档升级、清江恩施港综合服务功能拓展。建设供应链物流设施。打造恩施主城区州级冷链物流核心，完善基层农产品产地冷藏保鲜设施。支持各县市开展"客货邮"融合发展，构建快递物流进村的县乡村三级物流体系。推进恩施传化公路港、建始电商冷链产业园等项目运营见效。加快发展多式联运体系，推进恩施国际物流港、巴东港货运综合码头等项目建设。（牵头单位：州交通运输局）

13. 培育完整内需体系。推动消费提质扩容。加快批零住餐等传统消费提质升级，稳步提升住房、新能源汽车等大宗消费，加快发展直播电商等新业态。打造"一县一特色·一月一主题"文商旅融合消费品牌，争取每年建设1个省级夜间消费集聚区。打造"恩施硒茶""恩施土特产”“恩施餐饮”样板示范店，推进“硒品出山”。精准扩大有效投资。积极争取中省预算内投资、地方政府专项债、政策性开发性金融工具等项目。强化招商引资实效。持续开展驻外招商、战队招商、回归招商、产业链招商，强化项目落地服务。（牵头单位：州商务局、州发改委）

14. 深化改革开放创新。启动国企改革深化提升行动和国有企业高质量发展五年行动。持续推广农村土地经营权、林权抵质押贷款。开展妨碍统一大市场政策措施清理。加快建设武陵山绿色商贸中心和具有区域性影响力的茶叶、中药材交易集散地。推进县市农贸市场规范化建设。推动一批国际贸易平台企业落户恩施，推进跨境电商发展。推动恩施国际航空口岸通过国家验收，有序拓展国际航线。启动实施“赶超计划”和“硒引工程”科技专项。加强技术转移示范机构、科技成果转化中试基地等平台建设。培育一批专业化市场化科创服务机构。支持湖北民族大学建设全省一流大学、恩施职业技术学院建设湖北省“双高”校、湖北恩施学院建设特色鲜明的应用型大学。深入实施“硒谷英才”计划，打造区域性特色人才高地。（牵头单位：州委改革办、州商务局、州科技局）

15. 以控制成本为核心优化营商环境。加快推进市场、政务、社会、开放、法治、要素、设施七大环境建设，争创营商环境标杆城市。加大降本减负力度，落实国家减税降费政策，降低融资、物流、用能、用地、用人、市场开拓和制度性交易成本。聚焦小切口，推进营商环境领域先行改革。树立“人人、事事、处处都是营商环境”的理念，营造尊重企业家、关心实体经济、支持民营经济发展的浓厚氛围。（牵头单位：州营商办）

16. 推进平安恩施建设。强化风险隐患排查、研判、预警、处置，严厉打击各类违法犯罪行为，全力保障全州政治社会大局持续平安稳定。加强矿山、危化品、道路交通、建筑施工、城镇燃气、油气长输管线、水利、电力等重大工程和设施安全监管，推动企业常态化开展隐患排查整治。高效防灾减灾，推进自然灾害风险基础数据库和监测预警网络建设，提升基层应急能力。（牵头单位：州委政法委、州应急局）

（五）推动美好环境与幸福生活共同缔造

17. 健全党的领导和政府服务的体制机制。夯实治理单元基础，强化治理单元组织、力量和阵地支撑。不断完善组织体系，扩大党的组织和工作有效覆盖。深化乡镇和社区“大党委”建设，选优派强乡村振兴、社区治理尖刀班。完善街道党员群众服务中心功能，建设“张富清红色驿站”。持续推动政务服务事项下沉，将“一网通办”等自助终端向村（社区）延伸。（牵头单位：州委组织部、州政务局）

18. 健全联系和服务群众的体制机制。坚持党建带群建，建好职工之家等服务阵地。壮大新型农业经营主体，健全群众利益联结机制。发展公益性、服务性、互助性社会组织。建立村民（居民）委员会—村民（居民）小组长（网格长）—村民联户长（楼栋长）组织体系。健全社区居委会、小区业委会、物业服务企业三方联动机制，推动无物业小区建立自管会、物管会。（牵头单位：州委组织部、州民政局）

19. 健全共同缔造的体制机制。完善民意表达和回应机制，整合“12345”等政务服务热线，用好“恩汇办”“微邻里”等智能服务平台，健全“家门口”诉求服务体系。完善群众参与机制，发动群众组建理事会、评议会、议事会。组织群众依法制定（修订）村规民约。加强家教家风建设，加强网格服务管理。深化党员干部下基层察民情解民忧暖民心实践活动，完善运行机制，整合社区共驻共建资源解决重难点问题。（牵头单位：州委组织部、州政务局）

三、保障措施

（一）加强组织领导。州委、州政府对重大问题、重大事项加强统筹协调，州直各部门要建立牵头负责、协同推进工作机制，县市党委、政府要研究细化任务落实方案，实行清单化管理、项目化推进，把各项任务落到实处。（牵头单位：州委办公室、州政府办公室）

（二）狠抓考核评估。按照《湖北省加快建设全国构建新发展格局先行区推动高质量发展综合绩效评价指标体系（试行）》要求，对各项指标进行分解，制定对各县市、州直各部门的共性和特色考核指标，考评结果纳入党政领导班子和领导干部年度考核体系。加强对重点工作任务、重大改革事项、重要政策举措落实情况的督促检查。（牵头单位：州委办公室、州政府办公室、州委组织部、州发改委、州统计局）

（州委办公室　供稿）

# 中共恩施州委、恩施州人民政府2023年重要文件目录（选登）

恩施州发

1号　中共恩施州委、恩施州人民政府关于做好2023年全面推进乡村振兴重点工作的意见

6号　中共恩施州委、恩施州人民政府关于印发《恩施州促进中医药传承创新发展实施方案》的通知

7号　中共恩施州委、恩施州人民政府关于深入贯彻实施长江经济带发展战略、推进流域综合治理和统筹发

展、加快城市和产业集中高质量发展的实施意见

8号　中共恩施州委印发《关于在全州深入开展学习贯彻习近平新时代中国特色社会主义思想主题教育的实施方案》的通知

9号　中共恩施州委、恩施州人民政府印发《关于支持恩施职业技术学院高质量发展的十条措施》的通知

10号　中共恩施州委、恩施州人民政府关于深入推进质量强州建设的实施意见

## 恩施州办发

2号　州委办公室、州政府办公室关于印发《恩施州乡村建设行动实施方案》的通知

6号　州委办公室、州政府办公室关于印发《恩施州数字经济发展三年行动规划(2023—2025年)》的通知

7号　州委办公室、州政府办公室关于印发《恩施州构建更高水平全民健身公共服务体系实施方案》的通知

## 恩施州办文

28号　州委办公室、州政府办公室关于印发《恩施州小流域综合治理州级试点(带水河)工作方案》的通知

(赵　璐)

## 州政府令

1号　关于废止《恩施土家族苗族自治州地名管理办法》的决定

## 恩施州政规

1号　关于印发《恩施州公共场所控制吸烟规定(试行)》的通知

2号　关于印发《恩施土家族苗族自治州城乡居民基本医疗保险实施办法》的通知

3号　关于印发恩施州机动车停车场管理暂行办法的通知

4号　关于印发恩施州住房公积金支持职工合理住房需求促进房地产市场平稳健康发展二十条措施的通知

5号　关于印发恩施土家族苗族自治州职工基本医疗保险和职工大额医疗费用补助实施办法的通知

6号　关于印发恩施州生态环境违法行为举报奖励办法的通知

7号　关于印发恩施州清江质量奖管理规定的通知

## 恩施州政发

1号　关于印发在全州政府系统开展“五型”政府建设推动恩施州高质量发展工作方案的通知

2号　关于委托农村宅基地农用地转用审批权的通知

3号　关于印发恩施州全民健身实施计划(2022—2025年)的通知

4号　关于印发《恩施州行政机关负责人出庭应诉工作规定》的通知

5号　关于公布实施恩施市城区标定地价体系更新成果的通知

6号　关于公布实施恩施州林地基准地价制订试点成果的通知

7号　关于认真做好第五次全国经济普查工作的通知

10号　关于印发《恩施土家族苗族自治州人民政府工作规则》的通知

11号　关于印发恩施州行政规范性文件备案审查办法的通知

12号　关于公布行政规范性文件清理结果的通知

13号　关于公布第八批州级非物质文化遗产代表性项目名录和扩展项目名录的通知

14号　关于印发支持实体经济发展有关奖励政策和支持经济社会发展有关激励措施的通知

## 恩施州政办发

1号　印发关于激发市场主体活力推动经济稳健发展的若干政策措施的通知

2号　关于印发《政府工作报告》2023年重点工作责任分解的通知

3号　关于印发恩施州推动公立医院高质量发展实施方案的通知

4号　印发关于持续深化供销合作社综合改革推进供销合作事业高质量发展行动方案的通知

5号　关于印发以控制成本为核心持续建设一流营商环境工作措施的通知

6号　关于印发恩施州12345政务服务便民热线与110报警服务台高效对接联动工作实施方案的通知

7号　关于印发恩施州创建国家农业绿色发展先行区推进方案的通知

8号　关于印发2023年立法工作计划的通知

9号　关于印发恩施州特色农产品品牌培育三年行动方案(2023—2025年)的通知

10号　关于印发恩施州县域经济五年攻坚行动方案

（2022—2026 年）的通知

11 号 关于印发 2023 年恩施州消费帮扶工作方案的通知

12 号 印发关于更好激发市场主体活力推动经济稳健发的接续政策措施的通知

14 号 关于印发恩施州人民政府 2023 年重大行政决策事项目录的通知

15 号 关于调整 2023 年全州社会救助标准的通知

16 号 关于印发恩施州防汛抗旱应急预案的通知

17 号 关于印发恩施州建设全省公共资源交易监管先行区实施方案的通知

18 号 关于建立常态化破产处置府院联动机制助力优化营商环境的意见

19 号 关于进一步规范全州招商引资工作的指导意见

20 号 印发关于推进基本养老服务体系建设的若干措施的通知

21 号 关于印发《恩施州州级实行告知承诺制证明事项目录清单（2023 版）》《恩施州州级不需要申请人提交材料的证明事项目录清单（2023 版）》的通知

22 号 关于印发恩施州高新工业园区规范化建设发展三年行动方案（2023—2025 年）和恩施州高新工业园区规范化建设考核评价办法的通知

23 号 关于印发《州属企业负责人经营业绩考核办法》《州属企业负责人薪酬管理办法》的通知

24 号 关于进一步加强全州旅游团队购物市场管理的通知

25 号 关于进一步加强全州旅游安全管理工作的通知

27 号 关于印发恩施州农村生活污水治理三年行动方案（2023—2025 年）的通知

28 号 关于印发恩施州突发事件医疗卫生救援应急预案的通知

29 号 关于印发恩施州承接省人民政府委托用地审批权实施方案的通知

30 号 关于印发恩施州 2024 年一季度经济“开门红”工作方案的通知

31 号 关于印发恩施州城城市和产业集中高质量发展实施方案（2023—2025 年）的通知

### 恩施州政函

8 号 关于恩施州第十届社会科学优秀成果奖的通报

15 号 关于 2022 年度全州“比抓强争促”工作考核结果的通报

16 号 关于 2022 年州级奖补政策兑现落实情况的通报

99 号 关于 2022 年度全州食品药品安全工作考核结果的通报

188 号 关于 2023 年度社会科学重大、重点、优秀课题的通报

（陈治华 张文熙 陈薇薇 舒 淼 陈欣兰 杨 炎）

## 地方法规

# 恩施土家族苗族自治州爱国卫生工作条例

（2023 年 9 月 27 日恩施土家族苗族自治州第九届人民代表大会常务委员会第十二次会议通过 2023 年 12 月 1 日湖北省第十四届人民代表大会常务委员会第六次会议批准）

第一条 为了加强爱国卫生工作，动员全社会参与爱国卫生运动，保障公民身心健康，推进健康美丽恩施建设，根据有关法律、法规，结合本州实际，制定本条例。

第二条 本条例适用于本州行政区域内的爱国卫生工作及其监督管理活动。

本条例所称爱国卫生工作，是指为改善城乡卫生环境，预防和控制疾病，倡导健康生活方式，减少健康危害因素，提高城乡居民健康水平而开展的社会性、群众性卫生活动。

爱国卫生工作包括卫生城镇创建、健康城市建设、健康促进与教育、城乡环境卫生治理、病媒生物防制等内容。

第三条 爱国卫生工作应当坚持中国共产党的领导，坚持以人民健康为中心，遵循政府主导、部门协作、全民参与、预防为主、综合治理的原则。

第四条 州、县（市）人民政府组织开展本行政区域内爱国卫生工作，将工作经费列入本级财政预算，建立目

标责任制和考核评价制度。

乡(镇)人民政府、街道办事处负责本辖区爱国卫生工作。

村(居)民委员会协助乡(镇)人民政府、街道办事处开展爱国卫生工作。

第五条　州、县(市)人民政府爱国卫生运动委员会(以下简称"爱卫会")由本级人民政府有关部门和相关单位组成,负责组织协调本行政区域内爱国卫生工作。爱卫会各成员单位按照各自职责做好爱国卫生工作。

爱卫会办公室是爱卫会的办事机构,设在本级人民政府卫生健康主管部门,承担爱卫会的日常工作。

第六条　国家机关、企业事业单位和其他组织应当做好本单位的爱国卫生工作,落实爱国卫生工作责任,组织爱国卫生运动,引导公民养成健康的行为习惯和生活方式。

村(居)民委员会的公共卫生委员会组织做好村(社区)环境卫生工作,协助提供村(社区)公共卫生服务。

公民应当参加爱国卫生运动,爱护公共卫生设施,维护公共环境卫生。

第七条　每年四月全州应当集中宣传爱国卫生知识,组织开展全国爱国卫生月活动。

第八条　在发生传染病疫情、突发公共卫生事件和自然灾害时,州、县(市)爱卫会应当组织动员有关单位和群众参加爱国卫生活动。

第九条　州、县(市)爱卫会应当推进卫生城镇创建,全面提升公共卫生环境设施建设和管理水平,营造干净整洁舒适的宜居环境。

推进健康城市建设,建立健康影响评估制度,实施重大政策、重大规划和重大项目前,应当组织开展健康影响评估。

推进健康乡(镇)、健康村(社区)、健康单位、健康家庭等建设,推动健康环境改善、健康服务优化、健康文化倡导和健康行为养成。

第十条　国家机关、企业事业单位、村(居)民委员会和其他组织应当采取多种形式开展健康教育与健康促进工作。

卫生健康主管部门应当加强对健康教育与健康促进的指导、培训和监测评价。

医疗卫生机构应当加强对传染病、慢性非传染性疾病、职业病等疾病的防治知识宣传,开展技术培训。

报刊、广播、电视、网络等新闻媒体应当通过开设专栏、公益广告、专题报道等方式积极开展健康知识宣传和普及。

第十一条　学校、幼儿园和托育机构应当按照国家、省有关要求设置卫生室或者保健室,配备校医或者保健教师、心理健康教育教师,开设健康教育课程,加强健康心理辅导,以多种教育教学形式对学生进行健康干预,提高学生自我保健能力和健康水平。

第十二条　各级人民政府应当组织开展无烟环境建设,国家机关、企业事业单位和其他组织应当积极参与无烟环境建设。

公共场所控制吸烟。在公共交通工具、电梯轿厢内以及法律、法规、规章规定的禁止吸烟的其他场所禁止吸烟。

禁止吸烟场所的经营者、管理者,应当在醒目位置设置禁止吸烟标识,不得在禁止吸烟场所摆放吸烟器具。

第十三条　各级人民政府应当对城市老旧居民小区、城乡接合部、城中村、背街小巷、建筑工地等区域的环境卫生进行重点治理。城市环境卫生治理工作按照市容环境卫生管理规定执行。

旅游景区景点管理机构应当加强公共卫生设施的建设和管理,宣传旅游环境卫生知识,做好垃圾、粪便和污水的无害化处理,保持景区景点环境卫生。

第十四条　县(市)、乡(镇)人民政府应当推进农村环境卫生综合治理。农村环境卫生应当符合以下要求:

(一)公路铁路沿线以及人员密集的公共区域无暴露的生活垃圾、建筑垃圾和农业投入品废弃物;

(二)房前屋后整洁干净,无垃圾杂物和乱搭乱建;

(三)河渠塘沟水面无漂浮垃圾,无黑臭水体;

(四)其他农村环境卫生整治工作的要求。

第十五条　各级人民政府应当加强城乡生活垃圾处理基础设施建设,推行生活垃圾分类投放、收集、运输和处理,提高生活垃圾减量化、资源化和无害化水平。

第十六条　各级人民政府应当加强城乡生活污水处理设施建设和管理,建立城乡生活污水处理系统,提高城乡生活污水处理能力。

第十七条　各级人民政府应当加强农(集)贸市场、医疗卫生机构、客运站、停车场、公园、广场、景区景点等地公共厕所的建设与管理。

推进农村户用卫生厕所建设和改造,合理布局农村公共卫生厕所,落实管理维护责任,改善厕所环境卫生状况。

第十八条　各级人民政府应当加强生活饮用水卫生设施建设和管理,推进城市供水管网向周边农村延伸,推进农村规模化集中供水工程建设。

生态环境、水行政、卫生健康等主管部门应当改善水环境,完善水源地保护、自来水生产、安全供水全过程监管体系,强化水质监测,切实保障饮用水安全。

第十九条　各级人民政府应当加强对餐饮业环境卫生的监管。

餐饮业经营者从事生产经营活动,应当配备防鼠、防蝇、防尘、油烟净化等设施,保证生产经营的环境卫生。

第二十条　各级人民政府应当加强农(集)贸市场标准化建设和管理,健全卫生管理制度。

农(集)贸市场应当规范市场功能分区设置,配建垃圾站、防鼠防蝇设施等公共卫生设施,建立卫生、消毒、检验检疫、无害化处理等制度，保持良好的卫生环境。

第二十一条　单位和个人饲养犬、猫等动物，应当遵守国家和省的有关规定，避免传播疾病、破坏环境卫生，防止对他人人身造成伤害。

第二十二条　公民应当自觉维护城区公共环境卫生，不得有下列影响公共环境卫生的行为：

（一）在公共场所随地吐痰、便溺；

（二）乱扔瓜果皮、口香糖、纸屑、烟蒂、包装物、废旧塑料制品等废弃物；

（三）乱倒垃圾、污水、粪便；

（四）在道路、建筑物等设施上乱涂、乱贴、乱画；

（五）从建筑物、车内向外抛物；

（六）在道路、居民区或者其他公共区域焚烧、抛撒丧葬祭奠等物品；

（七）其他污染、破坏城区公共环境卫生的行为。

第二十三条　国家机关、企业事业单位、村（居）民委员会和其他组织应当建立老鼠、苍蝇、蚊子、蟑螂等病媒生物的日常预防控制制度，控制病媒生物密度，清除病媒生物孳生地，避免和减少病媒生物危害的发生。

病媒生物预防控制工作实行单位责任制。居民应当做好住宅内的病媒生物预防控制。

第二十四条　各级人民政府应当坚持日常防制与集中防制、专业防制与常规防制相结合的原则，积极开展以环境治理为主、药物防制为辅的病媒生物预防控制工作。

爱卫会应当组织专业机构对病媒生物预防控制效果进行评估，对发现的问题及时采取措施予以解决。

卫生健康主管部门应当根据病媒生物活动规律和预防控制工作的需要，采取综合防治措施，组织开展病媒生物预防控制工作。

疾病预防控制机构应当定期开展病媒生物种类、密度和抗药性监测，及时将监测结果报告本级爱卫会。

第二十五条　州、县（市）爱卫会应当推进爱国卫生信息化建设，建立爱国卫生基础数据系统，推进信息共享。

第二十六条　鼓励公共卫生机构、高等院校及科研机构开展爱国卫生科学研究，推广先进技术，提供指导和服务。

第二十七条　国家机关、企业事业单位、村（居）民委员会和其他组织应当建立卫生管理制度，确定爱国卫生工作责任人，并接受爱卫会的监督检查。

爱卫会应当组织开展多种形式的爱国卫生运动，定期检查或者随机抽查成员单位及辖区内的单位和个人开展爱国卫生工作的情况，公开通报检查结果，并将年度检查结果报同级人民政府。

爱卫会可以聘请志愿者担任爱国卫生监督员，开展爱国卫生监督。爱国卫生监督员进行监督时，应当佩戴标志或者出示证件。

第二十八条　爱卫会应当建立投诉举报制度，公开投诉举报方式，负责受理投诉举报的主管部门应当依法核实并处理。

第二十九条　对在爱国卫生工作中作出突出贡献的单位和个人，州、县（市）人民政府应当按照国家和省有关规定给予奖励。

第三十条　在爱国卫生工作中，相关单位及其工作人员未依法履行爱国卫生职责的，由所在单位或者上级行政主管部门责令改正；情节严重的，对直接负责的主管人员和其他直接责任人员依法给予处分；构成犯罪的，依法追究刑事责任。

第三十一条　本条例自2024年3月1日起施行。

（州人大常委会办公室　供稿）

# 专　文

## 恩施州学习贯彻习近平新时代中国特色社会主义思想主题教育综述

中共恩施州委主题教育领导小组办公室

恩施州参加第二批主题教育的县处级以上单位130个、县处级以上领导班子成员777人、党组织6564个、党员16.7万名。主题教育启动以来，恩施州深入学习贯彻习近平总书记关于主题教育的重要讲话和重要指示批示精神，认真贯彻落实党中央决策部署和省委工作安排，全面落实中央第十巡回指导组调研指导有关要求，在省委第十三巡回督导组精心指导下，紧扣主题主线，把握总体要求，聚焦目标任务，狠抓工作落实，主题教育取得明显成效。

**一、主要做法**

一是高点站位聚共识。2023年4月份以来，州委就把常态化理论学习作为凝心聚力的动力之源，坚持“思想引领、学习在先”，州委常委会认真学习贯彻习近平总书记关于主题教育的重要讲话、重要批示指示精神，让常委班子成员精准把握党中央开展主题教育的基本考量、重大意义、目标任务、安排部署等重点内容。常委班子成员指导联系县市、分管领域开展持续深入学习，把全州党员干部的思想和行动统一到党中央的决策部署上来。通过持续深入的学习，让全州上下深刻认识到：以县处级以上领导干部为重点，在全党深入开展学习贯彻习近平新时代中国特色社会主义思想主题教育，是以习近平同志为核心的党中央为全面贯彻党的二十大精神、动员全党同志为完成党的中心任务而团结奋斗所作的重大部署，是深入推进新时代党的建设新的伟大工程的重大部署，必须始终站在拥护“两个确立”、做到“两个维护”的高度，扎实开展主题教育。

二是压实责任强保障。州委成立由州委主要领导任组长的主题教育领导小组，州委书记胡超文坚持责任上肩、以上率下，先后召开9次州委常委会会议研究主题教育工作，带头领衔调研课题和民生实事项目，研究审定正反典型案例，精心讲授专题党课，主持召开主题教育现场推进会，示范引领全州主题教育向纵深推进。州委按照“硬抽人、抽硬人”的标准，抽调21名精干力量组建主题教育工作专班，统筹推进主题教育、实践活动、共同缔造等重点工作。8县(市)、州直各部门比照州委做法，相继成立领导机构，全面压实党委(党组)主体责任、党委(党组)书记第一责任人责任。州委直属机关工委、州教育工委、州国资委党委、州高新区党工委切实肩负行业领导责任，指导推动本行业、本系统扎实开展主题教育。州委主题教育领导小组办公室各联络组跟进督促指导所联系单位和县(市)不折不扣落实主题教育各项措施，确保主题教育不跑偏、不走样、见成效。

三是对标对表抓调度。州委先后召开2次主题教育工作会议、1次现场推进会议、3次州委主题教育领导小组办公室主任会议，跟进学习习近平总书记关于主题教育的最新重要讲话和指示批示精神，传达学习中央、省委主题教育有关会议和文件精神，调度安排主题教育重点任务，推动落实各项重点措施。制定政策问答41条，印发《工作提示》12期和专项整治问题督办函2批9件，动态发布简报编发要点21条。积极配合中央第十巡回指导组、省委第十三巡回督导组调研指导工作，动态调度调查研究清单、领办民生实事项目清单、推动高质量发展重难点问题项目清单、检视整改问题清单。州委主题教育领导小组办公室深入有关县(市)、乡镇、村(社区)、学校、医院、国有企业、“两新”组织开展实地推演调研，针对性加强政策指导，有效防范“低级红”“高级黑”现象。

四是分类施策重指导。针对第二批主题教育单位层级多、类型多、党员数量多、覆盖面广的特点，根据不同层级、不同对象实际，区分主题教育单位不同情况，因地制宜、分类指导，不搞“一刀切”。针对县处级以上领导班子和领导干部，检查抽查规定材料学习情况、清单落实情况，重点督办推动发展的成效、为民办事的成果；针对各基层党员和普通党员，督办指导各基层党组织以党支部为单位，依托“三会一课”、主题党日等多种形式，抓好党员集中学习和个人自学，确保主题教育覆盖到每一个基层党支部、延伸到每一名党员；针对无职党员、流动党员、新社会组织和新经济组织党员，根据各自行业性质、职业特点，科学界定学习内容、创新拓展学习方式，力争让每位党员都学有所获。恩施市用好用活司机之家、硒都蜂巢等服务阵地和钉钉网络平台，组织新就业群体党员利用空闲时间灵活学习。利川市设立25个临时党支部，搭建“候鸟”驿站，方便外地旅居党员学习。鹤峰县将农村党员分为四种类型，组织村内任职党员集中研学、居家发展党员自学、流动党员线上帮学、老弱失能党员上门送学，确保农村党员不漏学。

**二、工作成效**

一是原原本本“学”，学出坚强党性。州委常委会坚持把理论学习放在首位并贯穿始终，举办为期7天的读书班，开展3次专题辅导报告、1次专题交流、4次集中研讨交流，州委理论学习中心组同步开展12次集体学习。紧紧抓住县处级以上领导班子和领导干部这个重点，及时印发党委(党组)理论学习中心组学习提示9条，全州县处级以上领导班子分别举办不少于7天的读书班。推出主题教育点单宣讲课程18项，为各级党委(党组)开展理论学习提供宣讲服务。各级党组织书记结合学习收获、工作实际讲好专题党课，行业部门初审、工作专班复核、主题办终审“三级审稿把关机制”做法在中央主题教育简报第107期刊发。州委主要领导在全省市厅级主要领导干部专题培训班上围绕“深入推进流域综合治理，加快建设‘两山’实践创新示范区”作专题交流，受到广泛好评。全州党政机关、事业单位、国有企业等党员干部注重学用结合，坚持干什么学什么，差什么补什么，通过述学讲学、座谈发言、面谈交流等方式，检验学习实效。在持续深入的理论学习中，全州广大党员干部不断从深邃的党的创新理论中感悟真理伟力，拥护“两个确立”、树牢“四个意识”、坚定“四个自信”、做到“两个维护”的思想自觉、政治自觉、情感自觉和行动自觉更加坚定。

二是聚焦问题“研”，研出破局之策。坚持把解决真问题、真解决问题作为调研选题的目标导向，建立党委(党组)集中议、党委(党组)书记初审、州委主题教育办复审、省委巡回督导组终审的“一议三审”把关机制，精准确定调研课题，全州777名县处级以上领导班子成员，领办780

个调研课题。对调研中发现的情况和问题全面梳理、深入分析，既开“药方”、更重“疗效”。州委、州政府主要领导多次带队赴浙江、上海、广东、福建等地考察，学习拓宽“两山”转化路径、推进共同缔造、深化改革开放等经验做法，借他山之石解决恩施发展难题。州委领导班子聚焦全省小流域综合治理试点开展战略性调研，探索生态优先、绿色发展的有效路径，为践行省委赋予恩施州建设“两山”实践创新示范区重大使命寻求突围之策；聚焦打造世界级旅游目的地，开展旅游行业安全问题反面案例解剖式调研，推动旅游产业高质量发展，2023 年全州接待游客 8500 万人次，实现旅游综合收入 625 亿元，同比分别增长 24%、42%。坚持目标导向、效果导向，构建“调查研究、研讨交流、成果转化”的闭环链条，形成了一批指导实践、推动工作的思路办法和政策举措。州委办公室制定《恩施州“党内法规执行强化年”工作方案》，推动党的规范性文件备案、文件清理和中央党内法规执行工作；州政府办公室创新“社情民意汇集办理六项机制”，广泛汇集民意、倾听民愿、凝聚民智；州人社局聚焦全州人力资源企业规模小、实力弱等问题，推动出台《恩施州支持人力资源服务产业园建设的九条措施》，鼓励企业入园抱团发展；州发改委、州财政局、州税务局等部门研究出台《关于更好激发市场主体活力推动经济稳健发展的接续政策措施》，以务实举措降成本、促消费、优环境；恩施市法院、恩施市发改局调研出台《关于开展价格争议纠纷调解试点工作的实施方案》，积极回应群众关心的热点。

*三是脚踏实地“干”，干出发展成色。*坚持发展是解决一切问题的总钥匙，完整、准确、全面贯彻新发展理念，立足恩施生态资源富集的优势，始终秉承绿水青山就是金山银山的理念，牢记省委赋予恩施的使命任务，明确以流域综合治理为基础，以推进城市和产业集中高质量发展为路径，以强县工程为抓手，彰显“土、硒、茶、凉、绿”五大特色，立足大生态、构建大交通、发展大旅游、打造大产业，加快建设“两山”实践创新示范区。目前，守牢安全底线、建设宜居智慧韧性城市、突破性发展富硒产业和生态旅游康养产业、补齐重大基础设施短板、全面推进乡村振兴等重点措施正在深入实施，州域经济社会发展呈现良好态势。截至 11 月，12 项指标增速高于全省平均水平，6 项指标增速排名全省前 3 位。始终坚持把“四下基层”作为重要抓手，以美好环境与幸福生活共同缔造为载体，持续深化党员干部下基层察民情解民忧暖民心实践活动，加快民生实事办理。州、县“四大家”领导班子成员领办民生实事 308 个并全部办结。全州新建农村公路 1338 千米，新增 14 个行政村通双车道。新开工棚户区改造 200 套，交付棚改安置住房 2783 套。建成失能半失能人员照料中心 8 个、乡镇（街道）养老服务综合体 18 个。1356 个行政村全部建成村级寄递服务网点。实施“冬暖夏凉 · 温情教室”工程，高寒地区、低山地区 245 所学校 24 万师生实现冬暖夏凉。恩施州“局长进窗口”“幸福食堂”、创新集采药品进村等做法被省主题教育简报推介。湖北卫视 2 次专题报道恩施州主题教育工作成效。

*四是动真碰硬“改”，改出过硬作风。*组织县处级以上领导班子对照检视整改要求，系统梳理调研发现的问题、推动发展中的问题、群众反映强烈的问题，结合巡视巡察、督查检查、审计监督发现的问题，列出问题清单，逐项明确具体措施、整改时限，采取动态管理、滚动销号的方式推进整改。县处级以上领导班子成员排查问题 767 个，制定整改措施 1720 条，现已全部销号。持续抓好承接的第一批主题教育专项整治任务，扎实开展第二批主题教育 10 项专项整治。围绕基层治理、大肆举债、大干快上搞“半拉子工程”“形象工程”“面子工程”和不担当、不作为等方面，全州自查发现问题 3116 个已全部整改到位；主题教育 10 个专项整治共查处问题 4910 个，党纪政务处理处分 1316 人，下发专项整治领域纪检监察建议书 153 份。聚焦廉政风险高的权力事项，督促相关部门制定“小微权力”清单，实行“一个权力事项、一套工作流程、一张操作图表”，让基层干部按图索骥、看图办事，从源头防范群众身边的腐败问题和不正之风。通过动真碰硬的检视整改，整出了硬作风、改出了新气象。

*五是总结提炼“立”，立出长效机制。*针对学习内容宽泛、形式单一、研讨不深、学用结合不紧密等问题，建立州委理论学习中心组“一月一集中、一季度一研讨”工作机制，创新运用调研学习、案例学习、沉浸学习、考察学习等方式，丰富学习体验，增强学习效果。州委围绕省级重大战略规划，出台《关于深入贯彻实施长江经济带高质量发展战略、推进流域综合治理和统筹发展、加快城市和产业集中高质量发展的实施意见》，聚焦小流域综合治理试点任务，研究制定《带水河流域综合治理和统筹发展规划》，为试点建设提供科学指引。州政府围绕打造世界级旅游目的地，专项编制《恩施州创建世界级旅游目的地策划和实施计划》，制定旅游安全管理 10 条措施。各地各部门结合工作实际，围绕经济社会发展重点难点探索建立 200 余项工作机制。利川市发扬新时代“枫桥经验”，出台《矛盾纠纷层级调解管理办法》《矛盾纠纷层级调处奖励办法》；建始县针对群众办事难，制定《推动政务服务资源下沉工作实施细则》；巴东县聚焦大学生就业难，出台《鼓励高校毕业生本地就业创业六条措施》；鹤峰县为解决民宿产业市场主体少、发展规模小的问题，出台《民宿产业发展项目奖补资金管理办法》。

**三、经验启示**

*一是只有常喝“墨水”，才能筑牢思想根基。*理论上清醒，政治上才能坚定。坚定的理想信念，必须建立在对马克思主义的深刻理解之上，建立在对历史规律的深刻把握之上。习近平新时代中国特色社会主义思想是当代中国马克思主义、二十一世纪马克思主义，是中华文化和中

国精神的时代精华,就是我们共产党人必须常喝常新的“墨水”。主题教育启动以来,全州各级党组织坚持“学”字当头,通过专家讲学、集体研学、个人自学等各种方式读原著、学原文、悟原理,廓清思想迷雾,凝聚思想共识,让全州上下深刻认识到坚强的领导核心和科学的理论指导是我们党创造历史伟业的根本所在。“两个确立”是党在新时代取得的重大政治成果,是推动党和国家事业取得历史性成就、发生历史性变革的决定性因素,是党应对一切不确定性的最大确定性、最大底气、最大保证。

二是只有多流“汗水”,才能担起发展重任。幸福是奋斗出来的。全州党员干部立足发展不够、发展不快的州情实际,坚持勤能补拙、弱鸟先飞,把在理论学习中所获取的思想方法、领导方法、工作方法用于推动经济社会高质量发展,以只争朝夕的精神状态投入干事创业中。坚持以流域综合治理统揽经济社会发展全局,扎实开展带水河小流域综合治理试点,启动实施12个流域综合治理项目,水环境质量、空气质量稳居全省前列。强力推进城镇和产业集中高质量发展,深入实施强县工程,加快推进以县城为重要载体的就地城镇化和以县域为单元的城乡统筹发展。主攻富硒和生态旅游康养两大产业,其中富硒产业综合产值达到930亿元,在全国硒产业发展地市中居第1位。工业经济逆势回升,新增规模以上工业企业130家、国家级专精特新“小巨人”企业1家、省级专精特新中小企业42家。脱贫攻坚成果持续巩固,全面乡村振兴成势见效。这些成绩的取得,是全州上下在习近平新时代中国特色社会主义思想的光辉指引下,脚踏实地干出来的。实践证明,恩施作为欠发达地区,未来的出路仍然在“干”、关键在“拼”。

三是只有勤沾“泥水”,才能赢得群众信任。我们的目标很宏伟,也很朴素,归根到底就是让老百姓过上更好的日子。让群众过上好日子,先要从群众的困难事、烦心事着手,及时回应群众诉求,把好事办好、实事办实、难事办妥。主题教育启动以来,全州党员干部大力弘扬“四下基层”的优良传统,以共同缔造为载体深化党员干部下基层察民情解民忧暖民心实践活动,深入到田间地头、走进群众家里,面对面唠家常、实打实解难题。针对老年人吃饭困难问题,建起幸福食堂;针对老旧小区群众出行不便的问题,充分发动群众,为老旧小区加装电梯;针对偏远农村群众买药远、买药贵的问题,推进集采药品进村;针对农村物流体系不畅的问题,建立覆盖全州的物流寄递体系等大批民生实事。事实证明,老百姓是最纯朴、最讲感情的,只要我们真正沉下身子,少坐机关“喝茶水”,多到基层“沾泥水”,真心实意为群众办事,就会赢得群众信任和支持。民之所忧,我必念之;民之所盼,我必行之,必将成为我们党员干部矢志不渝的职场追求。

四是只有敢趟“深水”,才能破解棘手难题。敢于担当是“好干部五条标准”之一,发扬斗争精神是习近平总书记寄语全党同志的重要要求。主题教育启动以来,全州党员干部通过深入习近平总书记关于敢于担当、发扬斗争精神的重要论述,以舍我其谁的勇气用好改革关键一招,解决了大批棘手问题。工业用地“先租后让”、用银行保函代替土地竞买保证金交易等事项取得突破,农民工欠薪数字化治理试点入选全国政务服务效能提升典型案例,农村土地经营权抵押贷款改革荣获第四届湖北改革奖。以控制成本为核心优化营商环境,完成144个营商环境先行区改革试点项目。组建33个重大项目重点工作专班,实行“比抓强争促”机制,全力以赴抓项目。宜咸高速、G348巴东快速通道、恩施东—朝阳500千伏线路等重点项目相继建成,姚家平水利枢纽工程、沪渝蓉高铁宜昌至涪陵段及鹤峰东、建恩北、利咸等高速项目顺利推进,巴张高速沪蓉沪渝连接段、恩施机场迁建等重大项目前期工作紧锣密鼓。实践证明,只有敢于担当,敢趟“深水”,才能解决棘手问题。面对机遇与挑战并存的恩施未来,敢为人先、勇于斗争,仍然是我们的突围之道。

(州委组织部　供稿)

# 恩施州知识产权发展报告(节选)

## 一、知识产权创造

(一)商标

1. 基本情况。2023年,全州申请商标9140件,居全省第7位;注册商标5400件,居全省第5位;全州有效注册总量42372件,同比增长12.87%,同比增速居全省第4位,其中,恩施市14996件,利川市7979件,建始县4152件,巴东县4139件,宣恩县2980件,咸丰县2424件,来凤县2396件,鹤峰县2246件;全州每万户市场主体拥有注册商标898.5件。全州商标业务受理窗口年度办理商标业务805件,其中县(市)延伸服务窗口成功办理商标业务327件;商标专用权质押20件,质押融资金额8172万元,同比增长533%。截至2023年底,现有中国驰名商标5件,居全省第14位;地理标志商标38件,居全省第6位;地理标志保护产品24件,居全省第3位;湖北省优势商标45件,位居全省第11位;542家经营主体获准使用新版地理标志专用标志,占全省核准用标总数1976件的27.4%,居全省第1位。

全州商标注册稳定增长。2017—2023年,全州有效商标注册总量从 9637 件增长到 42372 件，近 6 年有效商标注册总量增长 32735 件，是 1982—2017 年 26 年全州有效商标注册总量的 3.4 倍，年均增长率达到 28%。

6 个地理标志成为州域农产品公共品牌。其中，地理标志证明商标 4 个，分别为“恩施硒茶”“恩施玉露”“利川红”“恩施土豆”，地理标志保护产品 2 个，分别为“恩施黄牛肉”“恩施黑猪肉”。

商标品牌发展基础更加扎实。在湖北省知识产权局主办的历届地理标志品牌培育创新大赛和“我喜爱的湖北品牌”电视大赛两项省级品牌赛事上，恩施州累计获得金奖 16 枚（武汉 11 枚，宜昌 9 枚），金奖数量连续 5 年保持全省第 1；恩施玉露荣获“全国十大名茶”称号，“恩施玉露产业发展案例”入选国家知识产权局公布的全国 108 个商标品牌建设优秀案例；“恩施玉露”“恩施土豆”“来凤藤茶”先后纳入国家农业品牌精品培育计划；恩施土豆相继入驻全国农产品地标馆、省农业农村厅地标农特馆，获得“中国十大马铃薯品牌”“恩施州十大富硒土特产”荣誉；“恩施玉露制作技艺”入列的“中国传统制茶技艺及其相关习俗”入选联合国教科文组织人类非物质文化遗产代表作名录；伍家台贡茶入选《中欧地理标志协定》保护名录；宣恩县伍家台茶叶基地入列农业农村部第二批全国种植业“三品一标”基地，为全省唯一入选茶叶基地；2023 中国茶叶区域公用品牌价值评估报告显示，“恩施玉露”品牌价值 32.63 亿元、“恩施硒茶”品牌价值 25.47 亿元、“鹤峰茶”品牌价值 20.35 亿元、“利川红”品牌价值 7.49 亿元。

2. 每万户市场主体注册商标拥有量。截至 2023 年 12 月底，全州市场主体总数为 471587 户，商标注册量 42372 件，每万户市场主体注册商标拥有量从 2017 年的 425.54 件增长到 2023 年的 898.5 件，增幅为 111.14%，有效商标注册总量增速大幅超过市场主体总量增速，市场主体的商标品牌意识明显增强。全州平均每 11.13 个市场主体拥有 1 件注册商标。

3. 商标申请及注册县（市）分布情况。2023 年，恩施州商标注册量排名前 3 位的县（市）依次为：利川市 1462 件、恩施市 1410 件、巴东县 509 件。

2023 年恩施州商标申请和注册情况表

| 申请商标 | | 注册商标 | | 注册地理标志商标 | | 申请驰名商标 |
|---|---|---|---|---|---|---|
| 件数 | 同比增长 | 件数 | 同比增长 | 件数 | 同比增长 | 件数 |
| 9140 | 6.01% | 5400 | -17.96% | 2 | 200% | 0 |

2023 年恩施州各县（市）新注册商标情况表

| 序号 | 行政区划 | 注册量 | | |
|---|---|---|---|---|
| | | 2023 年注册量 | 同比增长 | 注册总量（件） |
| | 全州 | 5400 | -17.96% | 42372 |
| 1 | 恩施市 | 1410 | -40.88% | 14996 |
| 2 | 利川市 | 1462 | 12.46% | 7979 |
| 3 | 建始县 | 486 | -36.39% | 4152 |
| 4 | 巴东县 | 509 | 2.83% | 4139 |
| 5 | 宣恩县 | 302 | -43.55% | 2980 |
| 6 | 咸丰县 | 296 | -21.07% | 2424 |
| 7 | 来凤县 | 581 | 41.02% | 2396 |
| 8 | 鹤峰县 | 310 | 16.10% | 2246 |

4. 注册商标在全省的排位。2023 年，恩施州注册商标 5400 件，居全省第 5 位。湖北省商标注册数量前 8 名分别为：

武汉市 47721 件、荆州市 11682 件、宜昌市 6840 件、襄阳市 6287 件、恩施州 5400 件、黄冈市 5287 件、孝感市 4416 件、十堰市 4260 件。

5. 驰名商标。截至2023年年底,全州累计认定驰名商标总量为5件,分别为“恩施玉露”“伍家台贡茶”“长友”“大派”“三峡”。其中,“恩施玉露”“伍家台贡茶”既是地理标志保护产品,又是地理标志商标,也是中国驰名商标。

6. 优势商标。截至2023年12月31日,全州共有优势商标45件,其中,恩施市10件、鹤峰县9件、宣恩县8件、利川市4件、建始县4件、来凤县4件、巴东县3件、恩施州2件、咸丰县1件。

**恩施州中国驰名商标统计表**

| 辖区 | 商标名称 | 注册人名称 | 注册时间 | 认定时间 |
|---|---|---|---|---|
| 巴东县 | 三峡 | 湖北三峡酒业有限公司 | 1979年10月31日 | 2012年12月31日 |
| 鹤峰县 | 长友 | 湖北长友现代农业股份有限公司 | 2009年5月28日 | 2013年12月27日 |
| 宣恩县 | 伍家台贡茶 | 宣恩伍家台贡茶产业协会 | 2010年10月21日 | 2015年1月14日 |
| 恩施州 | 恩施玉露 | 恩施州茶产业协会 | 2009年6月28日 | 2015年6月5日 |
| 宣恩县 | 大派 | 湖北大派食品集团有限公司 | 1997年6月28日 | 2018年10月16日 |

说明:截至2023年12月31日

**恩施州“湖北省优势商标”分布统计表**

| 序号 | 区域 | 商标名称 | 商标注册号 | 类别 | 商标注册人 |
|---|---|---|---|---|---|
| 1 | 恩施市(10件) | 花枝山及图 | 11618887 | 30 | 恩施花枝山生态农业股份有限公司 |
| 2 | | 图形 | 29808954 | 30 | 恩施徕福硒业有限公司 |
| 3 | | LIZAO 立早 | 11864655 | 30 | 恩施市凯迪克富硒茶业有限公司 |
| 4 | | 创偲诺 | 15299155 | 7 | 湖北创偲诺电气科技股份有限公司 |
| 5 | | 思乐 | 697381 | 29 | 湖北省思乐牧业集团有限公司 |
| 6 | | ES/CY | 3836867 | 7 | 恩施市长源轴承制造有限公司 |
| 7 | | 天恩地施 | 32423852 | 5 | 华阳(恩施)药业有限公司 |
| 8 | | 黄氏兄弟及图 | 5972243 | 29 | 恩施州平安农业科技开发有限公司 |
| 9 | | 和诺生物 HENO | 19268529 | 1 | 湖北和诺生物工程股份有限公司 |
| 10 | | 十月获 | 17989638 | 30 | 恩施市楚丰现代农业有限公司 |
| 11 | 鹤峰县(9件) | 鹤峰绿茶 | 9588598 | 30 | 鹤峰县茶叶产业协会 |
| 12 | | 白果 | 714766 | 30 | 湖北省鹤峰鑫农茶业有限公司 |
| 13 | | 翠泉 | 828972 | 30 | 湖北省鹤峰县翠泉茶业有限公司 |
| 14 | | 八峰药化 | 1404390 | 5 | 湖北省八峰药化股份有限公司 |
| 15 | | 骑龙 | 632895 | 30 | 湖北鹤峰县骑龙茶业有限公司 |
| 16 | | 鑫丰 XINFENG 及图 | 3268252 | 30 | 鹤峰县金阳特色农产品有限责任公司 |
| 17 | | 青翠源及图 | 8326775 | 30 | 湖北省青翠源茶业有限公司 |
| 18 | | 兴三农 SINGSANNONG | 14086963 | 30 | 鹤峰县三农茶业有限公司 |
| 19 | | 留驾司 LIU JIA LEADERSHIP | 10689927 | 30 | 湖北鹤峰阳光农业发展有限责任公司 |

续表

| 序号 | 区域 | 商标名称 | 商标注册号 | 类别 | 商标注册人 |
|---|---|---|---|---|---|
| 20 | 宣恩县（8件） | 伍家台贡茶 | 7892386 | 30 | 宣恩伍家台贡茶产业协会 |
| 21 | | 皇恩宠锡 | 669113 | 30 | 恩施州伍家台富硒贡茶有限责任公司 |
| 22 | | dapai 大派 | 1043089 | 29 | 湖北大派食品集团有限公司 |
| 23 | | 贡水白柚 | 20515848 | 31 | 宣恩县贡水白柚协会 |
| 24 | | 黄坪黄金梨 | 20685741 | 31 | 宣恩县黄坪黄金梨产业协会 |
| 25 | | 宣恩贡米 | 20515849 | 30 | 宣恩县贡米产业协会 |
| 26 | | 亿来健 | 34204083 | 30 | 湖北亿得来生物科技有限公司 |
| 27 | | 昌臣及图 | 22092800 | 30 | 宣恩县伍台昌臣茶业有限公司 |
| 28 | 利川市（4件） | 利川山药 | 6868017 | 31 | 利川市团堡镇蔬菜协会 |
| 29 | | 星斗山 | 24017176 | 30 | 利川星斗山红茶有限责任公司 |
| 30 | | 黄连之乡 | 13726056 | 5 | 湖北香连药业有限责任公司 |
| 31 | | 生耕甘露 SHENG GENG GAN LU | 10655825 | 30 | 湖北嘉润茶业有限公司 |
| 32 | 建始县（4件） | 食达好 SHIDAHAO | 23180448 | 29 | 恩施食达好现代农业实业有限责任公司 |
| 33 | | 硒姑娘 | 19030804 | 33 | 恩施硒姑娘实业有限公司 |
| 34 | | MAOPOCHA 马坡茶 | 14577026 | 30 | 建始县三里乡农业技术服务中心 |
| 35 | | 宇桥 | 12317582 | 19 | 建始县泰丰水泥有限责任公司 |
| 36 | 来凤县（4件） | 来凤姜 | 14416300 | 29 | 来凤姜产业发展管理协会 |
| 37 | | 来凤金丝桐油及图 | 9060017 | 4 | 来凤县金丝桐油协会 |
| 38 | | 来凤藤茶 | 25031830 | 30 | 来凤县优质农产品产销协会 |
| 39 | | 腾升 TS | 7742021 | 30 | 湖北来凤腾升香料化工有限公司 |
| 40 | 恩施州（3件） | 恩施玉露 | 6761802 | 30 | 恩施州茶业协会 |
| 41 | | 恩施富硒茶 | 4150055 | 30 | 恩施州茶业协会 |
| 42 | | 利川红 | 31959955 | 30 | 利川市茶产业协会 |
| 43 | 巴东县（2件） | 巴东郡贡茶 | 26323461 | 30 | 巴东县经济作物技术推广站 |
| 44 | | 巴东五香豆腐干 | 13744427 | 29 | 巴东县豆制品行业协会 |
| 45 | 咸丰县（1件） | 堰塘 | 6772655 | 30 | 咸丰县堰塘食品有限责任公司 |

说明：截至2023年12月31日

（二）地理标志

地理标志俗称“土特产”，根据《中华人民共和国商标法》第16条规定，地理标志是指标示某商品来源于某地区，该商品特定质量、信誉或者其他特征，主要由该地区的自然因素或者人文因素所决定的标志。2022年3月由农业农村部认定的农产品地理标志已经停止认定。知识产权部门负责地理标志商标、地理标志保护产品的申报和监管。

1. 基本情况。截至2023年12月31日，全州共有地理标志62件，居全省第6，其中，注册地理标志商标38件（证明商标36件、集体商标2件），居全省第6，地理标志产品24件，居全省第3；恩施州实有地理标志47件（既是地理标志产品又是地理标志商标的，同一商标不同国际分类的，均不重复计数）。2023年，全州累计组织申报“恩施腊肉”“利川大黄”“鹤峰箬叶”“巴东红”“来凤黄精”等15件地理标志证明商标，其中“忠路贡茶”“关口葡萄”已成功注册地理标志证明商标，“宣恩香肠”已成功获得商标初审公告。2023年全国新注册地理标志商标201件，其中，湖北省15件，恩施州新注册2件占全省13.33%。

2. 地理标志商标各县（市）分布情况。截至2023年

12月31日，全州共有地理标志商标38件，其中，巴东县7件、恩施州6件、利川市6件、来凤县6件、宣恩县5件、恩施市3件、咸丰县2件、建始县2件、鹤峰县1件。全州8个县(市)的地理标志商标平均数为4件，在平均数以上的县(市)有4个，分别是巴东县7件、来凤县6件、利川市6件、宣恩县5件。

恩施州地理标志商标名录

| 辖区 | 商标注册人 | 地理标志商标 | 国际分类 | 核定使用商品 | 注册时间 |
|---|---|---|---|---|---|
| 巴东县(7件) | 巴东县大蒜专业技术协会 | 巴东大蒜 | 29 | 大蒜(腌制蔬菜) | 2013.01.28 |
| | | 巴东大蒜 | 31 | 大蒜(新鲜蔬菜) | 2013.01.28 |
| | 巴东县豆制品行业协会 | 巴东五香豆腐干 | 29 | 豆腐干 | 2014.07.14 |
| | 巴东县经济作物技术推广站 | 巴东郡贡茶 | 30 | 茶 | 2018.07.21 |
| | 巴东县牧工商技术服务中心 | 巴东红三叶 | 31 | 红三叶种籽(植物种籽);红三叶鲜草(饲料);红三叶干草(饲料);红三叶草粉(饲料) | 2013.07.28 |
| | 巴东县中药材行业协会 | 巴东独活 | 5 | 独活(药用植物根) | 2013.03.21 |
| | 巴东县经济作物技术推广站 | 巴东椪柑 | 31 | 椪柑(新鲜水果) | 2020.10.14 |
| 恩施州(6件) | 恩施州茶产业协会 | 恩施富硒茶 | 30 | 茶 | 2007.05.21 |
| | | 恩施玉露 | 30 | 茶 | 2009.06.28 |
| | | 恩施硒茶 | 30 | 茶 | 2019.07.28 |
| | | 利川红 | 30 | 红茶 | 2019.11.28 |
| | | 利川工夫红茶 | 30 | 茶 | 2016.11.07 |
| | 恩施州农业技术推广中心 | 恩施土豆 | 31 | 新鲜土豆 | 2020.06.28 |
| 利川市(6件) | 利川市团堡镇蔬菜协会 | 利川山药;LICHUAN YAM(集体商标) | 31 | 山药(食用植物根) | 2011.3.21 |
| | 湖北省利川市黄连协会 | 利川黄连 LICHUAN COPTIS(集体商标) | 5 | 黄连 | 2010.11.21 |
| | 利川市蔬菜行业协会 | 利川　天上坪　甘蓝 | 31 | 甘蓝(俗称包菜) | 2011.3.21 |
| | | 利川　天上坪　大白菜 | 31 | 大白菜 | 2011.3.21 |
| | | 利川　天上坪　白萝卜 | 31 | 白萝卜 | 2011.3.21 |
| | 利川市忠路贡茶协会 | 忠路贡茶 | 30 | 绿茶 | 2023.04.21 |
| 来凤县(6件) | 来凤姜产业发展管理协会 | 来凤姜 | 29 | 腌制姜 | 2015.06.14 |
| | | 来凤姜 | 31 | 生姜(新鲜蔬菜) | 2015.06.14 |
| | 来凤县金丝桐油协会 | 来凤金丝桐油 | 4 | 桐油 | 2011.10.28 |
| | 来凤县优质农产品产销协会 | 来凤藤茶 | 30 | 藤茶 | 2018.10.28 |
| | | 来凤松花皮蛋 | 29 | 皮蛋(松花蛋) | 2018.09.14 |
| | | 来凤大头菜 | 29 | 大头菜 | 2017.03.28 |

续表5

| 辖区 | 商标注册人 | 地理标志商标 | 国际分类 | 核定使用商品 | 注册时间 |
|---|---|---|---|---|---|
| 宣恩县（5件） | 宣恩伍家台贡茶产业协会 | 伍家台贡茶 | 30 | 茶叶 | 2010. 10. 21 |
| | 宣恩县黄坪黄金梨产业协会 | 黄坪黄金梨 | 31 | 黄金梨（新鲜水果） | 2017. 12. 28 |
| | 宣恩县贡水白柚协会 | 贡水白柚 | 31 | 白柚（新鲜水果） | 2017. 12. 28 |
| | 宣恩县贡米产业协会 | 宣恩贡米 | 30 | 大米 | 2017. 12. 21 |
| | 宣恩县中药材协会 | 椿木营竹节参 | 5 | 竹节参 | 2022. 11. 27 |
| 恩施市（3件） | 恩施市黄牛产业协会 | 恩施黄牛 | 29 | 牛肉（肉） | 2019. 02. 21 |
| | | 恩施黄牛 | 31 | 活牛（活动物） | 2019. 02. 21 |
| | 恩施市本草药业产业协会 | 板桥党参 | 5 | 党参 | 2012. 01. 28 |
| 咸丰县（2件） | 咸丰县小村红衣米花生协会 | 小村红衣米花生 | 29 | 加工过的花生 | 2014. 03. 06 |
| | | 小村红衣米花生 | 31 | 新鲜花生 | 2014. 03. 06 |
| 建始县（2件） | 建始县三里乡农业技术服务中心 | 马坡茶 | 30 | 茶 | 2015. 10. 28 |
| | 建始县花坪镇农业技术服务中心 | 关口葡萄 | 30 | 新鲜葡萄 | 2023. 09. 07 |
| 鹤峰县（1件） | 鹤峰县茶叶产业协会 | 鹤峰绿茶 | 30 | 茶 | 2013. 01. 21 |

说明：截至2023年12月31日

3. 地理标志保护产品各县（市）分布情况。截至2023年12月31日，全州共有地理标志保护产品24件，在全省17个地市州排名第3位。其中，恩施州2件、恩施市4件、利川市4件、来凤县4件、宣恩县4件、巴东县2件、鹤峰县2件、建始县1件、咸丰县1件。

4. 农产品地理标志。2022年3月，由农业农村部认定的农产品地理标志停止认定。截至2023年12月31日，全州共有农产品地理标志14件，其中，建始县4件、恩施市2件、利川市2件、鹤峰县2件、咸丰县2件、恩施州1件、宣恩县1件。

### 恩施州地理标志保护产品名录

| 产地范围 | 产品名称 | 认定年份 |
|---|---|---|
| 恩施州 | 恩施黑猪肉 | 2012 |
| | 恩施黄牛肉 | 2012 |
| 恩施市 | 恩施紫油厚朴 | 2005 |
| | 板桥党参 | 2006 |
| | 恩施玉露 | 2007 |
| | 恩施马铃薯 | 2017 |

续表

| 产地范围 | 产品名称 | 认定年份 |
| --- | --- | --- |
| 利川市 | 利川黄连 | 2004 |
| | 利川莼菜 | 2004 |
| 利川市 | 利川山药 | 2007 |
| | 利川工夫红茶 | 2017 |
| 宣恩县 | 伍家台贡茶 | 2008 |
| | 贡水白柚 | 2011 |
| | 宣恩火腿 | 2012 |
| | 宣恩贡米 | 2014 |
| 来凤县 | 来凤凤头姜 | 2007 |
| | 来凤藤茶 | 2013 |
| | 来凤漆筷 | 2008 |
| | 来凤金丝桐油 | 2007 |
| 巴东县 | 巴东玄参 | 2011 |
| | 巴东独活 | 2009 |
| 鹤峰县 | 鹤峰茶 | 2012 |
| | 鹤峰葛仙米 | 2014 |
| 建始县 | 景阳鸡 | 2009 |
| 咸丰县 | 咸丰白术 | 2007 |

说明：截至 2023 年 12 月 31 日

恩施州农产品地理标志名录

| 申请人全称 | 名称 | 县市 | 品种类别 |
| --- | --- | --- | --- |
| 恩施州农业技术推广中心 | 恩施土豆 | 恩施州 | 马铃薯 |
| 恩施玉露茶产业协会 | 恩施玉露 | 恩施市 | 茶叶 |
| 恩施市施惠青钱柳种植联合社 | 恩施青钱柳 | 恩施市 | 茶叶 |
| 建始县前进林业专业合作社 | 建始厚朴 | 建始县 | 其他 |
| 建始县益寿果品专业合作社联合社 | 关口葡萄 | 建始县 | 水果 |
| | 建始猕猴桃 | 建始县 | 水果 |
| 建始县马坡明珠茶业专业合作社 | 马坡茶 | 建始县 | 茶叶 |
| 宣恩贡茶产业协会 | 伍家台贡茶 | 宣恩县 | 茶叶 |
| 咸丰县茶产业协会 | 唐崖茶 | 咸丰县 | 茶叶 |
| 小村红衣米花生专业合作社 | 小村红衣米花生 | 咸丰县 | 花生 |
| 鹤峰县茶叶产业协会 | 鹤峰茶 | 鹤峰县 | 茶叶 |
| 湖北省鹤峰县优质农产品协会 | 走马葛仙米 | 鹤峰县 | 其他 |
| 利川市茶产业协会 | 利川红 | 利川市 | 茶叶 |

续表

| 申请人全称 | 名称 | 县市 | 品种类别 |
| --- | --- | --- | --- |
| 利川市中药材协会 | 利川大黄 | 利川市 | 药材 |

说明：截至 2023 年 12 月 31 日

（三）恩施品牌

1. 品牌影响力进一步增强。2023 年 4 月 20 日，州政府办公室印发《恩施州特色农产品品牌培育三年行动方案（2023—2025 年）》，指出全州特色农产品品牌要按照“唱响一批、推广一批、谋划一批”进行梯次培育。2019 年以来，知识产权部门与商标持有人一道通过以赛育品，培育、提升和推介恩施品牌，参加湖北省知识产权局主办的地理标志创新培育大会和“我喜爱的湖北品牌”电视大赛两项省级品牌大赛，共获得金奖 16 枚，占全省金奖的 16.49%，超过武汉（11 枚）、宜昌（9 枚）、黄冈（9 枚）和孝感（8 枚），连续 5 年保持全省排名第 1。在湖北省市场监督管理局组织的首届“湖北精品”认定中，恩施州 7 个产品获得“湖北精品”认定。

2. 6 个州域农产品公共品牌扩大到全州范围内使用。“恩施玉露”“利川红”“恩施土豆”3 个州域公共品牌授权使用经营主体达到 386 家，其中，“恩施玉露”授权经营主体 109 家、“利川红”授权经营主体 177 家、“恩施土豆”授权经营主体 100 家；“恩施硒茶”暂未授权；地理标志保护产品“恩施黄牛肉”“恩施黑猪肉”合法使用人均为 3 家。

3. 旅游品牌总量跃居全省前列。2023 年，全州新增国家级、省级旅游品牌 12 个，分别为宣恩兴隆老街成功创建国家级旅游休闲街区，来凤县成功创建荆楚文旅名县，恩施鹿院坪、宣恩彭家寨、巴东野三关森林花海成功创建国家 AAAA 级旅游景区，恩施沐抚成功创建省级旅游度假区，利川龙船天街成功创建省级旅游休闲街区，利川柏杨坝镇成功创建湖北旅游名镇，巴东牛洞坪村、咸丰马倌屯村成功创建湖北旅游名村，宣恩兴隆老街成功创建湖北旅游名街，鹤峰源龙大酒店成功创建四星级旅游饭店。

全州现有国家级旅游休闲街区 1 家，位列全省第 2；国家 AAAAA 级旅游景区 3 家，继续保持全省第 2 位次；国家 AAAA 级旅游景区 23 家，由原来的全省第 3 位跃升至全省第 2 位；省级旅游度假区 6 家，继续保持全省第 1 的位次；省级旅游休闲街区 3 家，继续保持全省第 3 的位次；湖北旅游名镇、名村、名街 23 个，继续保持全省第 3 的位次。

2023 年恩施州国家 AAA 级以上旅游景区统计表

| 序号 | 景区名称 | 质量等级 |
| --- | --- | --- |
| 1 | 恩施州神农溪纤夫文化旅游区 | AAAAA |
| 2 | 恩施大峡谷景区 | AAAAA |
| 3 | 恩施州利川腾龙洞景区 | AAAAA |
| 4 | 恩施州恩施土司城景区 | AAAA |
| 5 | 恩施州咸丰县坪坝营景区 | AAAA |
| 6 | 恩施州咸丰县唐崖河景区 | AAAA |
| 7 | 恩施州建始野三峡景区 | AAAA |
| 8 | 恩施州梭布垭石林景区 | AAAA |
| 9 | 恩施州利川龙船水乡景区 | AAAA |
| 10 | 恩施州巴人河生态旅游区 | AAAA |
| 11 | 恩施州利川大水井文化旅游区 | AAAA |
| 12 | 恩施州恩施市土家女儿城旅游区 | AAAA |
| 13 | 恩施地心谷景区 | AAAA |
| 14 | 恩施州来凤县仙佛寺景区 | AAAA |
| 15 | 恩施州巴东县巫峡口景区 | AAAA |

续表

| 序号 | 景区名称 | 质量等级 |
|---|---|---|
| 16 | 恩施州宣恩伍家台贡茶文化旅游区 | AAAA |
| 17 | 恩施州来凤杨梅古寨景区 | AAAA |
| 18 | 恩施州鹤峰县满山红景区 | AAAA |
| 19 | 恩施州利川玉龙洞旅游区 | AAAA |
| 20 | 恩施州利川市佛宝山景区 | AAAA |
| 21 | 恩施州宣恩县仙山贡水旅游区 | AAAA |
| 22 | 恩施州巴东无源洞旅游景区 | AAAA |
| 23 | 鹤峰屏山景区 | AAAA |
| 24 | 恩施州恩施鹿院坪 | AAAA |
| 25 | 恩施州宣恩彭家寨 | AAAA |
| 26 | 恩施州巴东野三关森林花海 | AAAA |
| 27 | 恩施市二官寨景区 | AAA |
| 28 | 枫香坡侗族风情寨 | AAA |
| 29 | 恩施龙麟宫景区 | AAA |
| 30 | 恩施州文化中心 | AAA |
| 31 | 龙马风情小镇 | AAA |
| 32 | 利川市朝阳洞景区 | AAA |
| 33 | 利川市丽森休闲度假村 | AAA |
| 34 | 建始县朝阳观旅游区 | AAA |
| 35 | 湖北店子坪红色旅游区 | AAA |
| 36 | 照京坪红色旅游区 | AAA |
| 37 | 巴东寇准文化公园 | AAA |
| 38 | 巴东邓玉麟将军故里 | AAA |
| 39 | 咸丰忠堡大捷纪念园 | AAA |
| 40 | 来凤卯洞景区 | AAA |
| 41 | 来凤旧司农园景区 | AAA |

## 2023 年恩施州现有湖北旅游名镇、名村、名街统计表

| 序号 | 类　型 | 名　　称 |
|---|---|---|
| 1 | 湖北旅游名镇（8 个） | 利川市谋道镇 |
| | | 利川柏杨坝镇 |
| | | 恩施市沐抚办事处 |
| | | 来凤县百福司镇 |
| | | 宣恩县珠山镇 |
| | | 咸丰县唐崖镇 |

续表

| 序号 | 类 型 | 名 称 |
| --- | --- | --- |
| 1 | 湖北旅游名镇（8 个） | 建始县花坪镇 |
| | | 巴东县野三关镇 |
| 2 | 湖北旅游名村（13 个） | 恩施市芭蕉侗族乡高拱桥村 |
| | | 恩施市沐抚办事处营上村 |
| | | 巴东县沿渡河镇高岩村 |
| | | 建始县业州镇代陈沟村 |
| | | 咸丰县甲马池镇坪坝营村 |
| | | 鹤峰县走马镇升子村 |
| 2 | 湖北旅游名村（13 个） | 巴东县野三关镇石桥坪村 |
| | | 建始县龙坪乡店子坪村 |
| | | 宣恩县万寨乡伍家台村 |
| | | 利川市东城街道办事处白鹊山村 |
| | | 恩施市柏杨坝镇洞下槽村 |
| | | 巴东牛洞坪村 |
| | | 咸丰马倌屯村 |
| 3 | 湖北旅游名街（2 个） | 恩施市土家女儿城 |
| | | 宣恩兴隆老街 |

4. 生物医药品牌潜力突出。2023 年 4 月 18 日，中国民族医药协会授予恩施州“华中药库”称号。全州现有药用植物资源 202 科、881 属、2258 种，动物类 86 种，矿物类 22 种，药材资源分别占全省 76%、占全国的 18%左右。全州中药材常年种植面积稳定在 10 万公顷左右，加上生姜、山药、藤茶、绞股蓝和青钱柳等药用植物种植面积约 12 万公顷。国家对恩施州 14 个道地药材实行地理标志保护，分别是：恩施紫油厚朴、恩施青钱柳、板桥党参、利川黄连、利川大黄、利川山药、利川莼菜、巴东独活、巴东玄参、宣恩竹节参、咸丰白术、来凤藤茶、来凤姜、鹤峰葛仙米。恩施紫油厚朴占全国市场的 80%、利川黄连占全国市场的 60%、利川大黄约占全国市场的 50%、巴东玄参占全国市场的三分之一。

（四）“湖北老字号”

2015 年起，省商务厅共认定“湖北老字号”4 批次 115 个，其中，恩施州 6 个企业品牌获得“湖北老字号”认定，占比 5.22%，全省排名第 9 位。

恩施州“湖北老字号”认定名单

| 序号 | 单位名称 | 品牌名称 | 注册地址 | 认定时间 |
| --- | --- | --- | --- | --- |
| 1 | 恩施州伍家台富硒贡茶有限责任公司 | 皇恩宠锡 | 宣恩 | 2014 年 12 月 |
| 2 | 恩施玉露茶产业协会 | 恩施玉露 | 恩施 | 2014 年 12 月 |
| 3 | 湖北凤头食品有限公司 | 凤头 | 来凤 | 2016 年 12 月 |
| 4 | 建始县云心食品有限责任公司 | 云心 | 建始 | 2016 年 12 月 |
| 5 | 建始永昌食品厂 | 吴永昌庆记 | 建始 | 2021 年 12 月 |
| 6 | 湖北钱汤圆饮食文化有限公司 | 钱汤圆 | 恩施 | 2022 年 9 月 |

说明：截至 2023 年 12 月 31 日

(五)专利

2023年,全州专利授权总量为2532件,其中发明79件,约占全州专利授权总量的3.12%;实用新型1956件,约占全州专利授权总量的77.25%;外观设计497件,约占全州专利授权总量的19.63%。个人获得专利授权526件,约占全州专利授权总量的20.77 %;科研机构获得专利授权29件,约占全州授权总量的1.15%;企业获得专利授权1863件,约占全州专利授权总量的73.58%;机关团体获得专利授权51件,约占全州专利授权总量的2.01%;大专院校获得专利授权63件,约占全州专利授权总量的2.49%。

2023年,全州8个县(市)专利授权量前3名分别为恩施市944件、利川市361件、建始县261件。

截至2023年12月,全州有效发明专利拥有量464件,同比增速16.29%。2023年度全州PCT专利申请数量1件。

2023年恩施州专利授权情况统计表

单位:件

| 县市 | 专利授权数 | 专利类型 | | | 权利人类型 | | | | |
|---|---|---|---|---|---|---|---|---|---|
| | | 发明 | 实用新型 | 外观设计 | 个人 | 科研机构 | 企业 | 机关团体 | 大专院校 |
| 全州 | 2532 | 79 | 1956 | 497 | 526 | 29 | 1863 | 51 | 63 |
| 恩施市 | 944 | 49 | 719 | 176 | 159 | 28 | 658 | 36 | 63 |
| 利川市 | 361 | 12 | 267 | 82 | 63 | 0 | 295 | 3 | 0 |
| 建始县 | 261 | 2 | 193 | 66 | 82 | 1 | 174 | 4 | 0 |
| 巴东县 | 241 | 7 | 174 | 60 | 76 | 0 | 162 | 3 | 0 |
| 宣恩县 | 230 | 2 | 206 | 22 | 24 | 0 | 206 | 0 | 0 |
| 咸丰县 | 206 | 6 | 150 | 50 | 62 | 0 | 139 | 5 | 0 |
| 来凤县 | 141 | 0 | 113 | 28 | 37 | 0 | 104 | 0 | 0 |
| 鹤峰县 | 148 | 1 | 134 | 13 | 23 | 0 | 125 | 0 | 0 |

2023年恩施州各县(市)有效发明专利状况表

| 序号 | 县市 | 有效发明量(件) | 同比增速 |
|---|---|---|---|
| | 恩施州 | 464 | 16.29% |
| 1 | 恩施市 | 336 | 14.68% |
| 2 | 利川市 | 47 | 67.86% |
| 3 | 建始县 | 12 | -20% |
| 4 | 巴东县 | 18 | 28.57% |
| 5 | 宣恩县 | 7 | 0% |
| 6 | 咸丰县 | 21 | 16.67% |
| 7 | 来凤县 | 16 | 6.67% |
| 8 | 鹤峰县 | 7 | -22.22% |

(六)版权

2023年,州委宣传部(版权局)部署开展元旦春节期间出版物市场专项整治行动、春节期间院线电影版权保护行动、开学季校园周边出版发行市场专项检查、“剑网2023”专项整治等一系列专项行动,严肃查处各类版权类知识产权违法违规行为。制定并印发《恩施州2023年推进使用正版软件工作计划》，统筹指导全州各级各单位做好软件正版化工作。州文化和旅游局与公安、市监、邮政、民宗等部门开展联合检查，全面清查出版物经营场所、印刷企业、宗教场所及寄递渠道，取缔无证销售出版物的游商摊点和非法印刷各类出版物的违法行为。截至 2023 年 12 月 31 日，全州共出动执法人员 4100 余人次，检查印刷企业、书店、电影院等各类文化场所 1800 余家次，共查处书报刊及音像制品类案件 13 起，已办结 13 起，罚款 25200 元，没收违法所得 3275 元，没收非法音像制品 460 件，没收非法出版物 420 册。

（七）植物新品种

1. 高标准推进种业发展。

夯实品种保护基础。在全省率先出台种业知识产权保护工作引领性政策文件《恩施州"十四五"时期加快推进种业振兴的十条措施》，相继出台《恩施州特色农产品品牌培育三年行动方案（2023—2025 年）》《恩施州农业种质资源保护与利用行动方案（2023—2027 年）》《恩施州农作物和地方畜禽遗传种质资源保护与利用清单》《恩施州农作物和地方畜禽遗传种质资源保护与利用清单》。组织遴选重点建设的农业种质资源库（区、圃、场）18 个。完成为期 3 年种质资源普查征集行动，全州普查农作物种质资源 500 余份且位居全省第 1 位。

开展品种试验。组织开设国家武陵山区水稻及恩施州水稻玉米新品种区试 8 组 76 试点 62 个新品种，送检 DNA、转基因等种子样品 46 份，推荐国省初审新品种 8 个，选育的黄恩 1 号是全省唯一通过省级认（鉴）定的黄精新品种；州内选育审定新品种 18 个，"鄂马铃薯 16"入选首批《国家农作物优良品种推广目录》，"恩禾单 1 号""鄂马铃薯 16""硒都黑猪"入选 2023—2024 年湖北省主导品种；组织科研院所、企业继续联合研究制定堇叶碎米荠、中药材（白术、苍术、黄连等）等地方特色作物的国家农业行业 DUS 测试指南，奠定新品种保护基础。

开展示范鉴定。全州组织开设水稻、玉米、马铃薯、油菜等新品种展示示范 75 个试点 580 个次品种，州农业局在巴东县野三关镇、恩施市三岔镇、咸丰县忠堡镇等地开设普通与甜糯玉米、水稻等农作物品种展示示范 9 组 139 个品种，实施全州市场销售的水稻种子抗性监测 1 组 3 试点 26 个品种。全州组织"看禾选种"观摩 27 场次 3119 人次，服务企业、新型经营主体、种粮大户等 521 个。

2. 全方位夯实种业知识产权。

种子质量监督抽检。州农业局全面施行种子生产、销售和大田使用全程监督，2023 年完成春播、秋播种子监督抽检 181 份且发芽等合格率 97.8%，其中 4 份水稻样品发芽率不达标，发布春播、秋播种子质量监督抽检通报 2 次，对不合格种子责成相关县（市）调查处理；海南田间纯度种植鉴定 131 份，合格率 100%；开展水稻、马铃薯等生产基地花期田间检验 2185.87 公顷，种子种薯质量整体较好。州林业局组织开展油茶种苗质量专项检查行动、"双随机、一公开"抽查、2023 年度林木种苗质量抽查、2023 年度打击侵犯林业植物新品种权和制售假劣林草种苗专项行动，严厉查处侵犯植物新品种权案件和假劣林草种子违法行为，共查处案件 3 起。加强市场监管执法。以"打假保春秋播"活动为契机，州农业局组织开展专项检查与整治，加大案件调查与办理，加大种业知识产权保护，严打涉种违法行为。2023 年，全州农业部门开展种子真实性监督抽样 34 份，出具真实性检测报告 12 份（其余因农业部基因库无基因序列未出具报告）均合格，办理种子违法案件 3 件，其中办结 1 件，罚没款 27300 元，移交 1 件，正在办理 1 件，维护种业公平竞争秩序，保障种业健康发展。

**二、知识产权运用**

（一）知识产权"五大工程"

2023 年，省知识产权局重点实施知识产权"五大工程"——高价值专利培育工程、专利转化运用工程、企业知识产权护航工程、荆楚品牌培育工程、知识产权服务能力提升工程。获得湖北省知识产权海外护航工程项目 1 个。恩施州申报省知识产权培育项目 1 项、知识产权海外护航工程项目 3 个。推广使用"知慧桥"专利转化运用公共服务平台，征集专利技术需求 141 件、实现专利转让 469 件（次）、专利许可 20 次，在"知慧桥"平台发布专利开放许可 3 件。全年安排知识产权相关资金 163.94 万元，其中，州级财政安排专利商标培育与商标质押贷款贴息补助资金 58.14 万元，使用上级专项资金 105.8 万元，全州知识产权质押融资登记金额突破 2.5 亿元，较 2022 年翻两番。

举办全州"赶超计划"项目技术需求发榜会和科技成果转化"轻骑兵"活动，推介成果 107 项，签约成果转化项目 29 项，成交金额 1.38 亿元。新认定高新技术企业 206 家，全州高新技术企业达到 535 家。

（二）恩施品牌价值评估

1. 2023 中国茶叶区域公用品牌价值评估报告。6 月 13 日，浙江大学 CARD 中国农业品牌研究中心、中茶所《中国茶叶》杂志、中国国际茶文化研究会茶业品牌建设专委会等机构联合发布"2023 中国茶叶区域公用品牌价值评估报告"。

在全国获得评估的 118 个茶叶区域公用品牌中，"恩施玉露"品牌价值 32.63 亿元，位列第 41 位；"恩施硒茶"品牌价值 25.47 亿元，位列第 56 位；"鹤峰茶"品牌价值 20.35 亿元，位列第 66 位；"利川红"品牌价值 7.49 亿元，位列第 102 位。

2. 2023 中国品牌价值评价信息。2023 年 5 月，中国品牌建设促进会、中国资产评估协会等单位联合发布"2023 中国品牌价值评价信息"。恩施州特色农产品品牌"恩施硒茶""恩施玉露""利川红""恩施土豆"总品牌价值超过 130 亿元。"恩施硒茶"品牌价值 80.60 亿元，"恩施玉露"品牌价值 21.18 亿元，"利川红"品牌价值 10.35

亿元,“恩施土豆”品牌价值18.06亿元。其中,“恩施硒茶”进入全国区域品牌(地理标志)百强,排名41位。

## 三、知识产权保护

### (一)行政保护

1. 商标行政保护。2023年,全州各县(市)市场监管部门加强商标行政执法,办理案件195件,移送司法机关案件1件。

2. 专利行政保护。开展专利商标领域“双随机、一公开”执法检查工作及知识产权执法“铁拳”行动,查处假冒专利行为和商标侵权案件,处理专利侵权纠纷。维护专利权人的合法权益,创造全社会公平竞争的市场环境。2023年查处假冒专利案件144件、处理专利侵权纠纷案件36件(其中电商35件)、受理知识产权维权援助案件36件。

2023年恩施州商标行政执法情况统计表

| 序号 | 行政区划 | 结案量(件) | 案值(万元) | 罚没金额(万元) | 移送司法机关(件) |
|---|---|---|---|---|---|
| 1 | 恩施市 | 76 | 21.256 | 37.493 | 1 |
| 2 | 利川市 | 30 | 1.888 | 13.212 | 0 |
| 3 | 建始县 | 21 | 9.766 | 11.354 | 0 |
| 4 | 巴东县 | 21 | 2.210 | 3.650 | 0 |
| 5 | 咸丰县 | 17 | 0.363 | 0.497 | 0 |
| 6 | 宣恩县 | 11 | 8.073 | 8.093 | 0 |
| 7 | 鹤峰县 | 11 | 0.296 | 0.710 | 0 |
| 8 | 来凤县 | 8 | 3.779 | 5.514 | 0 |
| 合计 | | 195 | 47.631 | 80.523 | 1 |

### (二)司法保护

截至2023年12月18日,全州经侦部门共立案侦办45起侵犯知识产权案件,刑事拘留62人,逮捕38人,其中,涉烟犯罪案件41起,其他案件4起;捣毁窝点48处,涉案金额1.2亿元。同时结合不同类别侵犯知识产权犯罪特征,有针对性选取宣传媒介,“进社区、上大屏、入广场”,提升全民打假意识和氛围,活动期间共发放各类打假宣传册5000余份,设置展板20块,接受群众咨询1200余人次。

截至2023年12月29日,全州检察机关共受理涉知识产权犯罪审查逮捕案件6件8人,批准逮捕5件7人,不批捕1件1人;受理起诉案件14件23人,起诉9件16人,不起诉1件3人。诉讼监督中,监督公安机关立案侵权假冒8件。

截至2023年12月29日,全州法院受理知识产权民事案件316件,其中侵害商标权纠纷111件,结案298件;办理4件销售假冒注册商标的商品罪刑事案件。优化管辖布局。自2022年5月1日起,根据最高法相关规定,由宣恩法院管辖恩施州范围内部分一审知识产权民事、行政案件,州法院成立专业知识产权审判庭,统一办理知识产权案件。完善多元解纷机制。恩施中院建立调解在先、诉讼断后、快捷便民的诉前调解机制,与州市监局联合印发《关于知识产权纠纷在线诉调对接机制》,对知识产权保护形成合力。2023年全州两级法院知识产权案件调解撤诉250件,调撤率83.89%。

## 四、知识产权管理

### (一)知识产权代理机构监管

全州已在国家知识产权局备案的知识产权代理机构共有28家,其中,商标代理机构26家,专利代理机构2家。自2021年起,全州市场监管系统连续3年开展知识产权代理行业专项整治“蓝天”行动,严厉打击不以使用为目的的恶意商标申请行为和不以保护创新为目的的非正常专利申请代理行为。2023年,建立知识产权信用分级分类企业清单,严格按照信用风险分类等级差异化监管要求,组织开展专利真实性、商标使用行为及商标代理行为“双随机、一公开”监督抽查,出动执法人员700人次,检查经营主体300余家,共实地核查商标代理机构21家,专利真实性检查2家。

### (二)地理标志专用标志使用监管

地理标志专用标志使用情况。截至2023年底,全州共542家经营主体获准使用新版地理标志专用标志,其中,地理标志产品专用标志使用人49家,地理标志商标专用标志使用人493家。地理标志产品用标:地理标志产品数量24件,核准用标企业49家,已用标企业39家,未用标企业10家(停止经营),实有核准用标产品14件,用标率58.33%。

地理标志商标用标:地理标志商标数量38件,核准用标企业493家,已用标企业468家,未用标企业25家(停止经营或已被商标持有人取消授权),实有核准用标商标16件,用标率42.11%。

地理标志专用标志合法使用人年度产值。2023年全州地理标志专用标志合法使用人年度总产值达71.43亿元。其中,地理标志产品专用标志合法使用人年度总产值12.79亿元,地理标志证明商标专用标志合法使用人年度总产值58.28亿元,地理标志集体商标专用标志合法使用人年度总产值0.36亿元。

**五、知识产权服务**

2019年以来,恩施州不断建立健全知识产权服务机制体系,提升知识产权服务能力,优化营商环境,助力经济社会高质量发展。2023年,成立州知识产权保护中心。

(一)健全知识产权服务机制

1. 知识产权维权援助。2016年4月,省知识产权局批准同意在恩施设立中国(湖北)知识产权维权援助中心恩施分中心,2021年在全州8个县(市)成立县级知识产权维权援助工作站,同时结合"12315"举报投诉热线,畅通投诉、举报渠道,受理知识产权方面的投诉与举报,有效降低权利人的维权成本。2023年全州知识产权维权援助机构受理知识产权维权援助案件36件。

2. 知识产权纠纷调解。全州共有知识产权纠纷调解机构34个,基层知识产权服务站所101个。全州开展知识产权多元化纠纷调解培训,实现知识产权纠纷调解、法律援助等全覆盖,降低当事人知识产权维权成本,将知识产权纠纷化解在基层,同时支持电商平台优化在线咨询、受理、调解等制度,在线化解知识产权纠纷。2023年全州累计调解知识产权纠纷44件,其中,线上调解35件,线下调解9件。

3. 知识产权公证、仲裁。全州共设立知识产权公证机构6家,大力开展知识产权公证服务相关业务,为市场主体解答知识产权相关咨询。2023年以来,全州知识产权公证机构开展知识产权公证业务5件,其中鹤峰公证案例入选司法行政(法律服务)案例库,充分发挥了公证在知识产权保护中的职能作用。成立恩施仲裁委员会,并在恩施市、利川市、建始县成立了知识产权仲裁工作处,累计成立知识产权仲裁机构4个。

4. 知识产权保护工作站。全州在重点园区、企业、市场等共建设有知识产权保护工作站88个(其中省级工作站4个,州级工作站40个,县市级工作站44个),较2022年工作站23个(其中省级工作站1个,州级工作站10个,县市级工作站12个),同比增长282.61%。

5. 商标品牌指导站。2022年起,州知识产权局深入实施商标品牌创建、品牌培育、品牌提升活动,推动企业、行业和区域品牌发展;2023年4月18日,成立11家恩施州商标品牌指导站,并在知识产权宣传州启动仪式上现场为商标品牌指导站授予牌匾。目前,全州共有商标品牌指导站44家,其中,州级指导站11家,县级指导站33家。

(二)"小窗口"提供"大服务"

1. 争取国家级商标窗口落户。2016年7月,国家原工商总局为解决我国商标在北京集中注册时效低的问题,启动商标注册便利化改革。2018年7月,州市场监管局向国家商标局申请设立商标受理窗口,2019年12月,国家知识产权局商标局批准设立第十批商标受理窗口,恩施州商标业务受理窗口正式设立,结束了恩施州39年商标业务异地办理时效低、成本高的历史。

2. 商标服务窗口争先进位。2021年,恩施州商标业务受理窗口被州委文明办、州团委表彰为"青年文明号"窗口;2023年5月23日,在西安市举办的全国商标业务受理窗口工作会上,恩施州商标业务受理窗口作为优秀代表获得国家商标局表彰,并在会上进行交流发言。

3. 构筑商标业务服务网。2023年6月1日,州市场监管局深化商标业务"放管服"改革,在各县(市)政务服务中心设立商标受理延伸服务窗口,将商标注册、续展、转移转让、使用许可备案、商标专用权质押登记等24项商标业务前移至县(市)办理,利川市、鹤峰县、巴东县结合当地实际,将商标业务受理窗口延伸至柏杨坝、走马和野三关3个乡镇。州、县、乡三级商标业务窗口总数达12个。

4. 建设标准化服务窗口。2020年9月,国家商标局赴恩施开展"商标注册便利化改革提质增效记者体验行"活动,指导商标窗口业务质量提升工作。加强窗口业务培训,组织人员到国家商标局参加2023年第一期全国商标业务受理窗口商标业务培训班,2023年5月和8月开展全州知识产权窗口业务能力提升培训,定期组织商标系统人员线上学习。

5. 商标服务降成本提效率。窗口坚持优化服务,有效节省24项商标业务办理时间、人力和经济成本。原来经营主体注册商标由于对办理流程不清、所需材料不明,通过代理机构注册普通商标需1000~2000元、注册地理标志商标需5~10万元,通过延伸窗口办理,注册普通商标规费仅需270元、地理标志商标规费仅需1350元。2023年,全州商标业务受理窗口办理商标业务805件,其中延伸服务窗口成功办理商标业务327件,相较2022年的办理商标业务604件,同比增长33.28%。

(三)监管服务

2023年,组织50余场针对市场主体、代理机构和监管人员的知识产权培训活动,线下培训人员达到3000余人次,提升市场主体知识产权意识;发挥省知识产权教育培训(恩施)基地作用,恩施分站2023年线上开班3000余人次。发布《2022年恩施州知识产权发展报告》。印发《恩施州知识产权公共服务事项清单(2023年修订版)》,清单涵盖专利、商标、地理标志、集成电路布图设计等44项知识产权方面服务内容,为市场主体和社会公众免费提供知识产权政策咨询、信息检索及分析、宣传培训等服务。对公用品牌授权企业分批实施质量提升行动,推动包装标识、生产工艺、质量管理等提档升级。

(州市场监督管理局　供稿)

# 索　引

## Indexes

### 说　明

1. 本索引采用主题分析方法，按索引名称首字的汉语拼音字母顺序排列。
2. 索引名称后的阿拉伯数字表示内容所在的页码，数字后的 a、b、c 表示该页码的左、中、右栏。
3. 为方便检索，恩施州发生的事件名称和相关单位名称前的恩施州三个字，除非产生歧义、均省略。
4. 表格索引以表题为标目，标注所在页码，按照表格在全书中的先后顺序排列。

## 主题索引

## E

## F



## G

## H



## J

## K



## L

## M

## N



## P



## Q

## R

## S

## T

## W



## X

## Y

## Z

## 表格索引